미국주식 우량주 사전

일러두기

- 본 도서의 내용은 필자들의 개인 의견을 바탕으로 작성한 것으로, 필자들이 근무 중인 회사의 공식적인 견해가 아님을 분명히 밝힙니다.
- 미국주식 시장에 상장된 중국 기업들은 미·중 갈등과 중국 정부의 정책 리스크 등을 감안하여 종목 선정 대상에서 제외했습니다.
- 기업 실적 중 EPSEarning Per Share(주당순이익)는 GAAPGenerally Accepted Accounting Principles 기준으로 표기했습니다.
- 배당금과 배당수익률은 최근 발표한 배당금을 기준으로 향후 1년간 유지된다는 가정 하에 산정한 선행 배당금Forward Annualized Dividend과 선행 배당수익률Forward Annualized Dividend Yield로 표기했습니다.

미국주식 우량주 사전

초판 1쇄 인쇄일 2021년 3월 26일 • 초판 1쇄 발행일 2021년 4월 1일
지은이 안석훈, 김인중, 최아원
펴낸곳 (주)도서출판 예문 • 펴낸이 이주현
등록번호 제307-2009-48호 • 등록일 1995년 3월 22일 • 전화 02-765-2306
팩스 02-765-9306 • 홈페이지 www.yemun.co.kr

주소 서울시 강북구 솔샘로67길 62 코리아나빌딩 904호

ISBN 978-89-5659-390-6 13320

빅데이터로 찾은 절대 망하지 않는 미국주식 101

미국주식 우량주 사전

안석훈, 김인중, 최아원 지음

예문

세 번째 ≪미국주식 투자지도≫ 시리즈를 출간하며

지난 2018년과 2019년에 걸쳐 필자는 ≪미국주식 투자지도 2018≫과 ≪미국주식 투자지도 2021≫을 연달아 출간했다. 이어 2020년에는 ≪미국주식 스몰캡 인사이드≫를 출간했다. 그 사이 미국주식에 대한 직접투자는 대중화의 시대를 맞이했고, '동학 개미'에 이어 이제는 '서학 개미'라는 용어마저 낯설지 않을 정도가 되었다. 2017년부터 이북ebook을 포함해 10여 권의 미국주식 관련 서적을 선보이며 1만 명에 가까운 독자에게 조금이나마 도움이 되었다는 자부심을 가지고 세 번째 투자지도 시리즈를 출간하게 되었다.

지금까지 낸 책에서도 늘 밝혀왔듯, 필자가 미국주식 투자정보 서적을 출간하는 이유는 개인 투자자들을 위한 투자정보가 부족하기 때문이다. 유튜브Youtube를 활용한 동영상 콘텐츠의 증가는 가히 폭발적이고, 그 내용의 깊이와 수준이 깊고 높은 콘텐츠도 꾸준히 늘어나고 있지만 보다 객관적이고 데이터에 근거한 투자정보는 여전히 드문 상황이다.

앞선 ≪미국주식 투자지도≫ 시리즈에서는 미국 시장에 주목해야 하는 이유 3가지와 미국주식 투자에 나서기 전에 꼭 알아야 할 14가지, 미국주식 투자정보의 원천과 이용방법 그리고 관심 있는 미국주식의 기본 특성을 이해하는 데 도움이 되는 글로벌산업분류체계GICS 등을 알기 쉽게 설명했다. 이제 막 미국주식에 투자를 시작했거나 미국주식에 관심 있는 국내주식 투자자라면 이전 시리즈의 내용을 꼭 한번 읽어보길 권한다.

미국주식 성공투자를 위해 알아야 할 키워드

글로벌 주식 시장의 40%를 차지하는 미국. 대한민국의 비중이 2% 수준임을 감안할 때 대략 20배의 차이가 난다. 시장이 크다는 건 그만큼 투자의 기회가 많다는 의미라 하겠다. 예를 들어 대한민국 주식 시장의 대표로 삼성전자를 꼽는다면, 미국주식 시장의 대표로는 삼성전자와 같은 회사 20개 이상을 꼽을 수 있다.

지난 1월, 필자가 근무하고 있는 키움증권의

해외주식 일 약정금액이 1조 원을 돌파하는 등 신新 동학 개미 운동을 거쳐 서학 개미들의 증가세가 빠르게 확대되고 있다. 그리고 이렇게 큰 미국의 주식 시장에서 무엇을 어떻게 시작해야 할지 고민하는 투자자들도 점점 늘어나고 있다. 이에 본 저서에서는 현재와 가까운 미래 그리고 먼 미래에 있어 성공적인 미국주식 투자를 위해 알아야 할 키워드들을 안내하고자 한다.

키워드 ① 경기 회복 : 바로 지금

코로나 19 팬데믹으로 전 세계 경제가 망가졌다. 이에 조 바이든 대통령은 1.9조 달러의 경기 부양책에 서명했고, 더불어 인프라 투자에 대한 논의를 진행 중이다. 경기 부양책 집행과 백신 보급 확대는 소비심리의 빠른 회복을 불러올 것이다. 여기서 기억해야 할 점이 하나 있는데 코로나 19 팬데믹에 따른 소비 행태의 변화로 온라인 판매 비중이 큰 폭으로 증가했다는 사실이다.

추가 부양책에 이어 인프라 투자에 대한 논의가 주목받는 이유는 인프라 투자 자체가 막대한 고용 효과와 함께 노후 인프라로 인한 경제 손실의 감소 효과를 불러올 수 있기 때문이다. 이에 현재를 중심으로 투자하려는 독자들은 경기 회복Recovery이라는 키워드를 중심으로 경기소비재와 전통 인프라 분야에 관심을 가져야겠다.

키워드 ② 디지털 : 가까운 미래

가까운 미래를 위한 투자를 고민 중인 독자라면 디지털Digital이라는 키워드를 중심으로 디지털 인프라와 디지털 플랫폼에 관해 알아둬야 한다. 디지털 인프라Digital Infrastructure는 제4차 산업혁명의 본격화와 디지털 트랜스포메이션Digital Transformation을 중심으로 데이터 센터, 5G, 통신 반도체 분야를 아우르고 있다. 데이터 센터와 5G 분야의 경우 코로나 19 팬데믹으로 지연된 투자의 상당 부분이 2021년에 이루어질 것으로 보인다.

디지털 플랫폼Digital Platform은 온라인과 모바일을 아우르는 '새로운 판'의 개념으로 전자상거래e-Commerce, 클라우드Cloud, 게임 및 엔터테인먼트 분야가 이에 속한다. 코로나 19의 영향에 따른 '스테이 엣 홈Stay-at-home', '워크 프롬 홈Work-from-home' 추세가 오히려 관련 산업의 성장 속도를 가속화하고 있다.

키워드 ③ ESG : 글로벌 금융시장의 주류

2008년 금융위기 이후 공적 펀드의 공공성이 부각되며 유럽을 중심으로 발전해온 ESG 투자는 코로나 19 팬데믹과 바이든 행정부 출범을 계기로 글로벌 금융시장의 주류로 떠올랐다. 지난해 코로나 19 이후 ESG 펀드로 유입된 글로벌 자금이 17조 달러에 육박한다.

바이든 대통령의 대선 공약은 기후변화에 대한 대응, 노동과 고용 환경의 개선, 다양성과 인권의 존중, 중산층의 재건 등 친환경 투자와 경제 공정성 확보로 요약된다. 이것만 봐도 환경과 사회, 그리고 지배구조 등 ESG 요소들이 중시되고 있음을 알 수 있다.

대규모의 친환경 인프라 투자를 통해 기후 변화에 대응하면서 동시에 고용을 창출하고, 최저임금 인상과 실업급여 확대를 통해 중산층을 재건하고 확대하며, 여성과 비非백인 그리고 이민자의 인권을 존중하는 정책을 확대하는 등 바이든 대통령의 정책 방향성은 ESG의 가치와 맞닿아 있다. 여기에 ESG에 대한 MZ세대의 관심이 다른 세대보다 월등히 높다는 점도 ESG 트렌드를 강화시키는 요인 중 하나다. 글로벌 금융시장의 흐름을 따르고자 하는 독자라면 ESG에 대해 하나씩 공부해보면 어떨까 한다.

빅데이터 기반 계량화된 종목진단

객관화된 투자정보의 제공을 위해 ≪미국주식 투자지도 2021≫과 ≪미국주식 스몰캡 인사이드≫에서 활용한 미국주식 퀀트분석 서비스인 '뉴지랭크US'에 이어 이번에는 데이터히어로가 키움증권에 제공 중인 '초이스스탁US'의 종목진단 결과를 추가했다.

종목진단 점수는 데이터히어로가 개발한 투자 매력도 평가 점수로, 재무제표와 기업분석에 익숙하지 않은 투자자들이 우량주를 쉽게 발굴할 수 있도록 지원한다.

이제 다시, 새로운 마음으로

이상 미국주식 투자를 위해 알아야 할 키워드와 데이터 기반 투자정보에 대해 정리해봤다. 아무쪼록 세 번째 시리즈가 출간되기까지 도와주신 모든 분들께 지면을 통해 감사의 말씀을 전한다. 그리고 탈고 후 늘 그러했듯이 다음 도서를 준비하려 한다. 앞선 ≪미국주식 스몰캡 인사이드≫ 머리말에서 밝혔듯이 다음 도서는 <미국주식 인사이드> 두 번째 시리즈가 될 것이다. 계획대로라면 내년 1분기에 다시 인사드릴 수 있을 듯하다.

마지막으로 독자 여러분에게 당부 하나. 무조건 수익만을 따르기보다 장기적인 관점에서 기업의 성장과 주가의 상승을 함께 즐길 수 있는 투자자가 되어주셨으면 한다. '주말을 편안하게 보낼 수 있어야 투자'라는 미국의 어느 교수님 말씀처럼 말이다.

종목별 투자 포인트
해당 종목에 관한 투자 판단 시
도움이 되는 키포인트

티커(종목 심볼), 거래소, 영문 기업명

티커 첫 글자
알파벳 순으로 정렬, 필요할 때
쉽게 찾아볼 수 있습니다

배당왕 / 배당귀족 / 배당성취자인 경우

GLOBAL UNIVERSE 101 CLASSIC

POINT ▶ 버크셔 해서웨이의 지분 확대··· 다 이유가 있다!

배당성취자

머크 앤 컴퍼니

MRK NYSE | Merck & Co., Inc.

매매 노트 ①
해당 종목을 매매 예정이거나
첫 매매한다면

매매 노트 ②
해당 종목을 보유하고 있다면

처음 매매하는 경우	보유 중인 경우
매매 예정 시점 실적 확인 후 ☐ 이슈 확인 후 ☐	매매 구분 매수 ☐ 매도 ☐
매매 결정 이유 변동성 확대(단기) ☐ 실적 우수(장기) ☐	매매 일자 20 . . .
매수 목표 가격 $	매매 금액 가격 $ 수량 주
손익 목표 가격 $ (+ %)	수익 현황 수익금액 $ 수익률 %
손절 목표 가격 $ (- %)	투자 아이디어
보유 예정 기간 3개월 미만(단기) ☐ 1년 이상(장기) ☐	

종목 티커(본문 중 영문 볼드체)

기업 개요

M

세계1위 면역항암제 회사 머크 앤 컴퍼니**MRK**는 1668년 독일의 프레드릭 야콥 머크가 설립한 약국을 기반으로 성장했다. 1827년에 이미 대규모 생산설비를 구축하고, 1900년에 1만 개의 기초 의약물질을 생산했다. 제1차 세계대전 당시 미국 정부에 몰수당한 재산을 1917년 환수받아 새로운 회사로 독립했다. 주요 의약품으로는 면역항암제인 '키트루다', 자궁경부암 백신인 '가다실' 등이 있고, 다양한 치료제와 항생제를 비롯해 물고기를 위한 항생제와 백신, 반려견을 위한 의약품 등 다양한 제품을 갖추고 있다. 더불어 화이저, 아스트라제네카**AZN** 등 유수의 제약 업체와 협력 관계를 맺고 있으며, 크고 작은 인수합병을 통해 자체 신약물질의 파이프라인을 강화하는 중이다.

1949년 뉴욕증권거래소에 상장했으며, 미국 3대 지수 중 다우와 S&P 500에 속해 있다.

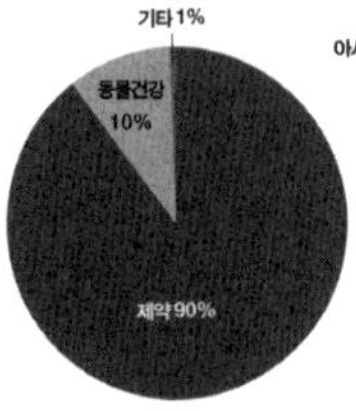

사업부문별 매출 비중

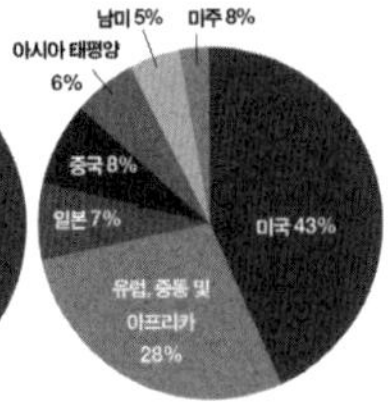

사업지역별 매출 비중

사업 부문별, 사업 지역별 매출 비중
출처 초이스스탁US
www.choicestock.co.kr/
기준일 2020년 12월 31일

274 • 헬스케어 섹터

글로벌산업분류기준(GICS),
해당 종목이 포함되어 있는 섹터

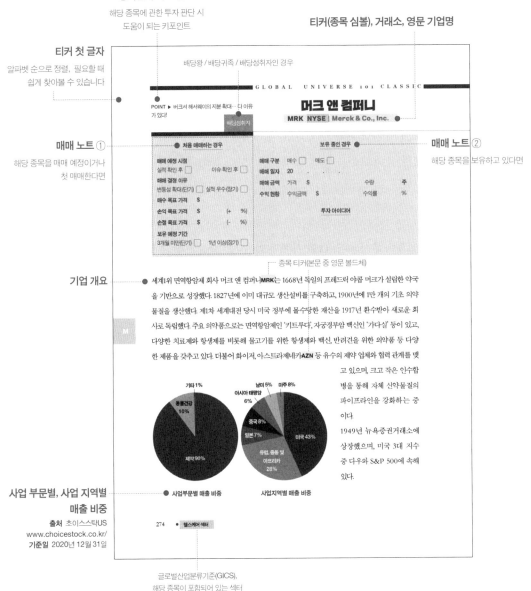

QR코드로 종목별 최신 정보 확인

스마트폰으로 QR코드를 스캔,
즉각 최신 정보로 이동할 수 있습니다.

유캔스톡
최신 뉴스 모음

팁랭크스
종목 예측

*최신 뉴스가 없으면 검색되지 않을 수 있습니다

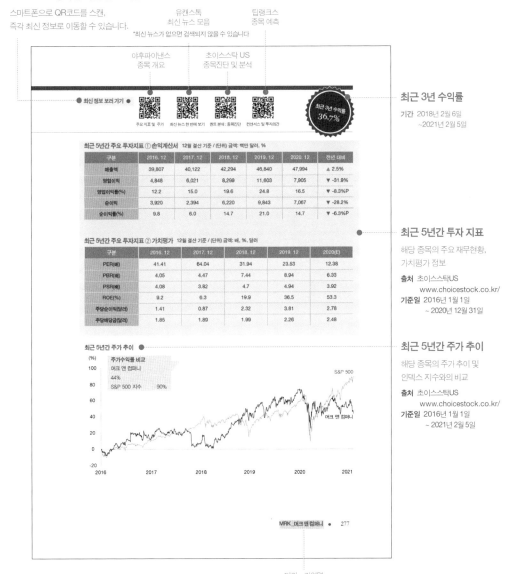

야후파이낸스
종목 개요

초이스스탁 US
종목진단 및 분석

● 최신 정보 보러 가기 ●

주요 지표 및 주가 | 최신 뉴스 한 번에 보기 | 퀀트 분석 : 종목진단 | 컨센서스 및 투자의견

최근 3년 수익률
36.7%

최근 3년 수익률

기간 2018년 2월 6일
~2021년 2월 5일

최근 5년간 주요 투자지표 ① 손익계산서 12월 결산 기준 / (단위) 금액: 백만 달러, %

구분	2016. 12	2017. 12	2018. 12	2019. 12	2020. 12	전년 대비
매출액	39,807	40,122	42,294	46,840	47,994	▲ 2.5%
영업이익	4,848	6,021	8,299	11,603	7,905	▼ -31.9%
영업이익률(%)	12.2	15.0	19.6	24.8	16.5	▼ -8.3%P
순이익	3,920	2,394	6,220	9,843	7,067	▼ -28.2%
순이익률(%)	9.8	6.0	14.7	21.0	14.7	▼ -6.3%P

최근 5년간 주요 투자지표 ② 가치평가 12월 결산 기준 / (단위) 금액: 배, %, 달러

구분	2016. 12	2017. 12	2018. 12	2019. 12	2020(E)
PER(배)	41.41	64.04	31.94	23.53	12.38
PBR(배)	4.05	4.47	7.44	8.94	6.33
PSR(배)	4.08	3.82	4.7	4.94	3.92
ROE(%)	9.2	6.3	19.9	36.5	53.3
주당순이익(달러)	1.41	0.87	2.32	3.81	2.78
주당배당금(달러)	1.85	1.89	1.99	2.26	2.48

최근 5년간 투자 지표

해당 종목의 주요 재무현황,
가치평가 정보

출처 초이스스탁US
www.choicestock.co.kr/
기준일 2016년 1월 1일
~ 2020년 12월 31일

최근 5년간 주가 추이

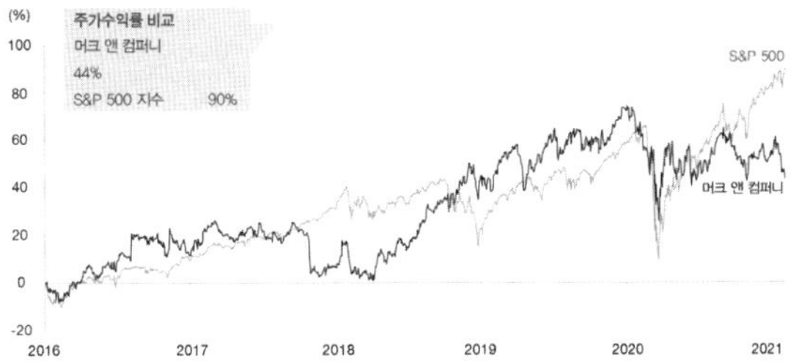

최근 5년간 주가 추이

해당 종목의 주가 추이 및
인덱스 지수와의 비교

출처 초이스스탁US
www.choicestock.co.kr/
기준일 2016년 1월 1일
~ 2021년 2월 5일

MRK_머크 앤 컴퍼니 • 277

티커 _ 기업명

주요 경쟁 업체 현황

종목별로 경쟁 업체 2곳의 소개 및 주요 지표 비교

티커 첫 글자

알파벳 순으로 정렬, 필요할 때 쉽게 찾아볼 수 있습니다

종목 티커(본문 중 영문 볼드체)

A

주요 경쟁업체 현황

어플라이드 머티리얼즈의 주요 경쟁사로는 램 리서치**LRCX**, 케이엘에이**KLAC**가 있다.

램 리서치Lam Research Corporation는 전 세계 반도체 기업을 대상으로 집적회로 제작에 사용되는 공정 장비의 설계·제조·마케팅 및 서비스를 제공하는 기업이다. 1980년 설립됐으며 1984년 나스닥에 상장했다.

케이엘에이KLA Corporation는 반도체 공정 제어 및 수율 관리 시스템과 서비스를 제공하는 기업이다. 1997년 케이엘에이와 텐코Tencor가 결합하면서 설립됐고, 2019년에 케이엘에이텐코에서 현재의 사명으로 변경했다.

경쟁기업 간 실적 비교

해당 종목과 경쟁사의 재무현황 및 주요 투자지표 비교

출처 초이스스탁US www.choicestock.co.kr/

기준일 2020년 12월 31일

최근 4분기 경쟁사 실적 비교 2020년 4분기 기준 / (단위) 백만 달러, %, 달러

구분	어플라이드 머티리얼즈	램 리서치	케이엘에이
매출	17,202	11,929	6,073
영업이익	4,365	3,421	1,712
순이익	3,619	2,964	1,368
영업이익률	25.38	28.68	28.19
순이익률	21.04	24.85	22.53
주당순이익(EPS)	3.92	20.14	8.75
주가수익배수(PER)	15.38	23.34	29.24
주가순자산배수(PBR)	5.26	12.57	13.63

어플라이드 머티리얼즈의 본사는 미국 캘리포니아 산타클라라에 위치하며, 상근 직원 수는 2만 4,200명이다.
램 리서치의 본사는 미국 캘리포니아 프레몬트에 위치하며, 직원 수는 1만 2,200명이다
케이엘에이의 본사는 미국 캘리포니아 밀티파스에 위치하며, 상근 직원 수는 1만 600명이다.
(2021년 2월 현재)

경쟁사 기본 정보

본사 및 상근 직원 수 등

경쟁기업 간 수익률 비교

해당 종목과 경쟁사 간의 최근 1년간 주가 수익률 비교 및 수익률 순위

출처 초이스스탁US www.choicestock.co.kr/

기준일 2020년 2월 3일 ~2021년 2월 5일

최근 12개월간 주가 수익률 비교 2021년 2월 기준 / (단위) %

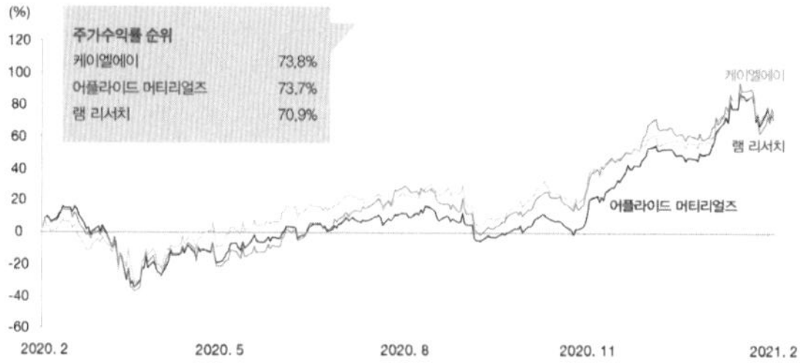

34 • 정보기술 섹터

글로벌산업분류기준(GICS), 해당 종목이 포함되어 있는 섹터

회계결산월 정보

배당 및 투자의견, 종목진단 결과

● 어플라이드 머티리얼즈의 회계 결산월은 10월이다.

2018년부터 증가해온 어플라이드 머티리얼즈의 배당금은 분기 단위로 지급되고, 배당수익률은 정보기술IT 섹터 평균인 1.14%의 3분의 2 수준이다.

배당수익률(선행)	연간배당금(선행)	배당성향	배당성장	5년 배당성장률
0.74%	0.88달러	14.64%	3년	17.08%

배당 현황

출처 키움증권 영웅문 글로벌, 시킹알파

기준일 2021년 2월 28일

최근 3개월간 22명의 애널리스트가 제시한 투자의견을 종합하면 강력매수Strong Buy(매수 19명, 보유 3명, 매도 0명)이다. 향후 12개월간 목표주가는 최고 150달러, 최저 110달러, 평균 133.95달러이다.

월가 투자의견

월가 애널리스트들의 투자의견 및 목표주가

출처 팁랭크스

기준일 2021년 2월 28일

초이스스탁 US의 종목 진단 결과는?

2020년 10월 실적발표 기준

어플라이드 머티리얼스의 투자매력 점수는 100점 만점에 93점이며 미국 상장기업 5,591개 중 18위로 상위 0.32%에 속하는 초우량 기업이다.

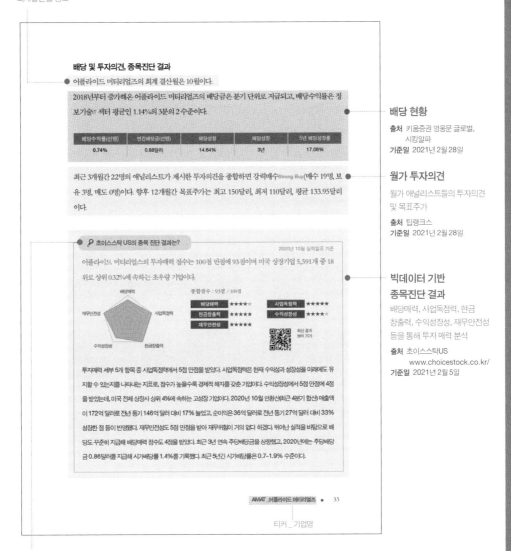

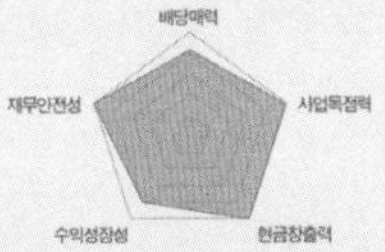

종합점수 : 93점 / 100점

배당매력	★★★★☆	사업독점력	★★★★★
현금창출력	★★★★★	수익성장성	★★★★☆
재무안전성	★★★★★		

최신 결과 보러 가기

투자매력 세부 5개 항목 중 사업독점력에서 5점 만점을 받았다. 사업독점력은 현재 수익성과 성장성을 미래에도 유지할 수 있는지를 나타내는 지표로, 점수가 높을수록 경제적 해자를 갖춘 기업이다. 수익성장성에서 5점 만점에 4점을 받았는데, 미국 전체 상장사 상위 4%에 속하는 고성장 기업이다. 2020년 10월 연환산(최근 4분기 합산) 매출액이 172억 달러로 전년 동기 146억 달러 대비 17% 늘었고, 순이익은 36억 달러로 전년 동기 27억 달러 대비 33% 성장한 점 등이 반영됐다. 재무안전성도 5점 만점을 받아 재무위험이 거의 없다 하겠다. 뛰어난 실적을 바탕으로 배당도 꾸준히 지급해 배당매력 점수도 4점을 받았다. 최근 3년 연속 주당배당금을 상향했고, 2020년에는 주당배당금 0.86달러를 지급해 시가배당률 1.4%를 기록했다. 최근 5년간 시가배당률은 0.7~1.9% 수준이다.

빅데이터 기반 종목진단 결과

배당매력, 사업독점력, 현금창출력, 수익성장성, 재무안전성 등을 통해 투자 매력 분석

출처 초이스스탁US www.choicestock.co.kr/

기준일 2021년 2월 5일

AMAT_어플라이드 머티리얼즈 • 33

티커_기업명

종목진단 점수에 관하여

재무제표나 기업분석에 익숙하지 않은 개인 투자자들이 누구나 쉽게 우량주를 발굴할 수 있도록 도와드립니다. 점수는 데이터히어로가 금융 빅데이터 분석과 자체 알고리즘으로 개발한 투자 매력도 평가 점수입니다.

수익성장성, 재무안전성, 사업독점력, 현금창출력, 배당매력 등 5개 부문에 총 22개의 요인(Factor) 분석을 통해 기업의 종목진단 점수를 계산합니다.

총 100점 만점으로 점수가 높을수록 우량 기업이며, 주가 상승률도 상대적으로 높습니다.

투자매력도 점수 그룹을 5개로 나눠 수익률 백테스팅 결과, 상위 그룹의 수익률은 지난 10년간 누적수익률 210%(연평균 12%)로 다우존스 지수 상승률 159%(연평균 9.9%)를 초과하는 수익률을 기록했습니다.

CONTENTS

종목 리스트

주요 배당주 관련 용어

배당왕 : 50년 연속 배당 증가
배당귀족 : 25년 연속 배당 증가
배당성취자 : 10년 연속 배당 증가

티커	기업명	페이지	포춘 500 순위	배당 성장
IQVIA	아이큐비아 홀딩스	p.220	290위	
ISRG	인튜이티브 서지컬	p.224	-	
JNJ	존슨 앤 존슨	p.228	35위	배당왕
JPM	제이피모간 체이스	p.232	-	
KEYS	키사이트 테크놀로지스	p.236	-	
KO	코카콜라	p.240	88위	배당왕
LRCX	램 리서치	p.244	331위	
LULU	룰루레몬 애슬레티카	p.248	-	
LUV	사우스웨스트 에어라인스	p.252	141위	
MAR	메리어트 인터내셔널	p.256	157위	
MCD	맥도날드	p.260	156위	배당성취자
MDLZ	몬델레즈 인터내셔널	p.264	117위	
MELI	메르카도 리브레	p.268	-	
MMM	쓰리엠	p.272	103위	배당왕
MRK	머크 앤 컴퍼니	p.276	69위	배당성취자
MRVL	마벨 테크놀로지 그룹	p.280	-	
MSFT	마이크로소프트	p.284	21위	배당성취자
MU	마이크론 테크놀로지	p.288	134위	
NEE	넥스트에라 에너지	p.292	172위	배당귀족
NFLX	넷플릭스	p.296	164위	
NKE	나이키	p.300	85위	배당성취자
NVDA	엔비디아	p.304	292위	
OKTA	옥타	p.308	-	
ORCL	오라클	p.312	82위	
PAYC	페이콤 소프트웨어	p.316	-	
PCAR	팩카	p.320	118위	

티커	기업명	페이지	포춘 500 순위	배당 성장
PEP	펩시코	p.324	51위	배당귀족
PFE	화이자	p.328	64위	배당성취자
PG	프록터 앤 갬블	p.332	50위	배당왕
PTON	펠로톤 인터랙티브	p.336	-	
PYPL	페이팔 홀딩스	p.340	182위	
QCOM	퀄컴	p.344	126위	
SBUX	스타벅스	p.348	114위	배당성취자
SPG	사이먼 프로퍼티 그룹	p.352	497위	
SWKS	스카이웍스 솔루션즈	p.356	-	
TEAM	아틀라시안	p.360	-	
TGT	타겟	p.364	37위	배당왕
TMUS	티모바일 유에스	p.368	-	
TRV	트래블러스	p.372	106위	
TSLA	테슬라	p.376	124위	
TSN	타이슨 푸즈	p.380	79위	
UNH	유나이티드헬스 그룹	p.384	7위	배당성취자
V	비자	p.388	137위	배당성취자
VF	브이에프 코퍼레이션	p.392	233위	배당귀족
VZ	버라이즌 커뮤니케이션즈	p.396	20위	
WBA	월그린스 부츠 얼라이언스	p.400	19위	
WM	웨이스트 매니지먼트	p.404	207위	배당성취자
WMT	월마트	p.408	1위	배당귀족
ZM	줌 비디오 커뮤니케이션즈	p.412	-	
ZTS	조에티스	p.416	472위	

미국주식 투자지도
CLASSIC

빅데이터로 찾은

우량주 101

POINT ▶ 아이폰 교체 수요, 서비스 매출 1억 달러, 애플카 출시… 끊임없는 미래 생태계 확대

애플

AAPL Nasdaq | Apple Inc.

처음 매매하는 경우	보유 중인 경우
매매 예정 시점 실적 확인 후 ☐ 이슈 확인 후 ☐	**매매 구분** 매수 ☐ 매도 ☐
매매 결정 이유 변동성 확대(단기) ☐ 실적 우수(장기) ☐	**매매 일자** 20 . . .
매수 목표 가격 $	**매매 금액** 가격 $ 수량 주
손익 목표 가격 $ (+ %)	**수익 현황** 수익금액 $ 수익률 %
손절 목표 가격 $ (- %)	**투자 아이디어**
보유 예정 기간 3개월 미만(단기) ☐ 1년 이상(장기) ☐	

포춘 500대 기업 중 하나인 애플**AAPL**은 미국을 대표하는 프리미엄 하드웨어 및 소프트웨어 회사다. 1976년에 스티브 잡스, 스티브 워즈니악, 로널드 웨인이 공동 설립한 애플은 세계 최초로 개인용 컴퓨터를 출시했고, 마우스를 이용한 컴퓨터 조작 방식을 가장 먼저 도입했다. 1985년 해고됐던 스티브 잡스가 1998년 복귀한 후 아이맥, 아이팟, 아이패드 등을 연달아 출시하면서 혁신의 아이콘이 됐다. 2011년 10월 스티브 잡스가 사망하고 팀 쿡이 새로이 최고경영자 자리에 오르면서 혁신보다 효율을 강조한 애플은 매출과 이익 성장세를 지속해오고 있으며, 2018년 6월 미 증시 최초로 시가총액 1조 달러를 기록했다.

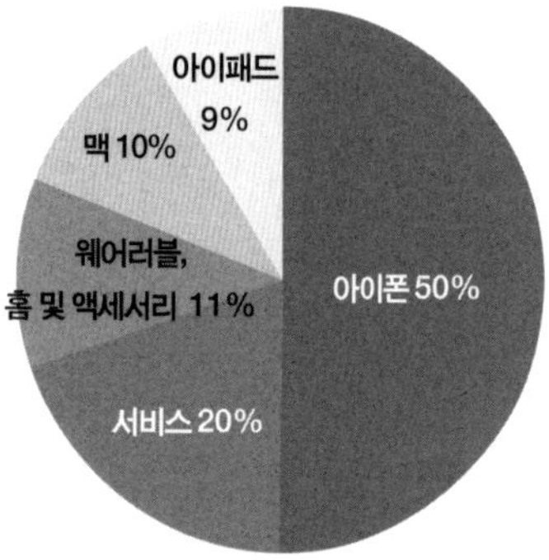

사업부문별 매출 비중

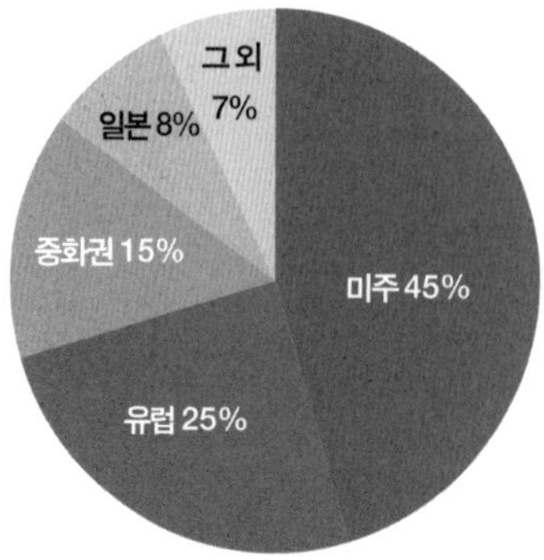

사업지역별 매출 비중

2020년 5G 아이폰 12를 출시했고, 2020년대 중반을 목표로 애플카 출시를 준비 중인 것으로 알려져 있다. 1980년 12월 나스닥에 상장했으며, 미국 3대 지수에 다우와 나스닥 100 그리고 S&P 500에 모두 속해 있다.

최신 정보 보러 가기 ●

주요 지표 및 주가 | 최신 뉴스 한 번에 보기 | 퀀트 분석 : 종목진단 | 컨센서스 및 투자의견

최근 3년 수익률
249.6%

최근 5년간 주요 투자지표 ① 손익계산서

9월 결산 기준 / (단위) 금액: 백만 달러, %

구분	2016. 9	2017. 9	2018. 9	2019. 9	2020. 9	전년 대비
매출액	215,639	229,234	265,595	260,174	274,515	▲ 5.5%
영업이익	60,024	61,344	70,898	63,930	66,288	▲ 3.7%
영업이익률(%)	27.8	26.8	26.7	24.6	24.1	▼ -0.4%P
순이익	45,687	48,351	59,531	55,256	57,411	▲ 3.9%
순이익률(%)	21.2	21.1	22.4	21.2	20.9	▼ -0.3%P

최근 5년간 주요 투자지표 ② 가치평가

9월 결산 기준 / (단위) 금액: 배, %, 달러

구분	2016. 9	2017. 9	2018. 9	2019. 9	2020. 9
PER(배)	13.29	16.46	18.32	17.9	33.45
PBR(배)	4.74	5.94	10.18	10.93	29.39
PSR(배)	2.82	3.47	4.11	3.8	7
ROE(%)	35.6	36.3	48.7	53.8	75.2
주당순이익(달러)	2.08	2.3	2.98	2.97	3.28
주당배당금(달러)	0.55	0.6	0.68	0.75	0.8

최근 5년간 주가 추이

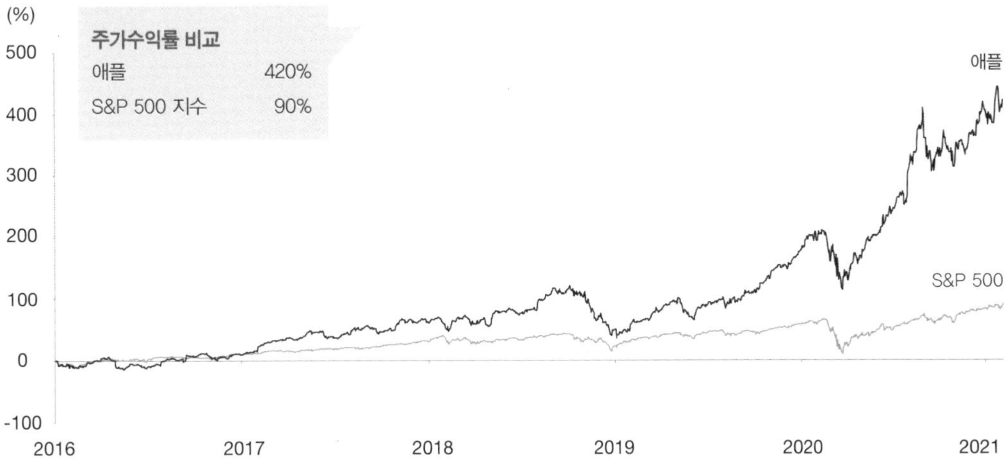

주요 경쟁업체 현황

애플의 주요 경쟁사로는 델 테크놀로지스**DELL**, 에이치피**HPQ**가 있다.

델 테크놀로지스Dell Technologies Inc.는 PC, 소프트웨어, 컴퓨터 주변기기 등 전자제품을 제조 및 판매하는 회사다. 2020년 기준 전 세계 PC 시장 점유율 17.5%로, 레노버와 에이치피에 이어 3위를 차지했다. 1984년 설립돼 2013년 비상장 회사로 전환했다가 2018년 뉴욕증권거래소에 재상장했다.

에이치피HP Inc.는 미국의 컴퓨터 제조 업체다. 2020년 기준 전 세계 PC 시장 점유율 21.2%로, 레노버에 이어 2위를 차지했다. 1934년 빌 휴렛과 데이비드 팩커드가 설립해 1957년 뉴욕증권거래소에 상장했다. 2015년 1월 서버·스토리지 사업부문을 휴렛팩커드 엔터프라이즈**HPE**로 분사시키고 현재의 회사명으로 변경했다.

최근 4분기 경쟁사 실적 비교 2020년 4분기 기준 / (단위) 백만 달러, %, 달러

구분	애플	델 테크놀로지스	에이치피
매출	294,135	92,144	56,639
영업이익	74,253	3,684	3,462
순이익	63,930	2,431	2,844
영업이익률	25.24	4.00	6.11
순이익률	21.73	2.64	5.02
주당순이익(EPS)	3.7	3.17	2
주가수익배수(PER)	35.1	18.51	8.67
주가순자산배수(PBR)	33.88	50.96	N/A

애플의 본사는 미국 캘리포니아에 위치하며, 상근 직원 수는 14만 7천여 명이다.
델 테크놀로지스의 본사는 미국 텍사스에 위치하며, 상근 직원 수는 16만 5천여 명이다.
에이치피의 본사는 미국 캘리포니아에 위치하며, 상근 직원 수는 5만 3천여 명이다.
(2021년 2월 현재)

최근 12개월간 주가 수익률 비교 2021년 2월 기준 / (단위) %

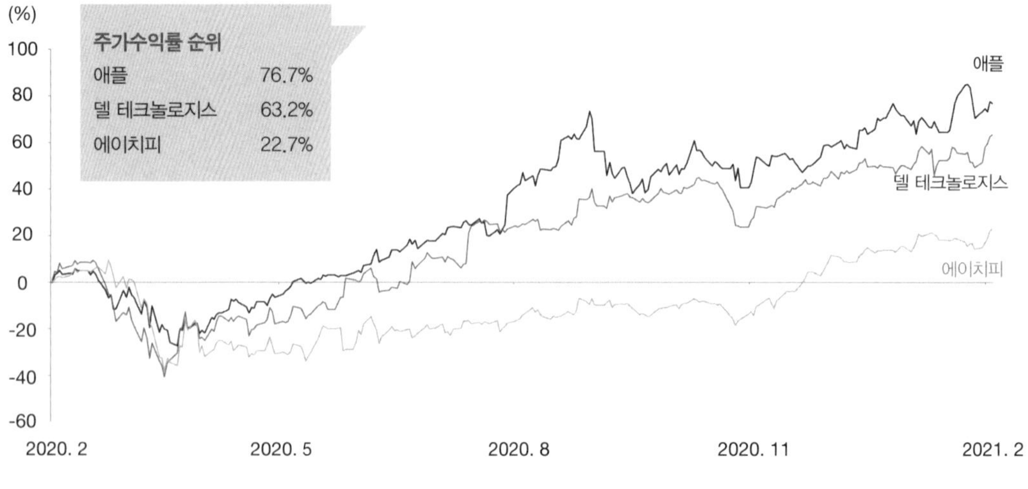

배당 및 투자의견, 종목진단 결과

애플의 회계 결산월은 9월이다.

2013년부터 증가해온 애플의 배당금은 분기 단위로 지급되고, 배당수익률은 정보기술IT 섹터 평균인 1.14%의 3분의 2 수준이다.

배당수익률	연간배당금	배당성향	배당성장	5년배당성장률
0.68%	0.82달러	18.68%	8년	9.54%

최근 3개월간 26명의 애널리스트가 제시한 투자의견을 종합하면 매수Moderate Buy(매수 19명, 보유 5명, 매도 2명)이다. 향후 12개월간 목표주가는 최고 175달러, 최저 80달러, 평균 149.70달러이다.

초이스스탁 US의 종목진단 결과는?

2020년 12월 실적발표 기준

애플의 투자매력 점수는 100점 만점에 80점이며 미국 상장기업 5,591개 중 330위로 상위 5%에 속하는 초우량 기업이다.

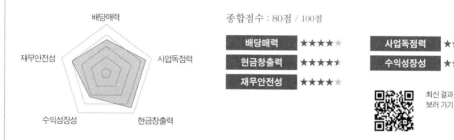

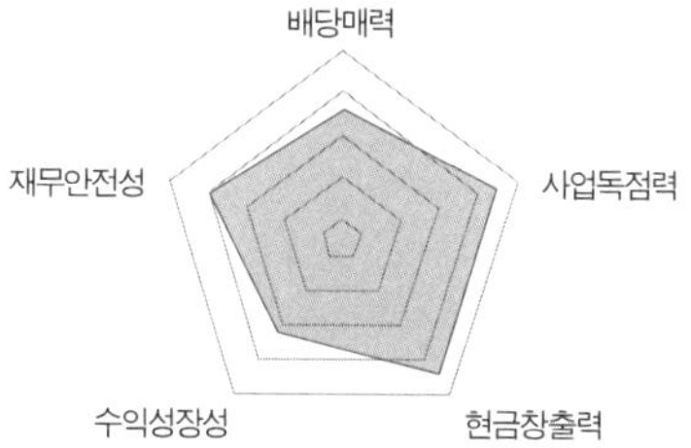

종합점수 : 80점 / 100점

배당매력	★★★★☆	사업독점력	★★★★½
현금창출력	★★★★½	수익성장성	★★★☆☆
재무안전성	★★★★☆		

최신 결과 보러 가기

투자매력 세부 5개 항목 중 사업독점력 부문에서 5점 만점에 4.5점을 받아 미국 전체 상장사 중 상위 3%에 해당하는 높은 경쟁력을 갖춘 기업이다. 독보적인 제품과 서비스를 통해 경쟁력을 갖추고, 우량한 재무구조와 높은 현금창출력을 보이고 있다. 현금창출력 점수는 4.5점으로, 2020년 12월 연환산(최근 4분기 합산) 영업활동 현금흐름은 889억 달러, 잉여현금흐름은 802억 달러를 창출한 점이 반영됐다.

수익성장성 평가에서도 5점 만점에 3점을 받아 코로나 19에도 불구하고 높은 성장을 이어갔다. 2020년 12월 연환산(최근 4분기 합산) 2,525억 달러로 전년 동기 2,396억 달러 대비 5.3% 늘었고, 순이익은 167억 달러로 전년 동기 133억 달러 대비 25.5% 성장했다. 배당매력 점수는 3.8점을 받았다. 최근 8년 연속 배당금을 상향했고 2020년에는 주당배당금 0.8달러, 시가배당률 0.7%를 기록했다.

A

POINT ▶ 클라우드 기반의 디지털 이미징에서 데이터 분석과 전자서명까지… 성장 스토리는 계속

어도비

ADBE Nasdaq | Adobe Inc.

처음 매매하는 경우

매매 예정 시점
실적 확인 후 ☐ 이슈 확인 후 ☐
매매 결정 이유
변동성 확대(단기) ☐ 실적 우수(장기) ☐
매수 목표 가격 $
손익 목표 가격 $ (+ %)
손절 목표 가격 $ (- %)
보유 예정 기간
3개월 미만(단기) ☐ 1년 이상(장기) ☐

보유 중인 경우

매매 구분 매수 ☐ 매도 ☐
매매 일자 20 . . .
매매 금액 가격 $ 수량 주
수익 현황 수익금액 $ 수익률 %

투자 아이디어

포춘 500대 기업 중 하나인 어도비**ADBE**는 디지털 이미징과 디자인 및 문서 작성 소프트웨어에 특화된 기업이다. PDF 문서를 확인하는 데 필요한 '아크로뱃 리더', 컴퓨터 그래픽 디자인을 위해 없어서는 안 될 '포토샵'과 '일러스트레이터' 등을 갖춘 어도비는 그래픽 및 디지털 콘텐츠 관련 소프트웨어 시장의 세계 표준 회사다.

1982년 설립돼 2011년부터 모든 사업부문을 클라우드 기반으로 전환해 제공하기 시작했으며, 2013년 5월에 모든 제품과 서비스의 판매를 오프라인 방식으로 제공하던 것을 클라우드 기반의 서비스형 소프트웨어Software as Service, SaaS 방식으로 전환해 서비스 계약의 규모와 기간이 꾸준히 증가하고 있다. 1986년 8월 나스닥에 상장했으며, 미국 3대 지수 중 나스닥 100과 S&P 500에 속해 있다.

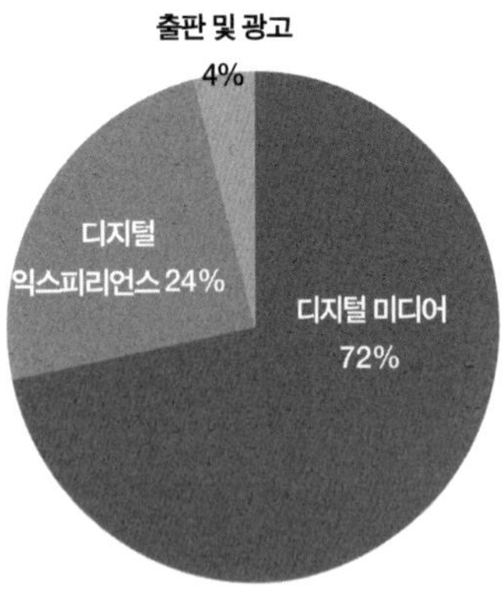

사업부문별 매출 비중

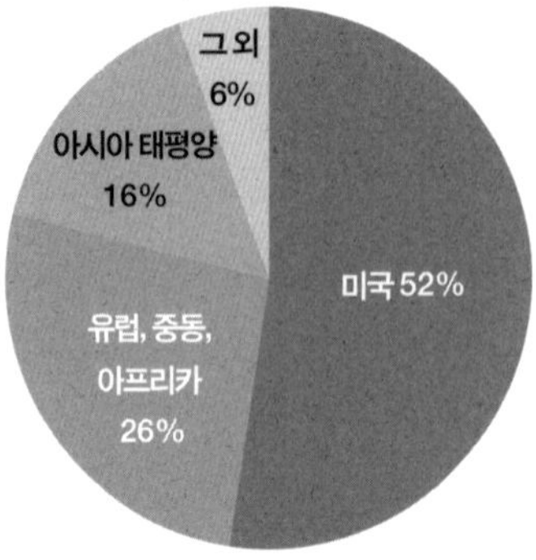

사업지역별 매출 비중

최신 정보 보러 가기 ●

주요 지표 및 주가 | 최신 뉴스 한 번에 보기 | 퀀트 분석 : 종목진단 | 컨센서스 및 투자의견

최근 3년 수익률
153.1%

최근 5년간 주요 투자지표 ① 손익계산서 11월 결산 기준 / (단위) 금액: 백만 달러, %

구분	2016. 11	2017. 11	2018. 11	2019. 11	2020. 11	전년 대비
매출액	5,854	7,302	9,030	11,171	12,868	▲ 15.2%
영업이익	1,494	2,168	2,840	3,268	4,237	▲ 29.7%
영업이익률(%)	25.5	29.7	31.5	29.3	32.9	▲ 3.7%P
순이익	1,169	1,694	2,591	2,951	5,260	▲ 78.2%
순이익률(%)	20.0	23.2	28.7	26.4	40.9	▲ 14.5%P

최근 5년간 주요 투자지표 ② 가치평가 11월 결산 기준 / (단위) 금액: 배, %, 달러

구분	2016. 11	2017. 11	2018. 11	2019. 11	2020. 11
PER(배)	42.43	52.24	47.27	50.78	43.51
PBR(배)	6.68	10.46	13.08	14.23	17.25
PSR(배)	8.47	12.12	13.56	13.41	17.78
ROE(%)	16.1	21.2	29.1	29.1	45.4
주당순이익(달러)	2.32	3.38	5.2	6	10.83
주당배당금(달러)	0	0	0	0	0

최근 5년간 주가 추이

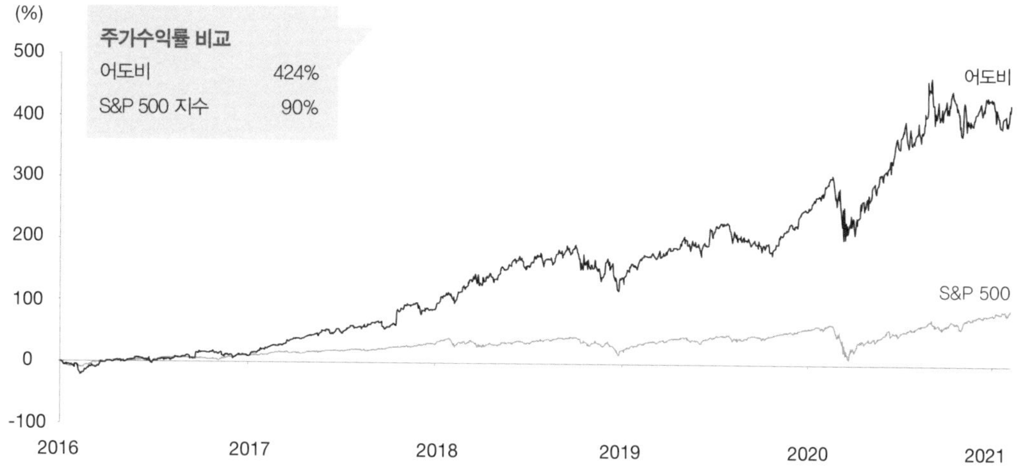

A

주요 경쟁업체 현황

이도비의 주요 경쟁사로는 세일즈포스닷컴**CRM**, 옥타**OKTA**가 있다.

세일즈포스닷컴salesforce.com, inc.은 클라우드에 기반한 고객관계관리 플랫폼 전문 회사로, CRM 분야의 절대 강자이자 세계 3위의 클라우드 컴퓨팅 회사다. 1999년에 설립돼 2014년 뉴욕증권거래소에 상장했다.

옥타Okta, Inc.는 한 번의 로그인으로 지메일과 세일즈포스, 슬랙 등 다양한 애플리케이션에 로그인할 수 있는 등 사용자 인증을 관리 및 보호하는 클라우드 소프트웨어 제공 업체다. 2009년 설립돼 2017년 나스닥에 상장했다.

최근 4분기 경쟁사 실적 비교 2020년 4분기 기준 / (단위) 백만 달러, %, 달러

구분	어도비	세일즈포스닷컴	옥타
매출	12,868	20,286	768
영업이익	4,237	226	-194
순이익	5,260	3,557	-241
영업이익률	32.93	1.11	-25.26
순이익률	40.88	17.53	-31.38
주당순이익(EPS)	10.83	3.81	-1.92
주가수익배수(PER)	43.51	59.42	-111.52
주가순자산배수(PBR)	17.25	5.24	39.49

어도비의 본사는 미국 캘리포니아 산호세에 위치하며, 상근 직원 수는 2만 2,516명이다.
세일즈포스닷컴의 본사는 미국 캘리포니아 샌프란시스코에 위치하며, 상근 직원 수는 5만 4,557명이다.
옥타의 본사는 미국 캘리포니아에 위치하며, 상근 직원 수는 2,379명이다. (2021년 2월 현재)

최근 12개월간 주가 수익률 비교 2021년 2월 기준 / (단위) %

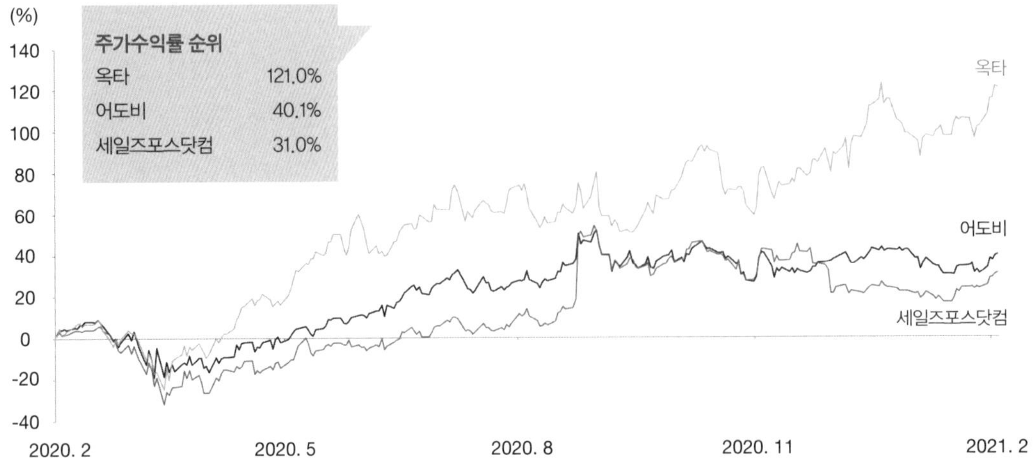

배당 및 투자의견, 종목진단 결과

어도비의 회계 결산월은 11월이다.

배당이 없는 어도비에 대하여 최근 3개월간 10명의 애널리스트가 제시한 투자의견을 종합하면 강력매수Strong Buy(매수 10명, 보유 0명, 매도 0명)이다. 향후 12개월간 목표주가는 최고 605달러, 최저 510달러, 평균 568.33달러이다.

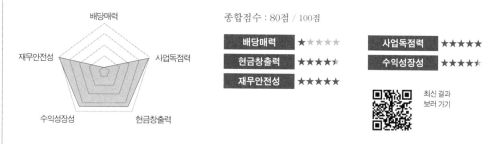

초이스스탁 US의 종목진단 결과는?

2020년 11월 실적발표 기준

어도비의 투자매력 점수는 100점 만점에 80점이며 미국 상장기업 5,591개 중 330위로 상위 5%에 속하는 초우량 기업이다.

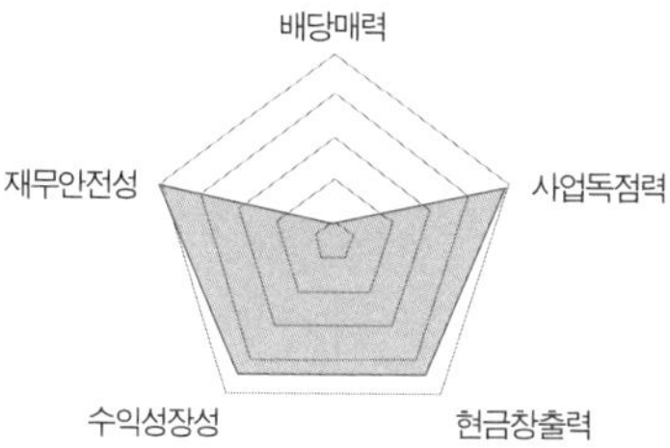

종합점수 : 80점 / 100점

배당매력	★☆☆☆☆
현금창출력	★★★★½
재무안전성	★★★★★
사업독점력	★★★★★
수익성장성	★★★★½

최신 결과 보러 가기

투자매력 세부 5개 항목 중 사업독점력과 재무안전성 2개 부문에서 모두 5점 만점을 받았다. 어도비 프로그램 등 구독 서비스가 성공적으로 정착됨에 따라 사업독점력이 5점 만점을 받았다. 현재의 고수익을 오랫동안 유지할 수 있는 독점력을 갖춘 기업으로 평가된다. 참고로, 미국 전체 상장사 중 상위 3% 수준인 173개 기업만이 만점을 받았다.

현금창출력은 5점 만점에 4.5점으로 2020년 11월 연환산 영업활동 현금흐름이 57억 달러로 전년 동기 44억 달러 대비 29% 성장했고 잉여현금흐름은 53억 달러로 전년 동기 40억 달러 대비 32% 성장한 점 등이 반영됐다. 수익성장성 부문도 4.5점을 받아 미국 전체 상장사 중 상위 1%에 속하는 고성장 기업이다. 2020년 11월 연환산 매출액이 128억 달러로 전년 동기 111억 달러 대비 15% 늘었고, 순이익은 52억 달러로 전년 동기 29억 달러 대비 79% 급증한 점 등이 반영됐다.

배당은 지급하지 않아 배당 투자 대상으로는 현재 적합하지 않다.

A

POINT ▶ 재생 에너지 분야에 대한 투자 성과를 기대

배당성취자

아메리칸 일렉트릭 파워

AEP Nasdaq | American Electric Power Company

처음 매매하는 경우

매매 예정 시점
실적 확인 후 ☐ 이슈 확인 후 ☐
매매 결정 이유
변동성 확대(단기) ☐ 실적 우수(장기) ☐
매수 목표 가격 $
손익 목표 가격 $ (+ %)
손절 목표 가격 $ (- %)
보유 예정 기간
3개월 미만(단기) ☐ 1년 이상(장기) ☐

보유 중인 경우

매매 구분 매수 ☐ 매도 ☐
매매 일자 20 . . .
매매 금액 가격 $ 수량 주
수익 현황 수익금액 $ 수익률 %

투자 아이디어

아메리칸 일렉트릭 파워**AEP**는 미국 최대 전기 발전 회사중 하나로 소매 및 상업 소비자를 대상으로 발전, 송전, 배전 및 전력 판매 서비스를 제공하는 기업이다. 1906년 설립, 23개 유틸리티 회사의 매입을 시작으로 오하이오 전력, 켄터키 전력, 인디애나 미시간 전력, 애팔래치아 전력 등의 인수합병을 진행했다. 1935년에는 고전압과 고속 회로 차단기를 개발했고, 1958년 아메리칸 가스 앤 일렉트릭AG&E에서 지금과 같이 사명을 변경했다.

이후 콜롬버스와 사우스 오하이오 전력 회사, 요크셔 전기, 센트럴 앤 사우스웨스트 등을 인수했다. 이를 통해 아메리칸 일렉트릭 파워는 현재 11개 주에 전기를 공급하고 있다.

미국 3대 지수 중 나스닥 100과 S&P 500에 속해 있다.

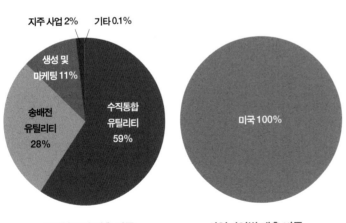

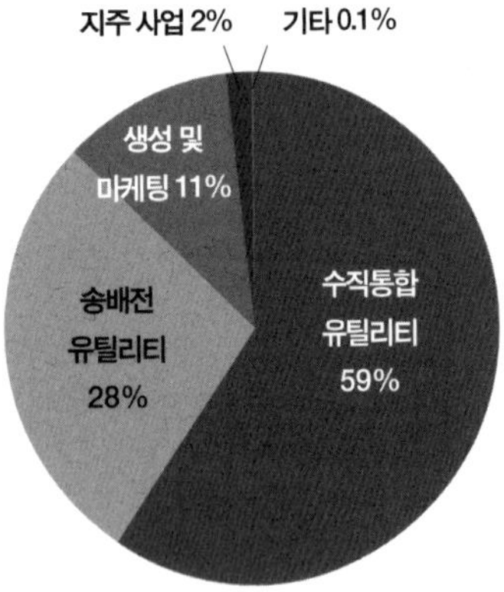
지주 사업 2%
기타 0.1%
생성 및
마케팅 11%
송배전
유틸리티
28%
수직통합
유틸리티
59%

사업부문별 매출 비중

미국 100%

사업지역별 매출 비중

최신 정보 보러 가기 ●

주요 지표 및 주가 | 최신 뉴스 한 번에 보기 | 퀀트 분석 : 종목진단 | 컨센서스 및 투자의견

최근 3년 수익률
26.1%

최근 5년간 주요 투자지표 ① 손익계산서 12월 결산 기준 / (단위) 금액: 백만 달러, %

구분	2016. 12	2017. 12	2018. 12	2019. 12	2020. 12	전년 대비
매출액	16,380	15,425	16,196	15,561	15,708	▲ 0.9%
영업이익	1,164	3,525	2,683	2,592	3,348	▲ 29.2%
영업이익률(%)	7.1	22.9	16.6	16.7	21.3	▲ 4.7%P
순이익	611	1,913	1,924	1,921	2,147	▲ 11.8%
순이익률(%)	3.7	12.4	11.9	12.3	13.7	▲ 1.3%P

최근 5년간 주요 투자지표 ② 가치평가 12월 결산 기준 / (단위) 금액: 배, %, 달러

구분	2016. 12	2017. 12	2018. 12	2019. 12	2020. 12
PER(배)	50.68	18.92	19.16	24.3	18.19
PBR(배)	1.78	1.98	1.94	2.38	1.9
PSR(배)	1.89	2.35	2.28	3	2.49
ROE(%)	3.4	10.6	10.2	9.9	10.59
주당순이익(달러)	1.24	3.88	3.9	3.88	4.348
주당배당금(달러)	2.27	2.39	2.53	2.71	2.839

최근 5년간 주가 추이

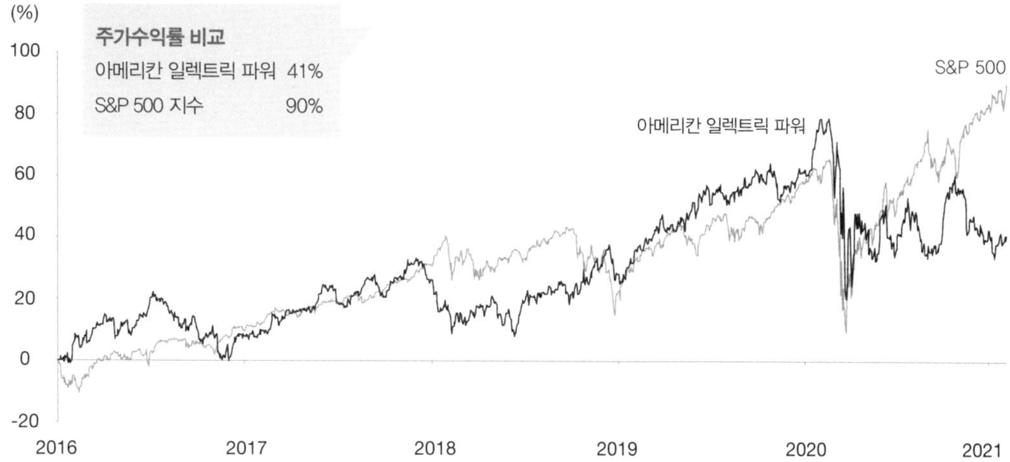

주요 경쟁업체 현황

아메리칸 일렉트릭 파워의 주요 경쟁사로는 엑셀론**EXC**, 엑셀 에너지**XEL**가 있다.

엑셀론Exelon Corporation은 북미 지역에서 풍력, 수력, 태양력 발전 시설 등을 보유하고 천연가스, 재생에너지, 전기 등을 생산하는 유틸리티 서비스 회사다. 2000년 설립돼 2017년 10월 나스닥에 상장했다.

엑셀 에너지Xcel Energy Inc.는 미국 및 멕시코에서 전기 및 천연가스 사업을 영위하는 유틸리티 서비스 회사다. 1909년 미국 북서부 지역에 전기를 공급하던 워싱턴 카운티 라이트 앤 파워 컴퍼니에서 시작해 2017년 기준 330만 명에게 전기를, 180만 명에게 천연가스를 공급하고 있다.

최근 4분기 경쟁사 실적 비교 2020년 4분기 기준 / (단위) 백만 달러, %, 달러

구분	아메리칸 일렉트릭 파워	엑셀론	엑셀 에너지
매출	15,708	33,264	11,526
영업이익	3,348	3,516	2,116
순이익	2,147	2,376	1,473
영업이익률	21.3	10.57	18.36
순이익률	13.7	7.14	12.78
주당순이익(EPS)	4.348	2.43	2.79
주가수익배수(PER)	18.19	14.67	23.78
주가순자산배수(PBR)	1.9	1.06	2.4

아메리칸 일렉트릭 파워의 본사는 미국 오하이오에 위치하며, 상근 직원 수는 1만 6,787명이다. 엑셀론의 본사는 미국 일리노이 시카고에 위치하며, 상근 직원 수는 3만 2,340명이다. 엑셀 에너지의 본사는 미국 미네소타 미니애폴리스에 위치하며, 상근 직원 수는 1만 1,367명이다. (2021년 2월 현재)

최근 12개월간 주가 수익률 비교 2021년 2월 기준 / (단위) %

주가수익률 순위

엑셀론	-8.2%
엑셀 에너지	-8.3%
아메리칸 일렉트릭 파워	-21.1%

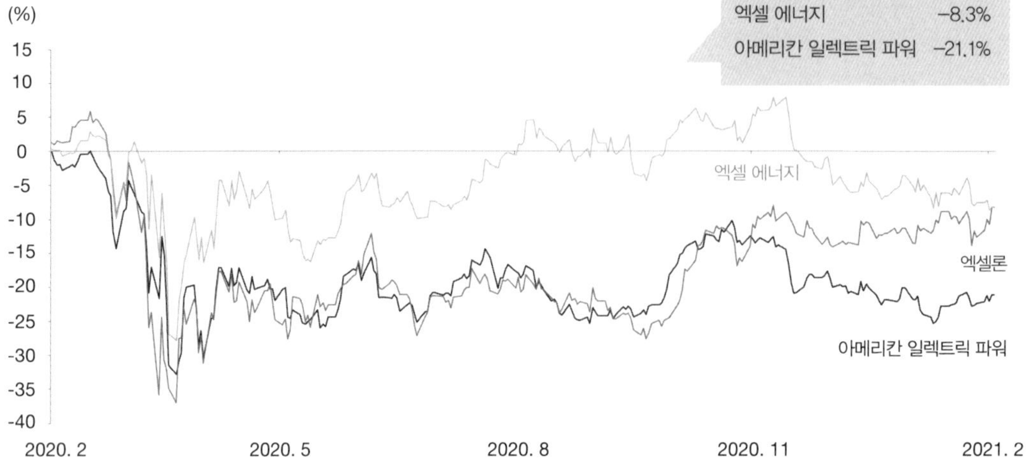

배당 및 투자의견, 종목진단 분석 결과

아메리칸 일렉트릭 파워의 회계 결산월은 12월이다.

2010년부터 배당이 증가해 '배당성취자'에 해당하는 아메리칸 일렉트릭 파워의 배당금은 분기 단위로 지급되고, 배당수익률은 유틸리티 섹터 평균인 3.45%보다 조금 높은 수준이다.

배당수익률(선행)	연간배당금(선행)	배당성향	배당성장	5년 배당성장률
3.95%	2.96달러	63.58%	10년 배당성취자	5.73%

최근 3개월간 9명의 애널리스트가 제시한 투자의견을 종합하면 매수Moderate Buy(매수 6명, 보유 2명, 매도 1명)이다. 향후 12개월간 목표주가는 최고 98달러, 최저 83달러, 평균 90.25달러이다.

초이스스탁 US의 종목진단 결과는?

2020년 9월 실적발표 기준

아메리칸 일렉트릭 파워의 투자매력 점수는 100점 만점에 51점이며 미국 상장기업 5,591개 중 2,046위로 상위 36%에 속하는 기업이다.

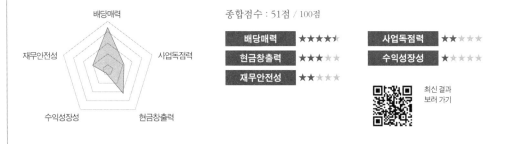

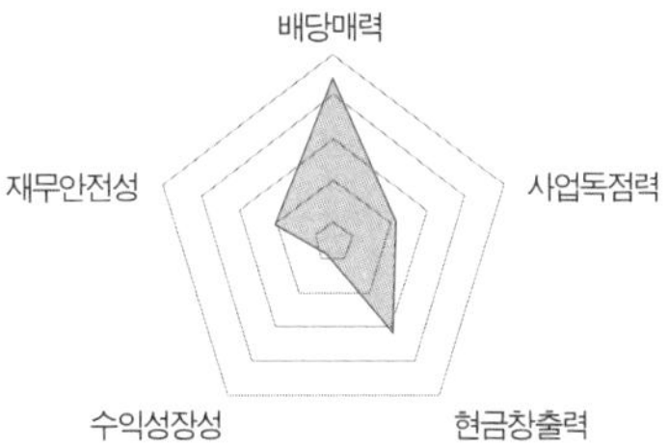

종합점수 : 51점 / 100점

- 배당매력 ★★★★½
- 현금창출력 ★★★
- 재무안전성 ★★
- 사업독점력 ★★
- 수익성장성 ★

최신 결과 보러 가기

투자매력 세부 5개 항목 중 배당매력 점수가 5점 만점에 4.5점을 기록해 배당투자 매력이 높은 편이다. 최근 10년 연속 주당배당금이 상향됐고 2019년에 주당배당금 2.71달러를 지급해 시가배당률 2.9%를 기록했다. 최근 5년간 시가배당률은 2.9~3.7% 수준이다. 현금창출력 점수는 5점 만점에 3점을 받았다. 2020년 9월 연환산(최근 4분기 합산) 영업활동 현금흐름이 38억 달러로 전년 동기 46억 달러 대비 17% 줄었고, 잉여현금흐름은 (-)25억 달러를 기록했는데 이는 투자로 인한 자본적 지출로 64억 달러를 지출했기 때문이다.

수익성장성은 5점 만점에 0.8점으로 매우 낮은 평가로 성장성이 정체된 점이 리스크다. 2020년 9월 연환산 매출액은 149억 달러로 전년 동기 157억 달러 대비 5% 줄었고, 순이익은 19억 달러로 전년 동기 21억 달러 대비 9% 감소했다. 최근 10년간 매출액이 150억~160억 달러 수준에서 정체된 점이 수익성장성 점수에 반영됐다.

POINT ▶ 코로나 19로 비대면 커뮤니케이션이 활성화되면서 치아교정 수요 확대

얼라인 테크놀로지

ALGN Nasdaq | Align Technology, Inc.

처음 매매하는 경우

매매 예정 시점
실적 확인 후 ☐ 이슈 확인 후 ☐
매매 결정 이유
변동성 확대(단기) ☐ 실적 우수(장기) ☐
매수 목표 가격 $
손익 목표 가격 $ (+ %)
손절 목표 가격 $ (- %)
보유 예정 기간
3개월 미만(단기) ☐ 1년 이상(장기) ☐

보유 중인 경우

매매 구분 매수 ☐ 매도 ☐
매매 일자 20 . . .
매매 금액 가격 $ 수량 주
수익 현황 수익금액 $ 수익률 %

투자 아이디어

투명 치아 교정장치 업체인 얼라인 테크놀로지ALGN는 1997년 설립됐다. 1998년 투명 치아 교정 시스템인 '인비절라인invisalign'에 대한 FDA의 승인을 획득, 2000년에 상용화했다. 이어 2011년 3D 이미지 구현 기능을 포함한 구강 스캐너 '아이테로iTero'를 개발한 이스라엘 기업 케이던트Cadent, Inc.를 인수했다. 2017년 10월 '인비절라인'의 특허 기간이 만료되면서 시장에서의 경쟁이 본격적으로 시작된 가운데, 얼라인 테크놀로지는 900여 개의 특허를 가지고 있으며 여기에 더해 우리나라를 포함한 100여 개국에 걸쳐 600만 명의 환자가 선택했다는 자부심으로 시장 선도자의 입지를 공고히 하고 있다. 코로나 19 팬데믹으로 실적이 부진했지만 2020년 6월 이후 미국 내 치과 개원이 본격화되며 회복세를 보이고 있다.

2001년 1월 나스닥에 상장했으며, 미국 3대 지수 중 나스닥 100과 S&P 500에 속해 있다.

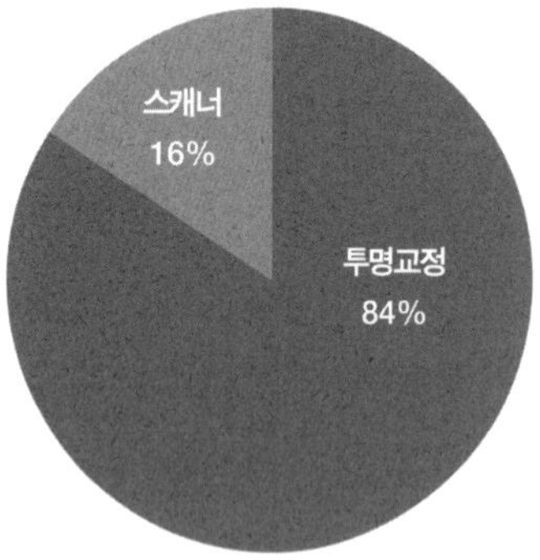

사업부문별 매출 비중

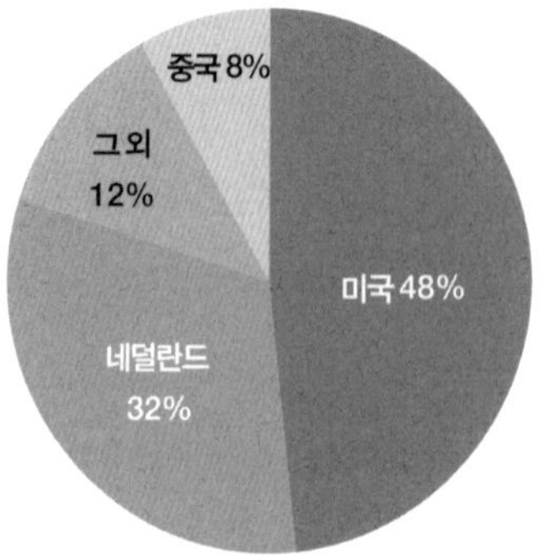

사업지역별 매출 비중

최신 정보 보러 가기 ●

주요 지표 및 주가 | 최신 뉴스 한 번에 보기 | 퀀트 분석 : 종목진단 | 컨센서스 및 투자의견

최근 3년 수익률
157.0%

최근 5년간 주요 투자지표 ① 손익계산서 12월 결산 기준 / (단위) 금액: 백만 달러, %

구분	2010. 12	2017. 12	2018. 12	2019. 12	2020. 12	전년 대비
매출액	1,080	1,473	1,966	2,407	2,423	▲ 0.7%
영업이익	249	354	467	542	439	▼ -19.0%
영업이익률(%)	23.1	24.0	23.8	22.5	18.1	▼ -4.4%P
순이익	190	231	400	443	376	▼ -15.1%
순이익률(%)	17.6	15.7	20.3	18.4	15.5	▼ -2.9%P

최근 5년간 주요 투자지표 ② 가치평가 12월 결산 기준 / (단위) 금액: 배, %, 달러

구분	2016. 12	2017. 12	2018. 12	2019. 12	2020. 12
PER(배)	40.39	76.98	41.85	49.67	126.13
PBR(배)	7.7	15.43	13.37	16.34	14.69
PSR(배)	7.09	12.09	8.52	9.14	19.5
ROE(%)	20.1	20.8	33.4	33.5	29.11
주당순이익(달러)	2.33	2.83	4.92	5.53	4.751
주당배당금(달러)	0	0	0	0	0

최근 5년간 주가 추이

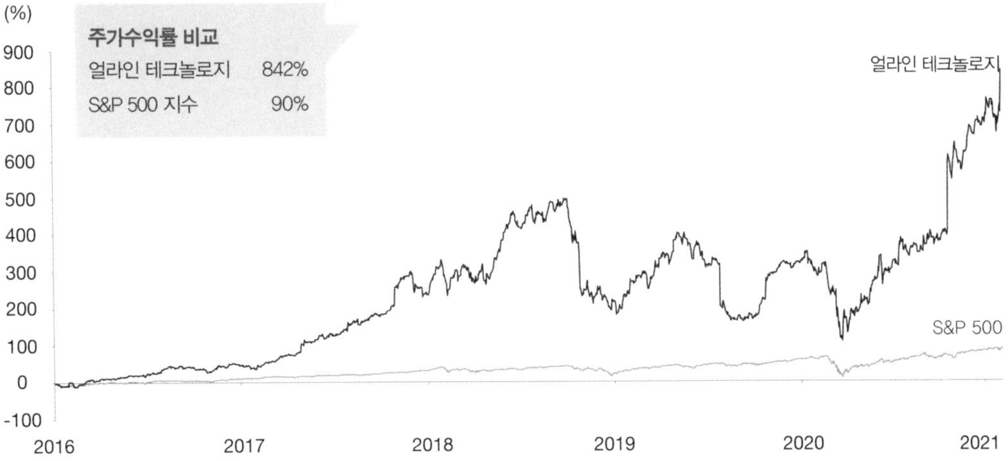

주요 경쟁업체 현황

얼라인 테크놀로지의 주요 경쟁사로는 덴츠플라이 시로나XRAY, 쿠퍼 컴퍼니스COO가 있다.

덴츠플라이 시로나DENTSPLY SIRONA Inc.는 1899년 설립된 덴티스트 서플라이 컴퍼니와 1877년 설립된 시로나 덴탈 시스템 간 2016년 합병을 통해 탄생했다. 120여 개 이상의 국가에서 전문 치과 제품 및 기술을 제공하고 있다.

쿠퍼 컴퍼니스Cooper Companies, Inc.는 1958년 설립된 글로벌 의료기기 회사다. 콘택트 렌즈를 제조하는 쿠퍼 비전CooperVision과 여성 건강과 난임 및 불임 치료 진단에 초점을 맞춘 쿠퍼 서지컬CooperSurgical, 두 개의 부문에서 사업을 영위하고 있다.

최근 4분기 경쟁사 실적 비교 2020년 4분기 기준 / (단위) 백만 달러, %, 달러

구분	얼라인 테크놀로지	덴츠플라이 시로나	쿠퍼 컴퍼니스
매출	2,423	3,371	2,431
영업이익	439	-11	312
순이익	376	-79	238
영업이익률	18.1	-0.33	12.83
순이익률	15.5	-2.34	9.79
주당순이익(EPS)	4.751	-0.36	4.81
주가수익배수(PER)	126.13	-120.64	71.39
주가순자산배수(PBR)	14.69	2.01	4.45

얼라인 테크놀로지의 본사는 미국 애리조나 템피에 위치하며, 상근 직원 수는 1만 1,660명이다. 덴츠플라이 시로나의 본사는 미국 펜실베이니아에 위치하며, 상근 직원 수는 1만 6,400명이다. 쿠퍼 컴퍼니스의 본사는 미국 캘리포니아에 위치하며, 상근 직원 수는 1만 2천여 명이다.
(2021년 2월 현재)

최근 12개월간 주가 수익률 비교 2021년 2월 기준 / (단위) %

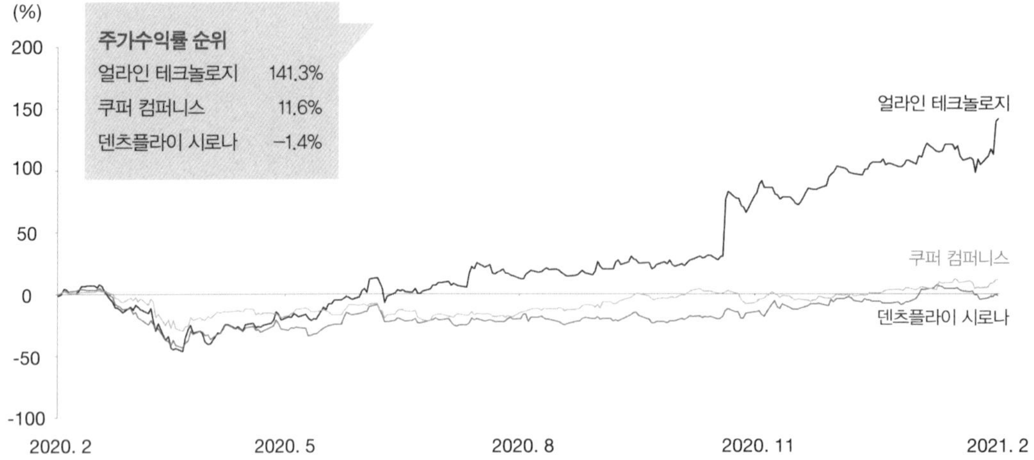

배당 및 투자의견, 종목진단 결과

얼라인 테크놀로지의 회계 결산월은 12월이다.

배당이 없는 얼라인 테크놀로지에 대하여 최근 3개월간 11명의 애널리스트가 제시한 투자의견을 종합하면 강력매수Strong Buy(매수 9명, 보유 2명, 매도 0명)이다. 향후 12개월간 목표주가는 최고 700달러, 최저 555달러, 평균 637.73달러이다.

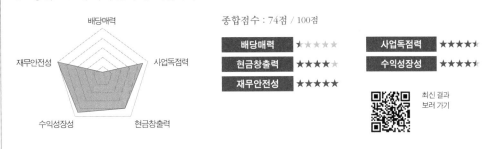

초이스스탁 US의 종목진단 결과는?

2020년 9월 실적발표 기준

얼라인 테크놀로지의 투자매력 점수는 100점 만점에 74점이며 미국 상장기업 5,591개 중 625위로 상위 11%에 속하는 우량 기업이다.

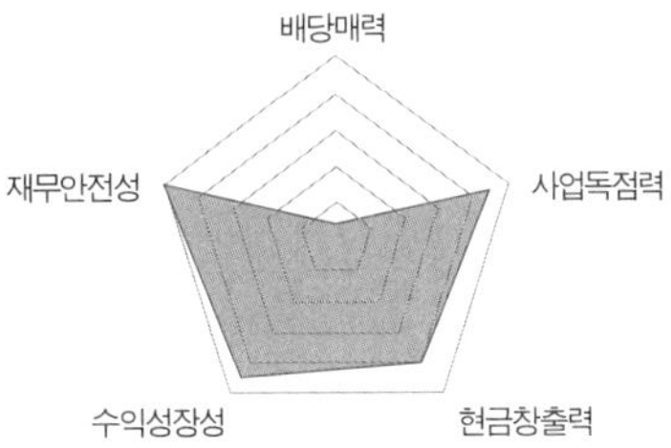

종합점수 : 74점 / 100점

배당매력	★☆☆☆☆	사업독점력	★★★★☆
현금창출력	★★★★☆	수익성장성	★★★★☆
재무안전성	★★★★★		

최신 결과 보러 가기

투자매력 세부 5개 항목 중 재무안전성에서 5점 만점을 받았다. 2020년 9월 기준 부채비율은 45%, 유동비율은 131%로 안전한 재무구조를 유지하고 있고, 단기차입금이 없는 점 등이 반영됐다. 수익성장성 부문에서 5점 만점에 4.5점으로 매우 높은 평가를 받았다. 2020년 9월 연환산(최근 4분기 합산) 매출액이 22억 달러로 전년 동기와 비슷한 수준이지만, 순이익은 법인세 효과에 힘입어 17억 달러로 전년 동기 4억 달러 대비 4배 이상 급증했다. 다만, 법인세 효과에 따른 순이익 개선효과는 단기에 그치는 만큼 향후 매출액과 영업이익 성장률을 확인하는 것이 좋다.

현금창출력 점수는 4점으로 높은 평가를 받았다. 2020년 9월 연환산 기준 영업활동 현금흐름은 4억 9,000만 달러, 잉여현금흐름은 3억 5,500만 달러를 창출한 점 등이 반영됐다.

배당은 지급하지 않아 배당 투자 대상으로는 현재 적합하지 않다.

A

POINT ▶ 반도체 시장의 성장세는 선도 업체에 전략적 가치를 제공

어플라이드 머티리얼즈

AMAT Nasdaq | Applied Materials, Inc.

처음 매매하는 경우			보유 중인 경우				
매매 예정 시점			**매매 구분**	매수 ☐	매도 ☐		
실적 확인 후 ☐	이슈 확인 후 ☐		**매매 일자**	20 . . .			
매매 결정 이유			**매매 금액**	가격 $		수량	주
변동성 확대(단기) ☐	실적 우수(장기) ☐		**수익 현황**	수익금액 $		수익률	%
매수 목표 가격	$						
손익 목표 가격	$	(+ %)	**투자 아이디어**				
손절 목표 가격	$	(- %)					
보유 예정 기간							
3개월 미만(단기) ☐	1년 이상(장기) ☐						

포춘 500대 기업 중 하나인 어플라이드 머티리얼즈AMAT는 반도체 칩과 첨단 디스플레이 제품의 생산에 사용되는 웨이퍼 제조장비 및 관련 용품을 개발해 공급하는 글로벌 1위 반도체 장비 회사다. 1967년에 설립돼 현재 전 세계 17개국 93개의 지사에서 2만 2,000여 명의 직원이 근무하고 있다. 반도체 시스템 부문, 글로벌 서비스 부문, 디스플레이 부문 등 3개 사업부문을 영위하고 있는데, 반도체 장비 부문은 디램DRAM과 낸드NAND 플래시 사업을 포함하는 메모리 부문과 파운드리 및 로직 사업을 포함하는 비메모리 부문으로 구성된다. 코로나 19 팬데믹에도 불구하고 비메모리 부문을 중심으로 실적 개선세가 두드러진다.

1972년 10월 나스닥에 상장했으며, 미국 3대 지수 중 나스닥 100과 S&P 500에 속해 있다.

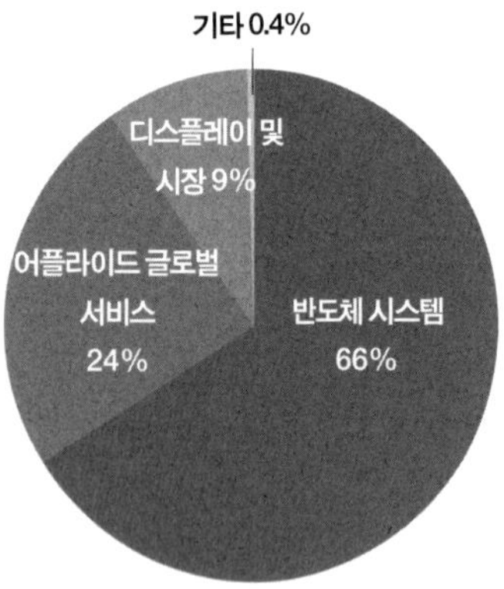

사업부문별 매출 비중

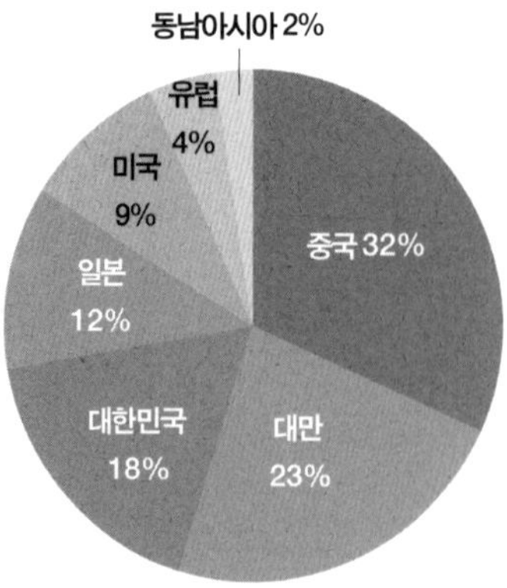

사업지역별 매출 비중

최신 정보 보러 가기 ●

주요 지표 및 주가 / 최신 뉴스 한 번에 보기 / 퀀트 분석 : 종목진단 / 컨센서스 및 투자의견

최근 3년 수익률 100.4%

최근 5년간 주요 투자지표 ① 손익계산서 10월 결산 기준 / (단위) 금액: 백만 달러, %

구분	2016. 10	2017. 10	2018. 10	2019. 10	2020. 10	전년 대비
매출액	10,825	14,698	16,705	14,608	17,202	▲ 17.8%
영업이익	2,152	3,936	4,491	3,350	4,365	▲ 30.3%
영업이익률(%)	19.9	26.8	26.9	22.9	25.4	▲ 2.4%P
순이익	1,721	3,519	3,038	2,706	3,619	▲ 33.7%
순이익률(%)	15.9	23.9	18.2	18.5	21.0	▲ 2.5%P

최근 5년간 주요 투자지표 ② 가치평가 10월 결산 기준 / (단위) 금액: 배, %, 달러

구분	2016. 10	2017. 10	2018. 10	2019. 10	2020. 10
PER(배)	18.00	17.18	10.47	19.02	15.38
PBR(배)	4.29	6.47	4.65	6.27	5.26
PSR(배)	2.86	4.11	1.9	3.52	3.24
ROE(%)	24.8	41.4	41.6	33.1	38.3
주당순이익(달러)	1.54	3.25	2.96	2.86	3.92
주당배당금(달러)	0.4	0.4	0.6	0.82	0.86

최근 5년간 주가 추이

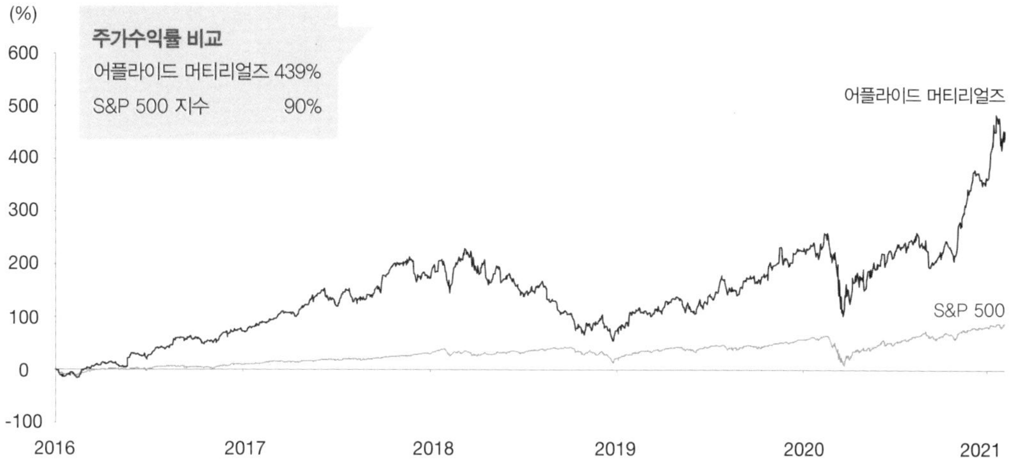

주요 경쟁업체 현황

이플라이드 머티리얼즈의 주요 경쟁사로는 램 리서치**LRCX**, 케이엘에이**KLAC**가 있다.

램 리서치Lam Research Corporation는 전 세계 반도체 기업을 대상으로 집적회로 제작에 사용되는 공정 장비의 설계·제조·마케팅 및 서비스를 제공하는 기업이다. 1980년 설립됐으며 1984년 나스닥에 상장했다.

케이엘에이KLA Corporation는 반도체 공정 제어 및 수율 관리 시스템과 서비스를 제공하는 기업이다. 1997년 케이엘에이와 텐코Tencor가 결합하면서 설립됐고, 2019년에 케이엘에이텐코에서 현재의 사명으로 변경했다.

최근 4분기 경쟁사 실적 비교 2020년 4분기 기준 / (단위) 백만 달러, %, 달러

구분	어플라이드 머티리얼즈	램 리서치	케이엘에이
매출	17,202	11,929	6,073
영업이익	4,365	3,421	1,712
순이익	3,619	2,964	1,368
영업이익률	25.38	28.68	28.19
순이익률	21.04	24.85	22.53
주당순이익(EPS)	3.92	20.14	8.75
주가수익배수(PER)	15.38	23.34	29.24
주가순자산배수(PBR)	5.26	12.57	13.63

어플라이드 머티리얼즈의 본사는 미국 캘리포니아 산타클라라에 위치하며, 상근 직원 수는 2만 4,200명이다.
램 리서치의 본사는 미국 캘리포니아 프레몬트에 위치하며, 직원 수는 1만 2,200명이다
케이엘에이의 본사는 미국 캘리포니아 밀티파스에 위치하며, 상근 직원 수는 1만 600명이다.
(2021년 2월 현재)

최근 12개월간 주가 수익률 비교 2021년 2월 기준 / (단위) %

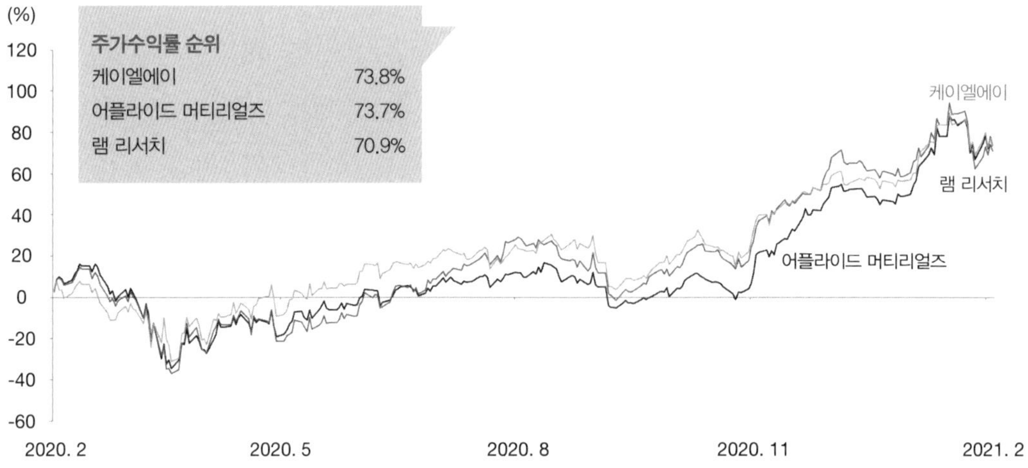

배당 및 투자의견, 종목진단 결과

어플라이드 머티리얼즈의 회계 결산월은 10월이다.

2018년부터 증가해온 어플라이드 머티리얼즈의 배당금은 분기 단위로 지급되고, 배당수익률은 정보기술IT 섹터 평균인 1.14%의 3분의 2 수준이다.

배당수익률(선행)	연간배당금(선행)	배당성향	배당성장	5년 배당성장률
0.74%	0.88달러	14.64%	3년	17.08%

최근 3개월간 22명의 애널리스트가 제시한 투자의견을 종합하면 강력매수Strong Buy(매수 19명, 보유 3명, 매도 0명)이다. 향후 12개월간 목표주가는 최고 150달러, 최저 110달러, 평균 133.95달러이다.

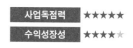

초이스스탁 US의 종목진단 결과는?

2020년 10월 실적발표 기준

어플라이드 머티리얼즈의 투자매력 점수는 100점 만점에 93점이며 미국 상장기업 5,591개 중 18위로 상위 0.32%에 속하는 초우량 기업이다.

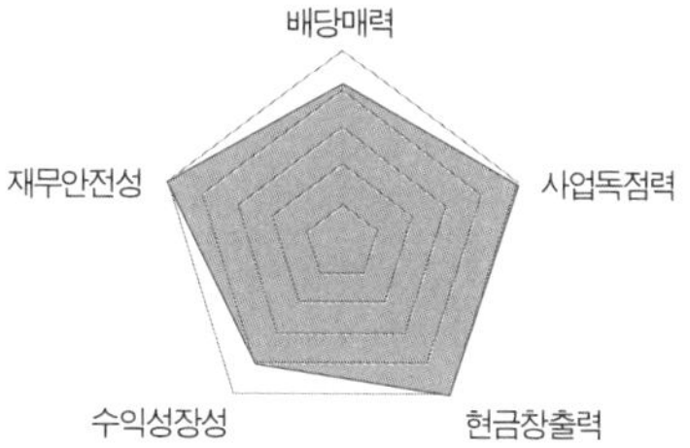

종합점수 : 93점 / 100점

배당매력	★★★★☆	사업독점력	★★★★★
현금창출력	★★★★★	수익성장성	★★★★☆
재무안전성	★★★★★		

최신 결과 보러 가기

투자매력 세부 5개 항목 중 사업독점력에서 5점 만점을 받았다. 사업독점력은 현재 수익성과 성장성을 미래에도 유지할 수 있는지를 나타내는 지표로, 점수가 높을수록 경제적 해자를 갖춘 기업이다. 수익성장성에서 5점 만점에 4점을 받았는데, 미국 전체 상장사 상위 4%에 속하는 고성장 기업이다. 2020년 10월 연환산(최근 4분기 합산) 매출액이 172억 달러로 전년 동기 146억 달러 대비 17% 늘었고, 순이익은 36억 달러로 전년 동기 27억 달러 대비 33% 성장한 점 등이 반영됐다. 재무안전성도 5점 만점을 받아 재무위험이 거의 없다 하겠다. 뛰어난 실적을 바탕으로 배당도 꾸준히 지급해 배당매력 점수도 4점을 받았다. 최근 3년 연속 주당배당금을 상향했고, 2020년에는 주당배당금 0.86달러를 지급해 시가배당률 1.4%를 기록했다. 최근 5년간 시가배당률은 0.7~1.9% 수준이다.

A

POINT ▶ CPU 부문과 GPU 부문에서 2인자였지만 이제 1위 못지않은 경쟁우위 확보

어드밴스드 마이크로 디바이시스

AMD Nasdaq | Advanced Micro Devices, Inc.

처음 매매하는 경우

매매 예정 시점
실적 확인 후 ☐ 이슈 확인 후 ☐
매매 결정 이유
변동성 확대(단기) ☐ 실적 우수(장기) ☐
매수 목표 가격 $
손익 목표 가격 $ (+ %)
손절 목표 가격 $ (- %)
보유 예정 기간
3개월 미만(단기) ☐ 1년 이상(장기) ☐

보유 중인 경우

매매 구분 매수 ☐ 매도 ☐
매매 일자 20 . . .
매매 금액 가격 $ 수량 주
수익 현황 수익금액 $ 수익률 %

투자 아이디어

어드밴스드 마이크로 디바이시스**AMD**, 이하 에이앰디는 PC의 중앙처리장치인 CPU와 그래픽 처리장치인 GPU를 개발, 생산하는 미국의 반도체 기업이다. CPU 시장에서는 인텔, GPU 시장에서는 엔비디아에 이어 각각 세계 2위이다. '라이젠', '라데온', '에픽' 등이 에이앰디의 대표 브랜드다.

1969년에 설립, 인텔에 이어 세계 두 번째로 X86 아키텍처 호환 프로세서를 개발했고, 2006년 GPU 전문업체인 ATI를 인수하면서 GPU 시장에 진출했다. 2011년에는 CPU와 GPU를 하나의 칩셋에 통합한 가속처리장치인 APU를 출시했고, 2014년 엔지니어 출신인 리사 수가 CEO로 취임했다. 이후 GPU 수요의 폭발적 증가세에 힘 입어 매출이 큰 폭으로 증가했다. 최근 프로그래머블 반도체 업체인 자일링스를 인수하기도 했다.

1979년 10월 뉴욕증권거래소에 상장했으며, 2015년 1월 나스닥으로 이전 상장했다. 현재 나스닥 100과 S&P 500에 속해 있다.

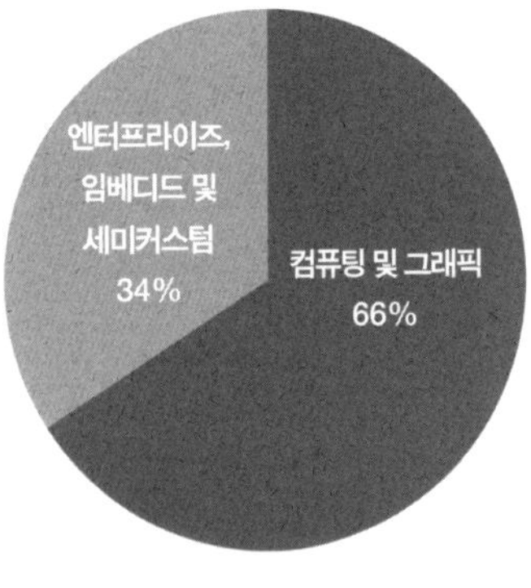

사업부문별 매출 비중

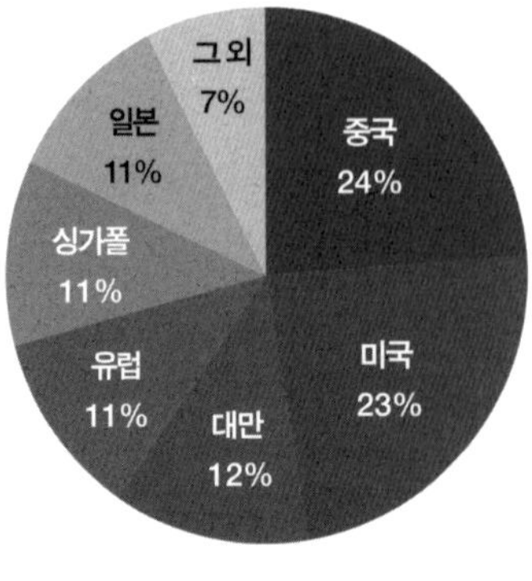

사업지역별 매출 비중

최신 정보 보러 가기 ●

주요 지표 및 주가 | 최신 뉴스 한 번에 보기 | 퀀트 분석 : 종목진단 | 컨센서스 및 투자의견

최근 3년 수익률
654.5%

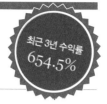

최근 5년간 주요 투자지표 ① 손익계산서 12월 결산 기준 / (단위) 금액: 백만 달러, %

구분	2016. 12	2017. 12	2018. 12	2019. 12	2020. 12	전년 대비
매출액	4,319	5,253	6,475	6,731	9,763	▲ 45.1%
영업이익	-373	127	451	631	1,369	▲ 117.0%
영업이익률(%)	-8.6	2.4	7.0	9.4	14.0	▲ 4.6%P
순이익	-498	-33	337	341	2,490	▲ 630.2%
순이익률(%)	-11.5	-0.6	5.2	5.1	25.5	▲ 20.4%P

최근 5년간 주요 투자지표 ② 가치평가 12월 결산 기준 / (단위) 금액: 배, %, 달러

구분	2016. 12	2017. 12	2018. 12	2019. 12	2020. 12
PER(배)	-21.11	-300.55	52.85	150.81	44.35
PBR(배)	25.27	16.64	14.07	18.19	18.92
PSR(배)	2.43	1.89	2.75	7.64	11.31
ROE(%)	1,732.20	-6.8	33.8	15.7	62.1
주당순이익(달러)	-0.6	-0.03	0.32	0.3	2.06
주당배당금(달러)	0	0	0	0	0

최근 5년간 주가 추이

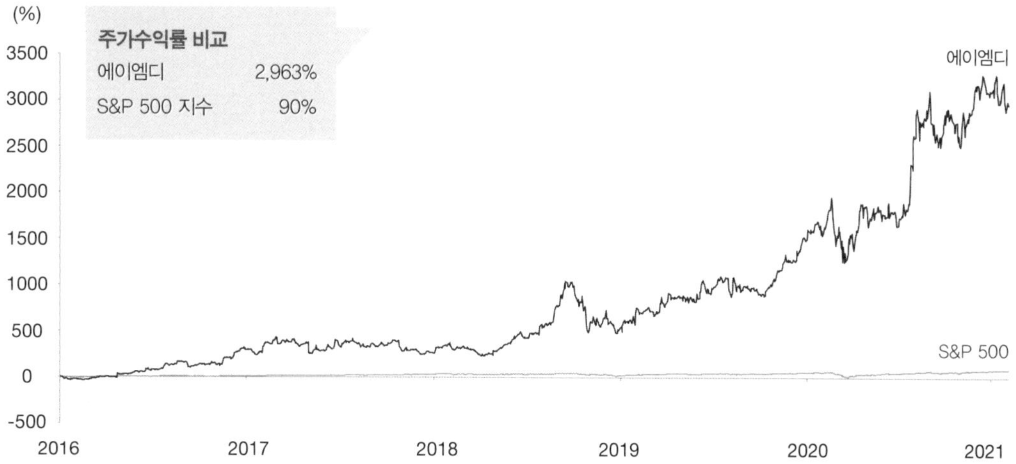

주요 경쟁업체 현황

에이엠디의 주요 경쟁사로는 인텔**INTC**, 엔비디아**NVDA**가 있다.

인텔Intel Corporation은 엔비디아, 삼성전자와 글로벌 반도체 1위 사리를 놓고 경쟁하고 있는 미국의 반도체 기업이다. 1968년 설립돼 1971년 나스닥에 상장했다.

엔비디아NVIDIA Corporation는 컴퓨터용 고성능 그래픽 처리장치GPU와 멀티미디어 장치를 개발하는 기업이다. 1993년 설립됐으며 1995년에 첫 그래픽 칩셋을 개발한 데 이어 1999년에 GPU를 개발하고 나스닥에 상장했다. 2020년 7월에는 시가총액이 2,513억 달러를 넘으며 인텔을 누르고 미국 반도체 부문 시총 1위에 올라섰다.

최근 4분기 경쟁사 실적 비교 2020년 4분기 기준 / (단위) 백만 달러, %, 달러

구분	에이엠디	인텔	엔비디아
매출	9,763	77,867	14,777
영업이익	1,369	23,678	4,015
순이익	2,490	20,899	3,826
영업이익률	14.02	30.41	27.17
순이익률	25.50	26.84	25.89
주당순이익(EPS)	2.06	4.94	6.11
주가수익배수(PER)	44.35	9.23	87.67
주가순자산배수(PBR)	18.92	2.38	21.87

에이엠디의 본사는 미국 캘리포니아 산타클라라에 위치하며, 상근 직원 수는 1만 2,600명이다. 인텔의 본사는 미국 캘리포니아 산타클라라에 위치하며, 상근 직원 수는 11만 600명이다. 엔비디아의 본사는 미국 캘리포니아 산타클라라에 위치하며, 상근 직원 수는 1만 8,975명이다. (2021년 2월 현재)

최근 12개월간 주가 수익률 비교 2021년 2월 기준 / (단위) %

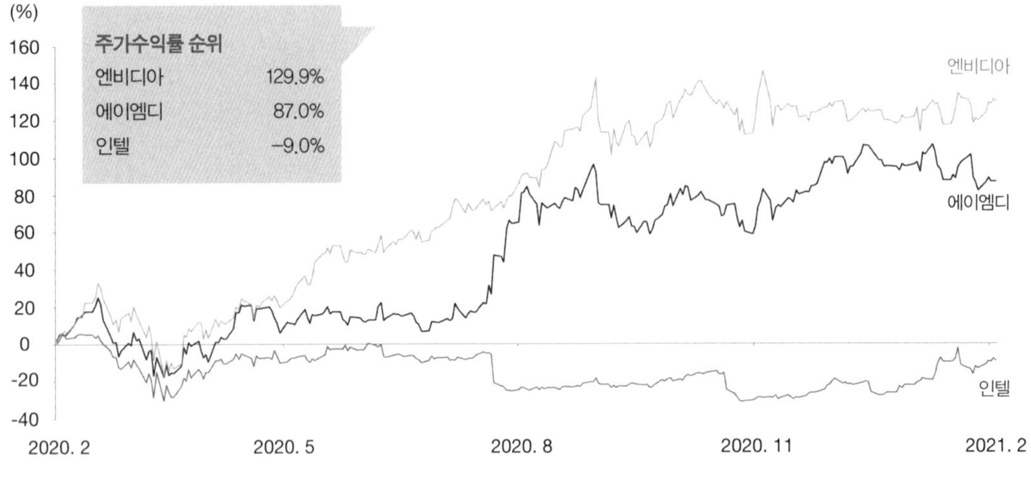

배당 및 투자의견, 종목진단 결과

에이엠디의 회계 결산월은 12월이다.

배당이 없는 에이엠디에 대하여 최근 3개월간 22명의 애널리스트가 제시한 투자의견을 종합하면 매수Moderate Buy(매수 15명, 보유 6명, 매도 1명)이다. 향후 12개월간 목표주가는 최고 135달러, 최저 75달러, 평균 107.52달러이다.

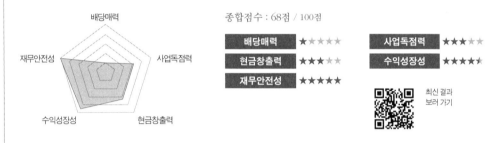

초이스스탁 US의 종목진단 결과는?

2020년 12월 실적발표 기준

에이엠디의 투자매력 점수는 100점 만점에 68점이며 미국 상장기업 5,591개 중 1,015위로 상위 18%에 속하는 우량 기업이다.

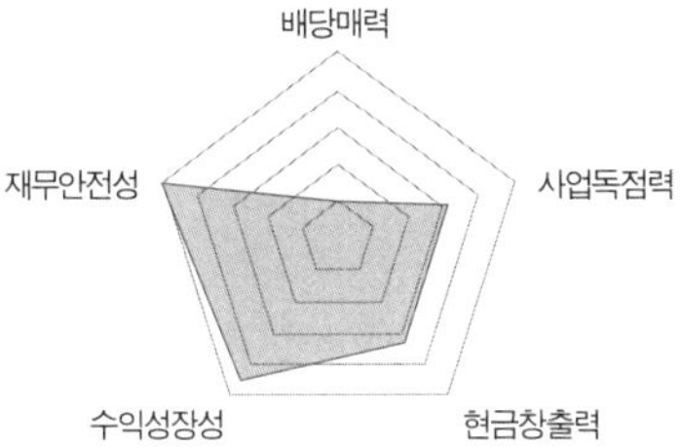

종합점수 : 68점 / 100점

배당매력	★☆☆☆☆	사업독점력	★★★☆☆
현금창출력	★★★☆☆	수익성장성	★★★★½
재무안전성	★★★★★		

최신 결과 보러 가기

투자매력 세부 5개 항목 중 수익성장성 점수가 5점 만점에 4.5점으로, 미국 전체 상장사 중 상위 1%에 속하는 고성장 기업이다. 2020년 12월 연환산(최근 4분기 합산) 매출액이 97억 달러로 전년 동기 67억 달러 대비 45% 급증했고 순이익은 24억 달러로 전년 동기 3억 4,100만 달러 대비 630% 급등한 점 등이 반영됐다. 실적 호전에 따라 재무안전성도 5점 만점으로 최고의 재무안전성을 평가 받았다. 부채비율 54%, 유동비율 254%, 이자보상배수 29배 등 재무 위험은 거의 없다 하겠다. 사업독점력 점수는 5점 만점에 3.2점을 받았다. 이는 미국 전체 상장사 중 상위 18%에 속하는 우량한 기업으로 향후 동사의 실적 개선에 따라 이 점수는 더 높아질 것으로 예상된다. 배당은 지급하지 않아 배당 투자 대상으로는 현재 적합하지 않다.

POINT ▶ 최근 면역항암제 업체 인수를 비롯해 신규 파이프라인 확보에 사활

암젠

AMGN Nasdaq | Amgen Inc.

처음 매매하는 경우		보유 중인 경우	
매매 예정 시점	실적 확인 후 ☐ 이슈 확인 후 ☐	**매매 구분**	매수 ☐ 매도 ☐
매매 결정 이유	변동성 확대(단기) ☐ 실적 우수(장기) ☐	**매매 일자**	20 . . .
매수 목표 가격	$	**매매 금액**	가격 $ 수량 주
손익 목표 가격	$ (+ %)	**수익 현황**	수익금액 $ 수익률 %
손절 목표 가격	$ (- %)	**투자 아이디어**	
보유 예정 기간	3개월 미만(단기) ☐ 1년 이상(장기) ☐		

포춘 글로벌 500대 기업 중 하나인 암젠**AMGN**은 바이오젠, 셀진, 길리어드 사이언시스와 함께 나스닥 바이오테크 빅4로 불리우는 독립 생명공학 회사다. 2020년 화이저를 대신해 다우존스 산업평균지수에 편입됐다.

1980년 벤처 기업으로 시작한 암젠은 1998년 자가면역 질환 억제제 '엔브렐'이 FDA 승인을 받아 류마티스 관절염 치료제로 널리 사용되면서 세계적인 생명공학 기업으로 도약했다. 그리고 최근 '엔브렐'의 수요 감소와 경쟁 심화를 극복하기 위해 파이프라인신약 상품화 후보 물질과 바이오시밀러특허 만료된 생명공학 의약품의 복제 사업를 강화하고 있다. 2019년 건선 치료제 회사인 오테즐라Otezla와 2021년 면역 항암제 회사인 파이브 프라임 테라퓨틱스Five Prime Therapeutics를 인수했다.

1983년 6월 나스닥에 상장했으며, 미국 3대 지수인 다우, 나스닥 100과 S&P 500에 모두 속해 있다.

사업부문별 매출 비중

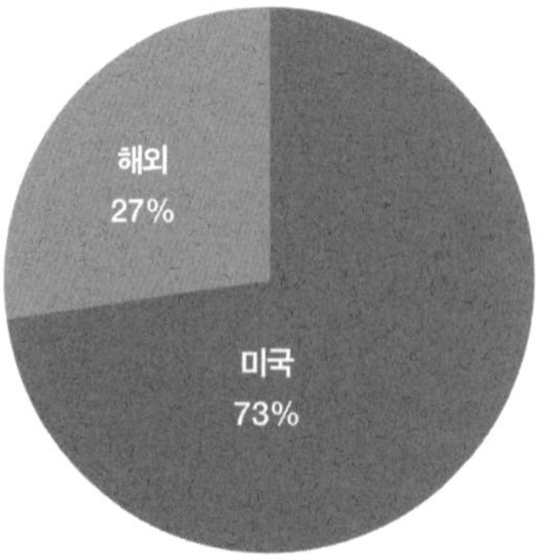

사업지역별 매출 비중

최신 정보 보러 가기 ●

주요 지표 및 주가 최신 뉴스 한 번에 보기 퀀트 분석 : 종목진단 컨센서스 및 투자의견

최근 3년 수익률 33.8%

최근 5년간 주요 투자지표 ① 손익계산서 12월 결산 기준 / (단위) 금액: 백만 달러, %

구분	2016. 12	2017. 12	2018. 12	2019. 12	2020. 12	전년 대비
매출액	22,991	22,849	23,747	23,362	25,424	▲ 8.8%
영업이익	9,794	9,973	10,263	9,674	9,139	▼ -5.5%
영업이익률(%)	42.6	43.6	43.2	41.4	35.9	▼ -5.5%P
순이익	7,722	1,979	8,394	7,842	7,264	▼ -7.4%
순이익률(%)	33.6	8.7	35.3	33.6	28.6	▼ -5%P

최근 5년간 주요 투자지표 ② 가치평가 12월 결산 기준 / (단위) 금액: 배, %, 달러

구분	2016. 12	2017. 12	2018. 12	2019. 12	2020. 12
PER(배)	14.09	63.79	14.78	18.27	18.43
PBR(배)	3.64	5	9.92	14.81	14.23
PSR(배)	4.73	5.53	5.22	6.13	5.27
ROE(%)	25.9	6.6	58.5	74.3	71.7
주당순이익(달러)	10.24	2.69	12.62	12.88	12.31
주당배당금(달러)	4	4.6	5.28	5.8	6.4

최근 5년간 주가 추이

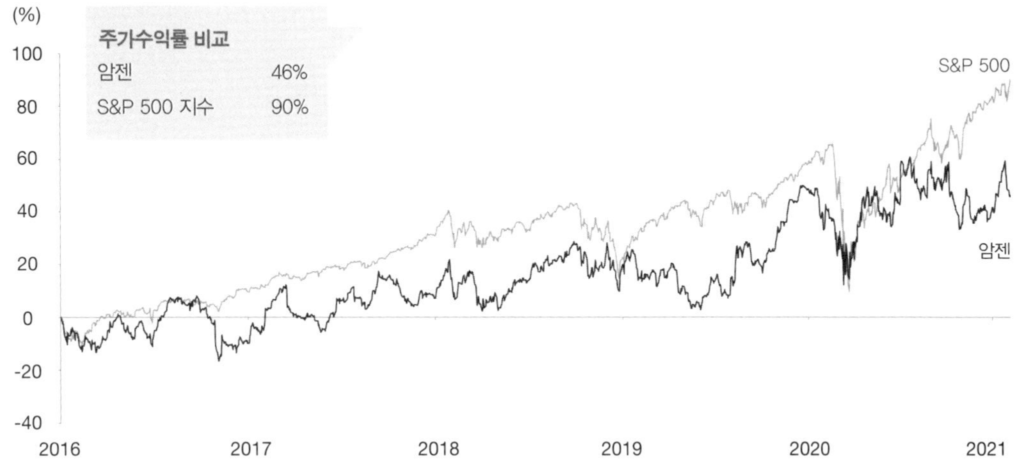

A

주요 경쟁업체 현황

암젠의 주요 경쟁사로는 애브비ABBV, 길리어드 사이언시스GILD가 있다.

애브비AbbVie Inc.는 종합 건강관리 회사인 애벗 래버러토리스ABT에서 2013년 분사하여 독립한 연구 기반 제약 기업으로, 기존 애벗 래버러토리스가 보유했던 의약품 포트폴리오와 파이프라인을 확보하고 있다.

길리어드 사이언시스Gilead Sciences는 에이즈 및 C형 간염 치료제를 전문으로 하는 생명공학 기업으로, 1987년 설립됐다. 2009년 국내에서 크게 유행했던 신종 인플루엔자 치료제인 '타미플루'를 개발하기도 했다.

최근 4분기 경쟁사 실적 비교 2020년 4분기 기준 / (단위) 백만 달러, %, 달러

구분	암젠	애브비	길리어드 사이언시스
매출	25,424	45,804	23,147
영업이익	9,139	11,363	2,513
순이익	7,264	4,616	1,268
영업이익률	35.95	24.81	10.86
순이익률	28.57	10.08	5.48
주당순이익(EPS)	12.31	2.72	0.97
주가수익배수(PER)	18.43	40.98	62.48
주가순자산배수(PBR)	14.23	14.47	4.54

암젠의 본사는 미국 캘리포니아에 위치하며, 상근 직원 수는 2만 4,300명이다.
애브비의 본사는 미국 일리노이에 위치하며, 상근 직원 수는 3만 명이다.
길리어드 사이언시스의 본사는 미국 캘리포니아에 위치하며, 상근 직원 수는 1만 1,800명이다. (2021년 2월 현재)

최근 12개월간 주가 수익률 비교 2021년 2월 기준 / (단위) %

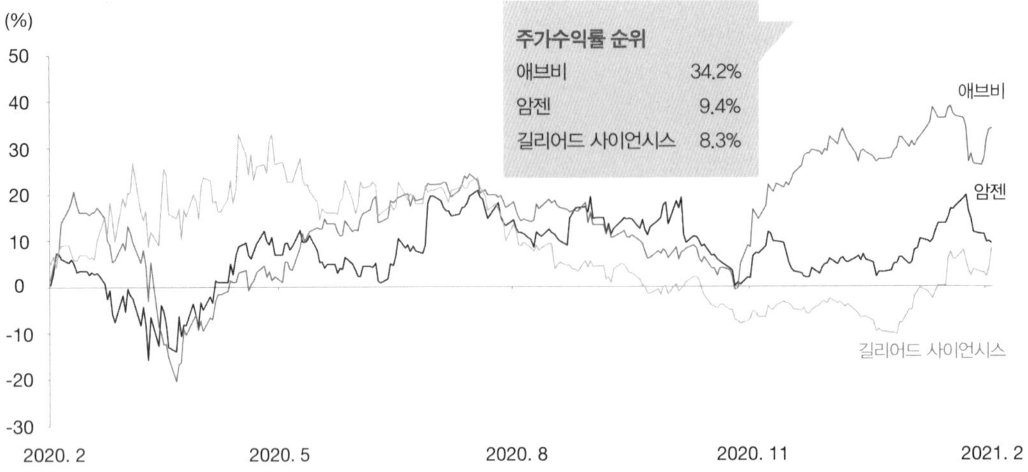

배당 및 투자의견, 종목진단 결과

암젠의 회계 결산월은 12월이다.

2012년부터 증가해온 암젠의 배당금은 분기 단위로 지급되고, 배당수익률은 헬스케어 섹터 평균인 1.51%의 2배 수준이다.

배당수익률(선행)	연간배당금(선행)	배당성향	배당성장	5년 배당성장률
3.13%	7.04달러	41.65%	9년	14.25%

최근 3개월간 17명의 애널리스트가 제시한 투자의견을 종합하면 매수Moderate Buy(매수 10명, 보유 7명, 매도 0명)이다. 향후 12개월간 목표주가는 최고 300달러, 최저 200달러, 평균 268.92달러이다.

초이스스탁 US의 종목진단 결과는?

2020년 12월 실적발표 기준

암젠의 투자매력 점수는 100점 만점에 69점이며 미국 상장기업 5,591개 중 946위로 상위 16%에 속하는 우량 기업이다.

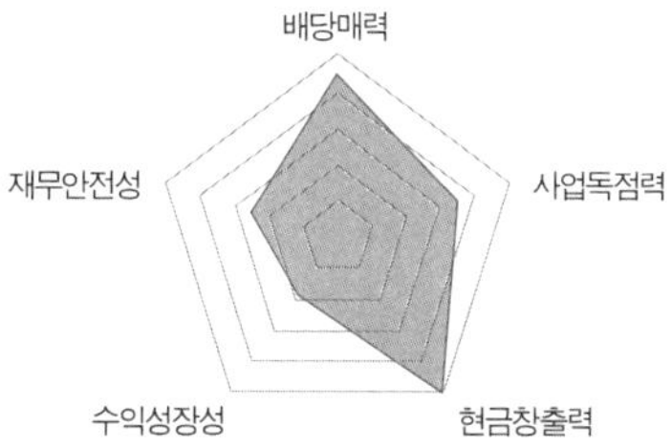

종합점수 : 69점 / 100점

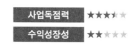

배당매력	★★★★½	사업독점력	★★★½☆
현금창출력	★★★★★	수익성장성	★★☆☆☆
재무안전성	★★½☆☆		

최신 결과 보러 가기

투자매력 세부 5개 항목 중 현금창출력 부문에서 5점 만점을 받았다. 2020년 12월 연환산(최근 4분기 합산) 영업활동 현금흐름은 104억 달러, 잉여현금흐름은 98억 달러를 기록한 점이 반영됐다.

풍부한 현금창출력을 바탕으로 배당매력 부문에서도 4.5점을 받아 높은 평가를 받았다. 최근 9년 연속 주당배당금을 인상했고, 지난 2020년에는 주당배당금 6.4달러를 지급해 시가배당률 2.8%를 기록했다. 최근 5년간 시가배당률은 2.4~2.8% 수준이다.

다만, 수익성장성 부문에서 1.8점으로 낮은 평가를 받았다. 2020년 12월 연환산 기준 매출액은 254억 달러로 전년 동기 233억 달러 대비 9% 늘었고, 순이익은 72억 달러로 전년 동기 78억 달러 대비 7.6% 감소한 점 등이 반영됐다.

A

POINT ▶ 경기 상황과 관계없는 경기방어주 성격에 5G 인프라 수요로 꾸준한 실적

아메리칸 타워

AMT NYSE | American Tower Corporation

처음 매매하는 경우

매매 예정 시점
실적 확인 후 ☐ 이슈 확인 후 ☐

매매 결정 이유
변동성 확대(단기) ☐ 실적 우수(장기) ☐

매수 목표 가격 $

손익 목표 가격 $ (+ %)

손절 목표 가격 $ (- %)

보유 예정 기간
3개월 미만(단기) ☐ 1년 이상(장기) ☐

보유 중인 경우

매매 구분 매수 ☐ 매도 ☐

매매 일자 20 . . .

매매 금액 가격 $ 수량 주

수익 현황 수익금액 $ 수익률 %

투자 아이디어

포춘 500대 기업 중 하나인 아메리칸 타워**AMT**는 미국 1위 통신 인프라 리츠부동산 투자 신탁다. 여러 국가의 무선통신 및 방송통신 인프라를 보유하고 있으며 이를 TV 및 라디오 방송국과 통신 업체 그리고 정부기관 등에 임대한다.

1995년 아메리칸 라디오 시스템즈 내 부서로 출발하여, 1998년 CBS와 합병 후 별도 법인으로 분사했다. 2005년 스펙트라사이트 커뮤니케이션즈와의 합병을 통해 2만 2천 대 이상의 무선 타워와 방송 타워 및 건물 내 안테나 시스템을 확보했다. 이어 2013년에는 경쟁사인 글로벌 타워 파트너스를 인수하는 등 공격적인 사업 확장을 통해전 세계 16개국 17만 개 이상의 통신 인프라를 운영하고 있으며, 본격적인 5G 서비스 시대의 주요 수혜주로 각광받고 있다.

1998년 뉴욕증권거래소에 상장했으며, 미국 3대 지수 중 S&P 500에 속해 있다.

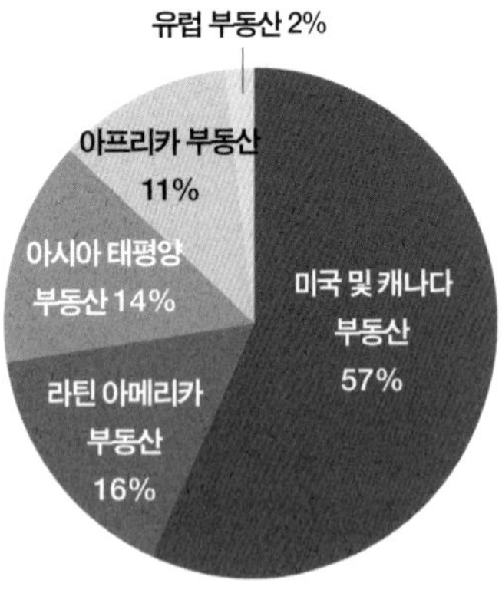

사업부문별 매출 비중

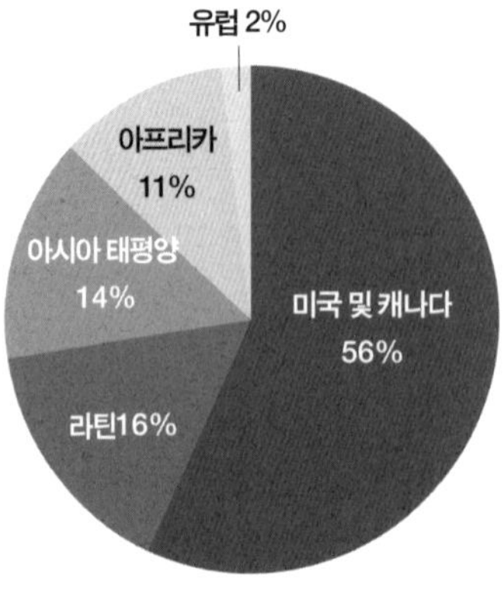

사업지역별 매출 비중

최신 정보 보러 가기 ●

주요 지표 및 주가 | 최신 뉴스 한 번에 보기 | 퀀트 분석 : 종목진단 | 컨센서스 및 투자의견

최근 3년 수익률 66.2%

최근 5년간 주요 투자지표 ① 손익계산서 12월 결산 기준 / (단위) 금액: 백만 달러, %

구분	2016. 12	2017. 12	2018. 12	2019. 12	2020. 12	전년 대비
매출액	5,786	6,664	7,440	7,580	7,982	▲ 5.3%
영업이익	1,853	1,998	1,905	2,688	3,078	▲ 14.5%
영업이익률(%)	32.0	30.0	25.6	35.5	38.6	▲ 3.1%P
순이익	956	1,239	1,236	1,888	1,906	▲ 1.0%
순이익률(%)	16.5	18.6	16.6	24.9	23.9	▼ -1%P

최근 5년간 주요 투자지표 ② 가치평가 12월 결산 기준 / (단위) 금액: 배, %, 달러

구분	2016. 12	2017. 12	2018. 12	2019. 12	2020. 12
PER(배)	52.97	53.14	56.79	53.92	53.39
PBR(배)	6.65	9.8	13.06	20.14	35.96
PSR(배)	7.78	9.18	9.37	13.43	12.59
ROE(%)	12.5	17.7	21.7	35.8	42.26
주당순이익(달러)	1.98	2.67	2.77	4.24	4.24
주당배당금(달러)	2.17	2.62	3.15	3.78	4.494

최근 5년간 주가 추이

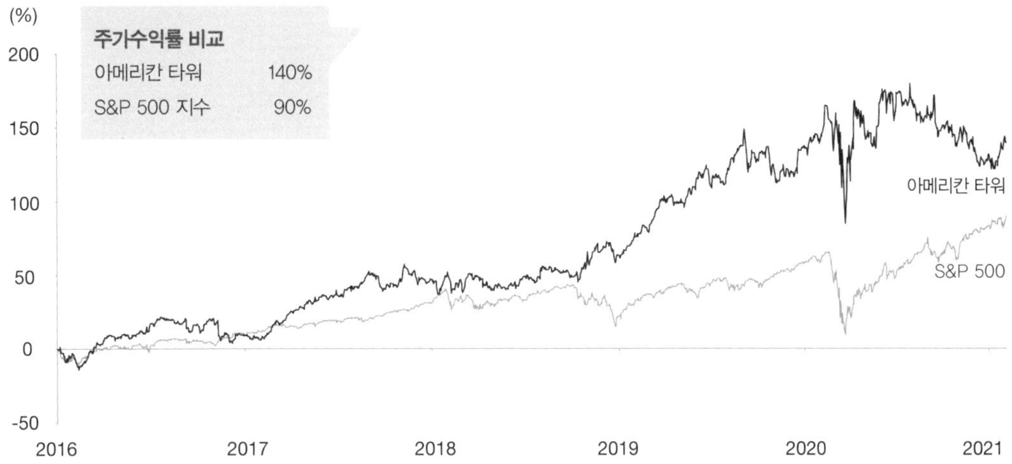

주요 경쟁업체 현황

아메리칸 타워의 주요 경쟁사로는 크라운 캐슬 인터내셔널**CCI**, 에스비에이 커뮤니케이션**SBAC**이 있다.

크라운 캐슬 인터내셔널Crown Castle International은 미국 시장에서 소형 기지국 타워와 광섬유 솔루션을 소유하고 운영 및 임대하는 리츠다. 1994년에 설립돼 1998년 뉴욕증권거래소에 상장했다.

에스비에이 커뮤니케이션SBA Communications Corporation은 미국, 캐나다, 중남미 등 아메리카 대륙을 중심으로 건물 안테나를 임대하며 무선통신 인프라를 운영하는 리츠다. 1989년 설립돼 1999년 나스닥에 상장했다.

최근 4분기 경쟁사 실적 비교 2020년 4분기 기준 / (단위) 백만 달러, %, 달러

구분	아메리칸 타워	크라운 캐슬 인터내셔널	에스비에이 커뮤니케이션
매출	7,982	5,692	2,061
영업이익	3,078	1,483	623
순이익	1,906	679	-16
영업이익률	38.6	26.05	30.23
순이익률	23.9	11.93	-0.78
주당순이익(EPS)	4.24	1.42	-0.15
주가수익배수(PER)	53.39	117.44	-2,217.60
주가순자산배수(PBR)	35.96	7.35	N/A

아메리칸 타워의 본사는 미국 매사추세츠 보스턴에 위치하며, 상근 직원 수는 5,618명이다. 크라운 캐슬 인터내셔널의 본사는 미국 텍사스 휴스톤에 위치하며, 직원 수는 4,900명이다. 에스비에이 커뮤니케이션의 본사는 미국 플로리다에 위치하며 위치하며, 상근 직원 수는 1,483명이다. (2021년 2월 현재)

최근 12개월간 주가 수익률 비교 2021년 2월 기준 / (단위) %

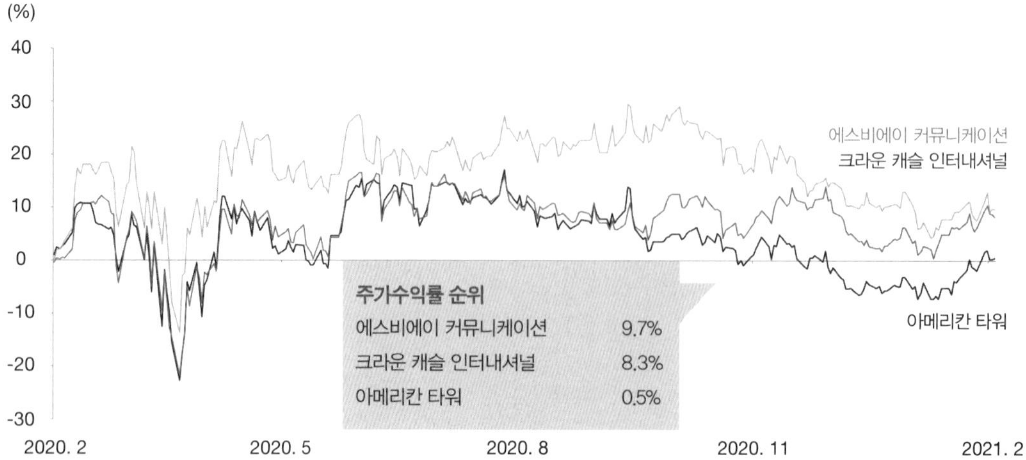

배당 및 투자의견, 종목진단 결과

아메리칸 타워의 회계 결산월은 12월이다.

2013년부터 증가해온 아메리칸 타워의 배당금은 분기 단위로 지급되고, 배당수익률은 부동산 섹터 평균인 4.91%의 절반 수준이다.

배당수익률(선행)	연간배당금(선행)	배당성향	배당성장	5년 배당성장률
2.24%	4.84달러	52.60%	8년	20.14%

최근 3개월간 8명의 애널리스트가 제시한 투자의견을 종합하면 강력매수Strong Buy(매수 6명, 보유 2명, 매도 0명)이다. 향후 12개월간 목표주가는 최고 324달러, 최저 230달러, 평균 272.50달러이다.

초이스스탁 US의 종목진단 결과는?

2020년 9월 실적발표 기준

아메리칸 타워의 투자매력 점수는 100점 만점에 72점이며 미국 상장기업 5,591개 중 734위로 상위 13%에 속하는 우량 기업이다.

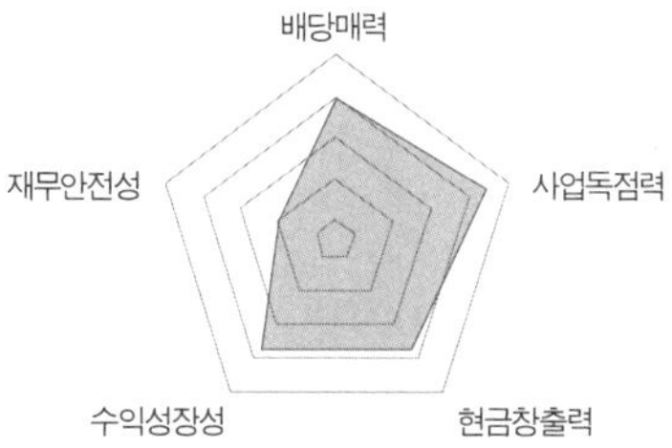

종합점수 : 72점 / 100점

배당매력	★★★★☆	사업독점력	★★★★½
현금창출력	★★★★☆	수익성장성	★★★★☆
재무안전성	★★☆☆☆		

최신 결과 보러 가기

투자매력 세부 5개 항목 중 사업독점력 점수가 5점 만점에 4.5점으로 미국 전체 상장사 중 상위 3% 속하는 매우 높은 평가를 받았다. 사업독점력은 현재의 수익성과 성장성을 유지할 수 있는지 판단하는 지표다. 또한 미국 내 무선통신 및 방송타워를 운영하는 부동산 투자신탁사로, 사업독점력을 갖추고 안정적인 수익성과 현금창출력을 갖춘 기업으로 평가된다.

수익성장성 점수는 5점 만점에 3.8점을 받았다. 2020년 9월 연환산(최근 4분기 합산) 매출액이 78억 달러로 전년 동기 77억 달러 대비 1.2% 늘었고, 순이익은 18억 달러로 전년 동기 16억 달러 대비 12% 성장했다.

배당매력은 4점으로 상대적으로 높은 평가를 받았다. 주당배당금은 최근 8년 연속 올랐고, 2019년에는 주당배당금 3.78달러를 지급해 시가배당률 1.6%를 기록했다. 최근 5년간 시가배당률은 1.6~2.1% 수준이다.

POINT ▶ 세계 최고의 전자상거래 회사, 따라갈 수 있는 곳은 월마트뿐?

아마존닷컴

AMZN Nasdaq | Amazon.com, Inc.

처음 매매하는 경우

매매 예정 시점
실적 확인 후 ☐ 이슈 확인 후 ☐

매매 결정 이유
변동성 확대(단기) ☐ 실적 우수(장기) ☐

매수 목표 가격 $

손익 목표 가격 $ (+ %)

손절 목표 가격 $ (- %)

보유 예정 기간
3개월 미만(단기) ☐ 1년 이상(장기) ☐

보유 중인 경우

매매 구분 매수 ☐ 매도 ☐

매매 일자 20 . . .

매매 금액 가격 $ 수량 주

수익 현황 수익금액 $ 수익률 %

투자 아이디어

아마존닷컴**AMZN**은 전자상거래 및 클라우드 서비스 세계 1위 업체이다. 흔히 IT 빅5 회사를 일컬어 FAANG이라 부르는데, 이 중 A가 바로 아마존닷컴이다. 1995년 시애틀에서 인터넷 서점으로 시작해, 1998년에 음반과 영화 DVD 판매로 사업 영역을 확장했고, 온라인 마켓 플레이스인 익스체인지닷컴과 정보수집 회사인 알렉사 등을 인수하며 인수합병을 본격화했다. 2004년 멤버십을 통한 초고속 배송 서비스인 '아마존 프라임'을 론칭하며 서비스를 차별화한 데 이어 2007년 전자책과 2014년 스마트폰 출시, 2017년 홀푸드마켓 인수 등 사업영역을 지속적으로 확장하고 있다. 아마존 프라임 멤버십이 1억 명을 돌파한 가운데, 미국뿐 아니라 전 세계 16개국에서 직접 웹사이트를 운영하고 있으며, 클라우드 서비스는 2006년에 유휴장비 활용을 위해 시작했다.

1997년 나스닥에 상장했으며, 미국 3대 지수 중 나스닥 100과 S&P 500에 속해 있다.

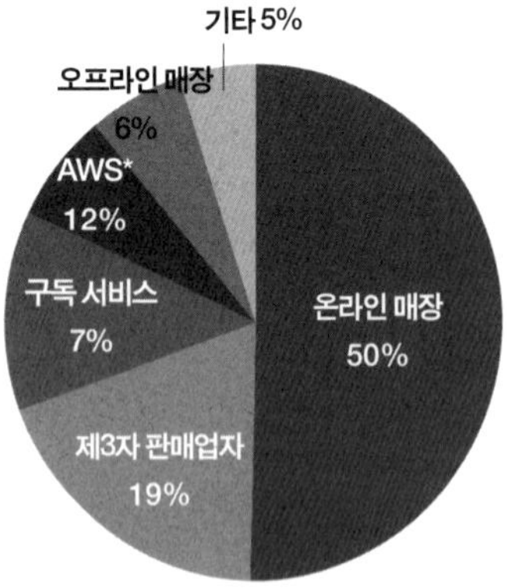

사업부문별 매출 비중

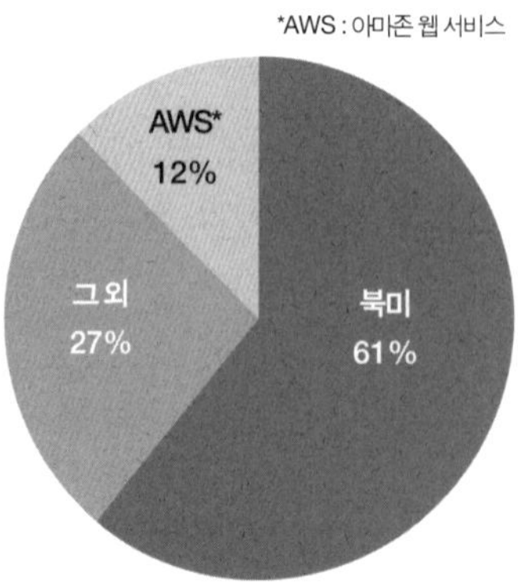

사업지역별 매출 비중

최신 정보 보러 가기

주요 지표 및 주가 | 최신 뉴스 한 번에 보기 | 퀀트 분석 : 종목진단 | 컨센서스 및 투자의견

최근 3년 수익률
132.3%

최근 5년간 주요 투자지표 ① 손익계산서 12월 결산 기준 / (단위) 금액: 백만 달러, %

구분	2016. 12	2017. 12	2018. 12	2019. 12	2020. 12	전년 대비
매출액	135,987	177,866	232,887	280,522	386,064	▲ 37.6%
영업이익	4,186	4,106	12,421	14,541	22,899	▲ 57.5%
영업이익률(%)	3.1	2.3	5.3	5.2	5.9	▲ 0.7%P
순이익	2,371	3,033	10,073	11,588	21,331	▲ 84.1%
순이익률(%)	1.7	1.7	4.3	4.1	5.5	▲ 1.4%P

최근 5년간 주요 투자지표 ② 가치평가 12월 결산 기준 / (단위) 금액: 배, %, 달러

구분	2016. 12	2017. 12	2018. 12	2019. 12	2020. 12
PER(배)	150.28	185.8	72.91	79.06	76.61
PBR(배)	18.48	20.34	16.86	14.76	17.5
PSR(배)	2.62	3.17	3.15	3.27	4.23
ROE(%)	13.9	12.5	27	21.1	27.1
주당순이익(달러)	4.9	6.15	20.14	23.01	41.83
주당배당금(달러)	0	0	0	0	0

최근 5년간 주가 추이

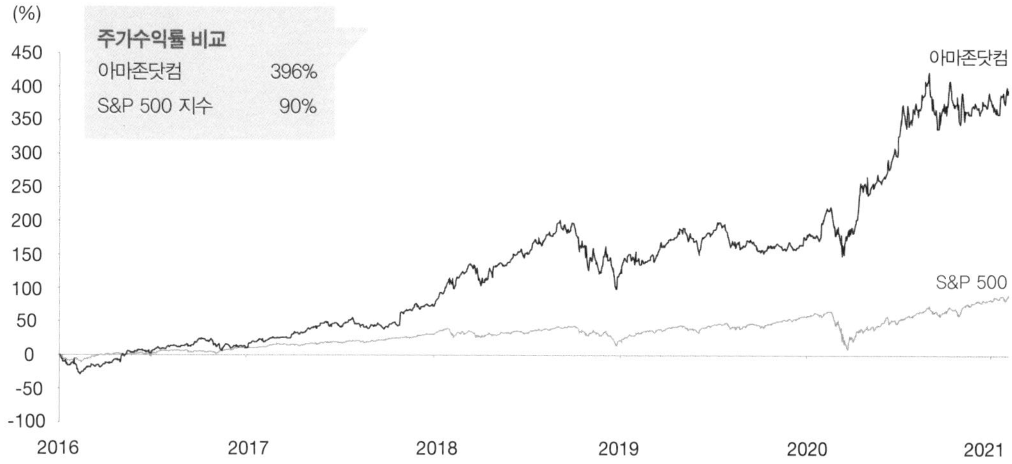

주요 경쟁업체 현황

아마존닷컴의 주요 경쟁사로는 알리바바 그룹 홀딩**BABA**, 메르카도리브레**MELI**가 있다.

알리바바 그룹 홀딩Alibaba Group Holding은 1999년 중국 제조업체와 해외 구매자들을 위한 B2B 사이트를 개설하면서 설립됐다. 2003년 C2C 사이트인 ‘타오바오“를 개설하면서 가파르게 성장했고, 2008년 B2C 사이트인 ‘티몰’을 통해 중국 전자상거래의 대표기업으로 자리매김했다.

메르카도리브레MercadoLibre Inc는 남미 시장에서 전자상거래 사이트를 운영하는 기업이다. 1999년 마르코스 갈페린이 설립하여 아르헨티나에서 자산 규모가 가장 큰 기업 중 하나로 성장했으며, 중남미의 아마존**AMZN**으로 알려져 있다.

최근 4분기 경쟁사 실적 비교 2020년 4분기 기준 / (단위) 백만 달러, %, 달러

구분	아마존닷컴	알리바바 그룹 홀딩	메르카도리브레
매출	386,064	85,841	3,320
영업이익	22,899	13,954	84
순이익	21,331	19,354	-4
영업이익률	5.93	16.26	2.53
순이익률	5.53	22.55	-0.12
주당순이익(EPS)	41.83	7.19	-0.16
주가수익배수(PER)	76.61	40.8	-13,044.86
주가순자산배수(PBR)	17.5	6.27	30.82

아마존닷컴의 본사는 미국 시애틀에 위치해 있으며, 상근 직원 수는 129만 8천 명에 이른다.
알리바바 그룹 홀딩은 뉴욕증권거래소에 상장돼 있으며 본사는 중국 항저우에 위치하고 있다. 상근 직원 수는 25만 2,804명이다.
메르카도리브레는 나스닥에 상장돼 있으며 본사는 아르헨티나에 위치한다. 직원 수는 9,703명이다. (2021년 2월 현재)

최근 12개월간 주가 수익률 비교 2021년 2월 기준 / (단위) %

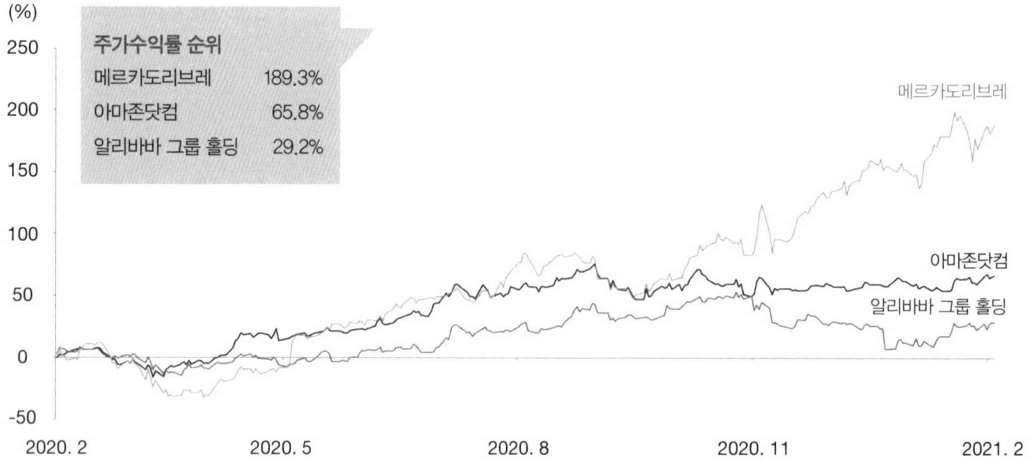

배당 및 투자의견, 종목진단 결과

아마존닷컴의 회계 결산월은 12월이다.

배당이 없는 아마존닷컴에 대하여 최근 3개월간 32명의 애널리스트가 제시한 투자의견을 종합하면 강력매수Strong Buy(매수 32명, 보유 0명, 매도 0명)이다. 향후 12개월간 목표주가는 최고 5,200달러, 최저 3,700달러, 평균 4,102.52달러이다.

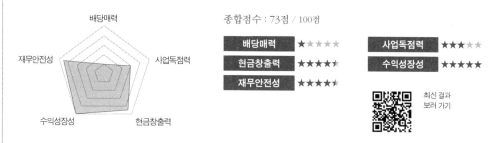

초이스스탁 US의 종목진단 결과는?

2020년 12월 실적발표 기준

아마존닷컴의 투자매력 점수는 100점 만점에 73점이며 미국 상장기업 5,591개 중 679위로 상위 12%에 속하는 우량 기업이다.

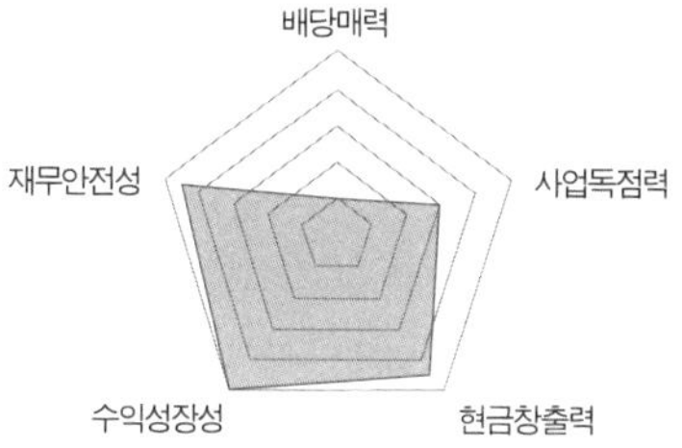

종합점수 : 73점 / 100점

배당매력	★☆☆☆☆
현금창출력	★★★★☆ (4.5)
재무안전성	★★★★☆ (4.5)
사업독점력	★★★☆☆
수익성장성	★★★★★

최신 결과 보러 가기

투자매력 세부 5개 항목 중 수익성장성에서 5점 만점을 받았다. 2020년 12월 연환산(최근 4분기 합산) 매출액이 3,860억 달러로 전년 동기 2,805억 달러 대비 37% 급증했고, 순이익은 213억 달러로 전년 동기 115억 달러 대비 85% 성장한 점 등이 반영됐다.

재무안전성도 5점 만점에 4.5점으로 매우 높아, 재무위험은 거의 없는 기업이다. 부채비율 244%, 유동비율 105%, 이자보상배수 14배 등이 반영된 결과다. 뛰어난 수익성장성을 바탕으로 현금창출력도 5점 만점에 4.5점을 받았다. 영업활동 현금흐름이 660억 달러로 전년 동기 385억 달러 대비 71% 급증했고, 잉여현금흐름도 310억 달러인 점 등이 반영됐다.

배당은 지급하지 않아 배당 투자 대상으로는 현재 적합하지 않다.

A

POINT ▶ 자율주행 기술 전문 기업, 현대차와 합작사를 설립한 바로 그 회사

앱티브

APTV NYSE | Aptiv

처음 매매하는 경우

매매 예정 시점
실적 확인 후 ☐ 이슈 확인 후 ☐

매매 결정 이유
변동성 확대(단기) ☐ 실적 우수(장기) ☐

매수 목표 가격 $

손익 목표 가격 $ (+ %)

손절 목표 가격 $ (- %)

보유 예정 기간
3개월 미만(단기) ☐ 1년 이상(장기) ☐

보유 중인 경우

매매 구분 매수 ☐ 매도 ☐

매매 일자 20 . . .

매매 금액 가격 $ 수량 주

수익 현황 수익금액 $ 수익률 %

투자 아이디어

앱티브**APTV**는 자율주행차 기술 개발을 전문으로 하는 글로벌 자동차 부품 회사다. 1994년 제너럴 모터스의 자회사인 오토모티브 컴포넌츠 그룹으로 시작해, 1995년 제너럴 모터스GM에서 분사했지만 2005년 부적절한 회계 처리가 발각되면서 파산했다. 2009년 기업의 핵심 자산을 바탕으로 개인 투자자 그룹의 참여를 통해 새로 델파이 주식회사를 설립했다.

2017년 10월 자율주행 스타트업인 뉴토노미nuTonomy를 인수했고, 같은 해 12월 파워 트레인 부문과 차량 판매 이후 비즈니스 부문을 델파이 테크놀로지스Delphi Technologies로 분사시킨 후 지금의 사명으로 바꾸었다. 세계 최대 가전 박람회인 CES에서 2018년부터 로보택시 서비스를 운영해 10만 회 이상의 운행 데이터를 확보했다. 2020년 3월에는 현대기아차 그룹과 함께 자율주행기술 전문 회사를 설립했다.

2017년 12월 뉴욕증권거래소에 상장했고, 미국 3대 지수 중 S&P 500에 속해 있다.

사업부문별 매출 비중

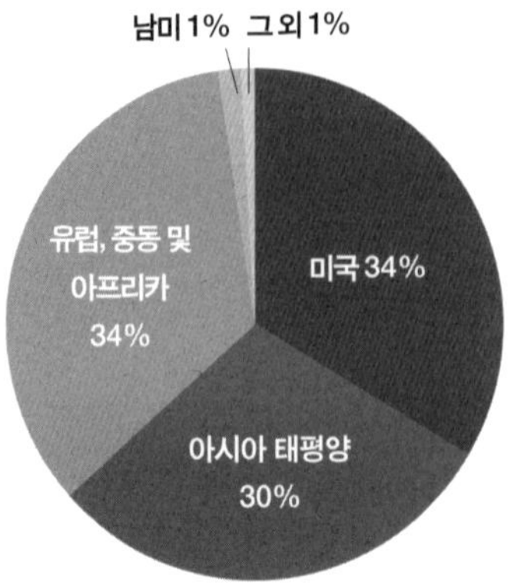

사업지역별 매출 비중

최신 정보 보러 가기 ●

주요 지표 및 주가 | 최신 뉴스 한 번에 보기 | 퀀트 분석 : 종목진단 | 컨센서스 및 투자의견

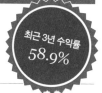

최근 3년 수익률
58.9%

최근 5년간 주요 투자지표 ① 손익계산서 12월 결산 기준 / (단위) 금액: 백만 달러, %

구분	2016. 12	2017. 12	2018. 12	2019. 12	2020. 12	전년 대비
매출액	12,274	12,884	14,435	14,357	13,066	▼ -9.0%
영업이익	1,539	1,416	1,473	1,276	2,118	▲ 66.0%
영업이익률(%)	12.5	11.0	10.2	8.9	16.2	▲ 7.3%P
순이익	1,257	1,355	1,067	990	1,804	▲ 82.2%
순이익률(%)	10.2	10.5	7.4	6.9	13.8	▲ 6.9%P

최근 5년간 주요 투자지표 ② 가치평가 12월 결산 기준 / (단위) 금액: 배, %, 달러

구분	2016. 12	2017. 12	2018. 12	2019. 12	2020. 12
PER(배)	14.51	16.64	15.2	24.49	19.89
PBR(배)	7.6	6.84	4.69	6.35	4.45
PSR(배)	1.49	1.75	1.12	1.69	2.69
ROE(%)	52.4	45.3	30.4	27.7	26
주당순이익(달러)	4.59	5.06	4.02	3.85	6.66
주당배당금(달러)	1.16	18.32	0.88	0.88	0.22

최근 5년간 주가 추이

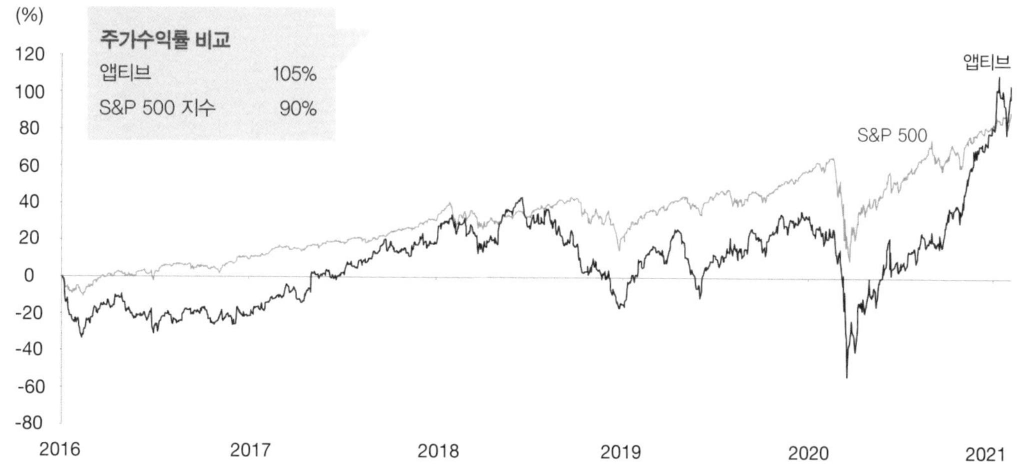

주요 경쟁업체 현황

앱티브의 주요 경쟁사로는 매그나 인터내셔널**MGA**, 보그워너**BWA**가 있다.

매그나 인터내셔널Magna International Inc.은 세계 3위의 자동차 부품 회사다. 자동차 부품 외에도 모듈, 자동차 시스템 등을 설계 및 개발, 제조하는 모빌리티 테크 기업으로 2020년 12월에는 LG와 함께 전기차 파워트레인 합작 법인을 설립한다는 기사가 보도돼 국내 투자자들의 주목을 받기도 했다.

보그워너BorgWarner Inc.는 자동차 엔진 및 파워트레인용 부품을 생산하는 자동차 부품 회사다. 하이브리드와 배터리 등 전기차와 관련한 제품들을 왕성하게 개발 및 공개하고 있다.

최근 4분기 경쟁사 실적 비교 2020년 4분기 기준 / (단위) 백만 달러, %, 달러

구분	앱티브	매그나 인터내셔널	보그워너
매출	13,066	39,431	8,798
영업이익	2,118	2,127	798
순이익	1,804	1,765	362
영업이익률	16.21	5.39	9.07
순이익률	13.81	4.48	4.11
주당순이익(EPS)	6.66	5.59	1.76
주가수익배수(PER)	19.89	10.17	22.18
주가순자산배수(PBR)	4.45	1.66	1.69

앱티브의 본사는 아일랜드 더블린에 위치하며, 상근 직원 수는 15만 1천 명가량이다.
매그나 인터내셔널의 본사는 캐나다에 위치하며, 상근 직원 수는 15만 8천 명가량이다.
보그워너의 본사는 미국 미시간에 위치하며, 상근 직원 수는 5만여 명이다. (2021년 2월 현재)

최근 12개월간 주가 수익률 비교 2021년 2월 기준 / (단위) %

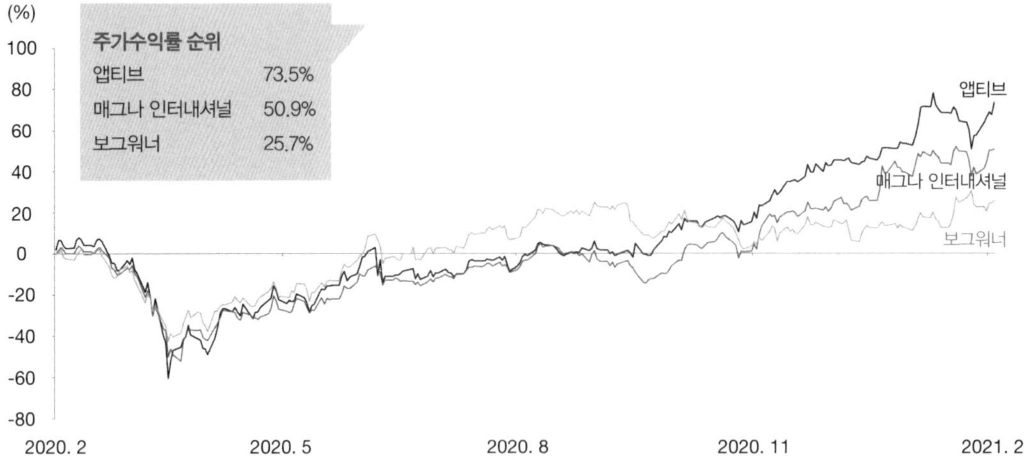

배당 및 투자의견, 종목진단 결과

앱티브의 회계 결산월은 12월이다.

코로나 19 팬데믹으로 인해 배당을 중단한 앱티브에 대하여 최근 3개월간 10명의 애널리스트가 제시한 투자의견을 종합하면 매수Moderate Buy(매수 7명, 보유 2명, 매도 1명)이다. 향후 12개월간 목표주가는 최고 200달러, 최저 93달러, 평균 156.56달러이다.

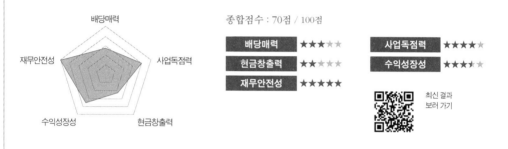

초이스스탁 US의 종목진단 결과는?

2020년 12월 실적발표 기준

앱티브의 투자매력 점수는 100점 만점에 70점이며 미국 상장기업 5,591개 중 875위로 상위 15%에 속하는 우량 기업이다.

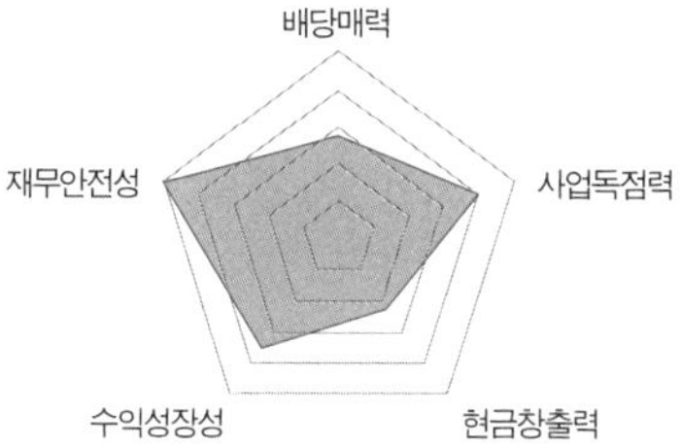

종합점수 : 70점 / 100점

배당매력	★★★☆☆	사업독점력	★★★★☆
현금창출력	★★☆☆☆	수익성장성	★★★½☆
재무안전성	★★★★★		

최신 결과 보러 가기

투자매력 세부 5개 항목 중 재무안전성 부문에서 5점 만점을 받았다. 부채비율 119%, 유동비율 185%, 이자보상배수 13배 등이 반영돼 재무안전성이 매우 높은 것으로 평가됐다.

사업독점력 점수는 4점으로 미국 전체 상장사 중 상위 6%에 속하는 매우 좋은 평가를 받았다. 최근 5년 평균 자기자본이익률(ROE)가 42%로 업계 평균 6.6% 대비 매우 높고, 영업이익률은 11%로 업계 평균 3.7%대비 3배 이상 높은 수익성을 기록했다.

현금창출력 점수는 2.2점으로 낮은 평가를 받았다. 2020년 12월 연환산(최근 4분기 합산) 영업활동 현금흐름이 14억 달러로 전년 동기 16억 달러 대비 12% 감소했고, 잉여현금흐름도 8억 2,900만 달러로 전년 동기 8억 4,300만 달러 대비 소폭 줄었다.

A

POINT ▶ 창사 30주년, 본 게임은 지금부터. 2023년까지 몰아칠 빵빵한 신작 모멘텀

배당성취자

액티비전 블리자드

ATVI Nasdaq | Activision Blizzard, Inc.

처음 매매하는 경우

매매 예정 시점
실적 확인 후 ☐ 이슈 확인 후 ☐
매매 결정 이유
변동성 확대(단기) ☐ 실적 우수(장기) ☐
매수 목표 가격 $
손익 목표 가격 $ (+ %)
손절 목표 가격 $ (- %)
보유 예정 기간
3개월 미만(단기) ☐ 1년 이상(장기) ☐

보유 중인 경우

매매 구분 매수 ☐ 매도 ☐
매매 일자 20 . . .
매매 금액 가격 $ 수량 주
수익 현황 수익금액 $ 수익률 %

투자 아이디어

액티비전 블리자드**ATVI**는 '오버워치', '월드 오브 워크래프트', '캔디 크러쉬' 등 세계적인 비디오 게임 개발 및 퍼블리싱 전문 업체다. 시가총액 기준 세계 1위 비디오 게임 회사이기도 하다.

2008년 콘솔 게임 개발 회사인 액티비전과 PC게임 개발 회사인 블리자드가 합병하여 글로벌 게임 지주 회사로 거듭났고, 2015년 캐주얼 게임 전문 회사인 킹 엔터테인먼트를 인수하면서 모바일 게임 시장 내 영향력을 확대했다. 최근에는 기존의 인기있는 PC 및 콘솔 게임을 모바일로 제작하면서 모바일 게임 시장에서의 입지 강화에 주력하고 있다. 반면 2019년 여름에 개최된 e스포츠대회 도중 대회 참가자의 홍콩 옹호 발언에 대해 처벌을 진행하자 곧바로 불매운동으로 이어지기도 했다.

1995년 나스닥에 상장했으며, 미국 3대 지수 중 나스닥 100과 S&P 500에 속해 있다.

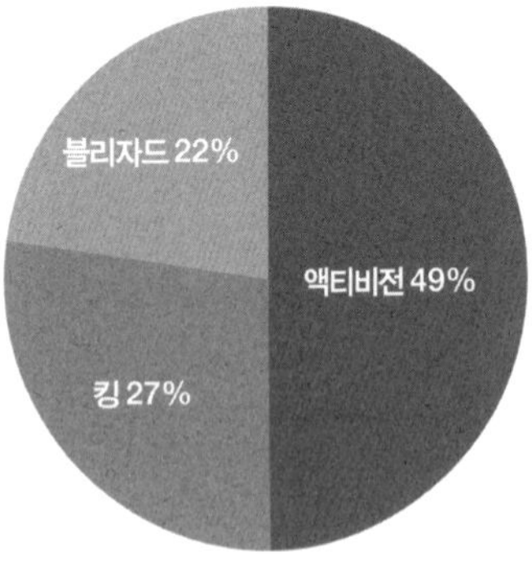

사업부문별 매출 비중

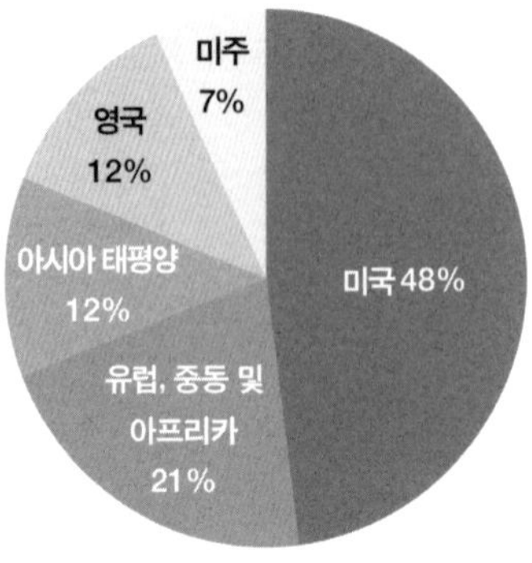

사업지역별 매출 비중

최신 정보 보러 가기 ●

주요 지표 및 주가 | 최신 뉴스 한 번에 보기 | 퀀트 분석 : 종목진단 | 컨센서스 및 투자의견

최근 3년 수익률 45.8%

최근 5년간 주요 투자지표 ① 손익계산서 12월 결산 기준 / (단위) 금액: 백만 달러, %

구분	2016. 12	2017. 12	2018. 12	2019. 12	2020. 12	전년 대비
매출액	6,608	7,017	7,500	6,489	8,178	▲ 26.0%
영업이익	1,412	1,309	1,988	1,607	3,382	▲ 110.5%
영업이익률(%)	21.4	18.7	26.5	24.8	41.4	▲ 16.6%P
순이익	966	273	1,848	1,503	2,687	▲ 78.8%
순이익률(%)	14.6	3.9	24.6	23.2	32.9	▲ 9.7%P

최근 5년간 주요 투자지표 ② 가치평가 12월 결산 기준 / (단위) 금액: 배, %, 달러

구분	2016. 12	2017. 12	2018. 12	2019. 12	2020. 12
PER(배)	27.78	175.37	19.23	30.37	29.28
PBR(배)	2.94	5.06	3.12	3.57	5.18
PSR(배)	4.06	6.82	4.74	7.04	9.52
ROE(%)	11.1	2.8	17.5	12.4	17.35
주당순이익(달러)	1.28	0.36	2.4	1.95	3.44
주당배당금(달러)	0.26	0.3	0.34	0.37	0.41

최근 5년간 주가 추이

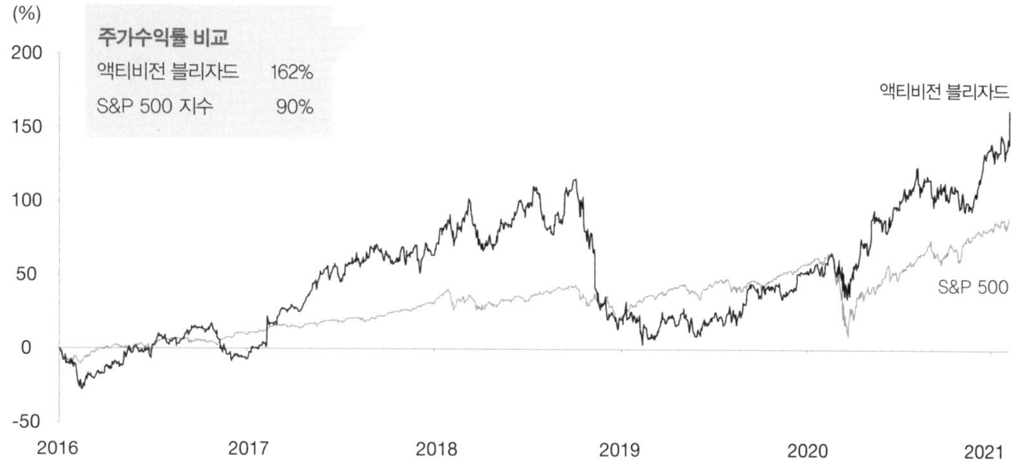

A

주요 경쟁업체 현황

액티비전 블리자드의 주요 경쟁사로는 일렉트로닉 아츠**EA**, 씨**SE**가 있다.

일렉트로닉 아츠Electronic Arts Inc는 세계적인 게임 개발 및 유통 회사다. 1982년 애플의 마케팅 이사였던 트립 호킨스가 설립했으며 1990년대 축구, 아이스하키 등 EA 스포츠 시리즈를 성공적으로 론칭하며 외형을 확대했다.

씨Sea Limited는 게임 퍼블리싱과 전자상거래, 전자 결제 서비스를 제공하는 온라인 플랫폼 기업이다. 동남아 최대의 모바일 쇼핑 플랫폼인 쇼피Shopee, 온라인 게임 퍼블리셔인 가레나Garena, 전자결제 및 금융 서비스 플랫폼인 씨머니Sea Money를 보유하고 있다. 2017년 10월 나스닥에 상장했다.

최근 4분기 경쟁사 실적 비교 2020년 4분기 기준 / (단위) 백만 달러, %, 달러

구분	액티비전 블리자드	일렉트로닉 아츠	씨
매출	8,178	5,670	3,586
영업이익	3,382	1,272	-1,176
순이익	2,687	1,179	-1,378
영업이익률	41.4	22.43	-32.79
순이익률	32.9	20.79	-38.43
주당순이익(EPS)	3.44	4.05	-2.92
주가수익배수(PER)	29.28	35.33	-51.77
주가순자산배수(PBR)	5.18	5.23	96.27

액티비전 블리자드의 본사는 미국 캘리포니아 산타모니카에 위치해 있으며, 상근 직원 수는 9,200명이다.
일렉트로닉 아츠의 본사는 미국 캘리보니아 레드우드 시티에 위치해 있으며, 직원 수는 9,800명가량이다.
씨의 본사는 싱가포르에 위치하며, 상근 직원 수는 2만 9,800명가량이다. (2021년 2월 현재)

최근 12개월간 주가 수익률 비교 2021년 2월 기준 / (단위) %

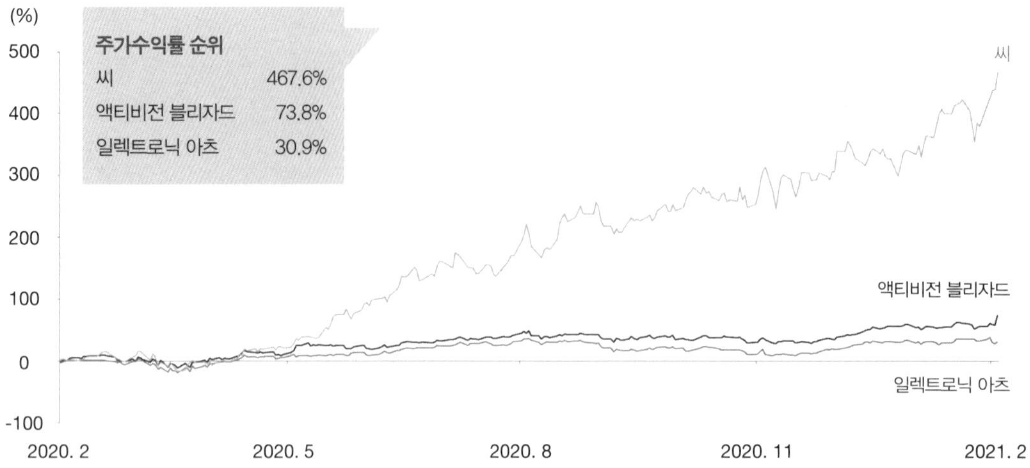

배당 및 투자의견, 종목진단 결과

액티비전 블리자드의 회계 결산월은 12월이다.

2010년부터 배당이 증가해 '배당성취자'에 해당하는 액티비전 블리자드의 배당금은 분기 단위로 지급되고, 배당수익률은 커뮤니케이션 서비스 섹터 평균인 2.29%의 5분의 1 수준이다.

배당수익률(선행)	연간배당금(선행)	배당성향	배당성장	5년 배당성장률
0.49%	0.47달러	12.89%	11년 배당성취자	12.57%

최근 3개월간 22명의 애널리스트가 제시한 투자의견을 종합하면 강력매수Strong Buy(매수 20명, 보유 2명, 매도 0명)이다. 향후 12개월간 목표주가는 최고 125달러, 최저 100달러, 평균 114달러이다.

초이스스탁 US의 종목진단 결과는?

2020년 9월 실적발표 기준

액티비전 블리자드의 투자매력 점수는 100점 만점에 80점이며 미국 상장기업 5,591개 중 330위로 상위 5%에 속하는 초우량 기업이다.

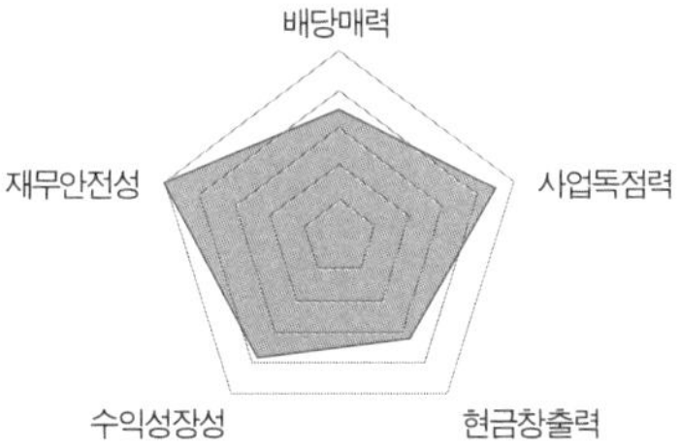

종합점수 : 74점 / 100점

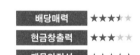

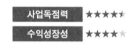

배당매력	★★★½☆	사업독점력	★★★★½
현금창출력	★★★☆☆	수익성장성	★★★★☆
재무안전성	★★★★★		

최신 결과 보러 가기

투자매력 세부 5개 항목 중 재무안전성이 5점 만점으로 매우 안전한 재무구조를 갖춘 기업이다. 부채비율 50%, 유동비율 412%, 이자보상배수 42배 등이 반영된 결과다. 수익성장성 점수는 3.8점으로 평가돼 미국 전체 상장사 중 상위 5%에 속하는 고성장 기업이다. 2020년 9월 연환산(최근 4분기 합산) 매출액이 76억 달러로 전년 동기 68억 달러 대비 11% 성장했고, 순이익은 22억 달러로 전년 동기 16억 달러 대비 37% 늘어난 점 등이 반영됐다.

사업독점력 평가에서도 5점 만점에 4.5점을 받아 미국 전체 상장사 중 상위 3%에 속하는 초우량 기업이다. 사업독점력은 현재의 수익성과 성장성을 유지할 수 있는지를 알 수 있는 지표로, 높을수록 독점력이 높다.

배당매력 점수는 3.5점으로 2019년 주당배당금을 0.37달러 지급했고, 시가배당률은 0.6%를 기록했다. 주당배당금을 11년 연속 상향했으나 주가가 큰 폭으로 올라 최근 5년간 시가배당률은 1% 미만으로 낮은 편이다.

POINT ▶ 반도체 공급부족 현상이 실적 성장세를 제한하는 모양새

브로드컴

AVGO Nasdaq | Broadcom Inc.

처음 매매하는 경우

매매 예정 시점
실적 확인 후 ☐ 이슈 확인 후 ☐

매매 결정 이유
변동성 확대(단기) ☐ 실적 우수(장기) ☐

매수 목표 가격 $

손익 목표 가격 $ (+ %)

손절 목표 가격 $ (- %)

보유 예정 기간
3개월 미만(단기) ☐ 1년 이상(장기) ☐

보유 중인 경우

매매 구분 매수 ☐ 매도 ☐

매매 일자 20 . . .

매매 금액 가격 $ 수량 주

수익 현황 수익금액 $ 수익률 %

투자 아이디어

포춘 500대 기업 중 하나인 브로드컴**AVGO**은 광대역 통신용 집적회로와 통신용 인프라 소프트웨어를 개발해 판매하는 매출 기준 세계 1위 팹리스 반도체 회사다.

1961년 설립된 브로드컴은 2015년 싱가폴 반도체 기업인 아바고에 인수됐는데 아바고가 회사명을 브로드컴으로 변경해 사용하고 있다. 그리고 다음 해인 2016년에는 인텔과 퀄컴에 이어 미국 3대 반도체 기업으로 도약했다.

2017년 하반기에 퀄컴 인수를 제안했으나 트럼프 대통령의 '미국우선주의'와 '자국기술보호정책'으로 인수에 실패했고, 대신 2018년에 기업용 소프트웨어 업체인 CA 테크놀로지, 2019년에 보안 솔루션 기업인 시만텍의 엔터프라이즈 사업부문을 차례로 인수했다.

1988년 나스닥에 상장했으며, 미국 3대 지수 중 나스닥 100과 S&P 500에 속해 있다.

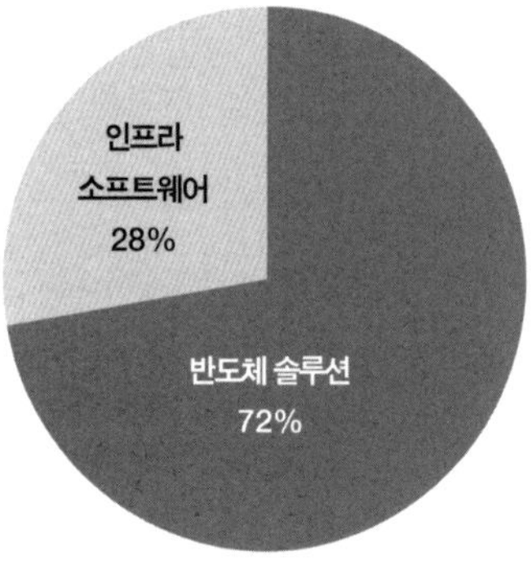

사업부문별 매출 비중

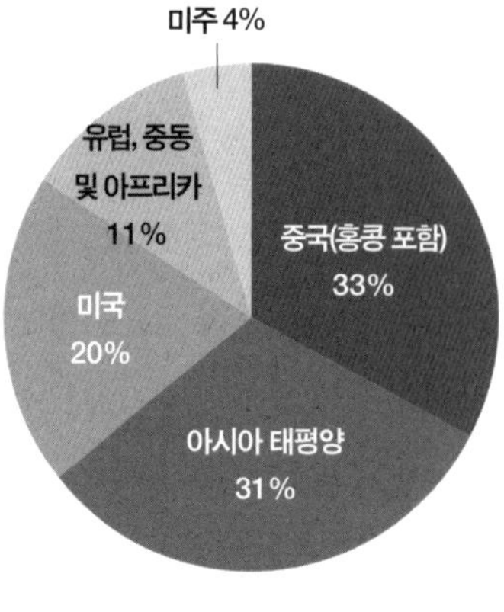

사업지역별 매출 비중

최신 정보 보러 가기 ●

주요 지표 및 주가 | 최신 뉴스 한 번에 보기 | 퀀트 분석 : 종목진단 | 컨센서스 및 투자의견

최근 3년 수익률
93.9%

최근 5년간 주요 투자지표 ① 손익계산서 10월 결산 기준 / (단위) 금액: 백만 달러, %

구분	2016. 10	2017. 10	2018. 10	2019. 10	2020. 10	전년 대비
매출액	13,240	17,636	20,848	22,597	23,888	▲ 5.7%
영업이익	-409	2,371	5,135	3,444	4,014	▲ 16.6%
영업이익률(%)	-3.1	13.4	24.6	15.2	16.8	▲ 1.6%P
순이익	-1,739	1,692	12,259	2,724	2,960	▲ 8.7%
순이익률(%)	-13.1	9.6	58.8	12.1	12.4	▲ 0.3%P

최근 5년간 주요 투자지표 ② 가치평가 10월 결산 기준 / (단위) 금액: 배, %, 달러

구분	2016. 10	2017. 10	2018. 10	2019. 10	2020. 10
PER(배)	-38.69	60.98	7.45	43.65	53.11
PBR(배)	3.56	5.09	3.42	4.72	5.92
PSR(배)	5.08	5.85	4.38	5.21	5.92
ROE(%)	-11	8.6	43.8	11.7	11.1
주당순이익(달러)	-4.86	4.02	28.44	6.43	6.33
주당배당금(달러)	1.94	4.08	7	10.6	13

최근 5년간 주가 추이

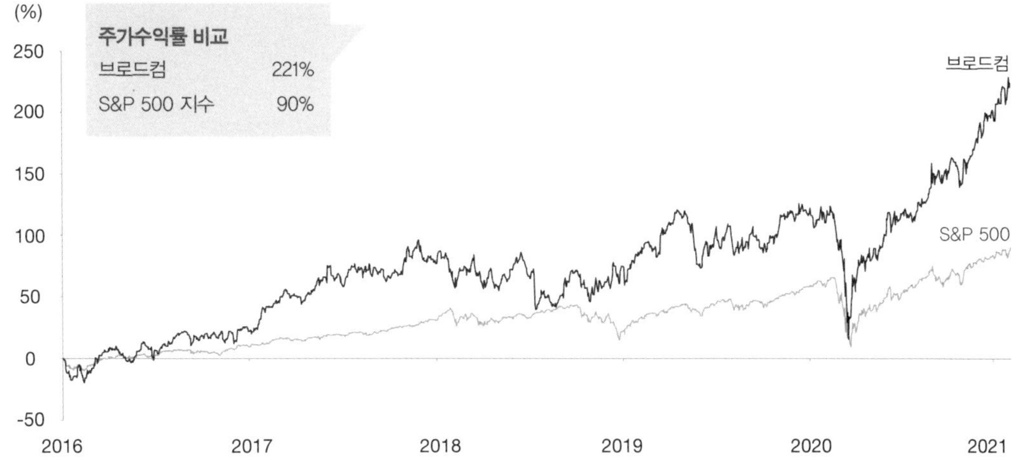

주요 경쟁업체 현황

브로드컴의 주요 경쟁사로는 퀄컴**QCOM**, 텍사스 인스트루먼츠**TXN**가 있다.

퀄컴QUALCOMM Incorporated은 무선 통신 제품 및 서비스를 설계하고 판매하는 미국의 다국적 반도체 및 통신장비 회사다. 칩셋 제조 부문·CDMA 관련 특허를 활용한 라이선스 부문·다양한 산업의 기초 분야에 투자하는 부문을 영위하고 있다. 1985년 설립돼 1991년에 나스닥에 상장했다.

텍사스 인스트루먼츠Texas Instruments Incorporated는 세계 10대 반도체기업 중 하나로, 반도체 및 컴퓨터 응용 기술의 개발과 상품화로 유명하다. 1951년 설립돼 1972년 나스닥에 상장했다.

최근 4분기 경쟁사 실적 비교 2020년 4분기 기준 / (단위) 백만 달러, %, 달러

구분	브로드컴	퀄컴	텍사스 인스트루먼츠
매출	23,888	26,690	14,461
영업이익	4,014	7,751	5,894
순이익	2,960	6,728	5,595
영업이익률	16.80	29.04	40.76
순이익률	12.39	25.21	38.69
주당순이익(EPS)	6.33	5.84	5.97
주가수익배수(PER)	53.11	25.01	26.93
주가순자산배수(PBR)	5.92	22.8	16.4

브로드컴의 본사는 미국 캘리포니아 산호세에 위치하며, 상근 직원 수는 2만 1천여 명이다. 퀄컴의 본사는 미국 캘리포니아 샌디에고에 위치하며, 상근 직원 수는 4만 1천여 명이다. 텍사스 인스트루먼츠의 본사는 미국 텍사스 달라스에 위치하며, 상근 직원 수는 3만여 명이다. (2021년 2월 현재)

최근 12개월간 주가 수익률 비교 2021년 2월 기준 / (단위) %

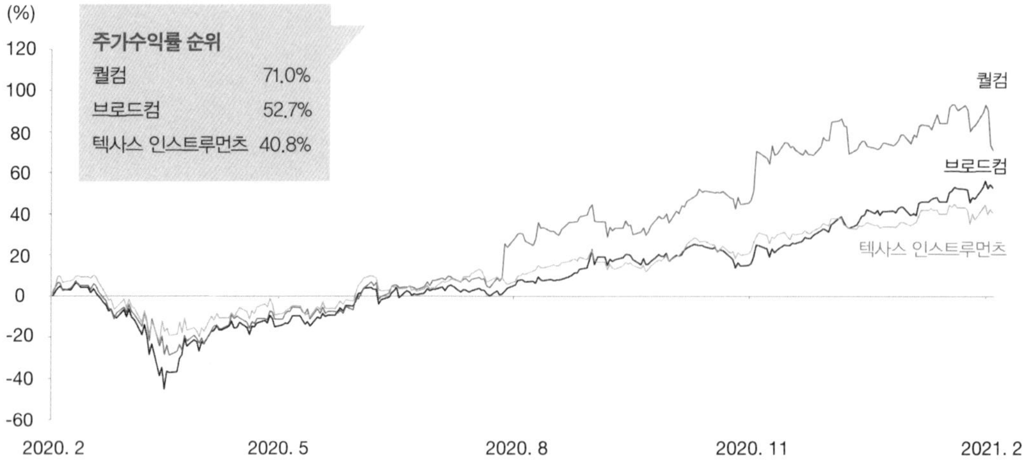

배당 및 투자의견, 종목진단 결과

브로드컴의 회계 결산월은 10월이다.

2012년부터 증가해온 브로드컴의 배당금은 분기 단위로 지급되고, 배당수익률은 정보기술IT 섹터 평균인 1.14%의 2.5배 수준이다.

배당수익률(선행)	연간배당금(선행)	배당성향	배당성장	5년 배당성장률
3.06%	14.40달러	54.61%	9년	52.10%

최근 3개월간 22명의 애널리스트가 제시한 투자의견을 종합하면 강력매수Strong Buy(매수 18명, 보유 4명, 매도 0명)이다. 향후 12개월간 목표주가는 최고 575달러, 최저 408달러, 평균 487달러이다.

초이스스탁 US의 종목진단 결과는?

2020년 11월 실적발표 기준

브로드컴의 투자매력 점수는 100점 만점에 76점이며 미국 상장기업 5,591개 중 519위로 상위 9%에 속하는 우량 기업이다.

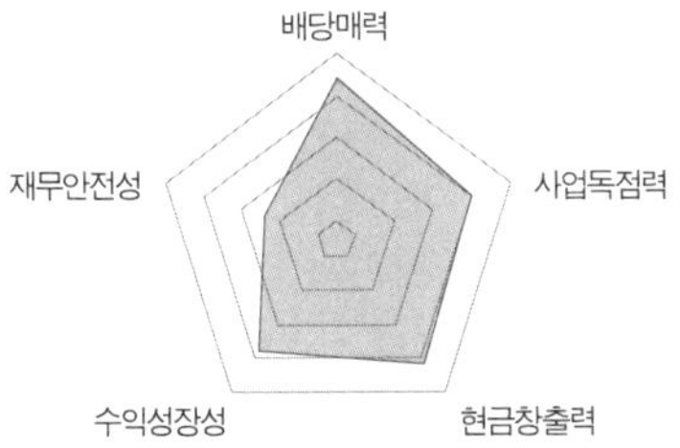

종합점수 : 76점 / 100점

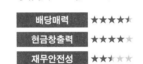

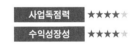

배당매력	★★★★☆	사업독점력	★★★★☆
현금창출력	★★★★☆	수익성장성	★★★★☆
재무안전성	★★☆☆☆		

최신 결과 보러 가기

5G 산업 성장에 따라 수익성장성 점수는 5점 만점에 3.8점으로 미국 전체 상장사 중 상위 5%에 속하는 고성장 기업으로 평가됐다. 2020년 11월 연환산(최근 4분기 합산) 매출액이 238억 달러로 전년 동기 225억 달러 대비 5.7% 늘었고, 순이익은 29억 달러로 전년 동기 27억 달러 대비 7.4% 성장했다. 2021년에도 5G 시장 확대에 따른 성장이 예상돼 수익성장성 점수는 향후 더 개선될 것으로 분석된다.

배당매력 점수는 4.5점으로 배당투자 매력이 높다. 최근 9년 연속 주당배당금을 상향했고, 2020년에는 주당배당금 13달러를 지급해 시가배당률 3.7%를 기록했다. 최근 5년간 시가배당률은 1.1~3.7% 수준이며, 최근 3년 연속 시가배당률 3% 이상을 기록했다. 사업독점력 점수는 4점으로 미국 전체 상장사 중 상위 6%에 속하는 높은 평가를 받았다. 참고로, 사업독점력 평가는 현재의 수익성과 성장성을 유지할 수 있는지를 나타내는 지표로써, 점수가 높을수록 독점기업으로 현재의 수익성을 유지할 수 있는 경제적 해자를 갖춘 기업이다.

A

POINT ▶ 여행 레저 소비가 회복되지 않는 한 과거의 영광을 되찾기 쉽지 않을 것

아메리칸 익스프레스

AXP NYSE | American Express Company

처음 매매하는 경우			보유 중인 경우				
매매 예정 시점			**매매 구분**	매수 ☐	매도 ☐		
실적 확인 후 ☐	이슈 확인 후 ☐		**매매 일자**	20 . . .			
매매 결정 이유			**매매 금액**	가격 $		수량	주
변동성 확대(단기) ☐	실적 우수(장기) ☐		**수익 현황**	수익금액 $		수익률	%
매수 목표 가격	$						
손익 목표 가격	$	(+ %)	투자 아이디어				
손절 목표 가격	$	(- %)					
보유 예정 기간							
3개월 미만(단기) ☐	1년 이상(장기) ☐						

아메리칸 익스프레스**AXP**는 1850년 화물운송업으로 시작하여, 1882년 우편환 사업과 1895년 여행자수표 사업으로 성장했다. 1958년 신용카드 사업에 뛰어들면서 금융업으로 전환했고, 1972년 뉴욕증권거래소에 상장했다.

비자**V**와 마스터카드**MA**에 이어 미국을 대표하는 프리미엄 신용카드인 아메리칸 익스프레스의 가장 큰 특징은 이용자의 월평균 소비금액이 비자나 마스터카드의 2배에 달한다는 것이다. 말로만 프리미엄 신용카드가 아니라 실제 부유층 고객이 주 이용자인 셈이다. 또한 델타 에어라인스**DAL**와의 전략적 파트너십을 2030년까지 연장했고, 전자상거래 및 모바일결제 시장 성장에 발맞춰 다양한 기업과 B2B사업을 확대하고 있다. 미국 3대 지수 중 다우와 S&P 500에 포함돼 있다.

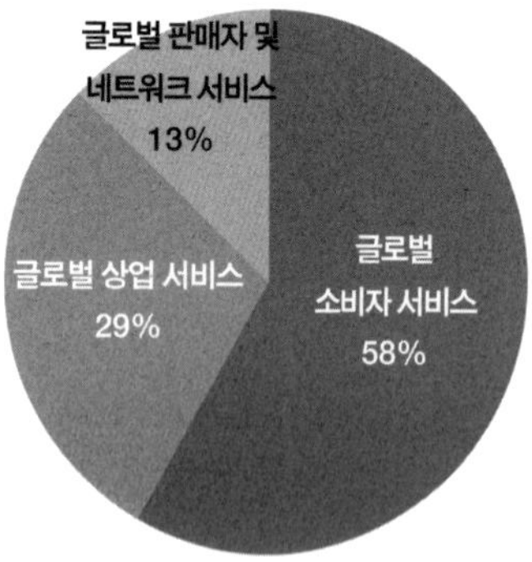

사업부문별 매출 비중

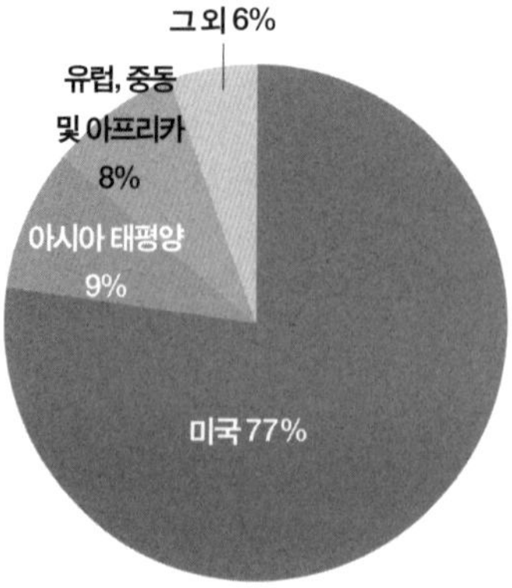

사업지역별 매출 비중

최신 정보 보러 가기 ●

주요 지표 및 주가 　최신 뉴스 한 번에 보기 　퀀트 분석 : 종목진단 　컨센서스 및 투자의견

최근 3년 수익률
34.1%

최근 5년간 주요 투자지표 ① 손익계산서

12월 결산 기준 / (단위) 금액: 백만 달러, %

구분	2016. 12	2017. 12	2018. 12	2019. 12	2020. 12	전년 대비
매출액	33,411	34,118	36,986	39,983	31,357	▼ -21.6%
영업이익	8,042	7,425	8,122	8,429	4,296	▼ -49.0%
영업이익률(%)	24.1	21.8	22.0	21.1	13.7	▼ -7.4%P
순이익	5,375	2,748	6,921	6,759	3,135	▼ -53.6%
순이익률(%)	16.1	8.1	18.7	16.9	10.0	▼ -6.9%P

최근 5년간 주요 투자지표 ② 가치평가

12월 결산 기준 / (단위) 금액: 배, %, 달러

구분	2016. 12	2017. 12	2018. 12	2019. 12	2020. 12
PER(배)	12.61	31.37	11.77	15.07	31.06
PBR(배)	3.31	4.72	3.65	4.42	4.24
PSR(배)	2.03	2.53	2.2	2.55	3.11
ROE(%)	25.9	13.5	32.9	29.6	14.4
주당순이익(달러)	5.61	2.99	7.91	7.99	3.77
주당배당금(달러)	1.19	1.31	1.44	1.6	1.72

최근 5년간 주가 추이

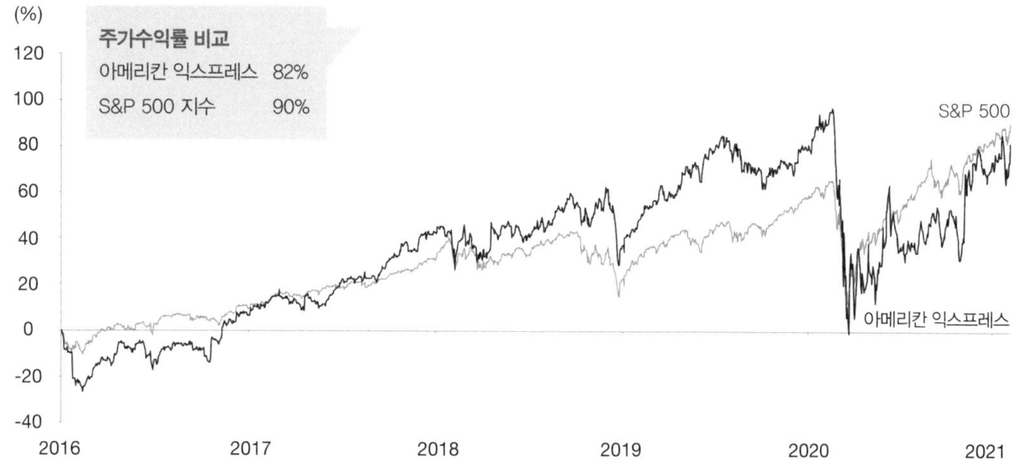

주요 경쟁업체 현황

아메리칸 익스프레스의 주요 경쟁사로는 캐피털 원 파이낸셜**COF**, 디스커버 파이낸셜 서비시스**DFS**가 있다.

캐피털 원 파이낸셜Capital One Financial Corporation은 신용카드, 자동차 대출, 은행 및 저축 상품을 전문으로 하는 은행 지주 회사다. 1988년 설립됐으며 2016년 기준 미국에서 5번째로 큰 신용카드 발급 기관이다.

디스커버 파이낸셜 서비시스Discover Financial Services는 미국에서 온라인을 통해 금융 상품을 제공하는 다이렉트 뱅킹 회사다. 미국 4대 신용카드 중 하나인 디스커버 신용카드를 보유하고 있다.

최근 4분기 경쟁사 실적 비교 2020년 4분기 기준 / (단위) 백만 달러, %, 달러

구분	아메리칸 익스프레스	캐피털 원 파이낸셜	디스커버 파이낸셜 서비시스
매출	31,357	16,795	5,954
영업이익	4,296	1,587	1,435
순이익	3,135	1,324	1,104
영업이익률	13.70	9.45	24.10
순이익률	10.00	7.88	18.54
주당순이익(EPS)	3.77	2.01	3.6
주가수익배수(PER)	31.06	35.25	25.13
주가순자산배수(PBR)	4.24	0.56	2.55

아메리칸 익스프레스의 본사는 미국 뉴욕에 위치하며, 상근 직원 수는 6만 3,700명이다.
캐피털 원 파이낸셜의 본사는 미국 버지니아에 위치하며, 상근 직원 수는 5만 2,000여 명이다.
디스커버 파이낸셜 서비시스의 본사는 미국 일리노이에 위치하며, 상근 직원 수는 1만 7,600명이다. (2021년 2월 현재)

최근 12개월간 주가 수익률 비교 2021년 2월 기준 / (단위) %

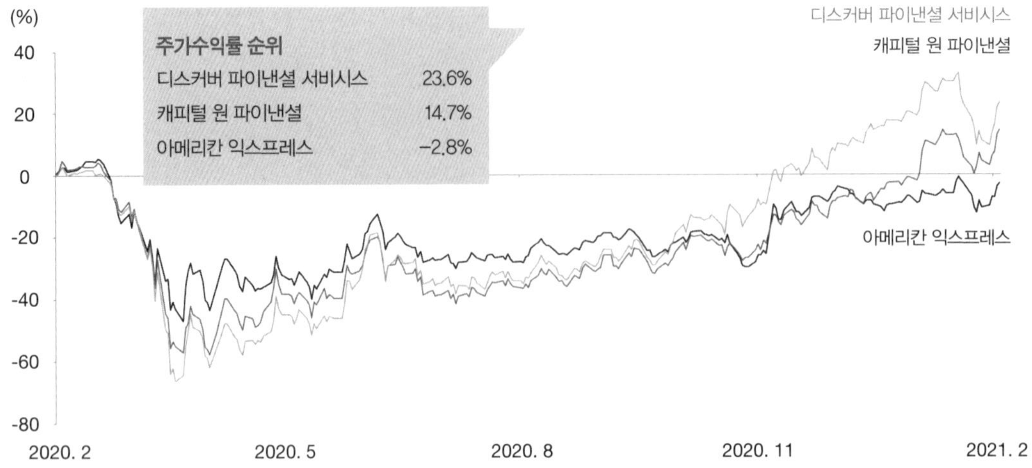

배당 및 투자의견, 종목진단 결과

아메리칸 익스프레스의 회계 결산월은 12월이다.

2012년부터 증가해온 아메리칸 익스프레스의 배당금은 분기 단위로 지급되고, 배당수익률은 금융 섹터 평균인 3.32%의 3분의 1 수준이다.

배당수익률(선행)	연간배당금(선행)	배당성향	배당성장	5년 배당성장률
1.27%	1.72달러	27.07%	9년	8.77%

최근 3개월간 13명의 애널리스트가 제시한 투자의견을 종합하면 매수Moderate Buy(매수 6명, 보유 5명, 매도 2명)이다. 향후 12개월간 목표주가는 최고 165달러, 최저 133달러, 평균 131.75달러이다.

초이스스탁 US의 종목진단 결과는?

2020년 12월 실적발표 기준

아메리칸 익스프레스의 투자매력 점수는 100점 만점에 72점이며 미국 상장기업 5,591개 중 734위로 상위 13%에 속하는 우량 기업이다.

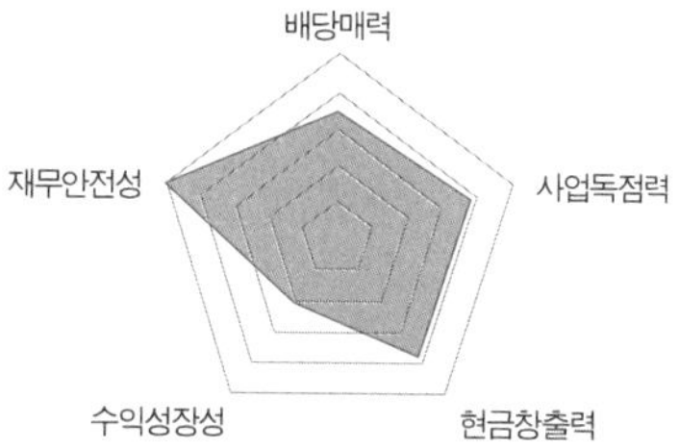

종합점수 : 72점 / 100점

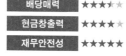

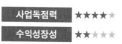

배당매력	★★★★☆	사업독점력	★★★★☆
현금창출력	★★★★☆	수익성장성	★★☆☆☆
재무안전성	★★★★★		

최신 결과 보러 가기

투자매력 세부 5개 항목 중 재무안전성 부문에서 5점 만점을 받아 우량하고 안전한 재무구조를 갖추고 있는 기업이다. 사업독점력 점수는 5점 만점에 3.8점으로 미국 전체 상장기업 중 상위 12%에 속하는 좋은 평가를 받았다. 사업독점력 점수는 현재의 수익성과 성장성을 유지할 수 있는지를 평가하는 지표이다.

배당매력 점수는 3.5점으로, 최근 5년간 시가배당률은 1.3~1.6% 수준이다. 주당배당금은 9년 연속 상승했고, 2020년에는 주당배당금 1.72달러를 지급했다. 수익성장성은 2점으로 다소 낮은 평가를 받았다. 코로나 19 영향으로 카드 소비 지출 감소로 2020년 12월 연환산(최근 4분기 합산) 매출액은 313억 달러로 전년 동기 399억 달러 대비 21.5% 줄었고, 순이익은 31억 달러로 전년 동기 67억 달러 대비 53.7% 감소했다.

2021년에는 코로나 19 백신 접종으로 여행, 쇼핑 수요 회복에 따른 매출과 수익이 성장세로 돌아서리라 예상된다.

POINT ▶ 이보다 더 나쁠 순 없다! 이제 다시 날개를 펼 때

보잉

BA NYSE | The Boeing Company

처음 매매하는 경우

매매 예정 시점
실적 확인 후 ☐ 이슈 확인 후 ☐

매매 결정 이유
변동성 확대(단기) ☐ 실적 우수(장기) ☐

매수 목표 가격 $

손익 목표 가격 $ (+ %)

손절 목표 가격 $ (- %)

보유 예정 기간
3개월 미만(단기) ☐ 1년 이상(장기) ☐

보유 중인 경우

매매 구분 매수 ☐ 매도 ☐

매매 일자 20 . . .

매매 금액 가격 $ 수량 주

수익 현황 수익금액 $ 수익률 %

투자 아이디어

1916년 설립된 보잉**BA**은 세계1위 민항기 업체이자 세계 3대 방위산업체다. 대표적인 민항기로는 보잉737 시리즈가 있고, 주요 방위산업 제품으로 F-18 호넷 전폭기와 F-15 이글 전투기, AH-64 아파치 공격 헬기, KC-46 페가수스 공중 급유기 등이 있다.

전 세계 여객수송 증가에 따른 신규 항공기 수요와 퇴역 항공기 증가로 최근까지 큰 폭의 실적 성장세를 이어왔으나, 2018년과 2019년에 걸쳐 발생한 보잉 737맥스8 기종의 추락 사고와 2020년 초에 발생한 코로나 19 확산으로 현재 많은 어려움을 겪고 있다. 반면 2020년 말 보잉737맥스 기종에 대한 운항 재개 승인과 2021년 1분기 신규 항공기 계약을 통해 서서히 회복세를 보이는 중이다.

1978년 뉴욕증권거래소에 상장했으며, 미국 3대 지수 중 다우와 S&P 500에 속해 있다.

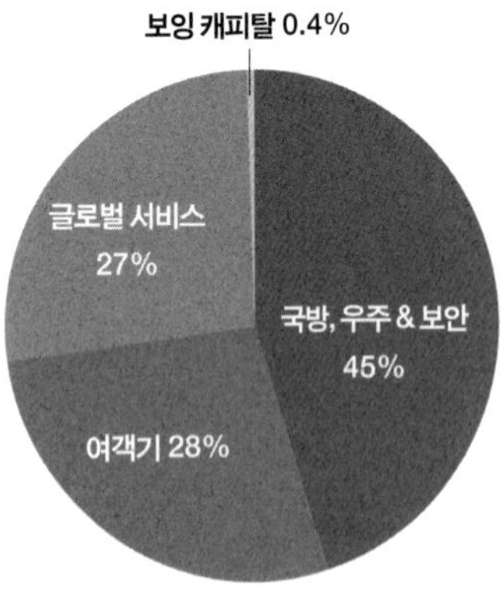

사업부문별 매출 비중

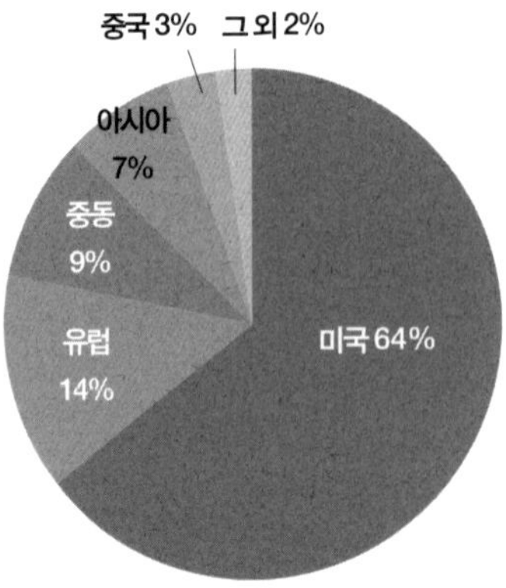

사업지역별 매출 비중

최신 정보 보러 가기 ●

주요 지표 및 주가 | 최신 뉴스 한 번에 보기 | 퀀트 분석 : 종목진단 | 컨센서스 및 투자의견

최근 3년 수익률 -39.0%

최근 5년간 주요 투자지표 ① 손익계산서 12월 결산 기준 / (단위) 금액: 백만 달러, %

구분	2016. 12	2017. 12	2018. 12	2019. 12	2020. 12	전년 대비
매출액	93,496	94,005	101,127	76,559	58,158	▼ -24.0%
영업이익	6,534	10,323	11,912	-2,666	-12,969	적자 지속
영업이익률(%)	7.0	11.0	11.8	-3.5	-22.3	▼ -18.8%P
순이익	5,034	8,458	10,460	-636	-11,873	적자 지속
순이익률(%)	5.4	9.0	10.3	-0.8	-20.4	▼ -19.6%P

최근 5년간 주요 투자지표 ② 가치평가 12월 결산 기준 / (단위) 금액: 배, %, 달러

구분	2016. 12	2017. 12	2018. 12	2019. 12	2020. 12
PER(배)	19.09	20.77	17.51	-288.26	-10.18
PBR(배)	117.6	106.06	540.25	N/A	N/A
PSR(배)	1.03	1.87	1.81	2.4	2.08
ROE(%)	267.3	4,229.0	-3,579.10	N/A	N/A
주당순이익(달러)	7.83	13.85	17.85	-1.12	-20.88
주당배당금(달러)	4.36	5.68	6.84	8.22	2.06

최근 5년간 주가 추이

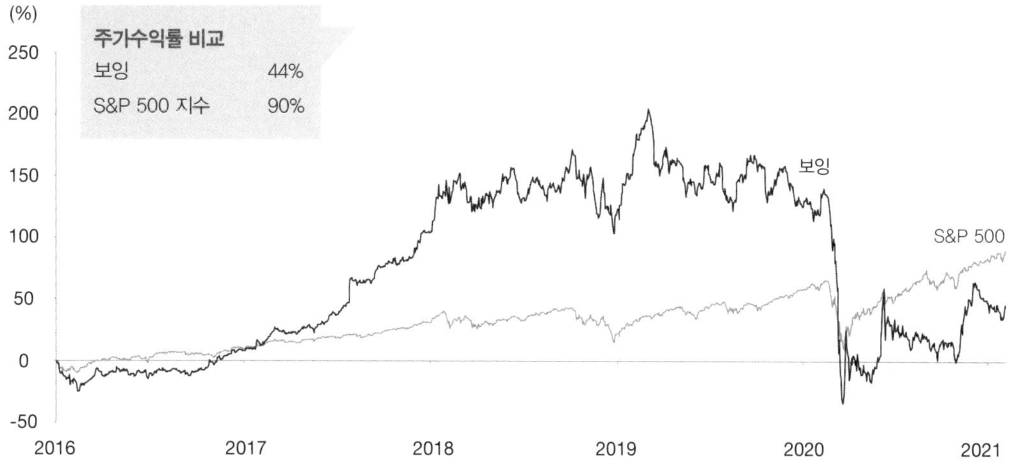

B

주요 경쟁업체 현황

보잉의 주요 경쟁사로는 레이시온 테크놀로지스**RTX**, 록히드 마틴**LMT**이 있다.

레이시온 테크놀로지스Raytheon technologies는 2019년 레이시온과 유나이티드 테크놀로지스가 합병해 탄생한 글로벌 3대 방산 업체다. 미사일과 레이더에 특화된 세계적인 방산 업체로, 요격용 지대공 미사일인 패트리어트로 유명하다. 1922년 설립되었다.

록히드 마틴Lockheed Martin은 세계 방위산업을 선도하는 세계 1위 방산업체이자 미국 3대 우주항공 업체로, 대표적인 제품으로는 F-35 스텔스 전투기가 있다. 1926년에 설립됐다.

최근 4분기 경쟁사 실적 비교 2020년 4분기 기준 / (단위) 백만 달러, %, 달러

구분	보잉	레이시온 테크놀로지스	록히드 마틴
매출	58,158	56,587	65,398
영업이익	-12,969	-2,774	8,654
순이익	-11,873	-3,519	6,833
영업이익률	-22.30	-4.90	13.23
순이익률	-20.42	-6.22	10.45
주당순이익(EPS)	-20.88	0	24.3
주가수익배수(PER)	-10.18	-30.86	14.54
주가순자산배수(PBR)	N/A	1.51	16.51

보잉의 본사는 미국 일리노이 시카고에 위치하며, 상근 직원 수는 14만 1천여 명이다.
레이시온 테크놀로지스의 본사는 미국 매사추세츠에 위치하며, 상근 직원 수는 19만 5천여 명이다.
록히드 마틴의 본사는 미국 메릴랜드에 위치하며, 상근 직원 수는 11만여 명이다.

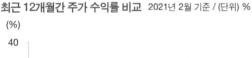

최근 12개월간 주가 수익률 비교 2021년 2월 기준 / (단위) %

주가수익률 순위
레이시온 테크놀로지스 25.7% 록히드 마틴 −21.3%
보잉 −34.7%

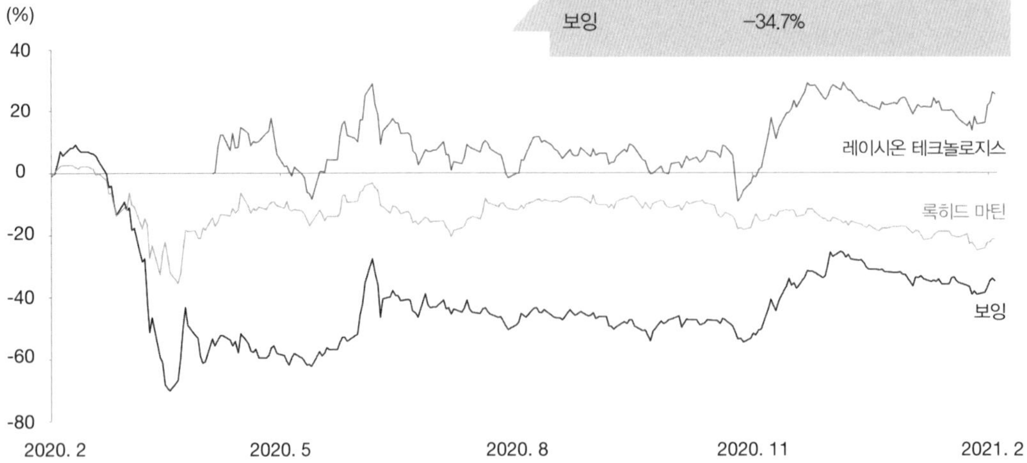

배당 및 투자의견, 종목진단 결과

보잉의 회계 결산월은 12월이다.

코로나 19 팬데믹으로 인해 배당을 중단한 보잉에 대하여 최근 3개월간 21명의 애널리스트가 제시한 투자의견을 종합하면 보유Hold(매수 9명, 보유 8명, 매도 4명)이다. 향후 12개월간 목표주가는 최고 307달러, 최저 165달러, 평균 234.95달러이다.

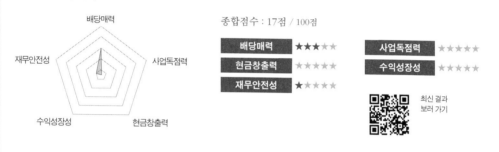

초이스스탁 US의 종목진단 결과는?

2020년 12월 실적발표 기준

보잉의 투자매력 점수는 100점 만점에 17점이며 미국 상장기업 5,591개 중 4,111위로 상위 73%에 속하는 기업이다.

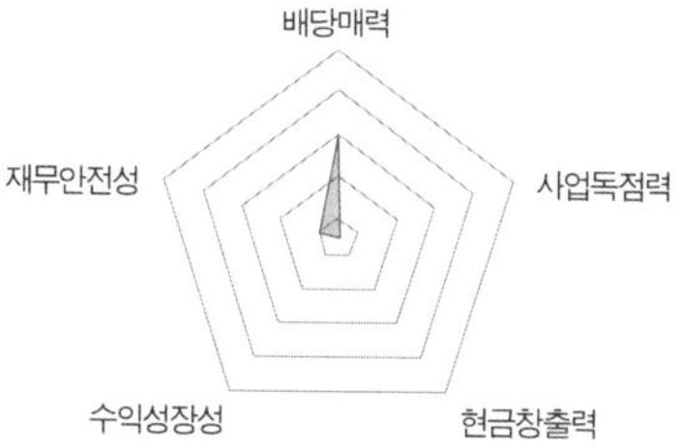

종합점수 : 17점 / 100점

배당매력 ★★★☆☆
현금창출력 ☆☆☆☆☆
재무안전성 ★☆☆☆☆
사업독점력 ☆☆☆☆☆
수익성장성 ☆☆☆☆☆

최신 결과 보러 가기

투자매력 세부 5개 항목 분석 중 배당매력 점수를 제외한 4개 부문에서 0~1점의 매우 낮은 평가를 받았다. 수익성장성 부문에서 0점을 받았는데, 2020년 12월 연환산(최근 4분기 합산) 매출액은 581억 달러로 전년 동기 765억 달러 대비 24% 급감했고, 순이익은 118억 달러 적자로 전년 동기 6억 달러 적자에서 큰 폭으로 확대됐다.

2020년 코로나 19 영향으로 여행, 항공 수요가 급감하면서 실적 악화와 차입금 급증으로 재무안전성 점수도 1점으로 매우 낮은 점수를 받았다. 2019년 12월 연환산 기준 영업활동 현금흐름이 (-)24억 달러를 기록한 이후 2020년 12월까지 5분기 연속 (-)마이너스를 기록했다. 동사의 부족한 현금은 주로 장기차입금을 조달해 해결하고 있다.

배당 중단 전까지 지급된 2020년 주당 배당금은 2.06달러이며 시가배당률은 1.0%를 기록했다.

B

POINT ▶ 알츠하이머 치료제의 FDA 승인 여부가 주가 상승에 대한 명분을 제공할 것

바이오젠

BIIB Nasdaq | Biogen Inc.

처음 매매하는 경우		보유 중인 경우	
매매 예정 시점		**매매 구분**	매수 ☐ 매도 ☐
실적 확인 후 ☐	이슈 확인 후 ☐	**매매 일자**	20 . . .
매매 결정 이유		**매매 금액**	가격 $ 수량 주
변동성 확대(단기) ☐	실적 우수(장기) ☐	**수익 현황**	수익금액 $ 수익률 %
매수 목표 가격	$		
손익 목표 가격	$ (+ %)	**투자 아이디어**	
손절 목표 가격	$ (- %)		
보유 예정 기간			
3개월 미만(단기) ☐	1년 이상(장기) ☐		

포춘 500대 기업 중 하나인 바이오젠**BIIB**은 세계 1위 다발성 경화증 치료제 제약사다. 신경학, 종양학, 면역학을 중심으로 다발성 경화증, 비호지킨 림프종, 류머티즘 관절염, 크론병, 건선과 같은 질병의 치료법을 개발 및 제조 그리고 상용화하는 미국의 다국적 기업이다. 1978년 제네바에서 설립됐고, 2003년 아이덱 제약과의 합병으로 세계에서 세 번째로 큰 생명공학 회사가 됐다.

주요 의약품으로는 다발성 신경 경화증 치료제인 '텍피데라'와 '아보넥스', 척수성 근위축증의 유일한 치료제인 '스핀라자'가 있으며, 삼성바이오로직스와 합작 설립한 삼성바이오에피스를 통해 바이오시밀러 부문에서 두각을 나타내고 있다. 세계 최초의 알츠하이머 인지저하 치료제인 '아두카누맙'의 FDA 승인을 기다리고 있다.

1991년 나스닥에 상장했으며, 미국 3대 지수 중 나스닥 100과 S&P 500에 속해 있다.

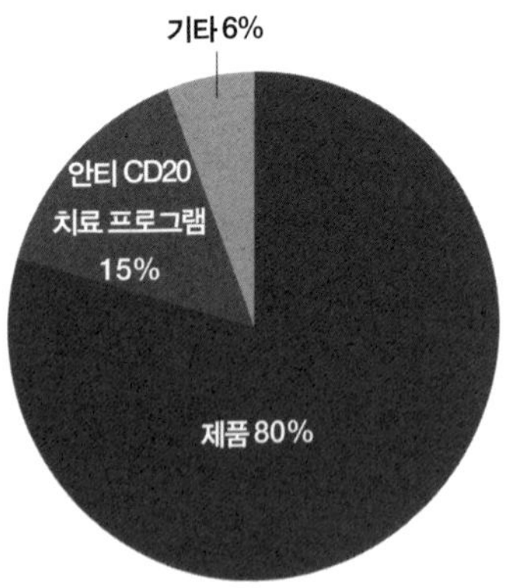

사업부문별 매출 비중

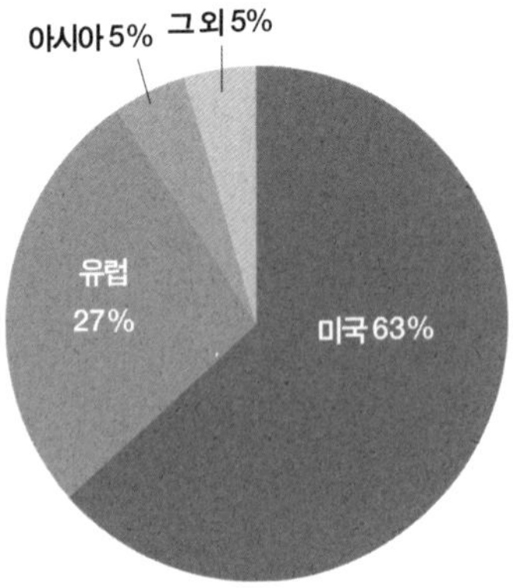

사업지역별 매출 비중

최신 정보 보러 가기 ●

주요 지표 및 주가 | 최신 뉴스 한 번에 보기 | 퀀트 분석 : 종목진단 | 컨센서스 및 투자의견

최근 3년 수익률 -20.4%

최근 5년간 주요 투자지표 ① 손익계산서 12월 결산 기준 / (단위) 금액: 백만 달러, %

구분	2016. 12	2017. 12	2018. 12	2019. 12	2020. 12	전년 대비
매출액	11,449	12,274	13,453	14,378	13,445	▼ -6.5%
영업이익	5,152	5,346	5,889	7,043	4,550	▼ -35.4%
영업이익률(%)	45.0	43.6	43.8	49.0	33.8	▼ -15.1%P
순이익	3,703	2,539	4,431	5,889	4,001	▼ -32.1%
순이익률(%)	32.3	20.7	32.9	41.0	29.8	▼ -11.2%P

최근 5년간 주요 투자지표 ② 가치평가 12월 결산 기준 / (단위) 금액: 배, %, 달러

구분	2016. 12	2017. 12	2018. 12	2019. 12	2020. 12
PER(배)	16.66	26.53	13.68	9.09	9.42
PBR(배)	5.08	5.34	4.65	4.01	3.52
PSR(배)	5.39	5.49	4.51	3.72	2.8
ROE(%)	32.2	20.9	33.4	43.5	35.3
주당순이익(달러)	16.93	11.92	21.58	31.42	24.8
주당배당금(달러)	0	22.44	0	0	0

최근 5년간 주가 추이

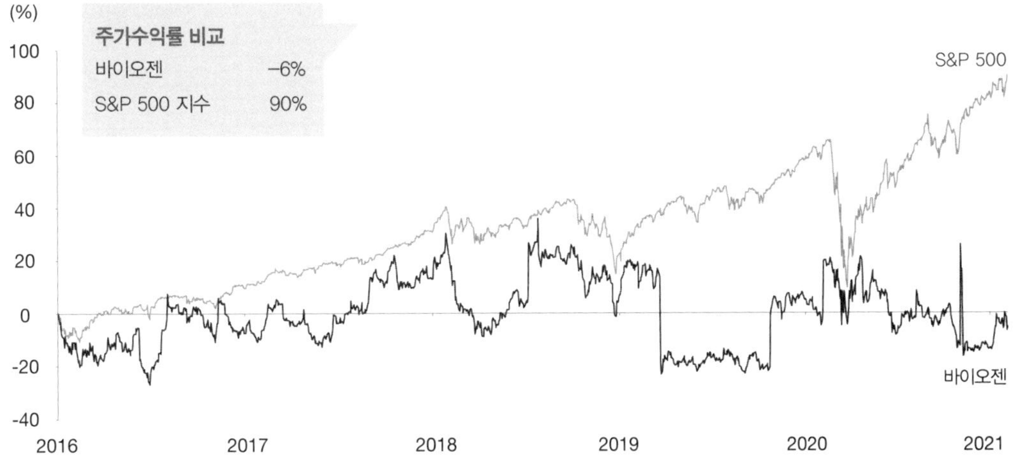

주요 경쟁업체 현황

바이오젠의 주요 경쟁사로는 알렉시온 파마슈티컬즈**ALXN**, 모더나**MRNA**가 있다.

알렉시온 파마슈티컬즈Alexion Pharmaceuticals, Inc.은 희귀난치성질환과 면역질환에 특화한 미국의 제약 업체다. 현존하는 가장 고가의 약물인 '솔리리스'를 보유하고 있다. 현재 아스트라제네카가 390억 달러에 인수 합의했다.

모더나Moderna, Inc.는 신약, 의약품, 백신 등을 개발하는 미국의 생물제약 업체로, 코로나 19의 RNA 백신을 개발했다. 2010년 설립됐으며 2018년 나스닥에 상장했다.

최근 4분기 경쟁사 실적 비교 2020년 4분기 기준 / (단위) 백만 달러, %, 달러

구분	바이오젠	알렉시온 파마슈티컬즈	모더나
매출	13,445	6,070	247
영업이익	4,550	679	-617
순이익	4,001	603	-598
영업이익률	33.84	11.19	-249.80
순이익률	29.76	9.93	-242.11
주당순이익(EPS)	24.8	2.72	-1.61
주가수익배수(PER)	9.42	56.67	-46.71
주가순자산배수(PBR)	3.52	2.94	10.12

바이오젠의 본사는 미국 마이애미에 위치하며, 상근 직원 수는 9,100명이다.
알렉시온 파마슈티컬즈의 본사는 미국 마이애미에 위치하며, 상근 직원 수는 3,837명이다.
모더나의 본사는 미국 미아애미 캠브리지에 위치하며, 상근 직원 수는 1,100명이다. (2021년 2월 현재)

최근 12개월간 주가 수익률 비교 2021년 2월 기준 / (단위) %

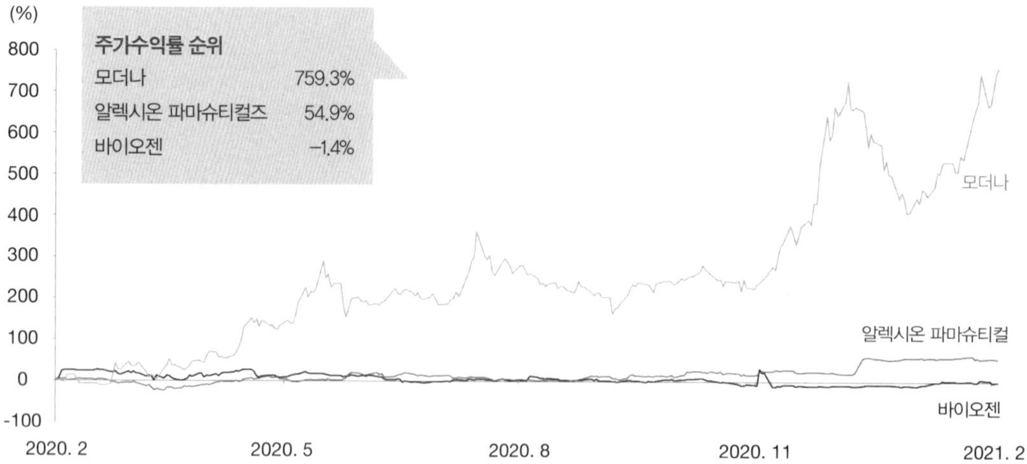

배당 및 투자의견, 종목진단 결과

바이오젠의 회계 결산월은 12월이다.

배당이 없는 바이오젠에 대하여 최근 3개월간 21명의 애널리스트가 제시한 투자의견을 종합하면 매수Moderate Buy(매수 10명, 보유 9명, 매도 2명)이다. 향후 12개월간 목표주가는 최고 450달러, 최저 200달러, 평균 311.67달러이다.

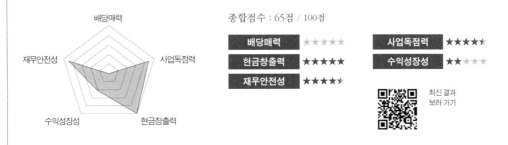

초이스스탁 US의 종목진단 결과는?

2020년 12월 실적발표 기준

바이오젠의 투자매력 점수는 100점 만점에 65점이며 미국 상장기업 5,591개 중 1,211위로 상위 21%에 속하는 기업이다.

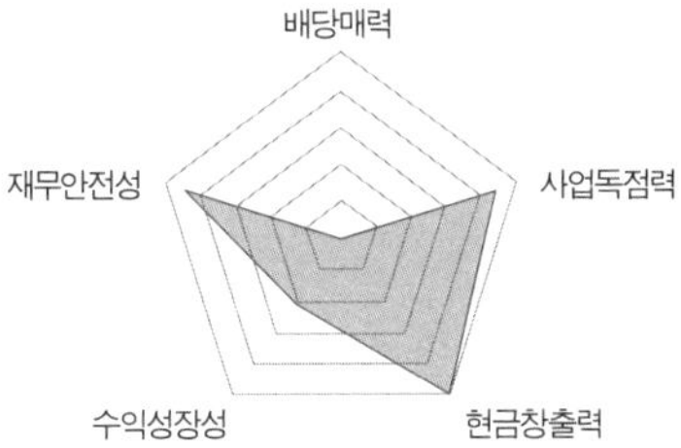

종합점수 : 65점 / 100점

배당매력	☆☆☆☆☆	사업독점력	★★★★½
현금창출력	★★★★★	수익성장성	★★☆☆☆
재무안전성	★★★★½		

최신 결과 보러 가기

투자매력 세부 5개 항목 중 현금창출력 부문에서 5점 만점을 받았다. 2020년 12월 연환산(최근 4분기 합산) 영업활동 현금흐름이 42억 달러, 잉여현금흐름이 37억 달러를 창출한 점 등이 반영됐다.

재무안전성은 5점 만점에 4.5점으로 매우 우수한 것으로 평가됐다. 부채비율 130%, 유동비율 184%, 매출액 대비 금융비용이 2% 수준으로 양호한 점 등이 반영됐다.

수익성장성 점수는 2.2점으로 다시 낮은 평가를 받았다. 2020년 12월 연환산 매출액이 134억 달러로 전년 동기 143억 달러 대비 6% 줄었고 순이익은 40억 달러로 전년 동기 58억 달러 대비 31% 감소한 점 등이 반영됐다.

배당은 지급하지 않아 배당 투자 대상으로는 현재 적합하지 않다.

POINT ▶ 얼눌렸던 여행 수요는 반갑지만
에어비앤비의 등장은 유쾌하지 않아

부킹 홀딩스

BKNG Nasdaq | Booking Holdings Inc.

처음 매매하는 경우	보유 중인 경우
매매 예정 시점 실적 확인 후 ☐ 이슈 확인 후 ☐ **매매 결정 이유** 변동성 확대(단기) ☐ 실적 우수(장기) ☐ **매수 목표 가격** $ **손익 목표 가격** $ (+ %) **손절 목표 가격** $ (- %) **보유 예정 기간** 3개월 미만(단기) ☐ 1년 이상(장기) ☐	**매매 구분** 매수 ☐ 매도 ☐ **매매 일자** 20 . . . **매매 금액** 가격 $ 수량 주 **수익 현황** 수익금액 $ 수익률 % **투자 아이디어**

포춘 500대 기업 중 하나인 부킹 홀딩스BKNG는 글로벌 1위 온라인 여행 예약 서비스 회사Online Travel Agency, OTA다.

2018년 현재의 회사명으로 변경한 부킹 홀딩스는 1997년 항공권 및 숙박권 역경매 웹사이트인 프라이스라인닷컴으로 출발했다. 닷컴 버블이 꺼지던 2002년에 인수합병M&A 전문가 제프리 보이드를 영입해 2005년 세계 1위 예약서비스 회사인 부킹닷컴을 시작으로, 2007년 숙박 예약 서비스 업체인 아고다, 2010년 렌터카 회사인 트래블직소, 2013년 여행 검색 엔진인 카약, 2014년 식당 예약 서비스 업체인 오픈테이블, 2018년 호텔 가격 비교 서비스인 호텔스컴바인 등을 줄줄이 인수하면서 세계 1위 OTA로 발돋움했다.

1999년 3월 나스닥에 상장했으며 미국 3대 지수 중 나스닥 100과 S&P 500에 속해 있다.

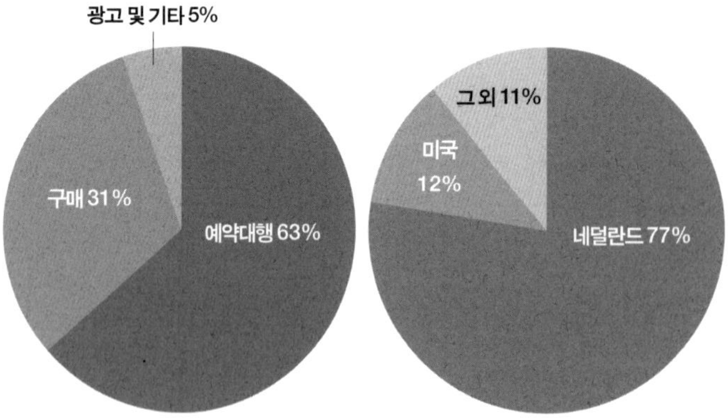

사업부문별 매출 비중　　사업지역별 매출 비중

최신 정보 보러 가기 ●

주요 지표 및 주가 | 최신 뉴스 한 번에 보기 | 퀀트 분석 : 종목진단 | 컨센서스 및 투자의견

최근 3년 수익률
12.8%

최근 5년간 주요 투자지표 ① 손익계산서 12월 결산 기준 / (단위) 금액: 백만 달러, %

구분	2016. 12	2017. 12	2018. 12	2019. 12	2020. 12	전년 대비
매출액	10,743	12,681	14,527	15,066	6,750	▼ -55.2%
영업이익	2,906	5,022	5,341	5,345	374	▼ -93.0%
영업이익률(%)	27.1	39.6	36.8	35.5	5.5	▼ -29.9%P
순이익	2,135	2,341	3,998	4,865	150	▼ -96.9%
순이익률(%)	19.9	18.5	27.5	32.3	2.2	▼ -30.1%P

최근 5년간 주요 투자지표 ② 가치평가 12월 결산 기준 / (단위) 금액: 배, %, 달러

구분	2016. 12	2017. 12	2018. 12	2019. 12	2020. 12
PER(배)	33.88	36.2	19.96	17.67	823.06
PBR(배)	7.37	7.53	9.08	14.49	19.57
PSR(배)	6.73	6.68	5.49	5.71	13.91
ROE(%)	22.5	20.1	40.1	80.7	10.26
주당순이익(달러)	42.65	46.86	83.26	111.82	2.786
주당배당금(달러)	0	0	0	0	0

최근 5년간 주가 추이

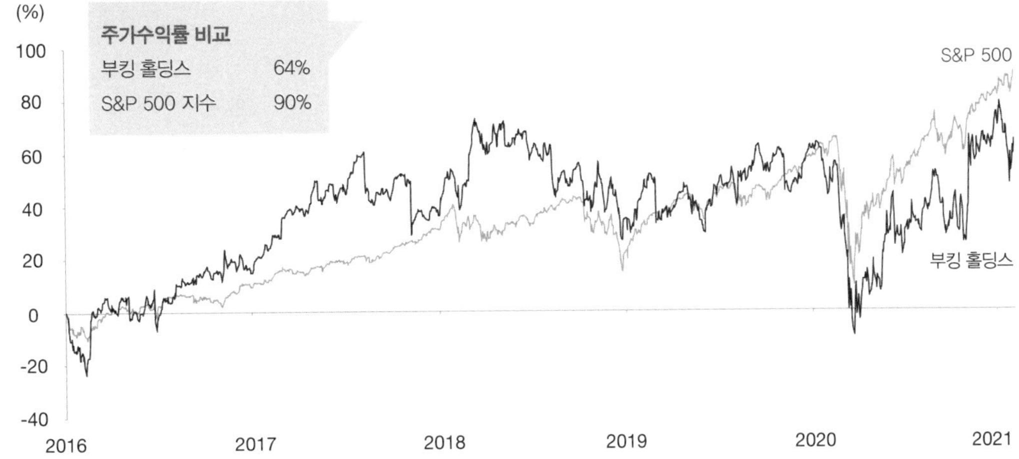

주요 경쟁업체 현황

부킹 홀딩스의 주요 경쟁사로는 익스피디아 그룹**EXPE**, 트립닷컴 그룹**TCOM**이 있다.

익스피디아 그룹Expedia Group, Inc.은 호텔, 항공권 등 여행에 관한 온라인 예약과 결제를 통합적으로 관리해주는 서비스 플랫폼 기업이다. 1996년 마이크로소프트**MSFT** 여행 예약 시스템 부문으로 시작해 호텔스닷컴, 트립어드바이저TRIP 등을 인수하며 외형 성장을 이뤘다.

트립닷컴 그룹Trip.com Group는 호텔, 항공권 예약 등에 관한 서비스를 제공하는 중국 최대의 온라인 여행사다. 2019년에 씨트립에서 트립닷컴으로 사명을 변경했다.

최근 4분기 경쟁사 실적 비교 2020년 4분기 기준 / (단위) 백만 달러, %, 달러

구분	부킹 홀딩스	익스피디아 그룹	트립닷컴 그룹
매출	6,750	5,199	5,095
영업이익	374	-2,719	720
순이익	150	-2,612	1,002
영업이익률	5.5	-52.30	14.13
순이익률	2.2	-50.24	19.66
주당순이익(EPS)	2.786	-19	1.76
주가수익배수(PER)	823.06	-6.97	18.52
주가순자산배수(PBR)	19.57	12.4	1.26

부킹 홀딩스의 본사는 미국 코네티컷 노워크에 위치하며, 상근 직원 수는 2만 3천 명가량이다.
익스피디아 그룹의 본사는 미국 시애틀에 위치하며, 상근 직원 수는 1만 9천 명가량이다.
트립닷컴 그룹의 본사는 중국 상하이에 위치하며, 상근 직원 수는 4만 4,300명이다. (2021년 2월 현재)

최근 12개월간 주가 수익률 비교 2021년 2월 기준 / (단위) %

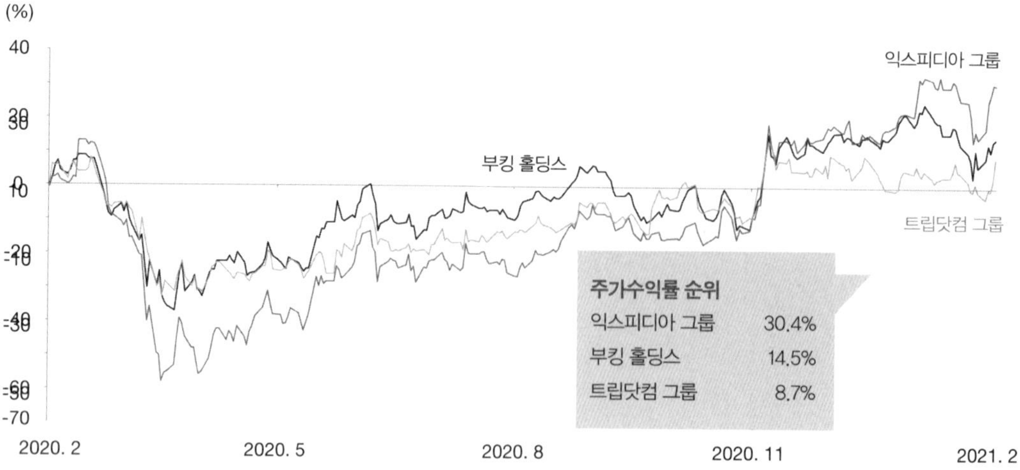

배당 및 투자의견, 종목진단 결과

부킹 홀딩스의 회계 결산월은 12월이다.

배당이 없는 부킹 홀딩스에 대하여 최근 3개월간 20명의 애널리스트가 제시한 투자의견을 종합하면 매수Moderate Buy(매수 7명, 보유 12명, 매도 1명)이다. 향후 12개월간 목표주가는 최고 3,000달러, 최저 1,720달러, 평균 2,436.26달러이다.

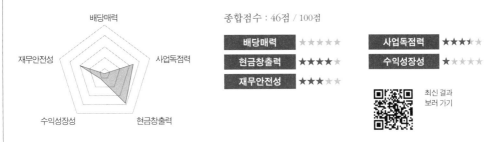

초이스스탁 US의 종목진단 결과는?

2020년 9월 실적발표 기준

부킹 홀딩스의 투자매력 점수는 100점 만점에 46점이며 미국 상장기업 5,591개 중 2,314위로 상위 41%에 속하는 기업이다.

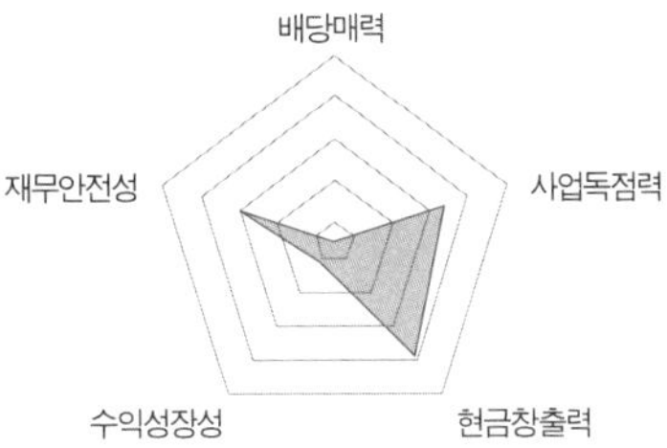

종합점수 : 46점 / 100점

배당매력 ☆☆☆☆☆
현금창출력 ★★★★☆
재무안전성 ★★★☆☆
사업독점력 ★★★½☆
수익성장성 ★☆☆☆☆

최신 결과 보러 가기

부킹 홀딩스는 온라인 여행사로, 코로나 19로 인해 2020년 실적이 크게 감소하여 수익성장성 부문이 5점 만점에 1.2점으로 매우 낮은 평가를 받았다. 2020년 9월 연환산(최근 4분기 합산) 매출액이 88억 달러로 전년 동기 149억 달러 대비 40% 급감했고, 순이익은 13억 달러로 전년 동기 43억 달러 대비 70% 하락한 점 등이 반영됐다. 2021년은 코로나 백신 접종에 따른 여행 수요 회복이 예상된다. 하반기부터 강력한 매출액 회복에 힘 입어 수익성장성 점수는 향후 개선될 것으로 보인다.

매출액 등 실적 급감에도 현금창출력 점수는 3.8점, 재무안전성은 3점을 받아 상대적으로 안정적인 것으로 평가됐다. 2020년 9월 연환산 영업활동 현금흐름이 17억 달러, 잉여현금흐름 14억 달러를 만들었고, 불황에 대비해 장기 차입금 조달로 현금성 자산 111억 달러를 보유하고 있는 점 등이 평가에 반영됐다.

B

POINT ▶ 재난지원금의 일부가 주식 시장으로 유입되면서 실적 증가세 유지

배당성취자

블랙락

BLK NYSE | BlackRock Inc.

처음 매매하는 경우

매매 예정 시점
실적 확인 후 ☐ 이슈 확인 후 ☐
매매 결정 이유
변동성 확대(단기) ☐ 실적 우수(장기) ☐
매수 목표 가격 $
손익 목표 가격 $ (+ %)
손절 목표 가격 $ (- %)
보유 예정 기간
3개월 미만(단기) ☐ 1년 이상(장기) ☐

보유 중인 경우

매매 구분 매수 ☐ 매도 ☐
매매 일자 20 . . .
매매 금액 가격 $ 수량 주
수익 현황 수익금액 $ 수익률 %

투자 아이디어

블랙락**BLK**은 펀드 총자산 기준으로 세계 최대 자산운용 회사다. 1988년 8명의 창업자들에 의해 뉴욕에서 설립됐으며 주식형 펀드를 운용하는 것으로 사업을 시작했다. 1998년 모기지 저당증권MBS 시장에 진출해 두각을 드러내면서 업계 상위권으로 올라섰으며, 1999년 닷컴 버블 붕괴 이후 세계 최대의 자산운용사로 자리매김했다.

전 세계 상장지수펀드ETF 운용자산 중 40%가량을 차지하는 ETF 브랜드인 '아이쉐어즈iShares'를 보유하고 있으며, 2020년 6월 기준 7.32조 달러 규모의 자산을 운용하고 있다. 2위인 뱅가드 그룹의 총운용자산 규모는 6조 달러 가량이다. 코로나 19 팬데믹에도 불구하고 운용자산 규모와 순유입 자금이 꾸준히 증가하는 추세를 보이고 있다.

미국 3대 지수 중 S&P 500에 속해 있다.

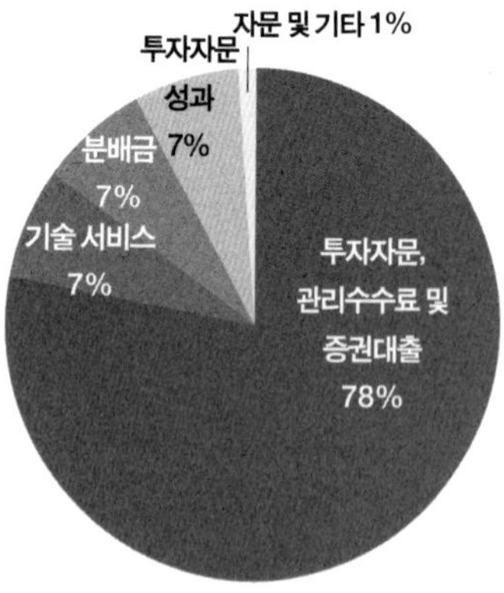

사업부문별 매출 비중

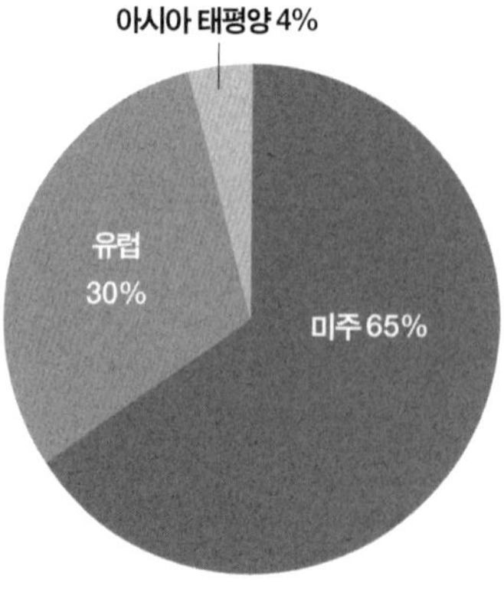

사업지역별 매출 비중

최신 정보 보러 가기 ●

주요 지표 및 주가 최신 뉴스 한 번에 보기 퀀트 분석 : 종목진단 컨센서스 및 투자의견

최근 3년 수익률 35.7%

최근 5년간 주요 투자지표 ① 손익계산서 12월 결산 기준 / (단위) 금액: 백만 달러, %

구분	2016. 12	2017. 12	2018. 12	2019. 12	2020. 12	전년 대비
매출액	12,261	13,600	14,198	14,539	16,009	▲ 10.1%
영업이익	4,565	5,254	5,457	5,551	5,919	▲ 6.6%
영업이익률(%)	37.2	38.6	38.4	38.2	37.0	▼ -1.2%P
순이익	3,168	4,952	4,305	4,476	5,061	▲ 13.1%
순이익률(%)	25.8	36.4	30.3	30.8	31.6	▲ 0.8%P

최근 5년간 주요 투자지표 ② 가치평가 12월 결산 기준 / (단위) 금액: 배, %, 달러

구분	2016. 12	2017. 12	2018. 12	2019. 12	2020. 12
PER(배)	19.47	16.63	14.39	17.34	21.74
PBR(배)	2.12	2.59	1.91	2.31	3.14
PSR(배)	5.03	6.06	4.36	5.34	6.77
ROE(%)	11	16.4	13.4	13.9	14.52
주당순이익(달러)	19.02	30.12	26.58	28.43	32.668
주당배당금(달러)	9.16	10	12.09	13.2	14.52

최근 5년간 주가 추이

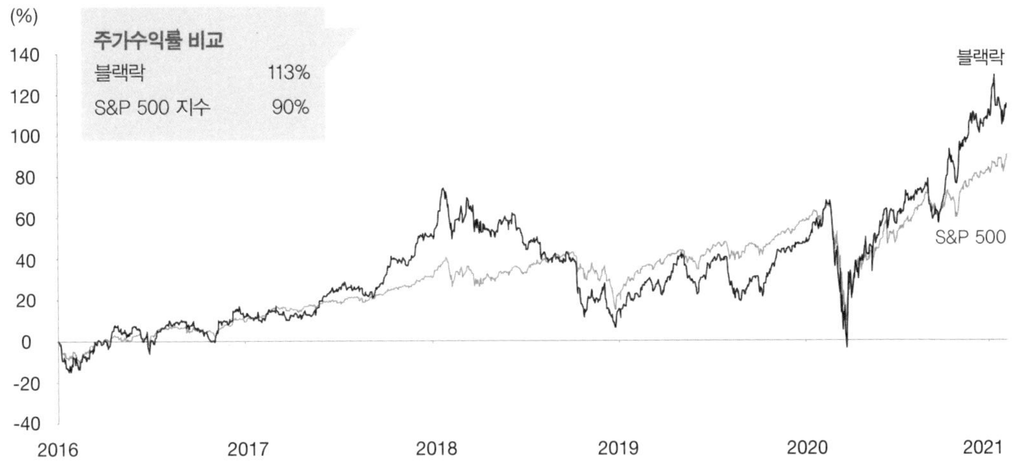

주요 경쟁업체 현황

블랙락의 주요 경쟁사로는 스테이트 스트리트**STT**, 인베스코**IVZ**가 있다.

스테이트 스트리트State Street Corporation는 1792년 설립돼 미국에서 2번째로 오래된 은행지주 회사이자 금융 서비스 회사다. 매사추세츠 연방 은행을 모태로 한다. 총운용자산 규모는 2.69조 달러다.

인베스코Invesco Ltd.는 1953년에 설립됐으며 전 세계 20개국에 지사를 두고 있는 미국의 독립 투자관리 회사다. 일 평균 거래금액이 111억 달러를 초과하는 세계 최대 규모의 ETF인 인베스코 QQQ 트러스트Invesco QQQ Trust / **QQQ**를 보유하고 있으며, 총운용자산 규모는 1.2조 달러이다.

최근 4분기 경쟁사 실적 비교 2020년 4분기 기준 / (단위) 백만 달러, %, 달러

구분	블랙락	스테이트 스트리트	인베스코
매출	16,009	11,703	6,146
영업이익	5,919	2,987	920
순이익	5,061	2,257	525
영업이익률	37.0	25.52	14.97
순이익률	31.6	19.29	8.54
주당순이익(EPS)	32.668	6.32	1.13
주가수익배수(PER)	21.74	11.38	27.80
주가순자산배수(PBR)	3.14	0.98	0.56

블랙락의 본사는 미국 뉴욕에 위치한다.
스테이트 스트리트의 본사는 미국 매사추세츠 보스톤에 위치하며, 상근 직원 수는 3만 9,439여 명이다.
인베스코의 본사는 미국 조지아 애틀랜타에 위치하며, 상근 직원 수는 8,900여 명이다. (2021년 2월 현재)

최근 12개월간 주가 수익률 비교 2021년 2월 기준 / (단위) %

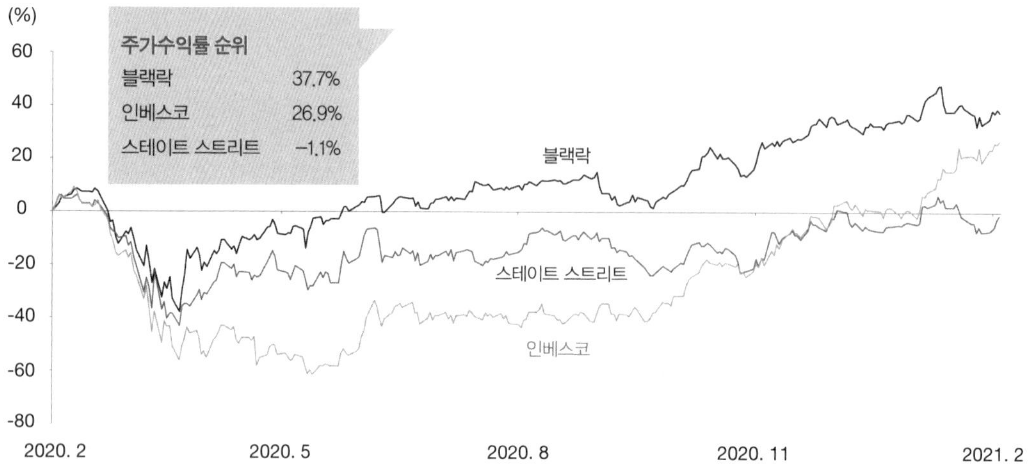

배당 및 투자의견, 종목진단 결과

블랙락의 회계 결산월은 12월이다.

2010년부터 배당이 증가해 '배당성취자'에 해당하는 블랙락의 배당금은 분기 단위로 지급되고, 배당수익률은 금융 섹터 평균인 3.32%의 3분의 2 수준이다.

배당수익률(선행)	연간배당금(선행)	배당성향	배당성장	5년 배당성장률
2.38%	16.52달러	44.87%	11년 배당성취자	11.21%

최근 3개월간 7명의 애널리스트가 제시한 투자의견을 종합하면 강력매수Strong Buy(매수 6명, 보유 1명, 매도 0명)이다. 향후 12개월간 목표주가는 최고 890달러, 최저 715달러, 평균 832.17달러이다.

초이스스탁 US의 종목진단 결과는?

2020년 9월 실적발표 기준

블랙락의 투자매력 점수는 100점 만점에 81점이며 미국 상장기업 5,591개 중 259위로 상위 4%에 속하는 초우량 기업이다.

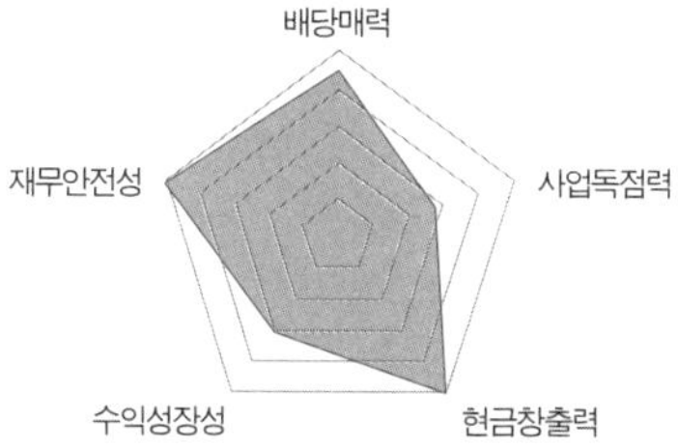

종합점수 : 81점 / 100점

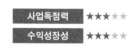

배당매력	★★★★☆	사업독점력	★★★☆☆
현금창출력	★★★★★	수익성장성	★★★☆☆
재무안전성	★★★★★		

최신 결과 보러 가기

투자매력 세부 5개 항목 중 현금창출력과 재무안전성 부문에서 모두 5점 만점을 받았다. 2020년 9월 연환산(최근 4분기 합산) 영업활동 현금흐름은 30억 달러로 전년 동기 21억 달러 대비 42% 늘었고, 잉여현금흐름은 27억 달러로 전년 동기 18억 달러 대비 50% 성장한 점 등이 반영됐다.

수익성장성은 3점을 받아 평균 이상 성장한 것으로 분석된다. 2020년 9월 연환산 매출액은 157억 달러로 전년 동기 139억 달러 대비 12% 늘었고, 순이익은 46억 달러로 전년 동기 41억 달러 대비 12% 성장한 점 등이 반영됐다.

배당매력은 5점 만점에 4.5점을 받아 배당투자 종목으로도 매력이 높다. 최근 11년 연속 주당배당금을 상향했고, 2019년에는 주당배당금 13.2달러를 지급해 시가배당률 2.6%를 기록했다. 최근 5년간 시가배당률은 1.9~3.1% 수준이다.

B

POINT ▶ 자사주 매입을 통한 주주가치 증대 지속… 인수할 기업이 마땅찮다는 뜻?

버크셔 해서웨이

BRK.B NYSE | Berkshire Hathaway Inc.

처음 매매하는 경우

매매 예정 시점
실적 확인 후 ☐ 이슈 확인 후 ☐

매매 결정 이유
변동성 확대(단기) ☐ 실적 우수(장기) ☐

매수 목표 가격 $

손익 목표 가격 $ (+ %)

손절 목표 가격 $ (- %)

보유 예정 기간
3개월 미만(단기) ☐ 1년 이상(장기) ☐

보유 중인 경우

매매 구분 매수 ☐ 매도 ☐

매매 일자 20 . . .

매매 금액 가격 $ 수량 주

수익 현황 수익금액 $ 수익률 %

투자 아이디어

워런 버핏이 소유하고 운영하고 있는 미국의 다국적 지주 회사인 버크셔 해서웨이**BRK.B**는 보험, 철도, 부동산, 보석, 가구, 식품, 유틸리티 등 다양한 분야의 기업을 자회사로 두고 있으며 코카콜라, 뱅크 오브 아메리카, 애플 등 세계적인 기업의 지분을 다수 보유하고 있다. 매년 5월 초, 2박 3일간 네브라스카주 오마하에서 진행되는 주주총회로도 유명하다. 참고로, 2021년에는 처음으로 로스앤젤레스에서 개최된다.

1839년 섬유업체로 설립됐으며 1962년부터 워런 버핏이 주식을 매입하기 시작하여 경영권을 확보했다. 1967년 보험업 진출, 1985년 섬유업 정리 후 부동산과 제조업 등 우량한 기업을 꾸준히 인수해왔다.

버크셔 해서웨이 주식은 A주와 B주가 있는데, 1주당 가격과 의결권에 차이가 있다. 2010년 뉴욕증권거래소에 상장했으며, S&P 500에 속해 있다.

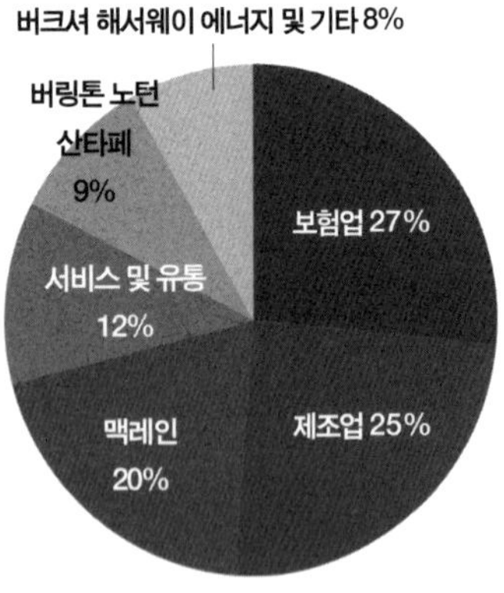

사업부문별 매출 비중

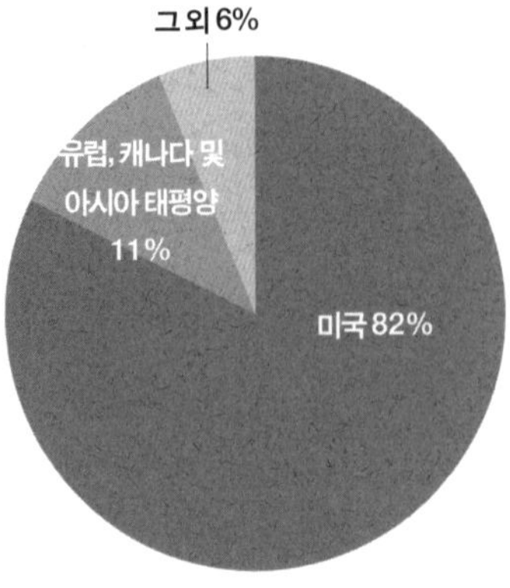

사업지역별 매출 비중

최신 정보 보러 가기 ●

주요 지표 및 주가 최신 뉴스 한 번에 보기 퀀트 분석 : 종목진단 컨센서스 및 투자의견

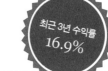

최근 3년 수익률 16.9%

최근 5년간 주요 투자지표 ① 손익계산서 12월 결산 기준 / (단위) 금액: 백만 달러, %

구분	2016. 12	2017. 12	2018. 12	2019. 12	2020. 12	전년 대비
매출액	223,418	242,061	225,382	327,223	263,732	▼ -19.4%
영업이익	36,299	25,210	10,021	105,481	29,082	▼ -72.4%
영업이익률(%)	16.2	10.4	4.4	32.2	11.0	▼ -21.2%P
순이익	24,074	44,940	4,021	81,417	11,508	▼ -85.9%
순이익률(%)	10.8	18.6	1.8	24.9	4.4	▼ -20.5%P

최근 5년간 주요 투자지표 ② 가치평가 12월 결산 기준 / (단위) 금액: 배, %, 달러

구분	2016. 12	2017. 12	2018. 12	2019. 12	2020. 12
PER(배)	16.70	10.87	124.97	6.8	26.02
PBR(배)	1.43	1.4	1.44	1.3	1.28
PSR(배)	1.8	2.02	2.23	1.69	1.25
ROE(%)	9	14.4	1.1	20.7	7.29
주당순이익(달러)	9.76	18.22	1.63	33.22	9.295
주당배당금(달러)	0	0	0	0	0

최근 5년간 주가 추이

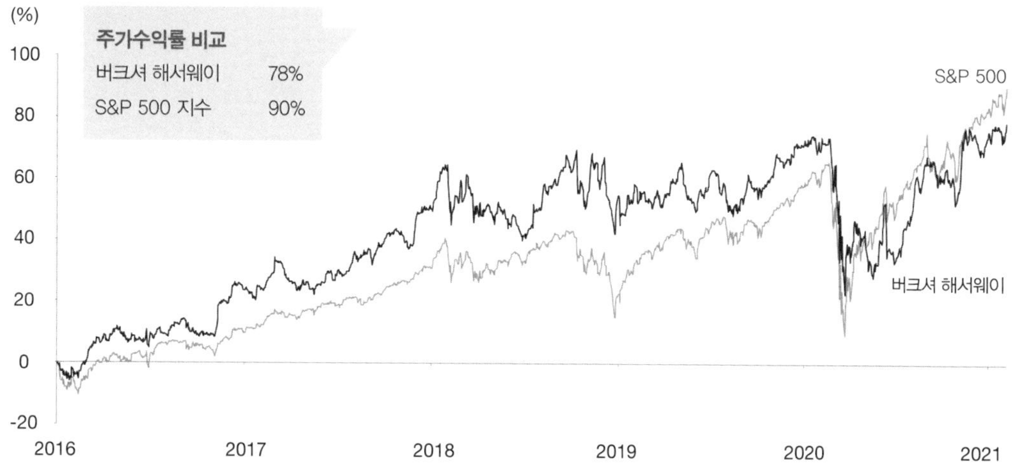

주요 경쟁업체 현황

버크셔 해서웨이의 주요 경쟁사로는 프로그레시브**PGR**, 제프리스 파이낸셜 그룹**JEF**가 있다.

프로그레시브The Progressive Corporation는 포춘 500대 기업 중 하나로 1937년에 설립됐으며 미국 최대의 자동차보험 제공 업체 중 하나다. 개인 및 상업용 자동차보험, 주거용 부동산보험 등을 제공한다.

제프리스 파이낸셜 그룹Jefferies Financial Group Inc.은 1968년에 설립됐으며 포춘 1000대 기업에 포함되는 금융 서비스회사다. 투자 은행 및 자본 시장, 자산 관리 및 직접 투자와 관련된 다양한 금융 서비스를 제공한다.

최근 4분기 경쟁사 실적 비교 2020년 4분기 기준 / (단위) 백만 달러, %, 달러

구분	버크셔 해서웨이	프로그레시브	제프리스 파이낸셜 그룹
매출	263,732	41,983	6,011
영업이익	29,082	6,614	1,227
순이익	11,508	5,085	775
영업이익률	11.0	15.75	20.41
순이익률	4.4	12.11	12.89
주당순이익(EPS)	9.295	8.62	2.65
주가수익배수(PER)	26.02	10.96	7.54
주가순자산배수(PBR)	1.28	3.06	0.62

버크셔 해서웨이의 본사는 미국 네브라스카 오마하에 위치하며, 상근 직원 수는 39만 1,500명이다.
프로그레시브의 본사는 미국 오하이오에 위치하며, 상근 직원 수는 3만 5천여 명이다.
제프리스 파이낸셜 그룹의 본사는 미국 뉴욕에 위치하며, 상근 직원 수는 4,945명이다. (2021년 2월 현재)

최근 12개월간 주가 수익률 비교 2021년 2월 기준 / (단위) %

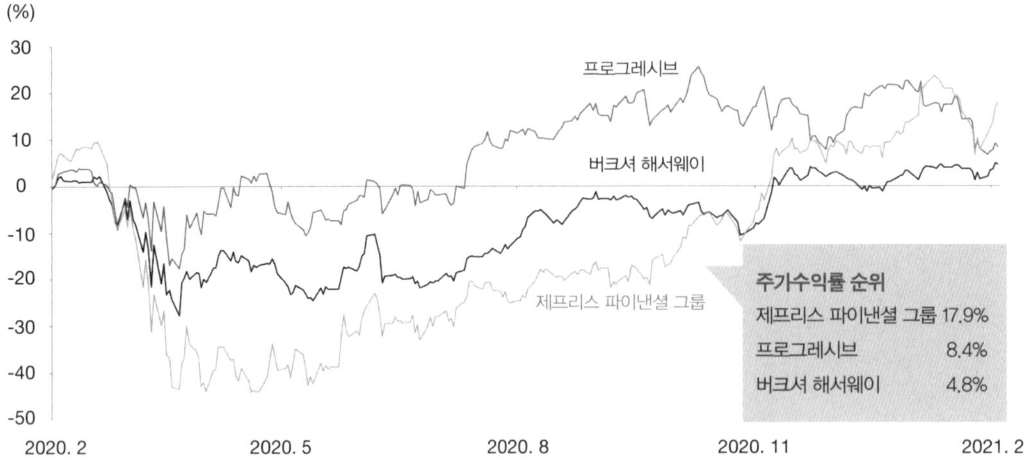

주가수익률 순위

제프리스 파이낸셜 그룹	17.9%
프로그레시브	8.4%
버크셔 해서웨이	4.8%

배당 및 투자의견, 종목진단 결과

버크셔 해서웨이의 회계 결산월은 12월이다.

배당이 없는 버크셔 해서웨이에 대하여 최근 3개월간 1명의 애널리스트가 제시한 투자의견은 보유 Hold(매수 0명, 보유 1명, 매도 0명)이다. 향후 12개월간 목표주가는 248.00달러이다.

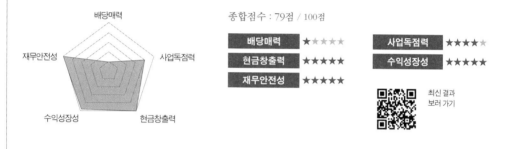

초이스스탁 US의 종목진단 결과는?

2020년 9월 실적발표 기준

버크셔의 투자매력 점수는 100점 만점에 79점이며 미국 상장기업 5,591개 중 357위로 상위 6%에 속하는 기업이다.

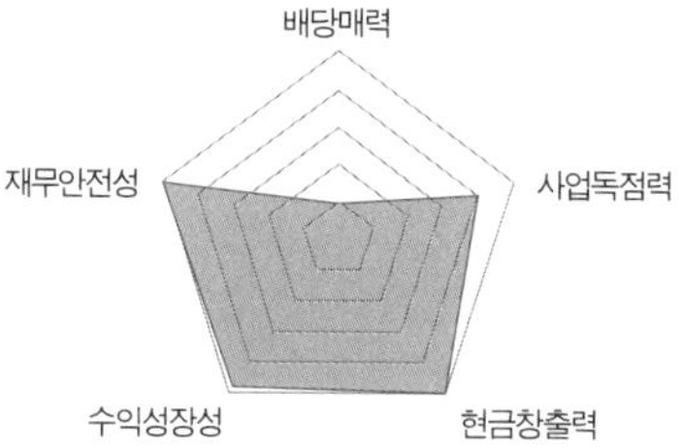

종합점수 : 79점 / 100점

배당매력	★☆☆☆☆	사업독점력	★★★★☆
현금창출력	★★★★★	수익성장성	★★★★★
재무안전성	★★★★★		

최신 결과 보러 가기

투자매력 세부 5개 항목 중 재무안전성에서 5점 만점을 받았다. 수익성장성도 5점 만점에 4.8점으로 좋은 평가를 받았다. 2020년 9월 연환산(최근 4분기 합산) 매출액이 2,792억 달러로 전년 동기 2,587억 달러 대비 7.9% 늘었고, 순이익은 358억 달러로 전년 동기 268억 달러 대비 33% 성장한 점이 반영됐다.

버핏이 강조한 경제적 해자인 사업독점력 점수도 5점 만점에 4점으로 높은 평가를 받았다. 사업독점력 4점은 미국 전체 상장사 중 상위 6.4%에 속하는 우수한 평가다.

현금창출력도 5점 만점을 받았다. 2020년 9월 연환산 영업활동 현금흐름이 413억 달러로 전년 동기 374억 달러 대비 10% 늘었고, 잉여현금흐름은 269억 달러로 전년 동기 218억 달러 대비 23% 늘어난 점 등이 반영됐다.

배당은 지급하지 않아 배당 투자 대상으로는 현재 적합하지 않다.

POINT ▶ 실적 회복 속도는 더디지만 전력 및 광업 설비 부문의 견고한 수요는 명확

캐터필러

CAT NYSE | Caterpillar Inc.

처음 매매하는 경우

매매 예정 시점
실적 확인 후 ☐ 이슈 확인 후 ☐
매매 결정 이유
변동성 확대(단기) ☐ 실적 우수(장기) ☐
매수 목표 가격 $
손익 목표 가격 $ (+ %)
손절 목표 가격 $ (- %)
보유 예정 기간
3개월 미만(단기) ☐ 1년 이상(장기) ☐

보유 중인 경우

매매 구분 매수 ☐ 매도 ☐
매매 일자 20 . . .
매매 금액 가격 $ 수량 주
수익 현황 수익금액 $ 수익률 %

투자 아이디어

캐터필러**CAT**는 건설 및 광업 장비, 디젤 엔진, 산업용 가스 터빈 등을 제작하는 세계 최대의 중장비 기업이다.

1925년 2개의 건설 및 장비 업체가 합병하면서 설립됐고, 1972년에 굴삭기를 출시했으며, 1998년에는 컴팩트 건설장비 라인을 구축하는 등 지속적으로 성장해왔다. 반면 2015년 시장 불황에 따라 대규모 구조조정에 들어가기도 했다.

캐터필러는 글로벌 건설경기 둔화와 함께 미중 무역분쟁으로 가장 큰 피해를 입었으며, 미중 무역협상에 관한 이야기가 나올 때마다 주가 변동성이 확대되었다. 이어 코로나 19 팬데믹으로 실적이 더욱 악화된 상황이다.

1929년 12월 뉴욕증권거래소에 상장했으며, 미국 3대 지수 중 다우와 S&P 500에 포함돼 있다.

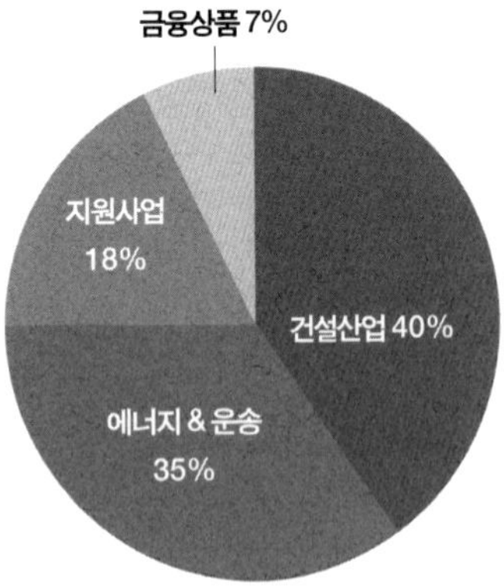

사업부문별 매출 비중

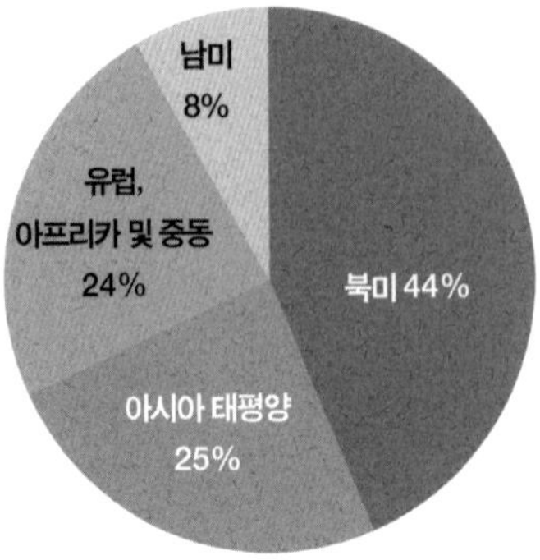

사업지역별 매출 비중

최신 정보 보러 가기 ●

주요 지표 및 주가 | 최신 뉴스 한 번에 보기 | 퀀트 분석 : 종목진단 | 컨센서스 및 투자의견

최근 3년 수익률
23.4%

최근 5년간 주요 투자지표 ① 손익계산서 12월 결산 기준 / (단위) 금액: 백만 달러, %

구분	2016. 12	2017. 12	2018. 12	2019. 12	2020. 12	전년 대비
매출액	38,537	45,462	54,722	53,800	41,748	▼ -22.4%
영업이익	1,162	4,460	8,293	8,290	4,553	▼ -45.1%
영업이익률(%)	3.0	9.8	15.2	15.4	10.9	▼ -4.5%P
순이익	-67	754	6,147	6,093	2,998	▼ -50.8%
순이익률(%)	-0.2	1.7	11.2	11.3	7.2	▼ -4.1%P

최근 5년간 주요 투자지표 ② 가치평가 12월 결산 기준 / (단위) 금액: 배, %, 달러

구분	2016. 12	2017. 12	2018. 12	2019. 12	2020. 12
PER(배)	-809.85	124.34	12.2	13.4	32.98
PBR(배)	4.11	6.81	5.33	5.58	6.43
PSR(배)	1.41	2.06	1.37	1.52	2.37
ROE(%)	-0.4	5.3	40.9	40.6	20.5
주당순이익(달러)	-0.11	1.26	10.26	10.74	5.46
주당배당금(달러)	3.08	3.1	3.28	3.78	4.12

최근 5년간 주가 추이

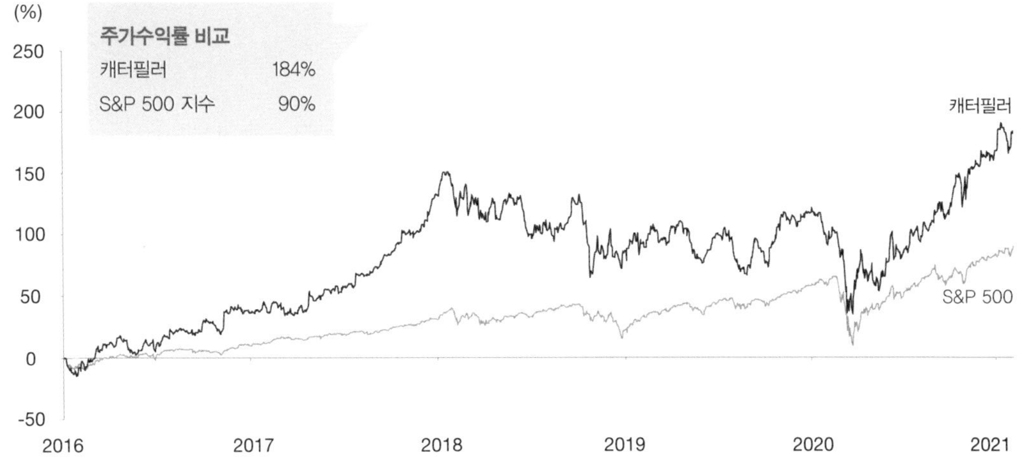

주요 경쟁업체 현황

캐터필러의 주요 경쟁사로는 커민스**CMI**, 디어 앤 컴퍼니**DE**가 있다.

커민스Cummins Inc.는 엔진, 연료 시스템 및 플랫폼, 필터, 발전기 전력 시스템, 배터리 시스템, 배기가스 시스템 등과 관련된 제품과 기술을 공급하는 글로벌 엔진 및 발전기 전문 기업이다. 1919년에 설립됐으며 1978년 뉴욕증권거래소에 상장했다.

디어 앤 컴퍼니Deere & Company는 글로벌 중장비 및 농기계 제조 회사이며 '존 디어'라는 상표로 알려져 있다. 포춘 500대 기업에 속하며, 1837년 설립돼 1978년 뉴욕증권거래소에 상장했다..

최근 4분기 경쟁사 실적 비교 2020년 4분기 기준 / (단위) 백만 달러, %, 달러

구분	캐터필러	커민스	디어 앤 컴퍼니
매출	41,748	19,811	35,540
영업이익	4,553	1,986	5,130
순이익	2,998	1,789	2,751
영업이익률	10.91	10.02	14.43
순이익률	7.18	9.03	7.74
주당순이익(EPS)	5.46	12.01	8.69
주가수익배수(PER)	32.98	18.79	25.73
주가순자산배수(PBR)	6.43	4.17	5.47

캐터필러의 본사는 미국 일리노이 디어필드에 위치하며, 직원 수는 10만 2,300명이다.
커민스 본사는 미국 인디애나 콜럼버스에 위치하며, 직원 수는 6만 1,615명이다.
디어 앤 컴퍼니의 본사는 미국 일리노이 몰린에 위치하며, 직원 수는 7,489명이다. (2021년 2월 현재)

최근 12개월간 주가 수익률 비교 2021년 2월 기준 / (단위) %

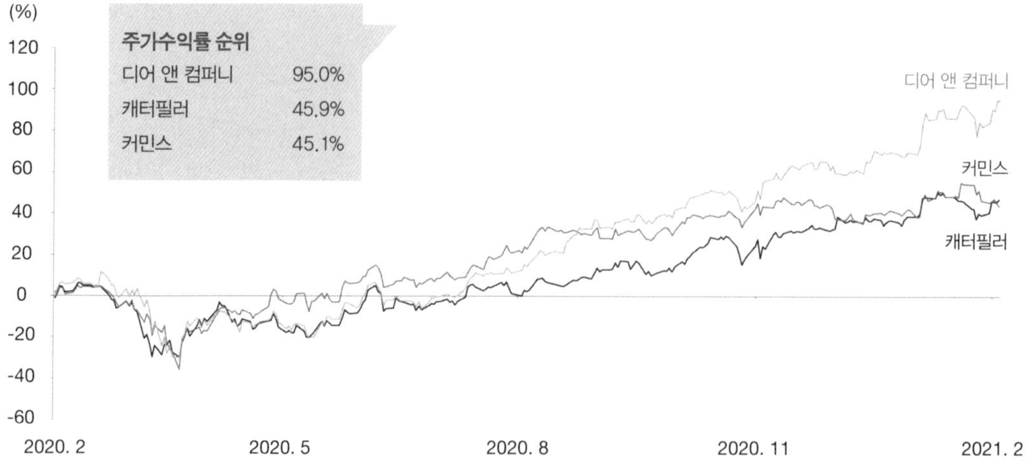

배당 및 투자의견, 종목진단 결과

캐터필러의 회계 결산월은 12월이다.

2014년부터 증가해온 캐터필러의 배당금은 분기 단위로 지급되고, 배당수익률은 산업재 섹터 평균인 2.12%보다 조금 낮은 수준이다.

배당수익률(선행)	연간배당금(선행)	배당성향	배당성장	5년 배당성장률
1.91%	4.12달러	50.44%	7년	6.48%

최근 3개월간 14명의 애널리스트가 제시한 투자의견을 종합하면 매수Moderate Buy(매수 7명, 보유 6명, 매도 1명)이다. 향후 12개월간 목표주가는 최고 260달러, 최저 158달러, 평균 211.77달러이다.

초이스스탁 US의 종목진단 결과는?

2020년 9월 실적발표 기준

캐터필러의 투자매력 점수는 100점 만점에 67점이며 미국 상장기업 5,591개 중 1,074위로 상위 19%에 속하는 우량 기업이다.

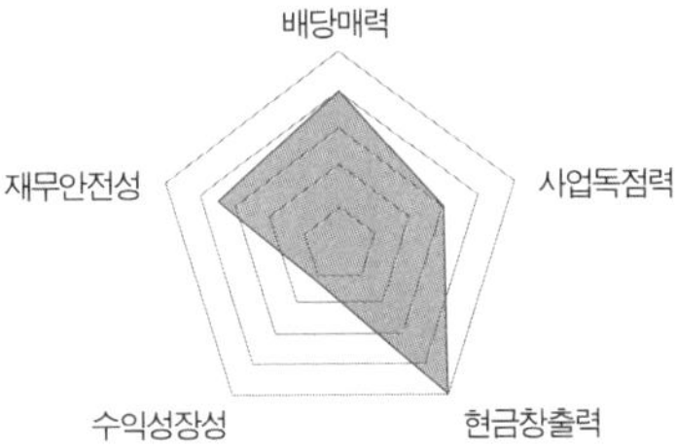

종합점수 : 67점 / 100점

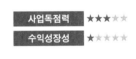

- 배당매력 ★★★★☆
- 현금창출력 ★★★★★
- 재무안전성 ★★★◐☆
- 사업독점력 ★★★☆☆
- 수익성장성 ★☆☆☆☆

최신 결과 보러 가기

투자매력 세부 5개 항목 중 현금창출력 부문에서 5점 만점을 받았다. 2020년 9월 연환산(최근 4분기 합산) 영업활동 현금흐름이 66억 달러, 잉여현금흐름이 52억 달러를 기록한 점 등이 반영됐다.

배당매력 부문에서도 5점 만점에 4점을 받아 높은 평가를 받았다. 최근 7년 연속 주당배당금을 상향했고, 지난 2019년에는 주당배당금 3.78달러를 지급해 시가배당률 2.6%를 기록했다. 최근 5년간 시가배당률은 2.0~4.3% 수준이다.

2020년은 경기 침체에 따른 매출 감소로 수익성장성 점수는 1.2점을 받아 매우 낮은 평가를 받았다. 2020년 9월 연환산 매출액은 436억 달러로 전년 동기 549억 달러 대비 20.5% 감소했고, 순이익은 33억 달러로 전년 동기 60억 달러 대비 45% 줄었다. 2021년에는 경기 회복에 따라 매출과 수익이 성장세로 돌아서리라 전망된다.

POINT ▶ 경기 회복 기대감에 상승세에 있지만…
실제 운항은 언제 가능?

카니발

CCL NYSE | Carnival Corporation

처음 매매하는 경우		보유 중인 경우	
매매 예정 시점	실적 확인 후 ☐ 이슈 확인 후 ☐	**매매 구분**	매수 ☐ 매도 ☐
매매 결정 이유	변동성 확대(단기) ☐ 실적 우수(장기) ☐	**매매 일자**	20 . . .
매수 목표 가격	$	**매매 금액**	가격 $ 수량 주
손익 목표 가격	$ (+ %)	**수익 현황**	수익금액 $ 수익률 %
손절 목표 가격	$ (- %)	**투자 아이디어**	
보유 예정 기간	3개월 미만(단기) ☐ 1년 이상(장기) ☐		

카니발은 세계 1위 크루즈 운항 회사다. 1972년에 카니발 크루즈 라인으로 시작한 카니발**CCL**은 지속적인 인수합병을 통해 10개의 크루즈 브랜드와 105척의 크루즈 선박을 보유하고 있다.

2019년 기준 전 세계 크루즈 산업은 450억 달러 규모에 달할 정도로 매우 큰 산업으로써 카니발, 로열 캐리비안, 노르웨이지안 크루즈 라인 홀딩스 등 3개 회사가 글로벌 크루즈 산업 매출의 72%, 이용 승객의 80%를 차지하고 있다. 그리고 카니발은 전체 매출의 39%, 이용 승객의 47%를 차지하고 있다. 경제 재개와 코로나 19 백신 기대감이 커질수록 경기에 민감한 자유소비재 업종의 상승세가 돋보인다. 특히 코로나 19 팬데믹으로 그동안 폭락세를 보인 여행·호텔·카지노 업종의 주가가 낙폭을 만회하고 있다.

1987년 7월에 뉴욕증권거래소에 상장했고, 3대 지수 중 S&P 500에 속한다.

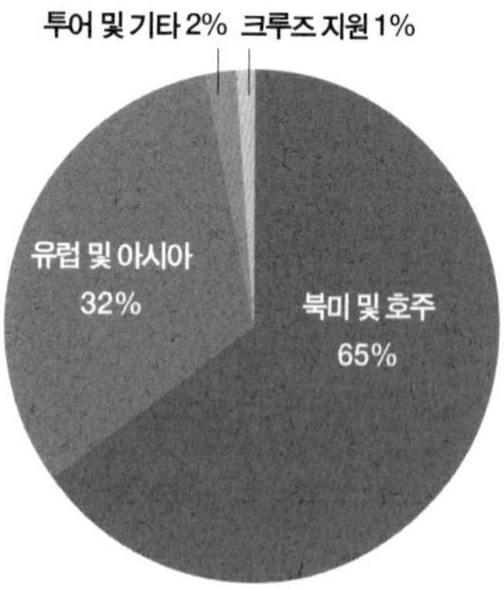

사업부문별 매출 비중

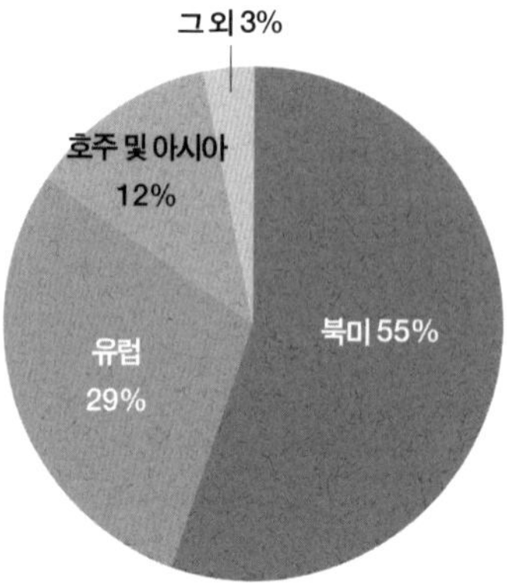

사업지역별 매출 비중

최신 정보 보러 가기 ●

주요 지표 및 주가 | 최신 뉴스 한 번에 보기 | 퀀트 분석 : 종목진단 | 컨센서스 및 투자의견

최근 3년 수익률 -69.2%

최근 5년간 주요 투자지표 ① 손익계산서 11월 결산 기준 / (단위) 금액: 백만 달러, %

구분	2016. 11	2017. 11	2018. 11	2019. 11	2020. 11	전년 대비
매출액	16,389	17,510	18,881	20,825	5,595	▼ -73.1%
영업이익	3,071	2,809	3,324	3,277	-8,865	적자 전환
영업이익률(%)	18.7	16.0	17.6	15.7	-158.4	▼ -174.2%P
순이익	2,779	2,606	3,152	2,990	-10,236	적자 전환
순이익률(%)	17.0	14.9	16.7	14.4	-182.9	▼ -197.3%P

최근 5년간 주요 투자지표 ② 가치평가 11월 결산 기준 / (단위) 금액: 배, %, 달러

구분	2016. 11	2017. 11	2018. 11	2019. 11	2020. 11
PER(배)	13.95	18.82	13.87	10.74	-1.76
PBR(배)	1.72	2.03	1.79	1.27	0.88
PSR(배)	2.37	2.8	2.32	1.54	3.23
ROE(%)	12.2	11.1	12.9	12.1	-48.1
주당순이익(달러)	3.72	3.59	4.44	4.32	-13.2
주당배당금(달러)	1.35	1.6	1.95	2	0.5

최근 5년간 주가 추이

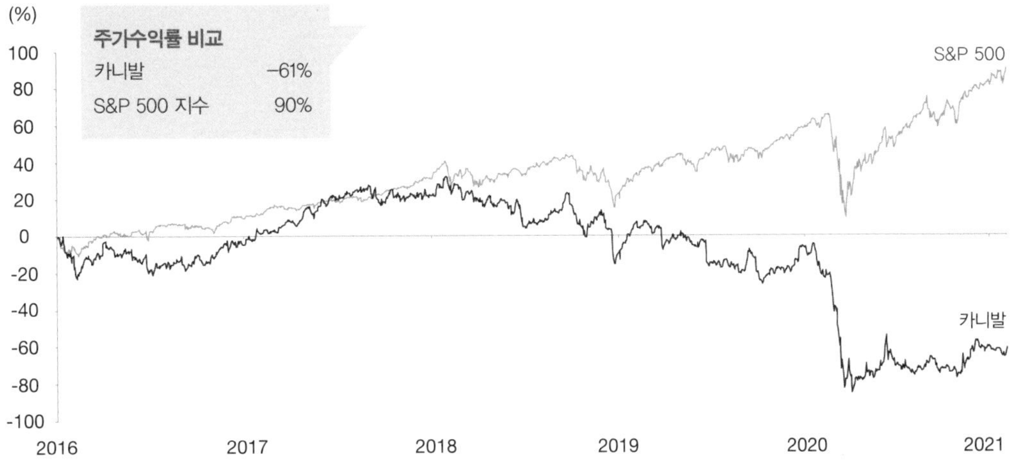

주요 경쟁업체 현황

카니발의 주요 경쟁사로는 로열 캐리비안 그룹**RCL**, 노르웨이지안 크루즈 라인 홀딩스**NCLH**가 있다.

로열 캐리비안 그룹Royal Caribbean Group은 1968년에 설립된 글로벌 크루즈 기업이다. 로열 캐리비안 인터내셔널·셀러브리티 크루즈·아자마라 클럽 크루즈 등을 보유하고 있으며 버뮤다, 파나마 운하, 카리브해 등 유명 여행지로 운항한다.

노르웨이지안 크루즈 라인 홀딩스Norwegian Cruise Line Holdings Ltd.는 카니발, 로열 캐리비안 그룹과 함께 세계 3대 크루즈 기업으로 노르웨이, 오세이아나니아, 리젠트 등의 라인을 보유하고 있다.

최근 4분기 경쟁사 실적 비교 2020년 4분기 기준 / (단위) 백만 달러, %, 달러

구분	카니발	로열 캐리비안 크루즈 그룹	노르웨이지안 크루즈 라인 홀딩스
매출	5,595	4,692	2,751
영업이익	-8,865	-3,380	-2,738
순이익	-10,236	-4,157	-3,152
영업이익률	-158.45	-72.04	-99.53
순이익률	-182.95	-88.60	-114.58
주당순이익(EPS)	-13.2	-19.72	-13.72
주가수익배수(PER)	-1.76	-3.34	-1.50
주가순자산배수(PBR)	0.88	1.67	1.15

카니발의 본사는 미국 마이애미에 위치하며, 상근 직원 수는 7만 명가량이다.
로열 캐리비안 그룹의 본사는 미국 마이애미에 위치하며, 상근 직원 수는 8만 5,300명이다.
노르웨이지안 크루즈 라인 홀딩스의 본사는 미국 마이애미에 위치하며, 상근 직원 수는 3만 6천여 명이다. (2021년 2월 현재)

최근 12개월간 주가 수익률 비교 2021년 2월 기준 / (단위) %

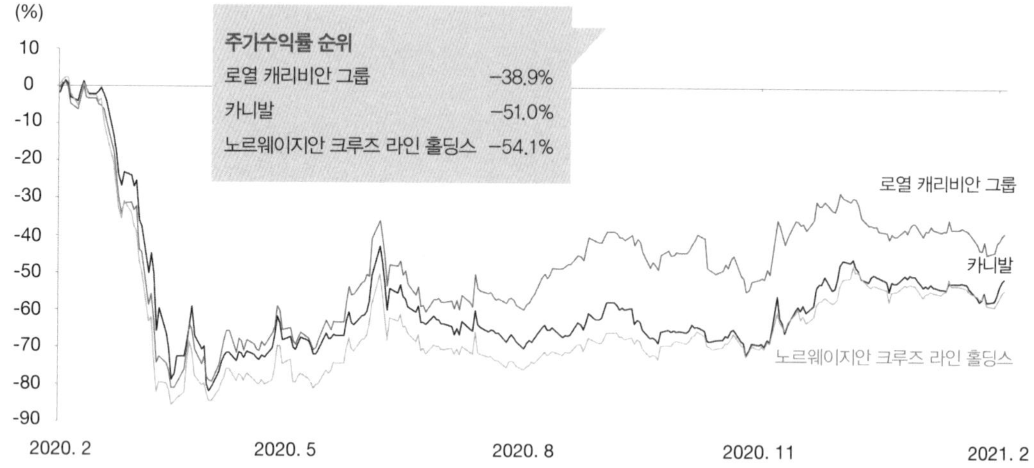

배당 및 투자의견, 종목진단 결과

카니발의 회계 결산월은 11월이다.

코로나 19 팬데믹으로 인해 배당을 중단한 카니발에 대하여 최근 3개월간 12명의 애널리스트가 제시한 투자의견을 종합하면 보유Hold(매수 2명, 보유 6명, 매도 4명)이다. 향후 12개월간 목표주가는 최고 30달러, 최저 14달러, 평균 19.21달러이다.

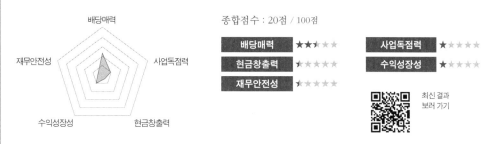

초이스스탁 US의 종목진단 결과는?

2020년 11월 실적발표 기준

카니발의 투자매력 점수는 100점 만점에 20점이며 미국 상장기업 5,591개 중 3,922위로 상위 70%에 속하는 기업이다.

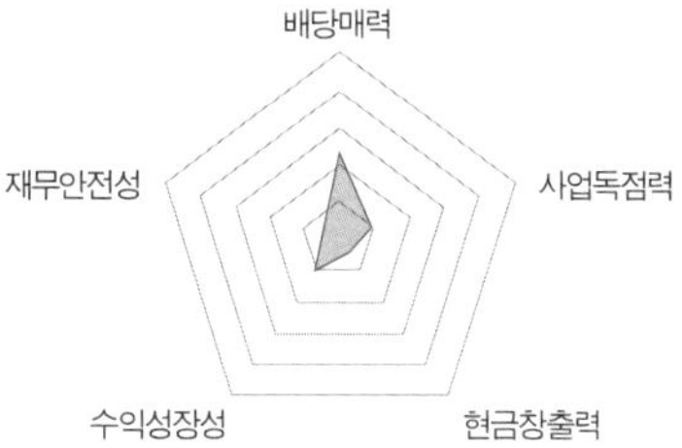

종합점수 : 20점 / 100점

배당매력 ★★½☆☆
사업독점력 ★☆☆☆☆
현금창출력 ½☆☆☆☆
수익성장성 ★☆☆☆☆
재무안전성 ½☆☆☆☆

최신 결과 보러 가기

세계 최대 글로벌 크루즈 회사인 카니발은 코로나 19로 매출에 큰 타격을 입었다. 2020년 11월 연환산(최근 4분기 합산) 매출액은 55억 달러로 전년 동기 208억 달러 대비 73% 급감했고, 순이익은 전년 동기 29억 달러 흑자에서 102억 달러 적자로 전환했다. 매출 급감과 순이익 적자전환 등의 영향으로 투자매력 세부 5개 항목 중 배당매력을 제외한 4개 항목에서 모두 1점 이하의 매우 낮은 평가를 받았다. 장기차입금 조달로 2020년 11월 기준 95억 달러의 현금성 자산을 보유하고 2021년을 대비하고 있다.

대규모 적자에도 불구하고 배당을 지급해 배당매력 점수는 2.5점을 받았다. 2020년 주당배당금 0.5달러를 지급해 시가배당률 2.5%를 기록했다. 최근 5년간 시가배당률은 2.4~4.4% 수준이다.

코로나 19 종식 기대감이 높아지며 2021년 하반기에는 크루즈 수요도 회복될 것으로 예상돼, 분기별 매출액 회복 속도가 향후 카니발의 주가를 결정할 키워드가 될 전망이다.

POINT ▶ 헬스케어 대표 IT 솔루션 회사, 아마존닷컴과의 제휴 및 인수합병을 통한 새로운 성장 모색

써너

CERN Nasdaq | Cerner Corporation

C

처음 매매하는 경우

매매 예정 시점
실적 확인 후 ☐ 이슈 확인 후 ☐

매매 결정 이유
변동성 확대(단기) ☐ 실적 우수(장기) ☐

매수 목표 가격 $

손익 목표 가격 $ (+ %)

손절 목표 가격 $ (- %)

보유 예정 기간
3개월 미만(단기) ☐ 1년 이상(장기) ☐

보유 중인 경우

매매 구분 매수 ☐ 매도 ☐

매매 일자 20 . . .

매매 금액 가격 $ 수량 주

수익 현황 수익금액 $ 수익률 %

투자 아이디어

써너**CERN**는 미국의 대표적인 헬스케어 IT 솔루션 기업이다. 소규모 의원은 물론, 대형 병원 및 정부기관 등을 대상으로 의료 및 건강관리 부문의 자동화와 효율화를 위한 IT 솔루션과 서비스 및 관련 장비를 공급하고 있다. 1979년 닐 패터슨과 2명의 파트너가 공동 설립해, 1997년 헬스케어 프로세스 자동화 통합 솔루션인 '써너 밀레니엄'을 론칭하며 외형적인 성장을 이루었다. 2010년 아이엠씨 헬스케어를 인수하면서 약국 및 건강 프로그램에 대한 서비스로 사업 영역을 확대했고, 최근에는 빅데이터 분석 플랫폼인 '클라우데라'를 이용해 수술 후 환자의 패혈증 위험을 예측하는 기능을 제공하는 등 다양한 시도를 하고 있다. 2018년 현재 전 세계 2만7천여 의료 시설에서 써너의 제품과 서비스를 이용한다.

1986년 나스닥에 상장했으며, 미국 3대 지수 중 나스닥 100과 S&P 500에 속해 있다.

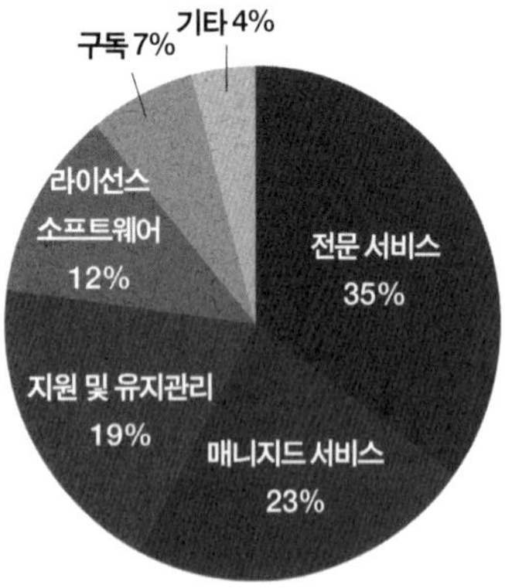

사업부문별 매출 비중

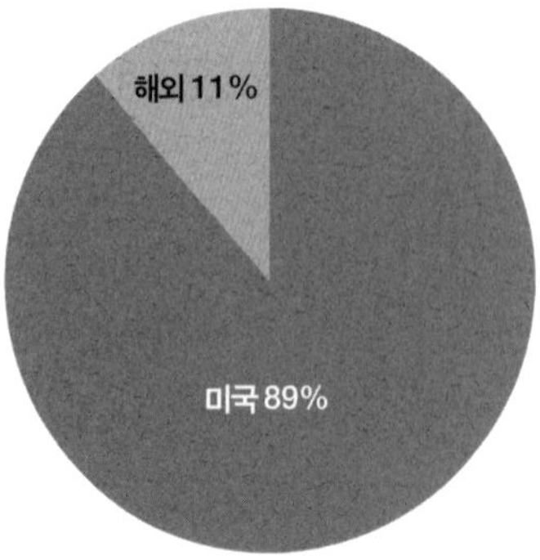

사업지역별 매출 비중

최신 정보 보러 가기 ●

주요 지표 및 주가 | 최신 뉴스 한 번에 보기 | 퀀트 분석 : 종목진단 | 컨센서스 및 투자의견

최근 3년 수익률
24.7%

최근 5년간 주요 투자지표 ① 손익계산서 12월 결산 기준 / (단위) 금액: 백만 달러, %

구분	2016. 12	2017. 12	2018. 12	2019. 12	2020. 12	전년 대비
매출액	4,796	5,142	5,366	5,693	5,506	▼ -3.3%
영업이익	911	960	775	601	915	▲ 52.3%
영업이익률(%)	19.0	18.7	14.4	10.6	16.6	▲ 6.1%P
순이익	636	867	630	529	780	▲ 47.5%
순이익률(%)	13.3	16.9	11.7	9.3	14.2	▲ 4.9%P

최근 5년간 주요 투자지표 ② 가치평가 12월 결산 기준 / (단위) 금액: 배, %, 달러

구분	2016. 12	2017. 12	2018. 12	2019. 12	2020. 12
PER(배)	25.27	25.84	27.2	43.47	30.84
PBR(배)	4.09	4.68	3.48	5.33	5.37
PSR(배)	3.35	4.36	3.19	4.04	4.37
ROE(%)	15.7	19.5	12.7	11.4	18.6
주당순이익(달러)	1.85	2.57	1.89	1.65	2.52
주당배당금(달러)	0	0	0	0.54	0.76

최근 5년간 주가 추이

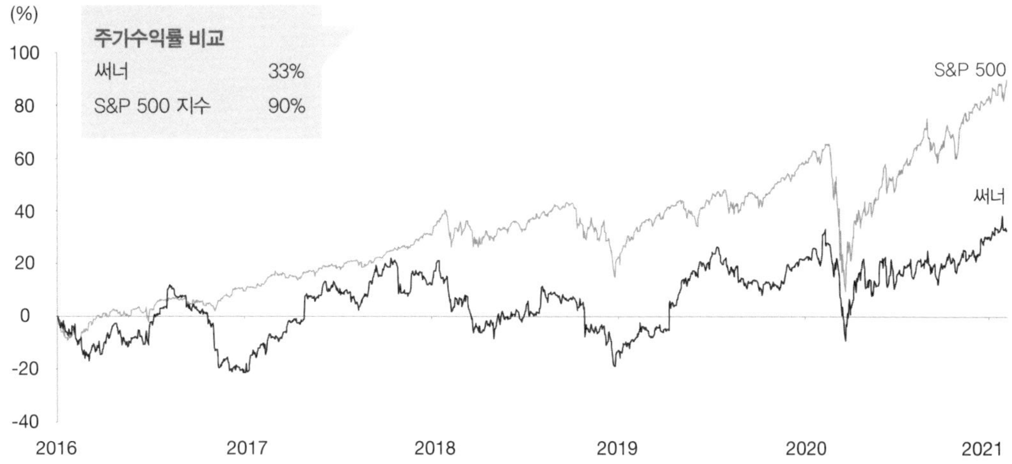

주요 경쟁업체 현황

써너의 주요 경쟁사로는 비바 시스템즈**VEEV**, 텔라닥 헬스**TDOC**가 있다.

비바 시스템즈Veeva Systems Inc.는 생명과학 산업용 클라우드 플랫폼과 소프트웨어를 개발하고 제공하는 헬스케어 IT 솔루션 기업이다. 코로나 백신을 개발하는 제약 회사들이 백신 연구 개발을 위해 비바 시스템즈의 클라우드 플랫폼을 이용하여 주목받았다. 2007년 설립됐으며 2013년 뉴욕증권거래소에 상장했다.

텔라닥 헬스Teladoc Health, Inc.는 미국의 대표적인 원격진료 업체이자 세계 최대 원격의료 서비스 회사다. 2002년 설립됐으며 2015년 뉴욕증권거래소에 상장했다.

최근 4분기 경쟁사 실적 비교 2020년 4분기 기준 / (단위) 백만 달러, %, 달러

구분	써너	비바 시스템즈	텔라닥 헬스
매출	5,506	1,380	867
영업이익	915	339	-64
순이익	780	343	-110
영업이익률	16.62	24.57	-7.38
순이익률	14.17	24.86	-12.69
주당순이익(EPS)	2.52	2.13	-1.44
주가수익배수(PER)	30.84	118.66	-161.58
주가순자산배수(PBR)	5.37	19.34	7.98

써너의 본사는 미국 미주리 캔자스시티에 위치하며, 상근 직원 수는 2만 7,400명이다.
비바 시스템즈의 본사는 미국 캘리포니아에 위치하며, 상근 직원 수는 2,797명이다.
텔라닥 헬스의 본사는 미국 뉴욕에 위치하며, 상근 직원 수는 3,276명이다. (2021년 2월 현재)

최근 12개월간 주가 수익률 비교 2021년 2월 기준 / (단위) %

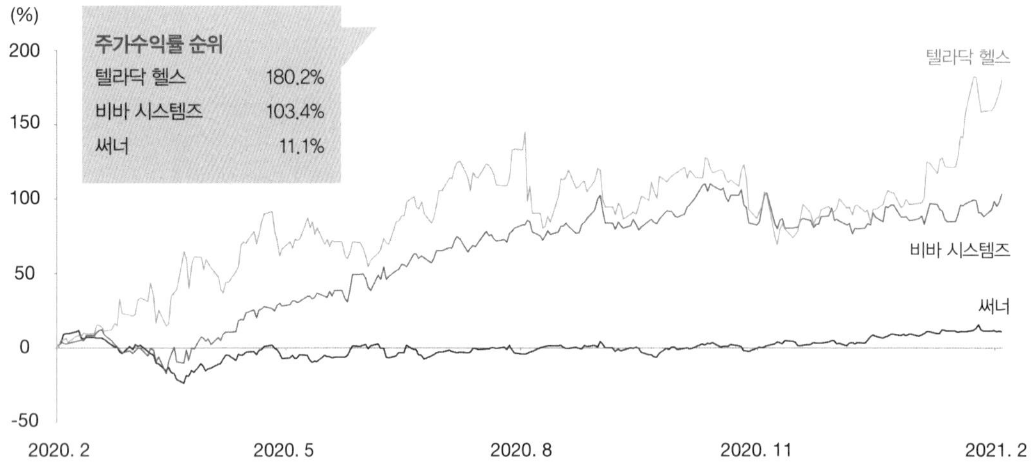

배당 및 투자의견, 종목진단 결과

써너의 회계 결산월은 12월이다.

2020년부터 지급한 써너의 배당금은 분기 단위로 지급되고, 배당수익률은 헬스케어 섹터 평균인 1.51%의 5분의 4 수준이다.

배당수익률(선행)	연간배당금(선행)	배당성향	배당성장	5년 배당성장률
1.27%	0.88달러	27.91%	1년	-

최근 3개월간 11명의 애널리스트가 제시한 투자의견을 종합하면 매수Moderate Buy(매수 5명, 보유 4명, 매도 2명)이다. 향후 12개월간 목표주가는 최고 90달러, 최저 70달러, 평균 82.80달러이다.

초이스스탁 US의 종목진단 결과는?

2020년 9월 실적발표 기준

써너의 투자매력 점수는 100점 만점에 78점이며 미국 상장기업 5,591개 중 424위로 상위 7%에 속하는 우량 기업이다.

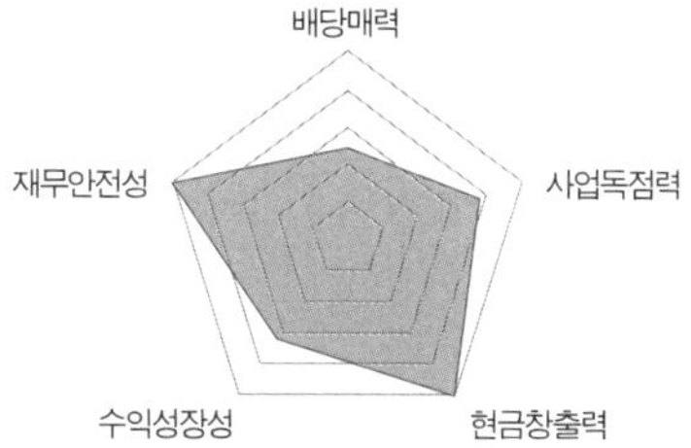

종합점수 : 78점 / 100점

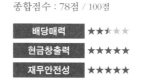

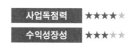

항목	평가
배당매력	★★★★★
현금창출력	★★★★★
재무안전성	★★★★★
사업독점력	★★★★★
수익성장성	★★★★★

최신 결과 보러 가기

투자매력 세부 5개 항목 중 현금창출력과 재무안전성 부문에서 5점 만점을 받았다. 2020년 9월 연환산(최근 4분기 합산) 영업활동 현금흐름이 13억 달러로 전년 동기 12억 달러 대비 8% 늘었고, 잉여현금흐름은 7억 5,300만 달러로 전년 동기 4억 7,700만 달러 대비 57% 성장한 점 등이 반영됐다. 수익성장성은 5점 만점에 3.2점으로 미국 전체 상장사 중 상위 11%에 속하는 높은 평가를 받았다. 2020년 9월 연환산(최근 4분기 합산) 매출액이 55억 달러로 전년 동기 56억 달러로 비슷했지만, 순이익은 7억 9,300만 달러로 전년 동기 5억 600만 달러 대비 56% 성장한 점, 자기자본이익률(ROE)이 19%로 전년 동기 10%에 비해 9% 포인트 개선된 점 등이 반영됐다.

배당매력 점수는 2.5점을 받았다. 최근 5년 중 2019년에 첫 주당배당금 0.54달러를 지급했고, 시가배당률 0.7%를 기록했다. 향후 순이익 성장에 따라 꾸준한 배당 지급이 가능할 것으로 예상된다.

POINT ▶ 코로나 19로 인터넷망 수요와 케이블 TV 매출 증가, 백신 보급에 테마파크 정상화 기대

컴캐스트

CMCSA Nasdaq | Comcast Corporation

처음 매매하는 경우			보유 중인 경우				
매매 예정 시점			**매매 구분**	매수 ☐	매도 ☐		
실적 확인 후 ☐		이슈 확인 후 ☐	**매매 일자**	20 . . .			
매매 결정 이유			**매매 금액**	가격 $		수량	주
변동성 확대(단기) ☐		실적 우수(장기) ☐	**수익 현황**	수익금액 $		수익률	%
매수 목표 가격	$						
손익 목표 가격	$	(+ %)	**투자 아이디어**				
손절 목표 가격	$	(- %)					
보유 예정 기간							
3개월 미만(단기) ☐		1년 이상(장기) ☐					

포춘 500대 기업 중 하나인 컴캐스트**CMCSA**는 미국에서 가장 큰 케이블 방송 업체이자 인터넷 서비스 회사로, 미국 내 40개 주와 워싱턴 D.C에서 서비스를 제공하고 있다.

1963년 랄프 로버츠 외 3인이 설립한 아메리칸 케이블 시스템즈로 시작, 1969년 지금의 회사명으로 변경한 후 현재까지 지속적인 인수합병을 통해 외형 성장을 이루어왔다. 1977년 프리미엄 케이블 방송을 표방하는 HBO를 출시했으며, 1988년 이동전화 회사를 인수하면서 이동통신 사업자를 겸하게 됐다. 이어 1994년 맥클린 헌터, 2001년 AT&T 브로드밴드, 2011년 NBC유니버설, 2014년 타임워너 케이블 등을 인수했고, 2018년에는 유럽 위성 방송사인 스카이를 인수했다. 더불어 온라인 스트리밍 서비스 대중화에 따라 2020년 4월 '피콕' 서비스를 개시했다. 1988년 나스닥에 재상장했으며, 나스닥 100과 S&P 500에 속해 있다.

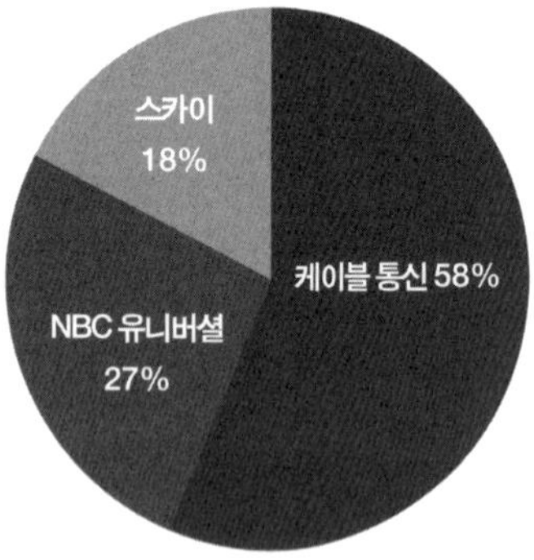

사업부문별 매출 비중

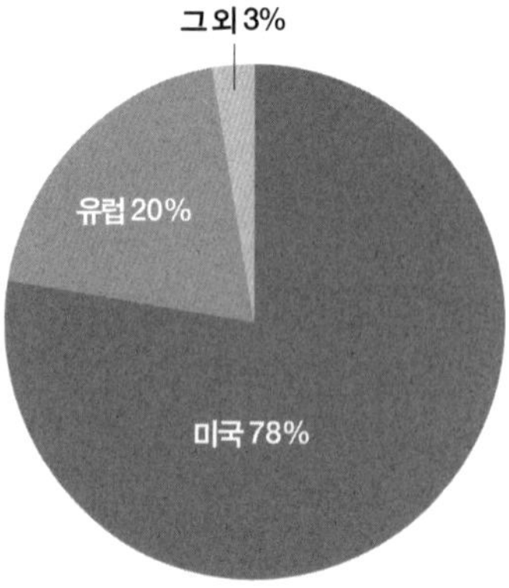

사업지역별 매출 비중

최신 정보 보러 가기 ●

주요 지표 및 주가　최신 뉴스 한 번에 보기　퀀트 분석 : 종목진단　컨센서스 및 투자의견

최근 3년 수익률
28.8%

최근 5년간 주요 투자지표 ① 손익계산서 12월 결산 기준 / (단위) 금액: 백만 달러, %

구분	2016. 12	2017. 12	2018. 12	2019. 12	2020. 12	전년 대비
매출액	80,736	85,029	94,507	108,942	103,564	▼ -4.9%
영업이익	16,831	18,018	19,009	21,125	17,493	▼ -17.2%
영업이익률(%)	20.8	21.2	20.1	19.4	16.9	▼ -2.5%P
순이익	8,678	22,735	11,731	13,057	10,534	▼ -19.3%
순이익률(%)	10.7	26.7	12.4	12.0	10.2	▼ -1.8%P

최근 5년간 주요 투자지표 ② 가치평가 12월 결산 기준 / (단위) 금액: 배, %, 달러

구분	2016. 12	2017. 12	2018. 12	2019. 12	2020. 12
PER(배)	19.04	8.23	13.21	15.67	22.76
PBR(배)	3.06	2.73	2.16	2.47	2.65
PSR(배)	2.05	2.2	1.64	1.88	2.32
ROE(%)	16.3	38.8	16.6	16.7	12.3
주당순이익(달러)	1.78	4.75	2.53	2.83	2.28
주당배당금(달러)	0.68	0.47	0.92	0.63	0.9

최근 5년간 주가 추이

주요 경쟁업체 현황

컴캐스트의 주요 경쟁사로는 차터 커뮤니케이션즈**CHTR**, 디시 네트워크**DISH**가 있다.

차터 커뮤니케이션즈Charter Communications, Inc.는 미국 내 2위 케이블 방송 기업으로 1997년에 설립했으며 1999년 나스닥에 상장했다. 41개 주 2,400만 명을 커버하는 네트워크를 기반으로 비디오, 인터넷, 음성, 기업용, 광고 등 5개 사업부문을 영위하고 있다. 2015년 타임워너를 인수했다.

디시 네트워크DISH Network Corporation는 미국의 위성 방송 기업으로, 주요 케이블 TV 채널들을 스마트 기기로 볼 수 있는 스트리밍 서비스인 슬링TV를 보유하고 있다. 또한 티모바일**TMUS**과 스프린트의 합병에 따른 시장 기회를 획득해 이동통신 시장에 진입하고 있다.

최근 4분기 경쟁사 실적 비교 2020년 4분기 기준 / (단위) 백만 달러, %, 달러

구분	컴캐스트	차터 커뮤니케이션즈	디시 네트워크
매출	103,564	48,097	15,493
영업이익	17,493	8,405	2,583
순이익	10,534	3,222	1,763
영업이익률	16.89	17.48	16.67
순이익률	10.17	6.70	11.38
주당순이익(EPS)	2.28	15.4	2.46
주가수익배수(PER)	22.76	41.04	10.74
주가순자산배수(PBR)	2.65	5.56	1.2

컴캐스트의 본사는 미국 필라델피아에 위치하며, 상근 직원 수는 16만 8천 명이다.
차터 커뮤니케이션즈의 본사는 미국 코네티컷 스탬포드에 위치하며, 상근 직원 수는 9만 6,100명이다.
디시 네트워크의 본사는 미국 콜로라도 엥글우드에 위치하며, 상근 직원 수는 1만 6천여 명이다. (2021년 2월 현재)

최근 12개월간 주가 수익률 비교 2021년 2월 기준 / (단위) %

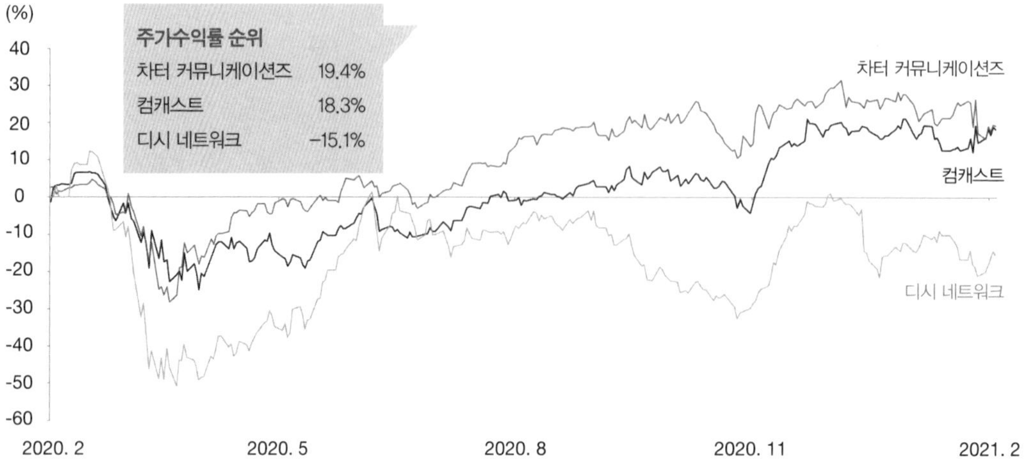

배당 및 투자의견, 종목진단 결과

컴캐스트의 회계 결산월은 12월이다.

2017년부터 배당이 증가한 컴캐스트의 배당금은 분기 단위로 지급되고, 배당수익률은 커뮤니케이션 서비스 섹터 평균인 2.29%의 5분의 4 수준이다.

배당수익률(선행)	연간배당금(선행)	배당성향	배당성장	5년 배당성장률
1.90%	1.00달러	35.38%	4년	12.90%

최근 3개월간 17명의 애널리스트가 제시한 투자의견을 종합하면 강력매수Strong Buy(매수 14명, 보유 3명, 매도 0명)이다. 향후 12개월간 목표주가는 최고 70달러, 최저 51달러, 평균 60.64달러이다.

초이스스탁 US의 종목진단 결과는?

2020년 12월 실적발표 기준

컴캐스트의 투자매력 점수는 100점 만점에 69점이며 미국 상장기업 5,591개 중 946위로 상위 16%에 속하는 우량 기업이다.

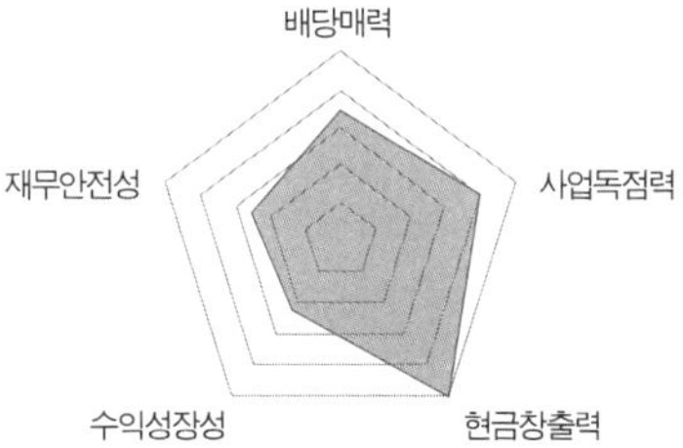

종합점수 : 69점 / 100점

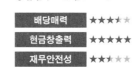

배당매력	★★★★★	사업독점력	★★★★★
현금창출력	★★★★★	수익성장성	★★★★★
재무안전성	★★★★★		

최신 결과 보러 가기

투자매력 세부 5개 항목 중 현금창출력 부문에서 5점 만점을 받았다. 2020년 12월 연환산(최근 4분기 합산) 영업활동 현금흐름 247억 달러, 잉여현금흐름 111억 달러를 창출했다. 우수한 현금창출을 바탕으로 배당도 꾸준히 지급하고 있다. 배당매력 점수는 5점 만점에 3.5점으로 평균 이상의 배당을 지급한다. 2020년 주당배당금 0.9달러를 지급해 시가배당률 1.7%를 기록했다. 최근 5년간 시가배당률은 1.2~2.7% 수준이다.

수익성장성은 5점 만점에 2.2점으로 보통 수준이다. 2020년 12월 연환산 매출액은 1,035억 달러로 전년 동기 1,089억 달러 대비 4.9% 줄었고, 순이익은 105억 달러로 전년 동기 130억 달러 대비 19% 감소해 성장성 부문의 개선이 중요한 시점이다. 재무안전성은 2.5점으로 평균 수준의 재무안전성을 기록했다. 부채비율 202%, 유동비율 93%, 이자보상배수 4배 등이 반영된 결과다.

POINT ▶ 식중독 사고 이야기는 이제 그만!
지금은 레스토랑 체인 산업의 선도자

치폴레 멕시칸 그릴

CMG NYSE | Chipotle Mexican Grill, Inc.

C

처음 매매하는 경우			보유 중인 경우			
매매 예정 시점			**매매 구분**	매수 ☐	매도 ☐	
실적 확인 후 ☐	이슈 확인 후 ☐		**매매 일자**	20 . . .		
매매 결정 이유			**매매 금액**	가격 $	수량	주
변동성 확대(단기) ☐	실적 우수(장기) ☐		**수익 현황**	수익금액 $	수익률	%
매수 목표 가격	$		**투자 아이디어**			
손익 목표 가격	$	(+ %)				
손절 목표 가격	$	(- %)				
보유 예정 기간						
3개월 미만(단기) ☐	1년 이상(장기) ☐					

치폴레 멕시칸 그릴**CMG**, 이하 치폴레는 미국 전역에서 멕시칸 레스토랑을 운용하는 프랜차이즈 회사이다. 1993년에 덴버대학교 캠퍼스 근처에서 처음 매장을 시작하여 1995년 두 번째 매장을 오픈했고 1998년 맥도날드가 주요 투자자가 되면서 이후 2006년까지 500개 이상 매장을 확장했다. 2008년에는 캐나다에 매장을 오픈하며 미국 외 지역으로 확장해 나갔다. 현재 미국뿐만 아니라 영국, 캐나다, 독일, 프랑스 등 5개국에 2,700개 이상의 지점을 운용중이다.

2011년 미국 최고의 멕시칸 패스트푸드 레스토랑으로 선정되기도 했지만 2008년부터 2018년까지 식중독 사고를 비롯해 각종 구설수가 끊이지 않았다. 이후 CEO 교체를 통해 브랜드 이미지 제고에 성공, 현재 미국을 대표하는 레스토랑 체인으로 발돋움했다. 2006년 1월 뉴욕증권거래소에 상장했으며, S&P 500에 속해 있다.

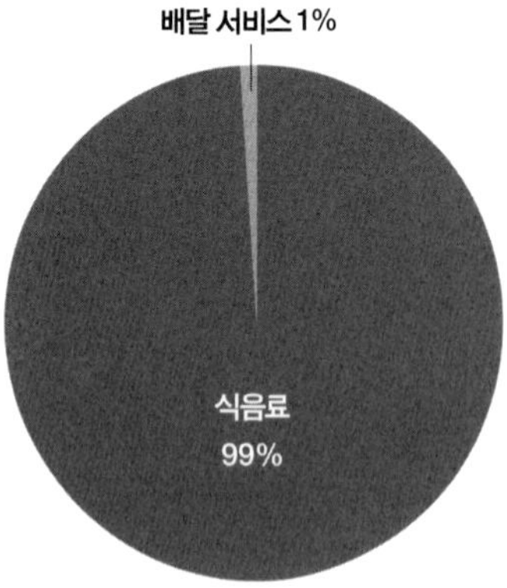

사업부문별 매출 비중

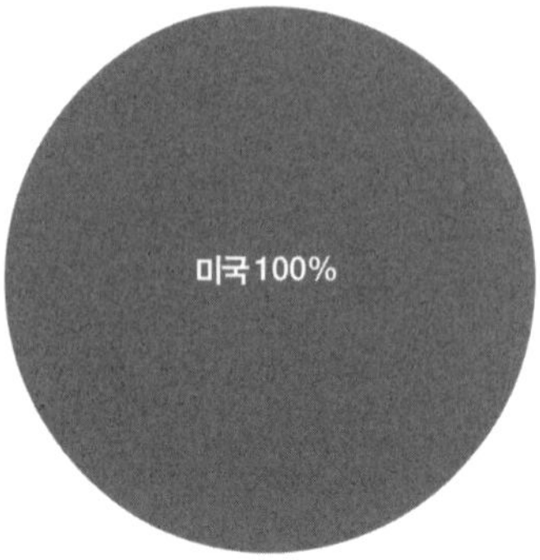

사업지역별 매출 비중

최신 정보 보러 가기 ●

주요 지표 및 주가 · 최신 뉴스 한 번에 보기 · 퀀트 분석 : 종목진단 · 컨센서스 및 투자의견

최근 3년 수익률 395.1%

최근 5년간 주요 투자지표 ① 손익계산서 12월 결산 기준 / (단위) 금액: 백만 달러, %

구분	2016. 12	2017. 12	2018. 12	2019. 12	2020. 12	전년 대비
매출액	3,904	4,476	4,865	5,586	5,985	▲ 7.1%
영업이익	35	271	258	444	290	▼ -34.7%
영업이익률(%)	0.9	6.1	5.3	7.9	4.8	▼ -3.1%P
순이익	23	176	177	350	356	▲ 1.7%
순이익률(%)	0.6	3.9	3.6	6.3	5.9	▼ -0.4%P

최근 5년간 주요 투자지표 ② 가치평가 12월 결산 기준 / (단위) 금액: 배, %, 달러

구분	2016. 12	2017. 12	2018. 12	2019. 12	2020. 12
PER(배)	476.2	46.3	67.96	66.45	109.06
PBR(배)	7.79	5.98	8.32	13.83	19.21
PSR(배)	2.8	1.82	2.47	4.17	6.48
ROE(%)	1.6	12.6	12.5	22.1	19.8
주당순이익(달러)	0.77	6.17	6.31	12.38	12.52
주당배당금(달러)	0	0	0	0	0

최근 5년간 주가 추이

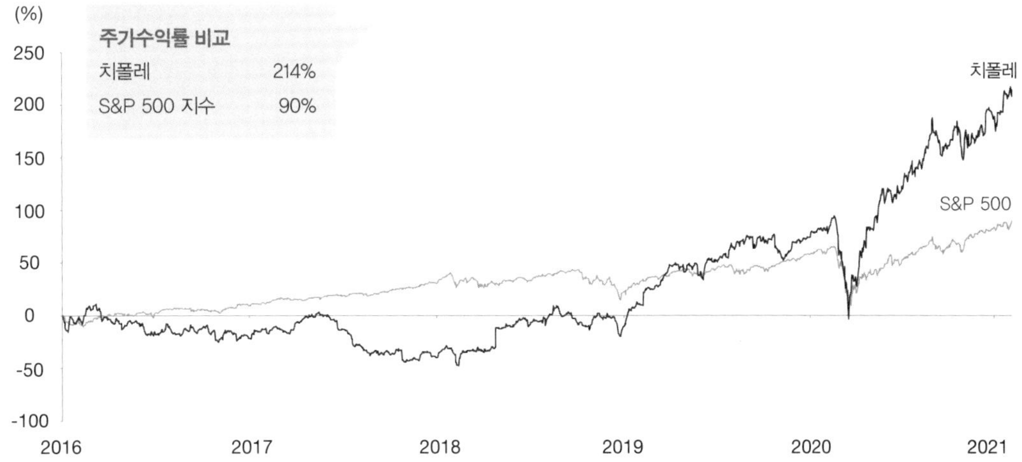

C

주요 경쟁업체 현황

치폴레의 주요 경쟁사로는 맥도날드**MCD**, 레스토랑 브랜드 인터내셔널**QSR**이 있다.

맥도날드McDonald 's Corporation는 세계에서 가장 널리 알려진 프랜차이즈이자 패스트푸드 체인 기업이다. 햄버거뿐 아니라 다양한 식품과 음료, 커피, 아침 메뉴 등을 판매한다. 전 세계 120여 개국의 3만 7천여 개 매장에서 매일 약 6,900만 명이 맥도날드를 이용한다.

레스토랑 브랜드 인터내셔널Restaurant Brands International Inc.은 2014년 미국 패스트푸드 체인 기업인 버거킹과 캐나다 커피 전문점 팀 호턴스가 합병하여 탄생한 다국적 패스트푸드 회사다. 타코벨, KFC, 피자헛 등의 브랜드를 보유하고 있다.

최근 4분기 경쟁사 실적 비교 2020년 4분기 기준 / (단위) 백만 달러, %, 달러

구분	치폴레	맥도날드	레스토랑 브랜드 인터내셔널
매출	5,985	548,743	88,621
영업이익	290	22,383	5,901
순이익	356	19,742	3,822
영업이익률	4.8	4.08	6.66
순이익률	5.9	3.60	4.31
주당순이익(EPS)	12.52	6.92	7.54
주가수익배수(PER)	109.06	19.92	19.94
주가순자산배수(PBR)	19.21	4.83	5.72

치폴레의 본사는 미국 콜로라도주 덴버에 위치하며, 상근 직원 수는 8만 8천여 명이다.
맥도날드의 본사는 미국 시카고에 위치하며, 상근 직원 수는 20만여 명이다.
레스토랑 브랜드 인터내셔널의 본사는 캐나다 토론토에 위치하며, 상근 직원 수는 5,200명이다. (2021년 2월 현재)

최근 12개월간 주가 수익률 비교 2021년 2월 기준 / (단위) %

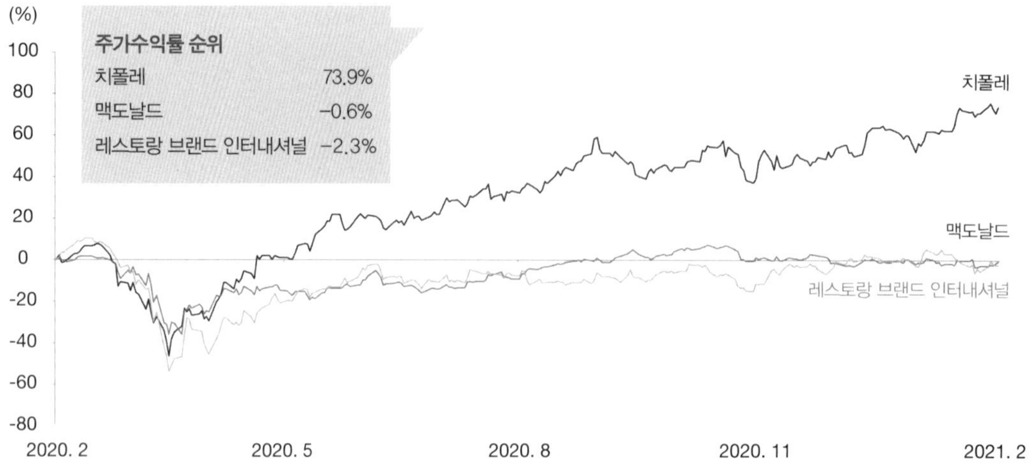

배당 및 투자의견, 종목진단 결과

치폴레의 회계 결산월은 12월이다.

배당이 없는 치폴레에 대하여 최근 3개월간 25명의 애널리스트가 제시한 투자의견을 종합하면 매수Moderate Buy(매수 16명, 보유 9명, 매도 0명)이다. 향후 12개월간 목표주가는 최고 2,000달러, 최저 1,165달러, 평균 1,627.43달러이다.

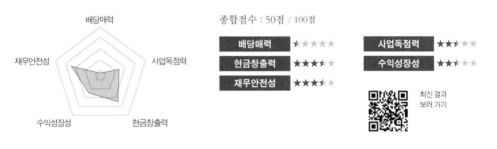

초이스스탁 US의 종목진단 결과는?

2020년 12월 실적발표 기준

치폴레의 투자매력 점수는 100점 만점에 50점이며 미국 상장기업 5,591개 중 2,095위로 상위 37%에 속하는 기업이다.

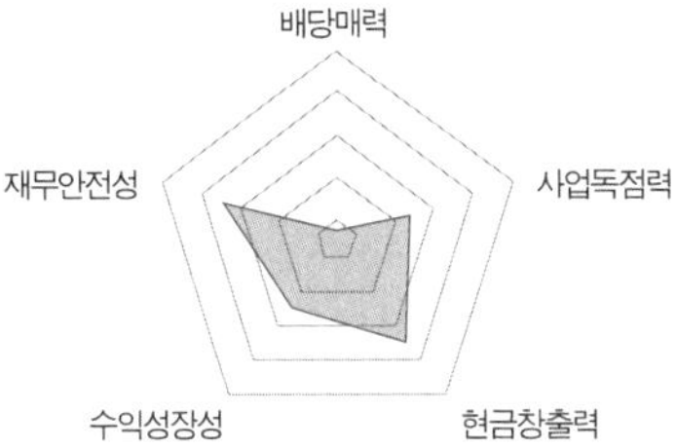

종합점수 : 50점 / 100점

배당매력
사업독점력
현금창출력
수익성장성
재무안전성

최신 결과 보러 가기

투자매력 세부 5개 항목 중 수익성장성이 5점 만점에 2.5점을 받아 미국 전체 상장사 중 상위 21%에 속했다. 2020년 12월 연환산(최근 4분기 합산) 매출액이 59억 달러로 전년 동기 55억 달러 대비 7% 성장했고, 순이익은 3억 5,600만 달러로 전년 동기 3억 5,000만 달러와 비슷한 점 등이 반영됐다.

현금창출력은 5점 만점에 3.5점으로 우량한 현금흐름을 만들고 있다. 2020년 12월 연환산 영업활동 현금흐름은 6억 6,400만 달러, 잉여현금흐름은 2억 9,000만 달러였고 현금성 자산과 단기투자자산을 합쳐 10억 달러를 보유하고 있는 점 등이 반영됐다.

사업독점력은 2.5점을 받아 미국 전체 상장사 중 상위 28%에 포함됐다. 사업독점력은 현재 수익성과 성장성을 유지할 수 있는지를 나타내는 지표로 점수가 높을수록 경제적 해자가 높아 독점력이 있다.

배당은 지급하지 않아 배당 투자 대상으로는 현재 적합하지 않다.

POINT ▶ 코스트코 멤버십의 갱신률 90%, 고객 충성도가 바로 실적의 바로미터

배당성취자

코스트코 홀세일

COST Nasdaq | Costco Wholesale Corporation

C

처음 매매하는 경우		보유 중인 경우	
매매 예정 시점	실적 확인 후 ☐ 이슈 확인 후 ☐	매매 구분	매수 ☐ 매도 ☐
매매 결정 이유	변동성 확대(단기) ☐ 실적 우수(장기) ☐	매매 일자	20 . . .
매수 목표 가격	$	매매 금액	가격 $ 수량 주
손익 목표 가격	$ (+ %)	수익 현황	수익금액 $ 수익률 %
손절 목표 가격	$ (- %)	투자 아이디어	
보유 예정 기간	3개월 미만(단기) ☐ 1년 이상(장기) ☐		

포춘 500대 기업 중 하나인 코스트코 홀세일**COST**, 이하 코스트코는 연간 회원제를 기반으로 한 세계 최대의 창고형 할인점이자, 월마트에 이어 세계 2위의 대형마트 회사다. 현재 13개국에 796개의 매장을 운영하고 있고, 연간 회원제에 가입하고 있는 고객 수는 9만 8,500명인데 갱신률이 91%에 달한다. 참고로, 연 회비는 60달러이다.

1983년 9월 시애틀에 첫 매장을 오픈한 후 1993년에 창고형 할인점인 프라이스 클럽과 합병했고, 1997년에 현재의 사명으로 변경했다. 이후 해외로 매장을 확대하기 시작했고, 2001년 B2B 온라인 쇼핑 서비스를 오픈했으며, 2014년 알리바바의 자회사인 티몰을 통해 오프라인 매장 없이 중국 시장에 진출한 후 2019년 상하이에 첫 번째 매장을 오픈했다.

1985년 11월 나스닥에 상장했으며, 나스닥 100과 S&P 500에 속해 있다.

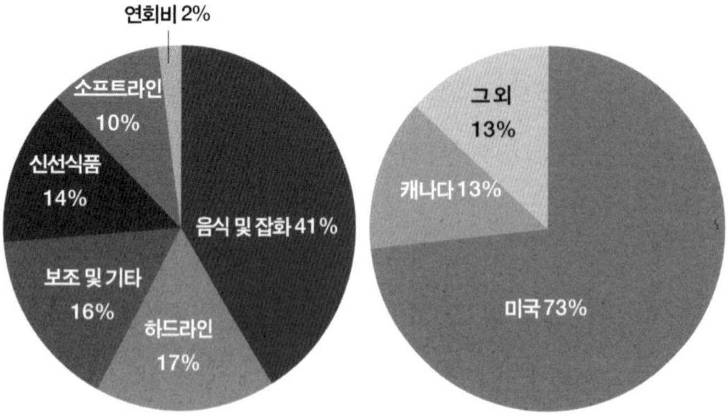

사업부문별 매출 비중 사업지역별 매출 비중

최신 정보 보러 가기 ●

주요 지표 및 주가 | 최신 뉴스 한 번에 보기 | 퀀트 분석 : 종목진단 | 컨센서스 및 투자의견

최근 3년 수익률
97.0%

최근 5년간 주요 투자지표 ① 손익계산서 8월 결산 기준 / (단위) 금액: 백만 달러, %

구분	2016. 8	2017. 8	2018. 8	2019. 8	2020. 8	전년 대비
매출액	118,719	129,025	141,576	152,703	166,761	▲ 9.2%
영업이익	3,672	4,111	4,480	4,737	5,435	▲ 14.7%
영업이익률(%)	3.1	3.2	3.2	3.1	3.3	▲ 0.2%P
순이익	2,350	2,679	3,134	3,659	4,002	▲ 9.4%
순이익률(%)	2.0	2.1	2.2	2.4	2.4	▲ 0%P

최근 5년간 주요 투자지표 ② 가치평가 8월 결산 기준 / (단위) 금액: 배, %, 달러

구분	2016. 8	2017. 8	2018. 8	2019. 8	2020. 8
PER(배)	30.56	25.91	32.62	35.43	38.43
PBR(배)	5.95	6.44	7.99	8.5	8.41
PSR(배)	0.61	0.54	0.72	0.85	0.92
ROE(%)	20.7	23.8	26.2	25.8	23.7
주당순이익(달러)	5.33	6.08	7.09	8.26	9.02
주당배당금(달러)	1.7	8.9	2.14	2.44	2.7

최근 5년간 주가 추이

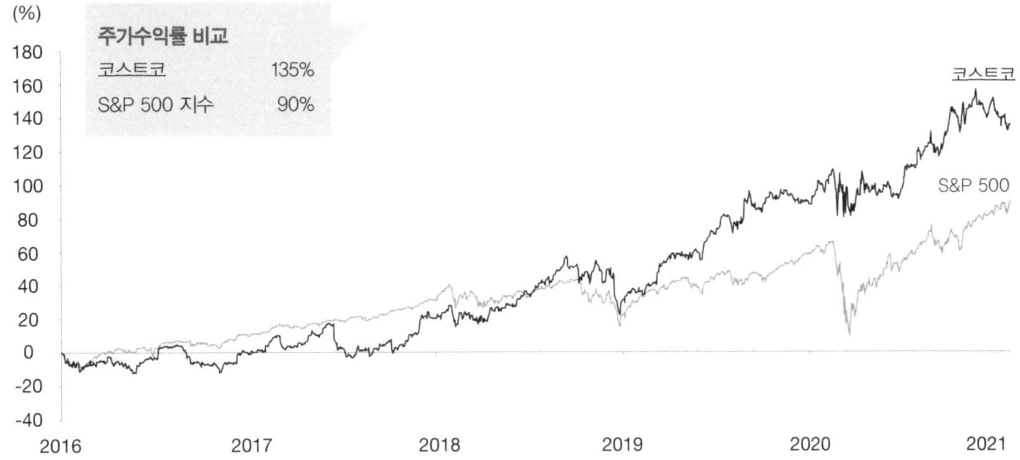

주요 경쟁업체 현황

코스트코의 주요 경쟁사로는 월마트**WMT**, 타겟**TGT**가 있다.

월마트Walmart Inc.는 1965년 아칸소주에서 조그마한 잡화점으로 출발해 전 세계 1만 1,700여 개의 매장을 보유한 명실공히 세계 1위의 유통 업체다.

타겟Target Corporation은 월마트에 이어 미국 내 2번째로 큰 대형 할인마트이다. 2020년 2월 현재 51개 주에서 1,868개의 매장과 42개의 물류센터를 운영하고 있다. 오프라인 매장을 기반으로, 온라인 사업부문에 적극적으로 투자하며 가파른 온라인 매출 증가세를 기록 중이다.

최근 4분기 경쟁사 실적 비교 2020년 4분기 기준 / (단위) 백만 달러, %, 달러

구분	코스트코	월마트	타겟
매출	172,929	548,743	88,621
영업이익	5,804	22,383	5,901
순이익	4,324	19,742	3,822
영업이익률	3.36	4.08	6.66
순이익률	2.50	3.60	4.31
주당순이익(EPS)	9.74	6.92	7.54
주가수익배수(PER)	38.89	19.92	19.94
주가순자산배수(PBR)	11.32	4.83	5.72

코스트코의 본사는 미국 워싱턴에 위치하며, 상근 직원 수는 15만 6천여 명이다.
월마트의 본사는 미국 아칸소에 위치하며, 상근 직원 수는 220만 명이다.
타겟의 본사는 미국 미네소타 미니애폴리스에 위치하며, 상근 직원 수는 36만 명이다. (2021년 2월 현재)

최근 12개월간 주가 수익률 비교 2021년 2월 기준 / (단위) %

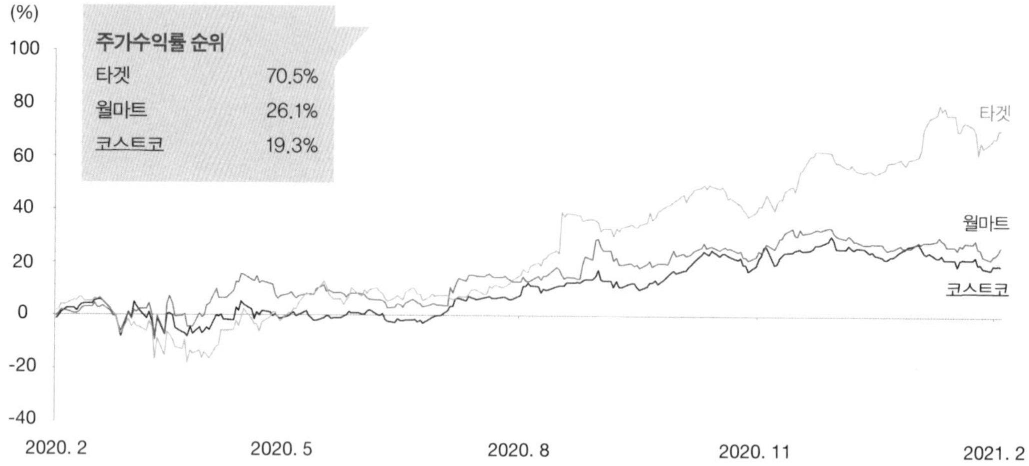

배당 및 투자의견, 종목진단 결과

코스트코의 회계 결산월은 8월이다.

2005년부터 배당이 증가해 '배당성취자'에 해당하는 코스트코의 배당금은 분기 단위로 지급되고, 배당수익률은 필수소비재 섹터 평균인 1.74%의 절반 수준이다.

배당수익률(선행)	연간배당금(선행)	배당성향	배당성장	5년 배당성장률
0.85%	2.80달러	27.79%	**16년** 배당성취자	12.73%

최근 3개월간 17명의 애널리스트가 제시한 투자의견을 종합하면 강력매수Strong Buy(매수 13명, 보유 4명, 매도 0명)이다. 향후 12개월간 목표주가는 최고 435달러, 최저 343달러, 평균 403.47달러이다.

초이스스탁 US의 종목진단 결과는?

2020년 11월 실적발표 기준

코스트코의 투자매력 점수는 100점 만점에 77점이며 미국 상장기업 5,591개 중 473위로 상위 8%에 속하는 우량 기업이다.

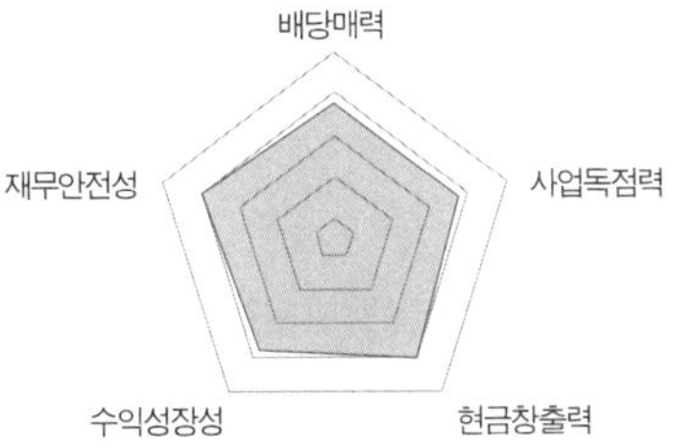

종합점수 : 77점 / 100점

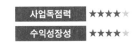

배당매력	★★★★☆	사업독점력	★★★★☆
현금창출력	★★★★☆	수익성장성	★★★★☆
재무안전성	★★★★☆		

최신 결과 보러 가기

투자매력 세부 5개 항목 분석 중 모두 4점 전후로 평가돼 모든 부분에서 고르게 안정적인 사업을 영위하는 기업으로 분석된다. 현금창출력과 재무안전성 모두 4점을 받아 안정적인 현금창출과 함께 재무안전성이 높은 기업이다. 2020년 11월 기준 현금성 자산 135억 달러를 보유하고 있고, 영업활동 현금흐름 94억 달러, 잉여현금흐름 64억 달러를 창출하고 있는 점 등이 평가에 반영됐다.

수익성장성은 5점 만점에 3.8점으로 미국 전체 상장사 중 상위 5%에 속하는 고성장 기업이다. 2020년 11월 연환산(최근 4분기 합산) 매출액이 1,729억 달러로 전년 동기 1,546억 달러 대비 11% 늘었고, 순이익은 432억 달러로 전년 동기 373억 달러 대비 15% 성장한 점 등이 반영됐다. 또한, 사업독점력 평가에서 3.8점으로 미국 전체 상장사 중 상위 12%에 속하는 우량 기업이다.

POINT ▶ 슬랙 등 장기 성장을 위한 인수합병 활동이 저가매수 기회를 제공하는 양상

세일즈포스닷컴

CRM NYSE | salesforce.com, inc.

C

처음 매매하는 경우

매매 예정 시점
실적 확인 후 ☐ 이슈 확인 후 ☐

매매 결정 이유
변동성 확대(단기) ☐ 실적 우수(장기) ☐

매수 목표 가격 $

손익 목표 가격 $ (+ %)

손절 목표 가격 $ (- %)

보유 예정 기간
3개월 미만(단기) ☐ 1년 이상(장기) ☐

보유 중인 경우

매매 구분 매수 ☐ 매도 ☐

매매 일자 20 . . .

매매 금액 가격 $ 수량 주

수익 현황 수익금액 $ 수익률 %

투자 아이디어

포춘 500대 기업 중 하나인 세일즈포스닷컴**CRM**은 클라우드에 기반한 고객관계관리 플랫폼 전문 회사로, CRM 분야의 절대 강자이자 세계 3위의 클라우드 컴퓨팅 회사다.

1999년에 설립된 세일즈포스닷컴은 모든 서비스를 클라우드 기반으로 제공하는 서비스형 소프트웨어Software as Service, SaaS의 선도 업체다. 쉽게 말해서 계약을 통해 소프트웨어를 제공하는 기업이라 하겠다. 세일스포스닷컴의 주요 사업부문은 세일즈 클라우드, 서비스 클라우드, 마케팅 클라우드, 커머스 클라우드 등 4개가 있다. 2006년부터 크고 작은 인수합병을 통해 사업을 확장해왔으며, 2018년 5월에 데이터 통합 기업인 뮬소프트, 2019년 8월 데이터 분석 1위 기업인 태블로를 인수하는 등 시장 확대와 사업 다각화를 끊임없이 추진하고 있다.

2014년 6월 뉴욕증권거래소에 상장했으며, 다우와 S&P 500에 속해 있다.

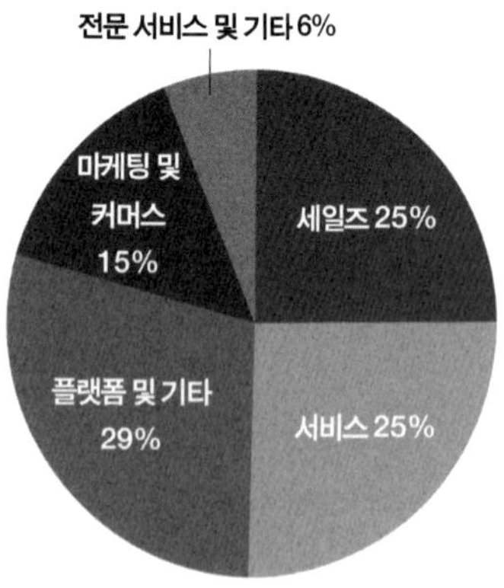

사업부문별 매출 비중

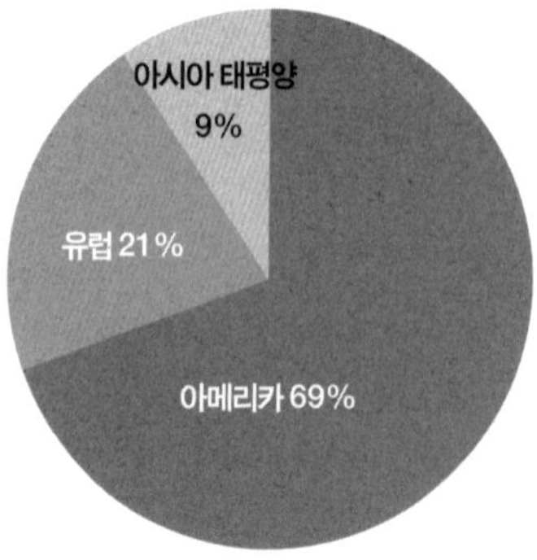

사업지역별 매출 비중

최신 정보 보러 가기 ●

주요 지표 및 주가 | 최신 뉴스 한 번에 보기 | 퀀트 분석 : 종목진단 | 컨센서스 및 투자의견

최근 3년 수익률
118.0%

최근 5년간 주요 투자지표 ① 손익계산서 1월 결산 기준 / (단위) 금액: 백만 달러, %

구분	2016. 1	2017. 1	2018. 1	2019. 1	2020. 1	전년 대비
매출액	6,667	8,437	10,540	13,282	17,098	▲ 28.7%
영업이익	137	218	454	535	297	▼ -44.5%
영업이익률(%)	2.1	2.6	4.3	4.0	1.7	▼ -2.3%P
순이익	-47	323	360	1,110	126	▼ -88.7%
순이익률(%)	-0.7	3.8	3.4	8.4	0.7	▼ -7.6%P

최근 5년간 주요 투자지표 ② 가치평가 1월 결산 기준 / (단위) 금액: 배, %, 달러

구분	2016. 1	2017. 1	2018. 1	2019. 1	2020. 1
PER(배)	-952.89	170.62	228.55	104.74	1,283.41
PBR(배)	9.03	7.35	7.93	7.45	4.77
PSR(배)	6.78	6.53	7.81	8.75	9.46
ROE(%)	-1	5	4	8.1	0.5
주당순이익(달러)	-0.07	0.46	0.49	1.43	0.15
주당배당금(달러)	0	0	0	0	0

최근 5년간 주가 추이

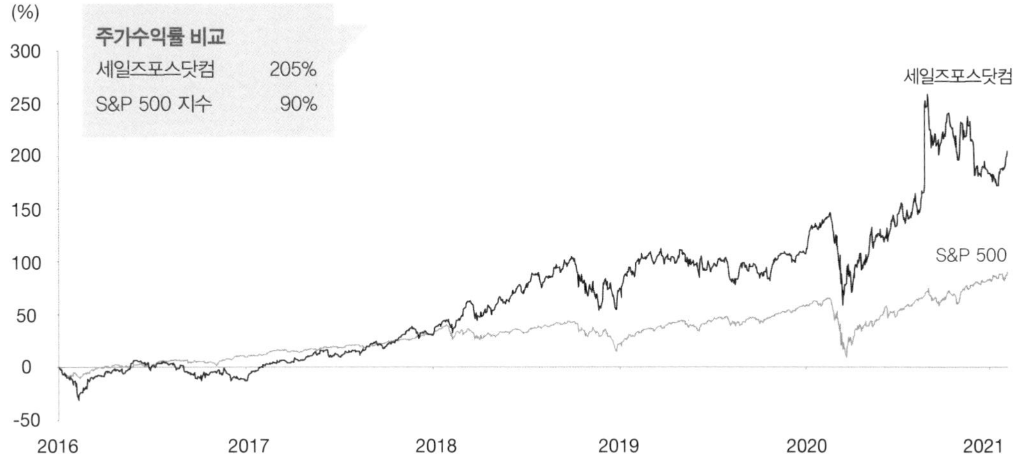

주요 경쟁업체 현황

세일즈포스닷컴의 주요 경쟁사로는 어도비**ADBE**, 워크데이**WDAY**가 있다.

어도비Adobe Inc.는 디지털 미디어와 문서 작성 소프트웨어에 특화된 기업이다. 포토샵·아크로뱃 리더 등 다양한 그래픽 프로그램과 솔루션 소프트웨어를 통해 꾸준한 성장을 이루면서 그래픽 관련 소프트웨어 시장의 표준으로 자리매김했다. 1982년 설립돼 1986년 나스닥에 상장했다.

워크데이Workday, Inc.는 금융 및 인적 자원을 위한 엔터프라이즈 클라우드 응용 프로그램을 제공하는 기업이다. 주요 제품은 회계·채무 및 채권·현금 및 자산 관리용 애플리케이션과 조직 관리·보상·직원 복리 후생 관리용 애플리케이션이다. 2005년 설립됐으며 2012년 나스닥에 상장했다.

최근 4분기 경쟁사 실적 비교 2020년 3분기 기준 / (단위) 백만 달러, %, 달러

구분	세일즈포스닷컴	어도비	워크데이
매출	20,286	12,868	4,163
영업이익	226	4,237	-321
순이익	3,557	5,260	-339
영업이익률	1.11	32.93	-7.71
순이익률	17.53	40.88	-8.14
주당순이익(EPS)	3.81	10.83	-1.46
주가수익배수(PER)	59.42	43.51	-147.04
주가순자산배수(PBR)	5.24	17.25	16.18

세일즈포스닷컴의 본사는 미국 캘리포니아 샌프란시스코에 위치하며, 상근 직원 수는 5만 4,557명이다.
어도비의 본사는 미국 캘리포니아 산호세에 위치하며, 상근 직원 수는 2만 2,516명이다.
워크데이의 본사는 미국 캘리포니아 플레전턴에 위치하며, 직원 수는 1만 2,400명이다. (2021년 2월 현재)

최근 12개월간 주가 수익률 비교 2021년 2월 기준 / (단위) %

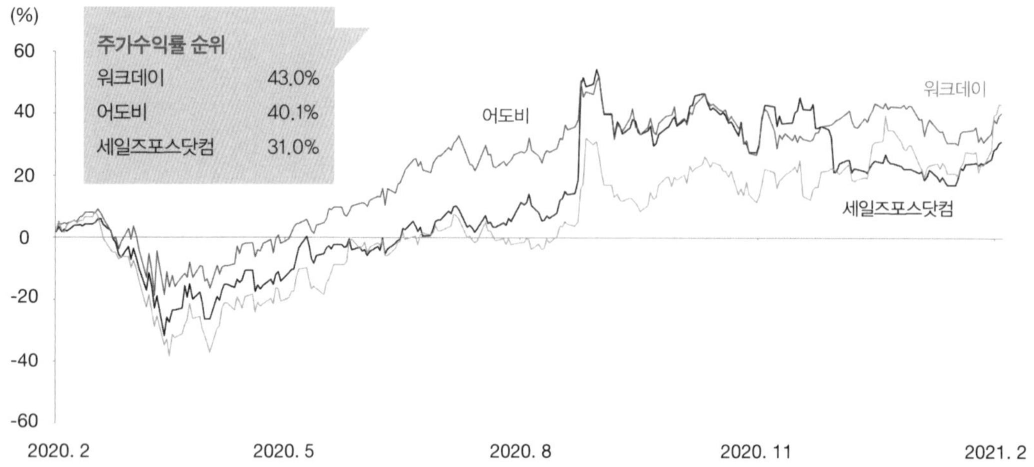

배당 및 투자의견, 종목진단 결과

세일즈포스닷컴의 회계 결산월은 1월이다.

배당이 없는 세일즈포스닷컴에 대하여 최근 3개월간 27명의 애널리스트가 제시한 투자의견을 종합하면 매수Moderate Buy(매수 20명, 보유 7명, 매도 0명)이다. 향후 12개월간 목표주가는 최고 320달러, 최저 225달러, 평균 274.77달러이다.

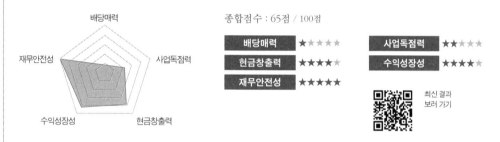

초이스스탁 US의 종목진단 결과는?

2020년 10월 실적발표 기준

세일즈포스닷컴의 투자매력 점수는 100점 만점에 65점이며 미국 상장기업 5,591개 중 1,209위로 상위 21%에 속하는 우량 기업이다.

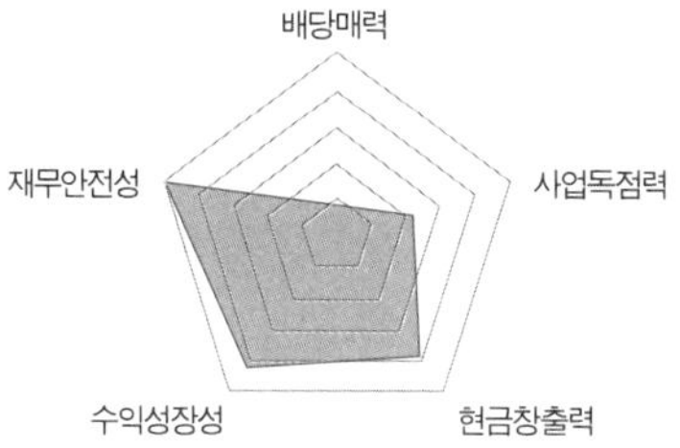

종합점수 : 65점 / 100점

배당매력	★☆☆☆☆	사업독점력	★★☆☆☆
현금창출력	★★★★☆	수익성장성	★★★★☆
재무안전성	★★★★★		

최신 결과 보러 가기

세일즈포스닷컴은 재무안전성이 높고, 수익성장성 또한 빠른 기업이다. 보유 중인 현금을 활용해 지난 2020년 슬랙테크놀로지스를 인수하는 등 향후 성장동력을 찾기 위해 노력하고 있다.

투자매력 세부 5개 항목 분석 중 재무안전성 점수가 5점 만점을 받았으며, 수익성장성 점수도 5점 만점에 4.2점으로 매우 높은 점수를 받았다. 2020년 10월 연환산(최근 4분기 합산) 매출액은 202억 달러로 전년 동기 158억 달러 대비 27% 급증해 높은 성장률을 보이고 있다. 그에 비해 사업독점력 점수는 5점 만점에 2.2점으로 다소 낮은 평가를 받았다. 수익성장성은 높지만 이를 미래에도 유지할 가능성은 아직 높지 않다는 의미다. 향후 CRM 분야의 SAAS 서비스들과 경쟁에서 승리한다면, 오랫동안 이익과 주가 상승을 나타낼 수 있는 만큼 이 부분의 시장점유율이 무엇보다 중요한 지표다.

C

POINT ▶ 5G 네트워크 투자 확대에 따른 수혜는 이제 시작

시스코 시스템즈

CSCO Nasdaq | Cisco Systems, Inc.

처음 매매하는 경우	보유 중인 경우
매매 예정 시점 실적 확인 후 ☐ 이슈 확인 후 ☐	**매매 구분** 매수 ☐ 매도 ☐
매매 결정 이유 변동성 확대(단기) ☐ 실적 우수(장기) ☐	**매매 일자** 20 . . .
매수 목표 가격 $	**매매 금액** 가격 $ 수량 주
손익 목표 가격 $ (+ %)	**수익 현황** 수익금액 $ 수익률 %
손절 목표 가격 $ (- %)	**투자 아이디어**
보유 예정 기간 3개월 미만(단기) ☐ 1년 이상(장기) ☐	

시스코 시스템즈CSCO는 네트워킹 하드웨어와 IT 보안 서비스 등을 개발하고 판매하는 미국의 다국적 기업이다. 1984년 레오나르도 보삭과 샌디 러너 부부가 설립해 1986년 멀티 프로토콜 라우터를 출시했고, 2000년까지 시가총액 5,000억 달러가 넘는 세계에서 가장 가치 있는 회사였다.

주요 제품으로 라우터를 비롯해 유무선 및 모바일 네트워크를 상호 연결하는 라우팅 제품·데이터 센터용 제품·무선 네트워크 장비 등이 있다. 2002년에는 스토리지 네트워크 분야에 진출했고, 2009년에는 컴퓨팅 시스템 서버인 UCSUnified Computing System를 론칭했으며, 기업용 화상회의 서비스인 웹엑스Webex를 제공하고 있다. 저성장 하드웨어 회사에서 구독 매출 기반의 고성장 소프트웨어 회사로 진화하기 위해 관련 기업들의 인수합병을 지속적으로 추진하고 있다. 1984년 설립돼 1990년 나스닥에 상장했고, S&P 500과 나스닥 100에 포함돼 있다.

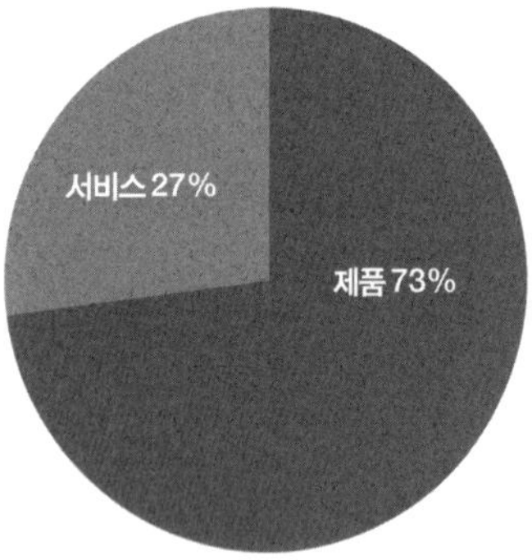

사업부문별 매출 비중

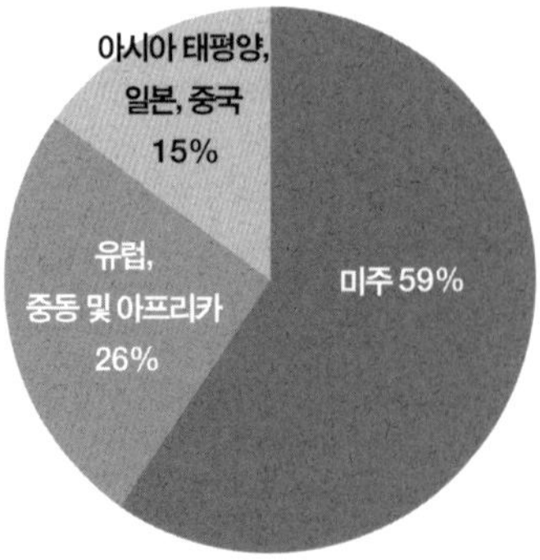

사업지역별 매출 비중

최신 정보 보러 가기 ●

주요 지표 및 주가 | 최신 뉴스 한 번에 보기 | 퀀트 분석 : 종목진단 | 컨센서스 및 투자의견

최근 3년 수익률
19.7%

최근 5년간 주요 투자지표 ① 손익계산서 7월 결산 기준 / (단위) 금액: 백만 달러, %

구분	2016. 7	2017. 7	2018. 7	2019. 7	2020. 7	전년 대비
매출액	49,247	48,005	49,330	51,904	49,301	▼ -5.0%
영업이익	12,660	11,973	12,309	14,219	13,620	▼ -4.2%
영업이익률(%)	25.7	24.9	25.0	27.4	27.6	▲ 0.2%P
순이익	10,739	9,609	110	11,621	11,214	▼ -3.5%
순이익률(%)	21.8	20.0	0.2	22.4	22.7	▼ 0.4%P

최근 5년간 주요 투자지표 ② 가치평가 7월 결산 기준 / (단위) 금액: 배, %, 달러

구분	2016. 7	2017. 7	2018. 7	2019. 7	2020. 7
PER(배)	14.30	16.4	1,820.02	20.82	17.47
PBR(배)	2.42	2.38	4.63	7.21	5.17
PSR(배)	3.12	3.28	4.06	4.66	3.97
ROE(%)	17.4	14.9	0.2	30	31.2
주당순이익(달러)	2.11	1.9	0.02	2.61	2.64
주당배당금(달러)	0.94	1.1	1.24	1.36	1.42

최근 5년간 주가 추이

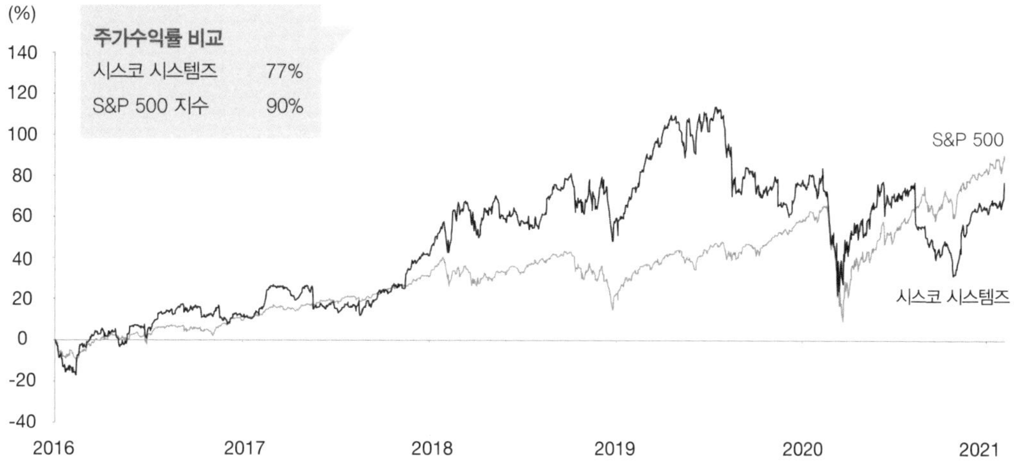

주요 경쟁업체 현황

시스코 시스템즈의 주요 경쟁사로는 모토롤라 솔루션즈**MSI**, 아리스타 네트웍스**ANET**가 있다.

모토롤라 솔루션즈Motorola Solutions, Inc.는 휴대전화로 유명한 미국의 통신장비 업체다. 1928년에 설립된 모토롤라를 전신으로 하며, 2011년 모빌리티와 분사하면서 지금의 사명으로 변경했다.

아리스타 네트웍스Arista Networks, Inc.는 미국의 컴퓨터 하드웨어 및 네트워킹 업체다. 클라우드 데이터 센터에 특화돼 있으며, 2004년 설립돼 2014년 뉴욕증권거래소에 상장했다.

최근 4분기 경쟁사 실적 비교 2020년 4분기 기준 / (단위) 백만 달러, %, 달러

구분	시스코 시스템즈	모토롤라 솔루션즈	아리스타 네트웍스
매출	48,071	7,414	2,318
영업이익	12,611	1,383	700
순이익	10,462	949	635
영업이익률	26.23	18.65	30.20
순이익률	21.76	12.80	27.39
주당순이익(EPS)	2.47	5.45	7.99
주가수익배수(PER)	15.71	30.38	34.65
주가순자산배수(PBR)	4.31	N/A	6.62

시스코 시스템즈의 본사는 미국 캘리포니아에 위치하며, 상근 직원 수는 7만 7,500명이다.
모토롤라 솔루션즈의 본사는 미국 일리노이 시카고에 위치하며, 상근 직원 수는 1만 8천여 명이다.
아리스타 네트웍스의 본사는 미국 캘리포니아에 위치하며, 상근 직원 수는 2,613명이다.
(2021년 2월 현재)

최근 12개월간 주가 수익률 비교 2021년 2월 기준 / (단위) %

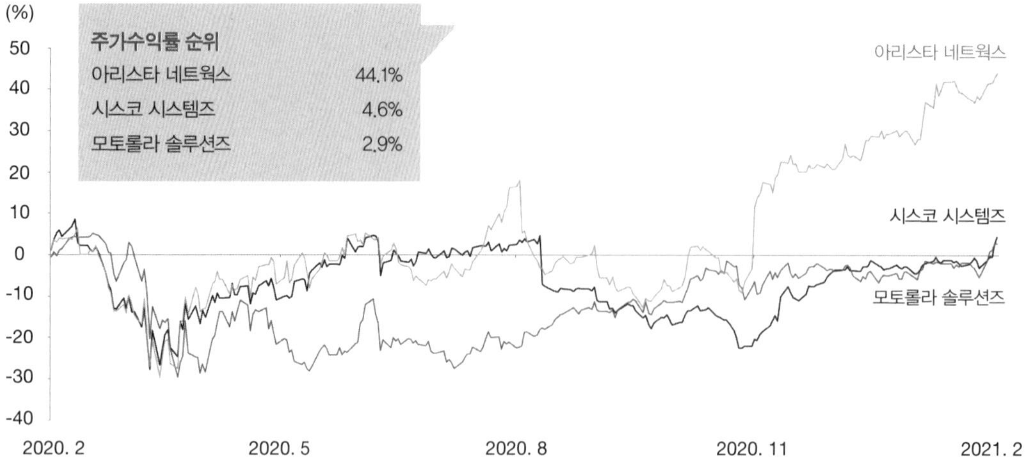

배당 및 투자의견, 종목진단 결과

시스코 시스템즈의 회계 결산월은 7월이다.

2012년부터 증가해온 시스코 시스템즈의 배당금은 분기 단위로 지급되고, 배당수익률은 정보기술IT 섹터 평균인 1.14%의 3배 수준이다.

배당수익률(선행)	연간배당금(선행)	배당성향	배당성장	5년 배당성장률
3.30%	1.48달러	46.00%	9년	10.25%

최근 3개월간 19명의 애널리스트가 제시한 투자의견을 종합하면 매수Moderate Buy(매수 10명, 보유 9명, 매도 0명)이다. 향후 12개월간 목표주가는 최고 55달러, 최저 45달러, 평균 50.88달러이다.

초이스스탁 US의 종목진단 결과는?

2021년 1월 실적발표 기준

시스코 시스템즈의 투자매력 점수는 100점 만점에 79점이며 미국 상장기업 5,591개 중 471위로 상위 8%에 속하는 우량 기업이다.

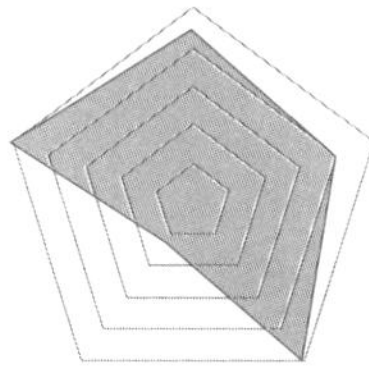

종합점수 : 79점 / 100점

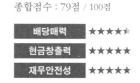

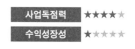

배당매력	★★★★☆	사업독점력	★★★★☆
현금창출력	★★★★★	수익성장성	★☆☆☆☆
재무안전성	★★★★★		

최신 결과 보러 가기

투자매력 세부 5개 항목 중 현금창출력과 재무안전성에서 모두 5점 만점을 받았다. 풍부한 현금과 안전한 재무구조를 바탕으로 매년 양호한 현금흐름을 만들어내고 있다. 2021년 1월 연환산(최근 4분기 합산) 영업활동 현금흐름은 151억 달러, 잉여현금흐름은 144억 달러를 기록했다. 현금성 자산이 117억 달러를 보유한 우량 기업이다.

배당매력 점수도 4.5점을 받아 배당주로서의 매력이 높은 편이다. 최근 9년 연속 주당배당금이 상향됐고, 2020년에는 주당배당금 1.42달러를 지급해 시가배당률 3.1%를 기록했다. 최근 5년간 시가배당률은 2.4~3.5% 수준이다.

그러나 수익성장성이 정체된 점은 시스코 시스템즈의 리스크이다. 수익성장성 점수는 1.2점으로 매우 낮은 평가를 받았다. 2021년 1월 연환산 매출액은 480억 달러로 전년 동기 515억 달러 대비 6.7% 줄었고, 순이익은 101억 달러로 전년 동기 110억 달러 대비 8.1% 감소했다.

POINT ▶ 산업재 물동량 증가가 나타나, 지역 철도회사 인수 효과도 기대

씨에스엑스

CSX Nasdaq | CSX Corporation

C

처음 매매하는 경우

매매 예정 시점
실적 확인 후 ☐ 이슈 확인 후 ☐

매매 결정 이유
변동성 확대(단기) ☐ 실적 우수(장기) ☐

매수 목표 가격 $

손익 목표 가격 $ (+ %)

손절 목표 가격 $ (- %)

보유 예정 기간
3개월 미만(단기) ☐ 1년 이상(장기) ☐

보유 중인 경우

매매 구분 매수 ☐ 매도 ☐

매매 일자 20 . . .

매매 금액 가격 $ 수량 주

수익 현황 수익금액 $ 수익률 %

투자 아이디어

씨에스엑스**CSX**는 철도 운송과 부동산 사업으로 영위하는 철도 지주사로, 10개의 자회사를 통해 국제 화물운송 사업도 영위하고 있다. 1969년 설립된 해안철도 산업과 1973년 설립된 체시 시스템의 합병으로 1980년 설립됐으며 철도운송으로 시작하여 이후 바지선·파이프라인·컨테이너선· 선박 터미널 네트워크· 정보기술 서비스 등으로 사업 영역을 확장해왔다.

2018년 매출 기준으로 워런 버핏의 버크셔 해서웨이**BRK.A / BRK.B**가 보유한 BNSF, 북미 최초의 대륙횡단 철도를 건설한 유니온 퍼시픽에 이어 북미 3대 철도 회사다. 참고로, 미국의 철도 산업은 1887년 클리블랜드 대통령이 미국의 모든 주를 철도로 왕래할 수 있도록 하는 법령을 선포함으로써 산업 규모가 급격히 확대됐다.

2015년 뉴욕증권거래소에서 나스닥으로 이전 상장했고, 나스닥 100과 S&P 500에 속해 있다.

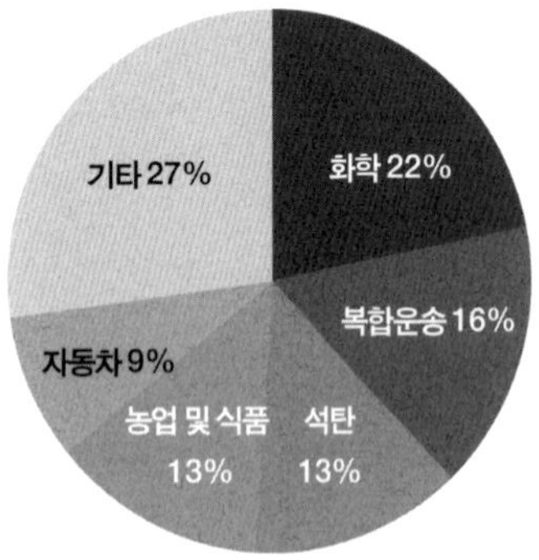

사업부문별 매출 비중

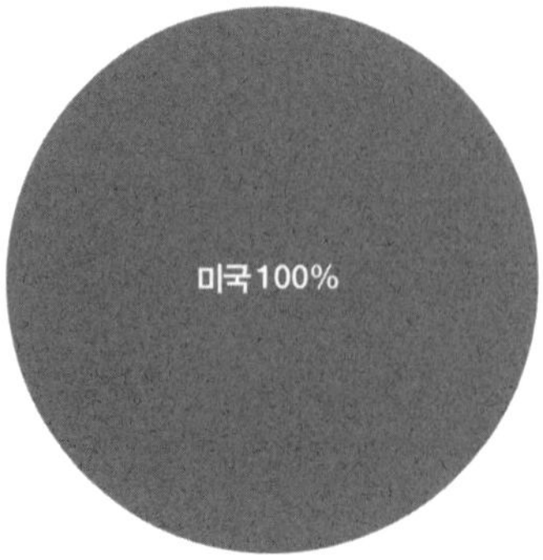

사업지역별 매출 비중

최신 정보 보러 가기 ●

주요 지표 및 주가 | 최신 뉴스 한 번에 보기 | 퀀트 분석 : 종목진단 | 컨센서스 및 투자의견

최근 3년 수익률
64.5%

최근 5년간 주요 투자지표 ① 손익계산서 12월 결산 기준 / (단위) 금액: 백만 달러, %

구분	2016. 12	2017. 12	2018. 12	2019. 12	2020. 12	전년 대비
매출액	11,069	11,408	12,250	11,937	10,583	▼ -11.3%
영업이익	3,363	3,501	4,869	4,965	4,362	▼ -12.2%
영업이익률(%)	30.4	30.7	39.7	41.6	41.2	▼ -0.4%P
순이익	1,714	5,471	3,309	3,331	2,765	▼ -17.0%
순이익률(%)	15.5	48.0	27.0	27.9	26.1	▼ -1.8%P

최근 5년간 주요 투자지표 ② 가치평가 12월 결산 기준 / (단위) 금액: 배, %, 달러

구분	2016. 12	2017. 12	2018. 12	2019. 12	2020. 12
PER(배)	19.64	8.99	15.86	17	25.1
PBR(배)	2.88	3.34	4.17	4.77	5.29
PSR(배)	3.04	4.31	4.28	4.74	6.56
ROE(%)	14.7	44.8	24.2	27.5	22.2
주당순이익(달러)	1.81	5.99	3.84	4.17	3.6
주당배당금(달러)	0.72	0.78	0.88	0.96	1.04

최근 5년간 주가 추이

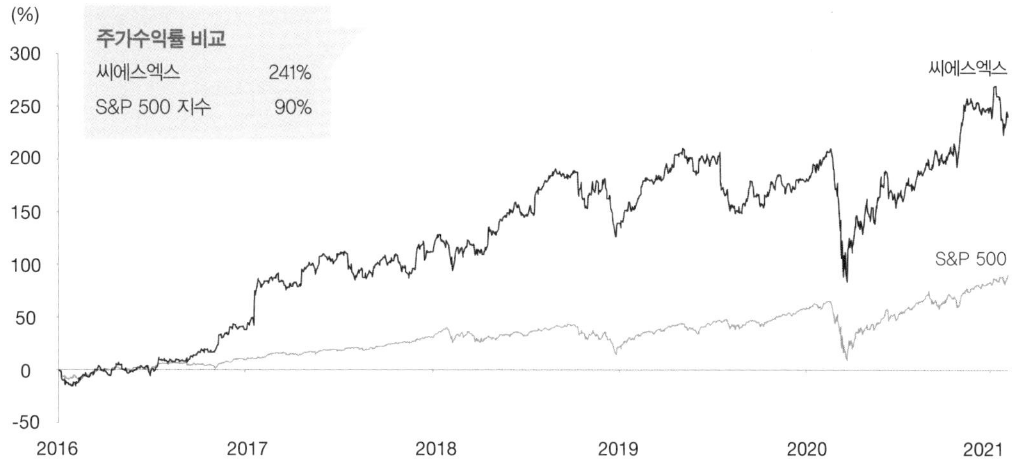

C

주요 경쟁업체 현황

씨에스엑스의 주요 경쟁사로는 유니언 퍼시픽**UNP**, 캐나다 내셔널 레일웨이**CNI**가 있다.

유니언 퍼시픽Union Pacific Corporation은 미국의 대표적인 철도 지주 회사로, 북미 최초의 대륙횡단 철도를 완성했고, 미주 지역 전체를 커버하는 내륙운송 서비스의 강자다.

캐나다 내셔널 레일웨이Canadian National Railway Company는 캐나다 최대의 철도회사로, 1차 세계대전 이후 철도 인프라를 보호하기 위한 캐나다 정부의 조치로 여러 철도 회사들을 국유화하여 설립됐다. 1995년 민영화 후 같은 해 상장했다. 미국과 캐나다를 잇는 약 20,400마일32,831km의 선로를 운행한다.

최근 4분기 경쟁사 실적 비교 2020년 4분기 기준 / (단위) 백만 달러, %, 달러

구분	씨에스엑스	유니언 퍼시픽	캐나다 내셔널 레일웨이
매출	10,583	19,533	10,796
영업이익	4,362	7,834	3,732
순이익	2,765	5,349	2,783
영업이익률	41.22	40.11	34.57
순이익률	26.13	27.38	25.78
주당순이익(EPS)	3.6	7.88	3.93
주가수익배수(PER)	25.1	26.23	28.08
주가순자산배수(PBR)	5.29	8.27	5.09

씨에스엑스의 본사는 미국 플로리다 잭슨빌에 위치하며, 직원 수는 1만 9,300명이다.
유니언 퍼시픽의 본사는 미국 네브라스카 오마하에 위치하며, 직원 수는 3만 960명이다.
캐나다 내셔널 레일웨이의 본사는 캐나다 몬트리올에 위치하며, 직원 수는 2만 4,381명이다. (2021년 2월 현재)

최근 12개월간 주가 수익률 비교 2021년 2월 기준 / (단위) %

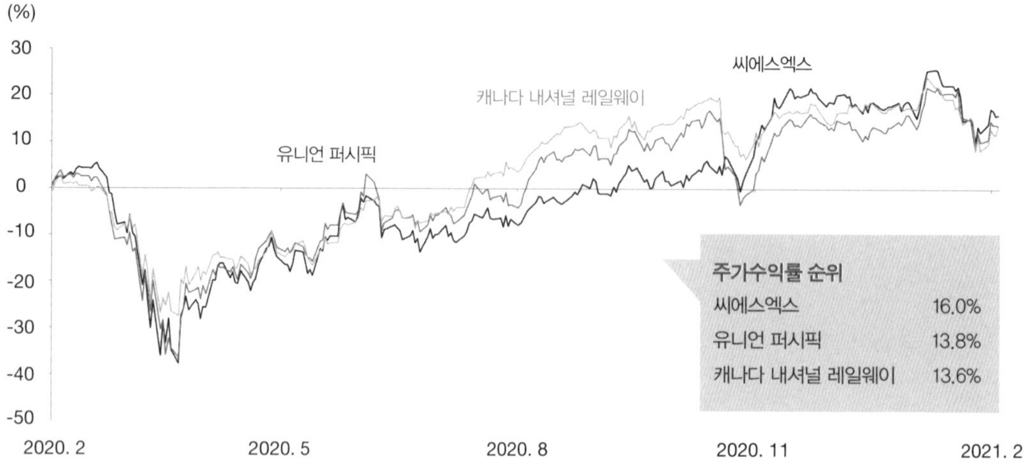

주가수익률 순위

씨에스엑스	16.0%
유니언 퍼시픽	13.8%
캐나다 내셔널 레일웨이	13.6%

배당 및 투자의견, 종목진단 결과

씨에스엑스의 회계 결산월은 12월이다.

2017년부터 증가해온 씨에스엑스의 배당금은 분기 단위로 지급되고, 배당수익률은 산업재 섹터 평균인 2.12%의 3분의 2 수준이다.

배당수익률(선행)	연간배당금(선행)	배당성향	배당성장	5년 배당성장률
1.22%	1.12달러	25.64%	4년	8.04%

최근 3개월간 16명의 애널리스트가 제시한 투자의견을 종합하면 매수Moderate Buy(매수 11명, 보유 4명, 매도 1명)이다. 향후 12개월간 목표주가는 최고 113달러, 최저 62달러, 평균 99.00달러이다.

초이스스탁 US의 종목진단 결과는?

2020년 12월 실적발표 기준

씨에스엑스의 투자매력 점수는 100점 만점에 62점이며 미국 상장기업 5,591개 중 1,390위로 상위 24%에 속하는 기업이다.

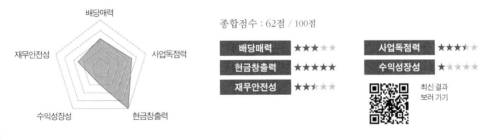

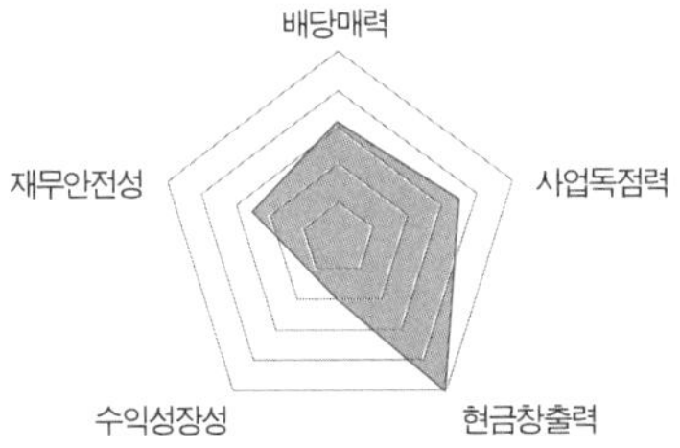

종합점수 : 62점 / 100점

항목	평가	항목	평가
배당매력	★★★☆☆	사업독점력	★★★½☆
현금창출력	★★★★★	수익성장성	★☆☆☆☆
재무안전성	★★½☆☆		

최신 결과 보러 가기

투자매력 세부 5개 항목 중 현금창출력 부문에서 5점 만점을 받았다. 2020년 12월 연환산(최근 4분기 합산) 영업활동 현금흐름 42억 달러, 잉여현금흐름 26억 달러를 창출했고 현금성 자산도 31억을 보유한 점 등이 반영됐다.

수익성장성 점수는 1.2점으로 매우 낮은 평가를 받아 성장 정체가 리스크로 평가된다. 2020년 12월 연환산 매출액이 105억 달러로 전년 동기 119억 달러 대비 11% 줄었고, 순이익은 27억 달러로 전년 동기 33억 달러 대비 18% 감소했다. 2018년부터 3년 연속 매출액이 감소하고 있다.

배당매력 점수는 3점으로 평균 수준 이상의 배당을 지급하고 있다. 2020년에는 주당배당금 1.04달러를 지급해 시가배당률 1.1%를 기록했다. 최근 5년간 시가배당률은 1.1~2.0% 수준이다. 재무안전성 점수는 2.5점으로 평균 수준으로 평가됐다. 부채비율 204%, 유동비율 220%, 이자보상배수 6배 등이 반영됐다. 매출액 대비 금융비용(이자비용) 비율이 7%로 동종업계 4.2% 대비 높은 점은 유의해야 할 대목이다.

POINT ▶ 유가 상승에 힘입어 꾸준한 주가 회복세, 엑슨 모빌과의 합병은 없던 일로

쉐브론

CVX NYSE | Chevron Corporation

C

처음 매매하는 경우

매매 예정 시점
실적 확인 후 ☐ 이슈 확인 후 ☐
매매 결정 이유
변동성 확대(단기) ☐ 실적 우수(장기) ☐
매수 목표 가격 $
손익 목표 가격 $ (+ %)
손절 목표 가격 $ (- %)
보유 예정 기간
3개월 미만(단기) ☐ 1년 이상(장기) ☐

보유 중인 경우

매매 구분 매수 ☐ 매도 ☐
매매 일자 20 . . .
매매 금액 가격 $ 수량 주
수익 현황 수익금액 $ 수익률 %

투자 아이디어

쉐브론**CVX**은 엑슨모빌에 이은 미국 2위의 글로벌 석유화학 회사다. 석유 및 천연가스의 탐사 및 개발 부문을 뜻하는 업스트림과 정제, 가공, 판매 부문을 뜻하는 다운스트림을 아우르며 전 세계 180개 국가에서 사업을 영위하고 있다. 1879년 설립 이후 현재까지 지속적인 인수합병을 통한 수직계열화로 규모의 경제를 실현해왔으며, 1984년에 지금의 회사명으로 변경했다.

쉐브론은 최근까지 대규모 천연가스 개발 프로젝트를 마무리하고, 포트폴리오 강화 차원에서 2019년 4월에 셰일오일 생산업체인 애너다코 페트롤리엄 인수에 나섰다가 옥시덴탈 페트롤리엄이 보다 높은 인수가를 제시하면서 인수를 포기한 바 있다. 2020년 4분기에는 워런 버핏이 쉐브론의 주식 4,849만 주를 사들여 화제가 되기도 했다.

1970년 뉴욕증권거래소에 상장했으며, 다우와 S&P 500에 포함돼 있다.

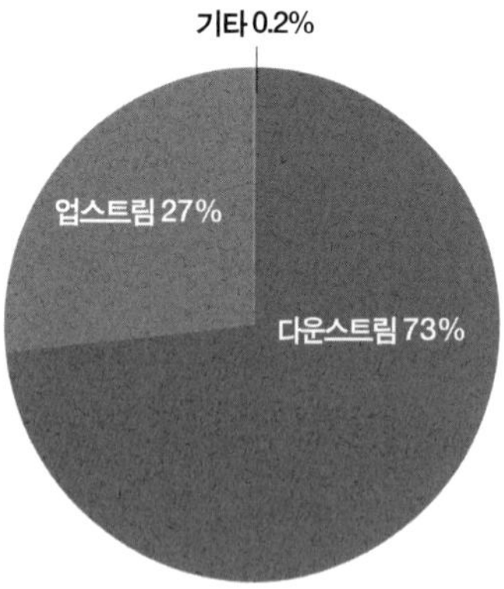

사업부문별 매출 비중

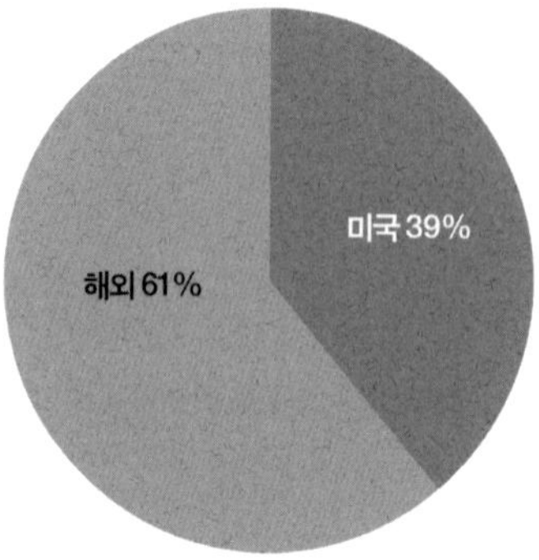

사업지역별 매출 비중

최신 정보 보러 가기 ●

주요 지표 및 주가 | 최신 뉴스 한 번에 보기 | 퀀트 분석 : 종목진단 | 컨센서스 및 투자의견

최근 3년 수익률
-23.8%

최근 5년간 주요 투자지표 ① 손익계산서 12월 결산 기준 / (단위) 금액: 백만 달러, %

구분	2016. 12	2017. 12	2018. 12	2019. 12	2020. 12	전년 대비
매출액	114,472	141,722	166,339	146,516	98,093	▼ -33.0%
영업이익	-1,959	9,528	21,323	6,334	1,573	▼ -75.2%
영업이익률(%)	-1.7	6.7	12.8	4.3	1.6	▼ -2.7%P
순이익	-497	9,195	14,824	2,924	-88	적자 전환
순이익률(%)	-0.4	6.5	8.9	2.0	-0.1	▼ -2.1%P

최근 5년간 주요 투자지표 ② 가치평가 12월 결산 기준 / (단위) 금액: 배, %, 달러

구분	2016. 12	2017. 12	2018. 12	2019. 12	2020. 12
PER(배)	-447.06	25.86	14.02	77.93	-2521.05
PBR(배)	1.53	1.61	1.35	1.58	1.36
PSR(배)	1.94	1.68	1.25	1.56	1.88
ROE(%)	-0.3	6.3	9.7	1.9	-0.14
주당순이익(달러)	-0.27	4.85	7.74	1.54	-0.04
주당배당금(달러)	4.29	4.32	4.48	4.76	5.16

최근 5년간 주가 추이

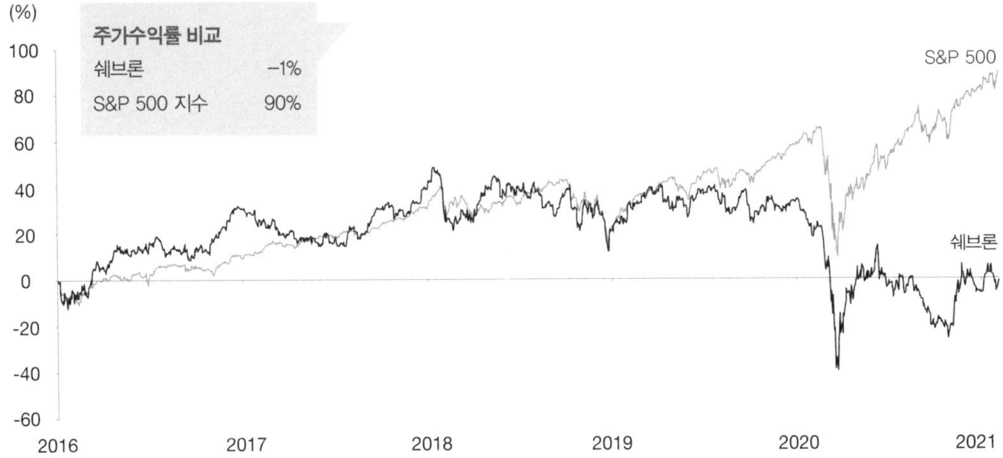

주요 경쟁업체 현황

쉐브론의 주요 경쟁사로는 엑슨 모빌**XOM**, 토탈**TOT**이 있다.

엑슨 모빌Exxon Mobil Corporation은 미국의 종합 에너지 회사이자 세계적인 석유 기업이다. 1870년 록펠러가 설립한 스탠더드 오일이 그 뿌리로, 업스트림과 다운스트림, 석탄 및 광산업, 화학 제품의 생산·판매를 영위하고 있다. 2020년 쉐브론에 에너지 시총 1위 자리를 내주었다.

토탈TOTAL SE은 프랑스에 본사를 둔 종합 에너지 회사이다. 원유와 천연가스 외에 신재생 에너지 사업부문도 영위하고 있다. 민간 소유기업 중 6번째로 큰 슈퍼 메이저 중 하나다.

최근 4분기 경쟁사 실적 비교 2020년 4분기 기준 / (단위) 백만 달러, %, 달러

구분	쉐브론	엑슨 모빌	토탈
매출	98,093	202,135	176,249
영업이익	1,573	5,190	15,065
순이익	-88	3,320	11,267
영업이익률	1.6	2.57	8.55
순이익률	-0.1	1.64	6.39
주당순이익(EPS)	-0.04	0.78	4.17
주가수익배수(PER)	-2521.05	43.72	12.96
주가순자산배수(PBR)	1.36	0.82	1.25

쉐브론의 본사는 미국 캘리포니아 샌라몬에 위치하며, 상근 직원 수는 4만 4,679명이다.
엑슨 모빌의 본사는 미국 텍사스에 위치하며, 상근 직원 수는 7만 2천여 명이다.
토탈의 본사는 프랑스 파리에 위치하며, 상근 직원 수는 10만 명가량이다. (2021년 2월 현재)

최근 12개월간 주가 수익률 비교 2021년 2월 기준 / (단위) %

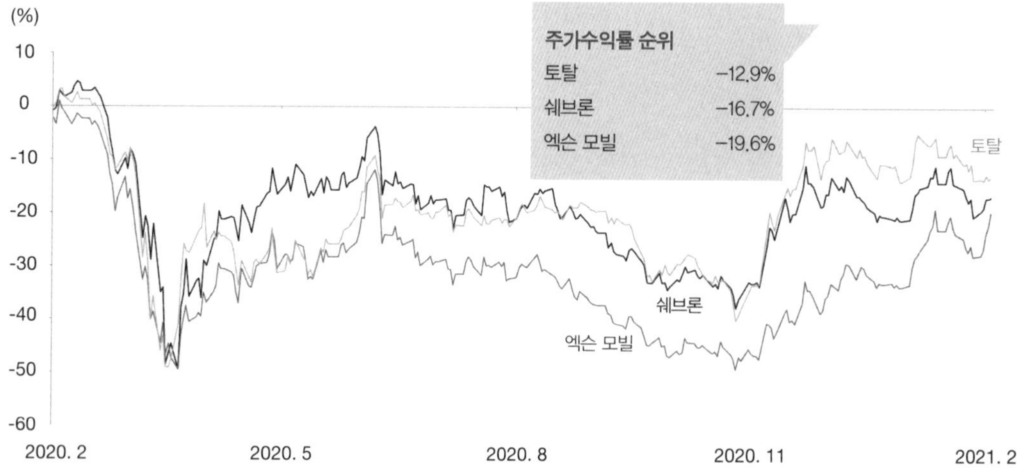

배당 및 투자의견, 종목진단 결과

쉐브론의 회계 결산월은 12월이다.

2016년부터 증가해온 쉐브론의 배당금은 분기 단위로 지급되고, 배당수익률은 에너지 섹터 평균인 4.61%보다 높은 수준이다.

배당수익률(선행)	연간배당금(선행)	배당성향	배당성장	5년 배당성장률
5.16%	5.16달러	144.33%	5년	3.81%

최근 3개월간 14명의 애널리스트가 제시한 투자의견을 종합하면 매수Moderate Buy(매수 10명, 보유 4명, 매도 0명)이다. 향후 12개월간 목표주가는 최고 115달러, 최저 90달러, 평균 106.69달러이다.

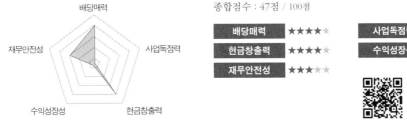

초이스스탁 US의 종목진단 결과는?

2020년 9월 실적발표 기준

쉐브론의 투자매력 점수는 100점 만점에 47점이며 미국 상장기업 5,591개 중 2,263위로 상위 40%에 속하는 기업이다.

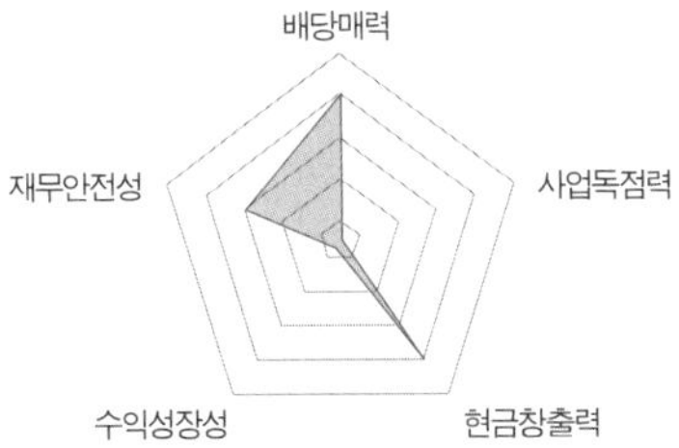

종합점수 : 47점 / 100점

배당매력	★★★★☆	사업독점력	☆☆☆☆☆
현금창출력	★★★★☆	수익성장성	★☆☆☆☆
재무안전성	★★★☆☆		

최신 결과 보러 가기

쉐브론의 매출액과 이익에 직접적인 영향을 미치는 것은 유가이다. 코로나 19로 인한 세계경기 침체로 서부텍사스산(WTI) 유가는 코로나 이전에 배럴당 60달러에 거래됐으나, 20달러까지 하락하며 2020년 9월 연환산(최근 4분기 합산) 매출액이 1,057억 달러로 전년 동기 1,525억 달러 대비 30% 급락했고 이익도 적자로 전환했다. 매출액 감소에도 불구하고 재무안전성 점수는 3점으로 평균 이상의 안전성을 갖추고 있어 경기 불황에도 사업을 유지할 수 있는 힘이 되고 있다. 또한 이익 감소에도 불구하고 꾸준한 배당 지급으로 배당매력 점수는 4점으로, 시가배당률은 최근 5년간 3.5~4.8%를 기록했다.

2021년에는 유가 회복에 따른 실적 턴 어라운드가 기대된다. 2021년 하반기에는 분기 흑자 전환이 가능할 것으로 증권업계에서는 예상하고 있다.

POINT ▶ 출장 여행 수요의 빠른 회복으로 업종 내 주가 차별화 가시화 예상

델타 에어라인스

DAL NYSE | Delta Air Lines, Inc.

처음 매매하는 경우		보유 중인 경우	
매매 예정 시점	실적 확인 후 ☐ 이슈 확인 후 ☐	**매매 구분**	매수 ☐ 매도 ☐
매매 결정 이유	변동성 확대(단기) ☐ 실적 우수(장기) ☐	**매매 일자**	20 . . .
매수 목표 가격	$	**매매 금액**	가격 $ 수량 주
손익 목표 가격	$ (+ %)	**수익 현황**	수익금액 $ 수익률 %
손절 목표 가격	$ (- %)	**투자 아이디어**	
보유 예정 기간	3개월 미만(단기) ☐ 1년 이상(장기) ☐		

델타 에어라인스**DAL**는 세계 최대 항공사 중 하나이자, 2019년 매출 기준 세계 1위 항공사다. 1925년에 설립된 델타 에어라인스는 1924년 농약 살포를 시작으로, 1929년 여객 수송에 뛰어들었다. 이후 세계 모든 대륙으로 항공편을 운영할 정도로 성장했지만, 2005년에 파산 신청 후 2년간의 구조조정을 거쳐 2007년 5월 뉴욕증권거래소에 재상장했다. 이어 2008년 노스웨스트 에어라인스를 시작으로 크고 작은 인수합병을 통해 오늘에 이르렀다.

2019년 말 현재 미국 내 9개의 허브 공항과 1,000여 대의 항공기로 50개국 300개 이상의 도시를 연결하고 있고, 항공 동맹인 스카이팀을 통해 전 세계 143개국 982개 도시를 커버하고 있다. 코로나 19로 급격한 실적 악화를 겪었지만 백신 보급과 함께 서서히 회복될 것으로 보인다.

미국 3대 지수 중 S&P 500에 속해 있다.

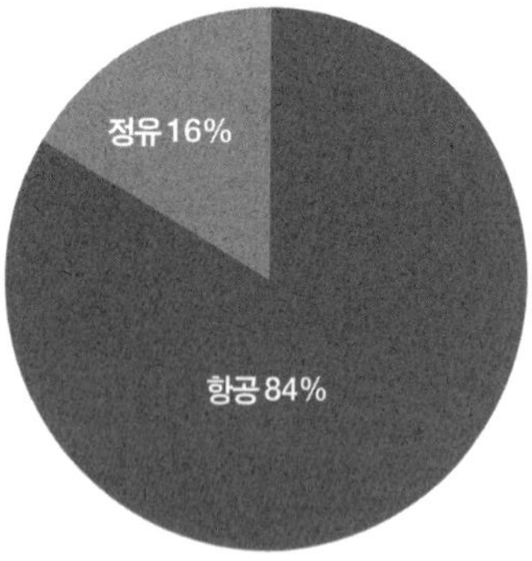

사업부문별 매출 비중

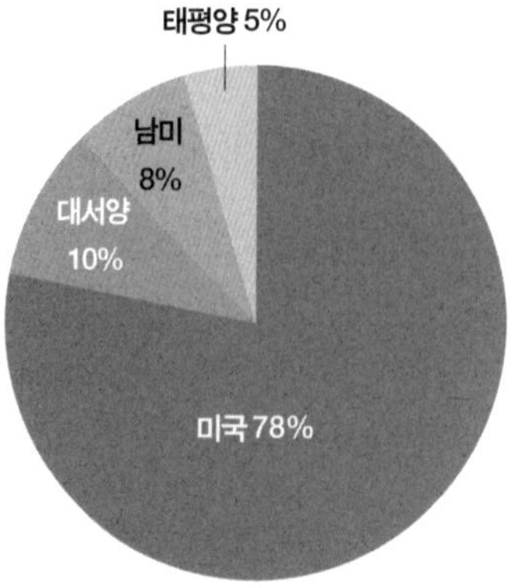

사업지역별 매출 비중

최신 정보 보러 가기 ●

주요 지표 및 주가 최신 뉴스 한 번에 보기 퀀트 분석 : 종목진단 컨센서스 및 투자의견

최근 3년 수익률
-22.5%

최근 5년간 주요 투자지표 ① 손익계산서 12월 결산 기준 / (단위) 금액: 백만 달러, %

구분	2016. 12	2017. 12	2018. 12	2019. 12	2020. 12	전년 대비
매출액	39,450	41,138	44,438	47,007	17,095	▼ -63.6%
영업이익	6,996	5,966	5,264	6,618	-12,469	적자 전환
영업이익률(%)	17.7	14.5	11.8	14.1	-72.9	▼ -87%P
순이익	4,195	3,205	3,935	4,767	-12,385	적자 전환
순이익률(%)	10.6	7.8	8.9	10.1	-72.4	▼ -82.6%P

최근 5년간 주요 투자지표 ② 가치평가 12월 결산 기준 / (단위) 금액: 배, %, 달러

구분	2016. 12	2017. 12	2018. 12	2019. 12	2020. 12
PER(배)	8.64	12.46	8.69	7.93	-2.07
PBR(배)	2.95	3.19	2.5	2.46	16.72
PSR(배)	0.92	0.97	0.77	0.81	1.5
ROE(%)	35.1	24.2	29.8	33.3	-177.6
주당순이익(달러)	5.55	4.43	5.67	7.3	-19.49
주당배당금(달러)	0.68	1.02	1.31	1.51	0.4

최근 5년간 주가 추이

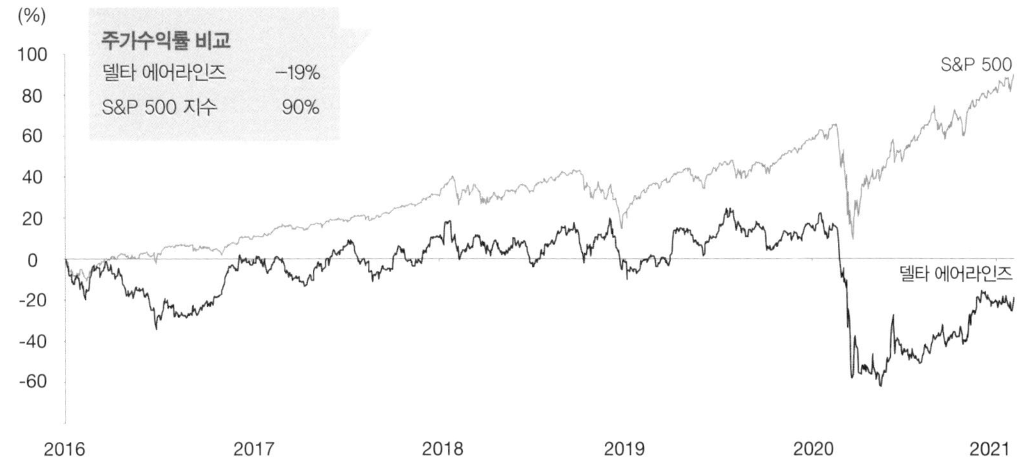

주요 경쟁업체 현황

델타 에어라인스의 주요 경쟁사로는 유나이티드 에어라인스UAL, 사우스웨스트 에어라인스LUV가 있다.

2010년 유나이티드와 콘티넨탈 에어라인스의 합병으로 탄생한 유나이티드 에어라인스United Airlines Holdings, Inc.는 유나이티드 항공, 유나이티드 익스프레스, 유나이티드 피에스 등의 자회사를 가진 미국의 항공 업체다.

사우스웨스트 에어라인스Southwest Airlines Co.는 미국의 대표적 저비용 항공사이자, 세계 3위의 항공사다. 기존에는 보잉737 기종만 운영했으나, 최근 보잉 맥스7에 대한 대안으로 에어버스도 고려하는 것으로 알려졌다.

최근 4분기 경쟁사 실적 비교 2020년 4분기 기준 / (단위) 백만 달러, %, 달러

구분	델타 에어라인스	유나이티드 에어라인스	사우스웨스트 에어라인스
매출	17,095	22,831	9,048
영업이익	-12,469	-3,363	-3,816
순이익	-12,385	-4,531	-3,074
영업이익률	-72.94	-14.73	-42.18
순이익률	-72.45	-19.85	-33.97
주당순이익(EPS)	-19.49	-16.44	-5.44
주가수익배수(PER)	-2.07	-2.23	-8.95
주가순자산배수(PBR)	16.72	1.44	3.1

델타 에어라인스의 본사는 미국 조지아 애틀랜타에 위치하며, 상근 직원 수는 7만 4천여 명이다. 유나이티드 에어라인스의 본사는 미국 일리노이 시카고에 위치하며, 상근 직원 수는 7만 4,400명이다. 사우스웨스트 에어라인스의 본사는 미국 텍사스 달라스에 위치하며, 직원 수는 5만 6,500명이다. (2021년 2월 현재)

최근 12개월간 주가 수익률 비교 2021년 2월 기준 / (단위) %

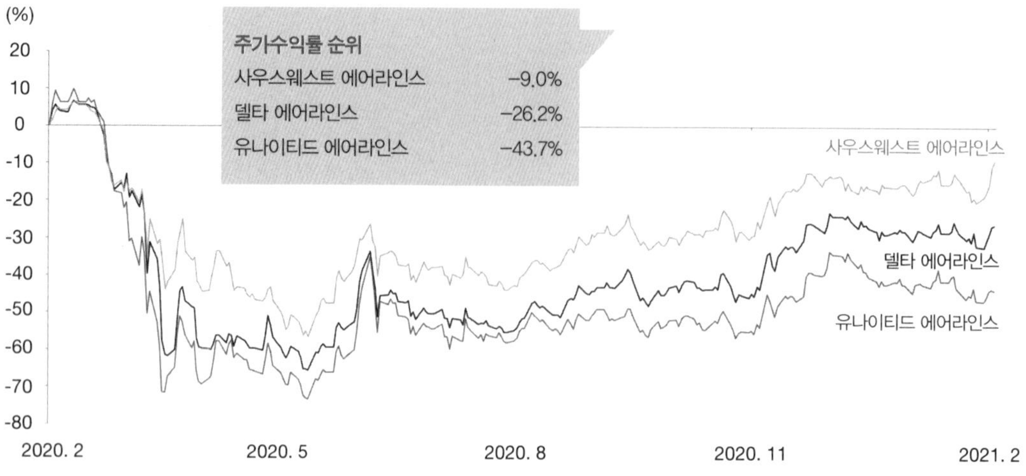

배당 및 투자의견, 종목진단 결과

델타 에어라인스의 회계 결산월은 12월이다.

코로나 19 팬데믹으로 인해 배당을 중단한 델타 에어라인스에 대하여 최근 3개월간 13명의 애널리스트가 제시한 투자의견을 종합하면 매수Moderate Buy(매수 7명, 보유 5명, 매도 1명)이다. 향후 12개월간 목표주가는 최고 58달러, 최저 42달러, 평균 49.82달러이다.

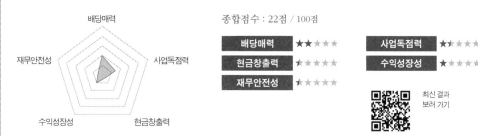

초이스스탁 US의 종목진단 결과는?

2020년 12월 실적발표 기준

델타 에어라인스의 투자매력 점수는 100점 만점에 22점이며 미국 상장기업 5,591개 중 3,765위로 상위 67%에 속하는 기업이다.

종합점수 : 22점 / 100점

배당매력	★★☆☆☆
사업독점력	★½☆☆☆
현금창출력	½☆☆☆☆
수익성장성	★☆☆☆☆
재무안전성	½☆☆☆☆

최신 결과 보러 가기

델타 에어라인스는 미국의 대표적인 대형 항공사로, 2020년에는 코로나 19로 실적과 현금흐름에 큰 타격을 입었다. 수익성장성은 5점 만점에 1점으로 매우 낮은 평가를 받았다. 2020년 12월 연환산(최근 4분기 합산) 매출액이 170억 달러로 전년 동기 451억 달러 대비 62% 급감했고, 순이익은 전년 동기 47억 흑자에서 123억 달러 적자로 전환한 점 등이 반영됐다.

실적 악화에 따라 현금창출력 점수도 0.5점으로 매우 낮았다. 2020년 12월 연환산 영업활동 현금흐름이 (-)37억 달러, 잉여현금흐름은 (-)56억 달러를 기록해 전년 동기 현금흐름이 플러스에서 마이너스로 전환됐다.

배당매력 점수는 2점을 받았고, 주당배당금은 2020년 0.4달러를 지급해 시가배당률 1%를 기록했다.

재무안전성은 부채비율 4,593%, 장기차입금 331억 달러로 전년 동기 대비 2배 이상 급증하는 등 높은 재무안전성에 경고등이 켜진만큼 유의해서 볼 필요가 있다.

다만, 코로나 19 백신 접종에 따라 2021년 하반기부터는 강력한 항공 수요가 회복될 것으로 전망된다.

POINT ▶ 파죽지세의 스트리밍 사업 + 회복세를 보일 테마파크 사업 = 금상첨화

월트 디즈니

DIS NYSE | The Walt Disney Company

처음 매매하는 경우	보유 중인 경우
매매 예정 시점 실적 확인 후 ☐ 이슈 확인 후 ☐	**매매 구분** 매수 ☐ 매도 ☐
매매 결정 이유 변동성 확대(단기) ☐ 실적 우수(장기) ☐	**매매 일자** 20 . . .
매수 목표 가격 $	**매매 금액** 가격 $ 수량 주
손익 목표 가격 $ (+ %)	**수익 현황** 수익금액 $ 수익률 %
손절 목표 가격 $ (- %)	**투자 아이디어**
보유 예정 기간 3개월 미만(단기) ☐ 1년 이상(장기) ☐	

포춘 500대 기업 중 하나인 월트 디즈니**DIS**는 명실상부 세계 최고의 미디어 콘텐츠 기업 중 하나다. 방송국을 중심으로 한 미디어 네트워크, 디즈니랜드를 운영하는 테마파크, 영화를 제작하고 배급하는 스튜디오 엔터테인먼트, 온라인 스트리밍 서비스인 '디즈니플러스Disney+' 등을 포함하는 소비자 직접판매 등 4개의 사업부문을 영위하고 있다. 1923년 디즈니 형제가 애니메이션 스튜디오를 설립한 것을 시작으로, 1955년 디즈니랜드 오픈, 1983년 디즈니 채널 개국 이후 최근까지 다수의 영화사와 방송사를 인수하며 성장을 도모해왔다. 최근에는 코로나 19 팬데믹으로 6개의 디즈니랜드가 사상 처음 모두 문을 닫았고, 신작 영화의 개봉이 줄줄이 연기되었으며, 프로 스포츠 리그의 개막 지연으로 광고 매출이 크게 감소하며 큰 어려움을 겪었다. 반면 '디즈니플러스'의 성공으로 위기를 정면 돌파하고 있다.

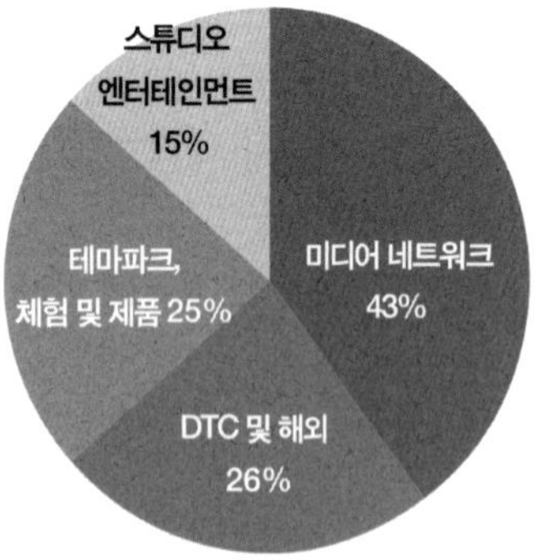

사업부문별 매출 비중

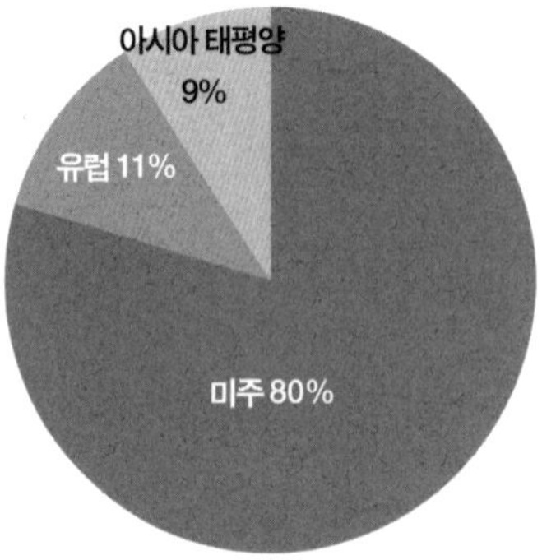

사업지역별 매출 비중

1962년 1월 뉴욕증권거래소에 상장했으며, 다우와 S&P 500에 속해 있다.

최신 정보 보러 가기 ●

주요 지표 및 주가 | 최신 뉴스 한 번에 보기 | 퀀트 분석 : 종목진단 | 컨센서스 및 투자의견

최근 3년 수익률 70.6%

최근 5년간 주요 투자지표 ① 손익계산서 9월 결산 기준 / (단위) 금액: 백만 달러, %

구분	2016. 9	2017. 9	2018. 9	2019. 9	2020. 9	전년 대비
매출액	55,632	55,137	59,434	69,607	65,388	▼ -6.1%
영업이익	14,202	13,775	14,804	10,647	-1,941	적자 전환
영업이익률(%)	25.5	25.0	24.9	15.3	-3.0	▼ -18.3%P
순이익	9,391	8,980	12,598	11,054	-2,864	적자 전환
순이익률(%)	16.9	16.3	21.2	15.9	-4.4	▼ -20.3%P

최근 5년간 주요 투자지표 ② 가치평가 9월 결산 기준 / (단위) 금액: 배, %, 달러

구분	2016. 9	2017. 9	2018. 9	2019. 9	2020. 9
PER(배)	15.89	16.94	13.81	21.18	-77.32
PBR(배)	3.45	3.68	3.57	2.63	2.65
PSR(배)	2.68	2.76	2.93	3.36	3.39
ROE(%)	21.4	21	27.5	13.8	-3.3
주당순이익(달러)	5.73	5.69	8.36	6.64	-1.59
주당배당금(달러)	1.42	1.56	1.68	1.76	0.88

최근 5년간 주가 추이

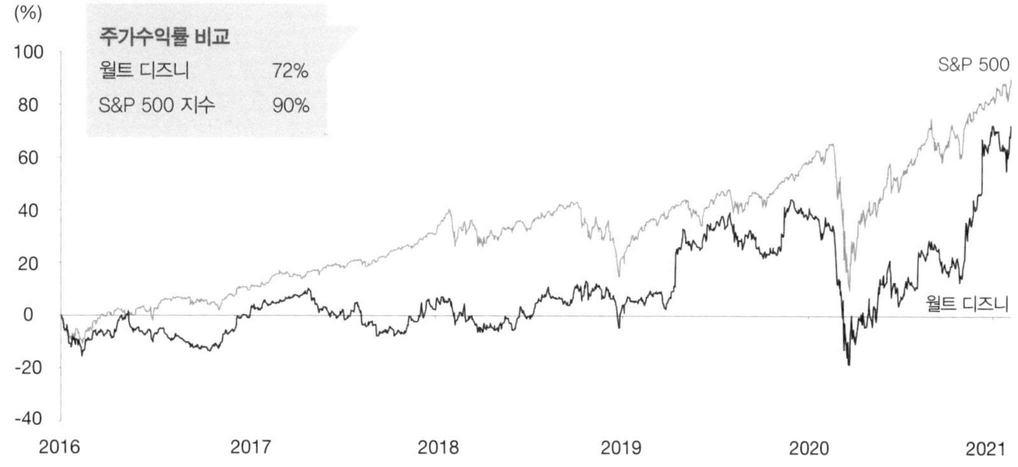

주요 경쟁업체 현황

월트 디즈니의 주요 경쟁사로는 넷플릭스**NFLX**, 로쿠**ROKU**가 있다.

넷플릭스NFLX는 TV쇼, 영화, 드라마 등을 TV·컴퓨터 및 모바일을 통해 무제한으로 즉시 시청할 수 있는 OTTOver The Top 서비스 기업이다. 코로나 19로 극장이 아닌 넷플릭스를 통한 개봉이 늘어나며 2020년 4분기 기준 유료 가입자 수가 2억 명을 돌파했다.

로쿠Roku, Inc.는 넷플릭스 이후 OTT 서비스를 선도하는 미국의 TV 스트리밍 플랫폼 기업으로, 2002년에 설립됐으며 넷플릭스를 포함한 유·무료 콘텐츠와 채널 그리고 앱을 한 곳에서 스트리밍할 수 있게 하는 에그리게이터aggregator 역할을 수행한다.

최근 4분기 경쟁사 실적 비교 2020년 3분기 기준 / (단위) 백만 달러, %, 달러

구분	월트 디즈니	넷플릭스	로쿠
매출	65,388	24,996	1,540
영업이익	-1,941	4,585	-103
순이익	-2,864	2,761	-101
영업이익률	-2.97	18.34	-6.69
순이익률	-4.38	11.05	-6.56
주당순이익(EPS)	-1.59	6.08	-0.84
주가수익배수(PER)	-77.32	86.51	-234.21
주가순자산배수(PBR)	2.65	21.59	19.36

월트 디즈니의 본사는 미국 캘리포니아에 위치하며, 상근 직원 수는 17만 5천여 명에 달한다.
넷플릭스의 본사는 미국 캘리포니아에 위치하며, 상근 직원 수는 9,400여 명이다.
로쿠의 본사는 미국 캘리포니아에 위치하며, 상근 직원 수는 1,925명이다. (2021년 2월 현재)

최근 12개월간 주가 수익률 비교 2021년 2월 기준 / (단위) %

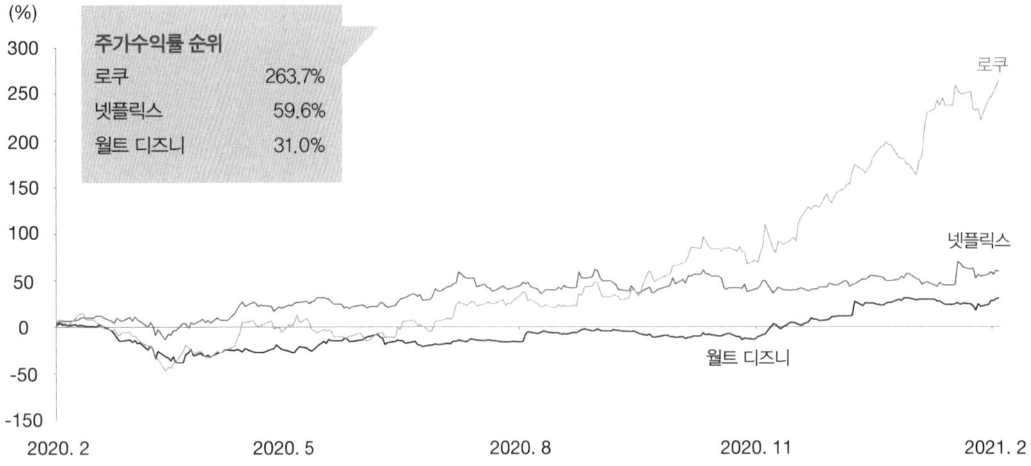

배당 및 투자의견, 종목진단 결과

월트 디즈니의 회계 결산월은 9월이다.

코로나 19 팬데믹으로 인해 배당을 중단한 월트 디즈니에 대하여 최근 3개월간 24명의 애널리스트가 제시한 투자의견을 종합하면 강력매수Strong Buy(매수 19명, 보유 5명, 매도 0명)이다. 향후 12개월간 목표주가는 최고 230달러, 최저 124달러, 평균 206.59달러이다.

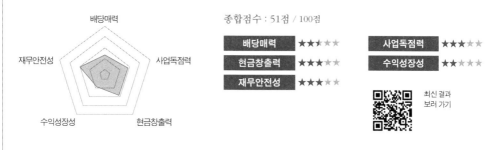

초이스스탁 US의 종목진단 결과는?

2021년 1월 실적발표 기준

월트 디즈니의 투자매력 점수는 100점 만점에 51점이며 미국 상장기업 5,591개 중 2,046위로 상위 36%에 속하는 기업이다.

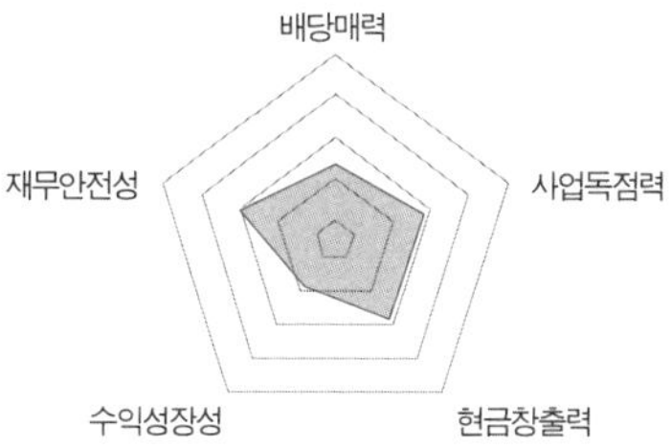

종합점수 : 51점 / 100점

배당매력	★★½☆☆	사업독점력	★★★☆☆
현금창출력	★★★☆☆	수익성장성	★★☆☆☆
재무안전성	★★★☆☆		

최신 결과 보러 가기

투자매력 세부 5개 항목 분석 중 각 항목별 5점 만점에 2~3점을 받았다. 2020년 코로나 19 확산으로 디즈니의 테마파크가 폐장, 축소 운영하는 등 매출 감소로 수익성장성 점수가 낮아졌다. 2021년 1월 연환산(최근 4분기 합산) 매출액은 607억 달러로 전년 동기 751억 달러 대비 19.1% 감소했다.

그러나 동영상 스트리밍 서비스인 디즈니 플러스의 가입자 수는 큰 폭으로 늘었다. 2021년 1월 기준 유료 가입자 수는 9,490만 명으로, 기존 2024년 가입자 수 목표를 3년 앞당겨 달성했다. 2021년에는 테마파크도 개장할 예정이라고 밝혀, 매출액 회복은 물론 디즈니플러스 가입자 수 증가에 따른 매출 성장과 이익률 개선이 이뤄질 것으로 판단된다.

배당매력 점수가 5점 만점에 2.5점으로 배당주로서 매력은 보통 수준이며, 최근 5년간 시가배당률은 0.7~1.6% 수준이다.

POINT ▶ 경기 회복세와 최저임금 인상으로 가장 큰 타격을 입을 가능성

달러 트리

DLTR Nasdaq | Dollar Tree, Inc.

처음 매매하는 경우	보유 중인 경우
매매 예정 시점 실적 확인 후 ☐ 이슈 확인 후 ☐	**매매 구분** 매수 ☐ 매도 ☐
매매 결정 이유 변동성 확대(단기) ☐ 실적 우수(장기) ☐	**매매 일자** 20 . . .
매수 목표 가격 $	**매매 금액** 가격 $ 수량 주
손익 목표 가격 $ (+ %)	**수익 현황** 수익금액 $ 수익률 %
손절 목표 가격 $ (- %)	**투자 아이디어**
보유 예정 기간 3개월 미만(단기) ☐ 1년 이상(장기) ☐	

달러 트리**DLTR**는 달러 스토어dollar-store, 다시 말해 할인 잡화점 체인을 운영하는 기업이다. 쉽게 말하자면 '천 원 샵'이라고 할 수 있다.

1986년 매콘브록 주니어가 설립했고, 현재 미국과 캐나다 등 북미 지역에서 1만 5천 개가 넘는 점포를 운영하고 있다. 달러 트리는 달러 제너럴**DG**, 패밀리 달러Family Dollar와 함께 미국의 3대 할인 잡화점 중 하나다. 달러 트리가 지난 2015년 패밀리 달러를 인수했으니 실질적으로는 달러 트리와 달러 제너럴이 달러 스토어 시장을 양분하고 있다고 봐도 무방할 듯하다. 2008년 글로벌 금융위기를 겪으며 월마트 등 대형마트에도 입점한 상태로, 알뜰 구매족과 1인 가구의 급증에 따라 매장 수와 매출이 지속적으로 증가하고 있다. 반면 패밀리 달러의 수익성이 부진해 폐점률은 여전한 상황이다.

1995년 뉴욕증권거래소에 상장했으며, 미국 3대 지수 중 나스닥 100과 S&P 500에 속해 있다.

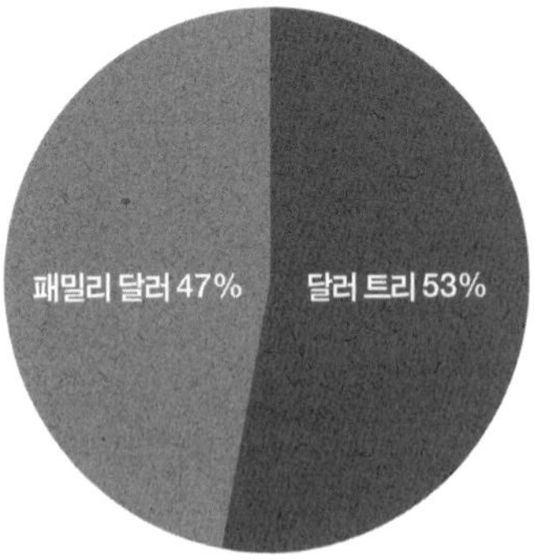

사업부문별 매출 비중

사업지역별 매출 비중

최신 정보 보러 가기 ●

주요 지표 및 주가 | 최신 뉴스 한 번에 보기 | 퀀트 분석 : 종목진단 | 컨센서스 및 투자의견

최근 3년 수익률 -2.0%

최근 5년간 주요 투자지표 ① 손익계산서 1월 결산 기준 / (단위) 금액: 백만 달러, %

구분	2016. 1	2017. 1	2018. 1	2019. 1	2020. 1	전년 대비
매출액	15,498	20,719	22,246	22,823	23,611	▲ 3.5%
영업이익	1,050	1,705	1,999	-940	1,262	흑자 전환
영업이익률(%)	6.8	8.2	9.0	-4.1	5.3	▲ 9.5%P
순이익	282	896	1,714	-1,591	827	흑자 전환
순이익률(%)	1.8	4.3	7.7	-7.0	3.5	▲ 10.5%P

최근 5년간 주요 투자지표 ② 가치평가 1월 결산 기준 / (단위) 금액: 배, %, 달러

구분	2016. 1	2017. 1	2018. 1	2019. 1	2020. 1
PER(배)	67.61	19.51	15.05	-14.46	24.92
PBR(배)	4.33	3.24	3.59	4.08	3.29
PSR(배)	1.23	0.84	1.16	1.01	0.87
ROE(%)	7.8	18	27.7	-22.3	13.8
주당순이익(달러)	1.26	3.78	7.21	-6.69	3.47
주당배당금(달러)	0	0	0	0	0

최근 5년간 주가 추이

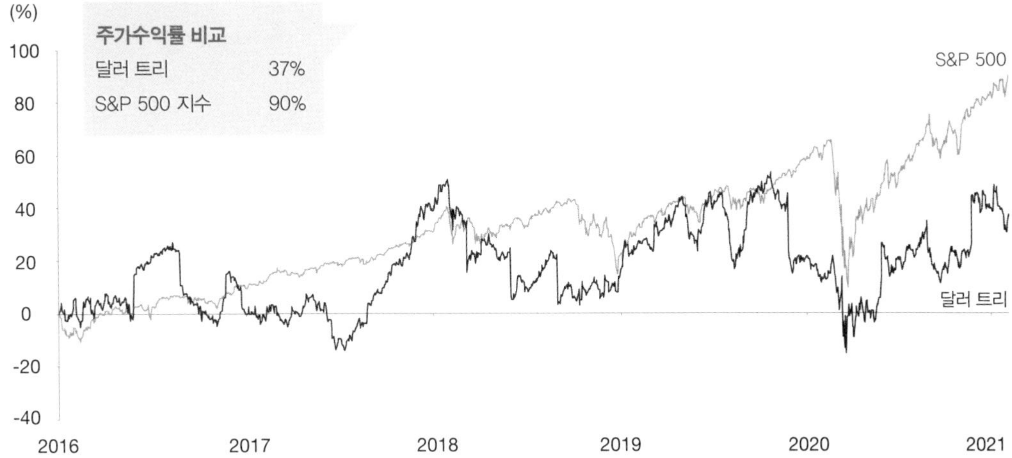

주요 경쟁업체 현황

달러 트리의 주요 경쟁사로는 달러 제너럴**DG**, 빅 랏츠**BIG**가 있다.

달러 제너럴Dollar General Corporation은 1939년에 설립됐으며 1달러 내외의 물건을 판매하는 초저가 소매 기업 중 1위를 차지하고 있다. 미국 전역에 1만 6천여 개가 넘는 매장을 보유하고 있으며 온라인 사업도 운영하고 있다. 코로나 19 팬데믹 상황에서 수익성이 개선돼 성장세를 보이고 있다.

빅 랏츠Big Lots, Inc.는 1967년에 설립된 미국의 할인 판매 체인 기업으로 현재 1,400개 이상의 매장을 운영하고 있다. 온라인에서 구매하고 오프라인 매장에서 픽업하는 BOPISbuy online,pickup-in-store 구조를 취한다.

최근 4분기 경쟁사 실적 비교 2020년 3분기 기준 / (단위) 백만 달러, %, 달러

구분	달러 트리	달러 제너럴	빅 랏츠
매출	25,057	32,490	6,068
영업이익	1,456	3,403	851
순이익	962	2,548	625
영업이익률	5.81	10.47	14.02
순이익률	3.84	7.84	10.30
주당순이익(EPS)	4.05	10.09	15.7
주가수익배수(PER)	22.28	20.4	2.99
주가순자산배수(PBR)	3.08	7.44	1.49

달러 트리의 본사는 미국 버지니아 체서피크에 위치하며, 상근 직원 수는 5만 6,900명이다.
달러 제너럴의 본사는 미국 테네시에 위치하며, 상근 직원 수는 14만 3천여 명이다.
빅 랏츠의 본사는 미국 오하이오 콜롬비아에 위치하며, 상근 직원 수는 1만 500명이다.
(2021년 2월 현재)

최근 12개월간 주가 수익률 비교 2021년 2월 기준 / (단위) %

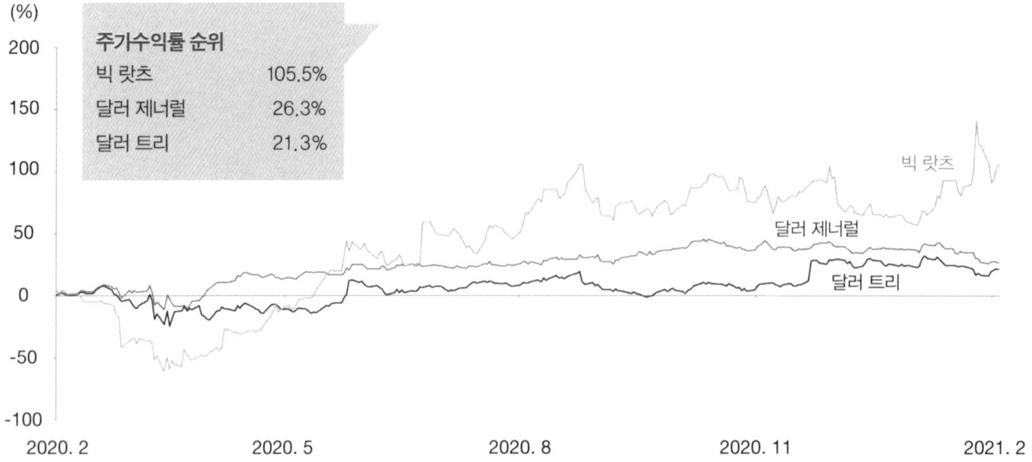

배당 및 투자의견, 종목진단 결과

달러 트리의 회계 결산월은 1월이다.

배당이 없는 달러 트리에 대하여 최근 3개월간 4명의 애널리스트가 제시한 투자의견을 종합하면 매수Moderate Buy(매수 3명, 보유 0명, 매도 1명)이다. 향후 12개월간 목표주가는 최고 134달러, 최저 95달러, 평균 122.00달러이다.

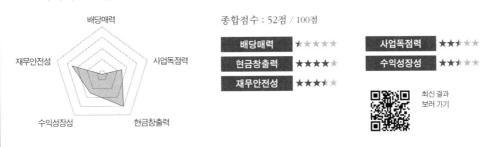

🔍 초이스스탁 US의 종목진단 결과는?

2020년 10월 실적발표 기준

달러 트리의 투자매력 점수는 100점 만점에 52점이며 미국 상장기업 5,591개 중 1,991위로 상위 35%에 속하는 기업이다.

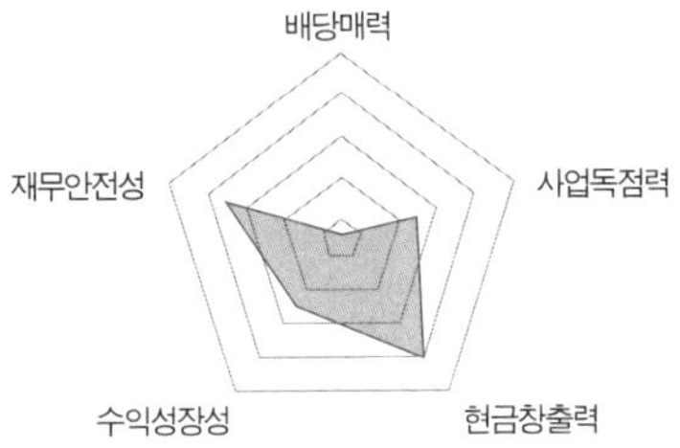

종합점수 : 52점 / 100점

배당매력	★☆☆☆☆	사업독점력	★★☆☆☆
현금창출력	★★★★☆	수익성장성	★★☆☆☆
재무안전성	★★★☆☆		

최신 결과 보러 가기

투자매력 세부 5개 항목 중 현금창출력 부문에서 4점을 받았다. 2020년 10월 연환산(최근 4분기 합산) 영업활동 현금흐름이 25억 달러로 전년 동기 17억 달러 대비 47% 늘었고, 잉여현금흐름이 16억 달러로 전년 동기 7억 4,700만 달러 대비 14% 성장한 점 등이 반영됐다.

재무안전성은 5점 만점에 3.5점으로 우수한 것으로 평가된다. 부채비율 197%, 유동비율 128%, 이자보상배수 10배 등이 반영된 결과다.

수익성장성은 2.5점으로 보통 수준이다. 2020년 10월 연환산 매출액이 250억 달러로 전년 동기 235억 달러 대비 6.3% 늘었고, 순이익은 전년 동기 16억 달러 적자에서 9억 6,200만 달러 흑자로 전환했다. 자기자본이익률(ROE)이 14%로 높지 않은 점 등이 성장성에 반영됐다.

배당은 지급하지 않아 배당 투자 대상으로는 현재 적합하지 않다.

POINT ▶ 글로벌 전자서명 1위 회사의 실적 서프라이즈는 이어진다!

다큐사인

DOCU Nasdaq | DocuSign, Inc.

처음 매매하는 경우

매매 예정 시점
실적 확인 후 ☐ 이슈 확인 후 ☐
매매 결정 이유
변동성 확대(단기) ☐ 실적 우수(장기) ☐
매수 목표 가격 $
손익 목표 가격 $ (+ %)
손절 목표 가격 $ (- %)
보유 예정 기간
3개월 미만(단기) ☐ 1년 이상(장기) ☐

보유 중인 경우

매매 구분 매수 ☐ 매도 ☐
매매 일자 20 . . .
매매 금액 가격 $ 수량 주
수익 현황 수익금액 $ 수익률 %

투자 아이디어

포춘 500대 기업 중 300개 이상을 고객으로 확보하고 있는 다큐사인**DOCU**은 미국 전자서명 시장 점유율 1위 기업으로, B2B와 B2C를 대상으로 클라우드 기반의 전자서명 서비스를 구독 형태로 제공한다. 2003년 설립, 2005년 문서용 전자서명을 시작으로 2010년 아이폰과 아이패드용 전자서명 서비스를 지원하기 시작했다. 2012년 페이팔과의 제휴를 통해 결제와 서명을 한번에 처리하는 서비스를 출시한 이래 세일즈포스닷컴, 구글 등과도 제휴를 체결해 업계 선도자로 자리매김했다. 2013년에는 개인신용정보 서비스 회사인 에퀴팩스와 제휴해 종합소득세와 환급신청에 대한 전자서명 대행을 시작했다. 2019년 현재 미국 전자서명 시장의 70% 가까이 차지하고 있는 것으로 분석된다.

2018년 4월 나스닥에 상장했으며, 2020년 6월 12일 유나이티드 에어라인스**UAL**를 대신해 나스닥 100 지수에 편입됐다.

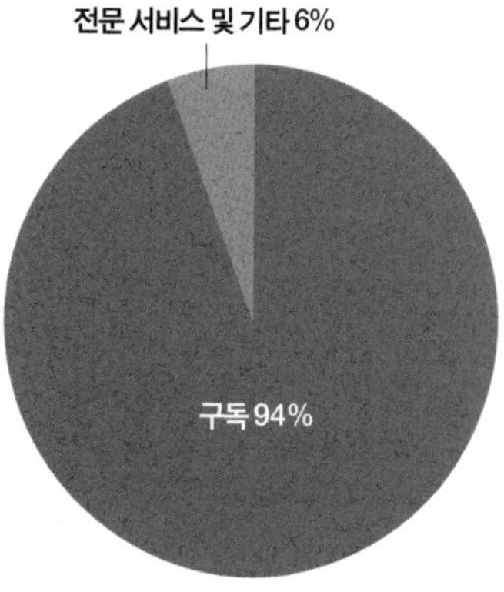

사업부문별 매출 비중

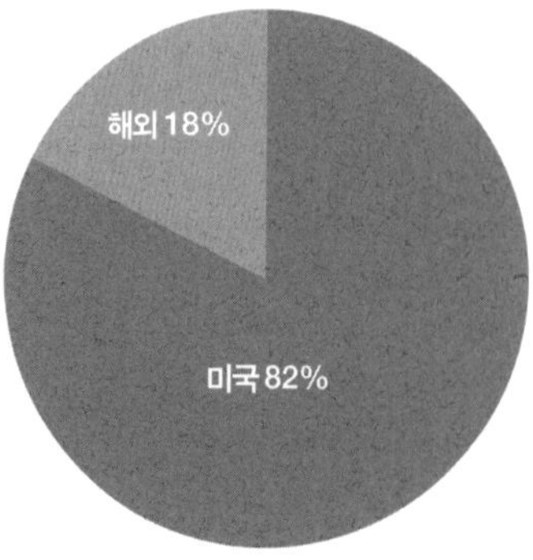

사업지역별 매출 비중

최신 정보 보러 가기 ●

주요 지표 및 주가 | 최신 뉴스 한 번에 보기 | 퀀트 분석 : 종목진단 | 컨센서스 및 투자의견

최근 2년 수익률 377.3%

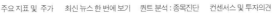

최근 5년간 주요 투자지표 ① 손익계산서 1월 결산 기준 / (단위) 금액: 백만 달러, %

구분	2016. 1	2017. 1	2018. 1	2019. 1	2020. 1	전년 대비
매출액	250	381	519	701	974	▲ 38.9%
영업이익	-119	-116	-52	-426	-194	적자 지속
영업이익률(%)	-47.6	-30.4	-10.0	-60.8	-19.9	▲ 40.9%P
순이익	-123	-115	-52	-426	-208	적자 지속
순이익률(%)	-49.2	-30.2	-10.0	-60.8	-21.4	▲ 39.4%P

최근 5년간 주요 투자지표 ② 가치평가 1월 결산 기준 / (단위) 금액: 배, %, 달러

구분	2016. 1	2017. 1	2018. 1	2019. 1	2020. 1
PER(배)	0.00	0	0	-19.16	-67.62
PBR(배)	N/A	N/A	N/A	13.3	25.79
PSR(배)	0	0	0	11.66	14.47
ROE(%)	N/A	N/A	N/A	-93	-36.6
주당순이익(달러)	-4.76	-4.17	-1.66	-3.16	-1.18
주당배당금(달러)	0	0	0	0	0

최근 3년간 주가 추이 *2018년 4월 상장

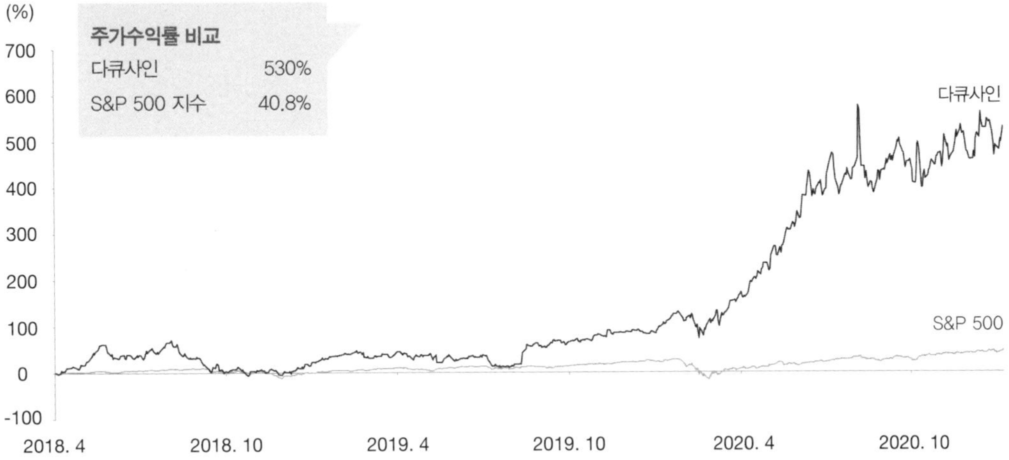

주요 경쟁업체 현황

다큐사인의 주요 경쟁사로는 어도비**ADBE**, 시놉시스**SNPS**가 있다.

어도비Adobe Inc.는 디지털 미디어와 문서 작성 소프트웨어에 특화된 기업이다. 모든 소프트웨어를 구독 기반 클라우드 서비스로 전환하며 성장을 지속하고 있다. 1982년 설립돼 1986년 나스닥에 상장했다.

시놉시스Synopsys, Inc.는 반도체 전자설계 자동화 시장 1위를 차지하고 있는 회사로, 1986년 설립됐으며 2008년 나스닥에 상장했다.

최근 4분기 경쟁사 실적 비교 2020년 3분기 기준 / (단위) 백만 달러, %, 달러

구분	다큐사인	어도비	시놉시스
매출	1,297	12,868	3,685
영업이익	-191	4,237	620
순이익	-218	5,260	664
영업이익률	-14.73	32.93	16.83
순이익률	-16.81	40.88	18.02
주당순이익(EPS)	-1.18	10.83	4.27
주가수익배수(PER)	-171.58	43.51	48.85
주가순자산배수(PBR)	87.9	17.25	6.61

다큐사인의 본사는 미국 캘리포니아 샌프란시스코에 위치하며, 상근 직원 수는 3,909명이다.
어도비의 본사는 미국 캘리포니아 산호세에 위치하며, 상근 직원 수는 2만 2,516명이다.
시놉시스의 본사는 미국 캘리포니아 마운틴뷰에 위치하며, 상근 직원 수는 1만 5,036명이다.
(2021년 2월 현재)

최근 12개월간 주가 수익률 비교 2021년 2월 기준 / (단위) %

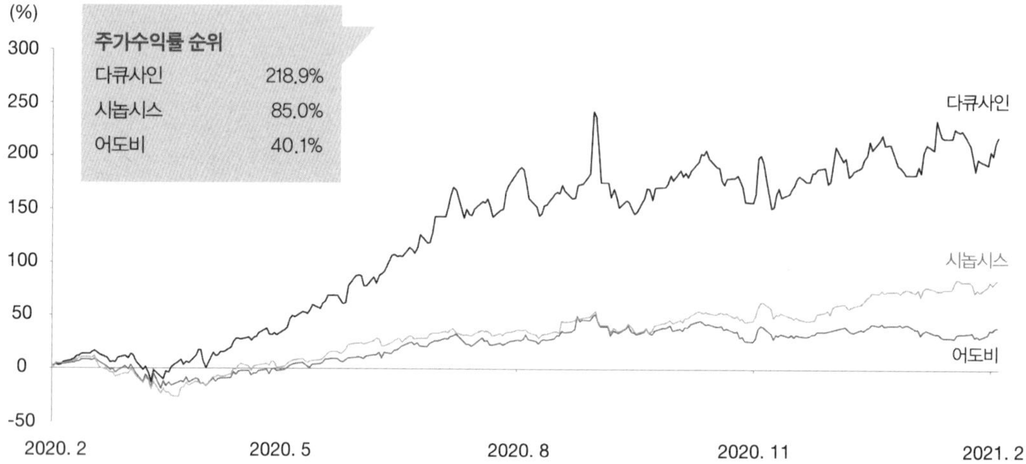

배당 및 투자의견, 종목진단 결과

다큐사인의 회계 결산월은 1월이다.

배당이 없는 다큐사인에 대하여 최근 3개월간 13명의 애널리스트가 제시한 투자의견을 종합하면 강력매수Strong Buy(매수 10명, 보유 3명, 매도 0명)이다. 향후 12개월간 목표주가는 최고 325달러, 최저 230달러, 평균 279.54달러이다.

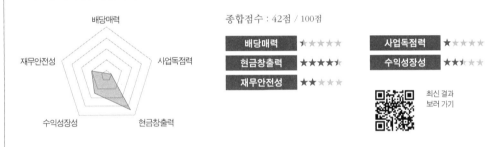

🔍 초이스스탁 US의 종목진단 결과는?

2020년 10월 실적발표 기준

다큐사인의 투자매력 점수는 100점 만점에 42점이며 미국 상장기업 5,591개 중 2,530위로 상위 45%에 속하는 기업이다.

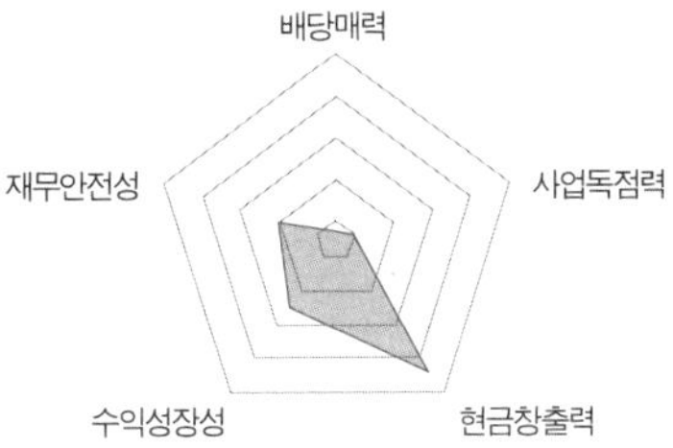

종합점수 : 42점 / 100점

배당매력	★☆☆☆☆	사업독점력	★☆☆☆☆
현금창출력	★★★★☆	수익성장성	★★☆☆☆
재무안전성	★★☆☆☆		

최신 결과
보러 가기

투자매력 세부 5개 항목 중 현금창출력 점수가 5점 만점에 4.5점을 받아 가장 높은 평가를 받았다. 2020년 10월 연환산(최근 4분기 합산) 영업활동 현금흐름이 2억 8,000만 달러, 잉여현금흐름이 1억 8,600만 달러인 점이 반영됐다. 현금흐름의 흑자에도 불구하고 손익계산서의 영업이익과 순이익은 적자를 기록해 수익성장성 부문에서 5점 만점에 2.5점을 받았다. 2020년 10월 연환산 매출액은 12억 9,700만 달러로 전년 동기 8억 9,900만 달러 대비 44% 급증했고, 순이익은 2억 1,800만 달러 적자로 전년 동기 2억 2,700만 달러 대비 소폭 줄었다.

재무안전성 점수는 2점을 받아 낮은 평가를 받았지만, 현금성 자산과 투자자산을 합쳐 6억 달러를 보유하고 있어 단기적인 재무위험성은 높지 않다.

배당은 지급하지 않아 배당 투자 대상으로는 현재 적합하지 않다.

POINT ▶ 회사 분할 후 부진한 실적, 경기 회복에 따른 화학제품 상승으로 개선될 것

다우

DOW NYSE | Dow Inc.

D

처음 매매하는 경우

매매 예정 시점
실적 확인 후 ☐ 이슈 확인 후 ☐

매매 결정 이유
변동성 확대(단기) ☐ 실적 우수(장기) ☐

매수 목표 가격 $

손익 목표 가격 $ (+ %)

손절 목표 가격 $ (- %)

보유 예정 기간
3개월 미만(단기) ☐ 1년 이상(장기) ☐

보유 중인 경우

매매 구분 매수 ☐ 매도 ☐

매매 일자 20 . . .

매매 금액 가격 $ 수량 주

수익 현황 수익금액 $ 수익률 %

투자 아이디어

다우**DOW**는 글로벌 소재과학 전문 기업으로, 포장 및 특수 플라스틱 부문, 산업 중간재 및 인프라 부문, 기능성 소재 및 코팅 부문 등 3개 사업부문을 영위하고 있다.

다우를 이해하기 위해 알아둬야 할 사항이 있는데, 바로 인수합병 및 기업분할 이력이다. 2015년 12월 세계적인 화학 기업인 다우케미칼과 듀폰은 합병을 발표하고, 농업과 소재과학 그리고 전자재료 기반의 특수제품 등 3개 부문으로 사업을 재편하여 2017년 8월 다우듀폰이라는 초대형 글로벌 농화학 지주 회사를 출범시켰다. 합병 후 18개월 내 3개 사업부문을 개별 상장 기업으로 분할하기로 하고, 2019년 다우소재과학 부문를 시작으로 코티바농업 부문, 듀폰특수 제품 부문으로 기업분할 및 개별 상장을 완료했다. 다우는 2019년 4월 뉴욕증권거래소에 재상장했으며, 미국 3대 지수 중 다우와 S&P 500에 속해 있다.

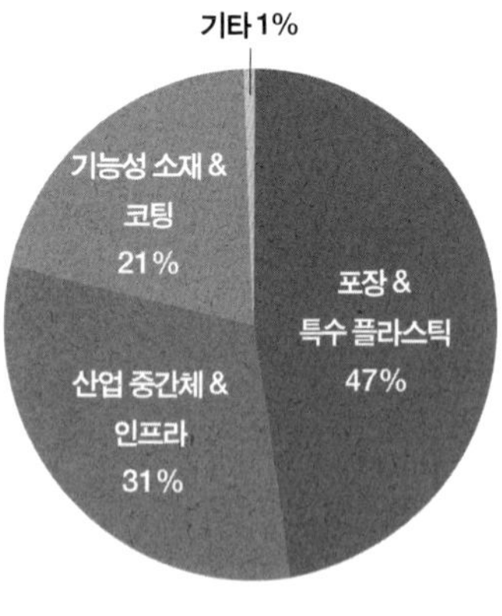

사업부문별 매출 비중

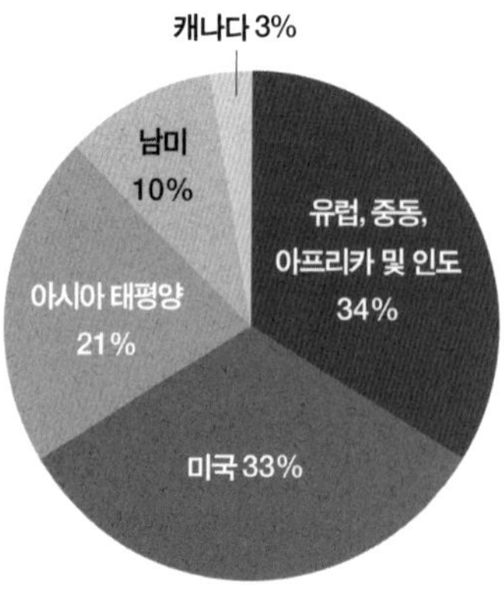

사업지역별 매출 비중

최신 정보 보러 가기 ●

주요 지표 및 주가 | 최신 뉴스 한 번에 보기 | 퀀트 분석 : 종목진단 | 컨센서스 및 투자의견

최근 1년 수익률
15.4%

최근 5년간 주요 투자지표 ① 손익계산서 12월 결산 기준 / (단위) 금액: 백만 달러, %

구분	2016. 12	2017. 12	2018. 12	2019. 12	2020. 12	전년 대비
매출액	48,158	43,730	49,604	42,951	38,542	▼ -10.3%
영업이익	4,829	691	4,175	-301	2,878	흑자 전환
영업이익률(%)	10.0	1.6	8.4	-0.7	7.5	▲ 8.2%P
순이익	4,318	465	4,641	-1,359	1,225	흑자 전환
순이익률(%)	9.0	1.1	9.4	-3.2	3.2	▲ 6.3%P

최근 5년간 주요 투자지표 ② 가치평가 12월 결산 기준 / (단위) 금액: 배, %, 달러

구분	2016. 12	2017. 12	2018. 12	2019. 12	2020. 12
PER(배)	0.00	0	0	-29.86	33.61
PBR(배)	0	0	0	3	3.31
PSR(배)	0	0	0	0.95	1.07
ROE(%)	N/A	1.8	15.9	-7.2	9.8
주당순이익(달러)	0	0.6	6.21	-1.84	1.64
주당배당금(달러)	0	0	0	2.1	2.8

최근 2년간 주가 추이 *2019년 4월 상장

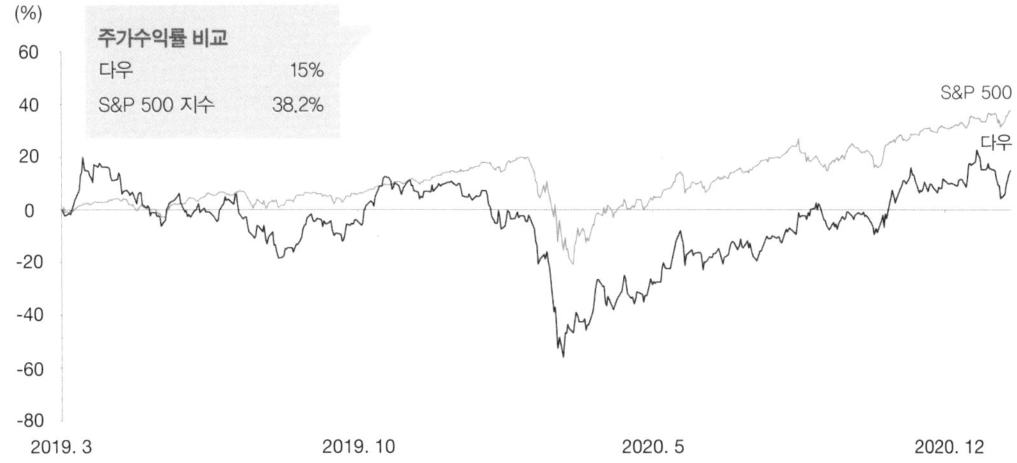

주요 경쟁업체 현황

다우의 주요 경쟁사로는 라이온델바젤 인더스트리스**LYB**, 이스트만 케미칼**EMN**이 있다.

라이온델바젤 인더스트리스LyondellBasell Industries은 산업 전반에 걸쳐 사용되는 폴리프로필렌, 고밀도 폴리에틸렌, 저밀도 폴리에틸렌, 올레핀 및 폴리에틸렌 등을 생산하는 석유화학 기업이다. 2007년 설립돼 2010년 뉴욕증권거래소에 상장했다.

이스트만 케미칼Eastman Chemical은 세계적인 특수화학 회사로, 1920년 테네시주에서 설립된 이스트만 코닥Eastman Kodak을 모태로 하여 1994년 분사해 독립 법인으로 거듭났다.

최근 4분기 경쟁사 실적 비교 2020년 4분기 기준 / (단위) 백만 달러, %, 달러

구분	다우	라이온델바젤 인더스트리스	이스트만 케미칼
매출	38,542	27,995	8,492
영업이익	2,878	1,464	740
순이익	1,225	1,184	472
영업이익률	7.47	5.23	8.71
순이익률	3.18	4.23	5.56
주당순이익(EPS)	1.64	3.55	3.48
주가수익배수(PER)	33.61	19.99	22.40
주가순자산배수(PBR)	3.31	3.22	1.74

다우의 본사는 미국 미시간에 위치하며, 상근 직원 수는 3만 5,700명이다.
라이온델바젤 인더스트리스의 본사는 미국 텍사스 휴스턴에 위치하며, 상근 직원 수는 1만 9,200명이다.
이스트만 케미칼의 본사는 미국 테네시 킹스포트에 위치하며 위치하며, 상근 직원 수는 1만 4,500명이다. (2021년 2월 현재)

최근 12개월간 주가 수익률 비교 2021년 2월 기준 / (단위) %

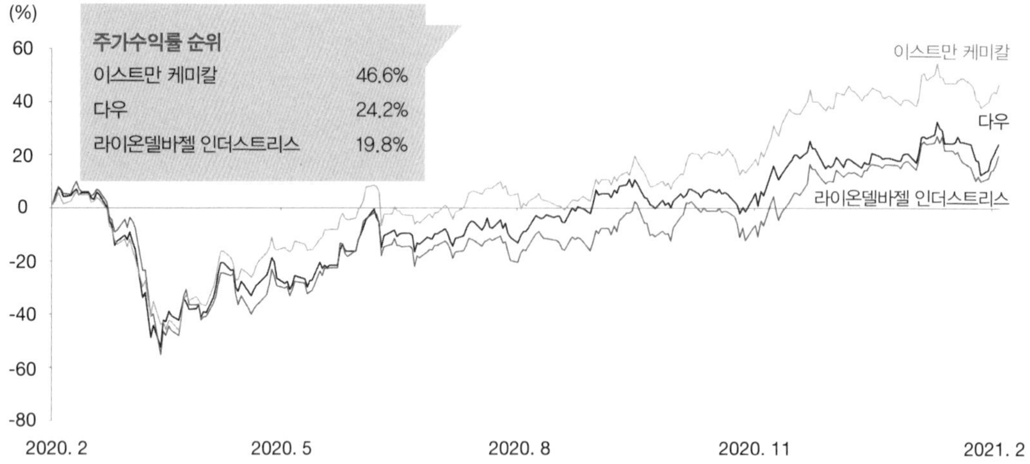

배당 및 투자의견, 종목진단 결과

다우의 회계 결산월은 12월이다.

배당금은 분기 단위로 지급되고, 배당수익률은 소재 섹터 평균인 1.79%의 2.5배 수준이다.

배당수익률(선행)	연간배당금(선행)	배당성향	배당성장	5년 배당성장률
4.72%	2.80달러	77.76%	0년	-

최근 3개월간 10명의 애널리스트가 제시한 투자의견을 종합하면 매수Moderate Buy(매수 3명, 보유 7명, 매도 0명)이다. 향후 12개월간 목표주가는 최고 70달러, 최저 50달러, 평균 61.11달러이다

초이스스탁 US의 종목진단 결과는?

2020년 12월 실적발표 기준

다우의 투자매력 점수는 100점 만점에 51점이며 미국 상장기업 5,591개 중 2,046위로 상위 36%에 속하는 기업이다.

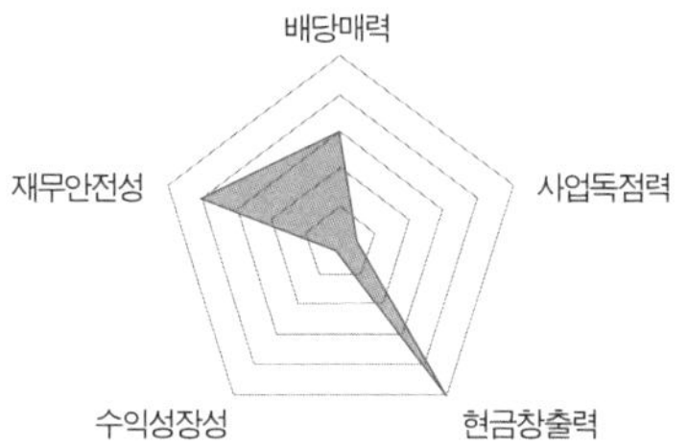

종합점수 : 51점 / 100점

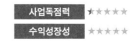

항목	평가
배당매력	★★★☆☆
현금창출력	★★★★★
재무안전성	★★★★☆
사업독점력	★☆☆☆☆
수익성장성	☆☆☆☆☆

최신 결과 보러 가기

투자매력 세부 5개 항목 중 현금창출력 부문에서 5점 만점을 받았다. 안정적인 사업 구조와 현금 수입으로 2020년 12월 연환산(최근 4분기 합산) 영업활동 현금흐름 62억 달러, 잉여현금흐름 49억 달러를 기록한 점이 반영됐다.

수익성장성은 5점 만점에 0.2점으로 매우 낮은 평가를 받았다. 2020년 12월 연환산 매출액은 385억 달러로 전년 동기 429억 달러 대비 10.2% 줄었고, 3년 연속 매출액이 감소했다. 그러나 순이익은 매출원가율 하락에 힘입어 12억 달러로 전년 동기 대비 흑자전환에 성공했다.

사업독점력 점수도 0.5점을 받아, 향후 매출 성장과 수익을 유지할 수 있는지 검증이 필요한 상황이다.

배당은 우수한 현금흐름 창출을 기반으로 2020년에 주당배당금 2.8달러를 지급해 시가배당률 5.0%를 기록했다.

POINT ▶ 산업용 수(水) 처리 및 위생 전문 기업, 물 관련 인프라 투자와 산업의 장기 성장성에 기대

배당귀족

이콜랩

ECL NYSE | Ecolab Inc.

처음 매매하는 경우

매매 예정 시점
실적 확인 후 ☐ 이슈 확인 후 ☐

매매 결정 이유
변동성 확대(단기) ☐ 실적 우수(장기) ☐

매수 목표 가격 $

손익 목표 가격 $ (+ %)

손절 목표 가격 $ (- %)

보유 예정 기간
3개월 미만(단기) ☐ 1년 이상(장기) ☐

보유 중인 경우

매매 구분 매수 ☐ 매도 ☐

매매 일자 20 . . .

매매 금액 가격 $ 수량 주

수익 현황 수익금액 $ 수익률 %

투자 아이디어

포춘 500대 기업 중 하나인 이콜랩ECL은 식품, 에너지, 숙박, 건강관리, 산업재 등 전 산업 분야의 고객을 대상으로 수水처리, 청소 및 위생 솔루션, 해충 박멸, 주방 수리와 유지 보수 서비스를 제공하는 기업이다.

1923년 메릿 오스본이 미네소타주 세인트폴에 설립한 경제 연구소Economics Laboratory가 모태이며 첫 제품으로 호텔 카펫 청소기와 함께 산업용과 가정용 세제를 개발한 것이 그 시작이었다. 1950년대 매그너스Magnus 인수로 펄프 및 제지·금속 가공·석유화학 공정 등을 위한 서비스를 제공하기 시작했으며, 최근까지 다양한 인수합병을 통해 사업 영역을 지속적으로 확장 중이다.

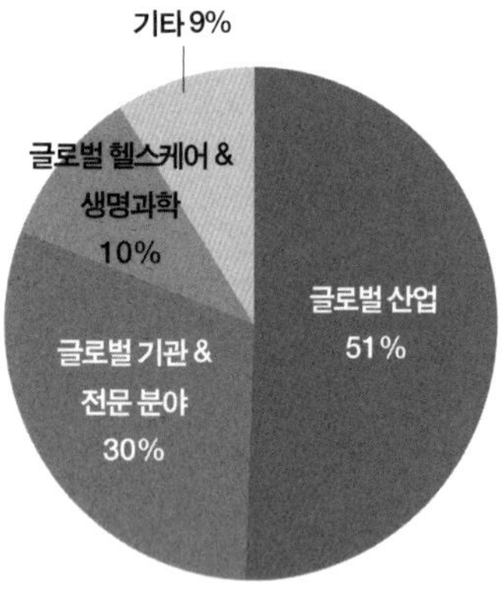

사업부문별 매출 비중

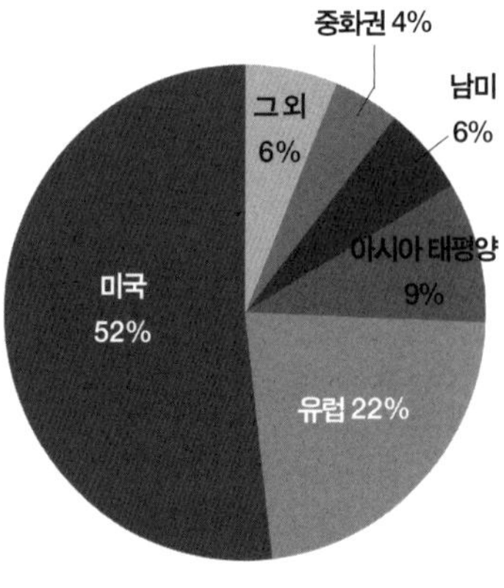

사업지역별 매출 비중

1986년 현재의 사명으로 변경 후 같은 해 뉴욕증권거래소에 상장했으며, 미국 3대 지수 중 S&P 500에 속해 있다.

최신 정보 보러 가기 ●

주요 지표 및 주가 최신 뉴스 한 번에 보기 퀀트 분석 : 종목진단 컨센서스 및 투자의견

최근 3년 수익률 61.5%

최근 5년간 주요 투자지표 ① 손익계산서 12월 결산 기준 / (단위) 금액: 백만 달러, %

구분	2016. 12	2017. 12	2018. 12	2019. 12	2020. 12	전년 대비
매출액	13,152	13,836	14,668	14,906	11,985	▼ -19.6%
영업이익	1,870	1,950	1,947	2,014	1,631	▼ -19.0%
영업이익률(%)	14.2	14.1	13.3	13.5	13.6	▲ 0.1%P
순이익	1,229	1,505	1,429	1,559	1,164	▼ -25.4%
순이익률(%)	9.3	10.9	9.7	10.5	9.7	▼ -0.7%P

최근 5년간 주요 투자지표 ② 가치평가 12월 결산 기준 / (단위) 금액: 배, %, 달러

구분	2016. 12	2017. 12	2018. 12	2019. 12	2020. 12
PER(배)	27.81	25.77	29.79	35.68	51.45
PBR(배)	4.95	5.11	5.32	6.41	9.15
PSR(배)	2.6	2.8	2.9	3.73	4.95
ROE(%)	18.2	21.1	18.2	18.5	12.81
주당순이익(달러)	4.14	5.12	4.88	5.33	4.044
주당배당금(달러)	1.42	1.52	1.69	1.85	1.914

최근 5년간 주가 추이

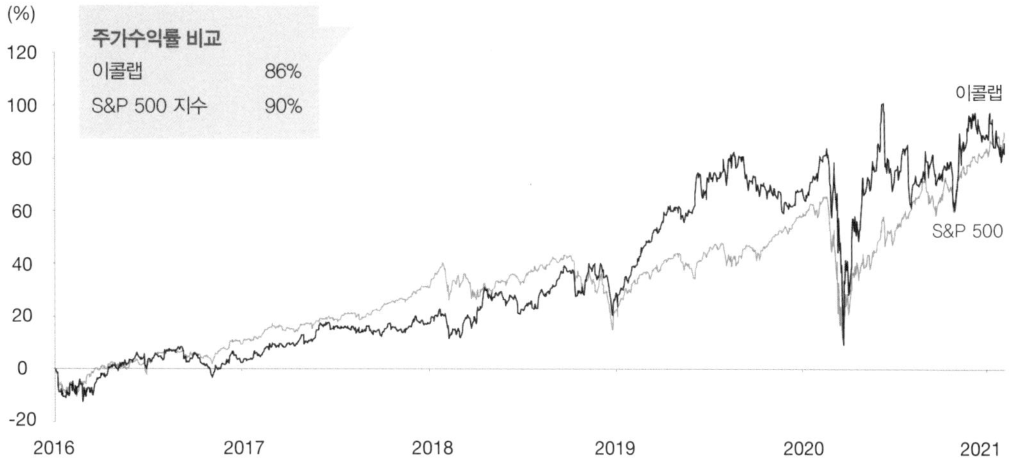

주요 경쟁업체 현황

이콜랩의 주요 경쟁사로는 셀라니즈**CE**, 이스트만 케미칼**EMN**가 있다.

셀라니즈Celanese Corporation는 코팅제, 의료 소재, 종이 및 포장, 화학 첨가제, 건설 등 다양한 분야에서 사용되는 비닐과 접착제 등을 만드는 화학 회사다. 1918년 설립돼 2005년 뉴욕증권거래소에 상장했다.

이스트만 케미칼Eastman Chemical은 세계적인 특수화학 회사로, 1920년 테네시주에서 설립된 이스트만 코닥Eastman Kodak을 모태로 하여 1994년 분사해 독립 법인으로 거듭났다.

최근 4분기 경쟁사 실적 비교 2020년 4분기 기준 / (단위) 백만 달러, %, 달러

구분	이콜랩	셀라니즈	이스트만 케미칼
매출	11,985	5,655	8,492
영업이익	1,631	669	740
순이익	1,164	1,985	472
영업이익률	13.6	11.83	8.71
순이익률	9.7	35.10	5.56
주당순이익(EPS)	4.044	16.75	3.48
주가수익배수(PER)	51.45	7.65	22.40
주가순자산배수(PBR)	9.15	4.31	1.74

이콜랩의 본사는 미국 미네소타에 위치하며, 상근 직원 수는 4만 4천여 명이다.
셀라니즈의 본사는 미국 텍사스에 위치하며, 상근 직원 수는 7,658명이다.
이스트만 케미칼의 본사는 미국 테네시 킹스포트에 위치하며 위치하며, 상근 직원 수는 1만 4,500명이다. (2021년 2월 현재)

최근 12개월간 주가 수익률 비교 2021년 2월 기준 / (단위) %

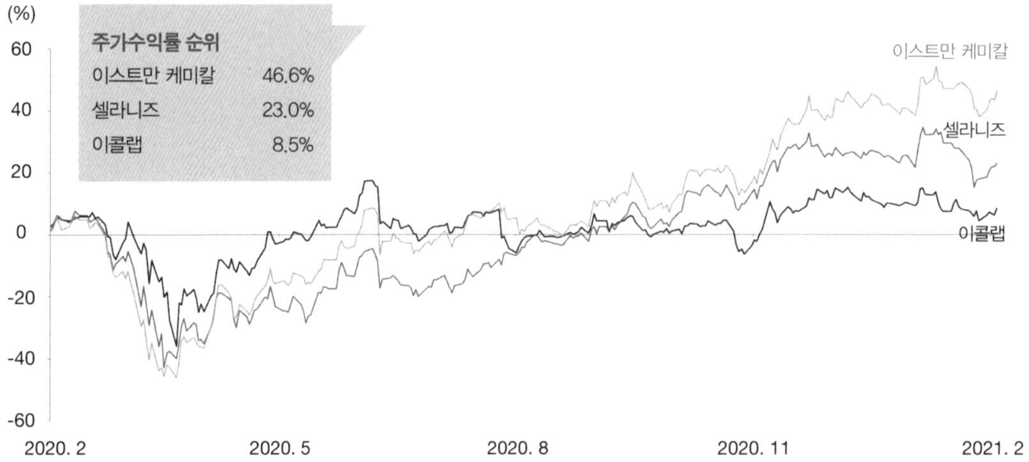

배당 및 투자의견, 종목진단 결과

이콜랩의 회계 결산월은 12월이다.

1993년부터 배당이 증가해 '배당귀족'에 해당하는 이콜랩의 배당금은 분기 단위로 지급되고, 배당 수익률은 소재 섹터 평균인 1.79%의 절반 수준이다.

배당수익률(선행)	연간배당금(선행)	배당성향	배당성장	5년 배당성장률
0.92%	1.92달러	36.70%	28년 배당귀족	6.92%

최근 3개월간 10명의 애널리스트가 제시한 투자의견을 종합하면 보유Hold(매수 3명, 보유 6명, 매도 1명)이다. 향후 12개월간 목표주가는 최고 250달러, 최저 206달러, 평균 226.43달러이다.

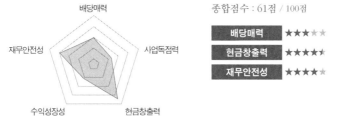

초이스스탁 US의 종목진단 결과는?

2020년 9월 실적발표 기준

이콜랩의 투자매력 점수는 100점 만점에 61점이며 미국 상장기업 5,591개 중 1,455위로 상위 25%에 속하는 기업이다.

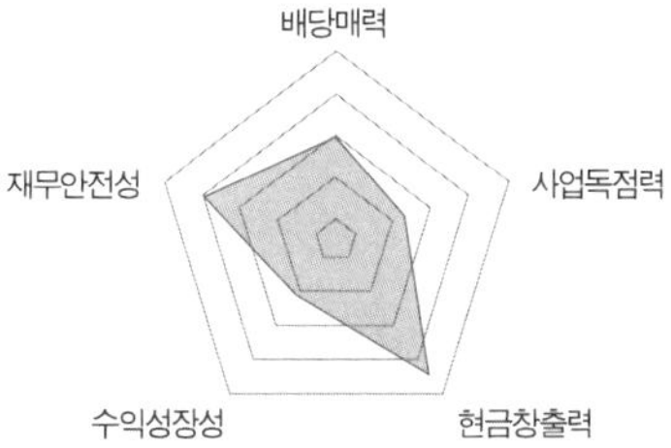

종합점수 : 61점 / 100점

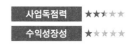

배당매력	★★★☆☆	사업독점력	★★½☆☆
현금창출력	★★★★½	수익성장성	★☆☆☆☆
재무안전성	★★★★☆		

최신 결과 보러 가기

투자매력 세부 5개 항목 중 현금창출력 부문에서 5점 만점에 4.5점으로 높은 평가를 받았다. 2020년 9월 연환산(최근 4분기 합산) 영업활동 현금흐름이 20억 달러, 잉여현금흐름이 14억 달러이고 현금성 자산 10억 달러인 점이 반영됐다. 재무안전성 점수는 4점으로 높은 평가를 받았다. 부채비율 200%, 유동비율 161%, 이자보상배수 5배 등이 반영됐고 재무안전성은 우수한 것으로 분석된다. 수익성장성은 1.2점, 사업독점력은 2.5점을 받아 성장이 정체돼 있는 걸로 분석된다. 2020년 9월 연환산 매출액이 131억 달러로 전년 동기 136억 달러 대비 3.6% 줄었고, 영업이익은 15억 달러로 전년 동기 19억 달러 대비 21% 감소했다. 순이익은 중단손익(적자) 발생으로 적자를 기록했다.

평균 이상의 배당을 실시하고 있는 기업으로, 배당매력 점수는 3점을 받았다. 28년 연속 주당배당금을 인상했고, 2019년 주당배당금 1.85달러를 지급해 시가배당률 1.0%를 기록했다. 최근 5년간 시가배당률은 1.0~1.2% 수준이다.

POINT ▶ 아름다움에 대한 여성의 욕구, 중국도 예외일 수 없는 '갈색병'의 마법

에스티 로더

EL NYSE | The Estee Lauder Companies Inc.

E

처음 매매하는 경우

매매 예정 시점
실적 확인 후 ☐ 이슈 확인 후 ☐

매매 결정 이유
변동성 확대(단기) ☐ 실적 우수(장기) ☐

매수 목표 가격 $

손익 목표 가격 $ (+ %)

손절 목표 가격 $ (- %)

보유 예정 기간
3개월 미만(단기) ☐ 1년 이상(장기) ☐

보유 중인 경우

매매 구분 매수 ☐ 매도 ☐

매매 일자 20 . . .

매매 금액 가격 $ 수량 주

수익 현황 수익금액 $ 수익률 %

투자 아이디어

포춘 500대 기업 중 하나인 에스티 로더**EL**는 메이크업, 스킨케어, 향수, 헤어케어 제품을 제조하고 판매하는 화장품 전문 기업이다. 1946년 에스티 로더 부인과 남편 조셉 로더가 뉴욕에 화장품 회사를 설립했다. 삼촌으로부터 화장품 제조 지식과 경험을 전수받아 크림과 크림팩, 클렌징오일, 스킨로션 등 4가지 제품을 중심으로 생산 및 판매를 시작했다. 이후 15년간 미국 전역으로 사업을 확장했고, 1960년 영국 런던의 헤러즈 백화점에 해외 1호 지점을 오픈했으며, 1961년에 홍콩 사무소를 개설했다. '클리니크', '마크', '라메르', '아라미스' 등 현재 보유 중인 25개 이상의 브랜드를 통해 150개국 이상에서 제품을 판매하고 있다. 2018년 매출 기준으로 로레알, 유니레버에 이어 글로벌 화장품 회사 3위이다.

1995년 뉴욕증권거래소에 상장했으며, 미국 3대 지수 중 S&P 500에 속해 있다.

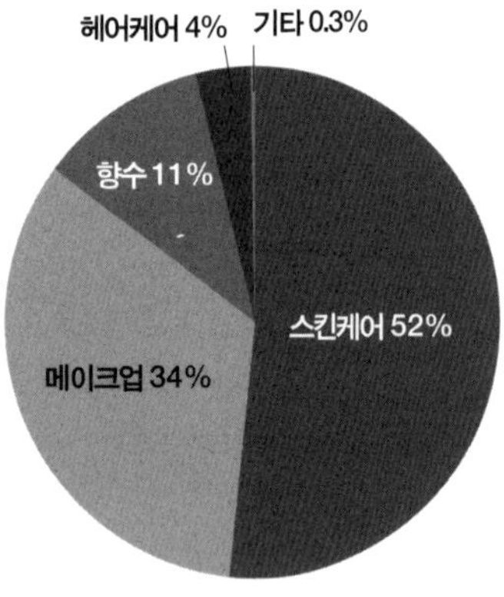

사업부문별 매출 비중

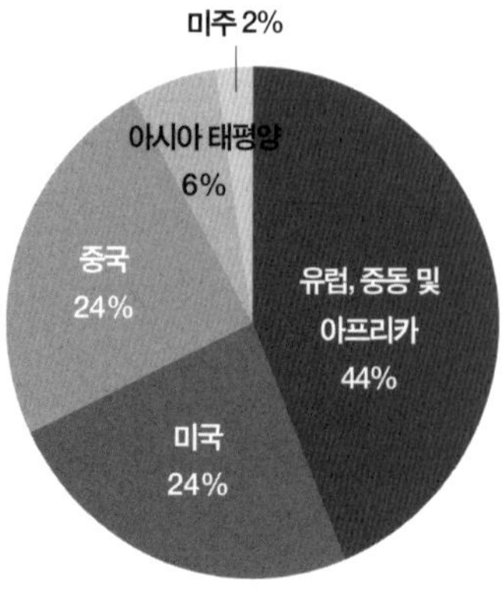

사업지역별 매출 비중

최신 정보 보러 가기 ●

주요 지표 및 주가 | 최신 뉴스 한 번에 보기 | 퀀트 분석 : 종목진단 | 컨센서스 및 투자의견

최근 3년 수익률
98.8%

최근 5년간 주요 투자지표 ① 손익계산서 6월 결산 기준 / (단위) 금액: 백만 달러, %

구분	2016. 6	2017. 6	2018. 6	2019. 6	2020. 6	전년 대비
매출액	11,262	11,824	13,683	14,863	14,294	▼ -3.8%
영업이익	1,610	1,704	2,055	2,313	606	▼ -73.8%
영업이익률(%)	14.3	14.4	15.0	15.6	4.2	▼ -11.3%P
순이익	1,115	1,249	1,108	1,785	684	▼ -61.7%
순이익률(%)	9.9	10.6	8.1	12.0	4.8	▼ -7.2%P

최근 5년간 주요 투자지표 ② 가치평가 6월 결산 기준 / (단위) 금액: 배, %, 달러

구분	2016. 6	2017. 6	2018. 6	2019. 6	2020. 6
PER(배)	30.14	28.27	47.27	37.12	99.31
PBR(배)	9.41	8.05	11.17	15.11	17.26
PSR(배)	2.98	2.99	3.83	4.46	4.75
ROE(%)	30.8	31.3	23.7	40.4	15.8
주당순이익(달러)	2.96	3.35	2.95	4.82	1.86
주당배당금(달러)	1.14	1.32	1.48	1.67	1.39

최근 5년간 주가 추이

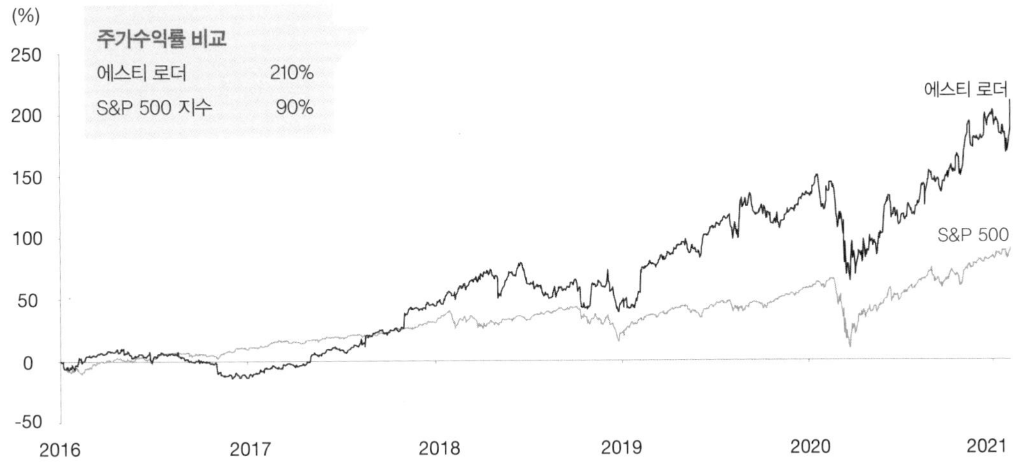

주요 경쟁업체 현황

에스티 로더의 주요 경쟁사로는 프록터 앤 갬블**PG**, 코티**COTY**가 있다.

프록터 앤 갬블The Procter & Gamble Company는 세계적인 생활용품 및 개인용품 회사다. '팬틴', '비달사순', '페즈리브', '프링글스', '오랄비' 등의 브랜드로 익숙하다. 1837년 설립돼 미국 남북전쟁을 계기로 급성장했다.

코티Coty Inc.는 1904년 프랑수아 코티가 프랑스 파리에서 설립한 미국의 개인용품 회사다. 코티 하면 '코티 파우더'가 먼저 떠오르듯, 화장품과 스킨케어, 향수 등의 미용 제품으로 유명하다. 2016년에는 프록터 앤 갬블의 뷰티 브랜드 사업부문을 인수했다.

최근 4분기 경쟁사 실적 비교 2020년 4분기 기준 / (단위) 백만 달러, %, 달러

구분	에스티 로더	프록터 앤 갬블	코티
매출	14,190	73,975	2,970
영업이익	1,334	17,595	-1,362
순이익	928	13,848	-1,069
영업이익률	9.40	23.79	-45.86
순이익률	6.54	18.72	-35.99
주당순이익(EPS)	2.51	5.29	-1.49
주가수익배수(PER)	103.72	24.91	-4.80
주가순자산배수(PBR)	17.76	7.11	1.75

에스티 로더의 본사는 미국 뉴욕에 위치하며, 상근 직원 수는 4만 8천여 명이다.
프록터 앤 갬블의 본사는 미국 오하이오에 위치하며, 상근 직원 수는 9만 9천여 명이다.
코티의 본사는 미국 뉴욕에 위치하며, 상근 직원 수는 1만 8,260명이다. (2021년 2월 현재)

최근 12개월간 주가 수익률 비교 2021년 2월 기준 / (단위) %

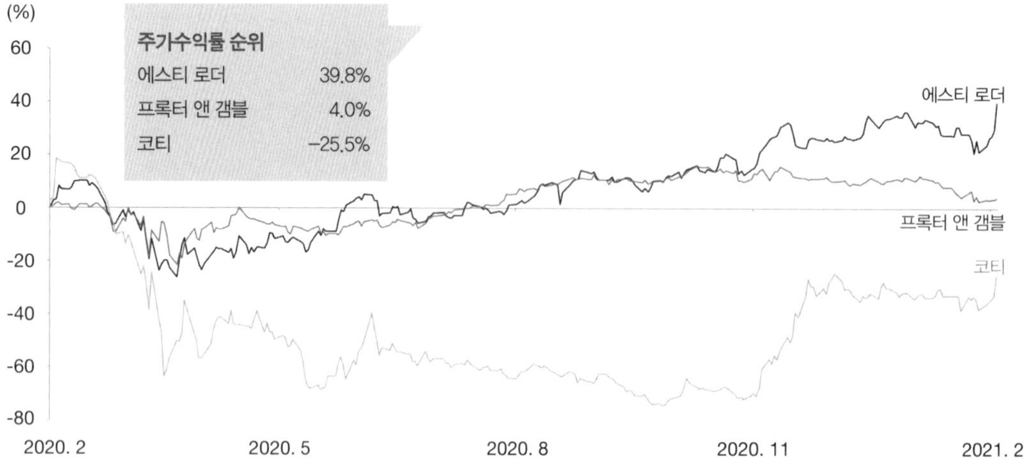

배당 및 투자의견, 종목진단 결과

에스티 로더의 회계 결산월은 6월이다.

에스티 로더의 배당금은 분기 단위로 지급되고, 배당수익률은 필수소비재 섹터 평균인 1.74%의 절반에 미치지 못하는 수준이다.

배당수익률(선행)	연간배당금(선행)	배당성향	배당성장	5년 배당성장률
0.74%	2.12달러	35.74%	0년	7.35%

최근 3개월간 18명의 애널리스트가 제시한 투자의견을 종합하면 강력매수Strong Buy(매수 14명, 보유 4명, 매도 0명)이다. 향후 12개월간 목표주가는 최고 348달러, 최저 258달러, 평균 304.12달러이다.

초이스스탁 US의 종목진단 결과는?

2020년 12월 실적발표 기준

에스티 로더의 투자매력 점수는 100점 만점에 69점이며 미국 상장기업 5,591개 중 946위로 상위 16%에 속하는 우량 기업이다.

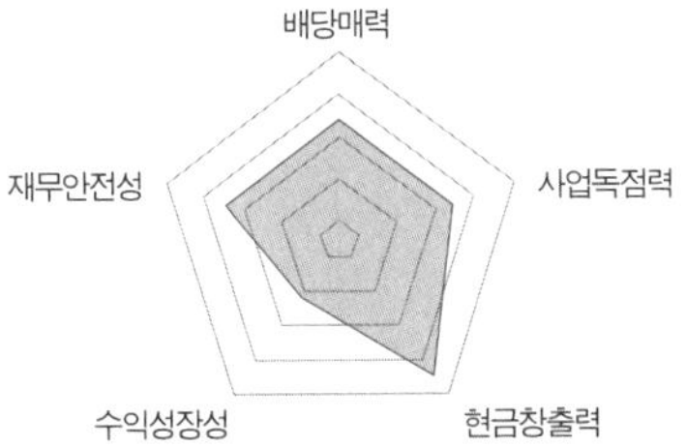

종합점수 : 69점 / 100점

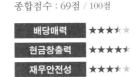

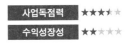

배당매력	★★★½☆	사업독점력	★★★½☆
현금창출력	★★★★½	수익성장성	★★☆☆☆
재무안전성	★★★½☆		

최신 결과 보러 가기

투자매력 세부 5개 항목 중 현금창출력 부문에서 5점 만점에 4.5점으로 높은 평가를 받았다. 2020년 12월 연환산(최근 4분기 합산) 영업활동 현금흐름 30억 달러, 잉여현금흐름 24억 달러, 현금성 자산 55억 달러를 보유 중이다.

사업독점력 점수는 3.5점을 받아 미국 전체 상장사 중 상위 13%에 속하는 좋은 평가를 받았다. 제품 경쟁력을 바탕으로 최근 5년 평균 자기자본이익률(ROE)이 29%를 기록했고, 업계의 5년 연평균 매출액 성장률인 1.7%보다 3배 높은 5.1%를 기록하고, 영업이익률도 동종업계 대비 2배 이상 높은 점 등이 반영됐다.

수익성장성은 2.2점으로 상대적으로 낮은 평가를 받았다. 코로나 19 영향으로 매출이 감소한 점이 반영됐다. 2020년 12월 연환산 매출액은 141억 달러로 전년 동기 158억 달러 대비 10% 줄었고, 순이익은 9억 2,800만 달러로 전년 동기 18억 달러 대비 절반 수준으로 감소했다. 재무안전성은 3.5점으로 평균 이상의 안전한 재무구조를 갖추고 있는 것으로 평가된다. 부채비율 261%, 유동비율 190%, 이자보상배수 7배 등이 반영된 결과다.

POINT ▶ 데이터 센터도 데이터 센터 나름, 연결 우위로 안정성과 효율성 확보

이퀴닉스

EQIX Nasdaq | Equinix, Inc.

E

처음 매매하는 경우

매매 예정 시점
실적 확인 후 ☐ 이슈 확인 후 ☐

매매 결정 이유
변동성 확대(단기) ☐ 실적 우수(장기) ☐

매수 목표 가격 $

손익 목표 가격 $ (+ %)

손절 목표 가격 $ (- %)

보유 예정 기간
3개월 미만(단기) ☐ 1년 이상(장기) ☐

보유 중인 경우

매매 구분 매수 ☐ 매도 ☐

매매 일자 20 . . .

매매 금액 가격 $ 수량 주

수익 현황 수익금액 $ 수익률 %

투자 아이디어

이퀴닉스**EQIX**는 1998년 디지털 이큅먼트 코퍼레이션의 시설 관리자인 앨 에이버리와 제이 애델슨이 설립했다. 네트워크 연결을 통한 사업자 중립 데이터 센터를 목표로 하며, 사명은 '평등Equality, 중립성Neutrality, 인터넷 교환Internet Exchange'이라는 의미를 담고 있다.

2002년 아시아 태평양, 2007년 유럽, 2011년 라틴아메리카 그리고 2012년 중동으로 사업을 확장했다. 2018년 호주 데이터 센터 기업인 메트로노드의 인수로 글로벌 인프라 구축 및 관리 기업으로 발전해 나가고 있다. 참고로, 2019년 이퀴닉스는 전략적 파트너십을 통해 한국 시장에 진출했다.

현재 전 세계 63개 도시에 220개 이상의 데이터 센터를 보유하고 있고 9,700개 이상의 고객에게 서비스를 제공하고 있다.

2000년 8월 나스닥에 상장했으며, S&P 500에 속해 있다.

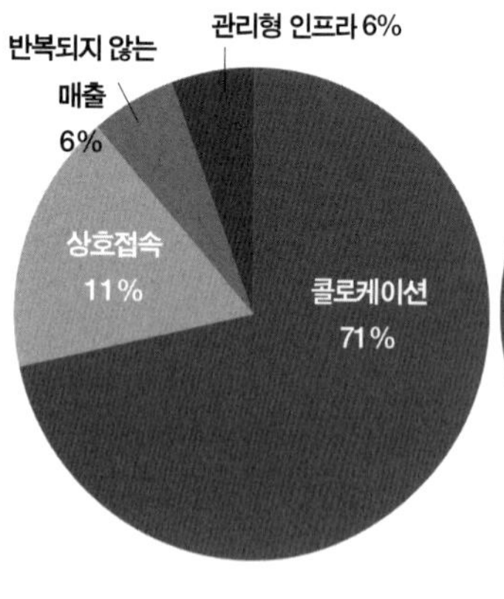

사업부문별 매출 비중

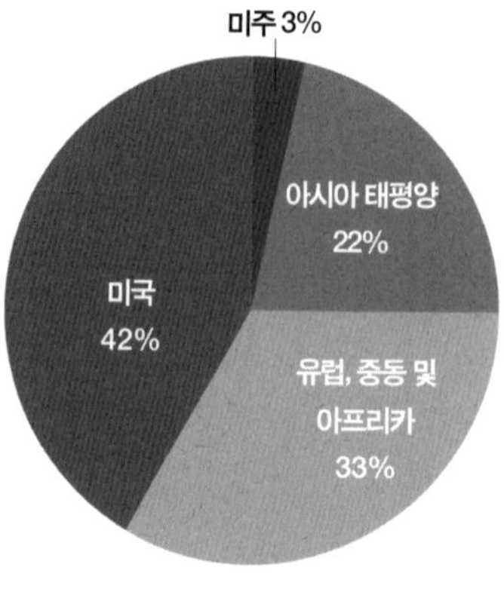

사업지역별 매출 비중

최신 정보 보러 가기 ●

주요 지표 및 주가 최신 뉴스 한 번에 보기 퀀트 분석 : 종목진단 컨센서스 및 투자의견

최근 3년 수익률
75%

최근 5년간 주요 투자지표 ① 손익계산서 12월 결산 기준 / (단위) 금액: 백만 달러, %

구분	2016. 12	2017. 12	2018. 12	2019. 12	2020. 12	전년 대비
매출액	3,612	4,368	5,072	5,562	5,999	▲ 7.9%
영업이익	619	809	977	1,170	1,053	▼ -10.0%
영업이익률(%)	17.1	18.5	19.3	21.0	17.6	▼ -3.5%P
순이익	127	233	365	507	370	▼ -27.0%
순이익률(%)	3.5	5.3	7.2	9.1	6.2	▼ -2.9%P

최근 5년간 주요 투자지표 ② 가치평가 12월 결산 기준 / (단위) 금액: 배, %, 달러

구분	2016. 12	2017. 12	2018. 12	2019. 12	2020. 12
PER(배)	201.2	152.19	77.57	98.09	172.09
PBR(배)	5.84	5.18	3.93	5.63	5.98
PSR(배)	7.06	8.12	5.59	8.95	10.61
ROE(%)	2.7	3.5	5.1	5.8	3.7
주당순이익(달러)	1.79	3	4.56	5.99	4.18
주당배당금(달러)	7	8	9.12	9.84	10.64

최근 5년간 주가 추이

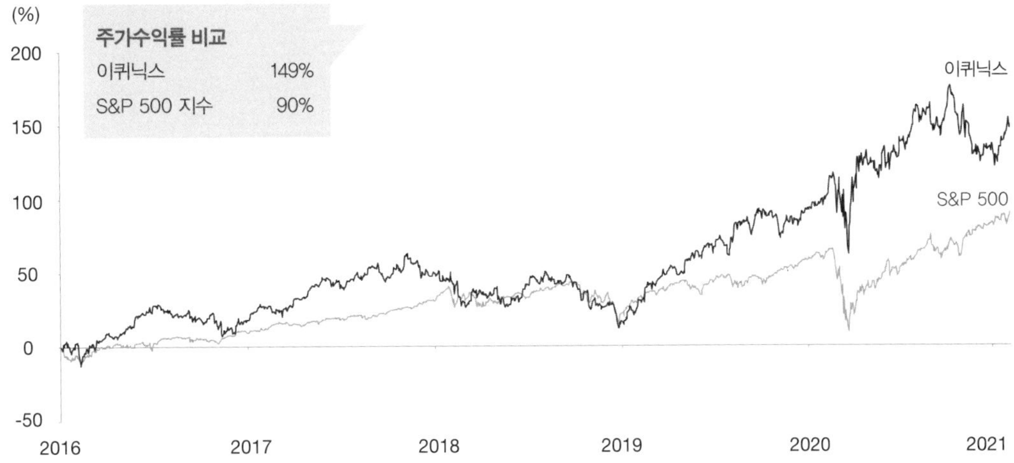

주요 경쟁업체 현황

이퀴닉스의 주요 경쟁사로는 디지털 리얼티 트러스트DLR, 사이러스 원CONE이 있다.

디지털 리얼티 트러스트Digital Realty Trust, Inc.는 통신 관련 데이터 센터에 투사하는 부동산 리츠다. 북미와 유럽, 아시아, 호주 등지에서 데이터 센터를 운영하고 있다. 2001년 설립돼 2004년 뉴욕증권거래소에 상장했다.

사이러스 원CyrusOne Inc.은 네트워크 중립 데이터 센터에 투자하는 부동산 리츠로, 2001년 창립돼 2013년 나스닥에 상장했다.

최근 4분기 경쟁사 실적 비교 2020년 4분기 기준 / (단위) 백만 달러, %, 달러

구분	이퀴닉스	디지털 리얼티 트러스트	사이러스 원
매출	5,999	3,628	1,034
영업이익	1,053	536	40
순이익	370	635	41
영업이익률	17.55	14.77	3.87
순이익률	6.17	17.50	3.97
주당순이익(EPS)	4.18	2.46	0.35
주가수익배수(PER)	172.09	73.83	212.78
주가순자산배수(PBR)	5.98	2.23	3.44

이퀴닉스의 본사는 미국 캘리포니아 레드우드에 위치하며, 상근 직원 수는 1만여 명이다.
디지털 리얼티 트러스트의 본사는 미국 캘리포니아 샌프란시스코에 위치하며, 상근 직원 수는 2,878명이다.
사이러스 원의 본사는 미국 텍사스 달라스에 위치하며, 상근 직원 수는 441명이다. (2021년 2월 현재)

최근 12개월간 주가 수익률 비교 2021년 2월 기준 / (단위) %

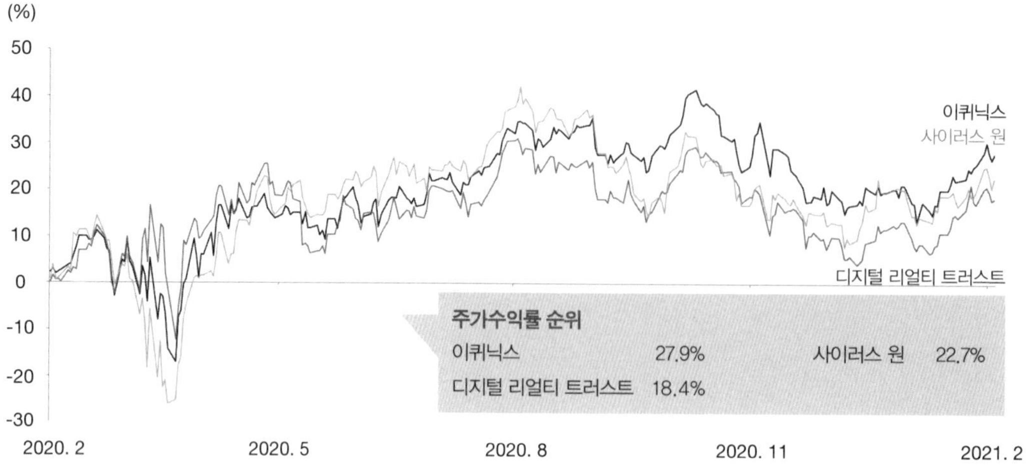

배당 및 투자의견, 종목진단 분석 결과

이퀴닉스의 회계 결산월은 12월이다.

2016년부터 증가해온 이퀴닉스의 배당금은 분기 단위로 지급되고, 배당수익률은 부동산 섹터 평균인 4.91%의 3분의 1 수준이다.

배당수익률	연간배당금	배당성향	배당성장	5년 배당성장률
1.77%	11.48달러	58.05%	5년	10.16%

최근 3개월간 10명의 애널리스트가 제시한 투자의견을 종합하면 강력매수Strong Buy(매수 10명, 보유 0명, 매도 0명)이다. 향후 12개월간 목표주가는 최고 942달러, 최저 800달러, 평균 849.70달러이다.

초이스스탁 US의 종목진단 결과는?

2020년 12월 실적발표 기준

이퀴닉스의 투자매력 점수는 100점 만점에 60점이며 미국 상장기업 5,591개 중 1,561위로 상위 27%에 속하는 기업이다.

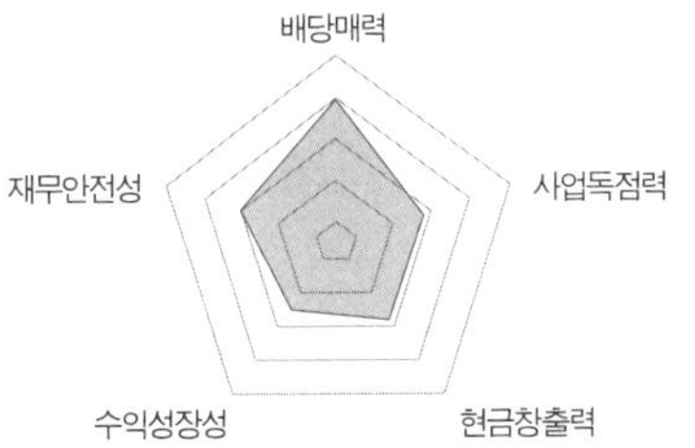

종합점수 : 60점 / 100점

배당매력	★★★★☆	사업독점력	★★★☆☆
현금창출력	★★★☆☆	수익성장성	★★½☆☆
재무안전성	★★★☆☆		

최신 결과
보러 가기

투자매력 세부 5개 항목 중 배당매력이 5점 만점에 4점으로 배당투자 매력이 높은 것으로 나타났다. 5년 연속 주당 배당금을 상향했고 2020년에는 주당배당금 10.64달러를 지급해 시가배당률 1.5%를 기록했다. 최근 5년간 시가배당률은 1.5~2.6% 수준이다.

재무안전성은 3점으로 평균적이다. 부채비율 150%, 유동비율 107%, 이자보상배수 3배 등이 반영된 결과다. 수익성장성은 5점 만점에 2.5점으로 보통이다. 2020년 12월 연환산(최근 4분기 합산) 매출액이 59억 달러로 전년 동기 55억 달러 대비 7.2% 늘었고, 순이익은 3억 7,000만 달러로 전년 동기 5억 700만 달러 대비 27% 줄어든 점 등이 반영됐다. 사업독점력과 현금창출력 부문은 모두 5점 만점에 2.8점을 받았다. 2020년 12월 연환산 영업활동 현금흐름이 23억 달러로 전년 동기 19억 달러 대비 21% 늘었지만, 투자로 인한 자본적 지출이 24억 달러 발생해 잉여현금흐름은 (-)1억 7,300만 달러를 기록했다.

POINT ▶ 코로나 19로 전성기를 맞이한 핸드메이드 전문 전자상거래 플랫폼

엣시

ETSY Nasdaq | Etsy, Inc.

처음 매매하는 경우			보유 중인 경우			
매매 예정 시점			**매매 구분**	매수 ☐	매도 ☐	
실적 확인 후 ☐		이슈 확인 후 ☐	**매매 일자**	20 . . .		
매매 결정 이유			**매매 금액**	가격 $	수량	주
변동성 확대(단기) ☐		실적 우수(장기) ☐	**수익 현황**	수익금액 $	수익률	%
매수 목표 가격	$					
손익 목표 가격	$	(+ %)	투자 아이디어			
손절 목표 가격	$	(- %)				
보유 예정 기간						
3개월 미만(단기) ☐		1년 이상(장기) ☐				

엣시**ETSY**는 평범하지 않은 전자상거래 서비스 기업이다. 공장에서 만든 공산품이 아닌 보석, 가방, 의류, 가정 장식 및 가구, 장난감, 예술품, 공예 용품 및 도구 등의 수공예품이나 20년 이상된 빈티지 제품을 주요 상품으로 하는 거래 플랫폼을 제공한다. 현재 미국에서 4번째로 큰 전자상거래 플랫폼으로 성장했고 구매자는 1.5억 명 이상, 판매자는 4,100만 명 이상이다.

뉴욕 대학교에서 목공예와 웹 디자인을 전공한 로버트 칼린이 자신의 공예품을 판매할 만한 온라인 마켓을 만든 것이 시작이다. 이후 엣시는 인수합병으로 회사의 꾸준한 확장과 발전을 이어갔다. 2009년에는 광고 플랫폼 회사인 애드튜티브를, 2012년에는 장인의 제품을 판매하는 온라인 도매 시장인 트렁크를, 2013년에는 모바일용 소셜 네트워킹 개발사 라스코Lascaux Co.를 인수했다.

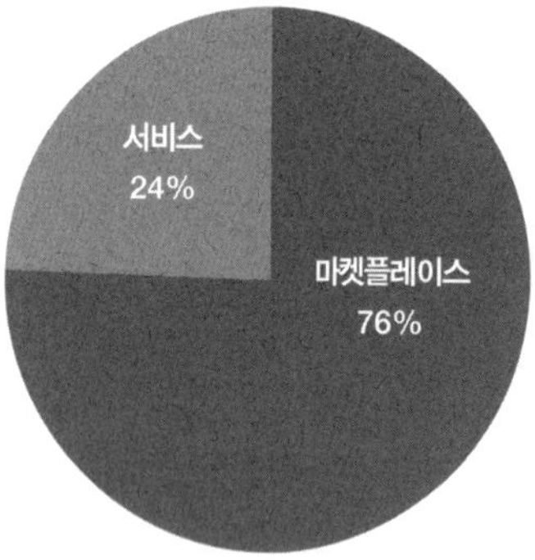

사업부문별 매출 비중

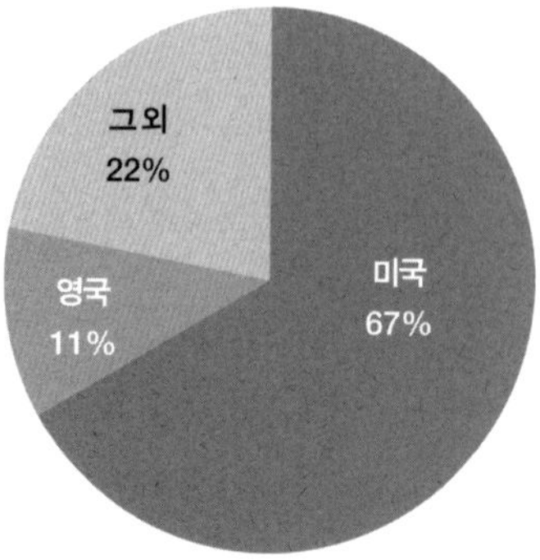

사업지역별 매출 비중

2015년 4월 나스닥에 상장하였으며, 미국 3대 지수 중 S&P 500에 속해 있다.

최신 정보 보러 가기 ●

주요 지표 및 주가 | 최신 뉴스 한 번에 보기 | 퀀트 분석 : 종목진단 | 컨센서스 및 투자의견

최근 3년 수익률 1135%

최근 5년간 주요 투자지표 ① 손익계산서 12월 결산 기준 / (단위) 금액: 백만 달러, %

구분	2016. 12	2017. 12	2018. 12	2019. 12	2020. 12	전년 대비
매출액	365	441	604	818	1,726	▲ 111%
영업이익	18	12	75	89	424	▲ 376.4%
영업이익률(%)	4.9	2.7	12.4	10.9	24.6	▲ 13.7%P
순이익	-30	82	77	96	349	▲ 263.54%
순이익률(%)	-8.2	18.6	12.7	11.7	20.2	▲ 8.5%P

최근 5년간 주요 투자지표 ② 가치평가 12월 결산 기준 / (단위) 금액: 배, %, 달러

구분	2016. 12	2017. 12	2018. 12	2019. 12	2020.12
PER(배)	-45.53	30.43	73.95	54.74	64.23
PBR(배)	3.95	6.27	14.29	12.91	30.22
PSR(배)	3.73	5.64	9.49	6.41	13
ROE(%)	-8.8	24.3	19.5	23.8	59.7
주당순이익(달러)	-0.26	0.68	0.61	0.76	2.69
주당배당금(달러)	0	0	0	0	0

최근 5년간 주가 추이

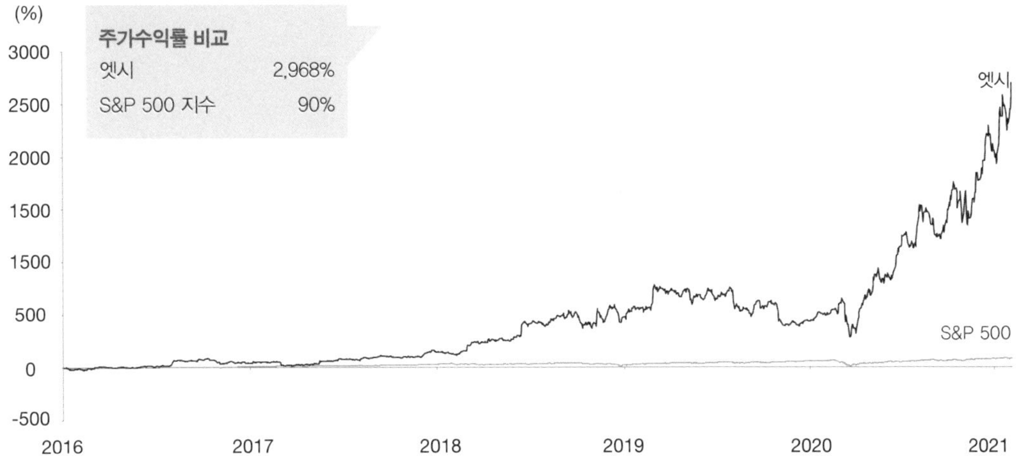

주요 경쟁업체 현황

엣시의 주요 경쟁사로는 웨이페어**W**, 파페치**FTCH**가 있다.

웨이페어Wayfair Inc.는 가구, 홈데코, 인테리어 용품 등 다양한 가정용품을 판매하는 미국의 전자상거래 회사다. 1만 1,000개 이상 업체들이 1,400만 개 이상의 제품을 판매한다. 2002년 설립돼 2014년 뉴욕증권거래소에 상장했다.

파페치Farfetch Limited는 명품과 럭셔리 브랜드를 위주로 판매하는 전자상거래 회사다. 전 세계 700개 이상의 브랜드와 부티크 제품을 판매한다. 2007년 설립돼 2018년 뉴욕증권거래소에 상장했다.

E

최근 4분기 경쟁사 실적 비교 2020년 4분기 기준 / (단위) 백만 달러, %, 달러

구분	엣시	웨이페어	파페치
매출	1,726	13,008	1,516
영업이익	424	-46	-521
순이익	349	-169	-1,162
영업이익률	24.6	-0.35	-34.37
순이익률	20.2	-1.30	-76.65
주당순이익(EPS)	2.69	-2.38	-3.4
주가수익배수(PER)	64.23	-164.22	-7.35
주가순자산배수(PBR)	30.22	N/A	30.06

엣시의 본사는 미국 뉴욕에 위치하며, 상근 직원 수는 1,414명이다.
웨이페어의 본사는 미국 매사추세츠 보스턴에 위치하며, 상근 직원 수는 1만 6,122명이다.
파페치의 본사는 영국 런던에 위치하며, 상근 직원 수는 5,441명이다. (2021년 2월 현재)

최근 12개월간 주가 수익률 비교 2021년 2월 기준 / (단위) %

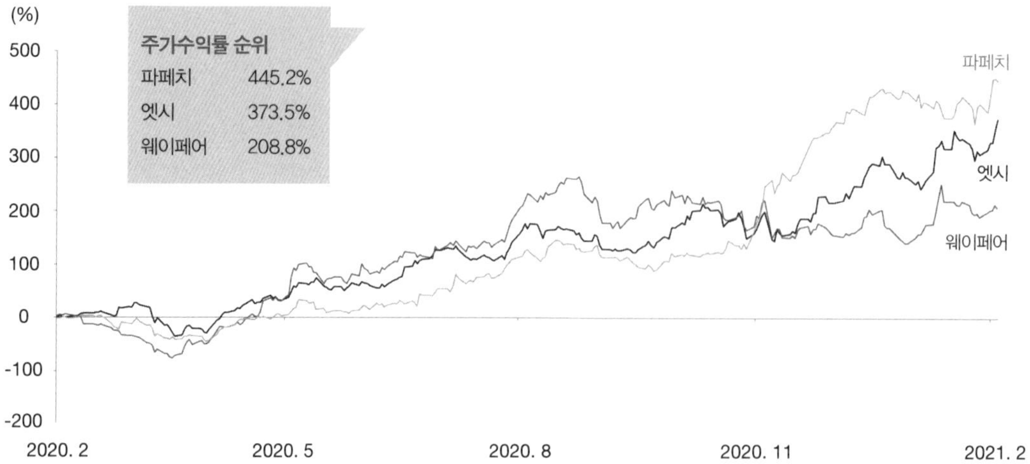

배당 및 투자의견, 종목진단 결과

엣시의 회계 결산월은 12월이다.

배당이 없는 엣시에 대하여 최근 3개월간 14명의 애널리스트가 제시한 투자의견을 종합하면 강력 매수Strong Buy(매수 12명, 보유 1명, 매도 1명)이다. 향후 12개월간 목표주가는 최고 286달러, 최저 123달러, 평균 232.93달러이다.

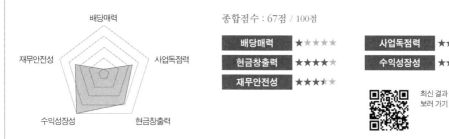

초이스스탁 US의 종목진단 결과는?

2020년 9월 실적발표 기준

엣시의 투자매력 점수는 100점 만점에 67점이며 미국 상장기업 5,591개 중 1,077위로 상위 19%에 속하는 우량 기업이다.

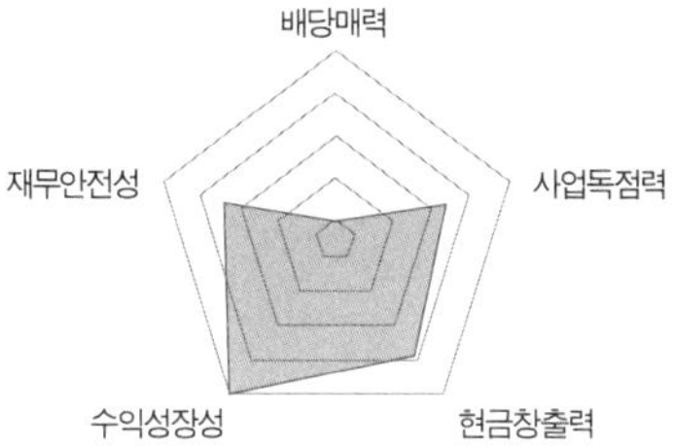

종합점수 : 67점 / 100점

- 배당매력 ★☆☆☆☆
- 현금창출력 ★★★★☆
- 재무안전성 ★★★½☆
- 사업독점력 ★★★½☆
- 수익성장성 ★★★★★

최신 결과 보러 가기

투자매력 세부 5개 항목 중 수익성장성이 5점 만점을 받았다. 미국 전체 상장사 중 60개만이 기준을 통과했는데 그 중 하나인 고성장 기업이다. 2020년 12월 연환산(최근 4분기 합산) 매출액이 17억 2,600만 달러로 전년 동기 8억 1,800만 달러 대비 111% 급증했고, 순이익은 3억 4,900만 달러로 전년 동기 9,600만 달러 대비 3배 이상 급증한 점이 반영됐다.

현금창출력 부문은 5점 만점에 3.8점으로 우수한 것으로 나타났다. 2020년 12월 연환산 영업활동 현금흐름이 6억 7,900만 달러로 전년 동기 2억 700만 달러 대비 228% 늘었고, 잉여현금흐름은 6억 7,200만 달러로 전년 동기 1억 9,200만 달러 대비 250% 급증한 점이 반영됐다.

재무안전성은 5점 만점에 3.5점으로 평균 이상의 재무안전성을 갖췄다. 부채비율 224%, 유동비율 417%, 이자보상배수 10배 등이 반영된 결과다.

배당은 지급하지 않아 배당 투자 대상으로는 현재 적합하지 않다.

POINT ▶ 온라인 광고 매출 증가세 가속,
반독점법 이슈는 늘 있어왔던 문제

페이스북

FB Nasdaq | Facebook, Inc.

처음 매매하는 경우

매매 예정 시점
실적 확인 후 ☐ 이슈 확인 후 ☐

매매 결정 이유
변동성 확대(단기) ☐ 실적 우수(장기) ☐

매수 목표 가격 $

손익 목표 가격 $ (+ %)

손절 목표 가격 $ (- %)

보유 예정 기간
3개월 미만(단기) ☐ 1년 이상(장기) ☐

보유 중인 경우

매매 구분 매수 ☐ 매도 ☐

매매 일자 20 . . .

매매 금액 가격 $ 수량 주

수익 현황 수익금액 $ 수익률 %

투자 아이디어

2004년 하버드 학생들의 의사소통 수단으로 시작해 마크 저커버그와 애드워드 새버린 등이 설립한 페이스북**FB**은 세계 최대의 소셜 네트워크 서비스 기업이다. 페이스북과 인스타그램 그리고 왓츠앱 등을 운영하고 있으며, 월간 전 세계 인구의 3분의 1에 가까운 24억 5천 만 명이 이 같은 서비스들을 이용한다. 2011년 페이스북 메신저를 출시했고, 2012년에 나스닥에 상장했으며 같은 해에 업계 최초로 이용자 10억 명을 돌파했다.

2018년 케임브리지 애널리티카에 의한 8,700만 명의 정보 유출 사건과 각종 소프트웨어 결함, 이용자 증가세 둔화로 다소 부침을 겪었지만 결제 시스템과 거래 플랫폼 등 다양한 서비스를 추가하면서 매출 성장세를 이어가는 추세이다.

2012년 나스닥에 상장했으며, 미국 3대 지수 중 나스닥 100과 S&P 500에 포함돼 있다.

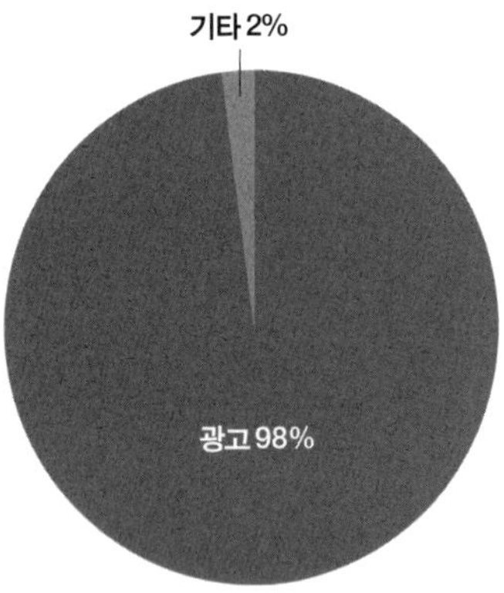

사업부문별 매출 비중

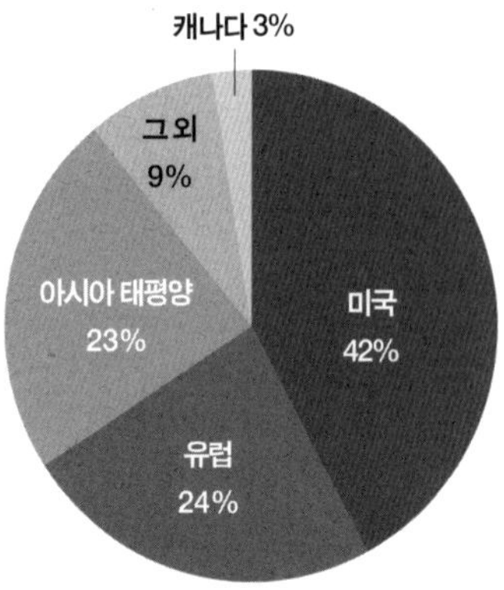

사업지역별 매출 비중

최신 정보 보러 가기 ●

주요 지표 및 주가 | 최신 뉴스 한 번에 보기 | 퀀트 분석 : 종목진단 | 컨센서스 및 투자의견

최근 3년 수익률
44.7%

최근 5년간 주요 투자지표 ① 손익계산서 12월 결산 기준 / (단위) 금액: 백만 달러, %

구분	2016. 12	2017. 12	2018. 12	2019. 12	2020. 12	전년 대비
매출액	27,638	40,653	55,838	70,697	85,965	▲ 21.6%
영업이익	12,427	20,203	24,913	23,986	32,671	▲ 36.2%
영업이익률(%)	45.0	49.7	44.6	33.9	38.0	▲ 4.1%P
순이익	10,217	15,934	22,112	18,485	29,146	▲ 57.7%
순이익률(%)	37.0	39.2	39.6	26.1	33.9	▲ 7.8%P

최근 5년간 주요 투자지표 ② 가치평가 12월 결산 기준 / (단위) 금액: 배, %, 달러

구분	2016. 12	2017. 12	2018. 12	2019. 12	2020. 12
PER(배)	32.55	32.21	17.04	31.67	26.7
PBR(배)	5.6	6.9	4.48	5.79	6.07
PSR(배)	12	12.61	6.75	8.28	9.05
ROE(%)	19.3	23.2	27.5	20	25.2
주당순이익(달러)	3.49	5.39	7.57	6.43	10.09
주당배당금(달러)	0	0	0	0	0

최근 5년간 주가 추이

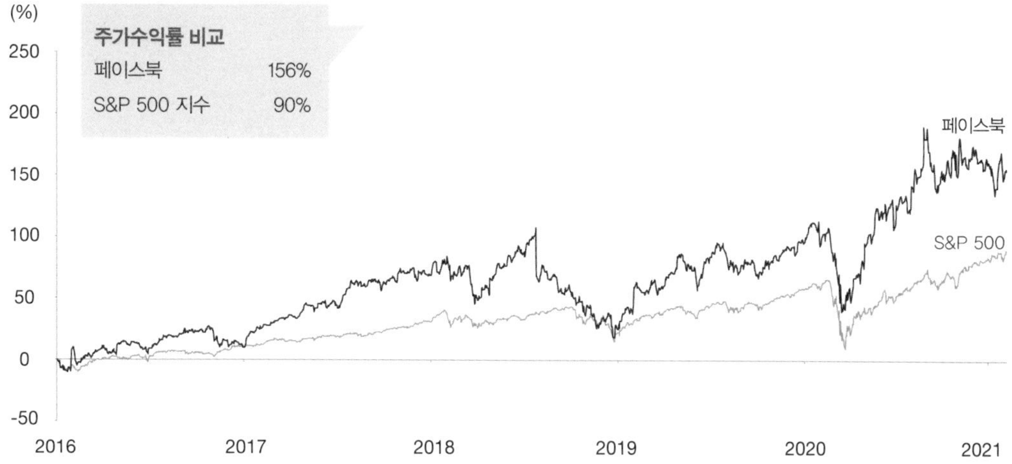

주요 경쟁업체 현황

페이스북의 주요 경쟁사로는 스냅**SNAP**, 핀터레스트**PINS**가 있다.

스냅Snap Inc는 사진과 동영상 공유에 특화된 소셜 네트워킹 앱인 스냅챕을 보유하고 있다. 수신 후 10초가 지나면 메시지가 사라지는 서비스로 인기를 끌었다.

핀터레스트Pinterest, Inc.는 이용자들이 스크랩한 이미지를 포스팅함으로써 관심사와 아이디어를 공유하는 소셜 네트워킹 서비스이다.

F

최근 4분기 경쟁사 실적 비교 2020년 4분기 기준 / (단위) 백만 달러, %, 달러

구분	페이스북	스냅	핀터레스트
매출	85,965	2,507	1,693
영업이익	32,671	-862	-143
순이익	29,146	-945	-128
영업이익률	38.01	-34.38	-8.45
순이익률	33.90	-37.69	-7.56
주당순이익(EPS)	10.09	-0.65	-0.22
주가수익배수(PER)	26.7	-78.96	-317.41
주가순자산배수(PBR)	6.07	32.02	18.16

페이스북의 본사는 미국 캘리포니아 멘로파크에 위치하며, 상근 직원 수는 5만 8,604명이다. 스냅의 본사는 미국 캘리포니아 산타모니카에 위치하며, 상근 직원 수는 3,863명이다. 핀터레스트의 본사는 미국 캘리포니아 샌프란스코에 위치하며, 상근 직원 수는 2,545명이다.
(2021년 2월 현재)

최근 12개월간 주가 수익률 비교 2021년 2월 기준 / (단위) %

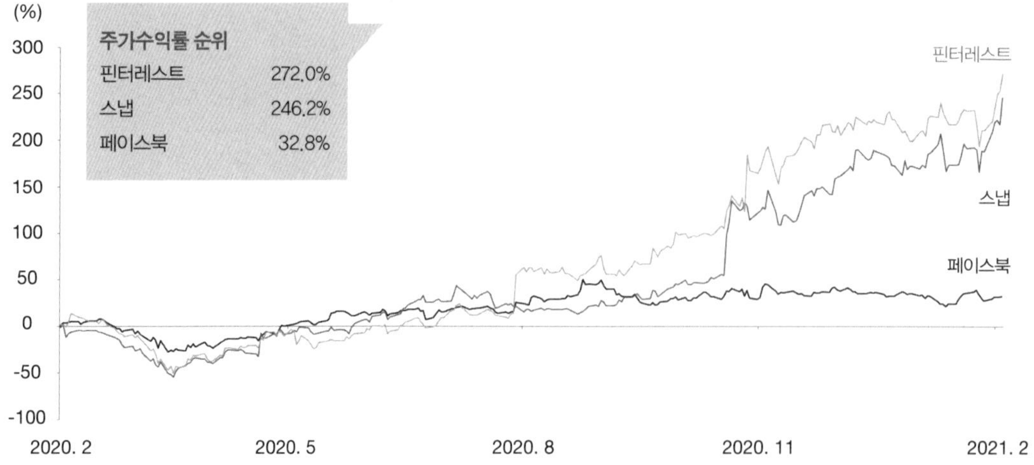

배당 및 투자의견, 종목진단 결과

페이스북의 회계 결산월은 12월이다.

배당이 없는 페이스북에 대하여 최근 3개월간 36명의 애널리스트가 제시한 투자의견을 종합하면 강력매수Strong Buy(매수 32명, 보유 3명, 매도 1명)이다. 향후 12개월간 목표주가는 최고 375달러, 최저 205달러, 평균 341.85달러이다.

초이스스탁 US의 종목진단 결과는?

2020년 12월 실적발표 기준

페이스북의 투자매력 점수는 100점 만점에 82점이며 미국 상장기업 5,591개 중 232위로 상위 4%에 속하는 초우량 기업이다.

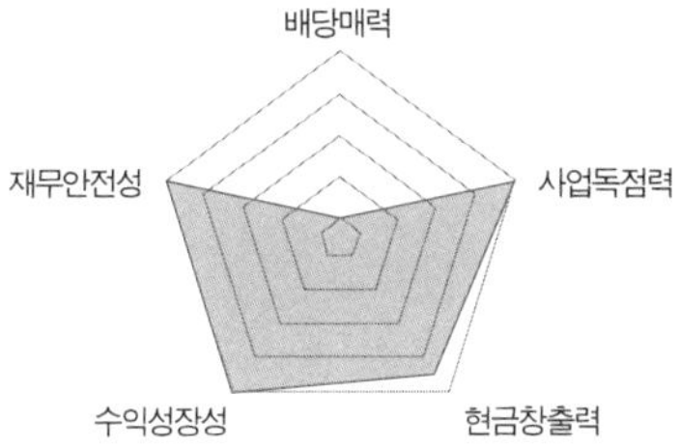

종합점수 : 82점 / 100점

항목	평가
배당매력	★☆☆☆☆
현금창출력	★★★★½
재무안전성	★★★★★
사업독점력	★★★★★
수익성장성	★★★★★

최신 결과 보러 가기

투자매력 세부 5개 항목 중 사업독점력, 수익성장성, 재무안전성 3개 부문에서 모두 5점 만점을 받았다.

사업독점력은 5점 만점을 받아 현재의 고수익을 오랫동안 유지할 수 있는 독점력을 갖춘 기업으로 평가된다. 미국 전체 상장사 중 상위 3% 수준인 173개 기업만이 만점을 받았다. 수익성장성도 5점 만점을 받았다. 2020년 12월 연환산(최근 4분기 합산) 매출액이 859억 달러로 전년 동기 706억 달러 대비 21% 성장했고 순이익은 291억 달러로 전년 동기 184억 달러 대비 58% 급증한 점 등이 반영됐다.

현금창출력은 4.5점으로 2020년 12월 연환산 영업활동 현금흐름이 387억 달러, 잉여현금흐름이 236억 달러를 창출했고, 현금성 자산이 175억 달러를 보유하고 있는 점 등이 반영됐다.

배당은 지급하지 않아 배당 투자 대상으로는 현재 적합하지 않다.

POINT ▶ 전자상거래의 일반화에 따라 증가한 물류량은 더욱 견고해질 것

페덱스

FDX NYSE | FedEx Corporation

F

처음 매매하는 경우

매매 예정 시점
실적 확인 후 ☐ 이슈 확인 후 ☐
매매 결정 이유
변동성 확대(단기) ☐ 실적 우수(장기) ☐
매수 목표 가격 $
손익 목표 가격 $ (+ %)
손절 목표 가격 $ (- %)
보유 예정 기간
3개월 미만(단기) ☐ 1년 이상(장기) ☐

보유 중인 경우

매매 구분 매수 ☐ 매도 ☐
매매 일자 20 . . .
매매 금액 가격 $ 수량 주
수익 현황 수익금액 $ 수익률 %

투자 아이디어

포춘 500대 기업 중 하나인 페덱스**FDX**는 세계 2위 물류운송 업체이자 항공특송 전문 회사다. 1971년에 설립됐으며 1973년에 14대의 소형 항공기를 띄우며 '익일 특급 배송'이라는 차별화된 서비스를 바탕으로 "땅에서는 UPS, 하늘에서는 페덱스"라는 명성을 얻기 시작했다. 1983년까지 10년만에 매출 10억 달러를 달성했고, 1980년대 말부터 소규모의 인수합병을 통해 회사 규모를 키웠다. 1994년 브랜드명을 '페덱스'로 변경했으며, 1997년 지주 회사로 전환했다. 제한시간 내 국제 특송 물류 서비스를 제공하는 '페덱스 익스프레스', 소포장 상품의 육상 운송 서비스를 제공하는 '페덱스 그라운드', 소량 화물을 신속히 배송하는 '페덱스 프라이트', 그리고 문구 및 프린팅 서비스를 제공하는 '페덱스 서비스' 등 4개 사업부문을 영위하고 있다.

1978년 4월 뉴욕증권거래소에 상장했으며, 미국 3대 지수 중 S&P 500에 속해 있다.

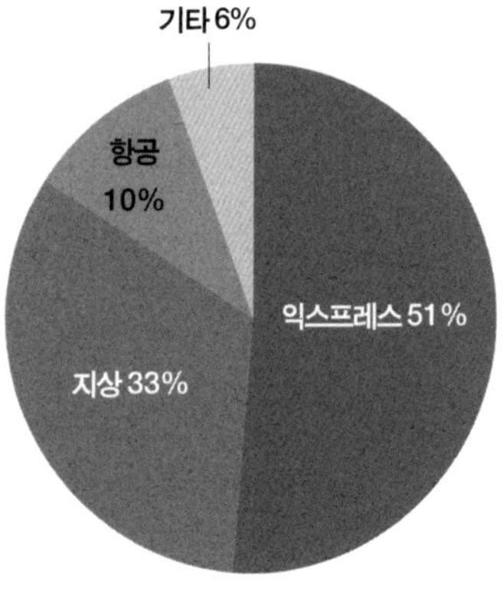

사업부문별 매출 비중

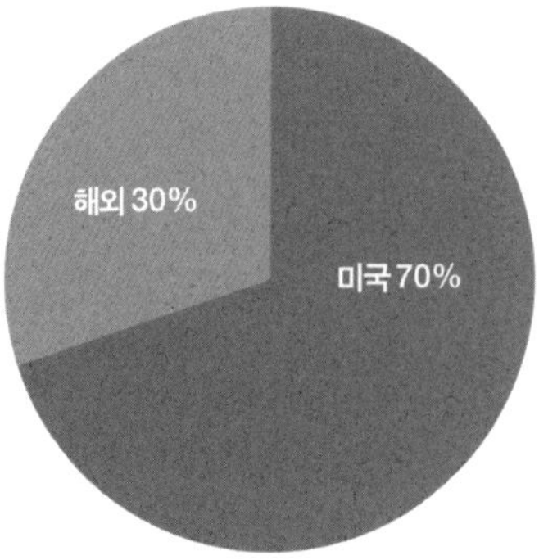

사업지역별 매출 비중

최신 정보 보러 가기 ●

주요 지표 및 주가 | 최신 뉴스 한 번에 보기 | 퀀트 분석 : 종목진단 | 컨센서스 및 투자의견

최근 3년 수익률
1.9%

최근 5년간 주요 투자지표 ① 손익계산서 5월 결산 기준 / (단위) 금액: 백만 달러, %

구분	2016. 5	2017. 5	2018. 5	2019. 5	2020. 5	전년 대비
매출액	50,365	60,319	65,450	69,693	69,217	▼ -0.7%
영업이익	3,077	4,566	4,272	4,466	2,417	▼ -45.9%
영업이익률(%)	6.1	7.6	6.5	6.4	3.5	▼ -2.9%P
순이익	1,820	2,997	4,572	540	1,286	▲ 138.2%
순이익률(%)	3.6	5.0	7.0	0.8	1.9	▲ 1.1%P

최근 5년간 주요 투자지표 ② 가치평가 5월 결산 기준 / (단위) 금액: 배, %, 달러

구분	2016. 5	2017. 5	2018. 5	2019. 5	2020. 5
PER(배)	24.33	17.29	14.56	74.45	26.52
PBR(배)	3.21	3.23	3.43	2.26	1.86
PSR(배)	0.88	0.86	1.02	0.58	0.49
ROE(%)	12.5	20	25.4	2.8	7
주당순이익(달러)	6.51	11.07	16.79	2.03	4.9
주당배당금(달러)	1	1.6	2	2.6	2.6

최근 5년간 주가 추이

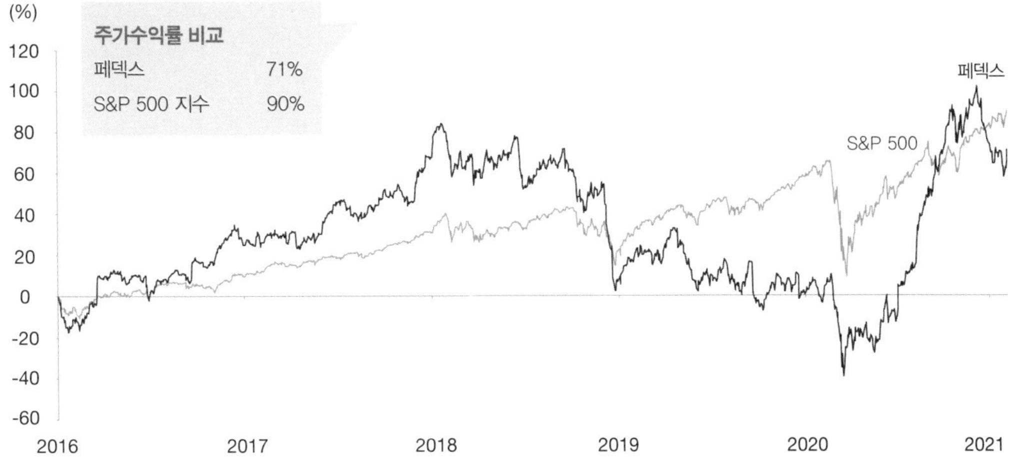

주요 경쟁업체 현황

페덱스의 주요 경쟁사로는 유나이티드 파슬 서비스**UPS**, 익스페디터 인터내셔널 오브 워싱턴**EXPD**이 있다.

유나이티드 파슬 서비스United Parcel Service, Inc., 일명 유피에스는 글로벌 운송 기업이다. 1907년 시애틀에서 설립돼 현재 전 세계 220개가 넘는 나라에서 매일 평균 6,100만 고객에게 1,500만 건의 운송 서비스를 하고 있다. 1999년 뉴욕증권거래소에 상장했다.

익스페디터 인터내셔널 오브 워싱턴Expeditors International of Washington, Inc., 이하 익스페디터는 운송과 통관 중개, 화물보험과 주문관리, 물류 솔루션 등을 제공하는 글로벌 물류 회사다. 1979년 설립됐으며 1984년 나스닥에 상장했다.

최근 4분기 경쟁사 실적 비교 2020년 4분기 기준 / (단위) 백만 달러, %, 달러

구분	페덱스	유나이티드 파슬 서비스	익스페디터
매출	74,729	76,892	10,116
영업이익	3,941	7,041	940
순이익	2,452	5,801	696
영업이익률	5.27	9.16	9.29
순이익률	3.28	7.54	6.88
주당순이익(EPS)	9.2	6.66	4.07
주가수익배수(PER)	30.69	24.8	23.13
주가순자산배수(PBR)	3.58	25.73	6.05

페덱스의 본사는 미국 테네시 멤피스에 위치하며, 상근 직원 수는 32만 4천여 명이다.
유나이티드 파슬 서비스의 본사는 미국 조지아 샌디 스프링스에 위치하며, 상근 직원 수는 1만 4,500명이다.
익스페디터의 본사는 미국 워싱턴 시애틀에 위치하며, 상근 직원 수는 1만 8천여 명이다.
(2021년 2월 현재)

최근 12개월간 주가 수익률 비교 2021년 2월 기준 / (단위) %

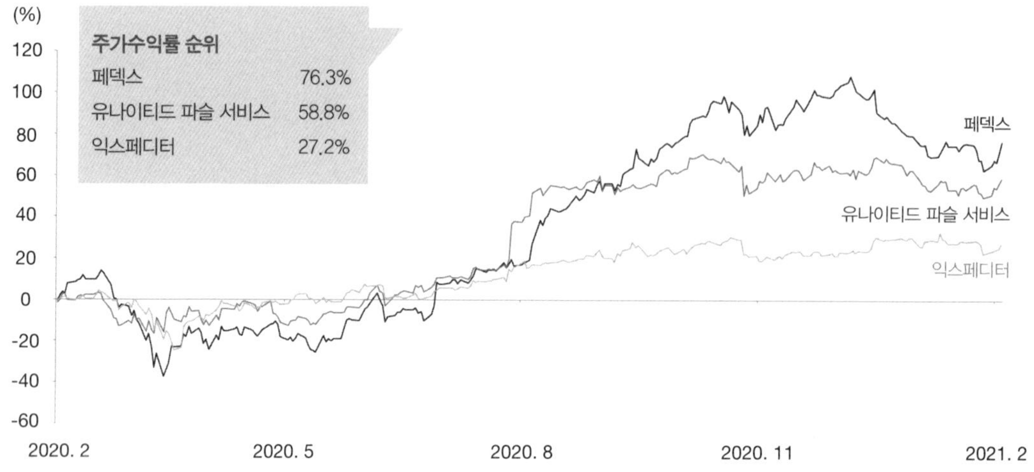

배당 및 투자의견, 종목진단 결과

페덱스의 회계 결산월은 5월이다.

배당금은 분기 단위로 지급되고, 배당수익률은 삽업재 섹터 평균인 2.12%의 절반 수준이다.

배당수익률(선행)	연간배당금(선행)	배당성향	배당성장	5년 배당성장률
1.02%	2.60달러	15.02%	0년	21.06%

최근 3개월간 21명의 애널리스트가 제시한 투자의견을 종합하면 매수Moderate Buy(매수 16명, 보유 4명, 매도 1명)이다. 향후 12개월간 목표주가는 최고 380달러, 최저 250달러, 평균 333.65달러이다.

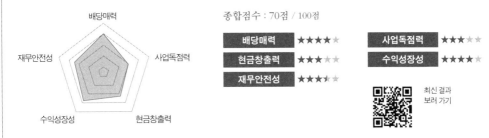

초이스스탁 US의 종목진단 결과는?

2020년 11월 실적발표 기준

페덱스의 투자매력 점수는 100점 만점에 70점이며 미국 상장기업 5,591개 중 875위로 상위 15%에 속하는 우량 기업이다.

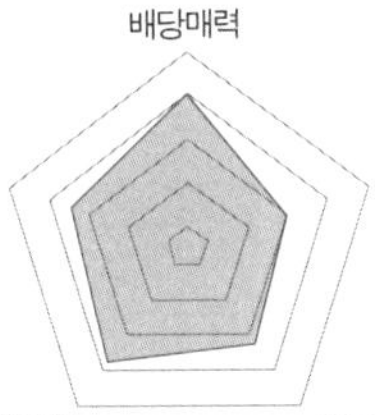

종합점수 : 70점 / 100점

배당매력	★★★★☆	사업독점력	★★★☆☆
현금창출력	★★★☆☆	수익성장성	★★★★☆
재무안전성	★★★½☆		

최신 결과 보러 가기

투자매력 세부 5개 항목 중 배당매력 점수가 5점 만점에 4점을 받아 가장 높은 점수를 받았다. 2020년 주당배당금은 2.6달러를 지급해 시가배당률 2.0%를 기록했다. 최근 5년간 시가배당률은 0.6~2.0% 수준이다.

수익성장성 점수는 3.8점으로 코로나 19에도 불구하고 타사 대비 높은 평가를 받았다. 2020년 11월 연환산(최근 4분기 합산) 매출액은 747억 달러로 전년 동기 691억 달러 대비 8.1% 늘었고, 순이익은 24억 달러로 전년 동기 7,500만 달러 대비 큰 폭으로 늘었다.

재무안전성 점수는 3.5점으로 단기적인 재무안전성은 좋은 편이다. 현금창출력 점수는 3.2점으로 2020년 11월 연환산 기준 영업활동 현금흐름이 82억 달러, 잉여현금흐름이 28억 달러를 창출한 점 등이 반영됐다.

POINT ▶ 클라우드 시대, 사이버 보안의 중요성은 나날이 높아져

포티넷

FTNT Nasdaq | Fortinet, Inc.

처음 매매하는 경우

매매 예정 시점
실적 확인 후 ☐ 이슈 확인 후 ☐
매매 결정 이유
변동성 확대(단기) ☐ 실적 우수(장기) ☐
매수 목표 가격 $
손익 목표 가격 $ (+ %)
손절 목표 가격 $ (- %)
보유 예정 기간
3개월 미만(단기) ☐ 1년 이상(장기) ☐

보유 중인 경우

매매 구분 매수 ☐ 매도 ☐
매매 일자 20 . . .
매매 금액 가격 $ 수량 주
수익 현황 수익금액 $ 수익률 %

투자 아이디어

일반인들에게는 거의 알려지지 않은 포티넷**FTNT**은 기업과 정부기관 그리고 아마존, 마이크로소프트와 같은 클라우드 서비스 제공자 등을 대상으로 방화벽, 안티 바이러스, 침입 방지, 엔드 포인트 보안 서비스 등을 제공하는 미국의 다국적 네트워크 보안 회사다.

2000년에 설립돼 2002년 방화벽인 '포티게이트'를 출시한 데 이어 안티 스팸 및 안티 바이러스 소프트웨어를 발표했다. 이후 다양한 수준의 어플라이언스와 진일보한 소프트웨어를 출시해왔고, 2016년 여러 네트워크 보안 하드웨어와 소프트웨어가 하나의 통합된 플랫폼으로 작동할 수 있게 하는 '포티넷 시큐리티 패브릭'을 론칭, 2018년 세계에서 가장 많이 채택한 네트워크 보안 솔루션이 됐다. 인터넷 인프라스트럭처 보안 부문과 클라우드 보안 부문, 사물인터넷과 운영기술 네트워크 보안 부문으로 사업 영역을 확장 중이다. 2009년 11월 나스닥에 상장했으며, 미국 3대 지수 중 S&P 500에 속해 있다.

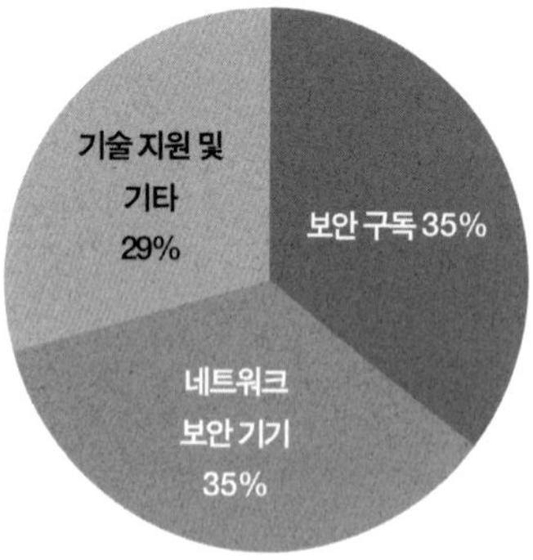

사업부문별 매출 비중

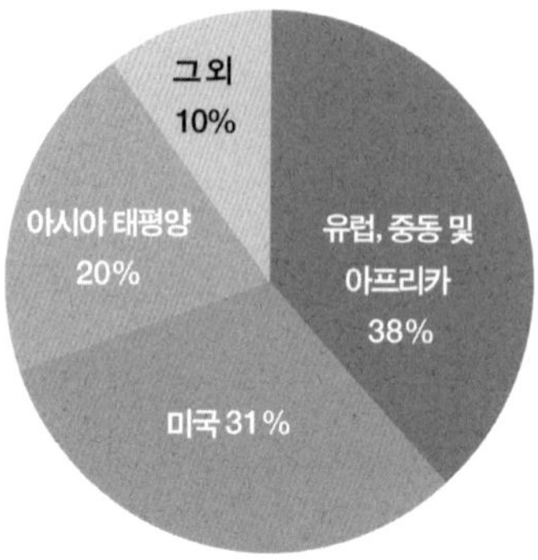

사업지역별 매출 비중

최신 정보 보러 가기 ●

주요 지표 및 주가 | 최신 뉴스 한 번에 보기 | 퀀트 분석 : 종목진단 | 컨센서스 및 투자의견

최근 3년 수익률
234.1%

최근 5년간 주요 투자지표 ① 손익계산서 12월 결산 기준 / (단위) 금액: 백만 달러, %

구분	2016. 12	2017. 12	2018. 12	2019. 12	2020. 12	전년 대비
매출액	1,275	1,495	1,805	2,163	2,594	▲ 19.9%
영업이익	43	110	234	351	532	▲ 51.6%
영업이익률(%)	3.4	7.4	13.0	16.2	20.5	▲ 4.3%P
순이익	32	31	335	332	489	▲ 47.3%
순이익률(%)	2.5	2.1	18.6	15.3	18.9	▲ 3.5%P

최근 5년간 주요 투자지표 ② 가치평가 12월 결산 기준 / (단위) 금액: 배, %, 달러

구분	2016. 12	2017. 12	2018. 12	2019. 12	2020. 12
PER(배)	161.86	241.97	35.83	55.05	49.36
PBR(배)	6.22	12.89	11.88	13.6	28.17
PSR(배)	4.09	5.08	6.65	8.44	9.29
ROE(%)	4	3.8	39.7	28.1	73.8
주당순이익(달러)	0.18	0.18	1.92	1.9	2.91
주당배당금(달러)	0	0	0	0	0

최근 5년간 주가 추이

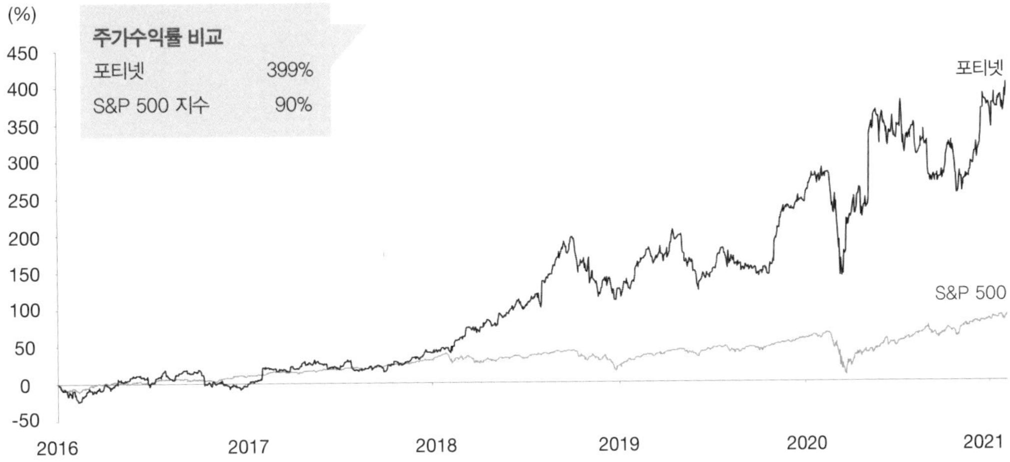

주요 경쟁업체 현황

포티넷의 주요 경쟁사로는 클라우드플레어**NET**, 지스케일러**ZS**가 있다.

클라우드플레어Cloudflare, Inc.는 콘텐츠 딜리버리 네트워크Contents Delivery Network, 즉 CDN 서비스 등 웹사이트의 성능·속도·보안 관련 서비스를 다양하게 제공하는 기업이다. 2009년 설립돼 2019년 뉴욕증권거래소에 상장했다.

지스케일러Zscaler, Inc.는 클라우드 기반의 보안 기업으로, 전 세계에 5,500개 이상의 기업 및 1,500만 명 이상의 사용자에게 서비스를 제공하고 있다. 2007년 설립됐으며 2018년 나스닥에 상장했다.

F

최근 4분기 경쟁사 실적 비교 2020년 4분기 기준 / (단위) 백만 달러, %, 달러

구분	포티넷	클라우드플레어	지스케일러
매출	2,594	389	480
영업이익	532	-112	-138
순이익	489	-114	-153
영업이익률	20.51	-28.79	-28.75
순이익률	18.85	-29.31	-31.88
주당순이익(EPS)	2.91	-0.2	-1.17
주가수익배수(PER)	49.36	-110.6	-117.89
주가순자산배수(PBR)	28.17	15.19	36.66

포티넷의 본사는 미국 캘리포니아 서니베일에 위치하며, 상근 직원 수는 8,238명이다.
클라우드플레어의 본사는 미국 캘리포니아 샌프란시스코에 위치하며, 상근 직원 수는 1,788명이다.
지스케일러의 본사는 미국 캘리포니아 산호세에 위치하며, 상근 직원 수는 2,020명이다.
(2021년 2월 현재)

최근 12개월간 주가 수익률 비교 2021년 2월 기준 / (단위) %

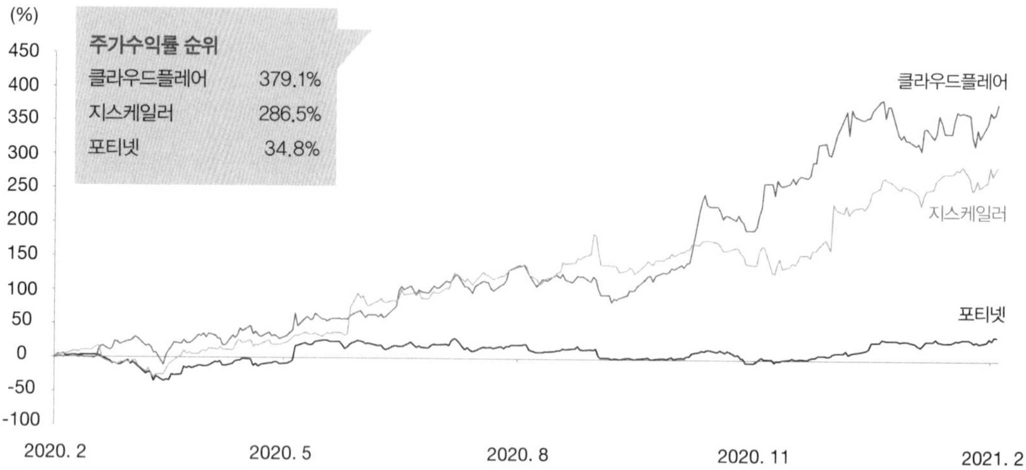

배당 및 투자의견, 종목진단 결과

포티넷의 회계 결산월은 12월이다.

배당이 없는 포티넷에 대하여 최근 3개월간 19명의 애널리스트가 제시한 투자의견을 종합하면 매수Moderate Buy(매수 11명, 보유 6명, 매도 2명)이다. 향후 12개월간 목표주가는 최고 190달러, 최저 104달러, 평균 164.56달러이다.

초이스스탁 US의 종목진단 결과는?

2020년 9월 실적발표 기준

포티넷의 투자매력 점수는 100점 만점에 75점이며 미국 상장기업 5,591개 중 573위로 상위 10%에 속하는 우량 기업이다.

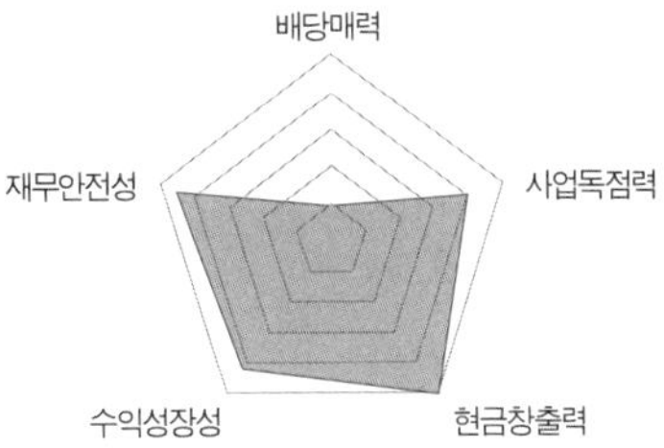

종합점수 : 75점 / 100점

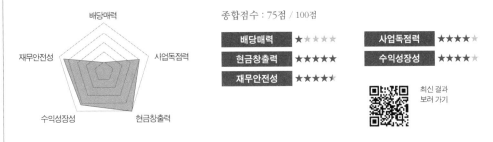

배당매력	★☆☆☆☆	사업독점력	★★★★☆
현금창출력	★★★★★	수익성장성	★★★★☆
재무안전성	★★★★½		

최신 결과 보러 가기

투자매력 세부 5개 항목 중 현금창출력 점수가 5점 만점을 받았다. 2020년 9월 연환산(최근 4분기 합산) 영업활동 현금흐름이 9억 7,800만 달러, 잉여현금흐름이 8억 3,700만 달러를 창출한 점 등이 반영됐다.

안정적인 현금흐름을 만들고 있고, 현금성 자산 8억 8,200만 달러와 투자자산 7억 7,400만 달러를 보유 중이다.

재무안전성 평가에서도 5점 만점에 4.5점을 받아 재무안전성이 높은 것으로 분석됐다.

수익성장성 점수도 4.2점으로 높은 점수를 받았다. 2020년 9월 연환산 매출액은 24억 달러로 전년 동기 20억 달러 대비 20% 성장했고, 순이익은 4억 5,500만 달러로 전년 동기 3억 9,400만 달러 15% 늘어난 점 등이 반영됐다.

사업독점력 부문에서도 4점을 받아 미국 전체 상장사 중 상위 6%에 속하는 우량 기업으로 평가된다. 사업독점력은 현재의 수익력을 유지할 수 있는지를 판단하는 점수다.

배당은 지급하지 않아 배당 투자 대상으로는 현재 적합하지 않다.

POINT ▶ 세계 최대 인프라 기업의 화려한 부활이 시작되다!

제너럴 일렉트릭

GE NYSE | General Electric Company

처음 매매하는 경우	보유 중인 경우
매매 예정 시점 실적 확인 후 ☐ 이슈 확인 후 ☐	**매매 구분** 매수 ☐ 매도 ☐
매매 결정 이유 변동성 확대(단기) ☐ 실적 우수(장기) ☐	**매매 일자** 20 . . .
매수 목표 가격 $	**매매 금액** 가격 $ 수량 주
손익 목표 가격 $ (+ %)	**수익 현황** 수익금액 $ 수익률 %
손절 목표 가격 $ (- %)	**투자 아이디어**
보유 예정 기간 3개월 미만(단기) ☐ 1년 이상(장기) ☐	

포춘 500대 기업 중 하나인 제너럴 일렉트릭**GE**은 항공, 에너지, 헬스케어 부문에 특화한 글로벌 인프라 기업으로, 1878년 토머스 에디슨이 설립한 전기조명회사와 1892년 톰슨휴스턴 전기회사가 합병하여 탄생했다. 1912년 진공관, 1927년 TV, 1930년 전기세탁기, 1976년 CT 및 MRI 등을 세계 최초로 개발하는 등 산업계를 선도하는 여러 족적을 남겼다. 하지만 2001년 잭 웰치가 물러나면서 쇠락의 길을 걷기 시작해, 2017년 기업의 모태였던 백열전구 사업을 비롯한 여러 사업의 매각을 결정했다. 더욱이 보잉737 맥스 사태에 이어 코로나 19로 인한 항공 산업의 부진도 실적 급감으로 이어졌으나, 꾸준한 구조조정을 바탕으로 서서히 실적 회복세를 나타내고 있다. 1892년 6월 뉴욕증권거래소에 상장했으며, 미국 3대 지수 중 S&P 500에 속해 있다. 다우존스 산업평균지수에서는 지난 2018년 6월에 편출됐다.

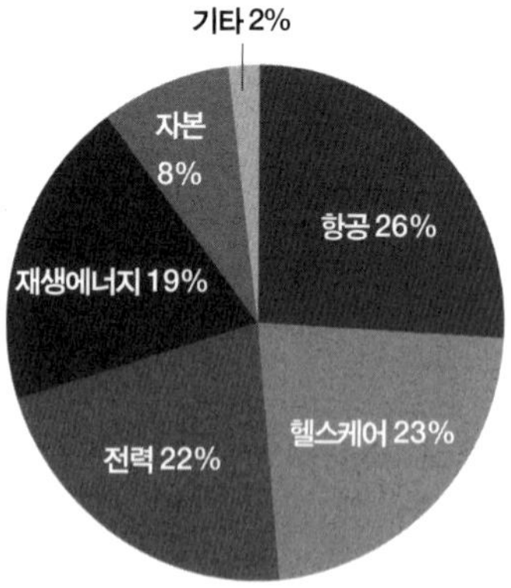

사업부문별 매출 비중

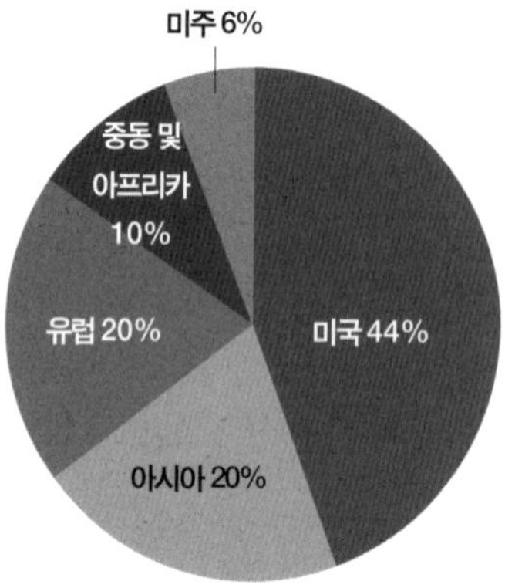

사업지역별 매출 비중

최신 정보 보러 가기 ●

주요 지표 및 주가 | 최신 뉴스 한 번에 보기 | 퀀트 분석 : 종목진단 | 컨센서스 및 투자의견

최근 3년 수익률
-22.3%

최근 5년간 주요 투자지표 ① 손익계산서 12월 결산 기준 / (단위) 금액: 백만 달러, %

구분	2016. 12	2017. 12	2018. 12	2019. 12	2020. 12	전년 대비
매출액	119,469	99,279	97,012	95,214	79,619	▼ -16.4%
영업이익	10,282	-6,349	-15,789	5,998	-486	적자 전환
영업이익률(%)	8.6	-6.4	-16.3	6.3	-0.6	▼ -6.9%P
순이익	7,500	-8,484	-22,355	-4,979	5,704	흑자 전환
순이익률(%)	6.3	-8.5	-23.0	-5.2	7.2	▲ 12.4%P

최근 5년간 주요 투자지표 ② 가치평가 12월 결산 기준 / (단위) 금액: 배, %, 달러

구분	2016. 12	2017. 12	2018. 12	2019. 12	2020. 12
PER(배)	40.84	-16.97	-2.89	-17.92	18.09
PBR(배)	3.69	2.7	2.13	3.44	2.66
PSR(배)	2.34	1.52	0.68	1.02	1.19
ROE(%)	8.2	-12.7	-52.6	-17.1	15.2
주당순이익(달러)	0.75	-1.03	-2.62	-0.62	0.58
주당배당금(달러)	0.93	0.84	0.37	0.45	0.04

최근 5년간 주가 추이

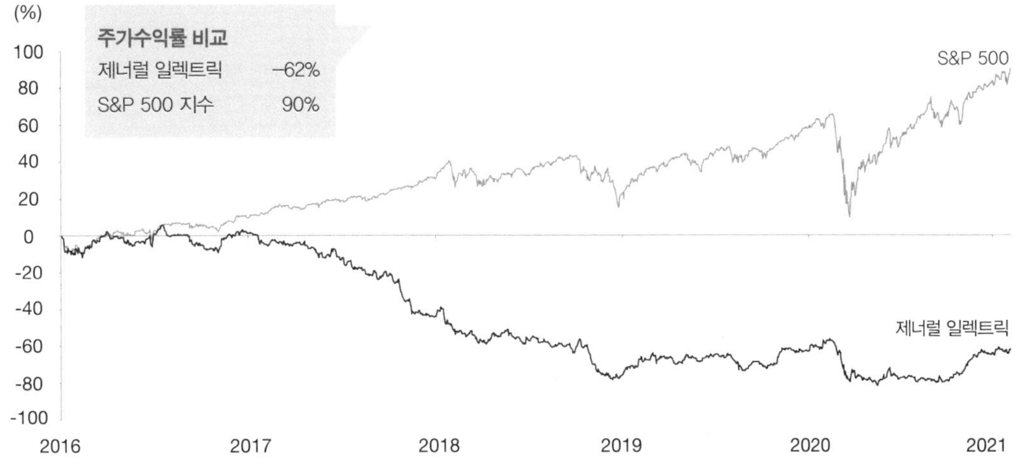

주요 경쟁업체 현황

제너럴 일렉트릭의 주요 경쟁사로는 하니웰 인터내셔널**HON**, 쓰리엠**MMM**이 있다.

하니웰 인터내셔널Honeywell International은 다양한 산업재 및 소비재 제품과 우주항공 시스템을 개발하고 생산하는 세계 17위의 방산업체다. 1906년에 설립됐으며 1929년 뉴욕증권거래소에 상장 했다. 2020년 8월에는 다우존스 산업평균지수에 새로 편입되기도 했다.

쓰리엠3M Company은 다양한 생활밀착형 제품과 고기능의 산업재를 개발하고 판매하는 미국의 다국적 기업이다. 1902년 미네소타 광공업 회사로 시작하여 1946년 뉴욕증권거래소에 상장했다. 전 세계 200여 개 국가에서 6만 5천여 개의 제품을 판매하고 있다.

최근 4분기 경쟁사 실적 비교 2020년 4분기 기준 / (단위) 백만 달러, %, 달러

구분	제너럴일렉트릭	하니웰 인터내셔널	쓰리엠
매출	79,619	32,637	32,184
영업이익	-486	5,696	7,161
순이익	5,704	4,779	5,384
영업이익률	-0.61	17.45	22.25
순이익률	7.16	14.64	16.73
주당순이익(EPS)	0.58	6.72	9.25
주가수익배수(PER)	18.09	31.23	18.73
주가순자산배수(PBR)	2.66	8.51	7.84

제너럴 일렉트릭의 본사는 미국 매사추세츠 보스턴에 위치하며, 상근 직원 수는 18만 4천여 명이다.
하니웰 인터내셔널의 본사는 미국 노스캐롤라이나에 위치하며, 상근 직원 수는 10만 3천 명이다.
쓰리엠의 본사는 미국 미네소타 세인트폴에 위치하며, 상근 직원 수는 9만 5천여 명이다.
(2021년 2월 현재)

최근 12개월간 주가 수익률 비교 2021년 2월 기준 / (단위) %

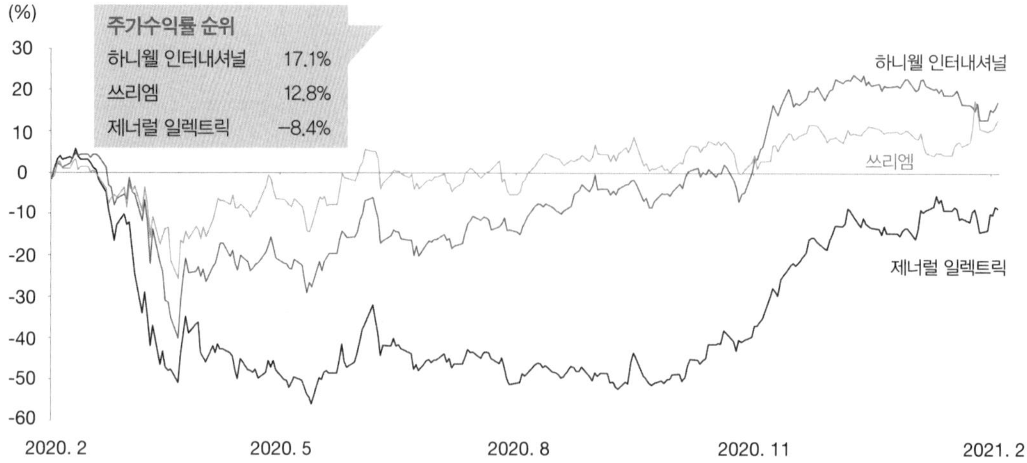

배당 및 투자의견, 종목진단 결과

제너럴 일렉트릭의 회계 결산월은 12월이다.

배당금은 분기 단위로 지급되고, 배당수익률은 산업재 섹터 평균인 2.12%의 7분의 1 수준이다.

배당수익률(선행)	연간배당금(선행)	배당성향	배당성장	5년 배당성장률
0.32%	0.04달러	15.61%	0년	-46.16%

최근 3개월간 15명의 애널리스트가 제시한 투자의견을 종합하면 매수Moderate Buy(매수 9명, 보유 6명, 매도 0명)이다. 향후 12개월간 목표주가는 최고 15달러, 최저 7달러, 평균 12.43달러이다.

초이스스탁 US의 종목진단 결과는?

2020년 12월 실적발표 기준

제너럴 일렉트릭의 투자매력 점수는 100점 만점에 30점이며 미국 상장기업 5,591개 중 3,212위로 상위 57%에 속하는 기업이다.

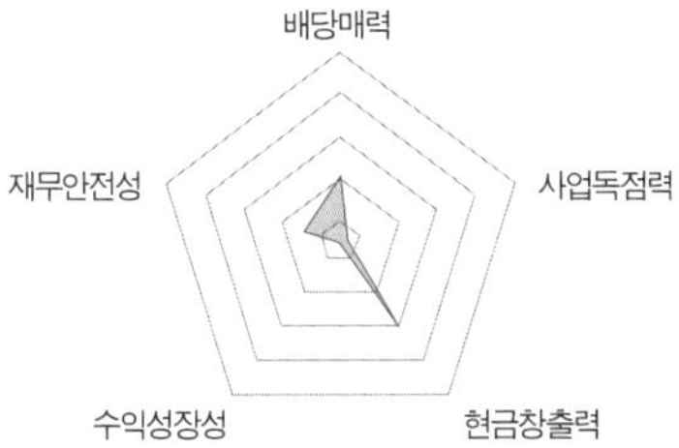

종합점수 : 30점 / 100점

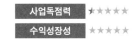

배당매력	★★☆☆☆	사업독점력	½★☆☆☆☆
현금창출력	★★★☆☆	수익성장성	☆☆☆☆☆
재무안전성	★½☆☆☆		

최신 결과 보러 가기

투자매력 세부 5개 항목 중 현금창출력 부문이 5점 만점에 3점으로 다른 항목에 비해 약간 높은 평가를 받았다. 2020년 12월 연환산(최근 4분기 합산) 영업활동 현금흐름이 35억 달러, 잉여현금흐름이 18억 달러를 창출한 점 등이 반영됐다. 그러나 수익성장성과 재무안전성에서는 낮은 점수를 받아 리스크가 높은 편이다.

수익성장성은 5점 만점에 0.2점으로 매우 낮다. 2020년 12월 연환산 매출액이 796억 달러로 전년 동기 952억 달러 대비 16% 감소했고, 영업이익은 전년 동기 59억 달러에서 4억 8,600만 달러 적자로 전환한 점 등이 반영됐다. 사업독점력 부문에서도 5점 만점에 0.5점을 받아 기업의 경쟁력과 향후 성장성이 불투명한 상황이다.

배당매력 점수는 2점을 받았다. 2020년 주당 0.04달러를 지급해 시가배당률 0.4%를 기록했다. 최근 5년간 시가배당률은 0.4~4.9% 수준이다.

POINT ▶ 파이프라인 개선 중이나 성과를 위해서는 아직 많은 시간이 필요

길리어드 사이언시스

GILD Nasdaq | Gilead Sciences, Inc.

처음 매매하는 경우

매매 예정 시점
실적 확인 후 ☐ 이슈 확인 후 ☐
매매 결정 이유
변동성 확대(단기) ☐ 실적 우수(장기) ☐
매수 목표 가격 $
손익 목표 가격 $ (+ %)
손절 목표 가격 $ (- %)
보유 예정 기간
3개월 미만(단기) ☐ 1년 이상(장기) ☐

보유 중인 경우

매매 구분 매수 ☐ 매도 ☐
매매 일자 20 . . .
매매 금액 가격 $ 수량 주
수익 현황 수익금액 $ 수익률 %

투자 아이디어

최근 코로나 19 치료제 개발 소식으로 자주 언급되고 있는 길리어드 사이언시스**GILD**는 바이러스성 질환 치료제를 전문 개발하는 생명공학 기업으로, 1987년 존 밀리건이 설립했다.
인체 면역 기능을 결핍시키는 바이러스, 흔히 에이즈로 알려진 HIV 치료제와 C형 간염을 일으키는 바이러스인 HCV 치료제를 보유하고 있는데, 이들이 글로벌 항바이러스제 시장의 절반 가까이를 차지하고 있다. 2009년 국내에서 크게 유행했던 신종 인플루엔자의 치료제인 '타미플루'를 개발하기도 했다. 최근 수년간 C형 간염 치료제의 역성장으로 고전함에 따라 중장기 관점에서 HIV 치료제의 적응증 확대와 함께 2017년 CAR-T 항암제 개발 회사인 카이트 파마, 2020년 면역 항암제 회사인 포티세븐을 인수하는 등 성장을 위해 노력 중이다.
1992년 나스닥에 상장했으며, 미국 3대 지수 중 나스닥 100과 S&P 500에 속해 있다.

사업부문별 매출 비중

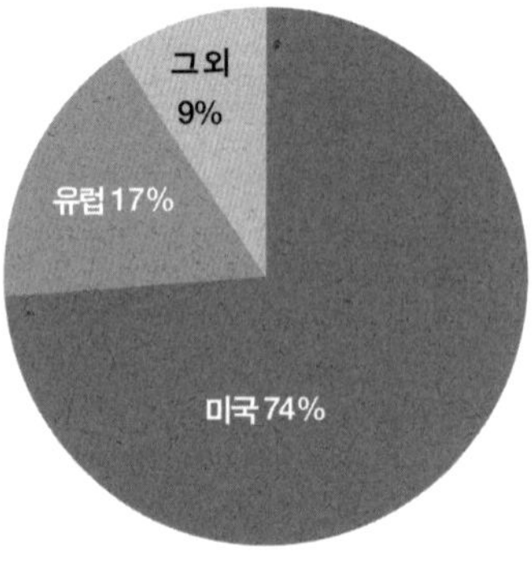

사업지역별 매출 비중

최신 정보 보러 가기 ●

주요 지표 및 주가 | 최신 뉴스 한 번에 보기 | 퀀트 분석 : 종목진단 | 컨센서스 및 투자의견

최근 3년 수익률
-14.8%

최근 5년간 주요 투자지표 ① 손익계산서 12월 결산 기준 / (단위) 금액: 백만 달러, %

구분	2016. 12	2017. 12	2018. 12	2019. 12	2020. 12	전년 대비
매출액	30,390	26,107	22,127	22,449	24,689	▲ 10.0%
영업이익	17,633	14,124	8,200	4,287	4,071	▼ -5.0%
영업이익률(%)	58.0	54.1	37.1	19.1	16.5	▼ -2.6%P
순이익	13,501	4,628	5,455	5,386	123	▼ -97.7%
순이익률(%)	44.4	17.7	24.7	24.0	0.5	▼ -23.5%P

최근 5년간 주요 투자지표 ② 가치평가 12월 결산 기준 / (단위) 금액: 배, %, 달러

구분	2016. 12	2017. 12	2018. 12	2019. 12	2020. 12
PER(배)	6.99	20.22	14.83	15.26	593.74
PBR(배)	5	4.58	3.78	3.65	4.01
PSR(배)	3.1	3.59	3.66	3.66	2.96
ROE(%)	83.5	20.9	25.2	24.6	0.6
주당순이익(달러)	9.94	3.51	4.17	4.22	0.1
주당배당금(달러)	1.84	2.08	2.28	2.52	2.72

최근 5년간 주가 추이

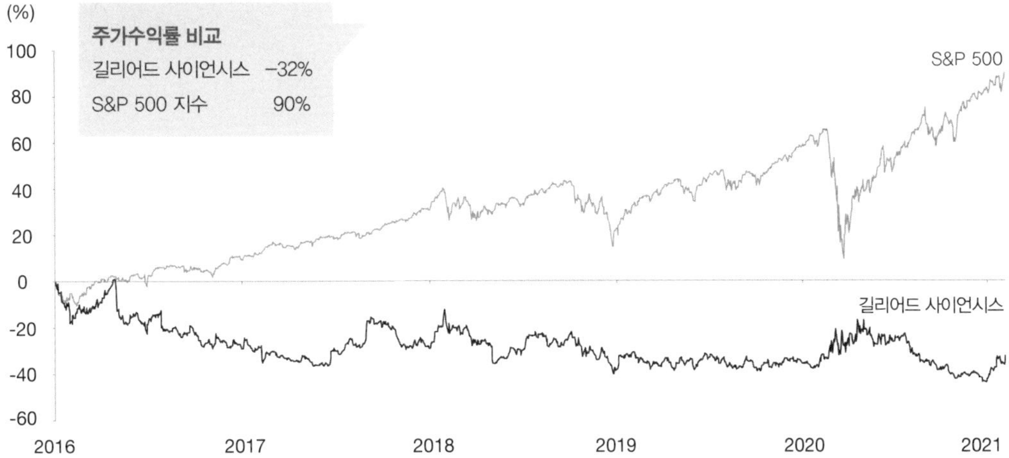

주요 경쟁업체 현황

길리어드 사이언시스의 주요 경쟁사로는 암젠**AMGN**, 버텍스 파마슈티컬즈**VRTX**가 있다.

암젠Amgen Inc.은 바이오젠, 셀진, 길리어드 사이언시스와 함께 나스닥 바이오대크 빅4로 불리우는 독립 생명공학 회사다. 2020년 8월, 화이저를 대신해 다우존스 산업평균지수에 편입됐다.

버텍스 파마슈티컬즈Vertex Pharmaceuticals은 암, 바이러스 감염, 염증성 자가면역 질환, 신경 장애 등 특수 질병을 위한 치료제를 개발하는 생명공학 회사다. 1989년 설립됐으며 1991년 나스닥에 상장했다.

최근 4분기 경쟁사 실적 비교 2020년 4분기 기준 / (단위) 백만 달러, %, 달러

구분	길리어드 사이언시스	암젠	버텍스 파마슈티컬즈
매출	24,689	25,424	6,206
영업이익	4,071	9,139	2,869
순이익	123	7,264	2,712
영업이익률	16.5	35.95	46.23
순이익률	0.5	28.57	43.70
주당순이익(EPS)	0.1	12.31	10.29
주가수익배수(PER)	593.74	18.43	22.66
주가순자산배수(PBR)	4.01	14.23	7.08

길리어드 사이언시스의 본사는 미국 캘리포니아에 위치하며, 상근 직원 수는 1만 1,800명이다. 암젠의 본사는 미국 캘리포니아에 위치하며, 상근 직원 수는 2만 4,300명이다. 버텍스 파마슈티컬즈의 본사는 미국 매사추세츠에 위치하며, 상근 직원 수는 3,400명이다. (2021년 2월 현재)

최근 12개월간 주가 수익률 비교 2021년 2월 기준 / (단위) %

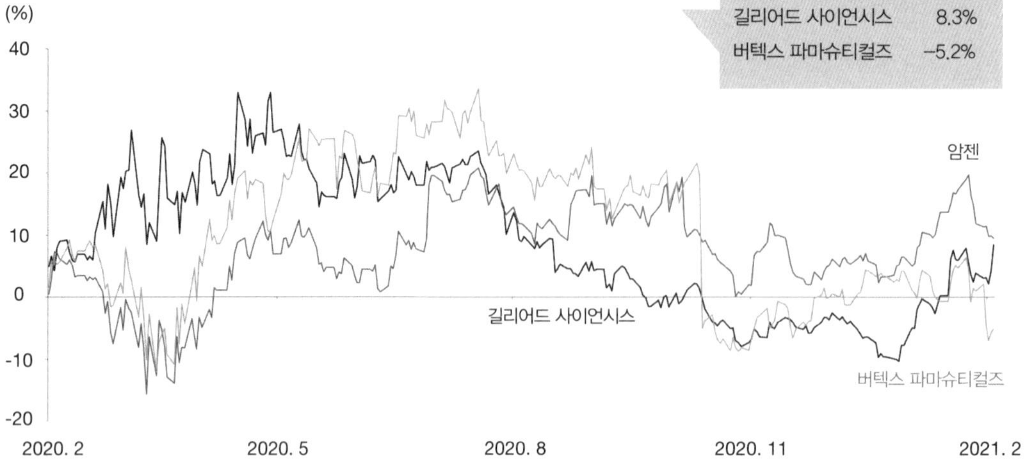

주가수익률 순위	
암젠	9.4%
길리어드 사이언시스	8.3%
버텍스 파마슈티컬즈	−5.2%

배당 및 투자의견, 종목진단 결과

길리어드 사이언시스의 회계 결산월은 12월이다.

2016년부터 증가해온 길리어드 사이언시스의 배당금은 분기 단위로 지급되고, 배당수익률은 헬스케어 섹터 평균인 1.51%의 3배 이상이다.

배당수익률(선행)	연간배당금(선행)	배당성향	배당성장	5년 배당성장률
4.63%	2.84달러	39.68%	5년	16.35%

최근 3개월간 21명의 애널리스트가 제시한 투자의견을 종합하면 매수Moderate Buy(매수 11명, 보유 9명, 매도 1명)이다. 향후 12개월간 목표주가는 최고 100달러, 최저 62달러, 평균 75.50달러이다.

초이스스탁 US의 종목진단 결과는?

2020년 12월 실적발표 기준

길리어드 사이언시스의 투자매력 점수는 100점 만점에 64점이며 미국 상장기업 5,591개 중 1,280위로 상위 23%에 속하는 기업이다.

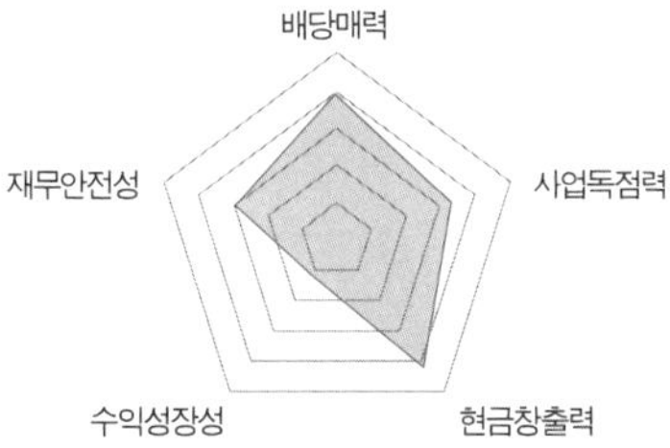

종합점수 : 64점 / 100점

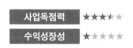

배당매력	★★★★☆	사업독점력	★★★½☆
현금창출력	★★★★☆	수익성장성	★☆☆☆☆
재무안전성	★★★☆☆		

최신 결과 보러 가기

투자매력 세부 5개 항목 중 현금창출력 부문에서 5점 만점에 4.2점을 받았다. 2020년 12월 연환산(최근 4분기 합산) 영업활동 현금흐름이 81억 달러, 잉여현금흐름이 75억 달러를 창출했고 현금성자산이 59억 달러를 보유하고 있는 점 등이 반영됐다. 배당매력 점수도 4.0점으로 높은 현금창출력을 바탕으로 안정적인 배당을 지급하고 있다. 최근 5년 연속 주당배당금을 인상했고, 2020년에는 주당배당금 2.72달러를 지급해 시가배당률 4.7%를 기록했다. 최근 5년간 시가배당률은 2.6~4.7% 수준이다.

수익성장성 점수는 1.2점으로 낮은 평가를 받았다. 2020년 12월 연환산 매출액이 246억 달러로 전년 동기 224억 달러 대비 9.9% 늘었지만, 순이익은 1억 2,300만 달러로 전년 동기 53억 달러 대비 급감한 점 등이 반영됐다.

재무안전성은 3점을 받아 평균적인 재무안전성을 갖춘 기업으로 평가된다. 부채비율 276%, 유동비율 140%, 이자보상배수 4배 등이 반영된 결과다.

POINT ▶ 검색 광고 회복세가 가져올 어닝 서프라이즈와 주가 상승세는 이미 시작

알파벳

GOOGL Nasdaq | Alphabet Inc.

처음 매매하는 경우			보유 중인 경우			
매매 예정 시점			**매매 구분**	매수 ☐	매도 ☐	
실적 확인 후 ☐	이슈 확인 후 ☐		**매매 일자**	20 . . .		
매매 결정 이유			**매매 금액**	가격 $	수량	주
변동성 확대(단기) ☐	실적 우수(장기) ☐		**수익 현황**	수익금액 $	수익률	%
매수 목표 가격	$					
손익 목표 가격	$	(+ %)	**투자 아이디어**			
손절 목표 가격	$	(- %)				
보유 예정 기간						
3개월 미만(단기) ☐	1년 이상(장기) ☐					

'알파벳'하면 아직 낯설게 느끼는 분들이 많지만, '구글'이라고 하면 모르는 사람이 드물다. 알파벳 **GOOGL**은 세계 최대 인터넷 검색 서비스 회사인 구글의 모회사이자 지주 회사다. 2015년 8월 지주사 체제로 전환, 기존 구글 사업부문을 비롯해 총 12개 신사업부문을 자회사 형태로 보유하고 있다.

구글 사업부문은 광고, 유튜브, 안드로이드, 클라우드 사업을 포함하고 있으며 현재까지 알파벳의 실적을 견인하고 있다. 그리고 신사업부문에서는 인공지능, 증강현실, 자율주행과 함께 건강관리, 생명연장 등 미래 성장을 위한 다양한 핵심 기술에 대규모 투자와 인수를 진행 중이다. 눈에 띄는 신사업 부문으로는 클라우드 기반 게임 서비스인 스태디아, 자율주행 기술의 상용화를 선도하고 있는 웨이모 등이 있다.

2004년 나스닥에 상장했으며, 미국 3대 지수 중 나스닥 100과 S&P 500에 속해 있다.

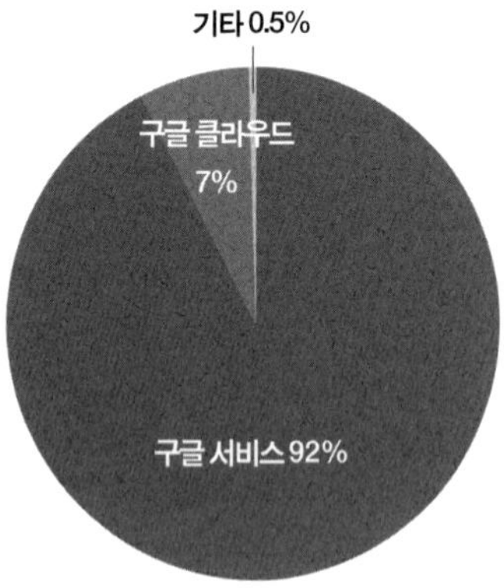

사업부문별 매출 비중

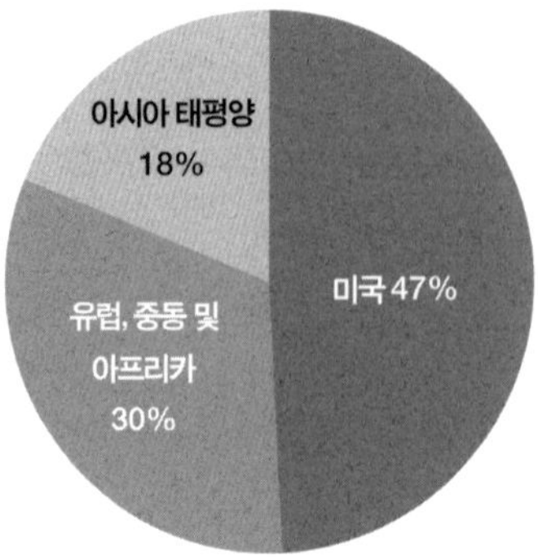

사업지역별 매출 비중

최신 정보 보러 가기 ●

주요 지표 및 주가 | 최신 뉴스 한 번에 보기 | 퀀트 분석 : 종목진단 | 컨센서스 및 투자의견

최근 3년 수익률 92.6%

최근 5년간 주요 투자지표 ① 손익계산서 12월 결산 기준 / (단위) 금액: 백만 달러, %

구분	2016. 12	2017. 12	2018. 12	2019. 12	2020. 12	전년 대비
매출액	90,272	110,855	136,819	161,857	182,527	▲ 12.8%
영업이익	23,716	26,178	27,524	34,231	41,224	▲ 20.4%
영업이익률(%)	26.3	23.6	20.1	21.1	22.6	▲ 1.4%P
순이익	19,478	12,662	30,736	34,343	40,269	▲ 17.3%
순이익률(%)	21.6	11.4	22.5	21.2	22.1	▲ 0.8%P

최근 5년간 주요 투자지표 ② 가치평가 12월 결산 기준 / (단위) 금액: 배, %, 달러

구분	2016. 12	2017. 12	2018. 12	2019. 12	2020. 12
PER(배)	28.04	57.8	23.64	26.9	29.44
PBR(배)	3.93	4.8	4.09	4.59	5.33
PSR(배)	6.05	6.6	5.31	5.71	6.5
ROE(%)	14.9	8.4	18.3	17.8	19
주당순이익(달러)	27.85	18	43.7	49.16	58.61
주당배당금(달러)	0	0	0	0	0

최근 5년간 주가 추이

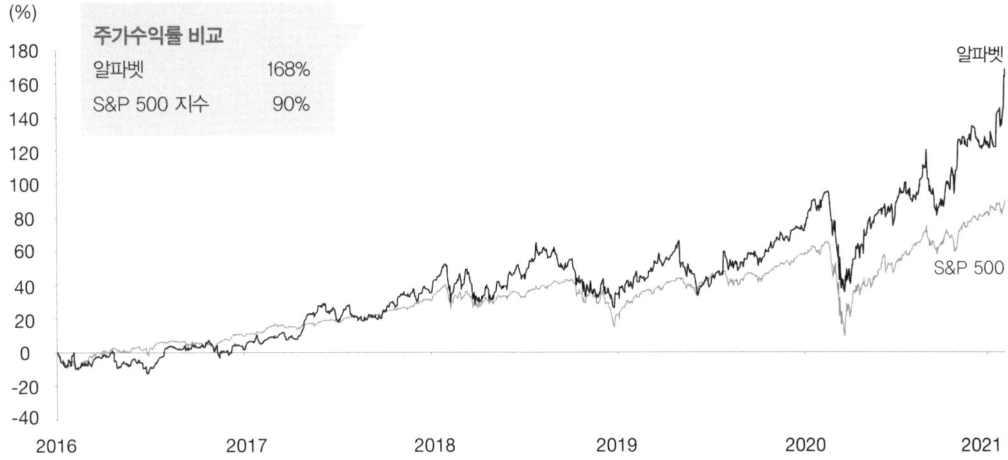

주요 경쟁업체 현황

알파벳의 주요 경쟁사로는 바이두**BIDU**, 얀덱스**YNDX**가 있다.

바이두Baidu, Inc.는 중국 내 검색 시장점유율의 약 70%를 차지하고 있는 1위 검색 엔진 회사로, 2000년에 설립된 중국의 대표 IT 기업이다. 2005년 8월 나스닥에 상장했다. 중국의 3대 인터넷 기업 BAT바이두, 알리바바, 텐센트 중 하나로, 인공지능과 자율주행차 영역에서 성과를 내고 있으며 홍콩 2차 상장을 검토 중에 있다.

얀덱스Yandex NV.는 러시아 내 검색 시장점유율 50% 이상을 차지하고 있는 1위 검색 엔진으로, 70여 가지 이상의 서비스를 제공하고 있는데 이 중 음식배달, 모빌리티, e커머스 등이 모두 시장 점유율 1위를 달리고 있다. 1997년 설립됐으며 2011년 5월 나스닥에 상장했다.

최근 4분기 경쟁사 실적 비교 2020년 4분기 기준 / (단위) 백만 달러, %, 달러

구분	알파벳	바이두	얀덱스
매출	182,527	15,521	2,939
영업이익	41,224	2,058	219
순이익	40,269	3,472	343
영업이익률	22.59	13.26	7.44
순이익률	22.06	22.37	11.68
주당순이익(EPS)	58.61	10.12	1.01
주가수익배수(PER)	29.44	12.61	71.38
주가순자산배수(PBR)	5.33	1.69	5.59

알파벳의 본사는 미국 캘리포니아에 위치하며, 상근 직원 수는 13만 5천 명에 달한다.
바이두의 본사는 중국 베이징에 위치하며, 상근 직원 수는 3만 7,779명이다.
얀덱스는 러시아 최대 인터넷 회사이나 본사는 네덜란드 헤이그에 위치한다. 상근 직원 수는 1만 1,864명이다. (2021년 2월 현재)

최근 12개월간 주가 수익률 비교 2021년 2월 기준 / (단위) %

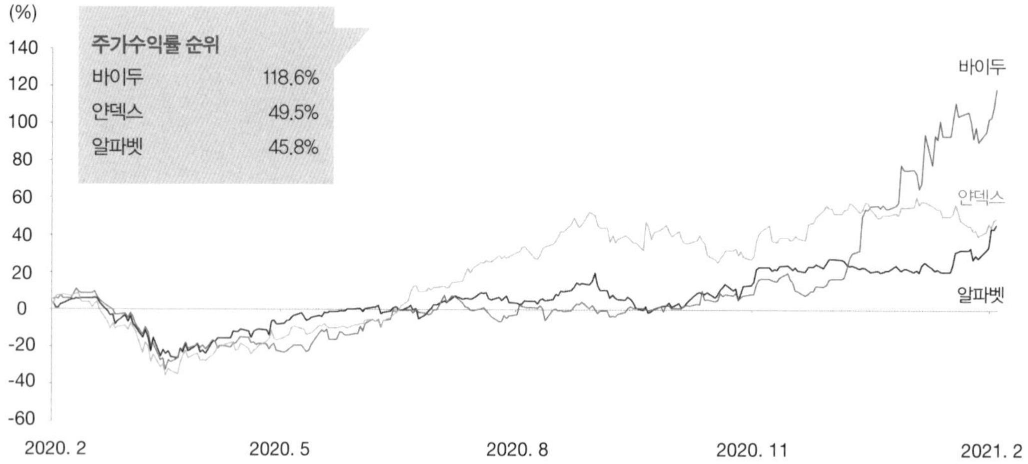

배당 및 투자의견, 종목진단 결과

알파벳의 회계 결산월은 12월이다.

배당이 없는 알파벳에 대하여 최근 3개월간 31명의 애널리스트가 제시한 투자의견을 종합하면 강력매수Strong Buy(매수 30명, 보유 1명, 매도 0명)이다. 향후 12개월간 목표주가는 최고 2,750달러, 최저 2,000달러, 평균 2,338.80달러이다.

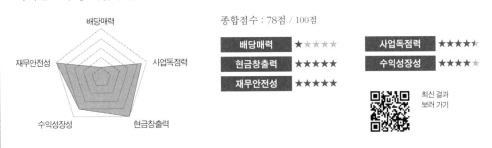

초이스스탁 US의 종목진단 결과는?

2020년 12월 실적발표 기준

알파벳의 투자매력 점수는 100점 만점에 78점이며 미국 상장기업 5,591개 중 424위로 상위 7%에 속하는 초우량 기업이다.

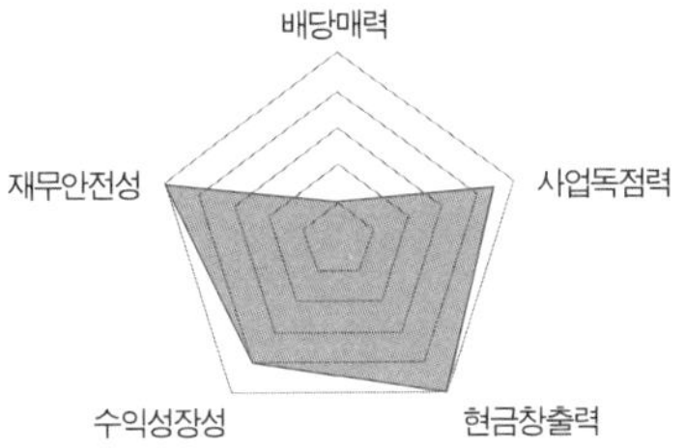

종합점수 : 78점 / 100점

배당매력	★☆☆☆☆
현금창출력	★★★★★
재무안전성	★★★★★
사업독점력	★★★★½
수익성장성	★★★★☆

최신 결과 보러 가기

투자매력 세부 5개 항목 중 현금창출력과 재무안전성 부문에서 모두 5점 만점을 받았다. 2020년 12월 연환산(최근 4분기 합산) 영업활동 현금흐름은 651억 달러로 전년 동기 545억 달러 대비 19% 늘었고, 잉여현금흐름은 428억 달러로 전년 동기 309억 달러 대비 38% 성장한 점 등이 반영됐다.

재무안전성도 5점을 받아 재무구조가 우량하고 매우 안전한 것으로 평가된다.

수익성장성 점수는 4점으로 미국 전체 상장사 중 상위 4%에 속하는 고성장 기업이다. 2020년 12월 연환산 매출액이 1,825억 달러로 전년 동기 1,618억 달러 대비 12% 늘었고, 순이익은 402억 달러로 전년 동기 34억 달러 대비 17% 성장한 점 등이 반영됐다.

사업독점력 점수도 4.5점을 받아 미국 전체 상장사 중 상위 3%에 속하는 초우량 기업이다. 사업독점력은 현재의 수익성과 성장성을 유지할 수 있는지를 알 수 있는 지표로써 높을수록 독점력이 높다.

배당은 지급하지 않아 배당 투자 대상으로는 현재 적합하지 않다.

POINT ▶ 금융시장의 활황으로 실적 성장도 지속될 것. 개인투자자 대상 서비스도 확대

골드만 삭스 그룹

GS NYSE | Goldman Sachs Group

처음 매매하는 경우

매매 예정 시점
실적 확인 후 ☐ 이슈 확인 후 ☐
매매 결정 이유
변동성 확대(단기) ☐ 실적 우수(장기) ☐
매수 목표 가격 $
손익 목표 가격 $ (+ %)
손절 목표 가격 $ (- %)
보유 예정 기간
3개월 미만(단기) ☐ 1년 이상(장기) ☐

보유 중인 경우

매매 구분 매수 ☐ 매도 ☐
매매 일자 20 . . .
매매 금액 가격 $ 수량 주
수익 현황 수익금액 $ 수익률 %

투자 아이디어

G

골드만 삭스 그룹GS은 전세계 기관투자자를 대상으로 투자중개, 인수합병의 서비스를 제공하는 미국의 다국적 투자은행이다.

1869년 뉴욕에서 약속어음 거래를 시작으로 1906년 기업공개IPO 시장에 진출했다. 2008년 은행 지주 회사로 전환했고, 2015년에는 IT 회사로의 변신을 선언하기도 했으며, 최근에는 1달러 예금을 받는 등 일반인 대상 서비스로 범위를 확장하고 있다.

골드만 삭스 그룹의 사업부문은 크게 기관투자자 서비스 부문, 투자은행 부문, 투자 및 대출 부문, 투자관리 부문 등 4개 부문으로 구성된다. 2019년 기준으로 인수합병M&A 수수료 수입과 증권 발행 수수료 수입은 모두 글로벌 투자은행 1위를 차지했다. 1999년 뉴욕증권거래소에 상장했으며, 미국 3대 지수 중 다우와 S&P 500에 포함돼 있다.

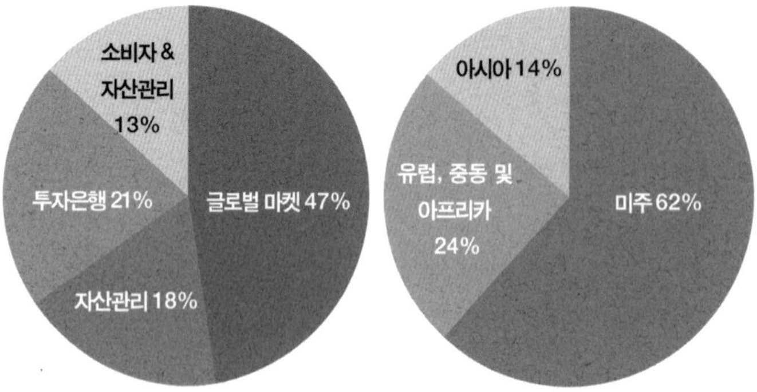

사업부문별 매출 비중 사업지역별 매출 비중

최신 정보 보러 가기 ●

주요 지표 및 주가 | 최신 뉴스 한 번에 보기 | 퀀트 분석 : 종목진단 | 컨센서스 및 투자의견

최근 3년 수익률
13.5%

최근 5년간 주요 투자지표 ① 손익계산서 12월 결산 기준 / (단위) 금액: 백만 달러, %

구분	2016. 12	2017. 12	2018. 12	2019. 12	2020. 12	전년 대비
매출액	30,790	32,730	36,616	36,546	44,560	▲ 21.9%
영업이익	10,486	11,789	13,155	11,648	15,577	▲ 33.7%
영업이익률(%)	34.1	36.0	35.9	31.9	35.0	▲ 3.1%P
순이익	7,398	4,286	10,459	8,466	9,459	▲ 11.7%
순이익률(%)	24.0	13.1	28.6	23.2	21.2	▼ -1.9%P

최근 5년간 주요 투자지표 ② 가치평가 12월 결산 기준 / (단위) 금액: 배, %, 달러

구분	2016. 12	2017. 12	2018. 12	2019. 12	2020. 12
PER(배)	13.44	26.08	6.3	10.31	10.18
PBR(배)	1.1	1.17	0.69	0.9	0.95
PSR(배)	3.09	2.94	1.7	2.23	2.04
ROE(%)	8.2	4.3	11.4	8.7	9.6
주당순이익(달러)	16.29	9.01	25.27	21.03	24.74
주당배당금(달러)	2.6	2.9	3.15	4.15	5

최근 5년간 주가 추이

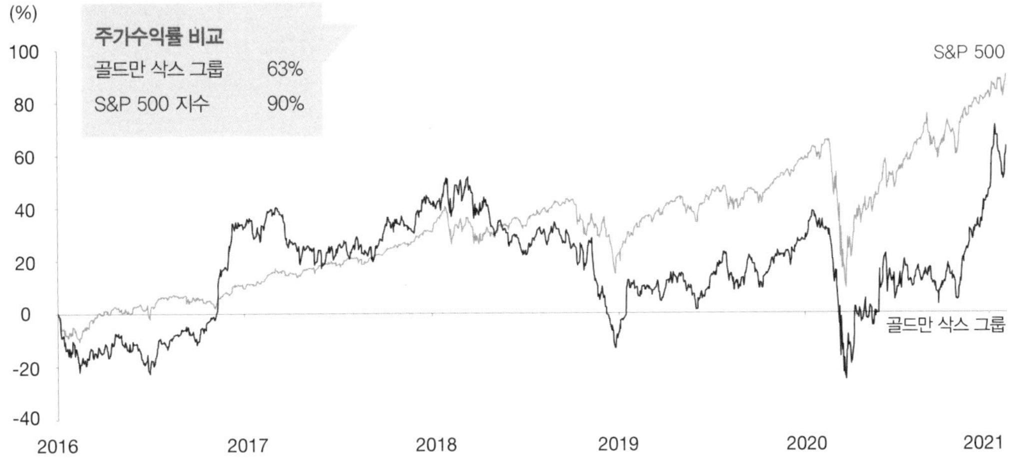

주요 경쟁업체 현황

골드만 삭스 그룹의 주요 경쟁사로는 모건 스탠리**MS**, 찰스 슈왑**SCHW**이 있다.

모건 스탠리Morgan Stanley는 세계에서 가장 큰 투자은행이자 글로벌 금융서비스 기업 중 하나로, 1953년 설립됐다. 전 세계 펀드 운용의 주요 기준으로 사용되는 MSCI 지수를 제공하고 있으며, 1993년 뉴욕증권거래소에 상장했다.

찰스 슈왑Charles Schwab Corporation은 자회사와 함께 자산 관리, 증권 중개, 은행 업무, 보관 및 재정 자문 서비스를 제공하는 금융지주 회사다. 1971년 찰스 슈왑에 의해 설립됐다.

최근 4분기 경쟁사 실적 비교 2020년 4분기 기준 / (단위) 백만 달러, %, 달러

구분	골드만 삭스 그룹	모건 스탠리	찰스 슈왑
매출	44,560	45,415	10,121
영업이익	15,577	12,721	4,145
순이익	9,459	9,850	3,016
영업이익률	35.0	28.01	40.95
순이익률	21.2	21.69	29.80
주당순이익(EPS)	24.74	5.93	2.16
주가수익배수(PER)	10.18	8.18	16.71
주가순자산배수(PBR)	0.95	0.86	1.49

골드만 삭스 그룹의 본사는 미국 뉴욕에 위치하며, 상근 직원 수는 4만 500명이다.
모건 스탠리의 본사는 미국 뉴욕에 위치하며, 상근 직원 수는 6만 8,097명이다.
찰스 슈왑의 본사는 미국 캘리포니아에 위치하며, 상근 직원 수는 3만 2천여 명이다.
(2021년 2월 현재)

최근 12개월간 주가 수익률 비교 2021년 2월 기준 / (단위) %

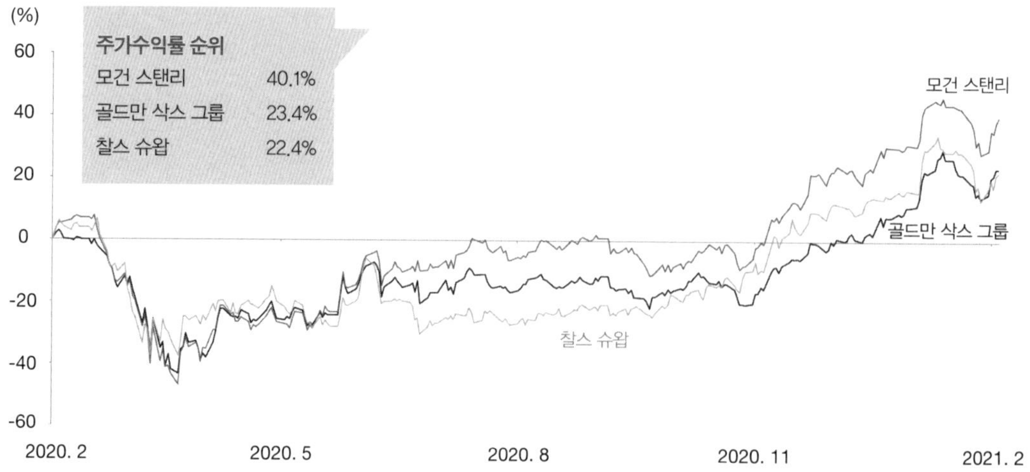

배당 및 투자의견, 종목진단 결과

골드만 삭스 그룹의 회계 결산월은 12월이다.

2017년부터 증가해온 골드만 삭스 그룹의 배당금은 분기 단위로 지급되고, 배당수익률은 금융 섹터 평균인 3.32%의 절반 미만이다.

배당수익률(선행)	연간배당금(선행)	배당성향	배당성장	5년 배당성장률
1.57%	5.00달러	17.10%	**4년**	13.97%

최근 3개월간 16명의 애널리스트가 제시한 투자의견을 종합하면 매수Moderate Buy(매수 11명, 보유 4명, 매도 1명)이다. 향후 12개월간 목표주가는 최고 449달러, 최저 295달러, 평균 338.20달러이다.

초이스스탁 US의 종목진단 결과는?

2020년 12월 실적발표 기준

골드만 삭스 그룹의 투자매력 점수는 100점 만점에 57점이며 미국 상장기업 5,591개 중 1,684위로 상위 30%에 속하는 기업이다.

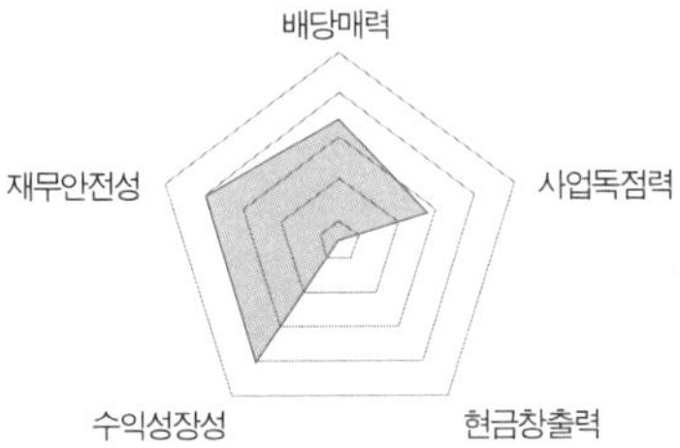

종합점수 : 57점 / 100점

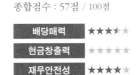

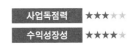

배당매력	★★★½☆	사업독점력	★★★☆☆
현금창출력	☆☆☆☆☆	수익성장성	★★★★☆
재무안전성	★★★★☆		

최신 결과 보러 가기

투자매력 세부 5개 항목 분석 중 재무안전성 점수에서 5점 만점에 4점을 받아 우량한 재무구조를 갖고 있다.

수익성장성 점수도 5점 만점에 4점으로 높은 평가를 받았다. 코로나 19에도 불구하고 고성장했다. 2020년 12월 연환산(최근 4분기 합산) 매출액은 445억 달러로 전년 동기 365억 달러 대비 21% 성장했고, 순이익은 94억 달러로 전년 동기 84억 달러 대비 12% 성장한 점이 반영됐다.

배당매력 점수는 3.5점을 받았다. 2020년 주당배당금은 5달러를 지급해 시가배당률은 1.9%를 기록했다. 최근 5년간 시가배당률은 1.1~1.9% 수준이다.

POINT ▶ 경기 부양책 집행과 재난지원금 지급에 따른 수요 확대로 당분간 호실적 지속될 것

배당성취자

홈 디포

HD NYSE | The Home Depot, Inc.

처음 매매하는 경우

매매 예정 시점
실적 확인 후 ☐ 이슈 확인 후 ☐

매매 결정 이유
변동성 확대(단기) ☐ 실적 우수(장기) ☐

매수 목표 가격 $

손익 목표 가격 $ (+ %)

손절 목표 가격 $ (- %)

보유 예정 기간
3개월 미만(단기) ☐ 1년 이상(장기) ☐

보유 중인 경우

매매 구분 매수 ☐ 매도 ☐

매매 일자 20 . . .

매매 금액 가격 $ 수량 주

수익 현황 수익금액 $ 수익률 %

투자 아이디어

홈 디포**HD**는 다양한 건축 자재와 주택 개량 제품, 잔디와 정원관리 제품 그리고 관련 서비스를 제공하는 기업으로, 북·중미 전역을 중심으로 2,287개의 매장을 운영하고 있다.

1978년 다른 어떤 업체보다 큰 대형 건축 자재 소매점을 목표로 설립, 1981년 플로리다 개점을 시작으로 1984년까지 19개 매장을 오픈했다. 한때 이로 인한 부채 증가와 매출 부진으로 어려움을 겪기도 했으나, 1989년에 동종 업체인 로우스**LOW**를 꺾고 미국에서 가장 큰 건축 자재 소매점에 올라섰다. 이후에도 크고 작은 인수합병을 지속했다. 2013년 2곳에 대규모 물류센터를 마련했고, 최근 온라인 시장의 확대에 따른 대응을 위해 온라인 상점도 운영하기 시작했다. 온라인 채널 매출이 연간 20% 이상 고속 성장하고 있으며 미국 인구의 90%를 대상으로 익일배송 커버리지를 제공하기 위해 물류 네트워크에 대한 공격적인 투자를 진행 중이다.

1981년 뉴욕증권거래소에 상장했으며, 미국 3대 지수 중 다우와 S&P 500에 속해 있다.

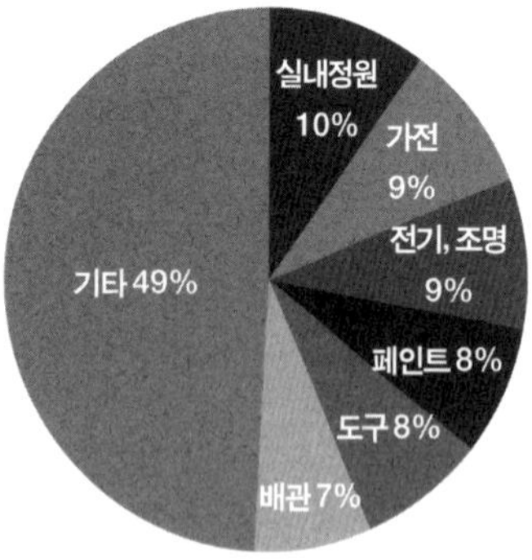

사업부문별 매출 비중

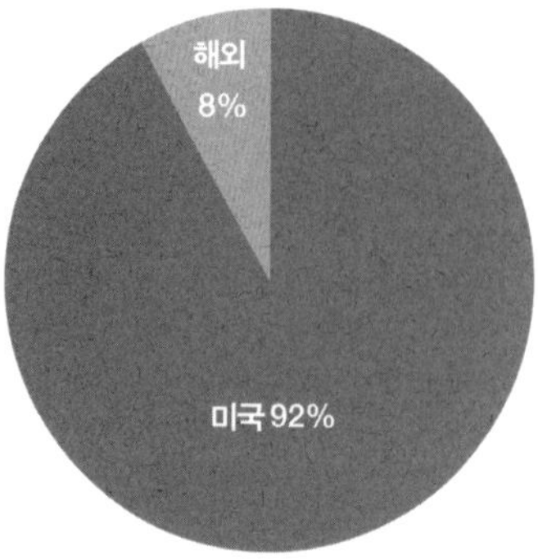

사업지역별 매출 비중

최신 정보 보러 가기 ●

주요 지표 및 주가 | 최신 뉴스 한 번에 보기 | 퀀트 분석 : 종목진단 | 컨센서스 및 투자의견

최근 3년 수익률
46.0%

최근 5년간 주요 투자지표 ① 손익계산서 1월 결산 기준 / (단위) 금액: 백만 달러, %

구분	2016. 1	2017. 1	2018. 1	2019.	2020. 1	전년 대비
매출액	88,519	94,595	100,904	108,203	110,225	▲ 1.9%
영업이익	11,774	13,427	14,681	15,530	15,843	▲ 2.0%
영업이익률(%)	13.3	14.2	14.5	14.4	14.4	▲ 0%P
순이익	7,009	7,957	8,630	11,121	11,242	▲ 1.1%
순이익률(%)	7.9	8.4	8.6	10.3	10.2	▼ -0.1%P

최근 5년간 주요 투자지표 ② 가치평가 1월 결산 기준 / (단위) 금액: 배, %, 달러

구분	2016. 1	2017. 1	2018. 1	2019. 1	2020. 1
PER(배)	22.75	21.18	28.04	18.73	22.13
PBR(배)	25.25	38.89	166.43	N/A	N/A
PSR(배)	1.8	1.78	2.4	1.93	2.26
ROE(%)	88.2	138.7	299.8	N/A	N/A
주당순이익(달러)	5.46	6.45	7.29	9.73	10.25
주당배당금(달러)	2.36	2.76	3.56	4.12	5.44

최근 5년간 주가 추이

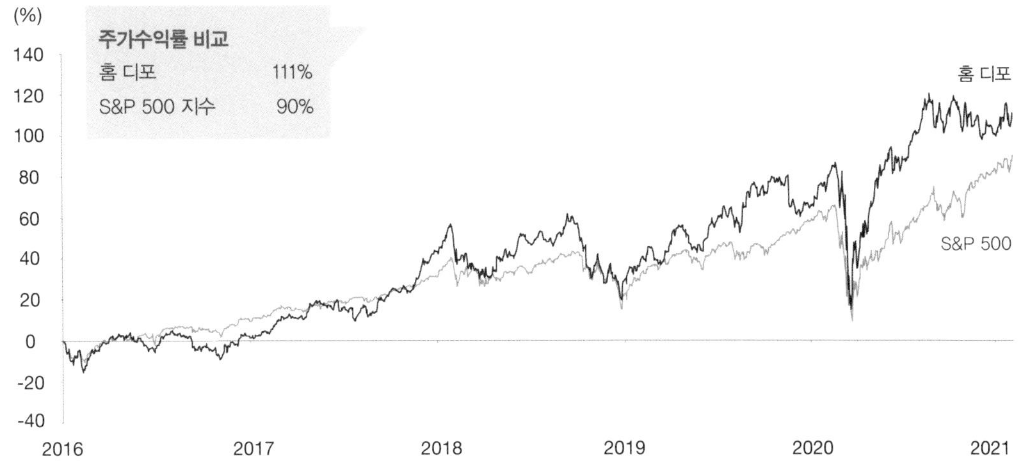

주요 경쟁업체 현황

홈 디포의 주요 경쟁사로는 로우스**LOW**, 플로어 앤 데코**FND**가 있다.

로우스Lowe 's Companies, Inc.는 1921년에 설립된 미국의 주택 개조용품 체인점이다. 가전제품, 욕실, 전기, 바닥재, 페인트, 배관, 조명, 창문 등의 수리와 개조, 유지 보수 등을 위한 용품들을 판매한다.

플로어 앤 데코Floor & Decor Holdings, Inc.는 2000년에 설립된 바닥재 전문 소매 업체로, 목재와 석재 등의 바닥재 및 관련 액세서리를 판매하고 설치 서비스 등을 제공한다.

최근 4분기 경쟁사 실적 비교 2020년 3분기 기준 / (단위) 백만 달러, %, 달러

구분	홈 디포	로우스	플로어 앤 데코
매출	125,631	85,313	2,229
영업이익	17,598	9,081	189
순이익	12,490	5,367	173
영업이익률	14.01	10.64	8.48
순이익률	9.94	6.29	7.76
주당순이익(EPS)	11.57	7.1	1.64
주가수익배수(PER)	22.99	22.26	42.75
주가순자산배수(PBR)	187.04	29.34	7.95

홈 디포의 본사는 미국 조지아 애틀란타에 위치해 있으며, 상근 직원 수는 40만 명에 이른다. 로우스의 본사는 미국 노스캐롤라이나에 위치하며 미국 전역에서 2,200여 개의 매장을 운영하고 있다. 플로어 앤 데코의 본사는 미국 조지아 애틀란타에 위치해 있으며, 120여 개의 매장을 운영 중이다. (2021년 2월 현재)

최근 12개월간 주가 수익률 비교 2021년 2월 기준 / (단위) %

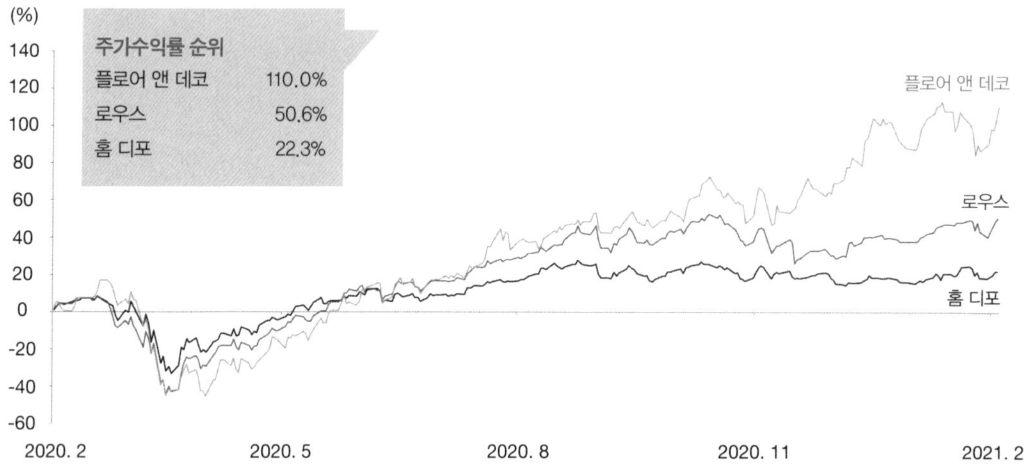

배당 및 투자의견, 종목진단 결과

홈 디포의 회계 결산월은 1월이다.

2009년부터 배당이 증가해 '배당성취자'에 해당하는 홈 디포의 배당금은 분기 단위로 지급되고, 배당수익률은 자유소비재 섹터 평균인 1.74%의 1.5배 수준이다.

배당수익률(선행)	연간배당금(선행)	배당성향	배당성장	5년 배당성장률
2.55%	6.60달러	52.06%	12년 배당성취자	20.11%

최근 3개월간 10명의 애널리스트가 제시한 투자의견을 종합하면 강력매수Strong Buy(매수 9명, 보유 1명, 매도 0명)이다. 향후 12개월간 목표주가는 최고 325달러, 최저 305달러, 평균 315.00달러이다.

초이스스탁 US의 종목진단 결과는?

2020년 12월 실적발표 기준

홈 디포의 투자매력 점수는 100점 만점에 82점이며 미국 상장기업 5,591개 중 232위로 상위 4%에 속하는 초우량 기업이다.

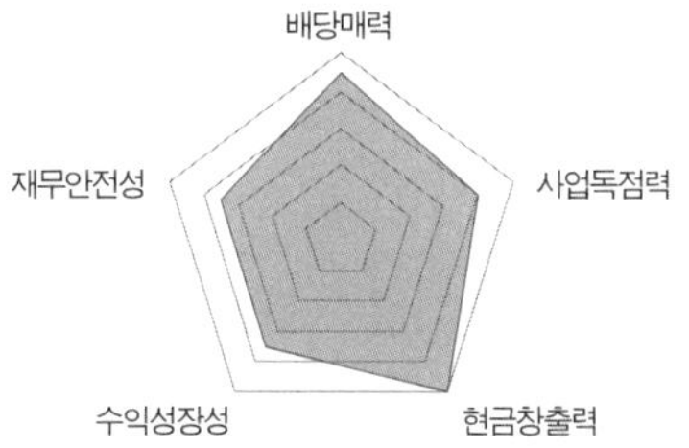

종합점수 : 82점 / 100점

최신 결과 보러 가기

투자매력 세부 5개 항목 중 현금창출력 부문에서 5점 만점을 받았다. 2020년 12월 연환산(최근 4분기 합산) 영업활동 현금흐름은 204억 달러, 잉여현금흐름은 182억 달러를 기록한 점이 반영됐다.

풍부한 현금창출력을 바탕으로 배당매력 부문에서도 4.5점을 받아 높은 평가를 받았다. 최근 12년 연속 주당배당금을 인상했고, 지난 2020년에는 주당배당금 5.44달러를 지급해 시가배당률 2.4%를 기록했다. 최근 5년간 시가배당률은 1.7~2.4% 수준이다.

수익성장성 부문은 3.5점으로 미국 상장기업 평균 이상의 성장성을 나타냈다. 2020년 12월 연환산 기준 매출액은 1,256억 달러로 전년 동기 1,109억 달러 대비 13% 늘었고, 순이익은 124억 달러로 전년 동기 111억 달러 대비 11% 성장한 점 등이 반영됐다.

POINT ▶ 최근 소프트웨어 업체를 인수하는 등 꾸준한 사업 포트폴리오 강화 활동

배당성취자

하니웰 인터내셔널

HON NYSE | Honeywell International

처음 매매하는 경우	보유 중인 경우
매매 예정 시점 실적 확인 후 ☐ 이슈 확인 후 ☐	**매매 구분** 매수 ☐ 매도 ☐
매매 결정 이유 변동성 확대(단기) ☐ 실적 우수(장기) ☐	**매매 일자** 20 . . .
매수 목표 가격 $	**매매 금액** 가격 $ 수량 주
손익 목표 가격 $ (+ %)	**수익 현황** 수익금액 $ 수익률 %
손절 목표 가격 $ (- %)	**투자 아이디어**
보유 예정 기간 3개월 미만(단기) ☐ 1년 이상(장기) ☐	

포춘 500대 기업 중 하나인 하니웰**HON**은 미국의 다국적 복합 기업이다. 우주항공, 건축 기술, 고성능 소재 및 기술, 안전 및 생산성 솔루션 등 4개 사업부문을 영위하고 있으며 지속적인 인수합병과 사물인터넷IoT 등에 대한 투자를 통해 미래 시대를 준비하고 있다.

1885년 설립된 이래 1927년 하니웰 히팅과 합병했고, 1934년 여러 제어기기 제조 회사를 인수하면서 광범위하게 사업을 확장하기 시작했다. 1964년 하니웰로 사명을 변경했고, 1970년에는 제너럴 일렉트릭의 컴퓨터 사업부문을 인수해 전자계산기 생산과 소프트웨어 서비스를 시작했다. 1999년 얼라이드시그널과 합병하면서 현재의 사명으로 변경했다. 지난 2008년 다우존스 산업평균 지수에서 편출된 이래 12년만인 2020년에 재편입되었다.

1929년 9월 뉴욕증권거래소에 상장했으며, 미국 3대 지수 중 다우와 S&P 500에 속해 있다.

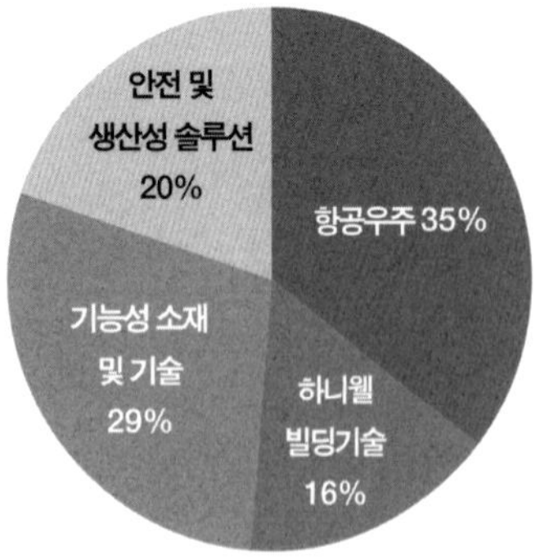

사업부문별 매출 비중

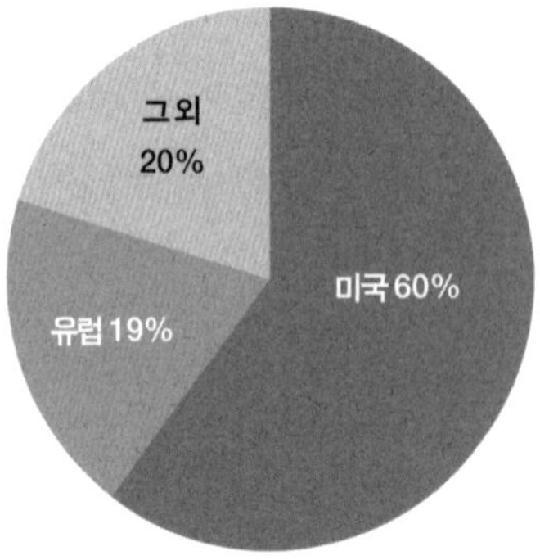

사업지역별 매출 비중

최신 정보 보러 가기 ●

주요 지표 및 주가 | 최신 뉴스 한 번에 보기 | 퀀트 분석 : 종목진단 | 컨센서스 및 투자의견

최근 3년 수익률 40.0%

최근 5년간 주요 투자지표 ① 손익계산서

12월 결산 기준 / (단위) 금액: 백만 달러, %

구분	2016. 12	2017. 12	2018. 12	2019. 12	2020. 12	전년 대비
매출액	39,302	40,534	41,802	36,709	32,637	▼ -11.1%
영업이익	6,051	6,303	6,705	6,851	5,696	▼ -16.9%
영업이익률(%)	15.4	15.6	16.0	18.7	17.5	▼ -1.2%P
순이익	4,812	1,545	6,765	6,143	4,779	▼ -22.2%
순이익률(%)	12.2	3.8	16.2	16.7	14.6	▼ -2.1%P

최근 5년간 주요 투자지표 ② 가치평가

12월 결산 기준 / (단위) 금액: 배, %, 달러

구분	2016. 12	2017. 12	2018. 12	2019. 12	2020. 12
PER(배)	18.35	75.62	14.46	20.59	31.23
PBR(배)	4.56	7.08	5.38	6.84	8.51
PSR(배)	2.25	2.88	2.34	3.45	4.57
ROE(%)	25.5	7.9	37.8	33.5	26.8
주당순이익(달러)	6.21	2	8.98	8.41	6.72
주당배당금(달러)	3.11	2.74	9.44	3.36	3.63

최근 5년간 주가 추이

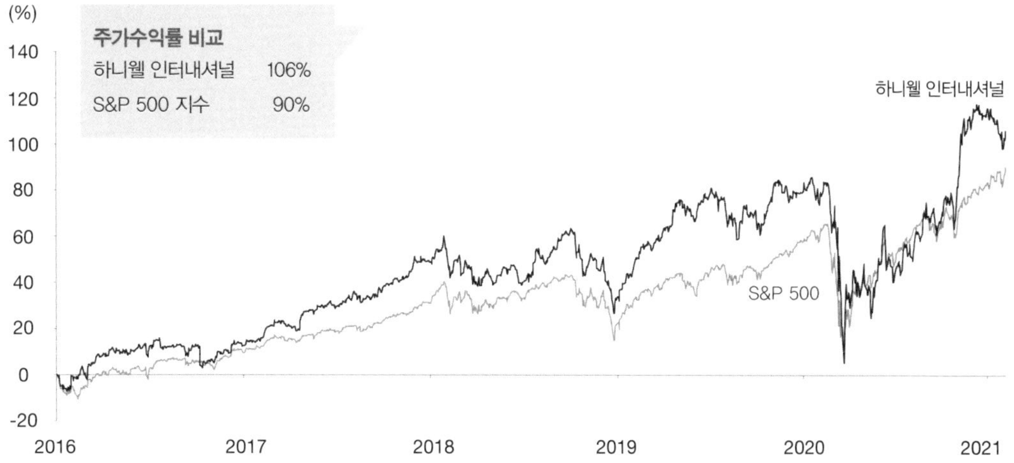

주요 경쟁업체 현황

하니웰 인터내셔널의 주요 경쟁사로는 제너럴 일렉트릭**GE**, 쓰리엠**MMM**이 있다.

제너럴 일렉트릭General Electric Company는 항공, 에너지, 헬스케어 부문에 특화한 글로벌 인프라 기업이다. 1878년 토머스 에디슨이 설립한 전기 조명회사와 1892년 톰슨 휴스턴 전기회사가 합병하여 탄생했다. 1962년 상장했으며 2018년 다우존스 산업평균지수에서 편출됐다.

쓰리엠3M Company은 다양한 생활밀착형 제품과 고기능의 산업재를 개발하고 판매하는 미국의 다국적 기업이다. 1902년 미네소타 광공업 회사로 시작하여 1946년 뉴욕증권거래소에 상장했다. 전 세계 200여 개 국가에서 6만 5천여 개의 제품을 판매하고 있다.

H

최근 4분기 경쟁사 실적 비교 2020년 4분기 기준 / (단위) 백만 달러, %, 달러

구분	하니웰 인터내셔널	제너럴일렉트릭	쓰리엠
매출	32,637	79,619	32,184
영업이익	5,696	-486	7,161
순이익	4,779	5,704	5,384
영업이익률	17.45	-0.61	22.25
순이익률	14.64	7.16	16.73
주당순이익(EPS)	6.72	0.58	9.25
주가수익배수(PER)	31.23	18.09	18.73
주가순자산배수(PBR)	8.51	2.66	7.84

하니웰 인터내셔널의 본사는 미국 노스캐롤라이나에 위치하며, 상근 직원 수는 10만 3천여 명이다.
제너럴 일렉트릭의 본사는 미국 매사추세츠 보스턴에 위치하며, 상근 직원 수는 18만 4천여 명이다.
쓰리엠의 본사는 미국 미네소타 세인트폴에 위치하며, 상근 직원 수는 9만 5천여 명이다.
(2021년 2월 현재)

최근 12개월간 주가 수익률 비교 2021년 2월 기준 / (단위) %

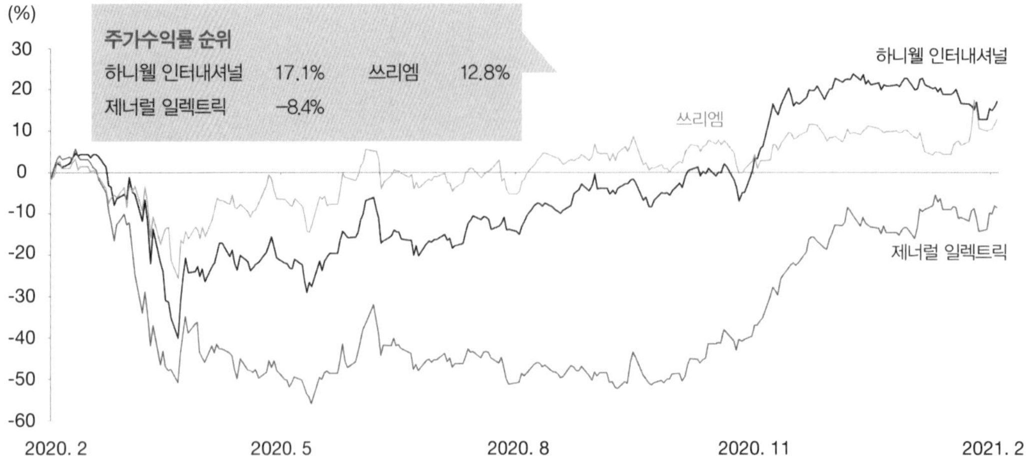

배당 및 투자의견, 종목진단 결과

하니웰 인터내셔널의 회계 결산월은 12월이다.

2004년부터 배당이 증가해 '배당성취자'에 해당하는 하니웰 인터내셔널의 배당금은 분기 단위로 지급되고, 배당수익률은 산업재 섹터 평균인 2.12%의 5분의 4 수준이다.

배당수익률	연간배당금	배당성향	배당성장	5년 배당성장률
1.84%	3.72달러	47.21%	17년 배당성취자	11.56%

최근 3개월간 11명의 애널리스트가 제시한 투자의견을 종합하면 매수Moderate Buy(매수 5명, 보유 6명, 매도 0명)이다. 향후 12개월간 목표주가는 최고 245달러, 최저 175달러, 평균 217.40달러이다.

초이스스탁 US의 종목진단 결과는?

2020년 12월 실적발표 기준

하니웰 인터내셔널의 투자매력 점수는 100점 만점에 66점이며 미국 상장기업 5,591개 중 1,145위로 상위 20%에 속하는 기업이다.

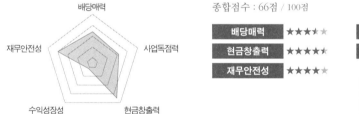

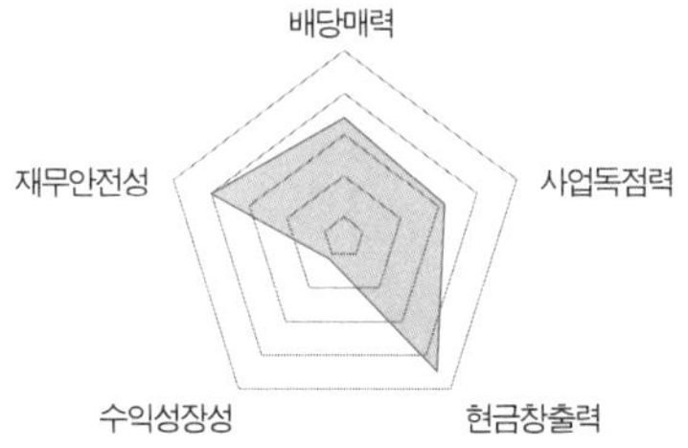

종합점수 : 66점 / 100점

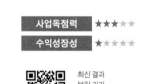

항목	평가
배당매력	★★★★☆
현금창출력	★★★★★
재무안전성	★★★★☆
사업독점력	★★★☆☆
수익성장성	★☆☆☆☆

최신 결과 보러 가기

투자매력 세부 5개 항목 분석 중 현금창출력 점수가 5점 만점에 4.5점, 재무안전성이 4점으로 높은 평가를 받았다. 배당매력 점수는 5점 만점에 3.5점을 받았고, 최근 5년간 시가배당률은 1.7~7.1%이다. 지난 2018년 주당배당금은 9.44달러(시가배당률 7.1%)로 평균 3달러 수준의 배당금 지급 수준에 비하면 3배 높은 배당금을 지급했다. 수익성장성 점수는 1.2점으로 매우 낮은 평가를 받았다. 2020년 12월 연환산(최근 4분기 합산) 매출액은 326억 달러로 전년 동기 367억 달러 대비 11.1% 감소했고, 순이익은 47억 달러로 전년 동기 61억 달러 대비 22.9% 줄어 향후 매출액 회복이 중요한 상황이다.

POINT ▶ 건강보험사의 꾸준한 실적이 가능한 이유는? 인구 고령화!

휴매나

HUM NYSE | Humana Inc.

처음 매매하는 경우

매매 예정 시점
실적 확인 후 ☐ 이슈 확인 후 ☐
매매 결정 이유
변동성 확대(단기) ☐ 실적 우수(장기) ☐
매수 목표 가격 $
손익 목표 가격 $ (+ %)
손절 목표 가격 $ (- %)
보유 예정 기간
3개월 미만(단기) ☐ 1년 이상(장기) ☐

보유 중인 경우

매매 구분 매수 ☐ 매도 ☐
매매 일자 20 . . .
매매 금액 가격 $ 수량 주
수익 현황 수익금액 $ 수익률 %

투자 아이디어

휴매나**HUM**는 미국 4대 건강보험 서비스 회사다. 1961년 재택 간호 회사로 시작해, 1990년대 들어 건강보험 회사로 사업영역을 확대하며 오늘에 이르렀다. 리테일 부문, 그룹 및 특수 부문, 건강관리 서비스 부문 등 3개의 사업부문을 영위하고 있다. 리테일 부문에서는 여러 주와의 계약을 통해 개인 또는 단체를 대상으로 메디케어와 추가 혜택 플랜을 제공하고, 메디케어 서비스 센터와 신규 처방약 플랜 프로그램을 운영한다. 그룹 및 특수 부문은 완전 의료보장 및 전문 건강보험 서비스를, 건강관리 서비스 부문은 약국 솔루션·예측 모델링 및 정보 서비스·건강보험 및 임상 진료 등을 제공한다. 2017년 말 기준 약 1,400만 명의 의료 혜택 플랜 가입자와 약 700만 명의 특수상품 가입자를 보유 중이다. 2019년 4월 버니 샌더스 민주당 대통령 후보의 사퇴로 '메디케어 포 올' 등 헬스케어 정책 리스크도 해소됐다.

1971년 뉴욕증권거래소에 상장했으며, 미국 3대 지수 중 S&P 500에 속해 있다.

사업부문별 매출 비중

사업지역별 매출 비중

최신 정보 보러 가기 ●

주요 지표 및 주가 | 최신 뉴스 한 번에 보기 | 퀀트 분석 : 종목진단 | 컨센서스 및 투자의견

최근 3년 수익률 40.9%

최근 5년간 주요 투자지표 ① 손익계산서 12월 결산 기준 / (단위) 금액: 백만 달러, %

구분	2016. 12	2017. 12	2018. 12	2019. 12	2020. 12	전년 대비
매출액	54,379	53,767	56,912	64,888	77,155	▲ 18.9%
영업이익	1,741	4,262	3,100	3,192	4,986	▲ 56.2%
영업이익률(%)	3.2	7.9	5.4	4.9	6.5	▲ 1.5%P
순이익	614	2,448	1,683	2,707	3,367	▲ 24.4%
순이익률(%)	1.1	4.6	3.0	4.2	4.4	▲ 0.2%P

최근 5년간 주요 투자지표 ② 가치평가 12월 결산 기준 / (단위) 금액: 배, %, 달러

구분	2016. 12	2017. 12	2018. 12	2019. 12	2020. 12
PER(배)	49.55	14.48	23.35	17.93	16.13
PBR(배)	2.85	3.6	3.87	4.03	3.96
PSR(배)	0.56	0.66	0.69	0.75	0.7
ROE(%)	5.7	23.2	16.4	23.4	23.9
주당순이익(달러)	4.07	16.81	12.16	20.1	25.31
주당배당금(달러)	0.87	1.89	2	2.2	2.5

최근 5년간 주가 추이

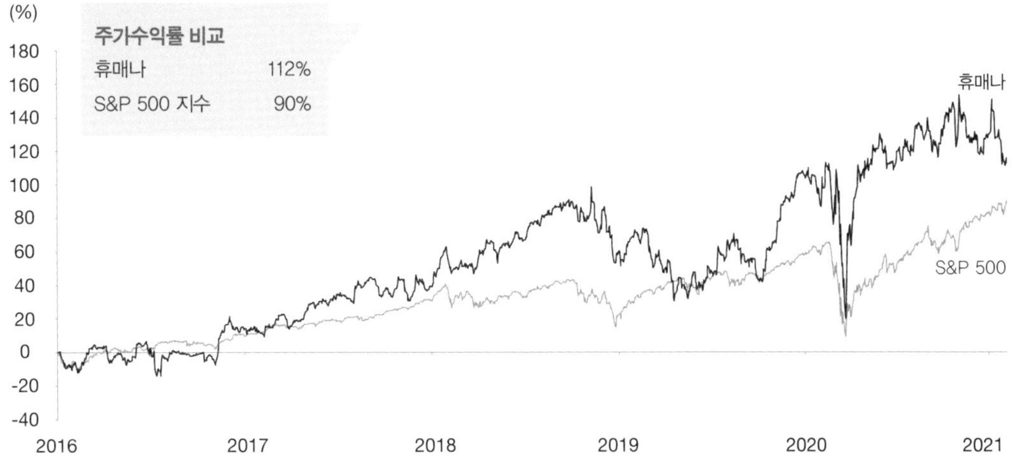

주요 경쟁업체 현황

휴매나의 주요 경쟁사로는 앤섬**ANTM**, 센틴**CNC**이 있다.

앤섬Anthem, Inc.은 미국의 건강보험 회사로 상업 및 전문 비즈니스·정부 비즈니스 그리고 기타 부문을 운영하고 있다. 1944년에 설립됐으며 2017년 말 기준으로 자회사의 제휴 의료 플랜으로 4,202만 명의 의료진을 지원했다.

센틴Centene Corporation은 보험이 없거나 보장 금액이 낮은 사람, 노인, 저소득층과 농촌 등 의료 취약계층을 위주로 하는 미국의 병원 및 의료서비스 기업이다. 1984년 설립됐으며 2001년 뉴욕증권거래소에 상장했다.

최근 4분기 경쟁사 실적 비교 2020년 4분기 기준 / (단위) 백만 달러, %, 달러

구분	휴매나	앤섬	센틴
매출	77,155	121,867	101,690
영업이익	4,986	7,058	3,344
순이익	3,367	4,572	2,029
영업이익률	6.46	5.79	3.29
순이익률	4.36	3.75	2.00
주당순이익(EPS)	25.31	17.98	3.59
주가수익배수(PER)	16.13	17.47	16.66
주가순자산배수(PBR)	3.96	2.41	1.31

휴매나의 본사는 미국 켄터키 루이빌에 위치한다.
앤섬의 본사는 미국 인디애나에 위치하며, 상근 직원 수는 8만 3,400명이다.
센틴의 본사는 미국 미주리에 위치하며, 상근 직원 수는 5만 6,600명이다. (2021년 2월 현재)

최근 12개월간 주가 수익률 비교 2021년 2월 기준 / (단위) %

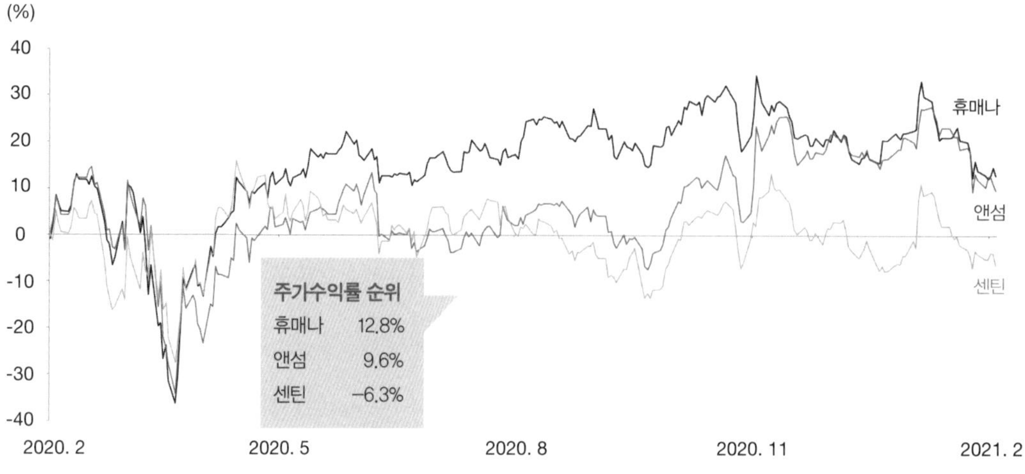

배당 및 투자의견, 종목진단 결과

휴매나의 회계 결산월은 12월이다.

2012년부터 증가해온 휴매나의 배당금은 분기 단위로 지급되고, 배당수익률은 헬스케어 섹터 평균인 1.51%의 절반 수준이다.

배당수익률(선행)	연간배당금(선행)	배당성향	배당성장	5년 배당성장률
0.74%	2.80달러	12.99%	9년	17.29%

최근 3개월간 8명의 애널리스트가 제시한 투자의견을 종합하면 강력매수Strong Buy(매수 7명, 보유 1명, 매도 0명)이다. 향후 12개월간 목표주가는 최고 500달러, 최저 450달러, 평균 474.88달러이다.

초이스스탁 US의 종목진단 결과는?

2020년 9월 실적발표 기준

휴매나의 투자매력 점수는 100점 만점에 75점이며 미국 상장기업 5,591개 중 573위로 상위 10%에 속하는 우량 기업이다.

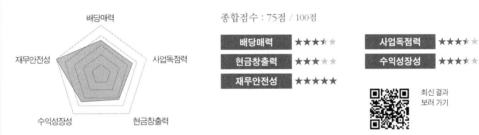

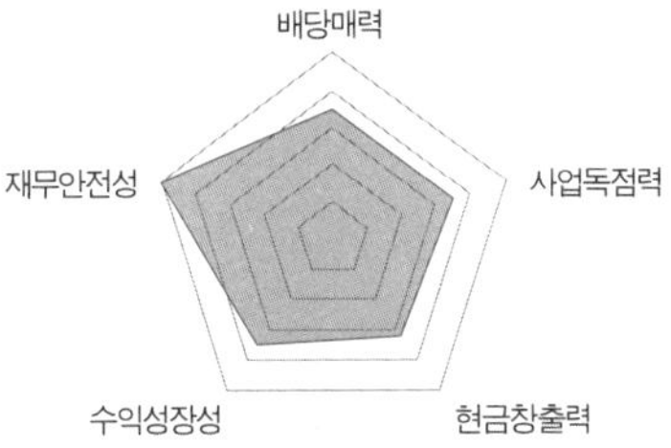

종합점수 : 75점 / 100점

배당매력	★★★½☆	사업독점력	★★★½☆
현금창출력	★★★☆☆	수익성장성	★★★½☆
재무안전성	★★★★★		

최신 결과 보러 가기

투자매력 세부 5개 항목 중 재무안전성 부문에서 5점 만점을 받았다. 부채비율 144%, 유동비율 181%, 이자보상배수 21배로 매우 안정적인 재무구조를 갖춘 점 등이 평가에 반영됐다. 수익성장성 점수는 3.5점으로 코로나 19에도 불구하고 상대적으로 우수한 평가를 받았다. 2020년 9월 연환산(최근 4분기 합산) 매출액이 743억 달러로 전년 동기 627억 달러 대비 18.5% 늘었고, 순이익은 41억 달러로 전년 동기 25억 달러 대비 64% 성장한 점 등이 반영됐다. 사업독점력은 3.5점으로 미국 전체 상장사 중 상위 13%에 속하는 우량 기업이다. 사업독점력은 현재 수익성과 성장성을 유지할 수 있는지를 나타내는 지표다. 배당매력 점수도 3.5점으로 평균 수준 이상의 배당을 지급하고 있다. 최근 9년 연속 주당배당금을 상향했고, 2019년에는 주당배당금 2.2달러를 지급해 시가배당률 0.6%를 기록했다. 최근 5년간 시가배당률은 0.4~0.8% 수준으로 시가배당률은 낮은 편이다.

POINT ▶ 인공지능 기반의 왓슨 헬스케어 사업부문도 매각 검토… 기대할 건 양자 컴퓨터뿐?

배당성취자

아이비엠

IBM NYSE | International Business Machines

처음 매매하는 경우

매매 예정 시점
실적 확인 후 ☐ 이슈 확인 후 ☐

매매 결정 이유
변동성 확대(단기) ☐ 실적 우수(장기) ☐

매수 목표 가격 $

손익 목표 가격 $ (+ %)

손절 목표 가격 $ (- %)

보유 예정 기간
3개월 미만(단기) ☐ 1년 이상(장기) ☐

보유 중인 경우

매매 구분 매수 ☐ 매도 ☐

매매 일자 20 . . .

매매 금액 가격 $ 수량 주

수익 현황 수익금액 $ 수익률 %

투자 아이디어

아이비엠**IBM**은 글로벌 IT 서비스 및 컨설팅 회사로, 1896년 설립된 제표기기 회사를 모태로 한다. 2000년 초반까지는 전형적인 PC 공급업체였다가 이후 IT 서비스 및 소프트웨어 기업으로 변신했다. 2010년대 들어서면서 경쟁력이 상대적으로 약화됐지만 클라우드와 인공지능 부문의 기술력을 확보하면서 다시금 전성기를 맞이할 준비를 하고 있다. 특히 지난 2018년 클라우드 사업의 강화를 위해 소프트웨어 업체인 레드 햇 인수를 발표, 2019년 7월 인수를 마무리지으면서 아마존, 마이크로소프트 등과 본격 경쟁을 시작했다. 2021년 들어서 클라우드 사업에 더욱 집중하기 위해 투자 대비 성과가 부진한 인공지능 헬스케어 사업부문인 왓슨 헬스Watson Health의 매각을 추진 중인 것으로 알려졌다.

1949년 뉴욕증권거래소에 상장했으며, 미국 3대 지수 중 다우와 S&P 500에 속해 있다.

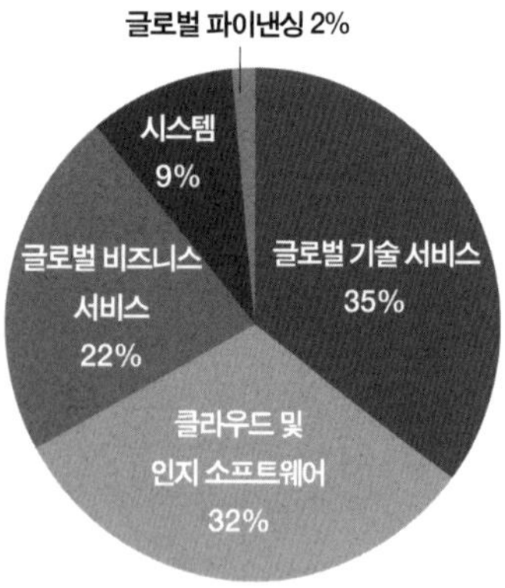

사업부문별 매출 비중

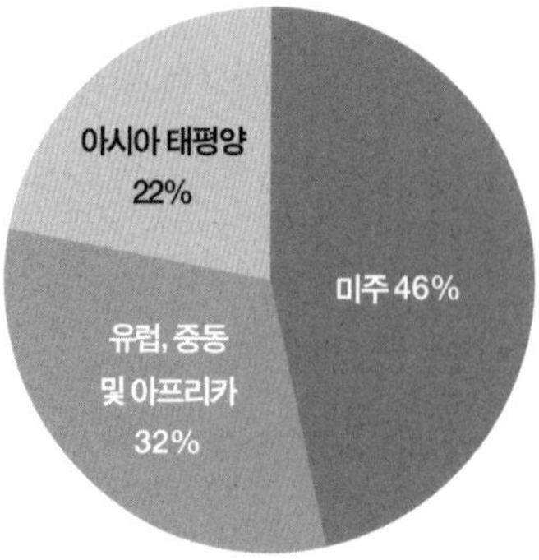

사업지역별 매출 비중

최신 정보 보러 가기 ●

주요 지표 및 주가 | 최신 뉴스 한 번에 보기 | 퀀트 분석 : 종목진단 | 컨센서스 및 투자의견

최근 3년 수익률
-21.6%

최근 5년간 주요 투자지표 ① 손익계산서 12월 결산 기준 / (단위) 금액: 백만 달러, %

구분	2016. 12	2017. 12	2018. 12	2019. 12	2020. 12	전년 대비
매출액	79,919	79,139	79,591	77,147	73,620	▼ -4.6%
영업이익	12,959	12,014	12,065	11,511	5,925	▼ -48.5%
영업이익률(%)	16.2	15.2	15.2	14.9	8.0	▼ -6.9%P
순이익	11,872	5,753	8,728	9,431	5,590	▼ -40.7%
순이익률(%)	14.9	7.3	11.0	12.2	7.6	▼ -4.6%P

최근 5년간 주요 투자지표 ② 가치평가 12월 결산 기준 / (단위) 금액: 배, %, 달러

구분	2016. 12	2017. 12	2018. 12	2019. 12	2020. 12
PER(배)	13.30	24.69	11.84	12.59	14.12
PBR(배)	8.65	8.07	6.15	5.7	4.98
PSR(배)	1.98	1.8	1.3	1.54	1.44
ROE(%)	72	31.1	47.7	51.7	35.83
주당순이익(달러)	12.38	6.14	9.52	10.56	6.23
주당배당금(달러)	5.5	5.9	6.21	6.43	6.51

최근 5년간 주가 추이

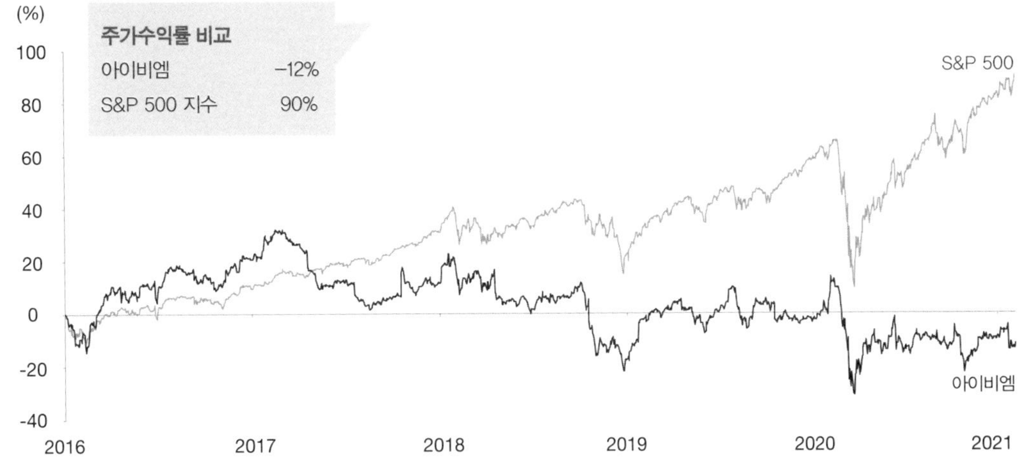

주요 경쟁업체 현황

아이비엠의 주요 경쟁사로는 액센츄어**ACN**, 인포시스**INFY**가 있다.

액센츄어Accenture plc는 기업의 전략, 마케팅, 디지털 등 사업 전반에 대해 컨설팅 서비스를 제공하는 기업이다. 1989년 앤더슨 컨설팅에서 분사해 설립됐으며 2001년에 뉴욕증권거래소에 상장했다.

인포시스Infosys Limited는 세계 최대 규모로 인력을 운용하고 다양한 아웃소싱 서비스를 제공하는 인도의 다국적 IT서비스 기업이다. 1981년 인도 푸네에서 7명의 엔지니어가 공동 창립했으며, 1993년 인도 시장에 상장하고, 1999년 인도 기업 최초로 나스닥에 상장했다.

최근 4분기 경쟁사 실적 비교 2020년 4분기 기준 / (단위) 백만 달러, %, 달러

구분	아이비엠	액센츄어	인포시스
매출	73,620	44,730	12,780
영업이익	5,925	6,637	2,724
순이익	5,590	5,251	2,338
영업이익률	8.0	14.84	21.31
순이익률	7.6	11.74	18.29
주당순이익(EPS)	6.23	8.12	0.55
주가수익배수(PER)	14.12	31.28	15.30
주가순자산배수(PBR)	4.98	9.17	4.14

아이비엠의 본사는 미국 뉴욕에 위치하며, 상근 직원 수는 34만 5,900명이다.
액센츄어의 본사는 아일랜드 더블린에 위치하며, 상근 직원 수는 51만 4천여 명이다.
인포시스의 본사는 인도 벵갈루루에 위치하며, 직원 수는 24만 2,371명이다. (2021년 2월 현재)

최근 12개월간 주가 수익률 비교 2021년 2월 기준 / (단위) %

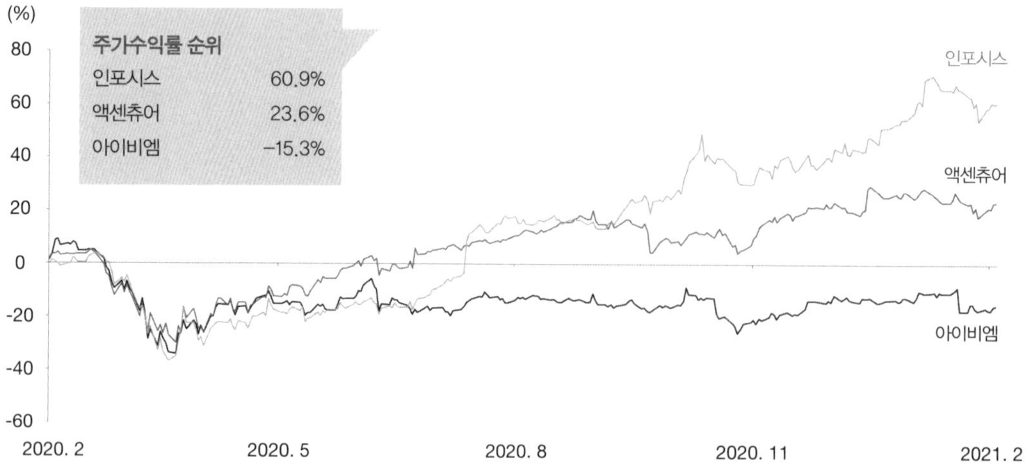

배당 및 투자의견, 종목진단 결과

아이비엠의 회계 결산월은 12월이다.

2000년부터 배당이 증가해 '배당성취자'에 해당하는 아이비엠의 배당금은 분기 단위로 지급되고, 배당수익률은 정보기술IT 섹터 평균인 1.14%의 5배 수준이다

배당수익률(선행)	연간배당금(선행)	배당성향	배당성장	5년 배당성장률
5.48%	6.52달러	59.09%	21년 배당성취자	4.63%

최근 3개월간 5명의 애널리스트가 제시한 투자의견을 종합하면 매수Moderate Buy(매수 2명, 보유 3명, 매도 0명)이다. 향후 12개월간 목표주가는 최고 147달러, 최저 122달러, 평균 137.25달러이다.

초이스스탁 US의 종목진단 결과는?

2020년 9월 실적발표 기준

아이비엠의 투자매력 점수는 100점 만점에 74점이며 미국 상장기업 5,591개 중 625위로 상위 11%에 속하는 우량 기업이다.

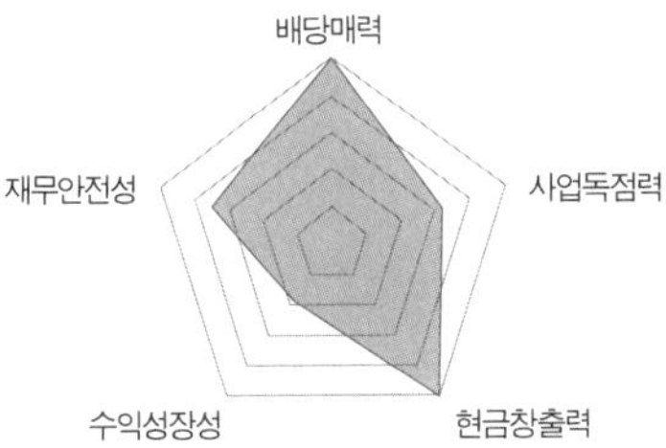

종합점수 : 74점 / 100점

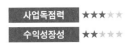

배당매력	★★★★★	사업독점력	★★★☆☆
현금창출력	★★★★★	수익성장성	★★☆☆☆
재무안전성	★★★½☆		

최신 결과 보러 가기

투자매력 세부 5개 항목 분석 중 현금창출력과 배당매력 점수가 모두 5점 만점을 받았다. 안정적인 현금흐름 창출과 이를 주주들에게 꾸준히 돌려주는 배당정책을 시행하고 있다. 2020년 9월 연환산(최근 4분기 합산) 영업활동 현금흐름은 157억 달러, 잉여현금흐름은 128억 달러를 기록했다. 주당배당금은 21년 연속 상승했고 최근 5년간 시가배당률은 3.3~5.5%를 지급해 높은 시가배당률을 기록했다.

그러나 수익성장성 부문은 5점 만점에 1.8점을 기록해 낮은 평가를 받았다. 2020년 9월 연환산 매출액은 750억 달러로 전년 동기 771억 달러 대비 2.7% 줄었고, 순이익은 79억 달러로 전년 동기 77억 달러 대비 2.5% 올라 성장률이 정체되고 있다.

POINT ▶ 코로나 19 이후 차세대 장비를 통해 실적 재성장 기대

일루미나

ILMN Nasdaq | Illumina, Inc.

처음 매매하는 경우			보유 중인 경우				
매매 예정 시점			**매매 구분**	매수 ☐	매도 ☐		
실적 확인 후 ☐		이슈 확인 후 ☐	**매매 일자**	20 . . .			
매매 결정 이유			**매매 금액**	가격	$	수량	주
변동성 확대(단기) ☐		실적 우수(장기) ☐	**수익 현황**	수익금액	$	수익률	%
매수 목표 가격	$						
손익 목표 가격	$	(+ %)	**투자 아이디어**				
손절 목표 가격	$	(- %)					
보유 예정 기간							
3개월 미만(단기) ☐		1년 이상(장기) ☐					

일루미나**ILMN**는 전 세계 1위 유전체 분석 솔루션 회사다. 유전체 분석을 위한 진단 시약과 장비 그리고 서비스를 제공한다. 1998년 4월에 설립했으며, 2009년 자체 개발한 개인 유전자 시퀀싱 서비스를 출시하며 유전체 분석 시장에서 독점에 가까운 시장점유율을 확보하고 있다. 2014년 기준 차세대 염기서열 분석장비 시장의 70%를 점유 중인데, 현재 전 세계 DNA 데이터의 10 중 9는 일루미나 장비를 통해 생성된다. 최근 새로운 플랫폼인 노바섹 시리즈를 공개, 기존 제품보다 많은 염기서열 데이터를 보다 빠르고 저렴하게 분석함으로써 2007년 100만 달러에 달하던 유전체 염기서열 분석 비용을 100달러까지 낮췄다. 참고로 유전체 분석 데이터는 정부기관과 병원, 대학 및 의료연구센터, 제약사 등에 제공된다.

2000년 나스닥에 상장했으며, 미국 3대 지수 중 나스닥 100과 S&P 500에 속해 있다.

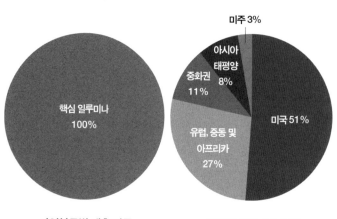

핵심 일루미나
100%
사업부문별 매출 비중

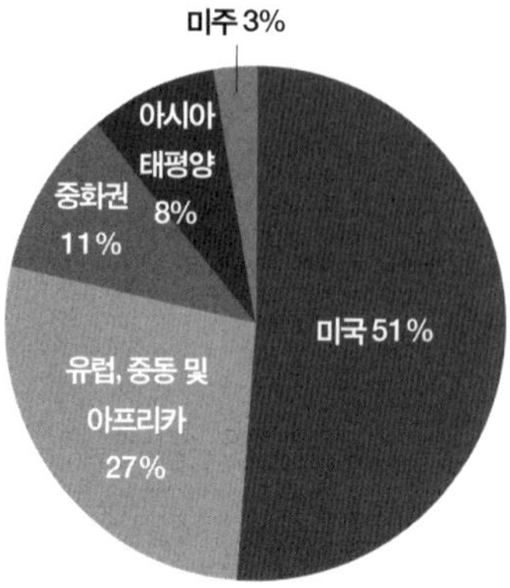
미주 3%
아시아 태평양 8%
중화권 11%
유럽, 중동 및 아프리카 27%
미국 51%
사업지역별 매출 비중

최신 정보 보러 가기 ●

주요 지표 및 주가 | 최신 뉴스 한 번에 보기 | 퀀트 분석 : 종목진단 | 컨센서스 및 투자의견

최근 3년 수익률
94.3%

최근 5년간 주요 투자지표 ① 손익계산서 1월 결산 기준 / (단위) 금액: 백만 달러, %

구분	2016. 1	2017. 1	2018. 1	2019. 1	2020. 1	전년 대비
매출액	2,398	2,752	3,333	3,543	3,239	▼ -8.6%
영업이익	587	606	883	985	580	▼ -41.1%
영업이익률(%)	24.5	22.0	26.5	27.8	17.9	▼ -9.9%P
순이익	463	726	826	1,002	656	▼ -34.5%
순이익률(%)	19.3	26.4	24.8	28.3	20.3	▼ -8%P

최근 5년간 주요 투자지표 ② 가치평가 1월 결산 기준 / (단위) 금액: 배, %, 달러

구분	2016. 1	2017. 1	2018. 1	2019. 1	2020. 1
PER(배)	41.43	44	53.08	48.75	82.35
PBR(배)	8.56	11.6	11.67	10.59	11.51
PSR(배)	7.84	11.59	13.15	13.79	16.68
ROE(%)	21.4	26.7	24.4	23.1	14.1
주당순이익(달러)	3.07	4.92	5.56	6.74	4.45
주당배당금(달러)	0	0	0	0	0

최근 5년간 주가 추이

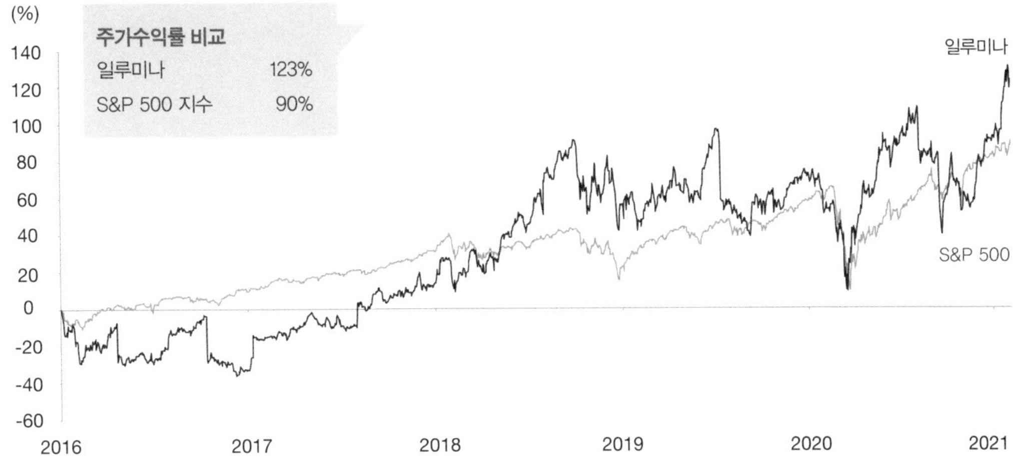

주요 경쟁업체 현황

일루미나의 주요 경쟁사로는 써모 피셔 사이언티픽**TMO**, 애질런트 테크놀로지스**A**가 있다.

써모 피셔 사이언티픽Thermo Fisher Scientific Inc.은 생명과학 연구에 관련된 시약과 소모품, 소프트웨어 등을 제공한다. 전 세계 60여개 국가에서 진출해 있다.

애질런트 테크놀로지스Agilent Technologies는 1999년 에이치피**HPQ**에서 분사한 분석 장비·소프트웨어·서비스 및 소모품 제공 전문 기업이다.

최근 4분기 경쟁사 실적 비교 2020년 4분기 기준 / (단위) 백만 달러, %, 달러

구분	일루미나	써모 피셔 사이언티픽	애질런트 테크놀로지스
매출	3,239	28,497	5,339
영업이익	580	5,955	846
순이익	656	4,879	719
영업이익률	17.91	20.90	15.85
순이익률	20.25	17.12	13.47
주당순이익(EPS)	4.45	12.2	2.3
주가수익배수(PER)	82.35	34.24	43.78
주가순자산배수(PBR)	11.51	5.25	6.46

일루미나의 본사는 미국 캘리포니아에 위치하며, 상근 직원 수는 7,800명이다.
써모 피셔 사이언티픽의 본사는 미국 마이애미에 위치하며, 상근 직원 수는 8만여 명이다.
애질런트 테크놀로지스는 캐나다에 위치하며, 상근 직원 수는 1만 6,400명이다.
(2021년 2월 현재)

최근 12개월간 주가 수익률 비교 2021년 2월 기준 / (단위) %

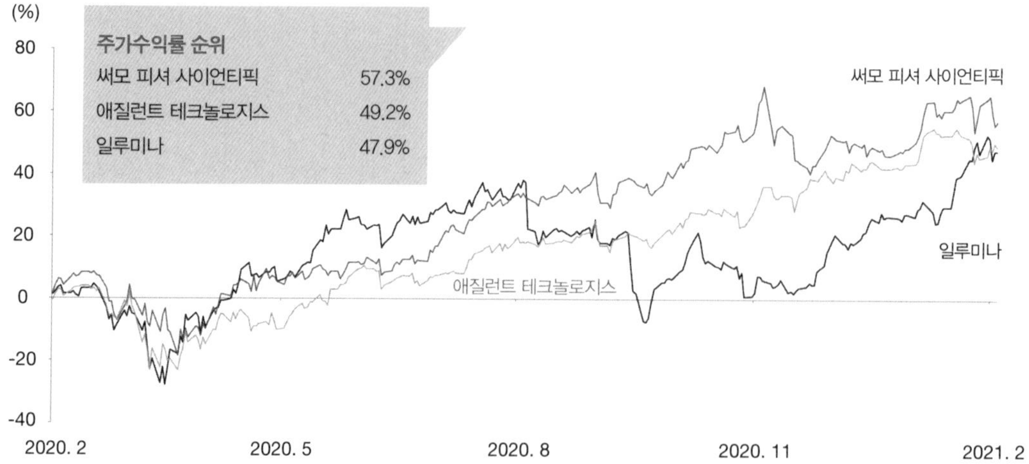

배당 및 투자의견, 종목진단 결과

일루미나의 회계 결산월은 12월이다.

배당이 없는 일루미나에 대하여 최근 3개월간 9명의 애널리스트가 제시한 투자의견을 종합하면 매수Moderate Buy(매수 5명, 보유 4명, 매도 0명)이다. 향후 12개월간 목표주가는 최고 570달러, 최저 340달러, 평균 435.00달러이다.

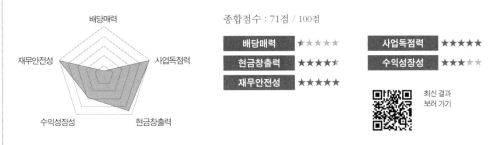

초이스스탁 US의 종목진단 결과는?

2020년 12월 실적발표 기준

일루미나의 투자매력 점수는 100점 만점에 71점이며 미국 상장기업 5,591개 중 795위로 상위 14%에 속하는 우량 기업이다.

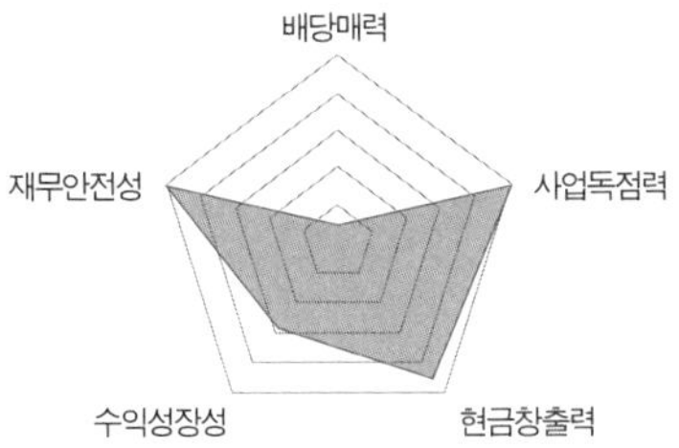

종합점수 : 71점 / 100점

배당매력	★☆☆☆☆	사업독점력	★★★★★
현금창출력	★★★★½	수익성장성	★★★☆☆
재무안전성	★★★★★		

최신 결과 보러 가기

투자매력 세부 5개 항목 중 사업독점력과 재무안전성 2개 부문에서 5점 만점을 받았다. 사업독점력은 현재 수익성과 성장성을 미래에도 유지할 수 있는지를 나타내는 지표로 점수가 높을수록 경제적 해자를 갖춘 기업이다. 미국 전체 상장사 중 상위 3%인 172개 기업만이 만점을 받았다.

재무안전성도 5점 만점으로 매우 안전한 것으로 평가된다. 부채비율 62%, 유동비율 360%, 이자보상배수 12배 등이 반영됐다.

사업독점력을 바탕으로 꾸준한 현금흐름을 창출하고 있다. 현금창출력 점수는 4.5점을 받았다. 2020년 12월 연환산(최근 4분기 합산) 영업활동 현금흐름은 10억 달러, 잉여현금흐름은 8억 9,100만 달러를 창출하는 등 안정적으로 현금흐름을 만들고 있다.

배당은 지급하지 않아 배당 투자 대상으로는 현재 적합하지 않다.

POINT ▶ 끊이지 않는 피인수설… 누군가 탐내고 있는 3세대 면역 항암제 업체

인싸이트

INCY Nasdaq | Incyte Corporation

처음 매매하는 경우		보유 중인 경우	
매매 예정 시점	실적 확인 후 ☐ 이슈 확인 후 ☐	**매매 구분**	매수 ☐ 매도 ☐
매매 결정 이유	변동성 확대(단기) ☐ 실적 우수(장기) ☐	**매매 일자**	20 . . .
매수 목표 가격	$	**매매 금액**	가격 $ 수량 주
손익 목표 가격	$ (+ %)	**수익 현황**	수익금액 $ 수익률 %
손절 목표 가격	$ (- %)	**투자 아이디어**	
보유 예정 기간	3개월 미만(단기) ☐ 1년 이상(장기) ☐		

인싸이트**INCY**는 3세대 면역 항암제 업체로, 희귀질환인 골수섬유증 치료제인 '자카피'를 개발해 판매하고 있는 생명공학 회사다.

1991년 설립됐으며 1996년 유전자 분석 회사인 게놈 시스템즈를 인수하여 인간 DNA에 대한 완전하고 포괄적인 뷰를 제공하는 데이터베이스인 라이프섹을 제공하고 있다. 2016년 아리아드 파마슈티컬즈의 유럽 사업부를 인수하면서 유럽에서 만성 골수병과 필라델피아-양성 급성 림프구성 백혈병 환자들을 위한 치료제인 아이클루시그 제품을 확보했는데, 이는 향후 인싸이트의 중요 매출원이 될 것으로 보인다. 참고로 희귀 의약품 시장은 2019년 1,350억 달러에서 2024년 2,390억 달러로 확대되리라 예상된다.

1993년 11월 나스닥에 상장했으며, 미국 3대 지수 중 나스닥 100과 S&P 500에 속해 있다.

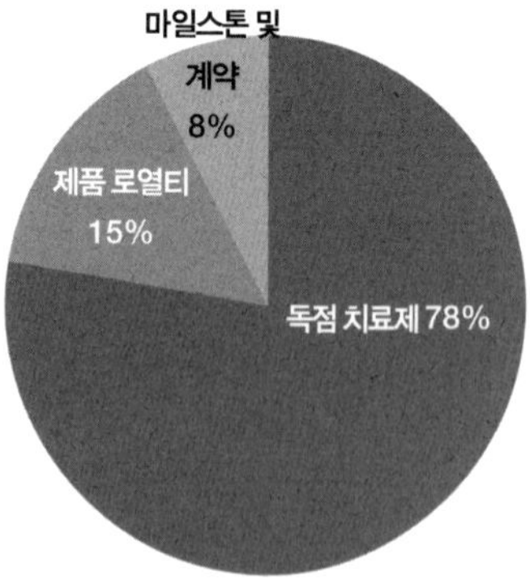

사업부문별 매출 비중

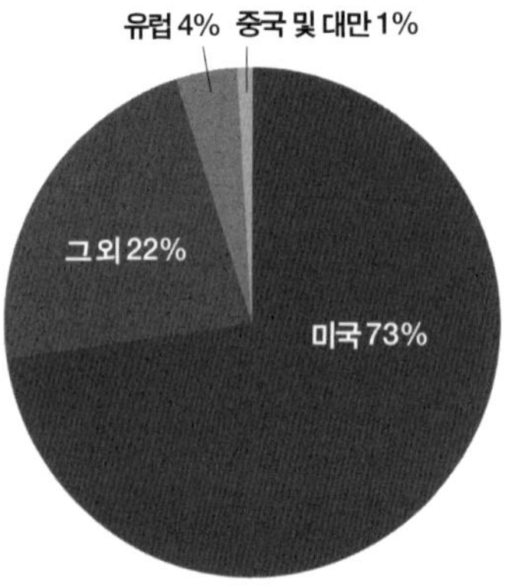

사업지역별 매출 비중

최신 정보 보러 가기 ●

주요 지표 및 주가 최신 뉴스 한 번에 보기 퀀트 분석 : 종목진단 컨센서스 및 투자의견

최근 3년 수익률
2.4%

최근 5년간 주요 투자지표 ① 손익계산서 12월 결산 기준 / (단위) 금액: 백만 달러, %

구분	2016. 12	2017. 12	2018. 12	2019. 12	2020. 12	전년 대비
매출액	1,106	1,536	1,882	2,159	2,667	▼ -8.6%
영업이익	162	-236	155	422	-240	▼ -41.1%
영업이익률(%)	14.6	-15.4	8.2	19.5	-9.0	▼ -9.9%P
순이익	104	-313	109	447	-296	▼ -34.5%
순이익률(%)	9.4	-20.4	5.8	20.7	-11.1	▼ -8%P

최근 5년간 주요 투자지표 ② 가치평가 12월 결산 기준 / (단위) 금액: 배, %, 달러

구분	2016. 12	2017. 12	2018. 12	2019. 12	2020. 12
PER(배)	181.24	-63.83	123.59	42.09	-64.42
PBR(배)	45.03	12.26	7.03	7.24	7.3
PSR(배)	17.08	13.01	7.19	8.71	7.14
ROE(%)	31.7	-23.3	6.2	19.1	-12.7
주당순이익(달러)	0.54	-1.53	0.51	2.05	-1.36
주당배당금(달러)	0	0	0	0	0

최근 5년간 주가 추이

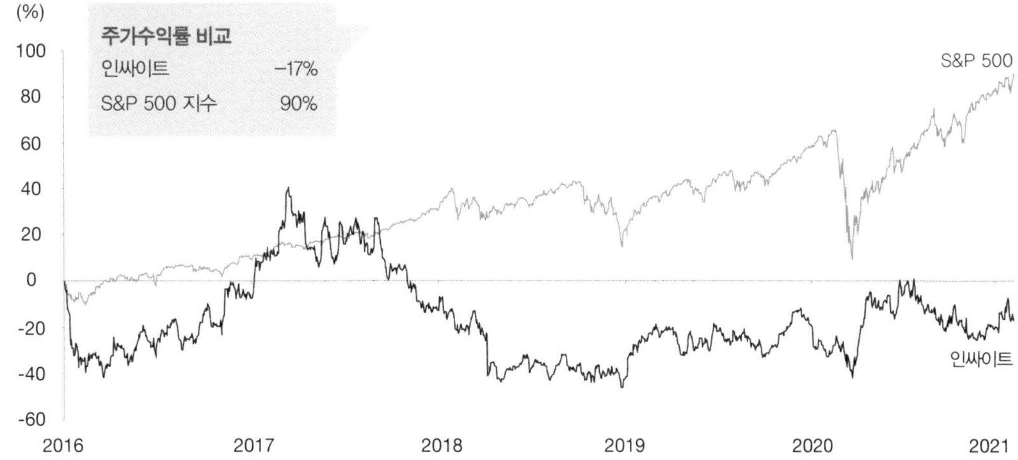

주요 경쟁업체 현황

인싸이트의 주요 경쟁사로는 앨나일람 파마슈티컬**ALNY**과 바이오엔테크**BNTX**가 있다.

앨나일람 파마슈티컬Alnylam Pharmaceuticals, Inc.은 유전자 질환에 대한 RNA 간섭 치료제 개발의 선두주자라 할 수 있는 생명공학 기업이다. 2002년에 설립됐으며 2004년 나스닥에 상장했다.

바이오엔테크BioNTech SE는 희귀질환의 단백질 대체 요법, 저분자 면역요법, 면역 항암 등을 위한 RNA 백신을 개발하는 생명공학 기업이다. 2008년 설립됐으며 2019년 나스닥에 상장했다.

최근 4분기 경쟁사 실적 비교 2020년 4분기 기준 / (단위) 백만 달러, %, 달러

구분	인싸이트	앨나일람 파카슈티컬	바이오엔테크
매출	2,667	493	122
영업이익	-240	-828	-204
순이익	-296	-858	-201
영업이익률	-9.00	-167.95	-166.97
순이익률	-11.10	-174.04	-164.22
주당순이익(EPS)	-1.36	-7.46	-0.96
주가수익배수(PER)	-64.42	-17.59	-38.10
주가순자산배수(PBR)	7.3	14.86	13.83

인싸이트의 본사는 미국 델라웨어에 위치하며, 상근 직원 수는 1,773명이다.
앨나일람 파마슈티컬의 본사는 미국 마이애미 캠브리지에 위치하며, 상근 직원 수는 1,453명이다.
바이오엔테크의 본사는 독일 마인츠에 위치하며, 상근 직원 수는 1,453명이다. (2021년 2월 현재)

최근 12개월간 주가 수익률 비교 2021년 2월 기준 / (단위) %

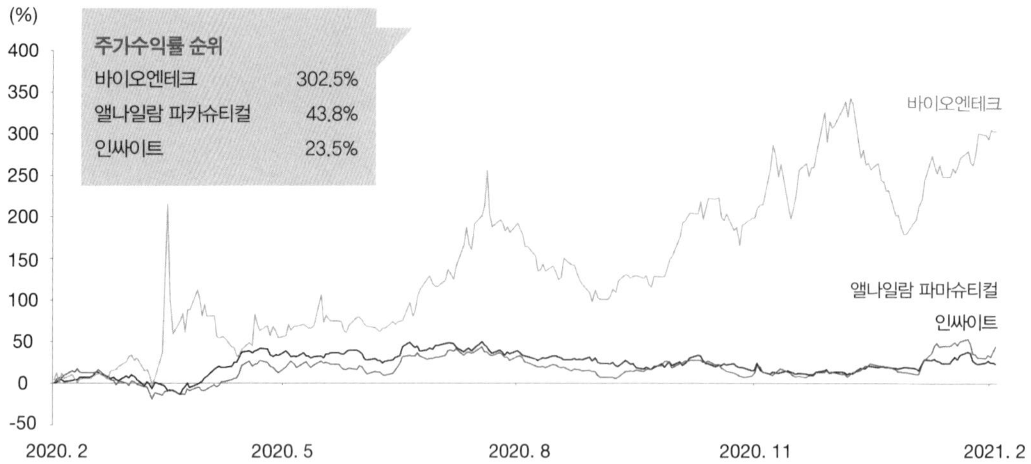

배당 및 투자의견, 종목진단 결과

인싸이트의 회계 결산월은 12월이다.

배당이 없는 인싸이트에 대하여 최근 3개월간 9명의 애널리스트가 제시한 투자의견을 종합하면 매수Moderate Buy(매수 4명, 보유 4명, 매도 1명)이다. 향후 12개월간 목표주가는 최고 120달러, 최저 70달러, 평균 97.00달러이다.

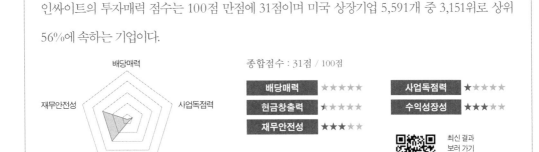

초이스스탁 US의 종목진단 결과는?

2020년 12월 실적발표 기준

인싸이트의 투자매력 점수는 100점 만점에 31점이며 미국 상장기업 5,591개 중 3,151위로 상위 56%에 속하는 기업이다.

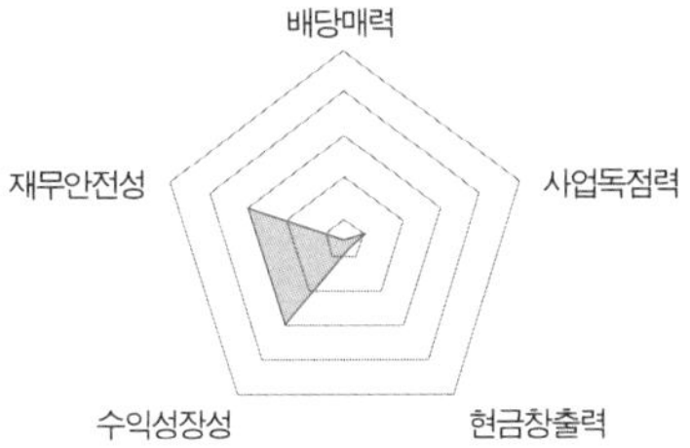

종합점수 : 31점 / 100점

배당매력	★★★★★
현금창출력	★★★★★
재무안전성	★★★★★
사업독점력	★★★★★
수익성장성	★★★★★

최신 결과 보러 가기

투자매력 세부 5개 항목 중 수익성장성이 5점 만점에 3점을 받아 평균 이상의 성장을 나타냈다. 2020년 12월 연환산(최근 4분기 합산) 매출액이 26억 달러로 전년 동기 21억 달러 대비 23% 성장했지만, 순이익은 연구개발비 등의 증가로 전년 동기 4억 4,700만 달러에서 2억 9,600만 달러 적자로 전환했다.

성장을 위한 투자로 현금창출력은 낮은 평가를 받았다. 2020년 12월 연환산 영업활동 현금흐름이 (-)1억 2,500만 달러, 투자활동 현금흐름 (-)2억 6,900만 달러를 기록했다. 부족한 현금은 재무활동을 통해 7,200만 달러를 조달했다. 향후 성장을 위한 투자 시기로 당분간은 현금수요가 높고 유형자산과 연구개발비 투자가 필요한 상황이다. 인싸이트에 대한 투자판단 시 매출액 성장률과 영업활동 현금흐름의 흑자전환 여부가 향후 주가 움직임에 주요 변수가 될 것으로 판단된다.

배당은 지급하지 않아 배당 투자 대상으로는 현재 적합하지 않다.

POINT ▶ 반도체 시장은 호황이지만 이들에게는 남의 일… 선택과 집중이 필요한 때

인텔

INTC Nasdaq | Intel Corporation

처음 매매하는 경우	보유 중인 경우
매매 예정 시점 실적 확인 후 ☐ 이슈 확인 후 ☐	**매매 구분** 매수 ☐ 매도 ☐
매매 결정 이유 변동성 확대(단기) ☐ 실적 우수(장기) ☐	**매매 일자** 20 . . .
매수 목표 가격 $	**매매 금액** 가격 $ 수량 주
손익 목표 가격 $ (+ %)	**수익 현황** 수익금액 $ 수익률 %
손절 목표 가격 $ (- %)	**투자 아이디어**
보유 예정 기간 3개월 미만(단기) ☐ 1년 이상(장기) ☐	

인텔ITNC은 대한민국의 삼성전자와 글로벌 반도체 1위 자리를 놓고 경쟁하고 있는 미국의 반도체 기업이다. 1968년에 설립해 1970년에 세계 최초로 메모리 반도체를 개발했고, 1982년에 마이크로프로세서인 80286모델을 개발했다. 1986년 메모리 반도체 사업을 정리하고, 1993년 펜티엄 프로세서를 론칭, 1995년부터 CPU 시장점유율 세계 1위를 유지하고 있다. 2010년 이후 클라우드·사물인터넷·인공지능 등 4차 산업혁명 시대의 경쟁력 확보에 적극적으로 나서고 있는데, 지난 2017년에는 이스라엘의 자율주행차 전문 기업인 모빌아이를 인수하기도 했다. 한편 CPU 수율 문제와 함께 2020년 들어 마이크로소프트와 애플 등의 자체 반도체 칩 개발 소식에 큰 타격을 입었다.

1971년 나스닥에 상장했으며, 미국 3대 지수인 다우와 나스닥 100, S&P 500에 모두 속해 있다.

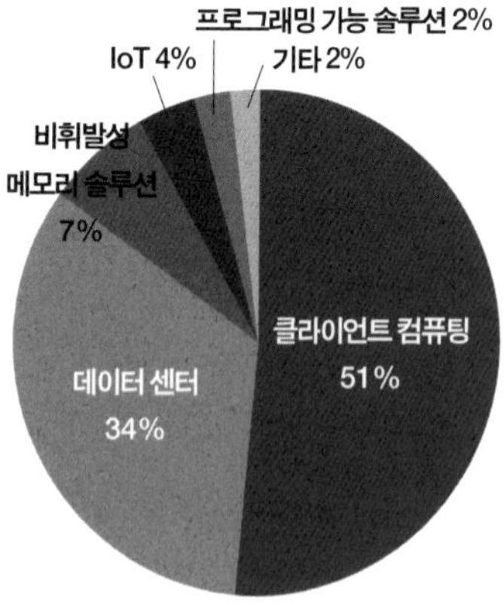

사업부문별 매출 비중

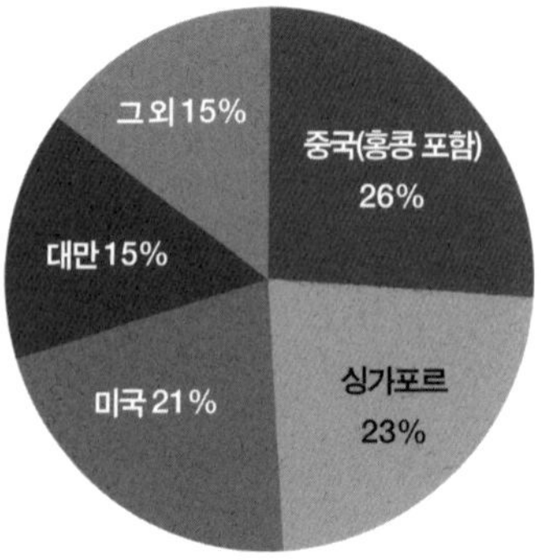

사업지역별 매출 비중

최신 정보 보러 가기 ●

주요 지표 및 주가 | 최신 뉴스 한 번에 보기 | 퀀트 분석 : 종목진단 | 컨센서스 및 투자의견

최근 3년 수익률
29.5%

최근 5년간 주요 투자지표 ① 손익계산서 12월 결산 기준 / (단위) 금액: 백만 달러, %

구분	2016. 12	2017. 12	2018. 12	2019. 12	2020. 12	전년 대비
매출액	59,387	62,761	70,848	71,965	77,867	▲ 8.2%
영업이익	13,133	18,050	23,316	22,035	23,678	▲ 7.5%
영업이익률(%)	22.1	28.8	32.9	30.6	30.4	▼ -0.2%P
순이익	10,316	9,601	21,053	21,048	20,899	▼ -0.7%
순이익률(%)	17.4	15.3	29.7	29.2	26.8	▼ -2.4%P

최근 5년간 주요 투자지표 ② 가치평가 12월 결산 기준 / (단위) 금액: 배, %, 달러

구분	2016. 12	2017. 12	2018. 12	2019. 12	2020. 12
PER(배)	16.66	22.5	10.14	12.42	9.23
PBR(배)	2.6	3.13	2.86	3.37	2.38
PSR(배)	2.89	3.44	3.01	3.63	2.48
ROE(%)	16.4	13.9	29.4	28	26.6
주당순이익(달러)	2.12	1.99	4.48	4.71	4.94
주당배당금(달러)	1.04	1.08	1.2	1.26	1.32

최근 5년간 주가 추이

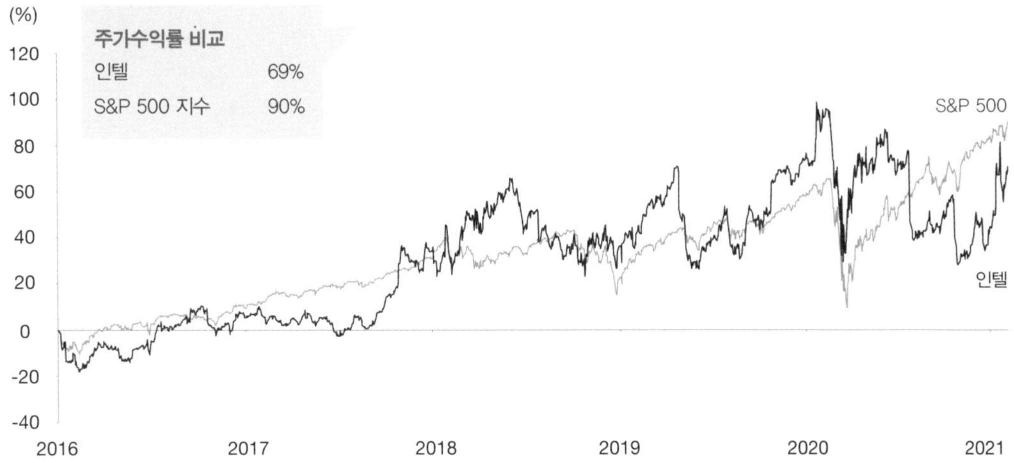

주요 경쟁업체 현황

인텔의 주요 경쟁사로는 브로드컴**AVGO**, 어드밴스드 마이크로 디바이시스**AMD**가 있다.

브로드컴Broadcom Inc.은 광대역 통신용 직접회로를 생산하고 판매하는 세계적인 반도체 기업이다. 1961년 에이치피HP의 반도체 사업부로 시작하여 2015년 싱가폴 반도체 기업인 아바고에 인수됐다.

어드밴스드 마이크로 디바이시스Advanced Micro Devices, 이하 에이엠디는 컴퓨터에 사용되는 CPU와 GPU뿐만 아니라 게임 콘솔용 맞춤 칩을 제공하는 기업이다. 1969년 설립됐고 1979년 뉴욕증권거래소에 상장했다.

최근 4분기 경쟁사 실적 비교 2020년 4분기 기준 / (단위) 백만 달러, %, 달러

구분	인텔	브로드컴	에이엠디
매출	77,867	23,888	9,763
영업이익	23,678	4,014	1,369
순이익	20,899	2,960	2,490
영업이익률	30.41	16.80	14.02
순이익률	26.84	12.39	25.50
주당순이익(EPS)	4.94	6.33	2.06
주가수익배수(PER)	9.23	53.11	44.35
주가순자산배수(PBR)	2.38	5.92	18.92

인텔의 본사는 미국 캘리포니아 산타클라라에 위치하며, 상근 직원 수는 11만 600명이다. 브로드컴의 본사는 미국 캘리포니아 산호세에 위치하며, 상근 직원 수는 2만 1천여 명이다. 에이엠디의 본사는 미국 캘리포니아 산타클라라에 위치하며, 상근 직원 수는 1만 2,600명이다. (2021년 2월 현재)

최근 12개월간 주가 수익률 비교 2021년 2월 기준 / (단위) %

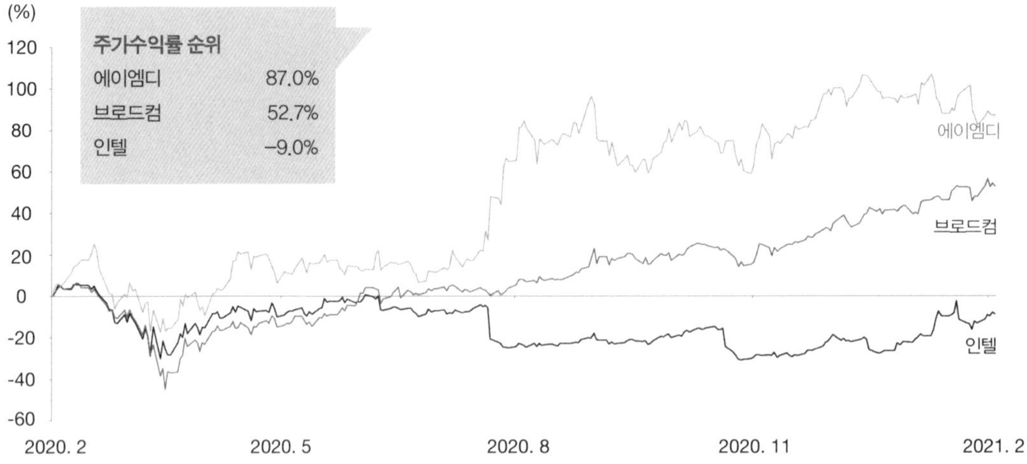

배당 및 투자의견, 종목진단 결과

인텔의 회계 결산월은 12월이다.

2014년부터 배당이 증가한 인텔의 배당금은 분기 단위로 지급되고, 배당수익률은 정보기술IT 섹터 평균인 1.14%의 2배 수준이다.

배당수익률(선행)	연간배당금(선행)	배당성향	배당성장	5년 배당성장률
2.29%	1.39달러	29.28%	7년	6.42%

최근 3개월간 31명의 애널리스트가 제시한 투자의견을 종합하면 보유Hold(매수 12명, 보유 12명, 매도 7명)이다. 향후 12개월간 목표주가는 최고 86달러, 최저 40달러, 평균 62.85달러이다.

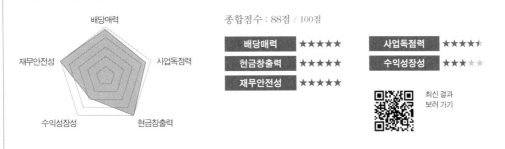

초이스스탁 US의 종목진단 결과는?

2020년 12월 실적발표 기준

인텔의 투자매력 점수는 100점 만점에 88점이며 미국 상장기업 5,591개 중 76위로 상위 1%에 속하는 초우량 기업이다.

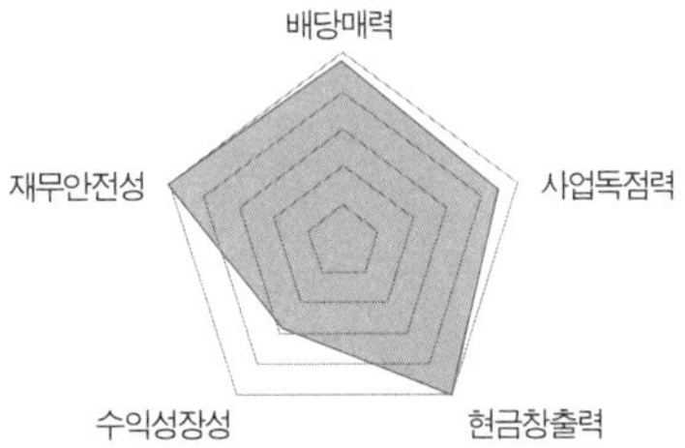

종합점수 : 88점 / 100점

항목	평가
배당매력	★★★★★
현금창출력	★★★★★
재무안전성	★★★★★
사업독점력	★★★★☆ (4.5)
수익성장성	★★★☆☆

최신 결과 보러 가기

투자매력 세부 5개 항목 중 현금창출력과 재무안전성에서 모두 5점 만점을 받았다. 풍부한 현금과 안전한 재무구조를 바탕으로 매년 양호한 현금흐름을 만들어 내고 있다. 2020년 12월 연환산(최근 4분기 합산) 영업활동 현금흐름은 353억 달러, 잉여현금흐름은 209억 달러를 기록했다. 현금성 자산 58억 달러와 투자자산 180억 달러를 보유하고 있고, 부채비율도 88%로 매우 낮아 재무안전성이 매우 높은 기업이다. 배당매력 점수도 4.8점을 받아 배당주로써의 매력이 매우 높다. 최근 7년 연속 주당배당금이 상향됐고, 2020년에는 주당배당금 1.32달러를 지급해 시가배당률 2.8%를 기록했다. 최근 5년간 시가배당률은 2.1~2.9% 수준이다. 2020년에는 경쟁사인 에이엠디에 시장점유율을 잠식 당한 데다, 애플이 칩을 직접 개발하겠다는 계획을 발표해 주가가 약세를 면치 못했다. 위기 상황 타개를 위해 단행한 대표이사 교체와 사업 구조조정을 통해 2021년에는 재도약할 수 있을지 귀추가 주목된다.

POINT ▶ 2027년까지 연평균 +6.5% 성장이 예상되는 CRO 시장의 최대 수혜주

아이큐비아 홀딩스

IQV NYSE | IQVIA Holdings Inc.

처음 매매하는 경우

매매 예정 시점
실적 확인 후 ☐ 이슈 확인 후 ☐
매매 결정 이유
변동성 확대(단기) ☐ 실적 우수(장기) ☐
매수 목표 가격 $
손익 목표 가격 $ (+ %)
손절 목표 가격 $ (- %)
보유 예정 기간
3개월 미만(단기) ☐ 1년 이상(장기) ☐

보유 중인 경우

매매 구분 매수 ☐ 매도 ☐
매매 일자 20 . . .
매매 금액 가격 $ 수량 주
수익 현황 수익금액 $ 수익률 %

투자 아이디어

코로나 19 팬데믹으로 의약품 개발에 대한 관심이 그 어느 때보다 높아진 가운데 신약 개발에 없어서는 안 되는 회사가 바로 아이큐비아 홀딩스**IQV**, 이하 아이큐비아다. 의약품의 특성상 개발 단계와 함께 임상시험 단계의 중요성이 나날이 높아지고 있는 상황이다. 아이큐비아는 세계 최대의 임상시험수탁기관contract research organization, CRO으로, 바이오 의약품의 연구개발 대행과 임상연구 사업을 영위한다. 전 세계 100개국에 걸친 네트워크를 통해 임상 개발 전략·치료 전문지식·예측 및 처방분석·환자 지속성 서비스를 포함한 광범위한 연구 개발 솔루션을 제공하고, 기술 솔루션 및 위탁 연구 서비스에 주력하고 있다. 1982년에 설립된 퀸틸즈 트랜스내셔널을 전신으로 하며, 1990년대 들어 세계 각국에 자회사와 연구소를 다수 설립했다. 2016년 경쟁사인 아이엠에스 헬스와 합병한 후 2017년 사명을 변경했다.

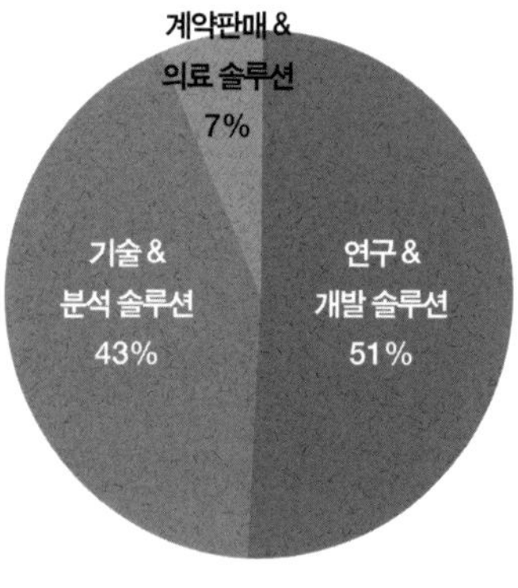

사업부문별 매출 비중

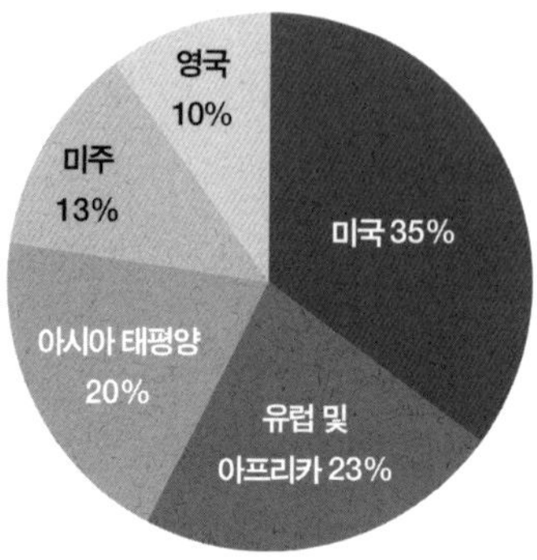

사업지역별 매출 비중

2013년 5월에 뉴욕증권거래소에 상장했으며, S&P 500에 속해 있다.

최신 정보 보러 가기 ●

주요 지표 및 주가 | 최신 뉴스 한 번에 보기 | 퀀트 분석 : 종목진단 | 컨센서스 및 투자의견

최근 3년 수익률
89.9%

최근 5년간 주요 투자지표 ① 손익계산서 12월 결산 기준 / (단위) 금액: 백만 달러, %

구분	2016. 12	2017. 12	2018. 12	2019. 12	2020. 12	전년 대비
매출액	6,815	9,702	10,412	11,088	11,359	▲ 2.4%
영업이익	576	665	741	777	731	▼ -5.9%
영업이익률(%)	8.5	6.9	7.1	7.0	6.4	▼ -0.6%P
순이익	72	1,277	259	191	279	▲ 46.1%
순이익률(%)	1.1	13.2	2.5	1.7	2.5	▲ 0.7%P

최근 5년간 주요 투자지표 ② 가치평가 12월 결산 기준 / (단위) 금액: 배, %, 달러

구분	2016. 12	2017. 12	2018. 12	2019. 12	2020. 12
PER(배)	260.03	16.2	90.74	156.97	123.12
PBR(배)	2.17	2.59	3.5	4.99	5.72
PSR(배)	2.75	2.13	2.26	2.7	3.02
ROE(%)	3.9	16.8	3.5	3	4.9
주당순이익(달러)	0.47	5.74	1.24	0.96	1.43
주당배당금(달러)	0	0	0	0	0

최근 5년간 주가 추이

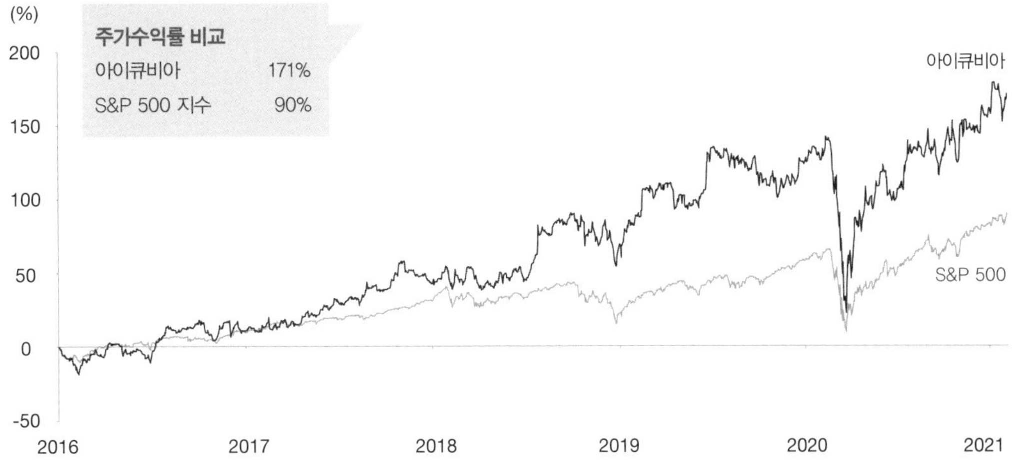

주요 경쟁업체 현황

아이큐비아 홀딩스의 주요 경쟁사로는 시네오스 헬스**SYNH**, 피알에이 헬스 사이언시스**PRAH**가 있다.

시네오스 헬스Syneos Health, Inc.는 생물제약 회사이자 2018년 기준 세계 3위의 임상시험수탁기관CRO이다. 사업 부문은 임상 솔루션 부문과 상업용 솔루션 부문 등 2개 부문이 있다. 임상 솔루션 부문은 임상 모니터링·조사자 및 환자 모집·데이터 관리 및 1차부터 4차에 걸친 다양한 임상 개발 서비스를 제공한다. 1998년 설립됐으며 러셀 2000에 속해 있다.

피알에이 헬스 사이언시스PRA Health Sciences, Inc.는 생명공학 및 제약 기업을 대상으로 1·2차 임상 연구를 위한 조기 개발과 데이터 분석 등 임상시험 아웃소싱 서비스와 컨설팅 솔루션을 제공하는 임상시험수탁기관CRO이다. 1976년 설립됐으며 2014년 나스닥에 상장했다.

최근 4분기 경쟁사 실적 비교 2020년 4분기 기준 / (단위) 백만 달러, %, 달러

구분	아이큐비아	시네오스 헬스	피알에이 헬스 사이언시스
매출	11,359	4,416	3,110
영업이익	731	293	333
순이익	279	193	221
영업이익률	6.44	6.64	10.71
순이익률	2.46	4.37	7.11
주당순이익(EPS)	1.43	1.83	3.41
주가수익배수(PER)	123.12	36.75	29.41
주가순자산배수(PBR)	5.72	2.19	4.9

아이큐비아 홀딩스의 본사는 미국 코네티컷에 위치하며, 상근 직원 수는 7만여 명이다.
시네오스 헬스의 본사는 미국 노스캐롤라이나에 위치하며, 상근 직원 수는 2만 5천여 명이다.
피알에이 헬스 사이언시스의 본사는 미국 노스캐롤라이나에 위치하며, 상근 직원 수는 1만 7천여 명이다. (2021년 2월 현재)

최근 12개월간 주가 수익률 비교 2021년 2월 기준 / (단위) %

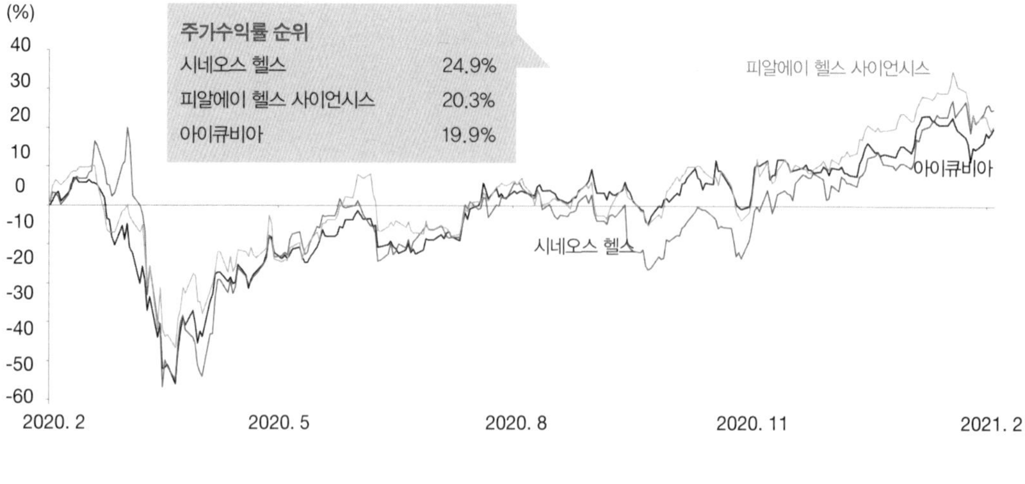

배당 및 투자의견, 종목진단 결과

아이큐비아 홀딩스의 회계 결산월은 12월이다.

배당이 없는 아이큐비아 홀딩스에 대하여 최근 3개월간 8명의 애널리스트가 제시한 투자의견을 종합하면 강력매수Strong Buy(매수 7명, 보유 1명, 매도 0명)이다. 향후 12개월간 목표주가는 최고 235달러, 최저 200달러, 평균 216.88달러이다.

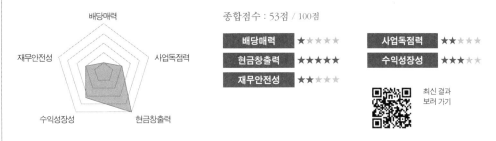

초이스스탁 US의 종목진단 결과는?

2020년 12월 실적발표 기준

아이큐비아의 투자매력 점수는 100점 만점에 53점이며 미국 상장기업 5,591개 중 2,314위로 상위 41%에 속하는 기업이다.

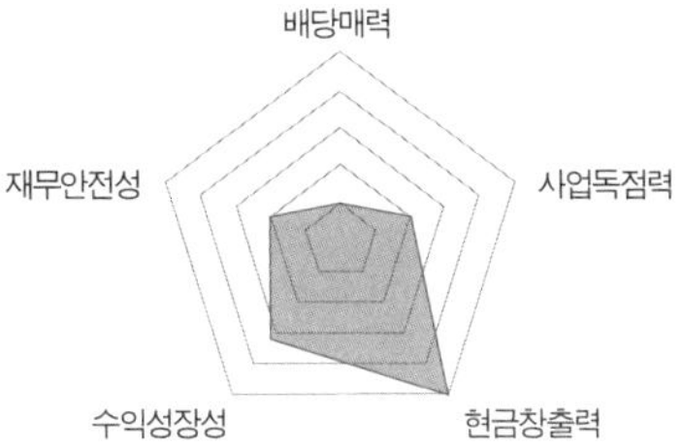

종합점수 : 53점 / 100점

배당매력	★☆☆☆☆	사업독점력	★★☆☆☆
현금창출력	★★★★★	수익성장성	★★★☆☆
재무안전성	★★☆☆☆		

최신 결과 보러 가기

투자매력 세부 5개 항목 중 현금창출력 부문에서 5점 만점을 받았다. 2020년 12월 연환산(최근 4분기 기준) 영업활동 현금흐름이 19억 달러로 전년 동기 14억 달러 대비 35% 늘었고, 잉여현금흐름은 13억 달러로 전년 동기 8억 3,500만 달러 대비 55% 성장한 점 등이 반영됐다.

수익성장성 부문에서 3.2점을 받았다. 2020년 12월 연환산 매출액이 113억 달러로 전년 동기 110억 달러 대비 2.7% 성장했고, 순이익은 2억 7,900만 달러로 전년 동기 1억 9,100만 달러 대비 46% 늘어난 점 등이 반영됐다.

재무안전성 점수는 2점을 받아 낮은 평가를 받았다. 부채비율 305%, 유동비율 112%, 이자보상배수 2배 등으로 향후 순이익이 줄거나 현금흐름이 악화될 경우 재무 리스크가 발생할 수 있어 실적발표시 순이익과 현금흐름 확인이 필요하다.

배당은 지급하지 않아 배당 투자 대상으로는 현재 적합하지 않다.

POINT ▶ 코로나 19 팬데믹으로 인한 실적 부진은 당분간 지속될 것

인튜이티브 서지컬

ISRG Nasdaq | Intuitive Surgical, Inc.

처음 매매하는 경우	보유 중인 경우
매매 예정 시점 실적 확인 후 ☐ 이슈 확인 후 ☐	**매매 구분** 매수 ☐ 매도 ☐
매매 결정 이유 변동성 확대(단기) ☐ 실적 우수(장기) ☐	**매매 일자** 20 . . .
매수 목표 가격 $	**매매 금액** 가격 $ 수량 주
손익 목표 가격 $ (+ %)	**수익 현황** 수익금액 $ 수익률 %
손절 목표 가격 $ (- %)	투자 아이디어
보유 예정 기간 3개월 미만(단기) ☐ 1년 이상(장기) ☐	

인튜이티브 서지컬**ISRG**은 세계 1위 의료용·수술용 로봇 회사다. 외과 수술에 쓰이는 내시경, 내시경 견인기 및 해부기와 함께 가위, 메스 등의 액세서리를 제공하고, 수술 시스템을 고안해 제조하여 판매한다. 1980년대 말 비영리 연구소인 SRI 인터내셔널이 다빈치da Vinci 수술 시스템을 개발, 이후 민간으로 확대하면서 1995년에 별도의 회사로 설립됐다. 1999년 다빈치 수술 시스템을 출시했으며 2000년 미 식품의약국FDA으로부터 세계 최초로 일반 복강경 수술용 로봇 수술 시스템의 승인을 획득했다. 이후 흉강경 수술, 보조적 절개를 이용한 심장 수술, 비뇨기과, 부인과, 소아과 그리고 경구 이비인후과 수술용으로 FDA의 승인을 받았다. 현재 다빈치 수술 시스템을 통한 수술 건수가 120만 건을 넘어섰으며 사실상 전 세계 로봇 수술 시장을 독점하고 있다.

2000년 나스닥에 상장했으며, 미국 3대 지수 중 나스닥 100과 S&P 500에 속해 있다.

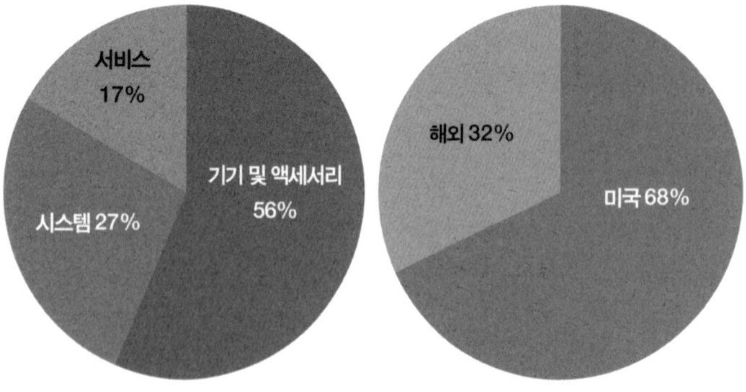

사업부문별 매출 비중　　사업지역별 매출 비중

최신 정보 보러 가기 ●

주요 지표 및 주가 | 최신 뉴스 한 번에 보기 | 퀀트 분석 : 종목진단 | 컨센서스 및 투자의견

최근 3년 수익률 86.7%

최근 5년간 주요 투자지표 ① 손익계산서 12월 결산 기준 / (단위) 금액: 백만 달러, %

구분	2016. 12	2017. 12	2018. 12	2019. 12	2020. 12	전년 대비
매출액	2,707	3,138	3,724	4,479	4,358	▼ -2.7%
영업이익	950	1,063	1,199	1,375	1,050	▼ -23.6%
영업이익률(%)	35.1	33.9	32.2	30.7	24.1	▼ -6.6%P
순이익	738	671	1,128	1,379	1,061	▼ -23.1%
순이익률(%)	27.3	21.4	30.3	30.8	24.3	▼ -6.4%P

최근 5년간 주요 투자지표 ② 가치평가 12월 결산 기준 / (단위) 금액: 배, %, 달러

구분	2016. 12	2017. 12	2018. 12	2019. 12	2020. 12
PER(배)	33.28	60.95	48.49	49.53	90.68
PBR(배)	4.25	8.56	8.19	8.27	9.88
PSR(배)	9.08	13.03	14.69	15.26	22.07
ROE(%)	13.9	14.6	18.6	18.2	11.7
주당순이익(달러)	6.26	5.77	9.49	11.54	8.82
주당배당금(달러)	0	0	0	0	0

최근 5년간 주가 추이

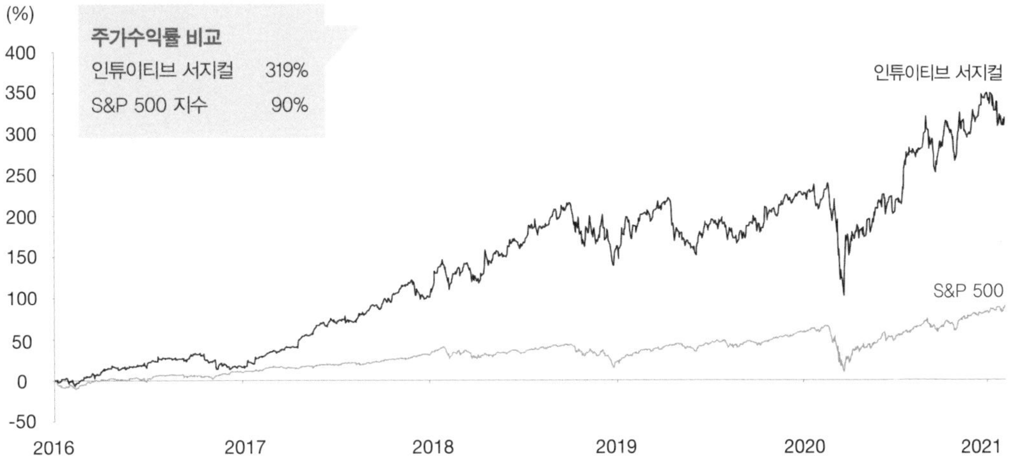

주요 경쟁업체 현황

인튜이티브 서지컬의 주요 경쟁사로는 어센서스 서지컬**ASXC**, 메드트로닉**MDT**이 있다.

어센서스 서지컬Asensus Surgical, Inc.은 2006년 설립된 수술용 로봇 제조 회사다. 수술용 로봇을 위한 머신비전 시스템에 대해 2021년 초 FDA 승인을 획득했고, 트랜스엔터릭스에서 현재의 사명으로 변경했다.

메드트로닉Medtronic plc은 세계 최대의 의료기술 기업이다. 1949년 의료장비 수리점으로 설립돼 심장박동기, 심장제세동기, 스텐트 제품 등을 생산한다. 수술용 로봇 시장 진출을 선언하고 모듈러 수술용 로봇 시스템을 개발하고 있다.

최근 4분기 경쟁사 실적 비교 2020년 4분기 기준 / (단위) 백만 달러, %, 달러

구분	인튜이티브 서지컬	어센서스 서지컬	메드트로닉
매출	4,358	3	27,868
영업이익	1,050	-57	3,558
순이익	1,061	-59	3,537
영업이익률	24.09	-1,900.00	12.77
순이익률	24.35	-1,966.67	12.69
주당순이익(EPS)	8.82	-1.38	2.61
주가수익배수(PER)	90.68	-0.58	38.22
주가순자산배수(PBR)	9.88	0.56	2.7

인튜이티브 서지컬의 본사는 미국 캘리포니아에 위치하며, 상근 직원 수는 8,081명이다. 어센서스 서지컬의 본사는 미국 노스캐롤라이나에 위치하며, 상근 직원 수는 160명이다. 메드트로닉의 본사는 아일랜드 더블린에 위치하며, 상근 직원 수는 9만여 명이다. (2021년 2월 현재)

최근 12개월간 주가 수익률 비교 2021년 2월 기준 / (단위) %

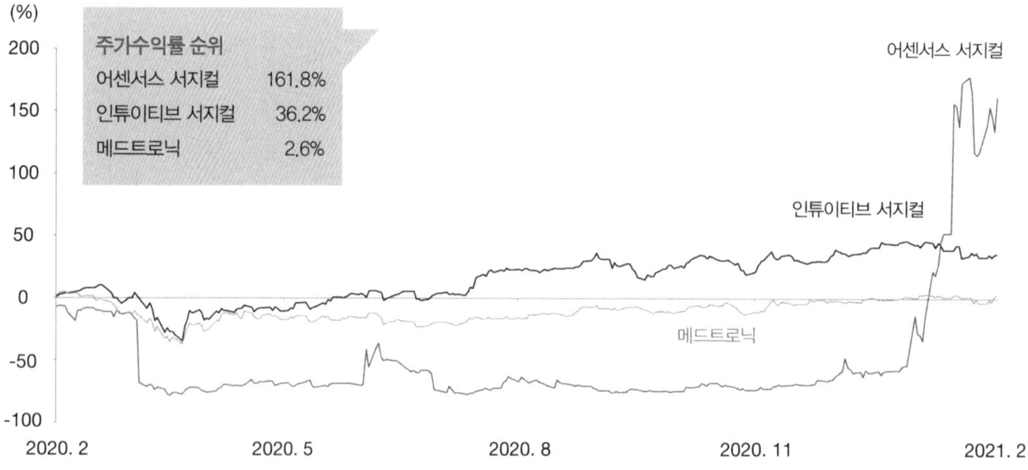

배당 및 투자의견, 종목진단 결과

인튜이티브 서지컬의 회계 결산월은 12월이다.

배당이 없는 인튜이티브 서지컬에 대하여 최근 3개월간 9명의 애널리스트가 제시한 투자의견을 종합하면 매수Moderate Buy(매수 4명, 보유 4명, 매도 1명)이다. 향후 12개월간 목표주가는 최고 879달러, 최저 410달러, 평균 779.25달러이다.

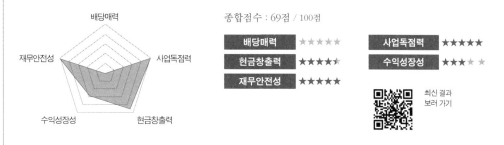

초이스스탁 US의 종목진단 결과는?

2020년 12월 실적발표 기준

인튜이티브 서지컬의 투자매력 점수는 100점 만점에 69점이며 미국 상장기업 5,591개 중 946위로 상위 16%에 속하는 우량 기업이다.

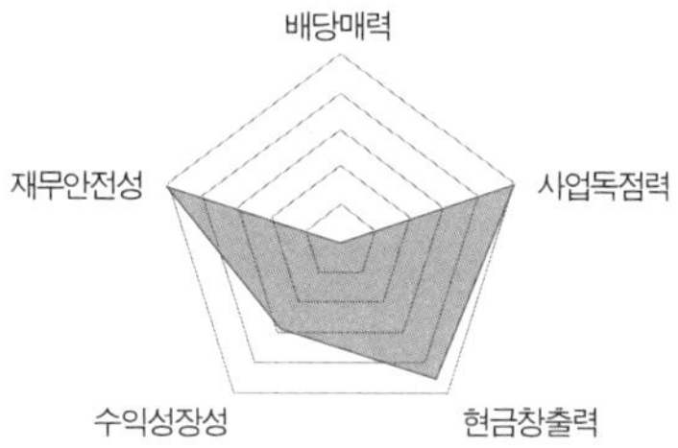

종합점수 : 69점 / 100점

배당매력	★★★★★	사업독점력	★★★★★
현금창출력	★★★★★	수익성장성	★★★★★
재무안전성	★★★★★		

최신 결과 보러 가기

투자매력 세부 5개 항목 중 사업독점력 부문에서 5점 만점을 받았다. 사업독점력은 현재 수익성과 성장성을 유지할 수 있는지를 나타내는 지표다. 미국 전체 상장사 중 상위 3%인 172개 기업만이 만점을 받을 정도로 까다로운 조건을 통과한 초우량 기업이다.

높은 사업독점력을 바탕으로 현금창출력에서도 4.5점, 재무안전성도 5점 만점을 받았다. 2020년 12월 연환산(최근 4분기 합산) 영업활동 현금흐름은 14억 달러, 잉여현금흐름은 11억 달러를 창출했고, 현금성 자산 16억 달러와 투자자산 34억 달러를 보유하고 있는 점 등이 반영됐다. 부채비율 15%, 유동비율 687%, 무차입 경영을 하고 있는 점 등이 반영돼 재무안전성 평가에서도 5점 만점을 받았다.

수익성장성은 2.8점으로 다른 항목에 비해 상대적으로 낮은 평가를 받았다. 2020년 12월 연환산 매출액이 43억 달러로 전년 동기 44억 달러와 비슷한 수준을 기록했고, 순이익은 10억 달러로 전년 동기 13억 달러 대비 23% 줄어든 점 등이 반영됐다.

배당은 지급하지 않아 배당 투자 대상으로는 현재 적합하지 않다.

POINT ▶ 코로나 19 백신 출시와 함께 모든 사업 부문의 실적 개선도 기대

배당왕

존슨 앤 존슨

JNJ NYSE | Johnson & Johnson

처음 매매하는 경우

매매 예정 시점
실적 확인 후 ☐ 이슈 확인 후 ☐
매매 결정 이유
변동성 확대(단기) ☐ 실적 우수(장기) ☐
매수 목표 가격 $
손익 목표 가격 $ (+ %)
손절 목표 가격 $ (- %)
보유 예정 기간
3개월 미만(단기) ☐ 1년 이상(장기) ☐

보유 중인 경우

매매 구분 매수 ☐ 매도 ☐
매매 일자 20 . . .
매매 금액 가격 $ 수량 주
수익 현황 수익금액 $ 수익률 %

투자 아이디어

J

포춘 500대 기업 중 하나이자 시가총액 기준 세계 최대 헬스케어 회사인 존슨 앤 존슨**JNJ**은 의약품과 의료기기는 물론, '존슨즈 베이비', '타이레놀', '아큐브', '리스테린' 등 세계적인 생활용품 브랜드도 다수 보유하고 있다.

1886년에 3명의 존슨 형제가 설립했으며 1887년 수술용 살균붕대를 대량 생산하면서 큰 성공을 거두었다. 현재 전 세계 60개국에 지사와 250개의 자회사를 두고 있으며 175개국에서 소비재, 제약, 의료기기 등의 제품을 판매하고 있다. 코로나 19 확산으로 실적에 영향을 받았지만 의료기기를 중심으로 견조한 회복세를 보이고 있다. 2021년 2월, FDA에 세계 최초의 단일 접종 코노라 19 백신의 긴급 승인을 신청했으며 미국과 유럽에서 긴급사용 승인을 획득했다.

1944년 9월 뉴욕증권거래소에 상장했으며, 미국 3대 지수 중 다우와 S&P 500에 속해 있다.

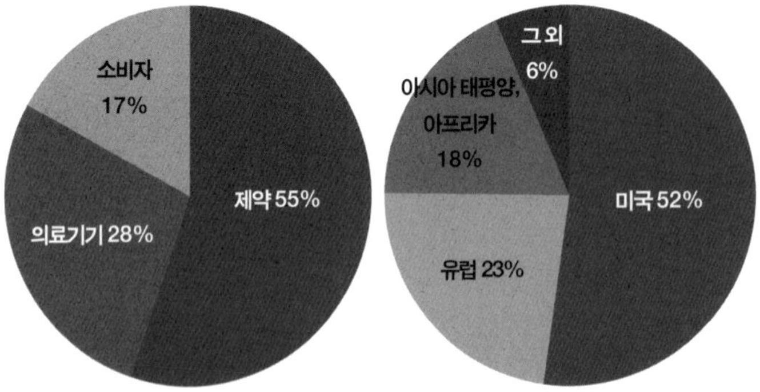

사업부문별 매출 비중 사업지역별 매출 비중

최신 정보 보러 가기 ●

주요 지표 및 주가 | 최신 뉴스 한 번에 보기 | 퀀트 분석 : 종목진단 | 컨센서스 및 투자의견

최근 3년 수익률
24.7%

최근 5년간 주요 투자지표 ① 손익계산서

12월 결산 기준 / (단위) 금액: 백만 달러, %

구분	2016. 12	2017. 12	2018. 12	2019. 12	2020. 12	전년 대비
매출액	71,890	76,450	81,581	82,059	82,584	▲ 0.6%
영업이익	20,371	18,180	19,798	19,814	19,486	▼ -1.7%
영업이익률(%)	28.3	23.8	24.3	24.1	23.6	▼ -0.6%P
순이익	16,540	1,300	15,297	15,119	14,714	▼ -2.7%
순이익률(%)	23.0	1.7	18.8	18.4	17.8	▼ -0.6%P

최근 5년간 주요 투자지표 ② 가치평가

12월 결산 기준 / (단위) 금액: 배, %, 달러

구분	2016. 12	2017. 12	2018. 12	2019. 12	2020. 12
PER(배)	18.95	288.74	22.31	25.37	28.16
PBR(배)	4.45	6.24	5.71	6.45	6.55
PSR(배)	4.36	4.91	4.18	4.68	5.02
ROE(%)	22.9	1.9	24.4	25.5	23.4
주당순이익(달러)	5.93	0.47	5.61	5.63	5.51
주당배당금(달러)	3.15	3.32	3.54	3.75	3.98

최근 5년간 주가 추이

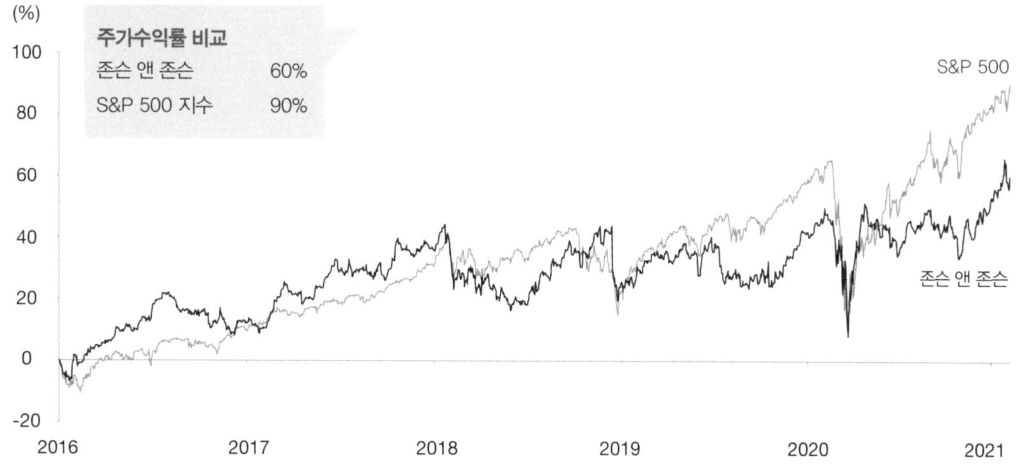

주요 경쟁업체 현황

존슨 앤 존슨의 주요 경쟁사로는 노바티스NVS, 머크 앤 컴퍼니MRK가 있다.

노바티스Novartis AG는 화이자PEE, 로슈와 함께 세계 제약 시장 톱3에 꼽히는 다국적 제약회사다. 1996년 시바 -가이기Ciba-Geigy와 산도즈Sandoz의 합병으로 탄생했다. 만성골수성 백혈병 치료제 '글리벡' 등을 보유하고 있으며 항암제 개발에 총력을 기울이고 있다.

머크 앤 컴퍼니Merck & Co., Inc.는 세계적인 제약 기업으로 제약, 동물 건강, 건강관리 서비스, 제휴 등 부문에서 사업을 영위하고 있다. 화이저PEE, 아스트라제네카AZN 등과 협력관계를 맺고 있으며 2018년에는 호주의 생명공학 기업인 바이럴리틱스Viralytics를 인수했다.

최근 4분기 경쟁사 실적 비교 2020년 3분기 기준 / (단위) 백만 달러, %, 달러

구분	존슨 앤 존슨	노바티스	머크 앤 컴퍼니
매출	82,584	48,677	47,348
영업이익	19,486	7,055	12,722
순이익	14,714	11,732	11,518
영업이익률	23.6	14.49	26.87
순이익률	17.8	24.10	24.33
주당순이익(EPS)	5.51	5.06	4.52
주가수익배수(PER)	28.16	18.65	18.22
주가순자산배수(PBR)	6.55	3.95	7.19

존슨 앤 존슨의 본사는 뉴저지 뉴브런즈윅에 위치하며, 상근 직원수는 13만 4,500명이다. 머크 앤 컴퍼니의 본사는 미국 뉴저지 케닐워스에 위치하며, 직원 수는 7만 1천여 명이다. 노바티스의 본사는 스위스 바젤에 위치해 있으며, 상근 직원 수는 10만 5,794명으로 집계된다. (2021년 2월 현재)

최근 12개월간 주가 수익률 비교 2021년 2월 기준 / (단위) %

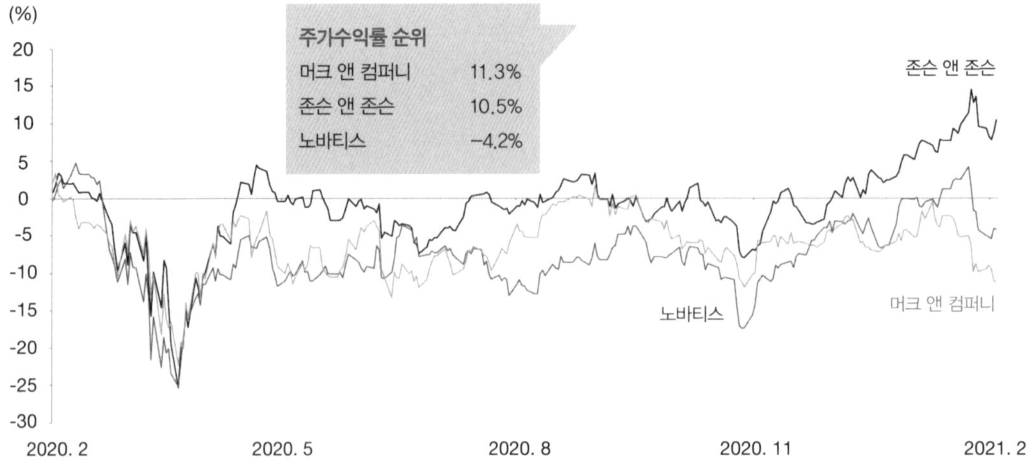

배당 및 투자의견, 종목진단 결과

존슨 앤 존슨의 회계 결산월은 12월이다.

1963년부터 배당이 증가해 '배당왕'에 해당하는 존슨 앤 존슨의 배당금은 분기 단위로 지급되고, 배당수익률은 헬스케어 섹터 평균인 1.51%의 1.5배 수준이다.

배당수익률(선행)	연간배당금(선행)	배당성향	배당성장	5년 배당성장률
2.55%	4.04달러	42.51%	58년 배당왕	6.13%

최근 3개월간 11명의 애널리스트가 제시한 투자의견을 종합하면 강력매수Strong Buy(매수 10명, 보유 1명, 매도 0명)이다. 향후 12개월간 목표주가는 최고 201달러, 최저 175달러, 평균 189.90달러이다.

초이스스탁 US의 종목진단 결과는?

2020년 12월 실적발표 기준

존슨 앤 존슨의 투자매력 점수는 100점 만점에 77점이며 미국 상장기업 5,591개 중 499위로 상위 9%에 속하는 초우량 기업이다.

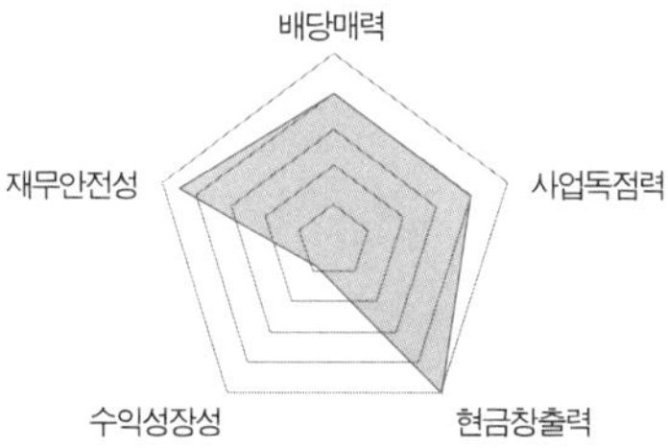

종합점수 : 77점 / 100점

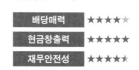

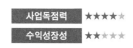

배당매력	★★★★☆	사업독점력	★★★★☆
현금창출력	★★★★★	수익성장성	★★☆☆☆
재무안전성	★★★★½		

최신 결과 보러 가기

투자매력 세부 5개 항목 분석에선 현금창출력 부문에서 5점 만점을 받았다. 2020년 12월 연환산(최근 4분기 합산) 영업활동 현금흐름 235억 달러, 잉여현금흐름 201억 달러를 창출했다.

우량한 현금흐름을 바탕으로 배당도 꾸준히 지급하고 있다. 배당매력 점수는 4점을 받았는데, 58년 연속 주당배당금을 인상했으며 2020년에는 주당배당금 3.98달러를 지급해 시가배당률 2.5%를 기록했다. 최근 5년간 시가배당률은 2.4~2.8% 수준이다.

재무안전성은 4.5점으로 재무구조가 우량하고 안전한 것으로 평가된다. 사업독점력도 상대적으로 높은 4점을 받아 현재의 안정적인 수익을 장기간 유지할 수 있는 경쟁력 있는 기업으로 평가된다.

POINT ▶ 경기 회복과 금리 상승은 실적 성장에 최상의 조건

제이피모간 체이스

JPM NYSE | JPMorgan Chase & Co.

처음 매매하는 경우			보유 중인 경우			
매매 예정 시점			**매매 구분**	매수 ☐	매도 ☐	
실적 확인 후 ☐	이슈 확인 후 ☐		**매매 일자**	20 . . .		
매매 결정 이유			**매매 금액**	가격 $	수량	주
변동성 확대(단기) ☐	실적 우수(장기) ☐		**수익 현황**	수익금액 $	수익률	%
매수 목표 가격	$					
손익 목표 가격	$	(+ %)		투자 아이디어		
손절 목표 가격	$	(- %)				
보유 예정 기간						
3개월 미만(단기) ☐	1년 이상(장기) ☐					

포춘 500대 기업 중 하나인 제이피모간 체이스**JPM**, 이하 제이피모간은 미국 최대 은행이자 금융 지주 회사다. 1838년 런던에 개점한 상업은행을 기반으로, 크고 작은 인수합병을 통해 오늘날 최고의 사업 포트폴리오를 갖춘 초대형 유니버설 뱅크로 자리매김했다. 제이피모간은 크게 개인 및 지역 뱅킹 부문, 기업 및 투자은행 부문, 상업 은행 부문, 자산관리 부문 등 4개의 사업부문을 영위하고 있다.

참고로, 2018년 3분기부터 워런 버핏이 이끄는 버크셔 해서웨이가 주식을 매입하기 시작해 6천만 주 가까이 보유하고 있다가 2020년 1분기에 처음으로 180만 주가량을 매도한 것으로 알려졌다.

1969년 4월 뉴욕증권거래소에 상장했으며, 미국 3대 지수 중 다우와 S&P 500에 속해 있다.

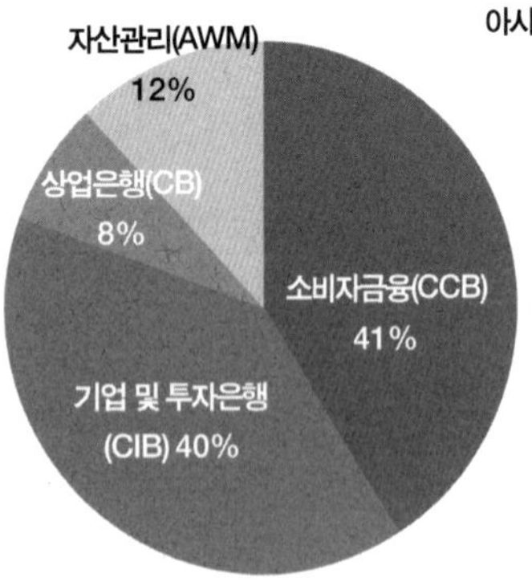

사업부문별 매출 비중

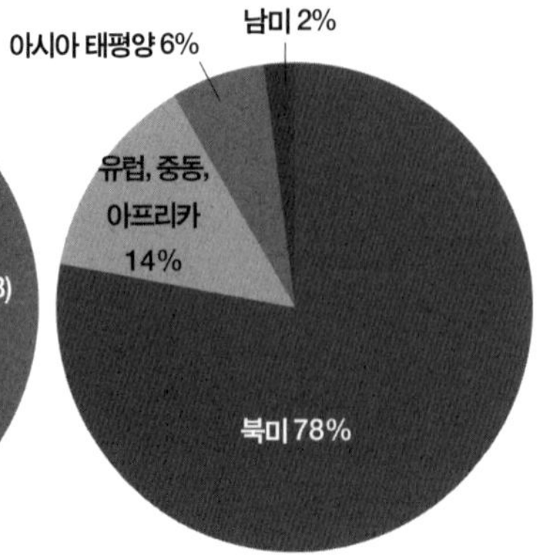

사업지역별 매출 비중

최신 정보 보러 가기 ●

주요 지표 및 주가 | 최신 뉴스 한 번에 보기 | 퀀트 분석 : 종목진단 | 컨센서스 및 투자의견

최근 3년 수익률
23.1%

최근 5년간 주요 투자지표 ① 손익계산서 12월 결산 기준 / (단위) 금액: 백만 달러, %

구분	2016. 12	2017. 12	2018. 12	2019. 12	2020. 12	전년 대비
매출액	96,569	100,705	109,029	115,627	119,543	▲ 3.4%
영업이익	39,897	41,190	45,635	50,130	52,887	▲ 5.5%
영업이익률(%)	41.3	40.9	41.9	43.4	44.2	▲ 0.8%P
순이익	22,834	22,567	30,709	34,642	27,410	▼ -20.9%
순이익률(%)	23.6	22.4	28.2	30.0	22.9	▼ -7.1%P

최근 5년간 주요 투자지표 ② 가치평가 12월 결산 기준 / (단위) 금액: 배, %, 달러

구분	2016. 12	2017. 12	2018. 12	2019. 12	2020. 12
PER(배)	13.52	16.44	10.57	12.62	14.13
PBR(배)	1.22	1.45	1.27	1.67	1.39
PSR(배)	3.2	3.69	2.98	3.78	3.24
ROE(%)	9	8.8	11.9	13.2	10.2
주당순이익(달러)	6.19	6.31	9	10.72	8.88
주당배당금(달러)	1.84	2.04	2.48	3.3	3.6

최근 5년간 주가 추이

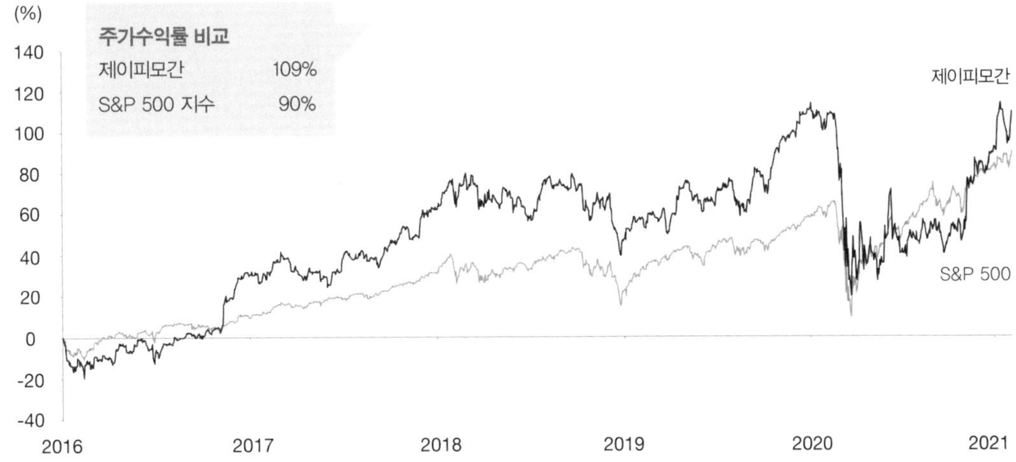

주요 경쟁업체 현황

제이피모간의 주요 경쟁사로는 뱅크 오브 아메리카**BAC**, 웰스 파고**WFC**가 있다.

뱅크 오브 아메리카Bank of America Corporation는 미국을 대표하는 대형 소매은행 중 하나이자 제이피모간에 이어 미국에서 2번째로 큰 은행으로, 1874년에 설립됐다.

웰스 파고Wells Fargo & Company는 뱅크 오브 아메리카, 씨티그룹**C**, 제이피모간 등과 함께 미국 4대 은행 중 하나이며 다국적 금융 서비스 기업이다. 1852년에 설립됐다..

최근 4분기 경쟁사 실적 비교 2020년 4분기 기준 / (단위) 백만 달러, %, 달러

구분	제이피모간	뱅크 오브 아메리카	웰스 파고
매출	119,543	87,778	59,323
영업이익	52,887	33,253	881
순이익	27,410	19,418	3,182
영업이익률	44.2	37.88	1.49
순이익률	22.9	22.12	5.36
주당순이익(EPS)	8.88	2.02	0.39
주가수익배수(PER)	14.13	11.59	60.01
주가순자산배수(PBR)	1.39	0.78	0.54

제이피모간의 본사는 미국 뉴욕에 위치하며, 상근 직원 수는 25만 5,351명이다.
뱅크 오브 아메리카의 본사는 미국 노스 캐롤라이나에 위치하며, 상근 직원 수는 21만 2,505명이다.
웰스 파고의 본사는 미국 캘리포니아에 위치하며, 상근 직원 수는 26만 8,531명이다. (2021년 2월 현재)

최근 12개월간 주가 수익률 비교 2021년 2월 기준 / (단위) %

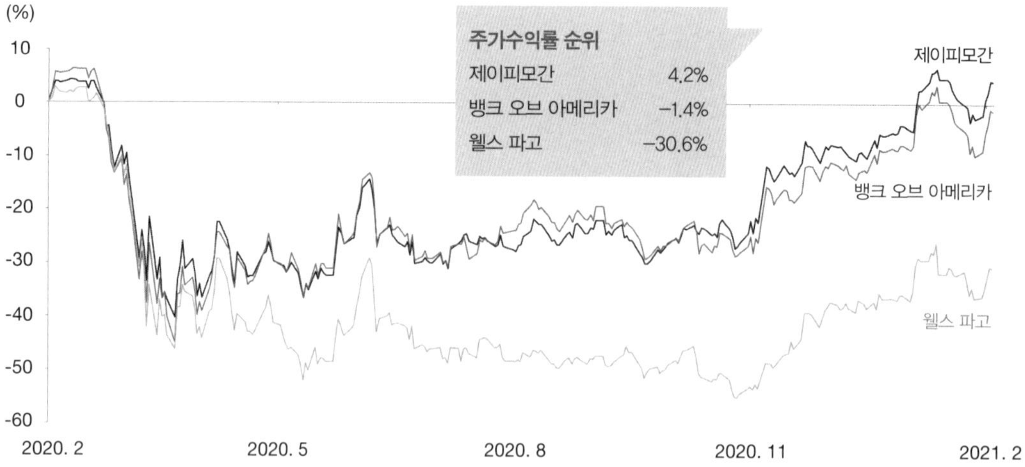

배당 및 투자의견, 종목진단 결과

제이피모간의 회계 결산월은 12월이다.

2013년부터 증가해온 제이피모간의 배당금은 분기 단위로 지급되고, 배당수익률은 금융 섹터 평균인 3.32%의 3분의 2 수준이다.

배당수익률(선행)	연간배당금(선행)	배당성향	배당성장	5년 배당성장률
2.45%	3.60달러	34.63%	8년	15.92%

최근 3개월간 19명의 애널리스트가 제시한 투자의견을 종합하면 매수Moderate Buy(매수 12명, 보유 5명, 매도 2명)이다. 향후 12개월간 목표주가는 최고 172달러, 최저 125달러, 평균 149.47달러이다.

초이스스탁 US의 종목진단 결과는?

2020년 9월 실적발표 기준

제이피모간의 투자매력 점수는 100점 만점에 66점이며 미국 상장기업 5,591개 중 1,148위로 상위 20%에 속하는 기업이다.

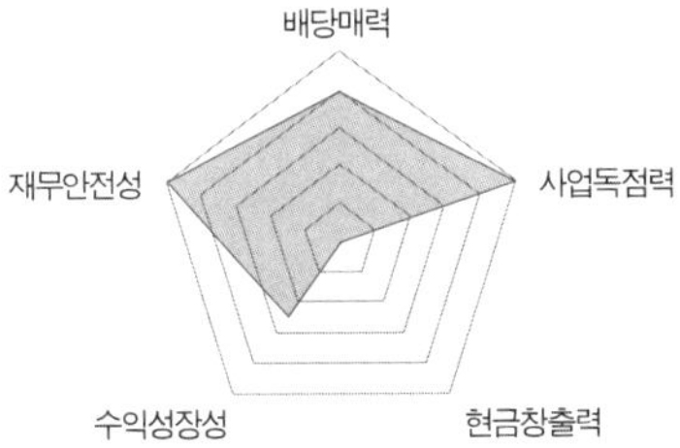

종합점수 : 66점 / 100점

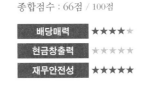

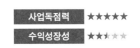

배당매력	★★★★☆
현금창출력	☆☆☆☆☆
재무안전성	★★★★★
사업독점력	★★★★★
수익성장성	★★½☆☆

최신 결과 보러 가기

제이피모간은 매년 안정적인 성장이 가능한 경쟁력을 갖춘 기업이다. 투자매력 세부 5개 항목 분석에선 사업독점력과 재무안전성에서 5점 만점을 받았다. 사업독점력 점수는 기업의 수익성을 미래에도 유지할 수 있는지 나타낸다. 동사의 사업독점력 점수는 5점 만점으로 경쟁사 대비 우수한 수익성과 이익의 안정성을 확보하고 있다.

재무안전성 점수도 5점 만점을 받아 경기 불황에도 견딜 수 있는 안전한 재무구조를 유지하고 있다.

다만, 코로나 19 영향으로 수익성장성 점수는 2.5점으로 다소 낮은 편이다. 2020년 12월 연환산(최근 4분기 합산) 기준 매출액은 1,195억 달러로 전년 동기 1,153억 달러 대비 3.6% 성장했고, 순이익은 27억 달러로 전년 동기 34억 달러 대비 20% 감소한 점이 반영됐다.

POINT ▶ 5G 및 전기차 부문의 테스트 솔루션 출시. 이 회사 없이 사업이 되겠어?

키사이트 테크놀로지스

KEYS NYSE | Keysight Technologies, Inc.

처음 매매하는 경우

매매 예정 시점
실적 확인 후 ☐　　이슈 확인 후 ☐
매매 결정 이유
변동성 확대(단기) ☐　실적 우수(장기) ☐
매수 목표 가격 $
손익 목표 가격 $ (+ %)
손절 목표 가격 $ (- %)
보유 예정 기간
3개월 미만(단기) ☐　1년 이상(장기) ☐

보유 중인 경우

매매 구분 매수 ☐ 매도 ☐
매매 일자 20 . . .
매매 금액 가격 $ 수량 주
수익 현황 수익금액 $ 수익률 %

투자 아이디어

키사이트 테크놀로지스**KEYS**, 이하 키사이트는 세계 1위 통신 계측 솔루션 회사이자 전자 테스트와 측정장비 및 소프트웨어 개발 전문 기업이다. 전자통신 분야에서는 없어서는 안 될 중요한 회사다. 2014년 11월 생명과학 및 화학 분야의 분석 선도 업체인 애질런트 테크놀로지로부터 분사한 이후 지속적인 인수합병을 통해 사업 규모를 확장하고 있다. 현재 키사이트는 커뮤니케이션 솔루션 그룹과 전자산업 솔루션 그룹, 그리고 데이터 보안 부문인 익시아 솔루션 그룹 등 3개 사업영역을 영위하고 있으며 100여 개 국가 3만 2,000개 이상의 기업과 정부기관을 고객으로 확보하고 있다. 다양한 전방산업에 진출하고 있으며 사업 포트폴리오의 중심을 하드웨어에서 소프트웨어로 이동하고 있다.

2014년 11월 분사와 함께 뉴욕증권거래소에 상장했으며, 미국 3대 지수 중 S&P 500에 속해 있다.

사업부문별 매출 비중

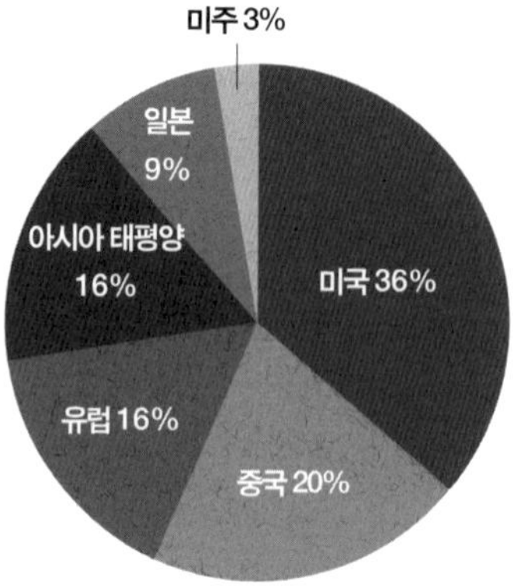

사업지역별 매출 비중

최신 정보 보러 가기 ●

주요 지표 및 주가 | 최신 뉴스 한 번에 보기 | 퀀트 분석 : 종목진단 | 컨센서스 및 투자의견

최근 3년 수익률
216.6%

최근 5년간 주요 투자지표 ① 손익계산서 10월 결산 기준 / (단위) 금액: 백만 달러, %

구분	2016. 10	2017. 10	2018. 10	2019. 10	2020. 10	전년 대비
매출액	2,918	3,189	3,878	4,303	4,221	▼ -1.9%
영업이익	406	148	-394	711	765	▲ 7.6%
영업이익률(%)	13.9	4.6	-10.2	16.5	18.1	▲ 1.6%P
순이익	335	102	165	621	627	▲ 1.0%
순이익률(%)	11.5	3.2	4.3	14.4	14.9	▲ 0.4%P

최근 5년간 주요 투자지표 ② 가치평가 10월 결산 기준 / (단위) 금액: 배, %, 달러

구분	2016. 10	2017. 10	2018. 10	2019. 10	2020. 10
PER(배)	16.64	81.46	64.84	30.48	31.3
PBR(배)	3.68	3.6	4.4	6.3	5.95
PSR(배)	1.91	2.61	2.76	4.4	4.65
ROE(%)	22.4	4.9	6.6	21.8	19.5
주당순이익(달러)	1.95	0.56	0.86	3.25	3.31
주당배당금(달러)	0	0	0	0	0

최근 5년간 주가 추이

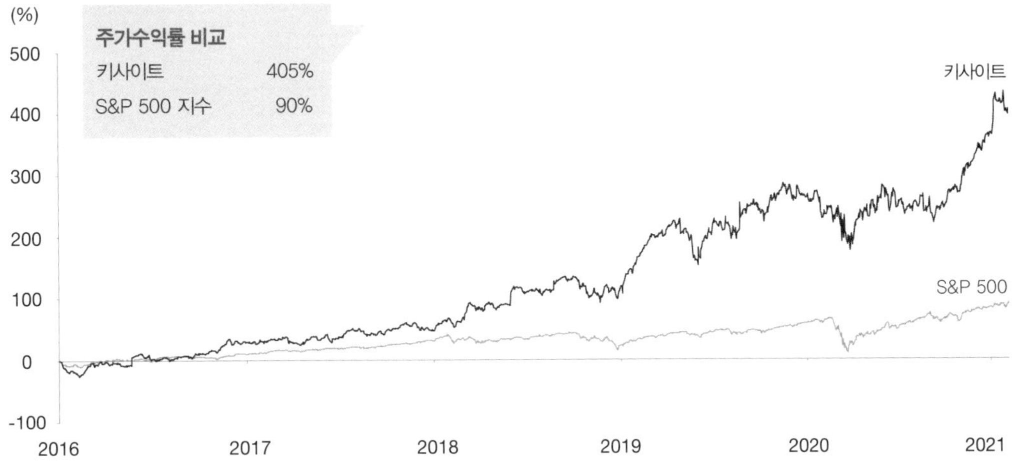

주요 경쟁업체 현황

키사이트의 주요 경쟁사로는 지브라 테크놀로지스**ZBRA**, 시놉시스**ZS**가 있다.

지브라 테크놀로지스Zebra Technologies Corporation는 바코드 프린트, 모바일 컴퓨팅, 데이터 캡처, 위치 추적, 데이터 플랫폼과 소프트웨어 등 다양한 산업 현장의 워크플로우 최적화와 관련된 다양한 솔루션을 제공하는 기업이다. 1969년 설립됐으며 1991년 나스닥에 상장했다.

트림블Trimble Inc.은 농업, 건축과 건설, 항공 등에 필요한 3차원 지도 및 그래픽 소프트웨어, 현장 모니터링, 각종 관리 솔루션을 제공하는 기업이다. 1978년 설립됐으며 2002년 나스닥에 상장했다.

최근 4분기 경쟁사 실적 비교 2020년 4분기 기준 / (단위) 백만 달러, %, 달러

구분	키사이트	지브라 테크놀로지스	트림블
매출	4,221	4,448	3,142
영업이익	765	651	386
순이익	627	504	489
영업이익률	18.12	14.64	12.29
순이익률	14.85	11.33	15.56
주당순이익(EPS)	3.31	8.76	1.94
주가수익배수(PER)	31.3	28.97	25.25
주가순자산배수(PBR)	5.95	7.11	3.69

키사이트의 본사는 미국 캘리포니아 산타 로사에 위치하며, 상근 직원 수는 1만 3,900명이다. 지브라 테크놀로지스의 본사는 미국 일리노이에 위치하며, 상근 직원 수는 8,800명이다. 트림블의 본사는 미국 캘리포니아 서니베일에 위치하며, 상근 직원 수는 1만 1,402명이다. (2021년 2월 현재)

최근 12개월간 주가 수익률 비교 2021년 2월 기준 / (단위) %

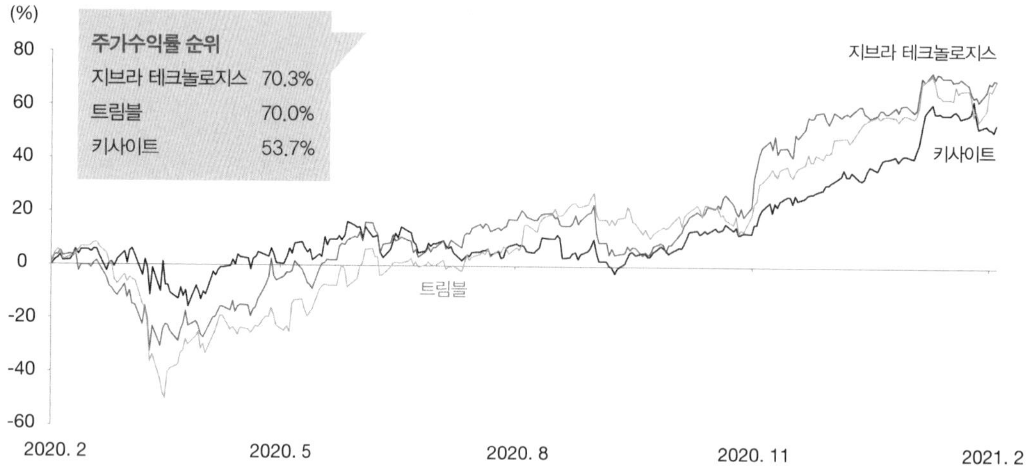

배당 및 투자의견, 종목진단 결과

키사이트의 회계 결산월은 10월이다.

배당이 없는 키사이트 테크놀로지스에 대하여 최근 3개월간 11명의 애널리스트가 제시한 투자의견을 종합하면 강력매수Strong Buy(매수 9명, 보유 2명, 매도 0명)이다. 향후 12개월간 목표주가는 최고 175달러, 최저 144달러, 평균 164.00달러이다.

🔍 초이스스탁 US의 종목진단 결과는?

2020년 10월 실적발표 기준

키사이트의 투자매력 점수는 100점 만점에 71점이며 미국 상장기업 5,591개 중 795위로 상위 14%에 속하는 우량 기업이다.

종합점수 : 71점 / 100점

배당매력	★☆☆☆☆
현금창출력	★★★★★
재무안전성	★★★★★

| 사업독점력 | ★★★☆☆ |
| 수익성장성 | ★★★☆☆ |

최신 결과
보러 가기

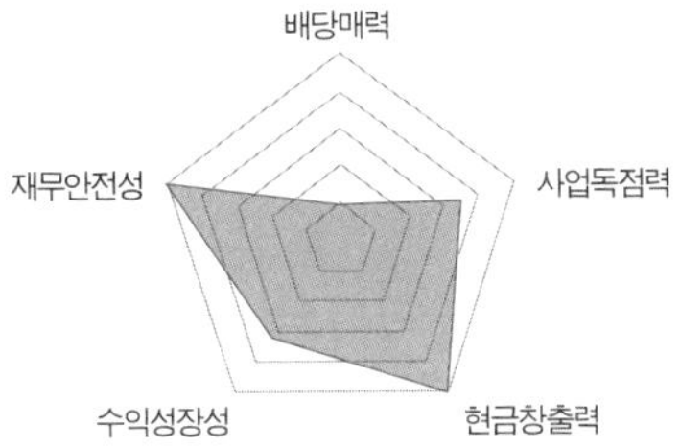

투자매력 세부 5개 항목 중 재무안전성과 현금창출력 점수가 모두 5점 만점을 받았다. 재무안전성 점수는 2020년 10월 연환산(최근 4분기 합산) 기준 부채비율 118%, 유동비율 312%, 이자보상배수 10배 등이 반영된 점수로 키사이트의 재무안전성은 매우 높다. 2020년 10월 연환산 영업활동 현금흐름은 10억 달러, 잉여현금흐름은 8억 9,900만 달러로 매년 안정적인 현금흐름을 창출하는 점 등이 반영돼 현금창출력에서도 만점을 받았다.

수익성장성은 3.2점을 기록했다. 2020년 10월 연환산 매출액은 42억 달러로 전년 동기 43억 달러 대비 2.3% 줄었고, 순이익은 6억 2,700만 달러로 전년 동기 6억 2,100만 달러 대비 1% 늘었다. 또한, 자기자본이익률(ROE)이 2년 연속 20% 전후를 기록한 점 등이 수익성장성 평가에 반영됐다.

배당은 지급하지 않아 배당매력 점수는 1점으로 배당 투자 대상으로는 현재 적합하지 않다.

POINT ▶ 지속된 구조조정의 성과는 장기적으로 나타날 것

배당왕

코카콜라

KO NYSE | Coca-Cola Company

처음 매매하는 경우	보유 중인 경우
매매 예정 시점 실적 확인 후 ☐ 이슈 확인 후 ☐	**매매 구분** 매수 ☐ 매도 ☐
매매 결정 이유 변동성 확대(단기) ☐ 실적 우수(장기) ☐	**매매 일자** 20 . . .
매수 목표 가격 $	**매매 금액** 가격 $ 수량 주
손익 목표 가격 $ (+ %)	**수익 현황** 수익금액 $ 수익률 %
손절 목표 가격 $ (- %)	**투자 아이디어**
보유 예정 기간 3개월 미만(단기) ☐ 1년 이상(장기) ☐	

K

코카콜라**KO**는 따로 설명이 필요 없을 정도로 잘 알려진 세계 최대의 종합 음료 회사다. 1866년에 상품화된 코카콜라는 1919년 회사 설립 이후 제2차 세계대전을 거치며 매출이 큰 폭으로 증가하며 성장가도를 달렸다.

현재 전 세계 200개국을 대상으로 500여 브랜드와 4,000여 종의 음료를 취급하는 글로벌 음료 회사로 자리매김했다. 최근에는 웰빙 추세 등에 따라 커피, 과채 음료, 에너지 드링크 등 다양한 음료 라인업을 갖추고 생산성 향상을 위해 노력하고 있다. 반면 민트 코카콜라, 커피 코카콜라, 코카콜라 에너지 드링크 등 다양한 신제품의 글로벌 출시에 따른 마케팅 비용 증가가 구조조정에 따른 비용 절감분을 상쇄하고 있다.

1924년 뉴욕증권거래소에 상장했으며 미국 3대 지수 중 다우와 S&P 500에 포함돼 있다.

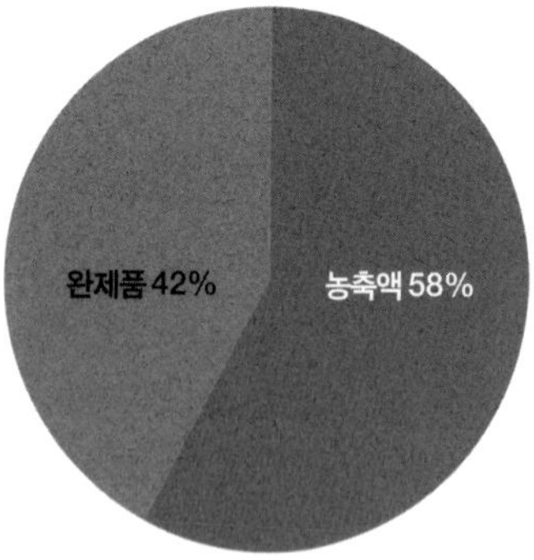

사업부문별 매출 비중

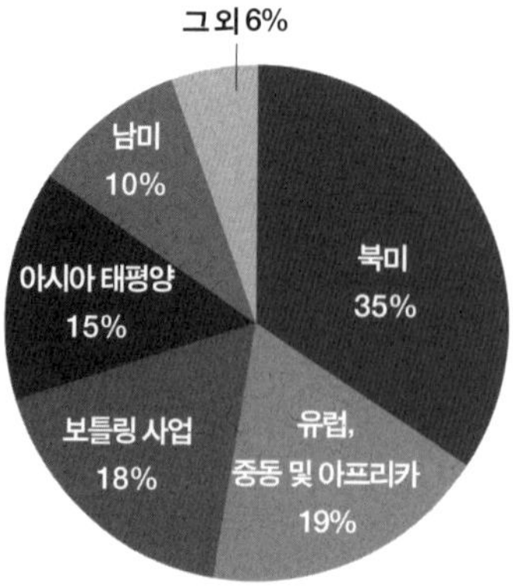

사업지역별 매출 비중

최신 정보 보러 가기 ●

주요 지표 및 주가 | 최신 뉴스 한 번에 보기 | 퀀트 분석 : 종목진단 | 컨센서스 및 투자의견

최근 3년 수익률 11.1%

최근 5년간 주요 투자지표 ① 손익계산서

12월 결산 기준 / (단위) 금액: 백만 달러, %

구분	2016. 12	2017. 12	2018. 12	2019. 12	2020. 12	전년 대비
매출액	41,863	36,212	34,300	37,266	33,014	▼ -11.4%
영업이익	8,657	7,755	9,152	10,086	8,997	▼ -10.8%
영업이익률(%)	20.7	21.4	26.7	27.1	27.3	▲ 0.2%P
순이익	6,527	1,248	6,434	8,920	7,747	▼ -13.2%
순이익률(%)	15.6	3.4	18.8	23.9	23.5	▼ -0.5%P

최근 5년간 주요 투자지표 ② 가치평가

12월 결산 기준 / (단위) 금액: 배, %, 달러

구분	2016. 12	2017. 12	2018. 12	2019. 12	2020. 12
PER(배)	27.40	156.63	31.33	26.59	30.42
PBR(배)	7.75	11.45	11.87	12.49	12.21
PSR(배)	4.27	5.4	5.88	6.36	7.14
ROE(%)	25.9	5.9	35.2	48.5	42.1
주당순이익(달러)	1.49	0.29	1.5	2.07	1.79
주당배당금(달러)	1.4	1.48	1.56	1.6	1.64

최근 5년간 주가 추이

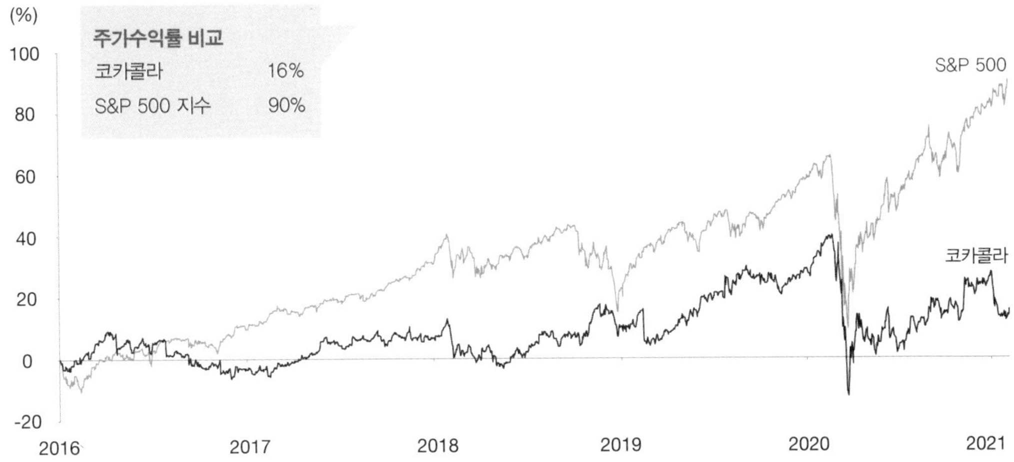

주요 경쟁업체 현황

코카콜라의 주요 경쟁사로는 펩시코**PEP**, 몬스터 베버리지**MNST**가 있다.

펩시코PepsiCo, Inc.는 '펩시 콜라'로 잘 알려진 식품 제조업체로, 1898년 약사인 케일럽 브래덤이 설립하였고 이후 1965년 프리토레이와 합병하면서 현재와 같이 사명을 바꿨다. 프리토레이, 토레이, 퀘이커오츠 등의 자회사를 가지고 있다.

몬스터 베버리지Monster Beverage Corporation는 1935년 설립됐으며 2002년 에너지 음료 '몬스터'를 출시한 후 본격적으로 성장하며 2012년에 사명을 현재와 같이 변경했다. 코로나 19 팬데믹 상황에도 불구하고 2020년 3분기에 사상 최대 매출액을 기록했다.

최근 4분기 경쟁사 실적 비교 2020년 4분기 기준 / (단위) 백만 달러, %, 달러

구분	코카콜라	펩시코	몬스터 베버리지
매출	33,014	70,372	4,420
영업이익	8,997	10,080	1,548
순이익	7,747	7,120	1,193
영업이익률	27.3	14.32	35.02
순이익률	23.5	10.12	26.99
주당순이익(EPS)	1.79	5.12	2.23
주가수익배수(PER)	30.42	28.16	35.46
주가순자산배수(PBR)	12.21	14.9	9.14

코카콜라의 본사는 미국 조지아 애틀랜타에 위치한다.
펩시코의 본사는 미국 뉴욕에 위치하며, 상근 직원 수는 26만 7천여 명이다.
몬스터 베버리지의 본사는 미국 캘리포니아에 위치하며, 상근 직원 수는 1,273명이다. (2021년 2월 현재)

최근 12개월간 주가 수익률 비교 2021년 2월 기준 / (단위) %

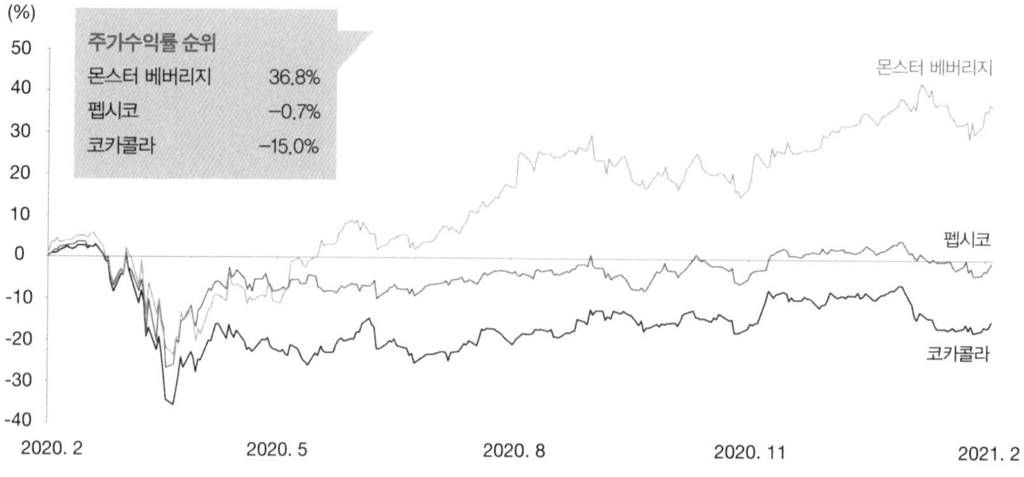

배당 및 투자의견, 종목진단 결과

코카콜라의 회계 결산월은 12월이다.

1963년부터 배당이 증가해 '배당왕'에 해당하는 코카콜라의 배당금은 분기 단위로 지급되고, 배당 수익률은 필수소비재 섹터 평균인 1.74%의 2배 수준이다.

배당수익률(선행)	연간배당금(선행)	배당성향	배당성장	5년 배당성장률
3.43%	1.68달러	78.24%	58년 배당왕	4.25%

최근 3개월간 11명의 애널리스트가 제시한 투자의견을 종합하면 매수Moderate Buy(매수 6명, 보유 5명, 매도 0명)이다. 향후 12개월간 목표주가는 최고 62달러, 최저 54달러, 평균 57달러이다.

초이스스탁 US의 종목진단 결과는?

2020년 12월 실적발표 기준

코카콜라의 투자매력 점수는 100점 만점에 63점이며 미국 상장기업 5,591개 중 1,338위로 상위 23%에 속하는 기업이다.

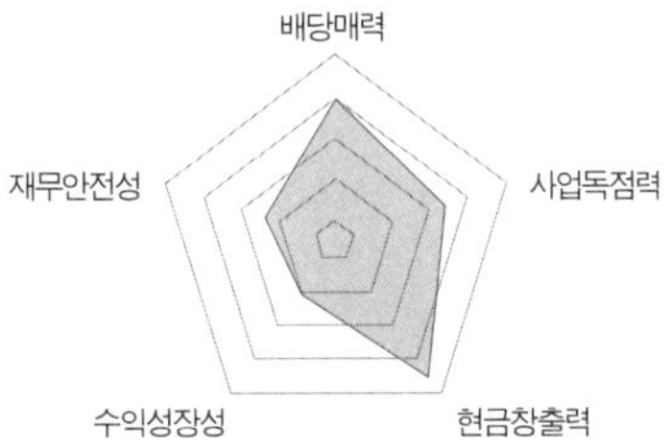

종합점수 : 63점 / 100점

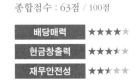

항목	평가
배당매력	★★★★☆
현금창출력	★★★½☆
재무안전성	★★½☆☆
사업독점력	★★★½☆
수익성장성	★☆☆☆☆

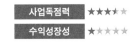

최신 결과 보러 가기

투자매력 세부 5개 항목 중 현금창출력 부문에서 5점 만점에 4.5점을 받았다. 2020년 12월 연환산(최근 4분기 합산) 영업활동 현금흐름 98억 달러, 잉여현금흐름 88억 달러를 창출한 점이 반영됐다.

우량한 현금흐름 창출로 주주에게 배당도 꾸준히 지급해, 배당매력 점수도 4점으로 높은 평가를 받았다. 58년 연속 주당배당금을 상향했고, 2020년에는 주당배당금 1.64달러를 지급해 시가배당률 3.0%를 기록했다. 최근 5년간 시가배당률은 2.9~3.4% 수준이다.

수익성장성 부문에선 5점 만점에 1.2점을 받아 성장이 정체되고 있는 점은 리스크다. 2020년 12월 연환산 매출액은 330억 달러로 전년 동기 372억 달러 대비 11% 줄었다.

POINT ▶ 반도체 시장의 성장과 함께 시장선도 지위는 더욱 강화될 것

램 리서치

LRCX Nasdaq | Lam Research Corporation

처음 매매하는 경우

매매 예정 시점
실적 확인 후 ☐ 이슈 확인 후 ☐

매매 결정 이유
변동성 확대(단기) ☐ 실적 우수(장기) ☐

매수 목표 가격 $

손익 목표 가격 $ (+ %)

손절 목표 가격 $ (- %)

보유 예정 기간
3개월 미만(단기) ☐ 1년 이상(장기) ☐

보유 중인 경우

매매 구분 매수 ☐ 매도 ☐

매매 일자 20 . . .

매매 금액 가격 $ 수량 주

수익 현황 수익금액 $ 수익률 %

투자 아이디어

램 리서치**LRCX**는 앞서 소개한 어플라이드 머티리얼즈**AMAT**와 함께 세계적인 반도체 장비 회사다. 전 세계 반도체 기업을 대상으로 집적회로 제작에 사용되는 공정 장비의 설계, 제조, 마케팅 및 서비스를 제공한다.

1980년에 설립해 1981년 첫 제품인 오토에치 480을 출시했으며, 1980년대 중반부터 1990년대 초반까지 대만·중국·대한민국·싱가포르에 지사를 설립했고, 이후 크고 작은 인수합병을 통해 사세를 확장해왔다. 최근 15년간 건식 식각 장비에서 시장점유율 50% 내외로 세계 1위를 차지하고 있으며 증착 시장의 마켓 리더이다. 삼성전자와 TSMC 등이 램 리서치의 주요 고객사이다.

1984년 나스닥에 상장했으며, 미국 3대 지수 중 나스닥 100과 S&P 500에 속해 있다.

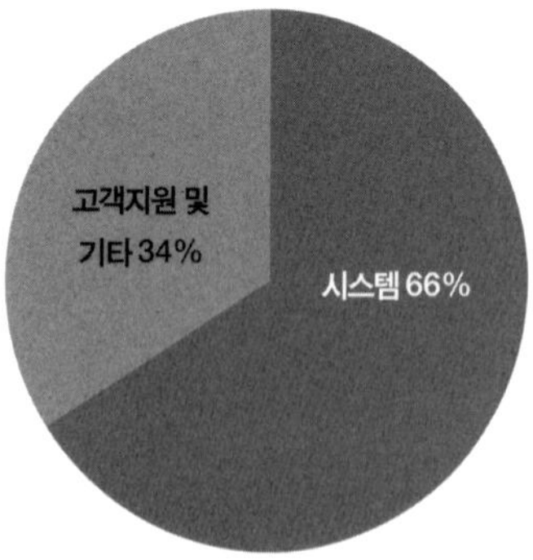

사업부문별 매출 비중

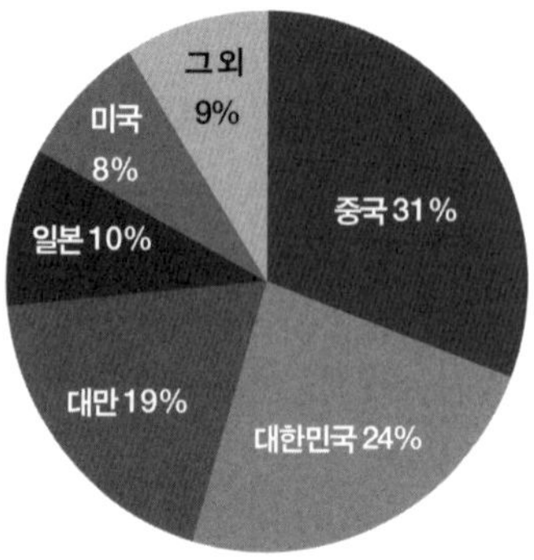

사업지역별 매출 비중

최신 정보 보러 가기 ●

주요 지표 및 주가 | 최신 뉴스 한 번에 보기 | 퀀트 분석 : 종목진단 | 컨센서스 및 투자의견

최근 3년 수익률
185.8%

최근 5년간 주요 투자지표 ① 손익계산서 6월 결산 기준 / (단위) 금액: 백만 달러, %

구분	2016. 6	2017. 6	2018. 6	2019. 6	2020. 6	전년 대비
매출액	5,886	8,014	11,077	9,654	10,045	▲ 4.1%
영업이익	1,074	1,902	3,213	2,465	2,674	▲ 8.5%
영업이익률(%)	18.2	23.7	29.0	25.5	26.6	▲ 1.1%P
순이익	914	1,698	2,381	2,191	2,252	▲ 2.8%
순이익률(%)	15.5	21.2	21.5	22.7	22.4	▼ -0.3%P

최근 5년간 주요 투자지표 ② 가치평가 6월 결산 기준 / (단위) 금액: 배, %, 달러

구분	2016. 6	2017. 6	2018. 6	2019. 6	2020. 6
PER(배)	14.37	14.42	12.04	12.85	19.5
PBR(배)	2.23	3.59	4.41	6.03	8.49
PSR(배)	2.23	3.06	2.59	2.92	4.37
ROE(%)	16.3	26	35.6	41.6	47.3
주당순이익(달러)	5.22	9.24	13.17	13.7	15.1
주당배당금(달러)	1.2	1.65	2.55	4.4	4.6

최근 5년간 주가 추이

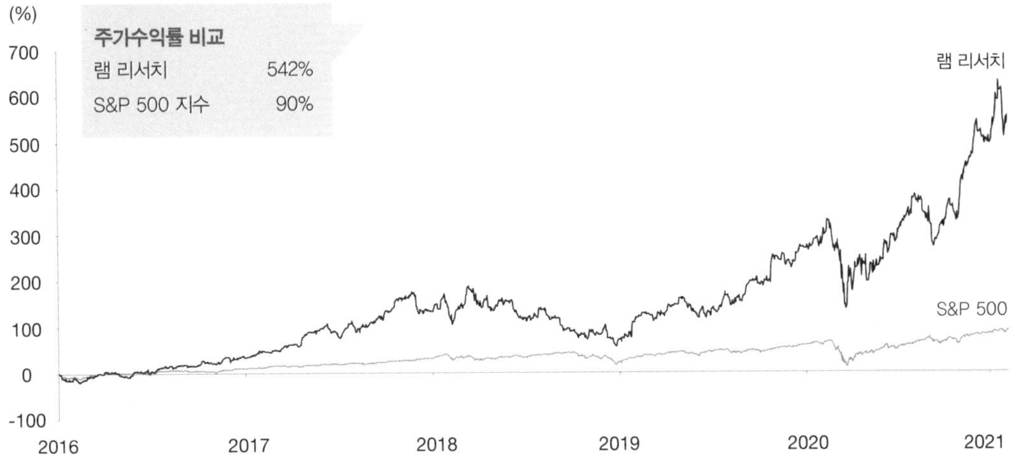

주요 경쟁업체 현황

램 리서치의 주요 경쟁사로는 어플라이드 머티리얼즈**AMAT**, 케이엘에이**KLAC**가 있다.

어플라이드 머티리얼즈Applied Materials, Inc.는 반도체 칩과 첨단 디스플레이 제품의 생산에 사용되는 웨이퍼 제조장비 및 관련 용품을 개발해 공급하고 서비스하는 글로벌 1위 반도체 장비 회사다. 1967년 설립됐으며 1972년 나스닥에 상장했다.

케이엘에이KLA Corporation는 반도체 공정 제어 및 수율 관리 시스템과 서비스를 제공하는 기업이다. 1997년 케이엘에이와 텐코Tencor가 결합하면서 설립됐고, 2019년에 케이엘에이텐코에서 현재와 같이 사명을 바꾸었다.

최근 4분기 경쟁사 실적 비교 2021년 2분기 기준 / (단위) 백만 달러, %, 달러

구분	램 리서치	어플라이드 머티리얼즈	케이엘에이
매출	11,929	17,202	6,073
영업이익	3,421	4,365	1,712
순이익	2,964	3,619	1,368
영업이익률	28.68	25.38	28.19
순이익률	24.85	21.04	22.53
주당순이익(EPS)	20.14	3.92	8.75
주가수익배수(PER)	23.34	15.38	29.24
주가순자산배수(PBR)	12.57	5.26	13.63

램 리서치의 본사는 미국 캘리포니아 프레몬트에 위치하며, 직원 수는 1만 2,200명이다.
어플라이드 머티리얼즈의 본사는 미국 캘리포니아 산타클라라에 위치하며, 상근 직원 수는 2만 4,200명이다.
케이엘에이의 본사는 미국 캘리포니아 밀티파스에 위치하며, 상근 직원 수는 1만 600명이다.
(2021년 2월 현재)

최근 12개월간 주가 수익률 비교 2021년 2월 기준 / (단위) %

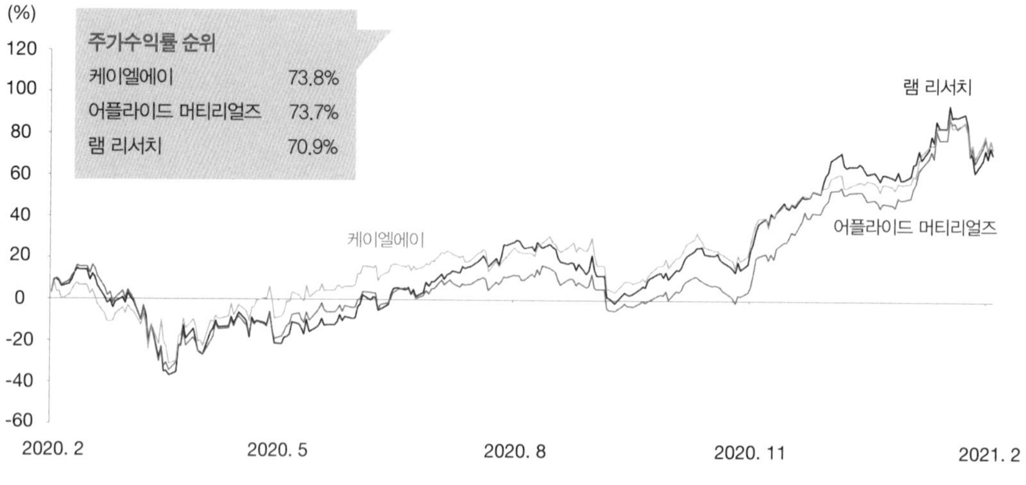

배당 및 투자의견, 종목진단 결과

램 리서치의 회계 결산월은 6월이다.

2015년부터 증가해온 램 리서치의 배당금은 분기 단위로 지급되고, 배당수익률은 정보기술IT 섹터 평균인 1.14%의 5분의 4 수준이다.

배당수익률(선행)	연간배당금(선행)	배당성향	배당성장	5년 배당성장률
0.92%	5.20달러	20.99%	6년	33.30%

최근 3개월간 16명의 애널리스트가 제시한 투자의견을 종합하면 강력매수Strong Buy(매수 13명, 보유 3명, 매도 0명)이다. 향후 12개월간 목표주가는 최고 670달러, 최저 525달러, 평균 599.13달러이다.

초이스스탁 US의 종목진단 결과는?

2020년 12월 실적발표 기준

램 리서치의 투자매력 점수는 100점 만점에 85점이며 미국 상장기업 5,591개 중 134위로 상위 2%에 속하는 초우량 기업이다.

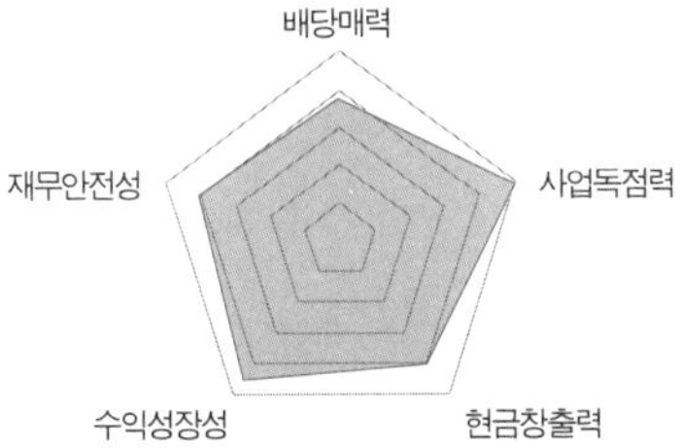

종합점수 : 85점 / 100점

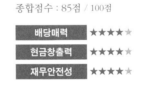

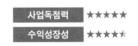

배당매력	★★★★☆	사업독점력	★★★★★
현금창출력	★★★★☆	수익성장성	★★★★½
재무안전성	★★★★☆		

최신 결과 보러 가기

투자매력 세부 5개 항목 중 사업독점력에서 5점 만점을 받았다. 사업독점력은 현재 수익성과 성장성을 미래에도 유지할 수 있는지를 나타내는 지표로 점수가 높을수록 경제적 해자를 갖춘 기업이다. 미국 전체 상장사 중 상위 3%인 172개 기업만이 만점을 받았다. 수익성장성에서 5점 만점에 4.5점을 받아 고성장 기업으로 평가된다. 2020년 12월 연환산(최근 4분기 합산) 매출액이 119억 달러로 전년 동기 95억 달러 대비 25% 늘었고, 순이익은 29억 달러로 전년 동기 20억 달러 대비 45% 급증한 점 등이 반영됐다. 높은 수익성장성과 사업독점력을 바탕으로 현금창출력 점수도 5점 만점에 4점으로 높은 평가를 받았다. 2020년 12월 연환산 영업활동 현금흐름이 23억 달러, 잉여현금흐름은 20억 달러를 창출했다. 재무안전성 점수도 4점을 받아 재무위험이 매우 낮은 기업이다. 부채비율 179%, 유동비율 319%, 이자보상배수 103배 등이 반영된 결과다.

POINT ▶ 코로나 19와 함께 더욱 강력해진 프리미엄 스포츠웨어 시장에서의 지배력

룰루레몬 애슬레티카

LULU Nasdaq | Lululemon Athletica Inc.

처음 매매하는 경우			보유 중인 경우			
매매 예정 시점			**매매 구분**	매수 ☐	매도 ☐	
실적 확인 후 ☐	이슈 확인 후 ☐		**매매 일자**	20 . . .		
매매 결정 이유			**매매 금액**	가격 $	수량	주
변동성 확대(단기) ☐	실적 우수(장기) ☐		**수익 현황**	수익금액 $	수익률	%
매수 목표 가격	$					
손익 목표 가격	$	(+ %)	투자 아이디어			
손절 목표 가격	$	(- %)				
보유 예정 기간						
3개월 미만(단기) ☐	1년 이상(장기) ☐					

포춘이 발표하는 '가장 빠르게 성장하는 100대 기업' 중 하나인 룰루레몬 애슬레티카**LULU**, 이하 룰루레몬은 애슬레저 룩Athleisure Look 트렌드를 선도하는 프리미엄 스포츠웨어 회사로, '요가복 업계의 샤넬'이라 불린다. 1998년 캐나다에서 요가복 판매로 시작한 룰루레몬은 캐나다와 미국을 중심으로 성장해왔으며 2014년 영국 런던, 2015년 한국에 대륙별 플래그십 스토어를 오픈했다.

룰루레몬은 모든 제품을 캐나다에서 직접 제작하는 상품 전략과 함께 2020년 2월 2일 기준으로 17개국 491개의 직영 오프라인 매장 및 룰루레몬닷컴lululemon.com 웹사이트를 통한 D2C Direct to Consumer, 즉 직접판매 채널 전략을 유지하고 있다. 또 주요 제품인 요가복을 중심으로 러닝, 트레이닝, 사이클링, 수영 등 다양한 분야로 사업을 확장 중이다. 2007년 7월 나스닥에 상장했으며, 미국 3대 지수 중 나스닥 100에 속해 있다.

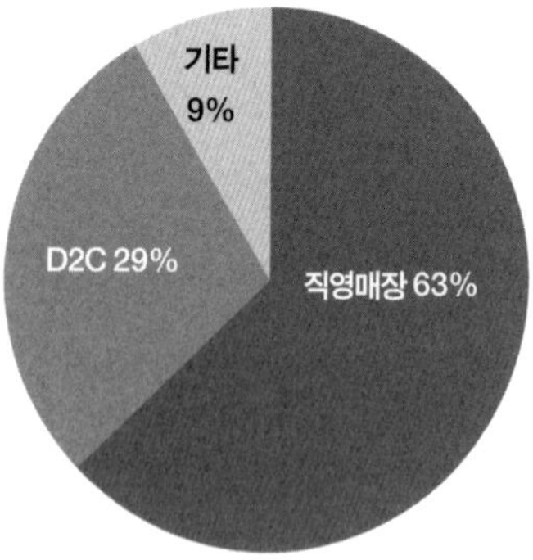

사업부문별 매출 비중

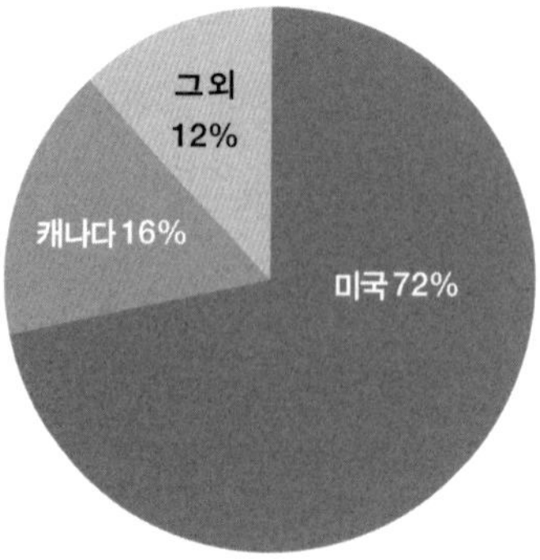

사업지역별 매출 비중

최신 정보 보러 가기 ●

주요 지표 및 주가 | 최신 뉴스 한 번에 보기 | 퀀트 분석 : 종목진단 | 컨센서스 및 투자의견

최근 3년 수익률
324.9%

최근 5년간 주요 투자지표 ① 손익계산서 1월 결산 기준 / (단위) 금액: 백만 달러, %

구분	2016. 1	2017. 1	2018. 1	2019. 1	2020. 1	전년 대비
매출액	2,061	2,344	2,649	3,288	3,979	▲ 21.0%
영업이익	369	421	456	706	889	▲ 25.9%
영업이익률(%)	17.9	18.0	17.2	21.5	22.3	▲ 0.9%P
순이익	266	303	259	484	646	▲ 33.5%
순이익률(%)	12.9	12.9	9.8	14.7	16.2	▲ 1.5%P

최근 5년간 주요 투자지표 ② 가치평가 1월 결산 기준 / (단위) 금액: 배, %, 달러

구분	2016. 1	2017. 1	2018. 1	2019. 1	2020. 1
PER(배)	30.04	28.04	38.4	37.04	45.73
PBR(배)	7.78	6.25	6.22	12.39	15.12
PSR(배)	3.88	3.63	3.75	5.45	7.42
ROE(%)	24.6	25	18	33.3	39.9
주당순이익(달러)	1.89	2.21	1.9	3.61	4.93
주당배당금(달러)	0	0	0	0	0

최근 5년간 주가 추이

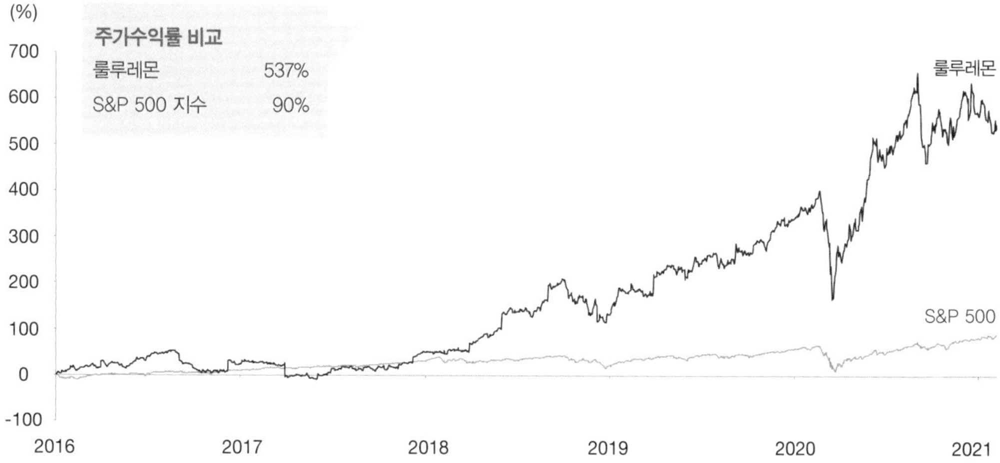

주요 경쟁업체 현황

룰루레몬의 주요 경쟁사로는 언더 아머**UA**, 나이키**NKE**가 있다.

언더 아머Under Armour, Inc.는 1996년 설립됐으며 Z세대 남성들에게 인기가 있는 스포츠웨어 브랜드이다. 룰루레몬의 창업자 칩 윌슨이 요가복에서 영감을 얻은 데 비해, 언더 아머의 창어자 캐빈 플랭크는 미식축구 선수였다는 점이 두 브랜드의 차이점을 드러내준다.

나이키NIKE는 1964년 설립, 1984년 NBA의 마이클 조던을 후원하면서 크게 성공한 세계 최대의 스포츠웨어 브랜드로, 룰루레몬과 함께 전 세계적인 애슬레저 트렌드를 선도하고 있다.

최근 4분기 경쟁사 실적 비교 2020년 3분기 기준 / (단위) 백만 달러, %, 달러

구분	룰루레몬	언더 아머	나이키
매출	4,070	4,512	38,254
영업이익	779	-595	3,698
순이익	557	-749	2,826
영업이익률	19.14	-13.19	9.67
순이익률	13.69	-16.60	7.39
주당순이익(EPS)	4.26	-1.65	1.77
주가수익배수(PER)	71.6	-6.82	74.83
주가순자산배수(PBR)	18.44	3.47	19.87

룰루레몬의 본사는 캐나다 밴쿠버에 위치하며, 상근 직원 수는 1만 9천여 명이다.
나이키의 본사는 미국 오리건 비버튼에 위치하며, 상근 직원 수는 7만 5,400여 명이다.
언더 아머의 본사는 미국 메릴랜드 주의 볼티모어에 위치하며, 상근 직원 수는 1만 1,800여 명이다. (2021년 2월 현재)

최근 12개월간 주가 수익률 비교 2021년 2월 기준 / (단위) %

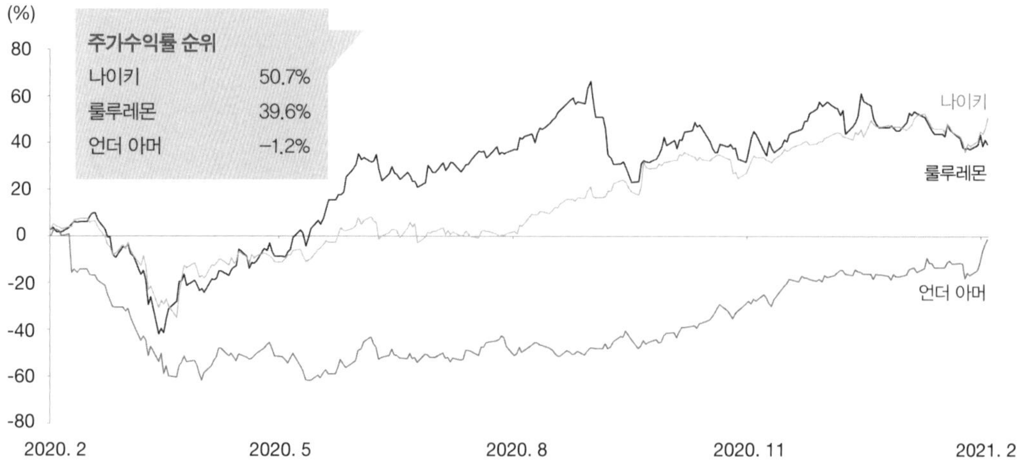

배당 및 투자의견, 종목진단 결과

룰루레몬의 회계 결산월은 1월이다.

배당이 없는 룰루레몬에 대하여 최근 3개월간 18명의 애널리스트가 제시한 투자의견을 종합하면 강력매수Strong Buy(매수 14명, 보유 4명, 매도 0명)이다. 향후 12개월간 목표주가는 최고 500달러, 최저 275달러, 평균 416.76달러이다.

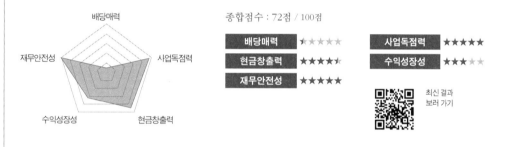

초이스스탁 US의 종목진단 결과는?

2020년 10월 실적발표 기준

룰루레몬의 투자매력 점수는 100점 만점에 72점이며 미국 상장기업 5,591개 중 734위로 상위 13%에 속하는 우량 기업이다.

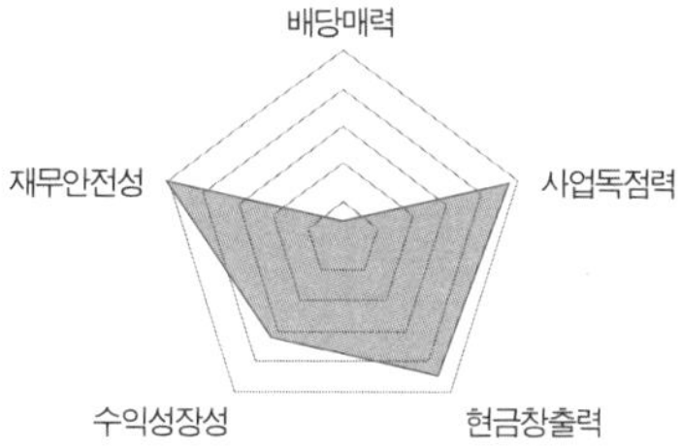

종합점수 : 72점 / 100점

배당매력	★☆☆☆☆
현금창출력	★★★★☆
재무안전성	★★★★★
사업독점력	★★★★★
수익성장성	★★★☆☆

최신 결과 보러 가기

투자매력 세부 5개 항목 중 사업독점력 점수가 5점 만점에 4.8점을 받아 이 부문에선 미국 상장기업 중 상위 3%에 속하는 초우량 기업으로 평가됐다. 사업독점력 점수는 현재의 수익성과 성장성을 유지할 수 있는지 평가하는 점수로 만점에 가까울수록 경쟁력이 높고 우수한 기업이다.

최근 5년간 연평균 매출액 성장률은 15.7%로 미국 상장사 전체 평균 2.8% 대비 압도적인 성과를 나타냈다. 5년 평균 영업이익률도 18.9%로 동종 업계 평균인 4.1% 대비 4배 이상 높은 고마진 기업인 점 등이 사업독점력 평가에 반영됐다. 배당을 지급하지 않아 배당매력 점수가 0.5점에 그친 점을 감안하면, 사실상 모든 부문에서 최고 수준의 평가를 받은 기업이다.

현금창출력 점수도 4.5점으로 매우 높은 평가를 받았다. 2020년 10월 연환산(최근 4분기 합산) 영업활동 현금흐름은 6억 6,000만 달러, 잉여현금흐름은 4억 2,000만 달러를 만들어낸 점 등이 반영됐다.

POINT ▶ 이제 새로운 시장인 비즈니스 여행 부문에 진출할 타이밍

사우스웨스트 에어라인스

LUV NYSE | Southwest Airlines Co.

처음 매매하는 경우	보유 중인 경우
매매 예정 시점 실적 확인 후 ☐ 이슈 확인 후 ☐ **매매 결정 이유** 변동성 확대(단기) ☐ 실적 우수(장기) ☐ **매수 목표 가격** $ **손익 목표 가격** $ (+ %) **손절 목표 가격** $ (- %) **보유 예정 기간** 3개월 미만(단기) ☐ 1년 이상(장기) ☐	**매매 구분** 매수 ☐ 매도 ☐ **매매 일자** 20 . . . **매매 금액** 가격 $ 수량 **수익 현황** 수익금액 $ 수익률 % **투자 아이디어**

포춘 500대 기업 중 하나인 사우스웨스트**LUV**는 미국을 대표하는 저비용 항공사이자, 아메리칸 에어라인스 그룹과 델타 에어라인스에 이어 여객 운송 세계 3위 항공사다.

1967년에 설립된 사우스웨스트는 중소 도시간 직항 노선을 중심으로 1개 기종의 항공기를 이용해 효율성을 극대화하고, 기발한 고객 서비스를 통해 고객 만족도를 제고해왔다. 수익 중심의 운영을 통해 자력으로 노선을 전개해왔으며 설립 이후 현재까지 고른 실적을 보이고 있다. 2019년 말 기준 752대의 보잉737 기종으로 미국 내 40개 주와 인근 8개국의 101개 도시를 운항하고 있는 상황에서, 보잉 737 맥스8의 두 차례 추락 사건으로 가장 큰 피해를 보고 있는 항공사다. 경기 회복세에 힘입어 2021년 3월 보잉737 맥스 기종을 추가 주문했다.

1980년 뉴욕증권거래소에 상장했으며, 미국 3대 지수 중 S&P 500에 속해 있다.

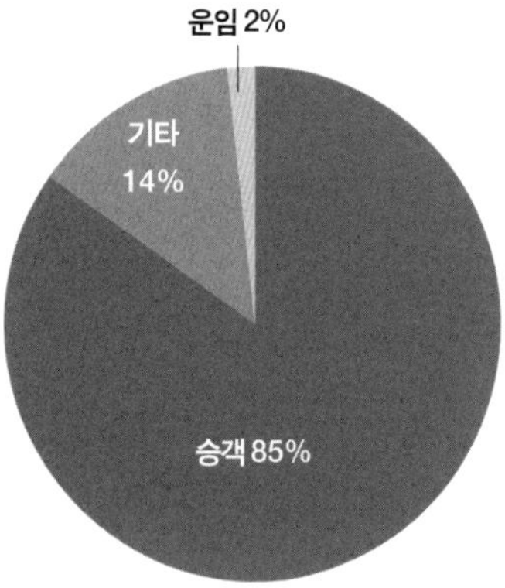

사업부문별 매출 비중

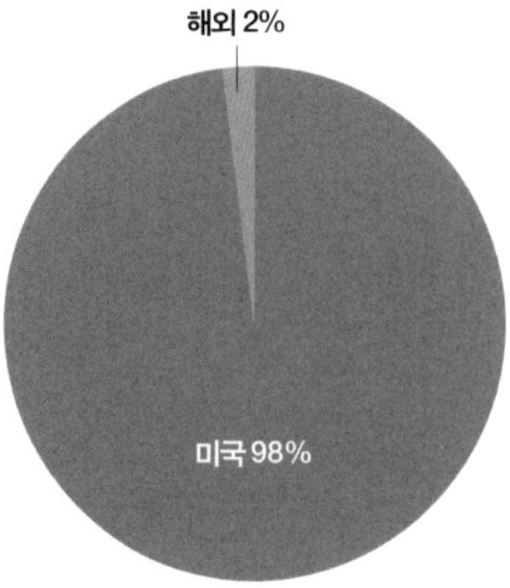

사업지역별 매출 비중

최신 정보 보러 가기 ●

주요 지표 및 주가 | 최신 뉴스 한 번에 보기 | 퀀트 분석 : 종목진단 | 컨센서스 및 투자의견

최근 3년 수익률
-13.9%

최근 5년간 주요 투자지표 ① 손익계산서 12월 결산 기준 / (단위) 금액: 백만 달러, %

구분	2016. 12	2017. 12	2018. 12	2019. 12	2020. 12	전년 대비
매출액	20,289	21,146	21,965	22,428	9,048	▼ -59.7%
영업이익	3,522	3,407	3,206	2,957	-3,816	적자 전환
영업이익률(%)	17.4	16.1	14.6	13.2	-42.2	▼ -55.4%P
순이익	2,183	3,357	2,465	2,300	-3,074	적자 전환
순이익률(%)	10.8	15.9	11.2	10.3	-34.0	▼ -44.2%P

최근 5년간 주요 투자지표 ② 가치평가 12월 결산 기준 / (단위) 금액: 배, %, 달러

구분	2016. 12	2017. 12	2018. 12	2019. 12	2020. 12
PER(배)	14.04	11.57	10.6	12.35	-8.95
PBR(배)	3.64	4.03	2.65	2.89	3.1
PSR(배)	1.51	1.84	1.19	1.27	3.04
ROE(%)	27.5	38.2	24.9	23.3	-31.9
주당순이익(달러)	3.45	5.57	4.29	4.27	-5.44
주당배당금(달러)	0.38	0.48	0.61	0.7	0.18

최근 5년간 주가 추이

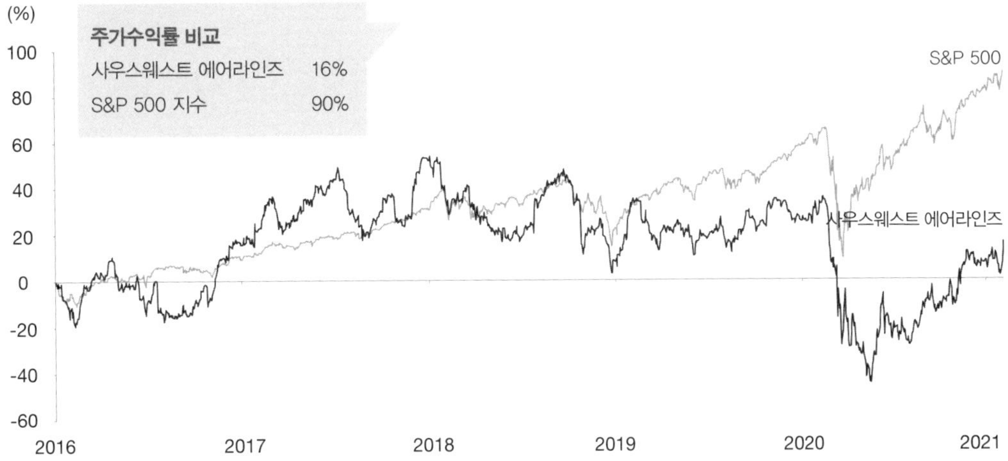

주요 경쟁업체 현황

사우스웨스트 에어라인스의 주요 경쟁사로는 제트블루 에어웨이즈**JBLU**, 스피리트 에어라인스**SAVE**가 있다.

제트블루 에어웨이즈JetBlue Airways Corporation는 미국의 저비용 항공사로, 2020년 기준 에어버스와 앰브라에르 기종 243대를 보유하고 있다. 1999년 설립됐으며 2002년 나스닥에 상장했다.

스피리트 에어라인스Spirit Airlines, Inc.는 미국의 저비용 항공사로, 디트로이트와 애틀랜타·라스베이거스 등 관광지를 잇는 노선으로 시작하여 점차 미 전역으로 확대했으며, 2005년에는 국제선을 취항하기 시작했다. 1980년 설립됐으며 2011년 뉴욕증권거래소에 상장했다.

최근 4분기 경쟁사 실적 비교 2020년 4분기 기준 / (단위) 백만 달러, %, 달러

구분	사우스웨스트 에어라인스	제트블루 에어웨이즈	스피리트 에어라인스
매출	9,048	4,326	1,810
영업이익	-3,816	-1,033	-508
순이익	-3,074	-820	-429
영업이익률	-42.18	-23.88	-28.07
순이익률	-33.97	-18.96	-23.70
주당순이익(EPS)	-5.44	-3.03	-5.06
주가수익배수(PER)	-8.95	-3.76	-5.57
주가순자산배수(PBR)	3.1	0.83	1.06

사우스웨스트 에어라인의 본사는 미국 텍사스 달라스에 위치하며, 직원 수는 5만 6,500명이다.
제트블루 에어웨이즈의 본사는 미국 뉴욕에 위치하며, 직원 수는 1만 5,450명이다.
스피리트 에어라인스의 본사는 미국 플로리다에 위치하며, 직원 수는 8,983명이다. (2021년 2월 현재)

최근 12개월간 주가 수익률 비교 2021년 2월 기준 / (단위) %

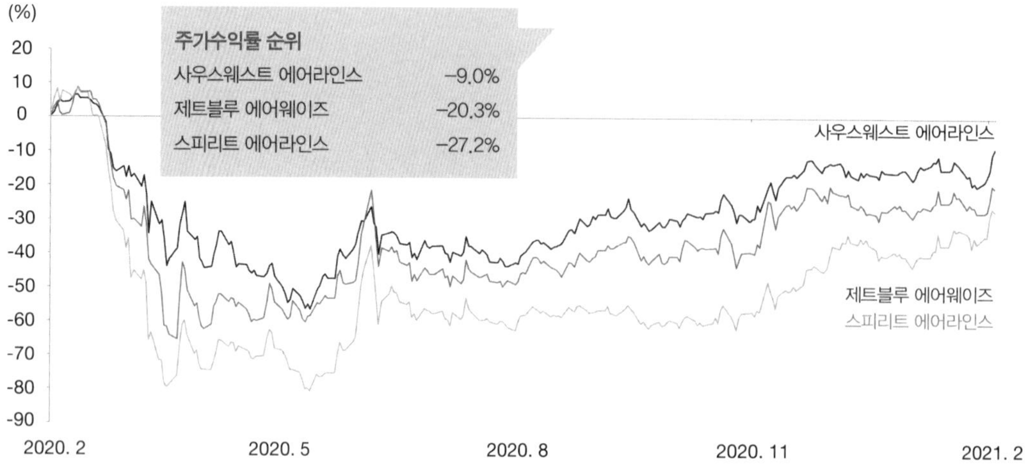

배당 및 투자의견, 종목진단 결과

사우스웨스트 에어라인스의 회계 결산월은 12월이다.

코로나 19 팬데믹으로 배당을 중단한 사우스웨스트 에어라인스에 대하여 최근 3개월간 12명의 애널리스트가 제시한 투자의견을 종합하면 매수Moderate Buy(매수 9명, 보유 2명, 매도 1명)이다. 향후 12개월간 목표주가는 최고 65달러, 최저 51달러, 평균 58.40달러이다.

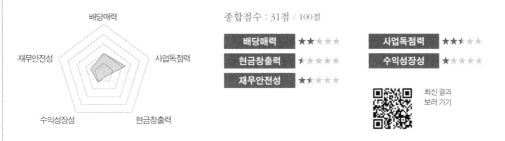

초이스스탁 US의 종목진단 결과는?

2020년 12월 실적발표 기준

사우스웨스트 에어라인스의 투자매력 점수는 100점 만점에 31점이며 미국 상장기업 5,591개 중 3,151위로 상위 55%에 속하는 기업이다.

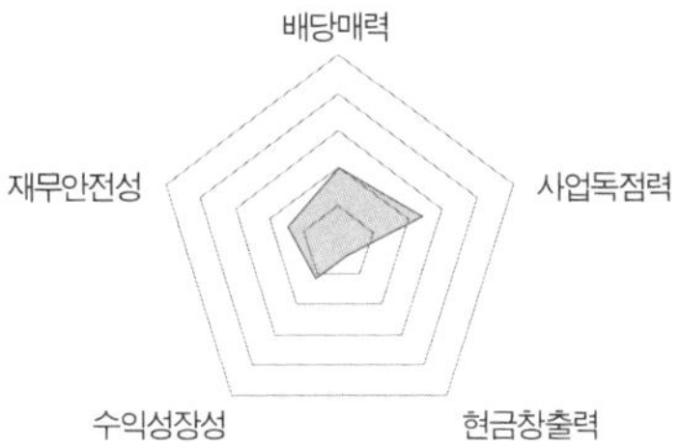

종합점수 : 31점 / 100점

배당매력 ★★☆☆☆	사업독점력 ★★☆☆☆
현금창출력 ★☆☆☆☆	수익성장성 ★☆☆☆☆
재무안전성 ★☆☆☆☆	

최신 결과
보러 가기

사우스웨스트 에어라인스는 미국의 대형 항공사로 2020년에는 코로나 19에 따른 여행 제한으로 실적과 현금흐름에 부정적인 영향을 받았다. 수익성장성은 5점 만점에 1.2점으로 매우 낮은 평가를 받았다. 2020년 12월 연환산(최근 4분기 합산) 매출액이 90억 달러로 전년 동기 224억 달러 대비 59% 급감했고, 순이익은 전년 동기 23억 달러에서 30억 달러로 적자 전환한 점이 반영됐다. 매출 감소와 순이익 적자 전환에 따라 현금창출력과 재무안전성에서도 매우 낮은 평가를 받았다. 2020년 12월 연환산 영업활동 현금흐름은 (-)11억 달러, 잉여현금흐름도 (-)16억 달러를 기록했고, 장기차입금도 2019년 말 28억 달러에서 2020년 말 116억 달러로 크게 증가해 재무안전성에 경고등이 켜진 상태다.

다만, 코로나 19 백신 접종에 따라 2021년 하반기부터는 강력한 항공 수요가 회복될 것으로 전망된다.

POINT ▶ 코로나19에도 유지한 객실 확대 전략, 에어비앤비는 직접 경쟁 대상이 아니라오

메리어트 인터내셔널

MAR Nasdaq | Marriott International, Inc.

처음 매매하는 경우

매매 예정 시점
실적 확인 후 ☐ 이슈 확인 후 ☐

결정 이유
변동성 확대(단기) ☐ 실적 우수(장기) ☐

매수 목표 가격 $

손익 목표 가격 $ (+ %)

손절 목표 가격 $ (- %)

보유 예정 기간
3개월 미만(단기) ☐ 1년 이상(장기) ☐

보유 중인 경우

매매 구분 매수 ☐ 매도 ☐

매매 일자 20 . . .

매매 금액 가격 $ 수량 주

수익 현황 수익금액 $ 수익률 %

투자 아이디어

메리어트 인터내셔널**MAR**, 이하 메리어트는 전 세계 131개국에 30개의 호텔 브랜드, 7,000개의 호텔과 130만 개 이상의 객실을 보유한 글로벌 최대 호텔 체인 회사다.

1927년에 윌러드 메리어트가 설립한 이래 1980년 하와이에 100호점을 개설한 후 리츠 칼튼, 제이더블유 메리어트, 쉐라톤 등 경쟁사들을 차례로 인수했고, 지난 2016년에는 전 세계 100여 개국에 1,300개에 이르는 호텔을 보유한 스타우드 호텔 앤 리조트를 인수했다. 2021년까지 아시아 태평양 지역에 500개 이상의 호텔을 추가 오픈할 계획이었으나 코로나로 인해 불확실한 상황이다. 참고로, 메리어트와 같은 호텔의 실적에서 눈여겨봐야 할 성과지표 중 하나는 총객실 매출을 사용 가능한 객실수로 나눈 값Revenue Per Available Room으로 흔히 RevPAR로 표기한다.

2009년 나스닥에 상장했으며, 미국 3대 지수 중 나스닥 100과 S&P 500에 속해 있다.

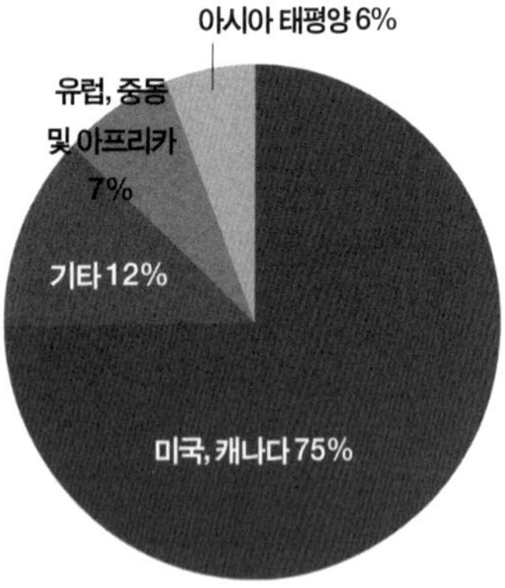

사업부문별 매출 비중

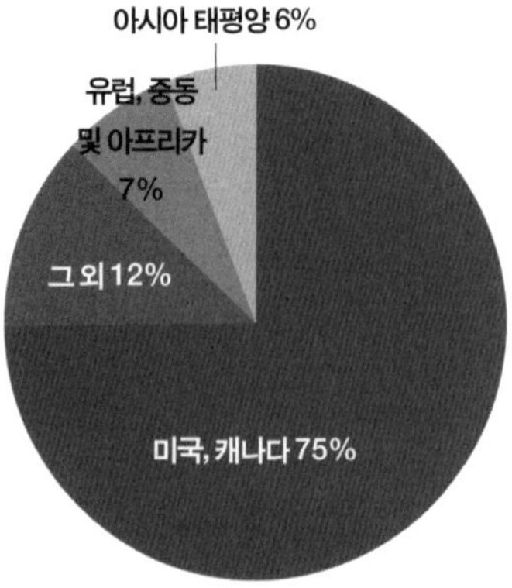

사업지역별 매출 비중

최신 정보 보러 가기 ●

주요 지표 및 주가 | 최신 뉴스 한 번에 보기 | 퀀트 분석 : 종목진단 | 컨센서스 및 투자의견

최근 3년 수익률
-7.5%

최근 5년간 주요 투자지표 ① 손익계산서

12월 결산 기준 / (단위) 금액: 백만 달러, %

구분	2016. 12	2017. 12	2018. 12	2019. 12	2020. 12	전년 대비
매출액	15,407	20,452	20,758	20,972	10,571	▼ -49.6%
영업이익	1,424	2,504	2,366	1,800	84	▼ -95.3%
영업이익률(%)	9.2	12.2	11.4	8.6	0.8	▼ -7.8%P
순이익	808	1,459	1,907	1,273	-267	적자 전환
순이익률(%)	5.2	7.1	9.2	6.1	-2.5	▼ -8.6%P

최근 5년간 주요 투자지표 ② 가치평가

12월 결산 기준 / (단위) 금액: 배, %, 달러

구분	2016. 12	2017. 12	2018. 12	2019. 12	2020. 12
PER(배)	39.96	33.92	19.42	38.89	-160.25
PBR(배)	6.03	13.82	16.64	70.42	99.5
PSR(배)	2.1	2.42	1.78	2.36	4.05
ROE(%)	79.4	32.1	69.6	116.1	-190.7
주당순이익(달러)	2.73	3.84	5.38	3.8	-0.82
주당배당금(달러)	1.15	1.29	1.56	1.85	0.48

최근 5년간 주가 추이

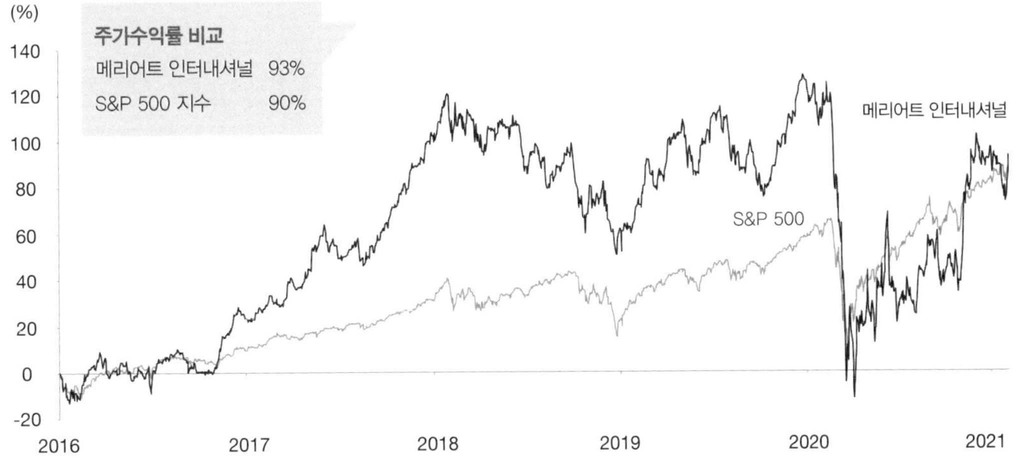

주요 경쟁업체 현황

메리어트의 주요 경쟁사로는 힐튼 월드와이드 홀딩스HLT, 인터콘티넨탈 호텔 그룹IHG이 있다.

힐튼 월드와이드 홀딩스Hilton Worldwide Holdings Inc.는 1919년 설립됐으며 힐튼과 콘래드, 왈도프 아스토리아 등의 호텔과 리조트 브랜드를 운영한다.

인터콘티넨탈 호텔 그룹InterContinental Hotels Group PL은 2003년 설립되어 인터콘티넨탈 호텔, 킴프턴 호텔, 호텔 인디고 등을 운영한다.

최근 4분기 경쟁사 실적 비교 2020년 4분기 기준 / (단위) 백만 달러, %, 달러

구분	메리어트	힐튼 월드와이드 홀딩스	인터콘티넨탈 호텔 그룹
매출	10,571	4,307	4,627
영업이익	84	-418	633
순이익	-267	-715	385
영업이익률	0.79	-9.71	13.68
순이익률	-2.53	-16.60	8.32
주당순이익(EPS)	-0.82	-2.56	2.09
주가수익배수(PER)	-160.25	-43.17	34.03
주가순자산배수(PBR)	99.5	N/A	N/A

메리어트의 본사는 미국 멜릴랜드 베서스다에 위치하며, 직원 수는 12만 1천여 명이다
힐튼 월드와이드 홀딩스의 본사는 미국 버지니아 맥린에 위치해 있으며, 상근직원 수는 14만 1천여 명이다.
인터콘티넨탈 호텔 그룹의 본사는 영국에 위치하며, 상근 직원 수는 1만 4,436명이다. (2021년 2월 현재)

최근 12개월간 주가 수익률 비교 2021년 2월 기준 / (단위) %

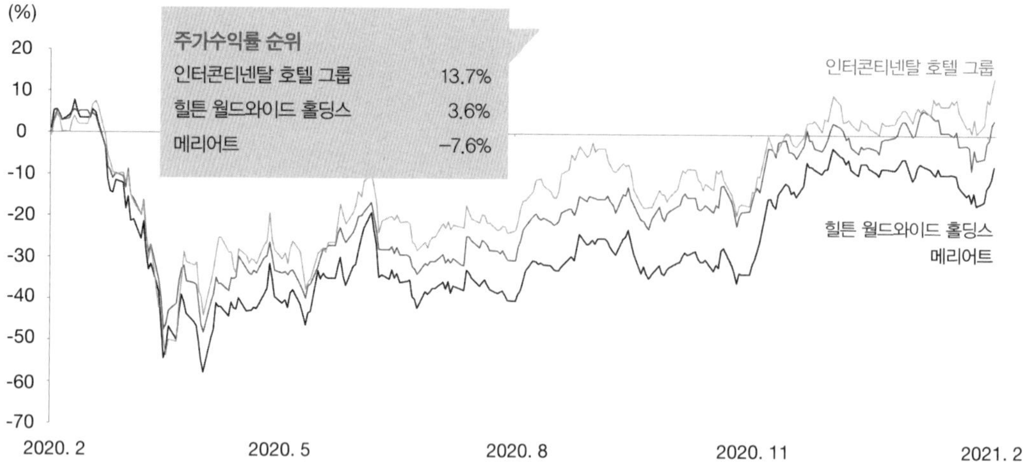

배당 및 투자의견, 종목진단 결과

메리어트 인터내셔널의 회계 결산월은 12월이다.

코로나 19 팬데믹으로 인해 배당을 중단한 메리어트 인터내셔널에 대하여 최근 3개월간 12명의 애널리스트가 제시한 투자의견을 종합하면 매수Moderate Buy(매수 4명, 보유 8명, 매도 0명)이다. 향후 12개월간 목표주가는 최고 158달러, 최저 116달러, 평균 136.36달러이다.

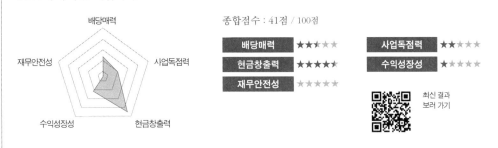

초이스스탁 US의 종목진단 결과는?

2020년 12월 실적발표 기준

메리어트의 투자매력 점수는 100점 만점에 41점이며 미국 상장기업 5,591개 중 1,691위로 상위 30%에 속하는 기업이다.

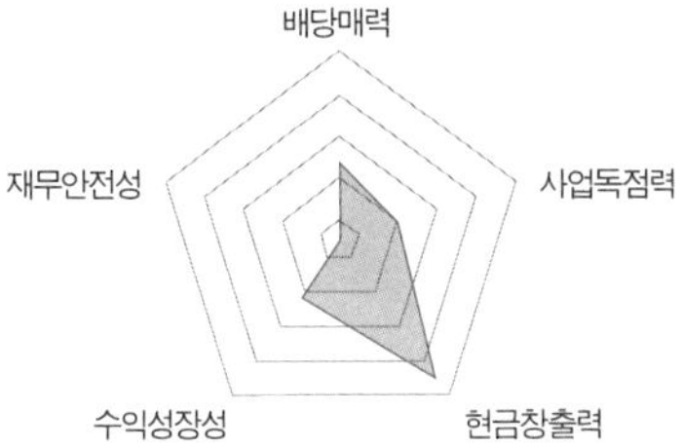

종합점수 : 41점 / 100점

배당매력	★★★☆☆	사업독점력	★★☆☆☆
현금창출력	★★★★★	수익성장성	★☆☆☆☆
재무안전성	☆☆☆☆☆		

최신 결과 보러 가기

메리어트, 쉐라톤 등 세계적인 호텔 체인을 운영하는 회사로, 2020년에는 코로나 19로 여행 산업이 큰 피해를 입었다. 이로 인해 투자매력 세부 5개 항목 중 수익성장성 부문은 5점 만점에 1.2점으로 매우 낮았다. 2020년 12월 연환산(최근 4분기 합산) 매출액이 105억 달러로 전년 동기 209억 달러 대비 50% 급감했고, 순이익은 전년 동기 12억 달러 흑자에서 2억 6,700만 달러 적자로 전환했다.

반면, 현금창출력 부문에서는 안정적인 모습을 보여 5점 만점에 4.5점을 받았다. 2020년 12월 연환산 영업활동 현금흐름이 16억 달러로 전년 동기와 비슷한 수준이고, 잉여현금흐름은 15억 달러로 전년 동기 10억 달러 대비 50% 증가해 안정적인 현금흐름을 만들고 있다.

안정적인 현금흐름에 힘입어 순이익 적자에도 불구하고 2020년 주당배당금 0.48달러를 지급해 시가배당률 0.4%를 기록했다. 최근 5년간 시가배당률은 0.4~1.4% 수준이다.

POINT ▶ 모바일 주문, 드라이브 쓰루, 배달이 이끄는 성과 가시화

배당성취자

맥도날드

MCD NYSE | McDonald's Corporation

처음 매매하는 경우			보유 중인 경우				
매매 예정 시점			**매매 구분**	매수 ☐	매도 ☐		
실적 확인 후 ☐		이슈 확인 후 ☐	**매매 일자**	20 . . .			
매매 결정 이유			**매매 금액**	가격 $		수량	주
변동성 확대(단기) ☐		실적 우수(장기) ☐	**수익 현황**	수익금액 $		수익률	%
매수 목표 가격	$						
손익 목표 가격	$	(+ %)	**투자 아이디어**				
손절 목표 가격	$	(- %)					
보유 예정 기간							
3개월 미만(단기) ☐		1년 이상(장기) ☐					

맥도날드**MCD**는 세계 최대의 햄버거 프랜차이즈 레스토랑이자 패스트푸드의 대명사다. 포춘 500대 기업 중 하나로, 1940년 캘리포니아에서 맥도날드 형제가 창업한 후 1954년 프랜차이즈 형태로 발전했다. 1967년 캐나다에 해외 1호점 개설, 1968년 대표 메뉴인 빅맥 출시에 이어 1971년 유럽과 아시아 진출에 성공했다. 2000년대 들어 웰빙 트렌드 등으로 성장이 둔화됐지만 지속적인 구조조정과 비용 효율화를 바탕으로 커피 사업과 서비스 플랫폼 다변화 등을 추진해왔고, 비욘드 미트**BYND**와 제휴를 통해 대체육류 패티를 이용한 버거 메뉴를 개발해 캐나다에서 시범 판매를 실시하는 등 지속적으로 변화를 모색하고 있다. 2019년 말 기준으로 119개국에 걸쳐 3만 8,695개의 매장을 운영하고 있으며 이 중 93%는 프랜차이즈 가맹 형태이다.

1966년 7월 뉴욕증권거래소에 상장했으며, 다우와 S&P 500에 속해 있다.

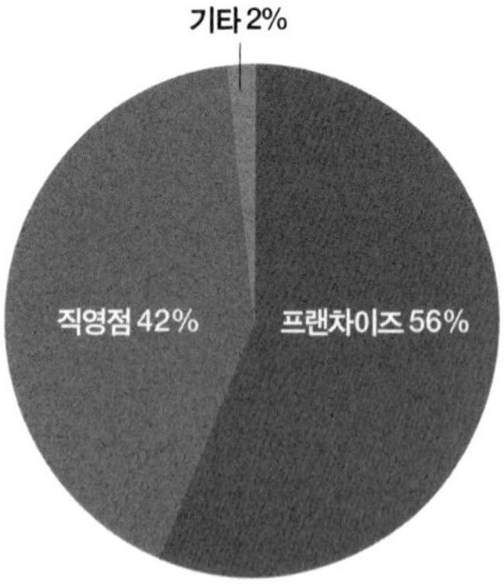

사업부문별 매출 비중

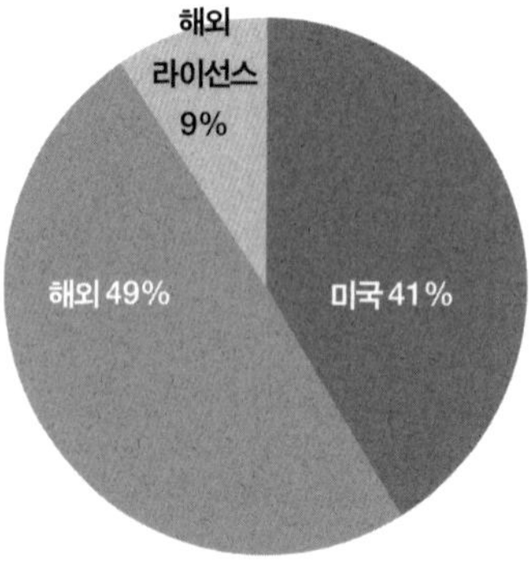

사업지역별 매출 비중

최신 정보 보러 가기 ●

주요 지표 및 주가 | 최신 뉴스 한 번에 보기 | 퀀트 분석 : 종목진단 | 컨센서스 및 투자의견

최근 3년 수익률 28.7%

최근 5년간 주요 투자지표 ① 손익계산서 12월 결산 기준 / (단위) 금액: 백만 달러, %

구분	2016. 12	2017. 12	2018. 12	2019. 12	2020. 12	전년 대비
매출액	24,622	22,820	21,025	21,077	19,208	▼-10.1%
영업이익	7,745	9,553	8,823	9,070	7,324	▼-19.3%
영업이익률(%)	31.5	41.9	42.0	43.0	38.1	▼-4.9%P
순이익	4,687	5,192	5,924	6,025	4,731	▼-21.5%
순이익률(%)	19.0	22.8	28.2	28.6	24.6	▼-3.6%P

최근 5년간 주요 투자지표 ② 가치평가 12월 결산 기준 / (단위) 금액: 배, %, 달러

구분	2016. 12	2017. 12	2018. 12	2019. 12	2020. 12
PER(배)	21.57	26.43	23.11	24.7	33.8
PBR(배)	N/A	N/A	N/A	N/A	N/A
PSR(배)	4.11	6.01	6.51	7.06	8.32
ROE(%)	N/A	N/A	N/A	N/A	N/A
주당순이익(달러)	5.44	6.37	7.54	7.88	6.31
주당배당금(달러)	3.61	3.83	4.19	4.73	5.04

최근 5년간 주가 추이

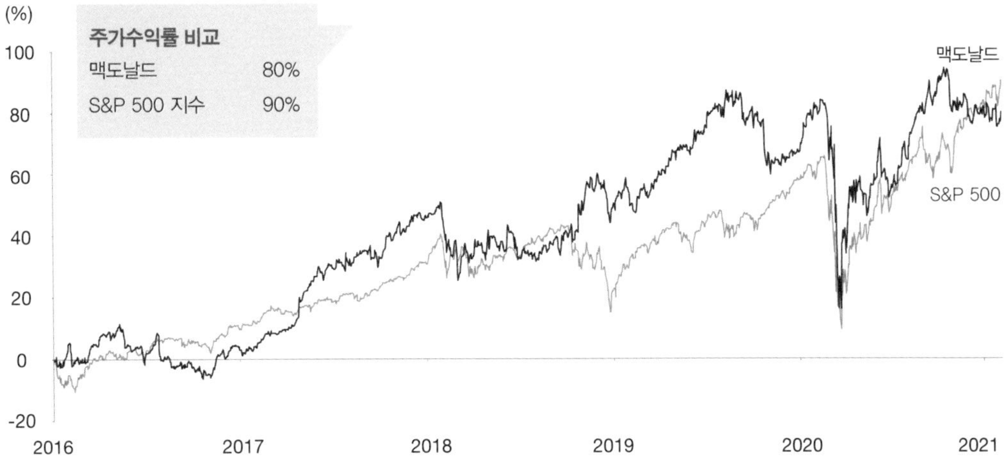

주요 경쟁업체 현황

맥도날드의 주요 경쟁사로는 치폴레 멕시칸 그릴**CMG**, 염!브랜즈**YUM**가 있다.

치폴레 멕시칸 그릴Chipotle Mexican Grill, Inc., 이하 치폴레는 멕시코식 미국요리를 제공하는 패스트푸드 체인점이다. 1998년 맥도날드의 투자를 받은 이후 가파르게 성장했으나, 2015년 치폴레 매장을 중심으로 벌어진 식중독 사태로 한때 부침을 겪었다. 2018년 타코벨 CEO였던 브라이언 니콜을 영입하며 위생 및 메뉴 정책 등에서 혁신을 거듭, 재기에 성공했다는 평이다.

염!브랜즈Yum! Brands, Inc.는 1997년 설립돼 KFC, 피자헛, 타코벨 등을 운영하는 패스트푸드 체인 기업이다. 음식 배달업체 그럽허브와의 독점 파트너십 등을 통해 온라인 배달 서비스를 강화하고 있다.

최근 4분기 경쟁사 실적 비교 2020년 4분기 기준 / (단위) 백만 달러, %, 달러

구분	맥도날드	치폴레	염!브랜즈
매출	19,208	5,985	5,603
영업이익	7,324	290	1,567
순이익	4,731	356	1,060
영업이익률	38.1	4.85	27.97
순이익률	24.6	5.95	18.92
주당순이익(EPS)	6.31	12.52	3.43
주가수익배수(PER)	33.8	109.06	25.96
주가순자산배수(PBR)	N/A	19.21	N/A

맥도날드의 본사는 미국 시카고에 위치하며, 상근 직원 수는 20만 명이다.
치폴레의 본사는 미국 콜로라도주 덴버에 위치하며, 상근 직원 수는 8만 8천 명이다.
염!브랜즈의 본사는 미국 켄터키 루이빌에 위치하며, 상근 직원 수는 3만 8천 명이다. (2021년 2월 현재)

M

최근 12개월간 주가 수익률 비교 2021년 2월 기준 / (단위) %

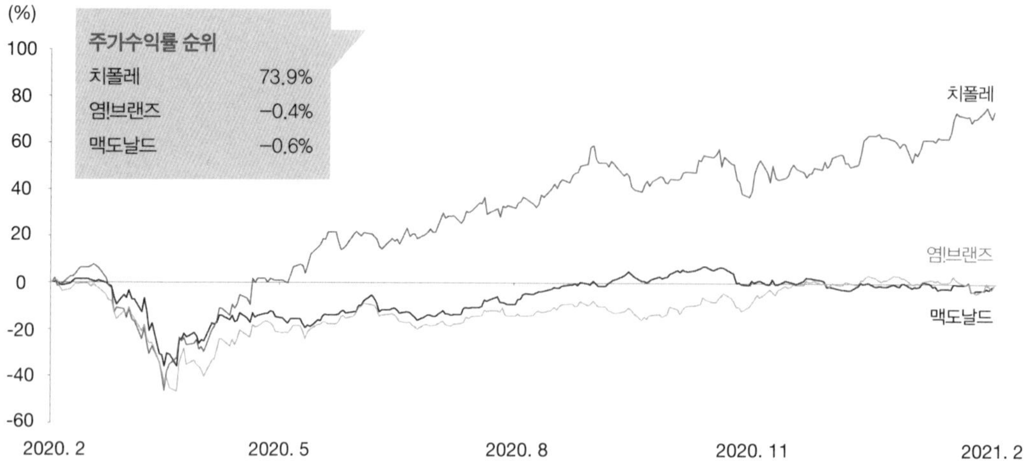

배당 및 투자의견, 종목진단 결과

맥도날드의 회계 결산월은 12월이다.

2009년부터 배당이 증가해 '배당성취자'에 해당하는 맥도날드의 배당금은 분기 단위로 지급되고, 배당수익률은 자유소비재 섹터 평균인 1.74%의 1.5배 수준이다.

배당수익률(선행)	연간배당금(선행)	배당성향	배당성장	5년 배당성장률
2.50%	5.16달러	61.45%	12년 배당성취자	7.86%

최근 3개월간 18명의 애널리스트가 제시한 투자의견을 종합하면 강력매수Strong Buy(매수 15명, 보유 3명, 매도 0명)이다. 향후 12개월간 목표주가는 최고 266달러, 최저 209달러, 평균 240.88달러이다.

초이스스탁 US의 종목진단 결과는?

2020년 9월 실적발표 기준

맥도날드의 투자매력 점수는 100점 만점에 55점이며 미국 상장기업 5,591개 중 1,816위로 상위 32%에 속하는 기업이다.

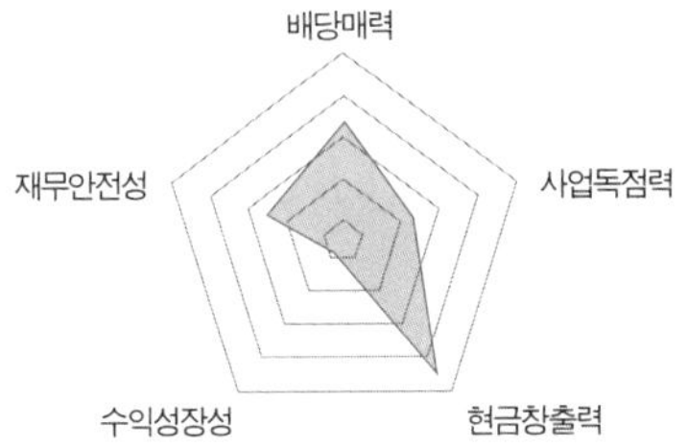

종합점수 : 55점 / 100점

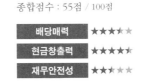

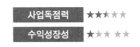

항목	평가	항목	평가
배당매력	★★★½☆	사업독점력	★★½☆☆
현금창출력	★★★★½	수익성장성	★☆☆☆☆
재무안전성	★★½☆☆		

최신 결과 보러 가기

투자매력 세부 5개 항목 분석에선 현금창출력에서 4.5점으로 높은 평가를 받았다. 2020년 12월 연환산(최근 4분기 합산) 기준 영업활동 현금흐름은 62억 달러를 창출했고, 잉여현금흐름은 46억 달러를 창출한 점이 반영됐다.

배당매력 점수는 3.5점이며 2020년 주당배당금은 5.04 달러를 지급해 시가배당률 2.3%를 기록했다. 최근 5년간 시가배당률은 2.2~3.0% 수준이다. 다만, 수익 성장성은 5점 만점에 0.8점을 받아 낮은 평가를 받았다. 코로나 19로 매장 매출이 큰 폭으로 줄었다. 2020년 12월 연환산 매출액은 192억 달러로 전년 동기 213억 달러 대비 10% 줄었고, 순이익은 47억 달러로 전년 동기 60억 달러 대비 21% 감소한 점이 반영됐다.

향후 매출액 성장여부가 맥도날드의 투자포인트로 매분기 매출액 성장률 확인이 필수다.

POINT ▶ 코로나 19 이후에도 브랜드 선호 현상과 비용 절감 노력은 계속될 것

몬델레즈 인터내셔널

MDLZ Nasdaq | Mondelez International, Inc.

처음 매매하는 경우

매매 예정 시점
실적 확인 후 ☐ 이슈 확인 후 ☐

매매 결정 이유
변동성 확대(단기) ☐ 실적 우수(장기) ☐

매수 목표 가격 $

손익 목표 가격 $ (+ %)

손절 목표 가격 $ (- %)

보유 예정 기간
3개월 미만(단기) ☐ 1년 이상(장기) ☐

보유 중인 경우

매매 구분 매수 ☐ 매도 ☐

매매 일자 20 . . .

매매 금액 가격 $ 수량 주

수익 현황 수익금액 $ 수익률 %

투자 아이디어

포춘 500대 기업에 속하는 몬델레즈 인터내셔널**MDLZ**, 이하 몬델레즈는 우리나라에서도 인기있는 쿠키 브랜드인 '오레오'로 유명한 미국의 다국적 식품 지주 회사다. 2000년에 설립돼 2012년 모기업이었던 크래프트 푸즈로부터 분사했다. 대표 브랜드로는 '오레오', '칩스 아호이', '벨비타' 쿠키와 '리츠' 크래커, '캐드버리' 초콜릿, 그리고 '트라이덴트' 껌과 '호올스' 하드캔디 등이 있으며 전 세계 160여 개국에서 인기리에 판매되고 있다. 다수의 초콜릿 브랜드를 보유 중인 몬델레즈는 지난 2016년 초콜릿 제조회사인 허쉬를 인수하는 데 실패한 후 실적이 부진했지만, 2017년 8월에 캐나다 냉동식품 제조 업체인 맥케인 푸드의 더크 반 드 풋을 CEO로 영입한 후 실적 개선세를 보이고 있다.

2001년 나스닥에 상장했으며, 미국 3대 지수 중 나스닥 100과 S&P 500에 속해 있다.

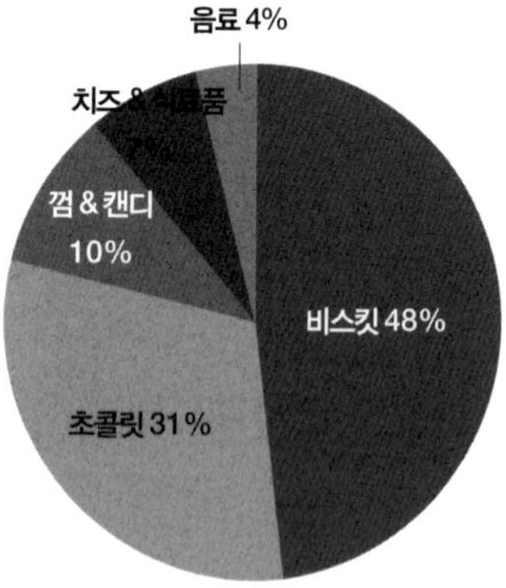

사업부문별 매출 비중

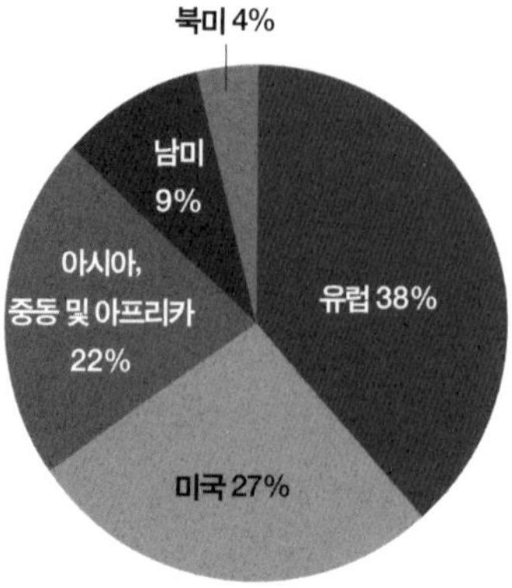

사업지역별 매출 비중

최신 정보 보러 가기 ●

주요 지표 및 주가 | 최신 뉴스 한 번에 보기 | 퀀트 분석 : 종목진단 | 컨센서스 및 투자의견

최근 3년 수익률
26.2%

최근 5년간 주요 투자지표 ① 손익계산서 12월 결산 기준 / (단위) 금액: 백만 달러, %

구분	2016. 12	2017. 12	2018. 12	2019. 12	2020. 12	전년 대비
매출액	25,923	25,896	25,938	25,868	26,581	▲ 2.8%
영업이익	2,545	3,276	3,312	3,799	3,853	▲ 1.4%
영업이익률(%)	9.8	12.7	12.8	14.7	14.5	▼ -0.2%P
순이익	1,635	2,828	3,317	3,929	3,555	▼ -9.5%
순이익률(%)	6.3	10.9	12.8	15.2	13.4	▼ -1.8%P

최근 5년간 주요 투자지표 ② 가치평가 12월 결산 기준 / (단위) 금액: 배, %, 달러

구분	2016. 12	2017. 12	2018. 12	2019. 12	2020. 12
PER(배)	41.87	22.62	17.55	20.19	23.52
PBR(배)	2.72	2.46	2.27	2.91	3.03
PSR(배)	2.64	2.47	2.24	3.07	3.15
ROE(%)	6.1	10.9	12.9	14.8	13.4
주당순이익(달러)	1.04	1.85	2.23	2.69	2.47
주당배당금(달러)	0.72	0.82	0.96	1.09	1.2

최근 5년간 주가 추이

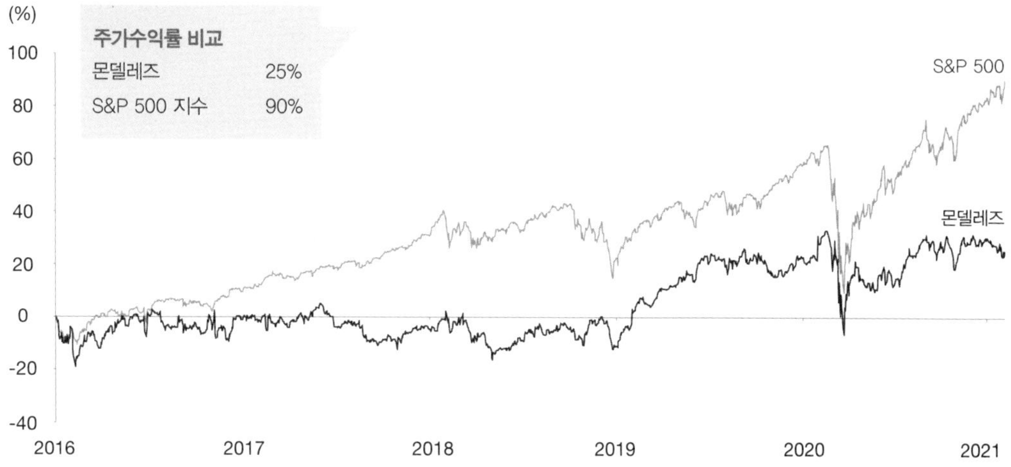

주요 경쟁업체 현황

몬델레즈의 주요 경쟁사로는 크래프트 하인즈**KHC**, 허쉬**HSY**가 있다.

크래프트 하인즈Kraft Heinz Company는 2013년 다양한 치즈 브랜드로 유명한 크래프트 푸드와 토마토 케첩의 대명사인 하인즈의 합병으로 탄생한 북미 3위, 세계 5위의 글로벌 식음료 기업이다.

허쉬The Hershey Company는 1894년 밀턴 허쉬가 창립한 북미 최대의 초콜릿 제조 업체다. '허쉬', '키세스', '키캣', '아이스브레이커스', '트위즐러' 등 우리에게도 익숙한 유명 브랜드들을 보유하고 있다.

최근 4분기 경쟁사 실적 비교 2020년 4분기 기준 / (단위) 백만 달러, %, 달러

구분	몬델레즈	크래프트 하인즈	허쉬
매출	26,581	26,185	8,150
영업이익	3,853	2,128	1,783
순이익	3,555	356	1,279
영업이익률	14.50	8.13	21.88
순이익률	13.37	1.36	15.69
주당순이익(EPS)	2.47	0.29	5.71
주가수익배수(PER)	23.52	120.13	24.80
주가순자산배수(PBR)	3.03	0.85	14.19

몬델레즈의 본사는 미국 시카고에 위치하며, 상근 직원 수는 7만 9천여 명에 이른다.
크래프트 하인즈의 본사는 미국 펜실베이니아 피츠버그에 위치하며, 상근 직원 수는 3만 8천여 명이다.
허쉬의 본사는 미국 펜실베이니아 데리 타운쉽에 위치하며, 상근 직원 수는 1만 5,200명이다.
(2021년 2월 현재)

M

최근 12개월간 주가 수익률 비교 2021년 2월 기준 / (단위) %

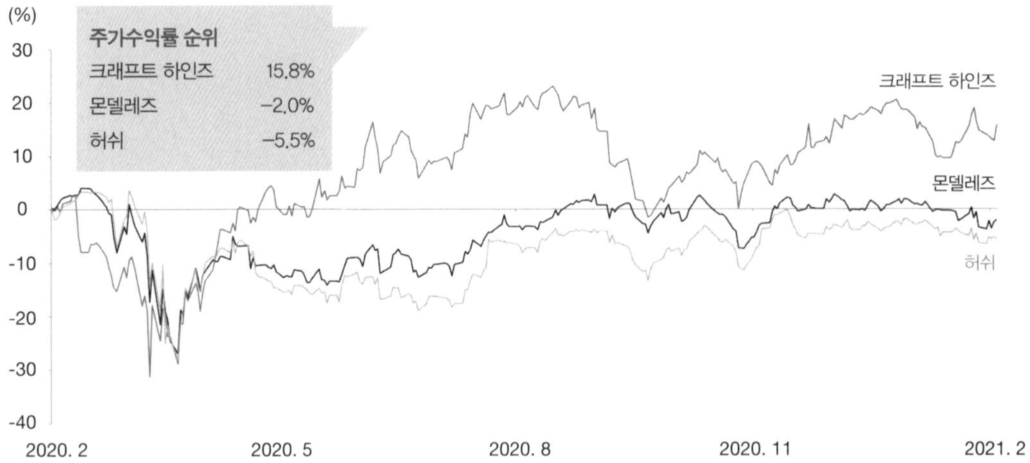

배당 및 투자의견, 종목진단 결과

몬델레즈의 회계 결산월은 12월이다.

2014년부터 증가해온 몬델레즈의 배당금은 분기 단위로 지급되고, 배당수익률은 필수소비재 섹터 평균인 1.74%보다 조금 높은 수준이다.

배당수익률(선행)	연간배당금(선행)	배당성향	배당성장	5년 배당성장률
2.37%	1.26달러	43.81%	7년	13.26%

최근 3개월간 8명의 애널리스트가 제시한 투자의견을 종합하면 강력매수Strong Buy(매수 7명, 보유 1명, 매도 0명)이다. 향후 12개월간 목표주가는 최고 69달러, 최저 62달러, 평균 65.86달러이다.

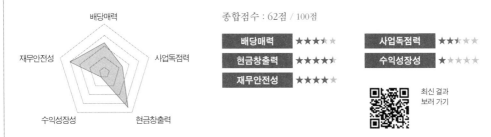

초이스스탁 US의 종목진단 결과는?

2020년 12월 실적발표 기준

몬델레즈의 투자매력 점수는 100점 만점에 62점이며 미국 상장기업 5,591개 중 1,390위로 상위 24%에 속하는 기업이다.

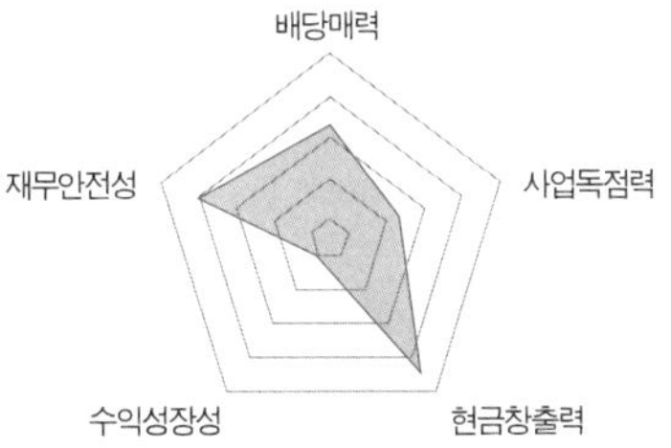

종합점수 : 62점 / 100점

배당매력	★★★½☆	사업독점력	★★½☆☆
현금창출력	★★★★½	수익성장성	★☆☆☆☆
재무안전성	★★★★☆		

최신 결과 보러 가기

투자매력 세부 5개 항목 중 현금창출력 부문이 5점 만점에 4.5점을 받았다. 2020년 12월 연환산(최근 4분기 합산) 영업활동 현금흐름이 39억 달러, 잉여현금흐름은 31억 달러로 전년 동기와 비슷한 현금흐름을 만들었다. 안정적인 현금흐름 창출로 배당을 꾸준히 지급해 배당매력 점수는 3.5점으로 우수한 것으로 분석된다. 최근 7년 연속 주당배당금을 상향했고, 2020년에는 주당배당금 1.2달러를 지급해 시가배당률 2.1%를 기록했다. 최근 5년간 시가배당률은 1.6~2.4%다. 재무안전성은 4점으로 재무구조가 우수한 것으로 평가된다. 부채비율 146%, 유동비율 66%, 이자보상배수 6배 등이 반영된 결과다.

반면, 수익성장성은 1점으로 매우 낮은 평가를 받았다. 2020년 12월 연환산 매출액이 265억 달러로 전년 동기 258억 달러 대비 2.7% 늘었고, 순이익은 35억 달러로 전년 동기 39억 달러 대비 10% 줄어든 점 등이 반영됐다.

POINT ▶ 중남미 인터넷 보급율은 여전히 70% 수준… 시장 기회는 아직 충분

메르카도리브레

MELI Nasdaq | MercadoLibre, Inc.

처음 매매하는 경우		보유 중인 경우	
매매 예정 시점		**매매 구분**	매수 ☐ 매도 ☐
실적 확인 후 ☐	이슈 확인 후 ☐	**매매 일자**	20 . . .
매매 결정 이유		**매매 금액**	가격 $ 수량 주
변동성 확대(단기) ☐	실적 우수(장기) ☐	**수익 현황**	수익금액 $ 수익률 %
매수 목표 가격	$		
손익 목표 가격	$ (+ %)	**투자 아이디어**	
손절 목표 가격	$ (- %)		
보유 예정 기간			
3개월 미만(단기) ☐	1년 이상(장기) ☐		

중남미 대표 전자상거래 회사인 메르카도리브레**MELI**는 닷컴 버블이 한창이던 1999년 스탠포드 대학교에 재학중이던 마르코스 갈페린이 설립했다. 처음에는 중고물품 경매로 시작해 현재는 선박과 항공기 그리고 부동산까지 취급하면서 아르헨티나에서 자산 규모가 가장 큰 기업 중 하나이자 중남미 최대의 전자상거래 플랫폼으로 성장했다. 본사가 위치한 아르헨티나를 비롯해 브라질, 멕시코, 칠레 등 18개국에 걸쳐 약 3억 명이 이용하고 있다. 중남미 시장의 특성상 은행 계좌가 없는 이용자가 대부분인 상황에서, 신용카드나 체크카드가 필요 없는 메르카도 리브레의 전자결제 시스템은 막강한 영향력을 행사하고 있다.

2007년 중남미 IT 기업 최초로 나스닥에 상장했으며, 미국 3대 지수 중 나스닥 100에 속해 있다.

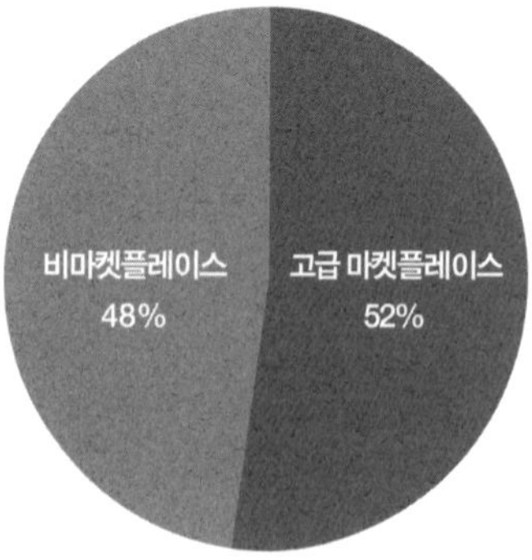

사업부문별 매출 비중

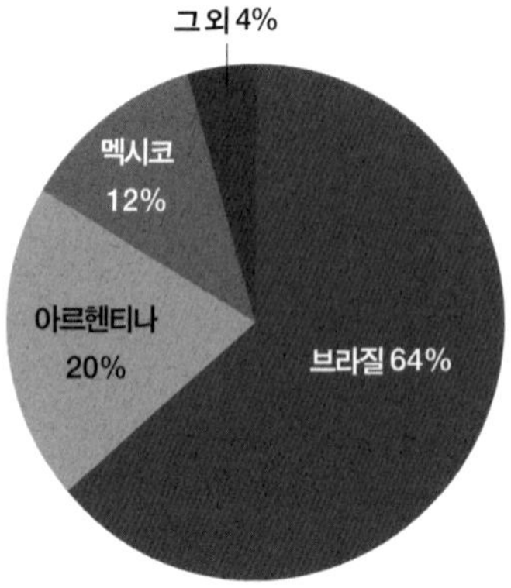

사업지역별 매출 비중

최신 정보 보러 가기 ●

주요 지표 및 주가 | 최신 뉴스 한 번에 보기 | 퀀트 분석 : 종목진단 | 컨센서스 및 투자의견

최근 3년 수익률
447.3%

최근 5년간 주요 투자지표 ① 손익계산서 12월 결산 기준 / (단위) 금액: 백만 달러, %

구분	2016. 12	2017. 12	2018. 12	2019. 12	2020. 12	전년 대비
매출액	844	1,217	1,440	2,296	3,860	▲ 68.1%
영업이익	181	56	-69	-153	161	흑자 전환
영업이익률(%)	21.4	4.6	-4.8	-6.7	4.2	▲ 10.8%P
순이익	136	14	-37	-172	58	흑자 전환
순이익률(%)	16.1	1.2	-2.6	-7.5	1.5	▲ 9%P

최근 5년간 주요 투자지표 ② 가치평가 12월 결산 기준 / (단위) 금액: 배, %, 달러

구분	2016. 12	2017. 12	2018. 12	2019. 12	2020. 12
PER(배)	50.56	1,008.31	-361.83	-165.3	1780.42
PBR(배)	16.08	42.65	39.32	14.34	51.02
PSR(배)	8.17	11.42	9.2	12.38	24.68183008
ROE(%)	35.4	3.3	-13.5	-8.2	3.85
주당순이익(달러)	3.09	0.31	-0.82	-3.71	1.073
주당배당금(달러)	0.6	0.6	0	0	0

최근 5년간 주가 추이

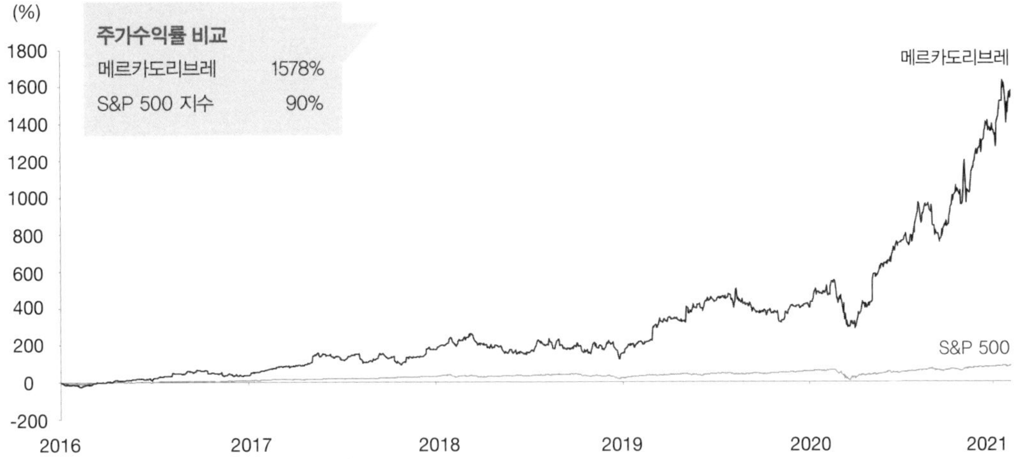

주요 경쟁업체 현황

메르카도리브레의 주요 경쟁사로는 아마존닷컴**AMZN**, 제이디닷컴**JD**이 있다.

아마존닷컴Amazon.com은 전자상거래 및 클라우드 서비스 세계 1위 업체다. 1995년 시애틀에서 인터넷 서점으로 시작해 1997년 나스닥에 상장했다.

제이디닷컴JD.com(징둥닷컴)은 1998년 베이징에서 설립돼 2004년 온라인에 B2C 사이트를 개설했다. 드론과 자율주행 그리고 로봇 분야의 글로벌 선도 기업으로 성장했고, 2013년에 현재의 사명으로 변경했다.

최근 4분기 경쟁사 실적 비교 2020년 3분기 기준 / (단위) 백만 달러, %, 달러

구분	메르카도리브레	아마존닷컴	제이디닷컴
매출	3,320	386,064	101,638
영업이익	84	22,899	1,803
순이익	-4	21,331	4,216
영업이익률	2.53	5.93	1.77
순이익률	-0.12	5.53	4.15
주당순이익(EPS)	-0.16	41.83	2.82
주가수익배수(PER)	-13,044.86	76.61	27.03
주가순자산배수(PBR)	30.82	17.5	4.43

메르카도리브레는 나스닥에 상장돼 있으며 본사는 아르헨티나에 위치한다. 직원 수는 9,703명이다.
아마존닷컴의 본사는 미국 시애틀에 위치하며, 상근 직원 수는 129만 8천 명에 이른다.
제이디닷컴은 나스닥에 상장돼 있으며 본사는 중국 베이징에 위치하고 있다. 상근 직원의 수는 28만 4천여 명이다. (2021년 2월 현재)

M

최근 12개월간 주가 수익률 비교 2021년 2월 기준 / (단위) %

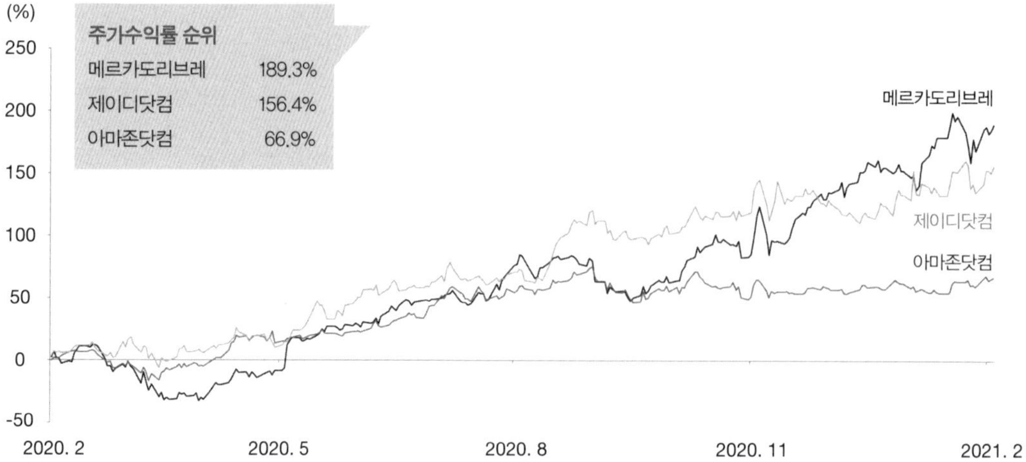

배당 및 투자의견, 종목진단 결과

메르카도리브레의 회계 결산월은 12월이다.

배당이 없는 메르카도리브레에 대하여 최근 3개월간 11명의 애널리스트가 제시한 투자의견을 종합하면 매수Moderate Buy(매수 8명, 보유 3명, 매도 0명)이다. 향후 12개월간 목표주가는 최고 2,500달러, 최저 1,460달러, 평균 2,043.33달러이다.

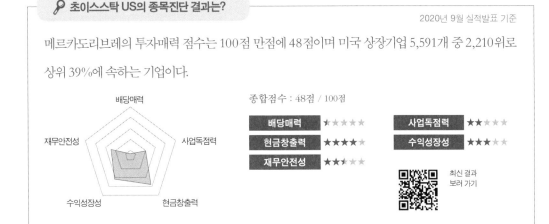

초이스스탁 US의 종목진단 결과는?

2020년 9월 실적발표 기준

메르카도리브레의 투자매력 점수는 100점 만점에 48점이며 미국 상장기업 5,591개 중 2,210위로 상위 39%에 속하는 기업이다.

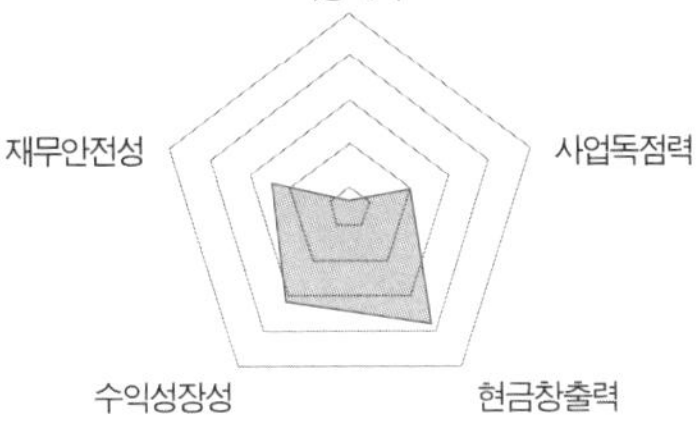

종합점수 : 48점 / 100점

배당매력	★☆☆☆☆ (0.5)	사업독점력	★★☆☆☆
현금창출력	★★★★☆	수익성장성	★★★☆☆
재무안전성	★★½☆☆		

최신 결과 보러 가기

투자매력 세부 5개 항목 중 수익성장성이 5점 만점에 3.2점으로 미국 전체 상장사 중 상위 11%에 속하는 성장기업으로 평가된다. 2020년 9월 연환산(최근 4분기 합산) 매출액이 33억 달러로 전년 동기 20억 달러 대비 65% 급증했고, 순이익은 전년 동기 1억 2,000만 달러 적자에서 400만 달러로 적자 폭을 크게 줄여 흑자 전환 달성이 눈앞으로 다가왔다. 순이익 흑자 전환 달성에 앞서 현금흐름이 큰 폭으로 개선됐다. 현금창출력 점수는 5점 만점에 3.8점으로 우수한 편이다. 2020년 9월 연환산 영업활동 현금흐름이 10억 달러로 전년 동기 4억 달러 대비 150% 늘었고, 잉여현금흐름은 8억 900만 달러로 전년 동기 2억 7,900만 달러 대비 189% 급증한 점 등이 반영됐다. 수익성 개선에 따라 재무안전성도 높아지는 추세다. 재무안전성은 5점 만점에 2.5점으로 부채비율 226%, 유동비율 164%, 이자보상배수 1배 등이 반영됐다.

배당은 지급하지 않아 배당 투자 대상으로는 현재 적합하지 않다.

POINT ▶ 부진한 성장세에 코로나 19가 주는 기회… 마스크 수요는 꾸준할 것

배당왕

쓰리엠

MMM NYSE | 3M Company

처음 매매하는 경우

매매 예정 시점
실적 확인 후 ☐ 이슈 확인 후 ☐
매매 결정 이유
변동성 확대(단기) ☐ 실적 우수(장기) ☐
매수 목표 가격 $
손익 목표 가격 $ (+ %)
손절 목표 가격 $ (- %)
보유 예정 기간
3개월 미만(단기) ☐ 1년 이상(장기) ☐

보유 중인 경우

매매 구분 매수 ☐ 매도 ☐
매매 일자 20 . . .
매매 금액 가격 $ 수량 주
수익 현황 수익금액 $ 수익률 %

투자 아이디어

쓰리엠**MMM**은 '포스트잇'과 '스카치테이프' 등 다양한 생활 밀착형 제품부터 귀마개와 마스크, 디스플레이 필름 등 고기능의 산업재를 개발하고 판매하는 미국의 다국적 복합 기업이다.

1902년 미네소타 광공업 회사로 시작해 사포와 연마제를 생산하다 1930년대 들어 다양한 기술을 바탕으로 수많은 제품을 개발했다. 1950년대에는 해외에 진출했으며, 1970년대 의약품과 에너지 관련 제품을 출시했다. 현재 전 세계 200여 개 국가에서 6만여 개의 쓰리엠 제품이 판매되고 있다.

2018년부터 시작된 미·중 무역분쟁으로 글로벌 경기 둔화가 가시화되며 매출이 지속적으로 하락했다. 특히 헬스케어 사업부문의 성장세 둔화, 미국과 아시아 태평양 지역에서의 매출 감소가 두드러졌다. 반면 팬데믹으로 생활안전 제품의 판매가 급증하며 매출 감소분을 상쇄하는 모습이다.

1946년 뉴욕증권거래소에 상장했으며, 다우와 S&P 500에 속해 있다.

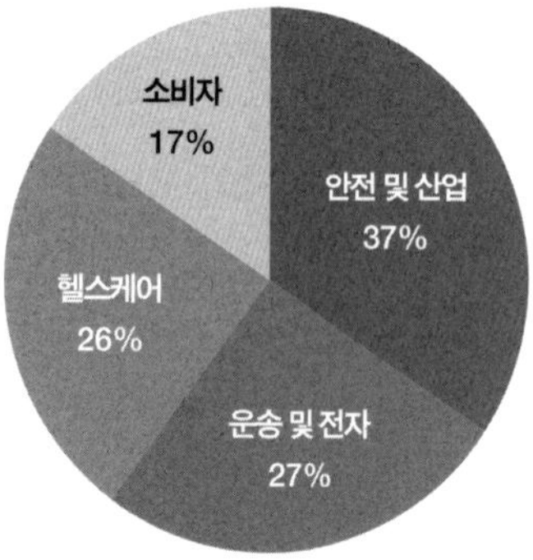

사업부문별 매출 비중

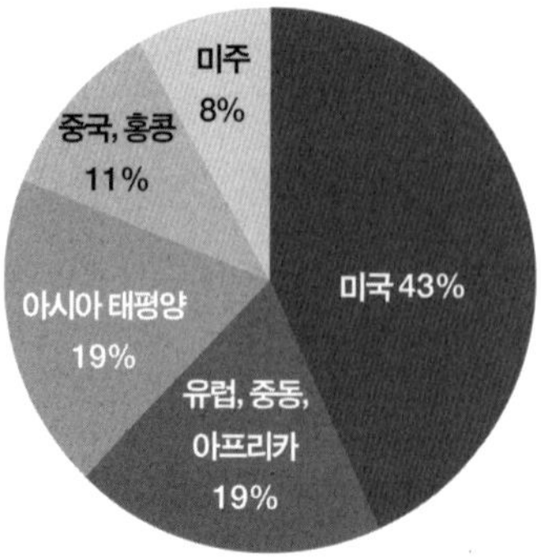

사업지역별 매출 비중

최신 정보 보러 가기 ●

주요 지표 및 주가 · 최신 뉴스 한 번에 보기 · 퀀트 분석 : 종목진단 · 컨센서스 및 투자의견

최근 3년 수익률
-23.4%

최근 5년간 주요 투자지표 ① 손익계산서 12월 결산 기준 / (단위) 금액: 백만 달러, %

구분	2016. 12	2017. 12	2018. 12	2019. 12	2020. 12	전년 대비
매출액	30,109	31,657	32,765	32,136	32,184	▲ 0.2%
영업이익	7,027	7,692	7,207	6,174	7,161	▲ 16.0%
영업이익률(%)	23.3	24.3	22.0	19.2	22.3	▲ 3%P
순이익	5,050	4,858	5,349	4,570	5,384	▲ 17.8%
순이익률(%)	16.8	15.3	16.3	14.2	16.7	▲ 2.5%P

최근 5년간 주요 투자지표 ② 가치평가 12월 결산 기준 / (단위) 금액: 배, %, 달러

구분	2016. 12	2017. 12	2018. 12	2019. 12	2020. 12
PER(배)	21.27	28.86	20.74	22.2	18.73
PBR(배)	10.43	12.12	11.33	10.08	7.84
PSR(배)	3.57	4.43	3.39	3.16	3.13
ROE(%)	44	42	51.7	45.1	47.1
주당순이익(달러)	8.16	7.93	8.89	7.81	9.25
주당배당금(달러)	4.44	4.7	5.44	5.76	5.88

최근 5년간 주가 추이

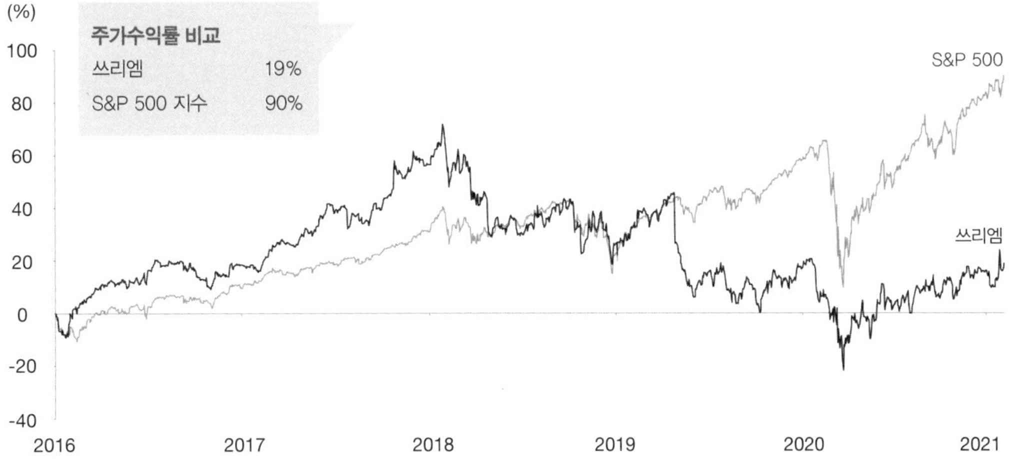

주요 경쟁업체 현황

쓰리엠의 주요 경쟁사로는 이스트만 케미칼**EMN**, 듀폰**DD**이 있다.

이스트만 케미칼Eastman Chemical Company은 첨단 소재와 화학 섬유 등 일상에 필요한 다양한 용도의 화학제품을 생산하는 글로벌 특수화학 회사다. 1920년 조지 이스트만이 설립했으며, 1994년 이스트만 코닥에서 분사하여 독립 법인이 됐고 같은 해 뉴욕증권거래소에 상장했다. 2012년 7월 성능 재료 및 특수화학 제조업체인 솔러티아Solutia Inc.를 48억 달러에 인수했다.

듀폰DuPont de Nemours, Inc.은 세계 최대의 화학 회사로, 소재과학과 농업 그리고 특수 제품을 개발하고 판매한다. 프랑스 혁명을 피해 미국으로 이주한 엘 테일이 1897년 댈라웨어에서 설립했다.

최근 4분기 경쟁사 실적 비교 2020년 4분기 기준 / (단위) 백만 달러, %, 달러

구분	쓰리엠	이스트만 케미칼	듀폰
매출	32,184	8,492	20,397
영업이익	7,161	740	-2,321
순이익	5,384	472	-2,951
영업이익률	22.25	8.71	-11.38
순이익률	16.73	5.56	-14.47
주당순이익(EPS)	9.25	3.48	-4.01
주가수익배수(PER)	18.73	22.4	-17.68
주가순자산배수(PBR)	7.84	1.74	1.36

쓰리엠의 본사는 미국 미네소타 세인트폴에 위치하며, 상근 직원 수는 9만 5천여 명이다.
이스트만 케미칼의 본사는 미국 테네시에 위치하며, 상근 직원 수는 1만 4,500명이다.
듀폰의 본사는 미국 델라웨어 윌밍턴에 위치하며, 상근 직원 수는 3만 4천여 명이다. (2021년 2월 현재)

최근 12개월간 주가 수익률 비교 2021년 2월 기준 / (단위) %

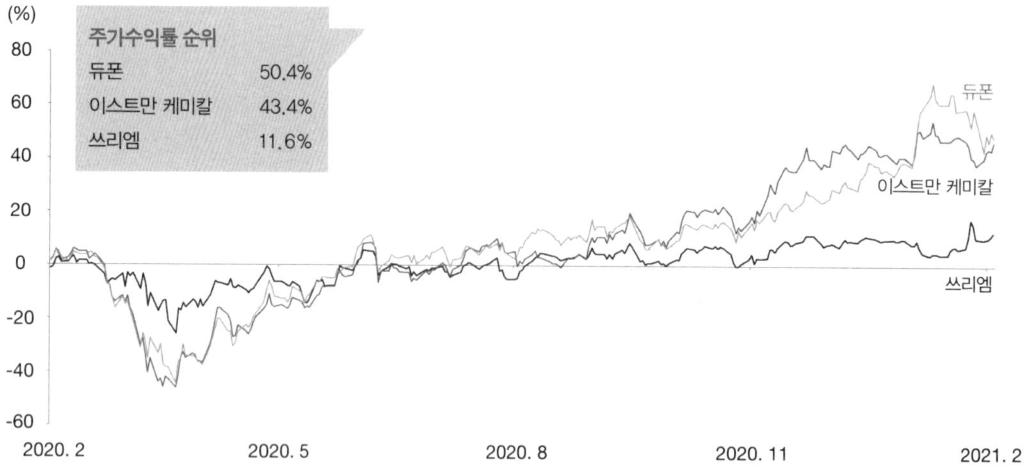

M

배당 및 투자의견, 종목진단 결과

쓰리엠의 회계 결산월은 12월이다.

1959년부터 배당이 증가해 '배당왕'에 해당하는 쓰리엠의 배당금은 분기 단위로 지급되고, 배당수익률은 산업재 섹터 평균인 2.12%의 1.5배 수준이다.

배당수익률(선행)	연간배당금(선행)	배당성향	배당성장	5년 배당성장률
3.38%	5.92달러	61.66%	62년 배당왕	7.07%

최근 3개월간 10명의 애널리스트가 제시한 투자의견을 종합하면 보유Hold(매수 3명, 보유 5명, 매도 2명)이다. 향후 12개월간 목표주가는 최고 205달러, 최저 163달러, 평균 189.50달러이다.

초이스스탁 US의 종목진단 결과는?

2020년 12월 실적발표 기준

쓰리엠의 투자매력 점수는 100점 만점에 79점이며 미국 상장기업 5,591개 중 357위로 상위 6%에 속하는 우량 기업이다.

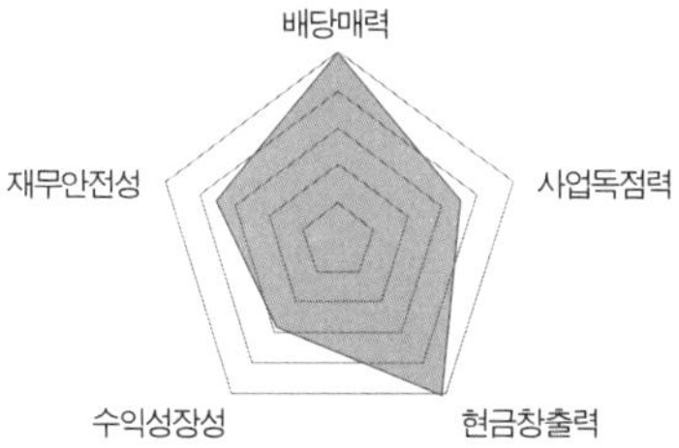

종합점수 : 79점 / 100점

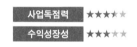

배당매력	★★★★★	사업독점력	★★★★☆
현금창출력	★★★★★	수익성장성	★★★☆☆
재무안전성	★★★★☆		

최신 결과 보러 가기

투자매력 세부 5개 항목 중 배당매력과 현금창출력 부문에서 모두 5점 만점을 받았다.

주당배당금은 62년 연속 상승했는데, 2020년 주당배당금은 5.88달러를 지급해 시가배당률 3.4%를 기록했다.

최근 5년간 시가배당률은 2.0~3.4% 수준이다.

2020년 12월 연환산(최근 4분기 합산) 영업활동 현금흐름이 81억 달러, 잉여현금흐름이 67억 달러를 창출한 점 등이 현금창출력 점수에 반영됐다.

재무안전성 점수도 3.5점으로 단기적인 재무위험은 거의 없는 것으로 평가된다. 다만, 수익성장성 점수는 2.8점을 받아 다른 평가 항목에 비해 낮았다. 2020년 12월 연환산 매출액은 321억 달러로 전년 동기 321억 달러를 유지했고, 순이익은 53억 달러로 전년 동기 45억 달러 대비 17% 성장한 점 등이 반영됐다.

POINT ▶ 버크셔 해서웨이의 지분 확대… 다 이유가 있다!

배당성취자

머크 앤 컴퍼니

MRK NYSE | Merck & Co., Inc.

처음 매매하는 경우	보유 중인 경우
매매 예정 시점 실적 확인 후 ☐ 이슈 확인 후 ☐	**매매 구분** 매수 ☐ 매도 ☐
매매 결정 이유 변동성 확대(단기) ☐ 실적 우수(장기) ☐	**매매 일자** 20 . . .
매수 목표 가격 $	**매매 금액** 가격 $ 수량 주
손익 목표 가격 $ (+ %)	**수익 현황** 수익금액 $ 수익률 %
손절 목표 가격 $ (- %)	**투자 아이디어**
보유 예정 기간 3개월 미만(단기) ☐ 1년 이상(장기) ☐	

세계1위 면역항암제 회사 머크 앤 컴퍼니**MRK**는 1668년 독일의 프레드릭 야콥 머크가 설립한 약국을 기반으로 성장했다. 1827년에 이미 대규모 생산설비를 구축하고, 1900년에 1만 개의 기초 의약물질을 생산했다. 제1차 세계대전 당시 미국 정부에 몰수당한 재산을 1917년 환수받아 새로운 회사로 독립했다. 주요 의약품으로는 면역항암제인 '키트루다', 자궁경부암 백신인 '가다실' 등이 있고, 다양한 치료제와 항생제를 비롯해 물고기를 위한 항생제와 백신, 반려견을 위한 의약품 등 다양한 제품을 갖추고 있다. 더불어 화이자, 아스트라제네카**AZN** 등 유수의 제약 업체와 협력 관계를 맺고 있으며, 크고 작은 인수합병을 통해 자체 신약물질의 파이프라인을 강화하는 중이다.

1949년 뉴욕증권거래소에 상장했으며, 미국 3대 지수 중 다우와 S&P 500에 속해 있다.

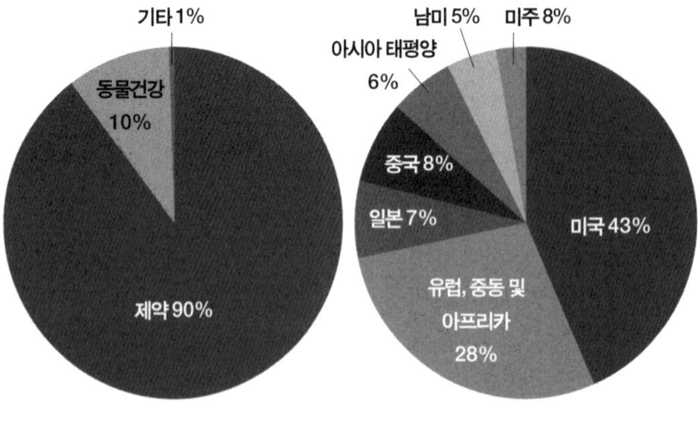

사업부문별 매출 비중 사업지역별 매출 비중

최신 정보 보러 가기 ●

주요 지표 및 주가 | 최신 뉴스 한 번에 보기 | 퀀트 분석 : 종목진단 | 컨센서스 및 투자의견

최근 3년 수익률
36.7%

최근 5년간 주요 투자지표 ① 손익계산서 12월 결산 기준 / (단위) 금액: 백만 달러, %

구분	2016. 12	2017. 12	2018. 12	2019. 12	2020. 12	전년 대비
매출액	39,807	40,122	42,294	46,840	47,994	▲ 2.5%
영업이익	4,848	6,021	8,299	11,603	7,905	▼ -31.9%
영업이익률(%)	12.2	15.0	19.6	24.8	16.5	▼ -8.3%P
순이익	3,920	2,394	6,220	9,843	7,067	▼ -28.2%
순이익률(%)	9.8	6.0	14.7	21.0	14.7	▼ -6.3%P

최근 5년간 주요 투자지표 ② 가치평가 12월 결산 기준 / (단위) 금액: 배, %, 달러

구분	2016. 12	2017. 12	2018. 12	2019. 12	2020. 12
PER(배)	41.41	64.04	31.94	23.53	29.29
PBR(배)	4.05	4.47	7.44	8.94	8.18
PSR(배)	4.08	3.82	4.7	4.94	4.31
ROE(%)	9.2	6.3	19.9	36.5	26.1
주당순이익(달러)	1.41	0.87	2.32	3.81	2.78
주당배당금(달러)	1.85	1.89	1.99	2.26	2.48

최근 5년간 주가 추이

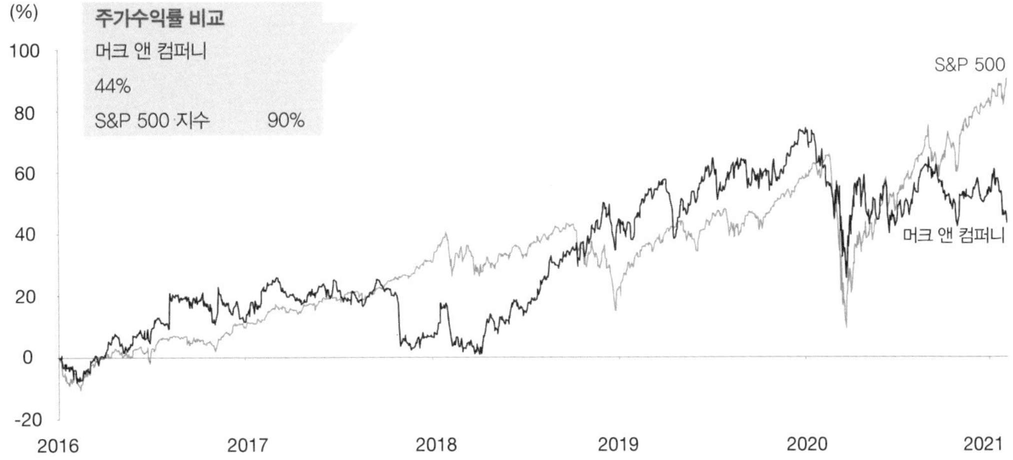

주요 경쟁업체 현황

머크 앤 컴퍼니의 주요 경쟁사로는 화이자**PFE**, 일라이 릴리**LLY**가 있다.

화이자Pfizer Inc.는 의약품, 생활건강용품, 의료 진료기 등의 사어을 영위하는 미국계 글로벌 생명공학 기업이다. 1849년 설립됐으며 사업부문은 특허 만료 후 의약품이나 주사제를 취급하는 에센셜 헬스 부문과 신약 중심의 이노베이티브 헬스 부문 등 2개로 나뉜다.

일라이 릴리Eli Lilly and Company는 당뇨병, 우울증, 불안 장애, 섬유 근육통 등 사람을 위한 의약품 부문과 반려동물, 가축, 돼지 및 가금류의 호흡기 및 기타 질병 치료 등 동물을 위한 의약품 부문을 영위하는 제약 기업이다. 1876년에 설립됐다.

최근 4분기 경쟁사 실적 비교 2020년 4분기 기준 / (단위) 백만 달러, %, 달러

구분	머크 앤 컴퍼니	화이자	일라이 릴리
매출	47,994	48,648	23,214
영업이익	7,905	8,499	6,424
순이익	7,067	8,685	5,573
영업이익률	16.5	17.47	27.67
순이익률	14.7	17.85	24.01
주당순이익(EPS)	2.78	1.56	6.13
주가수익배수(PER)	29.29	23.07	25.41
주가순자산배수(PBR)	8.18	3.07	29.33

머크 앤 컴퍼니의 본사는 미국 뉴저지에 위치하며, 상근 직원 수는 7만 1천 명이다.
화이자의 본사는 미국 뉴욕에 위치하며, 상근 직원 수는 7만 8,500명이다.
일라이 릴리의 본사는 미국 일리노이에 위치한다. (2021년 2월 현재)

M

최근 12개월간 주가 수익률 비교 2021년 2월 기준 / (단위) %

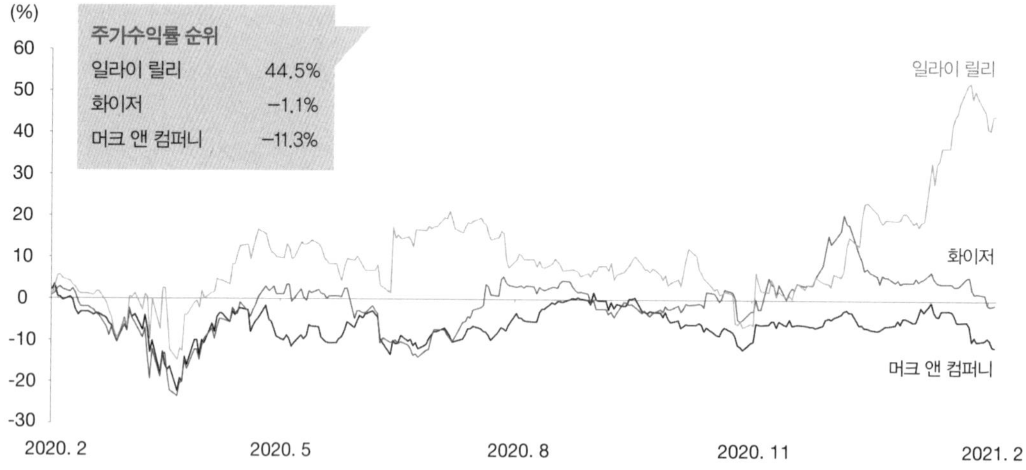

배당 및 투자의견, 종목진단 결과

머크 앤 컴퍼니의 회계 결산월은 12월이다.

2010년부터 배당이 증가해 '배당성취자'에 해당하는 머크 앤 컴퍼니의 배당금은 분기 단위로 지급되고, 배당수익률은 헬스케어 섹터 평균인 1.51%의 2.5배 높은 수준이다.

배당수익률(선행)	연간배당금(선행)	배당성향	배당성장	5년 배당성장률
3.58%	2.60달러	40.17%	11년 배당성취자	6.72%

최근 3개월간 5명의 애널리스트가 제시한 투자의견을 종합하면 강력매수Strong Buy(매수 4명, 보유 1명, 매도 0명)이다. 향후 12개월간 목표주가는 최고 105달러, 최저 79달러, 평균 94.40달러이다.

초이스스탁 US의 종목진단 결과는?

2020년 12월 실적발표 기준

머크 앤 컴퍼니의 투자매력 점수는 100점 만점에 74점이며 미국 상장기업 5,591개 중 655위로 상위 12%에 속하는 우량 기업이다.

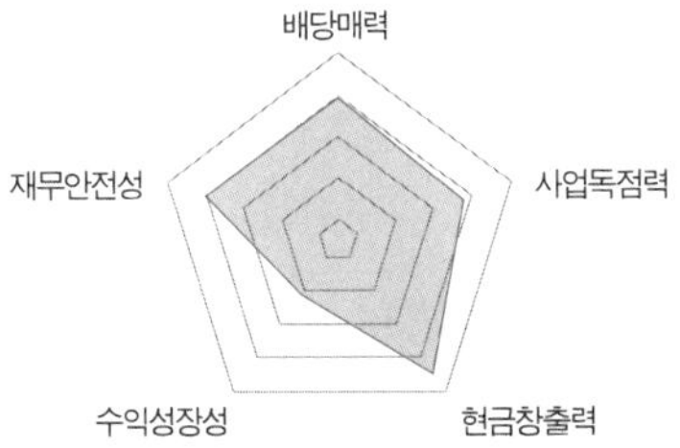

종합점수 : 74점 / 100점

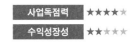

항목	평가
배당매력	★★★★☆
현금창출력	★★★★½
재무안전성	★★★★☆
사업독점력	★★★★☆
수익성장성	★★☆☆☆

최신 결과 보러 가기

투자매력 세부 5개 항목 분석에선 현금창출력 점수가 5점 만점에 4.5점으로 가장 높은 평가를 받았다. 2020년 12월 연환산(최근 4분기 합산) 영업활동 현금흐름은 102억 달러를 기록했고, 잉여현금흐름도 55억 달러를 만드는 등 매년 안정적인 현금흐름을 창출하고 있는 점이 반영됐다.

배당매력도 4점으로 높은 평가를 받았다. 2020년 주당배당금은 2.48달러를 지급해 시가배당률 3%를 기록했다. 최근 5년간 시가배당률은 2.5~3.4% 수준이다.

수익성장성은 2.2점으로 다소 낮은 평가를 받았다. 2020년 12월 연환산 매출액은 479억 달러로 전년 동기 468억 달러 대비 4% 늘었고, 순이익은 70억 달러로 전년 동기 98억 달러 대비 28% 감소한 점이 반영됐다.

POINT ▶ 5G 네트워크에 있어 인프라 솔루션의 선도 업체, 아날로그와 디지털 간 가교

마벨 테크놀로지 그룹

MRVL Nasdaq | Marvell Technology Group Ltd.

처음 매매하는 경우

매매 예정 시점
실적 확인 후 ☐ 이슈 확인 후 ☐

매매 결정 이유
변동성 확대(단기) ☐ 실적 우수(장기) ☐

매수 목표 가격 $

손익 목표 가격 $ (+ %)

손절 목표 가격 $ (- %)

보유 예정 기간
3개월 미만(단기) ☐ 1년 이상(장기) ☐

보유 중인 경우

매매 구분 매수 ☐ 매도 ☐

매매 일자 20 . . .

매매 금액 가격 $ 수량 주

수익 현황 수익금액 $ 수익률 %

투자 아이디어

마벨 테크놀로지 그룹**MRVL**, 이하 마벨은 이동통신과 데이터 센터 인프라를 위한 반도체를 설계하고 개발해 판매하는 기업이다. 아날로그 통신과 디지털 통신 간의 인터페이스 시스템을 제공한다. 1995년 세햇 수타르자 박사가 설립했고, 2016년 스타보드 밸류 펀드가 마벨의 지분 7%를 인수하며 맥심 인티그레이티드에서 경영관리를 했던 맷 머피를 새로운 CEO로 임명했다. 2018년 7월 데이터 센터와 기지국 회사인 카비움의 인수로 서버, 베이스밴드 프로세스 등으로 서비스를 확장했다.

현재 마벨은 차세대 이동통신 인프라 솔루션 부문의 선두 주자로서 많은 기업들과 제휴하여 서비스를 제공하고 빠르게 변화하는 글로벌 시장을 선도하고 있다. 최근에는 네트워크 반도체 기업인 인파이의 인수를 발표하는 등 꾸준히 기술력 확보에 매진 중이다.

2000년 6월 나스닥에 상장했으며, 미국 3대 지수 중 나스닥 100에 속해 있다.

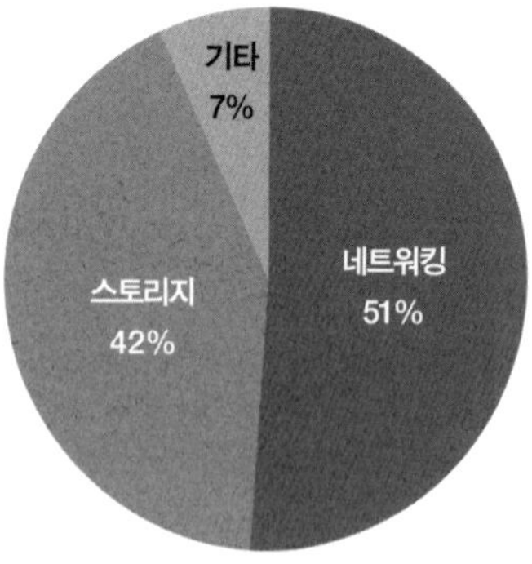

사업부문별 매출 비중

사업지역별 매출 비중

최신 정보 보러 가기 ●

주요 지표 및 주가 | 최신 뉴스 한 번에 보기 | 퀀트 분석 : 종목진단 | 컨센서스 및 투자의견

최근 3년 수익률 131%

최근 5년간 주요 투자지표 ① 손익계산서 1월 결산 기준 / (단위) 금액: 백만 달러, %

구분	2016. 1	2017. 1	2018. 1	2019. 1	2020. 1	전년 대비
매출액	2,602	2,301	2,409	2,866	2,699	▼ -5.8%
영업이익	-745	130	430	43	-243	적자 전환
영업이익률(%)	-28.6	5.6	17.8	1.5	-9.0	▼ -10.5%P
순이익	-811	21	521	-179	1,584	흑자 전환
순이익률(%)	-31.2	0.9	21.6	-6.2	58.7	▲ 64.9%P

최근 5년간 주요 투자지표 ② 가치평가 1월 결산 기준 / (단위) 금액: 배, %, 달러

구분	2016. 1	2017. 1	2018. 1	2019. 1	2020. 1
PER(배)	-5.65	362.36	21.15	-67.58	10.18
PBR(배)	1.11	1.9	2.66	1.66	1.86
PSR(배)	1.76	3.33	4.57	4.22	5.97
ROE(%)	-18.4	0.5	12.9	-2.7	20.9
주당순이익(달러)	-1.59	0.04	1.02	-0.3	2.34
주당배당금(달러)	0.24	0.24	0.24	0.24	0.24

최근 5년간 주가 추이

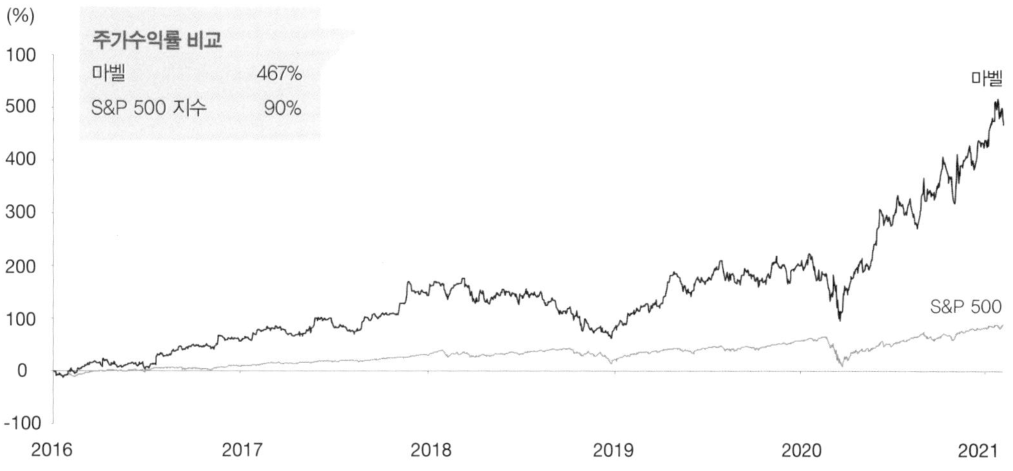

주요 경쟁업체 현황

마벨의 주요 경쟁사로는 자일링스**XLNX**, 마이크로칩 테크놀로지**MCHP**가 있다.

자일링스Xilinx, Inc.는 1984년에 설립된 프로그래머블 반도체FPGA 반도체 업계 1위 업체다. 2020년 10월, 350억 달러에 에이엠디**AMD**로의 인수가 결정되었다.

마이크로칩 테크놀로지Microchip Technology Incorporated는 주 분야인 마이크로컨트롤러를 비롯, 일반산업은 물론 자동차부터 군수까지 다양한 분야의 반도체를 만드는 회사다.

최근 4분기 경쟁사 실적 비교 2020년 3분기 기준 / (단위) 백만 달러, %, 달러

구분	마벨	자일링스	마이크로칩 테크놀로지
매출	2,889	3,053	6,650
영업이익	-371	731	1,096
순이익	1,479	621	370
영업이익률	-12.84	23.94	16.48
순이익률	51.19	20.34	5.56
주당순이익(EPS)	2.18	2.5	1.39
주가수익배수(PER)	17.00	55.96	97.32
주가순자산배수(PBR)	3	13.37	6.79

마벨의 본사는 버뮤다에 위치하며, 상근 직원 수는 5,313명이다. 자일링스의 본사는 미국 캘리포니아에 위치하며, 상근 직원 수는 4,891명이다. 마이크로칩 테크놀로지의 본사는 미국 아리조나 챈들러에 위치하며, 상근 직원 수는 1만 8천여 명이다. (2021년 2월 현재)

M

최근 12개월간 주가 수익률 비교 2021년 2월 기준 / (단위) %

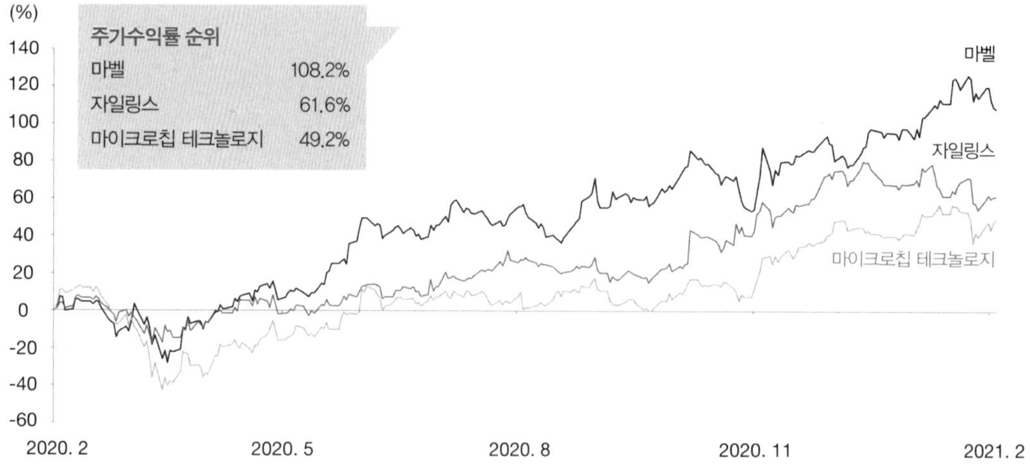

배당 및 투자의견, 종목진단 결과

마벨의 회계 결산월은 1월이다.

배당금은 분기 단위로 지급되고, 배당수익률은 정보기술IT 섹터 평균인 1.14%의 절반 이하 수준이다.

배당수익률(선행)	연간배당금(선행)	배당성향	배당성장	5년 배당성장률
0.50%	0.24달러	25.96%	0년	0.00%

최근 3개월간 19명의 애널리스트가 제시한 투자의견을 종합하면 강력매수Strong Buy(매수 15명, 보유 4명, 매도 0명)이다. 향후 12개월간 목표주가는 최고 64달러, 최저 44달러, 평균 55.24달러이다.

초이스스탁 US의 종목진단 결과는?

2020년 10월 실적발표 기준

마벨의 투자매력 점수는 100점 만점에 45점이며 미국 상장기업 5,591개 중 2,365위로 상위 42%에 속하는 기업이다.

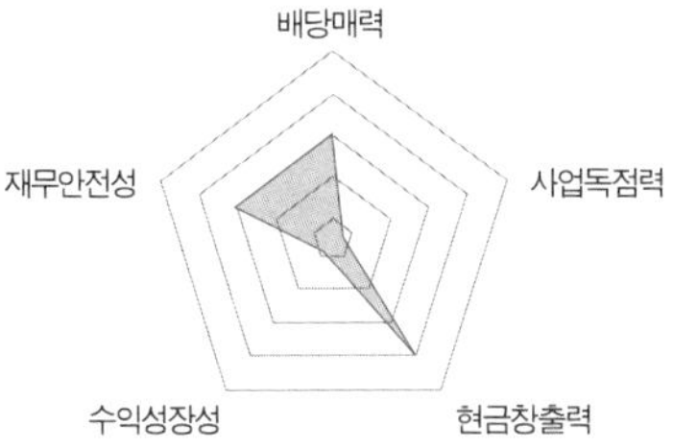

종합점수 : 45점 / 100점

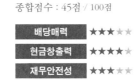

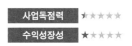

항목	평가	항목	평가
배당매력	★★★☆☆	사업독점력	★☆☆☆☆
현금창출력	★★★★☆	수익성장성	★☆☆☆☆
재무안전성	★★★☆☆		

최신 결과 보러 가기

투자매력 세부 5개 항목 중 현금창출력이 5점 만점에 4점을 받아 높은 평가를 받았다. 2020년 10월 연환산(최근 4분기 합산) 영업활동 현금흐름이 7억 1,500만 달러로 전년 동기 4억 1,100만 달러 대비 73% 늘었고 잉여현금흐름은 5억 9,700만 달러로 전년 동기 3억 6,100만 달러 대비 65% 늘어난 점 등이 반영됐다.

수익성장성이 5점 만점에 0.8점으로 낮은 점은 마벨의 리스크이다. 2020년 10월 매출액이 28억 달러로 전년 동기 27억 달러 대비 3.7% 늘었고 영업이익은 전년 동기 1억 8,200만 달러 적자에서 3억 7,100만 달러 적자로 확대됐다. 2015년 연간 매출액 36억 달러를 기록한 이후 계속 하락하고 있는 매출액은 마벨이 해결해야 할 포인트다.

재무안전성은 3점으로 평균 이상의 안전성을 갖췄다. 배당매력도 3점으로 평균 이상의 배당을 지급하고 있다. 2020년은 주당배당금 0.24달러를 지급해 시가배당률 1.0%를 기록했다. 최근 5년간 시가배당률은 1.0~2.7% 수준이다.

POINT ▶ 애저 기반의 본격적인 실적 성장세는 지금부터!

배당성취자

마이크로소프트

MSFT Nasdaq | Microsoft Corporation

처음 매매하는 경우

매매 예정 시점
실적 확인 후 ☐ 이슈 확인 후 ☐
매매 결정 이유
변동성 확대(단기) ☐ 실적 우수(장기) ☐
매수 목표 가격 $
손익 목표 가격 $ (+ %)
손절 목표 가격 $ (- %)
보유 예정 기간
3개월 미만(단기) ☐ 1년 이상(장기) ☐

보유 중인 경우

매매 구분 매수 ☐ 매도 ☐
매매 일자 20 . . .
매매 금액 가격 $ 수량 주
수익 현황 수익금액 $ 수익률 %

투자 아이디어

마이크로소프트MSFT는 전 세계 PC 운영체제의 82%를 점유하고 있는 세계 최대의 소프트웨어 회사다.

1975년 빌 게이츠와 폴 앨런이 설립해 1986년에 나스닥에 상장하고 1995년 윈도우 95, 2001년 윈도우 XP, 2009년 윈도우 7, 2015년 윈도우 10을 출시하며 PC 소프트웨어 시장을 평정했다. 그리고 2010년 론칭한 클라우드 서비스인 애저Azure는 현재 아마존웹서비스AWS에 이어 세계 2위다.

모바일 시대가 도래하면서 큰 위기를 맞이하는 듯 했지만 2014년 사티아 나델라Satya Nadella CEO가 취임한 이래 클라우드 기반의 사업모델로 전환하며 체질 개선에 성공했다는 평가를 받고 있다.

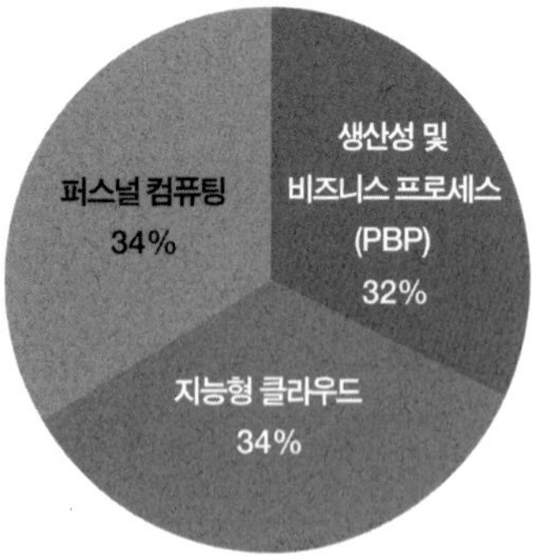

사업부문별 매출 비중

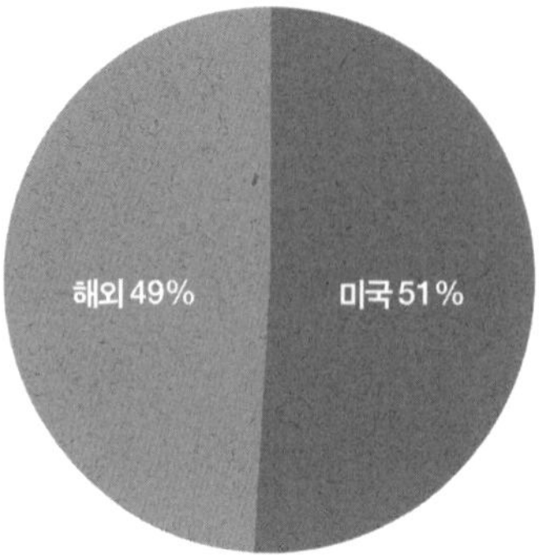

사업지역별 매출 비중

소프트웨어의 경우 기존 라이선스 판매 방식에서 구독 방식으로 전환하면서 실적 성장이 지속되고 있다.

1986년 나스닥에 상장했으며 미국 3대 지수인 다우와 S&P 500, 그리고 나스닥 100에 속해 있다.

최신 정보 보러 가기 ●

주요 지표 및 주가 | 최신 뉴스 한 번에 보기 | 퀀트 분석 : 종목진단 | 컨센서스 및 투자의견

최근 3년 수익률 165.2%

최근 5년간 주요 투자지표 ① 손익계산서 6월 결산 기준 / (단위) 금액: 백만 달러, %

구분	2016. 6	2017. 6	2018. 6	2019. 6	2020. 6	전년 대비
매출액	91,154	96,571	110,360	125,843	143,015	▲ 13.7%
영업이익	26,078	29,025	35,058	42,959	52,959	▲ 23.3%
영업이익률(%)	28.6	30.1	31.8	34.1	37.0	▲ 2.9%P
순이익	20,539	25,489	16,571	39,240	44,281	▲ 12.9%
순이익률(%)	22.5	26.4	15.0	31.2	31.0	▼ -0.2%P

최근 5년간 주요 투자지표 ② 가치평가 6월 결산 기준 / (단위) 금액: 배, %, 달러

구분	2016. 6	2017. 6	2018. 6	2019. 6	2020. 6
PER(배)	19.58	20.88	45.72	26.16	34.85
PBR(배)	5.59	6.07	9.16	10.03	13.05
PSR(배)	4.41	5.51	6.87	8.16	10.79
ROE(%)	27.3	34.4	20.1	41.8	39.5
주당순이익(달러)	2.56	3.25	2.13	5.06	5.76
주당배당금(달러)	1.39	1.53	1.65	1.8	1.99

최근 5년간 주가 추이

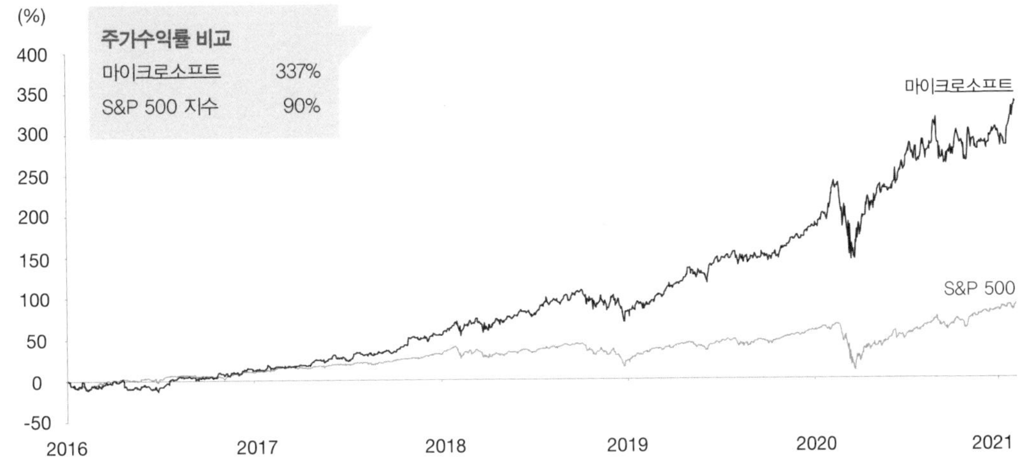

주요 경쟁업체 현황

마이크로소프트의 주요 경쟁사로는 오라클**ORCL**, 서비스나우**NOW**가 있다.

오라클Oracle Corporation은 소프트웨어 및 하드웨어를 개발·판매·호스팅하는 IT 기업이다. 강점으로는 데이터베이스 관리 시스템인 오라클 데이터베이스가 있고, 최근 하이브리드 클라우드에 집중 투자하고 있다. 1977년 설립됐으며 1986년 뉴욕증권거래소에 상장했다.

서비스나우ServiceNow, Inc.는 클라우드 기반으로 하는 서비스형 소프트웨어Software as Service, SaaS의 대표주자 중 하나다. 기업 운영을 위한 IT 서비스를 제공한다. 2003년 설립돼 2012년 뉴욕증권거래소에 상장했다.

최근 4분기 경쟁사 실적 비교 2020년 4분기 기준 / (단위) 백만 달러, %, 달러

구분	마이크로소프트	오라클	서비스나우
매출	153,284	39,402	4,519
영업이익	60,155	14,630	199
순이익	51,310	10,380	119
영업이익률	39.24	37.13	4.40
순이익률	33.47	26.34	2.63
주당순이익(EPS)	6.71	3.29	0.59
주가수익배수(PER)	32.77	16.72	906.21
주가순자산배수(PBR)	12.91	21.92	37.89

마이크로소프트의 본사는 미국 워싱턴 레드먼드에 위치하며, 상근 직원 수는 16만 3천여 명이다.
오라클의 본사는 미국 캘리포니아 레드우드 시티에 위치하며, 상근 직원 수는 13만 5천여 명이다.
서비스나우의 본사는 미국 캘리포니아 산타클라라에 위치하며, 직원 수는 1만 3,096명이다.
(2021년 2월 현재)

최근 12개월간 주가 수익률 비교 2021년 2월 기준 / (단위) %

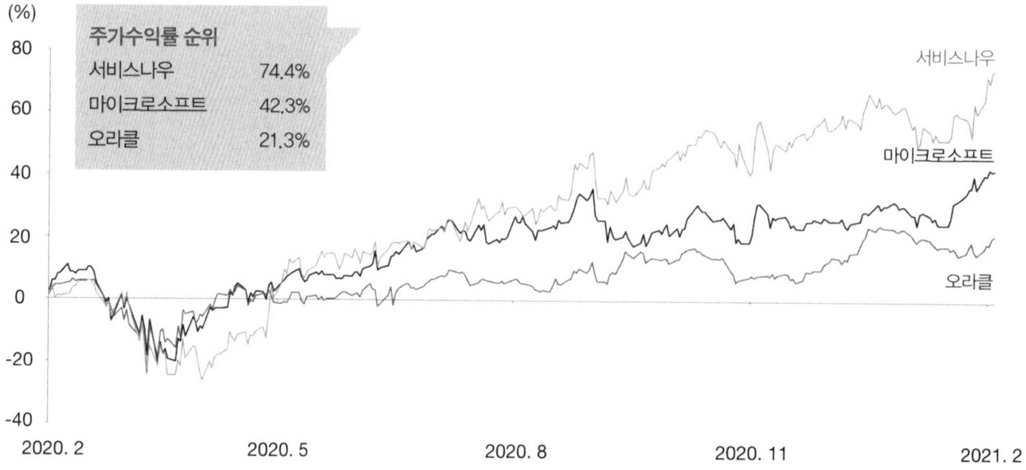

배당 및 투자의견, 종목진단 결과

마이크로소프트의 회계 결산월은 6월이다.

2004년부터 배당이 증가해 '배당성취자'에 해당하는 마이크로소프트의 배당금은 분기 단위로 지급되고, 배당수익률은 정보기술IT 섹터 평균인 1.14%보다 조금 낮은 수준이다.

배당수익률(선행)	연간배당금(선행)	배당성향	배당성장	5년 배당성장률
0.96%	2.24달러	30.40%	17년 배당성취자	9.82%

최근 3개월간 23명의 애널리스트가 제시한 투자의견을 종합하면 강력매수Strong Buy(매수 23명, 보유 0명, 매도 0명)이다. 향후 12개월간 목표주가는 최고 315달러, 최저 245달러, 평균 282.33달러이다..

초이스스탁 US의 종목진단 결과는?

2020년 12월 실적발표 기준

마이크로소프트의 투자매력 점수는 100점 만점에 89점이며 미국 상장기업 5,591개 중 53위로 상위 0.95%에 속하는 초우량 기업이다.

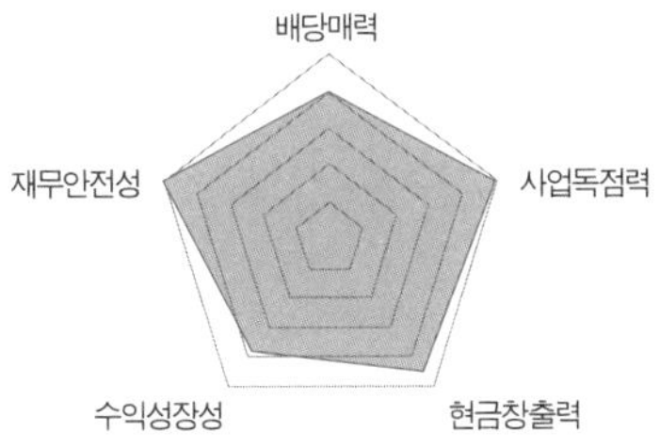

종합점수 : 89점 / 100점

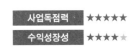

배당매력 ★★★★☆
현금창출력 ★★★★½
재무안전성 ★★★★★
사업독점력 ★★★★★
수익성장성 ★★★★☆

최신 결과 보러 가기

투자매력 세부 5개 항목 분석 중 사업독점력과 재무안전성 부문에서 5점 만점을 받았다. 재무안전성이 높을뿐만 아니라 현재의 수익성을 장기간 유지할 수 있는 사업독점력 점수에서 만점을 받아 장기간 꾸준한 실적 성장이 기대된다.

또한, 배당매력 점수도 5점 만점에 4점을 받았고, 최근 5년간 시가배당률은 1.0~2.7% 수준이다.

수익성장성은 5점 만점에 3.8점을 받아 평균 이상의 성장성을 보이고 있고, 클라우드 서비스와 MS 구독 서비스 매출 성장으로 향후 수익성장성 점수가 높아질 것으로 예상되는 투자매력이 높은 기업이다.

POINT ▶ 탄탄한 반도체 수요에 따라 매출과 판매량 모두 증가세 지속

마이크론 테크놀로지

MU Nasdaq | Micron Technology, Inc.

처음 매매하는 경우	보유 중인 경우
매매 예정 시점 실적 확인 후 ☐ 이슈 확인 후 ☐	**매매 구분** 매수 ☐ 매도 ☐
매매 결정 이유 변동성 확대(단기) ☐ 실적 우수(장기) ☐	**매매 일자** 20 . . .
매수 목표 가격 $	**매매 금액** 가격 $ 수량 주
손익 목표 가격 $ (+ %)	**수익 현황** 수익금액 $ 수익률 %
손절 목표 가격 $ (- %)	**투자 아이디어**
보유 예정 기간 3개월 미만(단기) ☐ 1년 이상(장기) ☐	

마이크론 테크놀로지**MU**, 이하 마이크론은 미국 반도체의 자부심이자 세계 3대 메모리 반도체 제조 회사다. 포춘 500대 기업 중 하나인 마이크론은 1978년 컨설팅 업체로 시작해, 1981년 64K 디램DRAM 칩을 생산하는 첫 번째 웨이퍼 제조 시설을 완성하면서 제조 업체로 전환했다. 1985년 일본산 덤핑 수입 주장이 일면서 인텔이 디램 시장에서 철수했지만 마이크론은 살아남았고, 1998년 텍사스 인스트루먼츠, 2001년 도시바로부터 메모리 사업부문을 인수하는 등 다수의 인수합병을 통해 규모를 키웠다. 현재 컴퓨터와 서버, 각종 통신 장비와 자동차 및 산업용 애플리케이션을 위한 DDR3 및 DDR4 등 디램 제품과 함께 노트북, 데스크탑 등을 위한 SSD 등 낸드 플래시 제품을 공급하고 있다.

1989년 5월 나스닥에 상장했으며, 미국 3대 지수 중 나스닥 100과 S&P 500에 속해 있다.

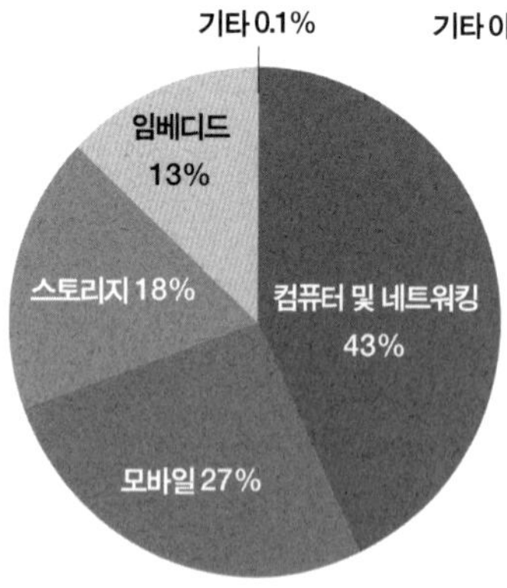

사업부문별 매출 비중

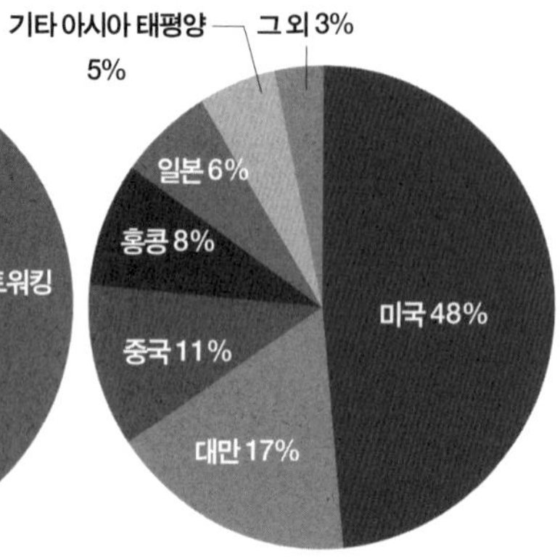

사업지역별 매출 비중

최신 정보 보러 가기 ●

주요 지표 및 주가 | 최신 뉴스 한 번에 보기 | 퀀트 분석 : 종목진단 | 컨센서스 및 투자의견

최근 3년 수익률 84.8%

최근 5년간 주요 투자지표 ① 손익계산서 8월 결산 기준 / (단위) 금액: 백만 달러, %

구분	2016. 8	2017. 8	2018. 8	2019. 8	2020. 8	전년 대비
매출액	12,399	20,322	30,391	23,406	21,435	▼ -8.4%
영업이익	168	5,868	14,994	7,376	3,003	▼ -59.3%
영업이익률(%)	1.4	28.9	49.3	31.5	14.0	▼ -17.5%P
순이익	-276	5,089	14,135	6,313	2,687	▼ -57.4%
순이익률(%)	-2.2	25.0	46.5	27.0	12.5	▼ -14.4%P

최근 5년간 주요 투자지표 ② 가치평가 8월 결산 기준 / (단위) 금액: 배, %, 달러

구분	2016. 8	2017. 8	2018. 8	2019. 8	2020.8
PER(배)	-62.60	7	4.33	7.81	19.16
PBR(배)	1.43	1.91	1.9	1.37	1.32
PSR(배)	1.39	1.75	2.01	2.11	2.4
ROE(%)	-2.3	33.2	51.8	18.1	7.1
주당순이익(달러)	-0.27	4.41	11.51	5.51	2.37
주당배당금(달러)	0	0	0	0	0

최근 5년간 주가 추이

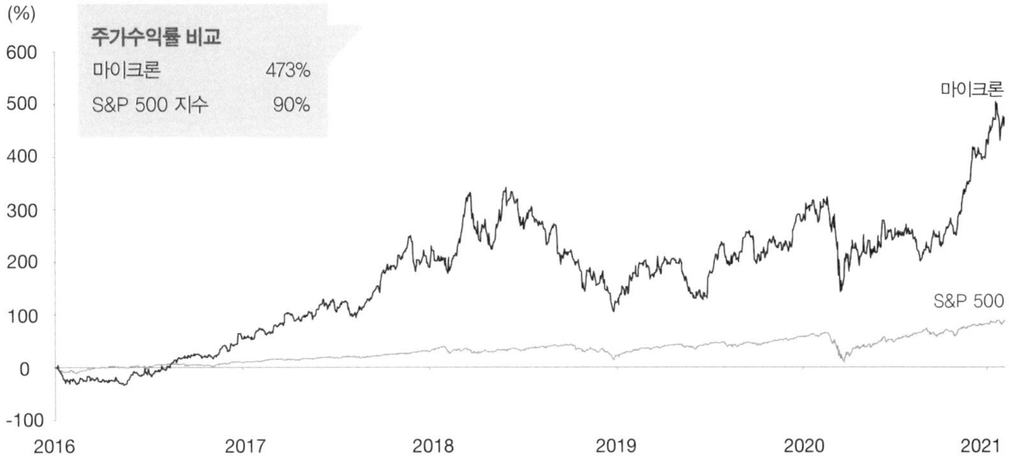

주요 경쟁업체 현황

마이크론의 주요 경쟁사로는 아날로그 디바이스ADI, 마이크로칩 테크놀로지MCHP가 있다.

아날로그 디바이스Analog Devices, Inc.는 가전과 산업용 반도체 소자를 생산하는 미국의 다국적 기업이다. 1965년 설립돼 1969년 뉴욕증권거래소에 상장했다.

마이크로칩 테크놀로지Microchip Technology는 마이크로 컨트롤러, 아날로그와 플래시 IP 솔루션을 제공하는 미국의 반도체 제조 기업이다. 1989년 설립됐으며 1993년 나스닥에 상장했다.

최근 4분기 경쟁사 실적 비교 2020년 3분기 기준 / (단위) 백만 달러, %, 달러

구분	마이크론	아날로그 디바이시스	마이크로칩 테크놀로지
매출	22,064	5,603	6,650
영업이익	3,351	1,498	1,096
순이익	2,999	1,221	370
영업이익률	15.19	26.74	16.48
순이익률	13.59	21.79	5.56
주당순이익(EPS)	2.65	3.28	1.39
주가수익배수(PER)	25.95	35.84	97.32
주가순자산배수(PBR)	1.95	3.65	6.79

마이크론의 본사는 미국 아이다호 보이시에 위치하며, 상근 직원 수는 4만여 명이다.
아날로그 디바이시스의 본사는 미국 매사추세츠에 위치하며, 상근 직원 수는 1만 5,900명이다.
마이크로칩 테크놀로지의 본사는 미국 아리조나에 위치하며, 상근 직원 수는 1만 8,286명이다. (2021년 2월 현재)

M

최근 12개월간 주가 수익률 비교 2021년 2월 기준 / (단위) %

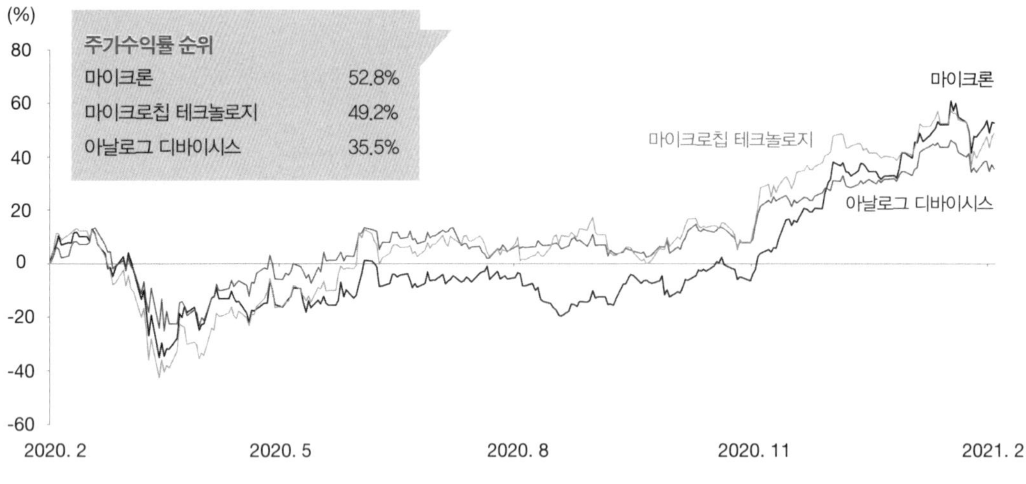

배당 및 투자의견, 종목진단 결과

마이크론의 회계 결산월은 8월이다.

배당이 없는 마이크론에 대하여 최근 3개월간 26명의 애널리스트가 제시한 투자의견을 종합하면 강력매수Strong Buy(매수 24명, 보유 2명, 매도 0명)이다. 향후 12개월간 목표주가는 최고 140달러, 최저 80달러, 평균 100.91달러이다.

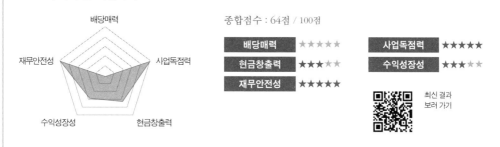

초이스스탁 US의 종목진단 결과는?

2020년 12월 실적발표 기준

마이크론의 투자매력 점수는 100점 만점에 64점이며 미국 상장기업 5,591개 중 1,265위로 상위 22%에 속하는 기업이다.

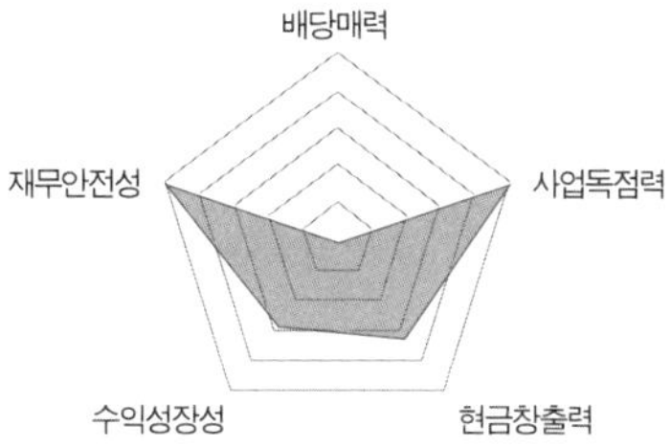

종합점수 : 64점 / 100점

배당매력	☆☆☆☆☆
현금창출력	★★★☆☆
재무안전성	★★★★★
사업독점력	★★★★★
수익성장성	★★★☆☆

최신 결과 보러 가기

투자매력 세부 5개 항목 중 사업독점력 부문에서 5점 만점을 받았다. 사업독점력은 현재 수익성과 성장성을 유지할 수 있는지를 나타내는 지표다. 미국 전체 상장사 중 상위 3%인 172개 기업만이 만점을 받을 정도로 까다로운 조건을 통과한 초우량 기업이다.

높은 사업독점력에도 불구하고 수익성장성 점수는 2.8점으로 평균보다 약간 높은 수준으로 평가됐다. 2020년 12월 연환산(최근 4분기 합산) 매출액이 220억 달러로 전년 동기 206억 달러 대비 6.7% 늘었고, 순이익은 29억 달러로 전년 동기 35억 달러 대비 17% 감소한 점 등이 반영됐다.

재무안전성 점수는 5점 만점을 받았다. 부채비율 35%, 유동비율 291%, 이자보상배수 17배 등 우수한 재무안전성을 갖춘 기업으로 평가된다.

배당은 지급하지 않아 배당 투자 대상으로는 현재 적합하지 않다.

POINT ▶ 바이든 행정부의 청정 에너지 정책에 따른 대표 수혜주

배당귀족

넥스트에라 에너지

NEE NYSE | NextEra Energy, Inc.

처음 매매하는 경우	보유 중인 경우
매매 예정 시점 실적 확인 후 ☐ 이슈 확인 후 ☐	**매매 구분** 매수 ☐ 매도 ☐
매매 결정 이유 변동성 확대(단기) ☐ 실적 우수(장기) ☐	**매매 일자** 20 . . .
매수 목표 가격 $	**매매 금액** 가격 $ 수량 주
손익 목표 가격 $ (+ %)	**수익 현황** 수익금액 $ 수익률 %
손절 목표 가격 $ (- %)	**투자 아이디어**
보유 예정 기간 3개월 미만(단기) ☐ 1년 이상(장기) ☐	

포춘 500대 기업 중 하나인 넥스트에라 에너지**NEE**는 북미 최대 민간 전력 및 에너지 인프라 회사이자 세계 최대의 신재생 에너지 기업이다. 1925년 플로리다주에 설립돼 주 정부의 규제를 받고 있다. 자회사로는 미국과 캐나다에 걸쳐 500만 가구 1,000만 고객에게 2만 7,400메가와트의 전기를 공급하고 있는 플로리다 파워 앤 라이트FPL, 37개 주에 걸쳐 풍력과 태양광 등을 통해 생산한 2만 1,900메가와트의 신재생 에너지를 전력 도매 시장에 판매하는 넥스트에라 에너지 리소시스NEER, 2019년에 인수한 걸프 파워가 있다. (참고로 FPL이 전기를 생산하는 연료 비중은 천연가스 74%, 원자력 22%, 석탄과 태양광이 각각 2%이며, NEER은 전기를 생산하는 연료 비중은 풍력 65%, 원자력 12%, 태양광 12%, 천연가스 7%, 원유 4%다.) 오는 2028년까지 태양광을 이용한 전력 생산비중을 +15%까지 끌어올린다는 계획이다. 1972년 6월 뉴욕증권거래소에 상장했으며, 미국 3대 지수 중 S&P 500에 속해 있다.

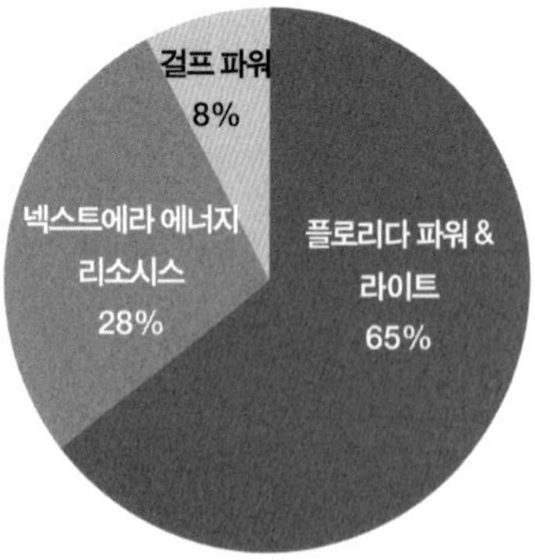

사업부문별 매출 비중

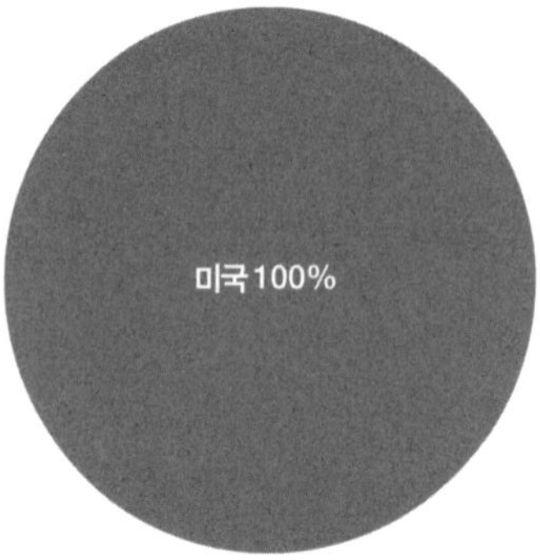

사업지역별 매출 비중

최신 정보 보러 가기 ●

주요 지표 및 주가 | 최신 뉴스 한 번에 보기 | 퀀트 분석 : 종목진단 | 컨센서스 및 투자의견

최근 3년 수익률 123.6%

최근 5년간 주요 투자지표 ① 손익계산서 12월 결산 기준 / (단위) 금액: 백만 달러, %

구분	2016. 12	2017. 12	2018. 12	2019. 12	2020. 12	전년 대비
매출액	16,138	17,173	16,727	19,204	17,997	▼ -6.3%
영업이익	4,459	5,173	4,280	5,353	5,116	▼ -4.4%
영업이익률(%)	27.6	30.1	25.6	27.9	28.4	▲ 0.6%P
순이익	2,906	5,380	6,638	3,769	2,919	▼ -22.6%
순이익률(%)	18.0	31.3	39.7	19.6	16.2	▼ -3.4%P

최근 5년간 주요 투자지표 ② 가치평가 12월 결산 기준 / (단위) 금액: 배, %, 달러

구분	2016. 12	2017. 12	2018. 12	2019. 12	2020. 12
PER(배)	19.21	13.66	12.52	31.4	51.78
PBR(배)	2.29	2.6	2.43	3.2	4.14
PSR(배)	3.46	4.28	4.97	6.16	8.4
ROE(%)	12.3	20.3	19.8	10.6	7.9
주당순이익(달러)	1.56	2.85	3.47	1.94	1.48
주당배당금(달러)	0.87	0.98	1.11	1.25	1.4

최근 5년간 주가 추이

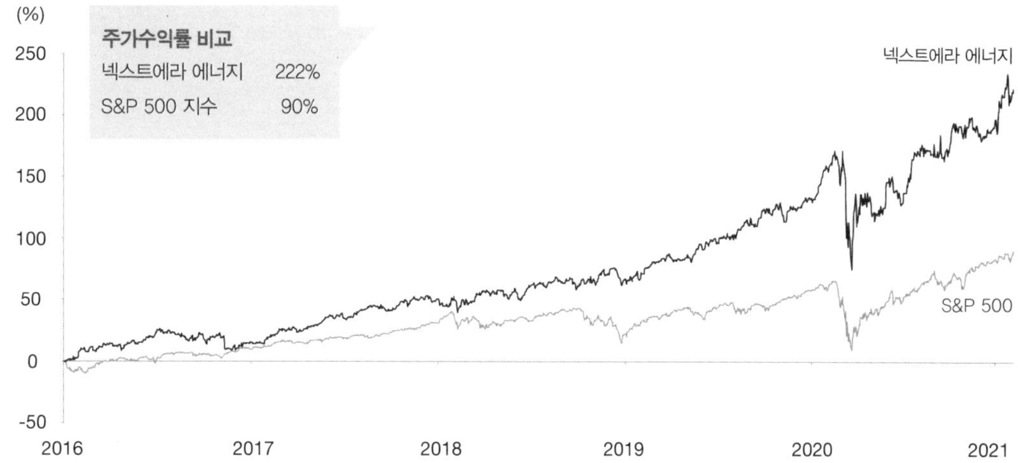

주요 경쟁업체 현황

넥스트에라 에너지의 주요 경쟁사로는 아메리칸 일렉트릭 파워**AEP**, 디티이 에너지 **DTE**가 있다.

아메리칸 일렉트릭 파워American Electric Power Company, Inc.는 1906년 오하이오주에서 설립됐으며 다양한 방식으로 전기를 생산하여 개인 및 회사 그리고 에너지 기업에 판매하는 지주 회사다.

디티이 에너지DTE Energy는 1903년에 미시간주에 설립된 전기 및 천연가스 회사로, 주 내 가정과 상업시설 그리고 산업시설 등 약 350만 명의 고객을 확보하고 있다.

최근 4분기 경쟁사 실적 비교 2020년 4분기 기준 / (단위) 백만 달러, %, 달러

구분	넥스트에라 에너지	아메리칸 일렉트릭 파워	디티이 에너지
매출	17,997	14,924	12,177
영업이익	5,116	2,712	1,986
순이익	2,919	1,918	1,368
영업이익률	28.43	18.17	16.31
순이익률	16.22	12.85	11.23
주당순이익(EPS)	1.48	3.86	7.08
주가수익배수(PER)	51.78	21.14	17.18
주가순자산배수(PBR)	4.14	1.99	1.89

넥스트에라 에너지의 본사는 미국 플로리다에 위치하며, 상근 직원 수는 1만 4,900명이다. 아메리칸 일렉트릭 파워의 본사는 미국 오하이오에 위치하며, 직원 수는 1만 6,787명이다. 디티이 에너지의 본사는 미국 미시간 디트로이트에 위치하며, 상근 직원 수는 1만 600명이다. (2021년 2월 현재)

최근 12개월간 주가 수익률 비교 2021년 2월 기준 / (단위) %

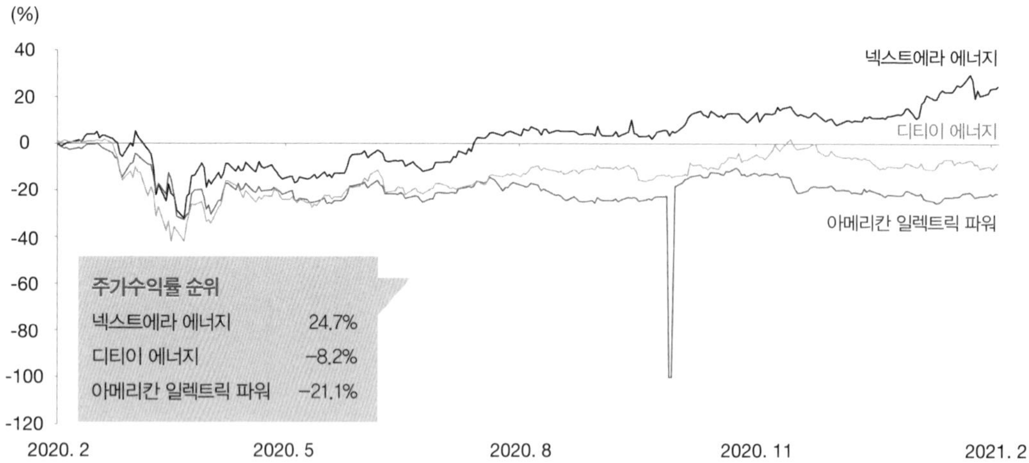

배당 및 투자의견, 종목진단 결과

넥스트에라 에너지의 회계 결산월은 12월이다.

1995년부터 배당이 증가해 '배당귀족'에 해당하는 넥스트에라 에너지의 배당금은 분기 단위로 지급되고, 배당수익률은 유틸리티 섹터 평균인 3.45%의 3분의 2 수준이다.

배당수익률(선행)	연간배당금(선행)	배당성향	배당성장	5년 배당성장률
2.10%	1.54달러	61.31%	26년 배당귀족	12.54%

최근 3개월간 8명의 애널리스트가 제시한 투자의견을 종합하면 강력매수Strong Buy(매수 7명, 보유 1명, 매도 0명)이다. 향후 12개월간 목표주가는 최고 100달러, 최저 77달러, 평균 91.00달러이다.

초이스스탁 US의 종목진단 결과는?

2020년 12월 실적발표 기준

넥스트에라 에너지의 투자매력 점수는 100점 만점에 67점이며 미국 상장기업 5,591개 중 1,074위로 상위 19%에 속하는 우량 기업이다.

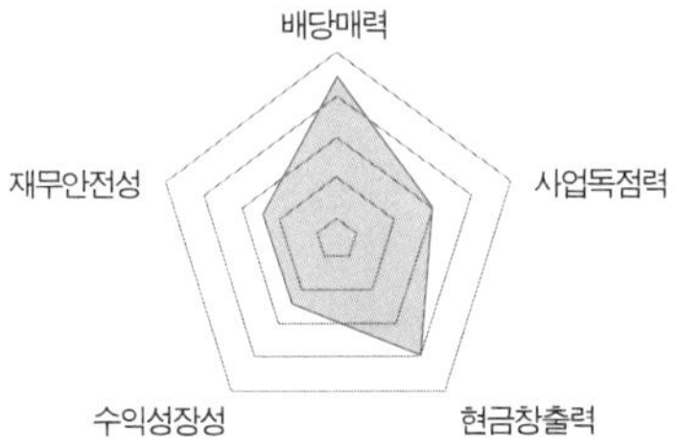

종합점수 : 67점 / 100점

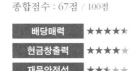

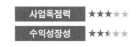

항목	평가
배당매력	★★★★⯪
현금창출력	★★★★☆
재무안전성	★★⯪☆☆
사업독점력	★★★☆☆
수익성장성	★★⯪☆☆

최신 결과 보러 가기

투자매력 세부 5개 항목 중 배당매력 점수가 5점 만점에 4.5점으로 가장 높은 평가를 받았다. 2020년 주당배당금은 1.4달러를 지급해 시가배당률 1.8%를 기록했다. 최근 5년간 시가배당률은 1.8~2.9% 수준이다. 2020년에는 배당성향이 94%에 달해 사실상 이익의 전부를 주주에게 배당으로 돌려준 셈이다.

수익성장성 점수는 2.5점으로 낮은 평가를 받았다. 2020년 12월 연환산(최근 4분기 합산) 매출액은 179억 달러로 전년 동기 192억 달러 대비 6.7% 감소했고, 순이익은 29억 달러로 전년 동기 37억 달러 대비 21% 줄어든 점이 점수에 반영됐다. 재무안전성은 2.5점으로 평균적인 기업으로 평가됐다. 부채비율 227%, 유동비율 47% 등 단기적인 재무안전성은 높지만, 매출액 대비 이자비용 비율이 11%에 달해 동종 업계 평균 8.6% 대비 높은 점은 향후 넥스트에라 에너지에 관한 투자판단 시 지속해서 살펴야 할 지표다.

POINT ▶ 이제는 흔해진 OTT, 경쟁에서 살아남기 위한 무기는 빅데이터

넷플릭스

NFLX Nasdaq | Netflix, Inc.

처음 매매하는 경우			보유 중인 경우				
매매 예정 시점			**매매 구분**	매수 ☐	매도 ☐		
실적 확인 후 ☐	이슈 확인 후 ☐		**매매 일자**	20 . . .			
매매 결정 이유			**매매 금액**	가격 $		수량	주
변동성 확대(단기) ☐	실적 우수(장기) ☐		**수익 현황**	수익금액 $		수익률	%
매수 목표 가격	$		**투자 아이디어**				
손익 목표 가격	$	(+ %)					
손절 목표 가격	$	(- %)					
보유 예정 기간							
3개월 미만(단기) ☐	1년 이상(장기) ☐						

포춘 500대 기업 중 하나인 넷플릭스**NFLX**는 1997년 설립됐다. 시작은 넷플릭스닷컴이라는 웹사이트를 통해 온라인으로 영화 DVD 주문을 받아 우편으로 대여한 것이었다. 대여 개수와 상관없는 월 정액제를 도입하여 대여 기한과 연체료, 배송료를 없애면서 시장을 빠르게 점유했고 이후 IT 맞춤 영화 추천 알고리즘인 '시네매치'를 개발해 큰 성과를 거뒀다.

2007년부터 스트리밍 미디어 서비스로 사업 영역을 확장, '넷플릭스 오리지널'이라는 이름으로 TV 시리즈 및 영화를 자체 제작하여 제공하면서 가입자가 급증했으며, 2010년부터는 글로벌 스트리밍 사업을 시작해 2020년 4분기에는 글로벌 유료 가입자수가 2억 명을 넘어섰다. 결국 글로벌 미디어 산업의 판을 바꾸는 계기를 제공한 것이다.

2002년 5월 나스닥에 상장했으며, 미국 3대 지수 중 나스닥 100과 S&P 500에 속해 있다.

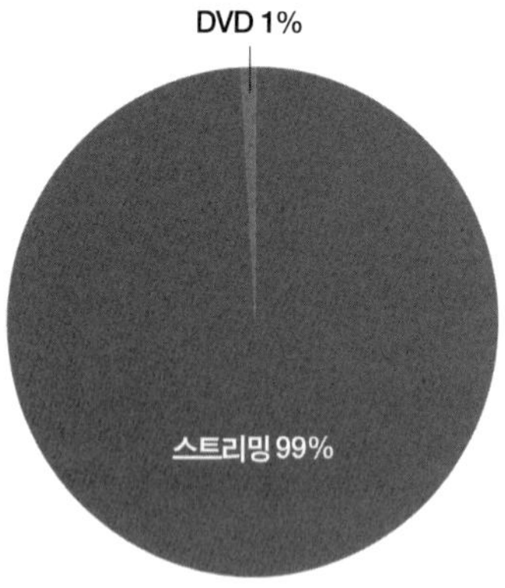

사업부문별 매출 비중

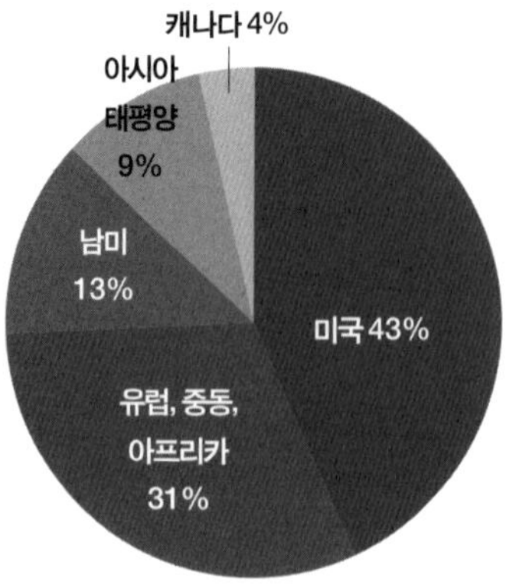

사업지역별 매출 비중

최신 정보 보러 가기 ●

주요 지표 및 주가 | 최신 뉴스 한 번에 보기 | 퀀트 분석 : 종목진단 | 컨센서스 및 투자의견

최근 3년 수익률
107.3%

최근 5년간 주요 투자지표 ① 손익계산서 12월 결산 기준 / (단위) 금액: 백만 달러, %

구분	2016. 12	2017. 12	2018. 12	2019. 12	2020. 12	전년 대비
매출액	8,831	11,693	15,794	20,156	24,996	▲ 24.0%
영업이익	380	839	1,605	2,604	4,585	▲ 76.1%
영업이익률(%)	4.3	7.2	10.2	12.9	18.3	▲ 5.4%P
순이익	187	559	1,211	1,867	2,761	▲ 47.9%
순이익률(%)	2.1	4.8	7.7	9.3	11.0	▲ 1.8%P

최근 5년간 주요 투자지표 ② 가치평가 12월 결산 기준 / (단위) 금액: 배, %, 달러

구분	2016. 12	2017. 12	2018. 12	2019. 12	2020. 12
PER(배)	284.60	148.62	96.37	75.96	86.51
PBR(배)	19.83	23.19	22.28	18.7	21.59
PSR(배)	6.02	7.1	7.39	7.04	9.56
ROE(%)	7.5	17.2	25.8	28.4	28.2
주당순이익(달러)	0.43	1.25	2.68	4.13	6.08
주당배당금(달러)	0	0	0	0	0

최근 5년간 주가 추이

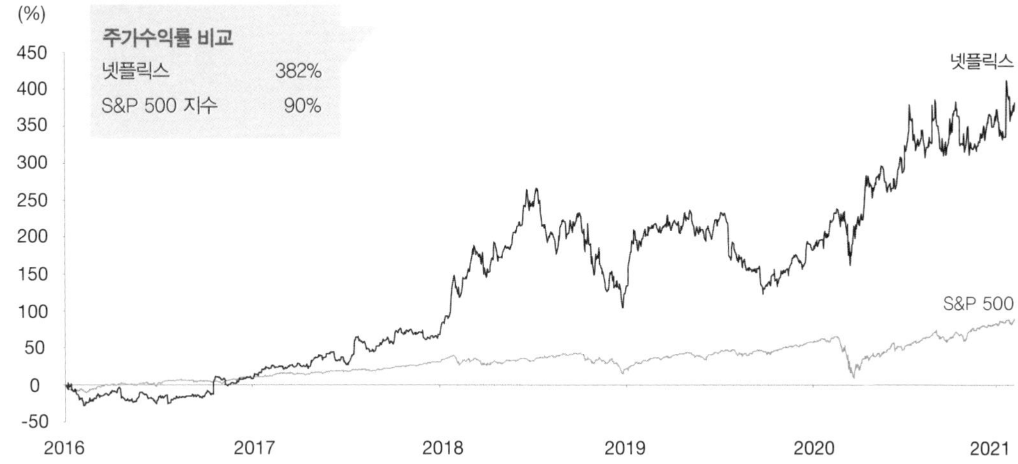

주요 경쟁업체 현황

넷플릭스의 주요 경쟁사로는 월트 디즈니DIS, 로쿠ROKU가 있다.

월트 디즈니The Walt Disney Company는 2019년 OTT 서비스인 '디즈니플러스Disney+'를 론칭하며 넷플릭스와 마찬가지로 영화 및 드라마 등의 온라인 스트리밍 서비스를 시작했다. 500편 이상의 영화와 7,500편 이상의 TV 시리즈를 서비스하며 디즈니의 고전 영화와 마블 스튜디오의 어벤져스 관련 시리즈, 스타워즈 실사 드라마 등을 독점 제공할 예정이다.

로쿠Roku, Inc.는 미국의 TV 스트리밍 플랫폼 기업으로, 넷플릭스를 포함한 유·무료 콘텐츠와 채널 그리고 앱을 한 곳에서 스트리밍할 수 있게 하는 에그리게이터aggregator 역할을 수행한다. 2020년 미국과 캐나다 시장에서 스마트 TV 운영체제 중 가장 많은 판매량을 기록했다.

최근 4분기 경쟁사 실적 비교 2020년 4분기 기준 / (단위) 백만 달러, %, 달러

구분	넷플릭스	월트 디즈니	로쿠
매출	24,996	65,388	1,540
영업이익	4,585	-1,941	-103
순이익	2,761	-2,864	-101
영업이익률	18.34	-2.97	-6.69
순이익률	11.05	-4.38	-6.56
주당순이익(EPS)	6.08	-1.59	-0.84
주가수익배수(PER)	86.51	-77.32	-234.21
주가순자산배수(PBR)	21.59	2.65	19.36

넷플릭스의 본사는 미국 캘리포니아에 위치하며, 상근 직원 수는 9,400여 명이다.
월트 디즈니의 본사는 미국 캘리포니아에 위치하며, 상근 직원 수는 17만 5천여 명에 달한다.
로쿠의 본사는 미국 캘리포니아에 위치한다. (2021년 2월 현재)

N

최근 12개월간 주가 수익률 비교 2021년 2월 기준 / (단위) %

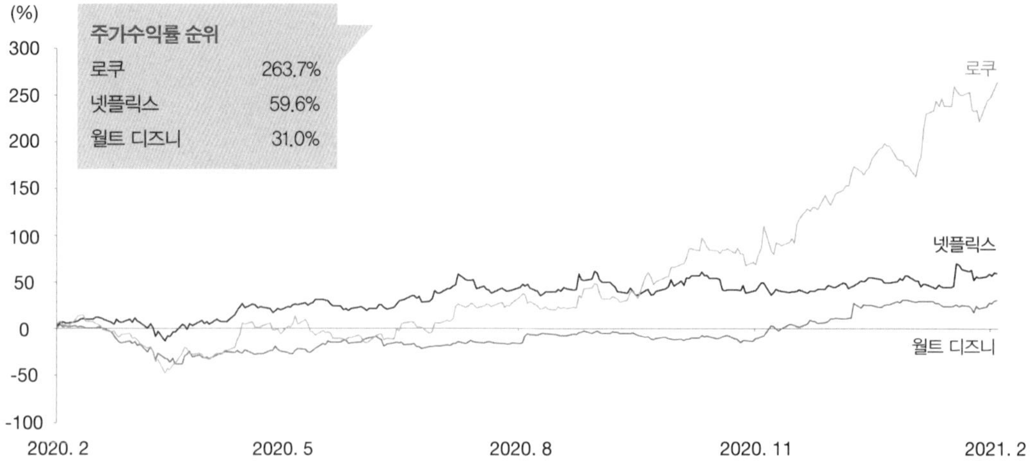

배당 및 투자의견, 종목진단 결과

넷플릭스의 회계 결산월은 12월이다.

배당이 없는 넷플릭스에 대하여 최근 3개월간 31명의 애널리스트가 제시한 투자의견을 종합하면 매수Moderate Buy(매수 22명, 보유 6명, 매도 3명)이다. 향후 12개월간 목표주가는 최고 750달러, 최저 340달러, 평균 633.00달러이다.

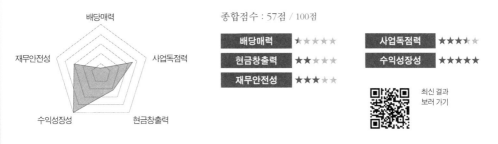

초이스스탁 US의 종목진단 결과는?

2020년 12월 실적발표 기준

넷플릭스의 투자매력 점수는 100점 만점에 57점이며 미국 상장기업 5,591개 중 1,691위로 상위 30%에 속하는 기업이다.

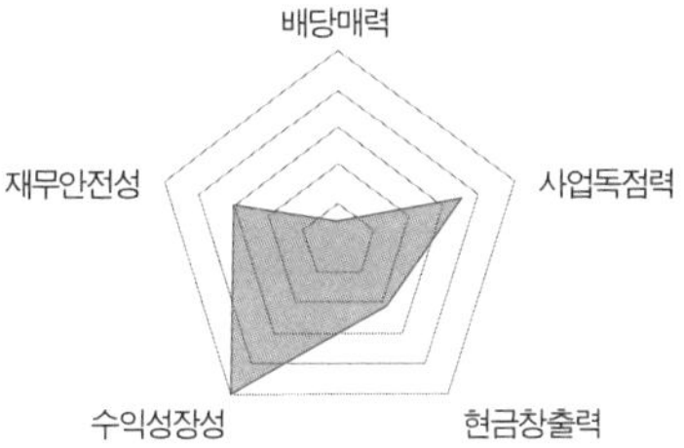

종합점수 : 57점 / 100점

배당매력	★☆☆☆☆	사업독점력	★★★½☆
현금창출력	★★☆☆☆	수익성장성	★★★★★
재무안전성	★★★☆☆		

최신 결과 보러 가기

투자매력 세부 5개 항목 중 수익성장성 부문에서 5점 만점을 받아 고성장 기업으로 평가됐다. 2020년 12월 연환산(최근 4분기 합산) 매출액은 249억 달러로 전년 동기 201억 달러 대비 23% 성장했고, 순이익은 27억 달러로 전년 동기 18억 달러 대비 50% 늘어난 점 등이 반영됐다.

사업독점력 점수가 5점 만점에 3.5점으로 미국 전체 상장사 중 상위 13%에 속한 우량 기업이다. 사업독점력은 현재의 수익성과 성장성을 유지할 수 있는지를 판단하는 지표로써, 넷플릭스가 보여주는 사업 안정성에 따라 2021년에는 더 높은 점수를 받을 것으로 평가된다. 최근 5년간 연평균 매출액 성장률은 29%로 미국 전체 상장사의 2.8%에 비해 압도적인 성장률을 기록했고, 5년 평균 자기자본이익률(ROE)는 19.5%다. 최근 기준 자기자본이익률은 28.2%를 기록하고 있어 향후 더욱 높은 점수를 받을 것으로 예상된다.

재무안전성 점수는 3점으로 평균 이상의 안전한 재무구조를 갖춘 기업으로 평가된다. 풍부한 현금창출을 바탕으로 부채비율 255%, 유동비율 125%, 이자보상배수 6배 수준이다.

배당은 지급하지 않아 배당 투자 대상으로는 현재 적합하지 않다.

POINT ▶ M7세대가 열광하는 스포츠 브랜드, 디지털 중심의 사업모델로 진화

배당성취자

나이키

NKE NYSE | NIKE, Inc.

처음 매매하는 경우

매매 예정 시점
실적 확인 후 ☐ 이슈 확인 후 ☐

매매 결정 이유
변동성 확대(단기) ☐ 실적 우수(장기) ☐

매수 목표 가격 $

손익 목표 가격 $ (+ %)

손절 목표 가격 $ (- %)

보유 예정 기간
3개월 미만(단기) ☐ 1년 이상(장기) ☐

보유 중인 경우

매매 구분 매수 ☐ 매도 ☐

매매 일자 20 . . .

매매 금액 가격 $ 수량 주

수익 현황 수익금액 $ 수익률 %

투자 아이디어

포춘 500대 기업 중 하나인 나이키**NKE**는 세계 최고의 스포츠웨어 브랜드 중 하나로, 신발과 함께 스포츠 의류와 용품 및 각종 액세서리를 디자인하고 개발해 판매하는 회사다.

1964년 설립된 블루리본 스포츠를 모태로, 초기에는 일본의 운동화 제조 회사였던 오니츠카 타이거 지금의 아식스의 기능성 운동화를 미국에 들여와 육상 선수들에게 판매했다. 1970년대 에어쿠셔닝 기술을 적용한 신제품을 출시, 이후 미국의 조깅 열풍과 함께 매출이 급성장한 데 이어 1984년 마이클 조던과 후원 계약을 체결한 것이 큰 성공을 거두면서 1990년 중반 이후 글로벌 스포츠 브랜드로 자리매김했다. 2019년 5월 기준으로 미국 내 384개 매장과 해외 768개의 매장을 운영하고 있으며 전자상거래 부문에서도 괄목할 만한 성적을 거두고 있다.

1990년 10월 뉴욕증권거래소에 상장했으며, 다우와 S&P 500에 속해 있다.

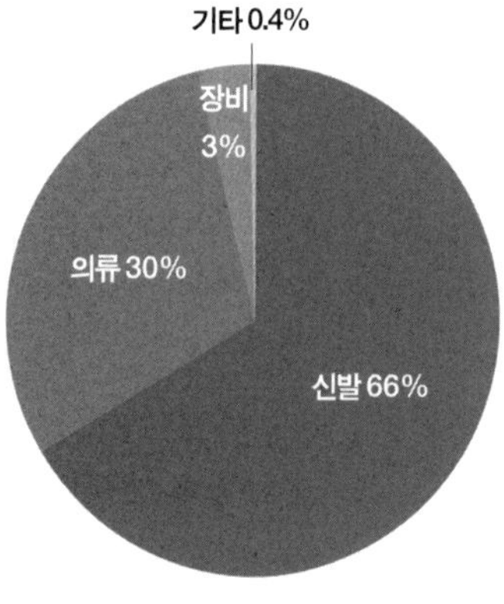

사업부문별 매출 비중

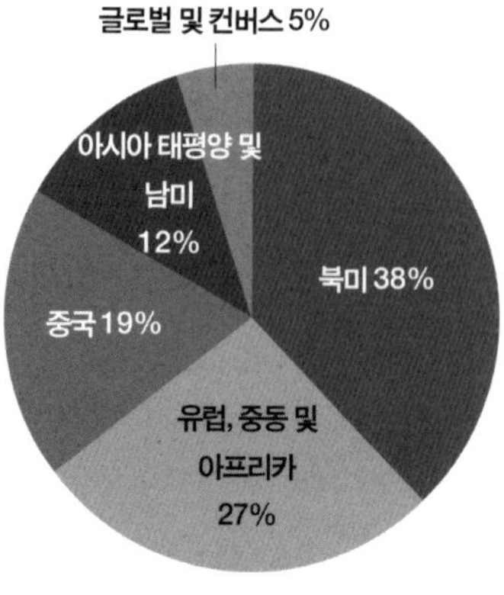

사업지역별 매출 비중

N

최신 정보 보러 가기 ●

주요 지표 및 주가 | 최신 뉴스 한 번에 보기 | 퀀트 분석 : 종목진단 | 컨센서스 및 투자의견

최근 3년 수익률
122.5%

최근 5년간 주요 투자지표 ① 손익계산서

5월 결산 기준 / (단위) 금액: 백만 달러, %

구분	2016. 5	2017. 5	2018. 5	2019. 5	2020. 5	전년 대비
매출액	32,376	34,350	36,397	39,117	37,403	▼ -4.4%
영업이익	4,502	4,749	4,445	4,772	3,115	▼ -34.7%
영업이익률(%)	13.9	13.8	12.2	12.2	8.3	▼ -3.9%P
순이익	3,760	4,240	1,933	4,029	2,539	▼ -37.0%
순이익률(%)	11.6	12.3	5.3	10.3	6.8	▼ -3.5%P

최근 5년간 주요 투자지표 ② 가치평가

5월 결산 기준 / (단위) 금액: 배, %, 달러

구분	2016. 5	2017. 5	2018. 5	2019. 5	2020. 5
PER(배)	24.74	20.63	59.87	30.09	60.38
PBR(배)	7.59	7.05	11.79	13.41	19.03
PSR(배)	2.87	2.55	3.18	3.1	4.1
ROE(%)	29.6	34.2	17.8	45.1	28.5
주당순이익(달러)	2.16	2.51	1.17	2.49	1.6
주당배당금(달러)	0.46	0.68	0.76	1.06	0.96

최근 5년간 주가 추이

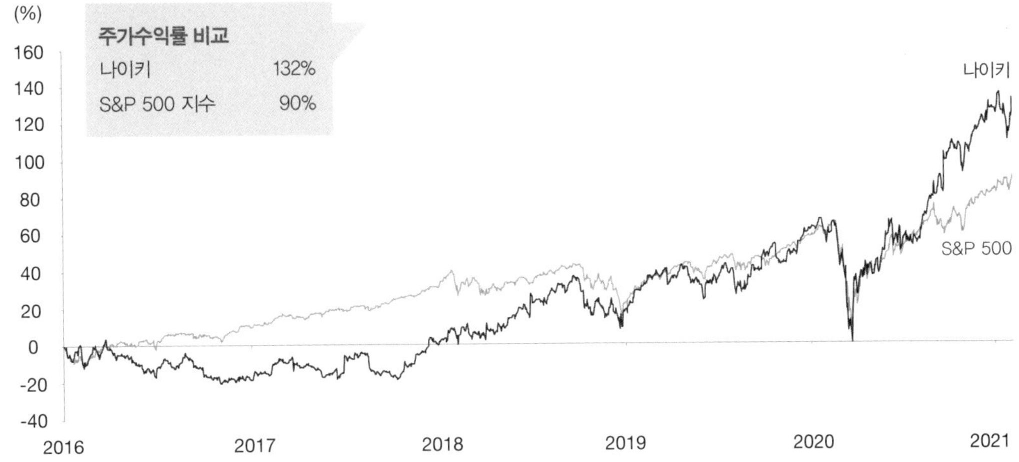

주요 경쟁업체 현황

나이키의 주요 경쟁사로는 스케쳐스**SKX**, 언더 아머**UA**가 있다.

스케쳐스Skechers USA, Inc.는 1992년에 설립, 기능성 신발과 컴포트화를 판매하는 미국의 신발 제조 및 판매 업체다. 1999년 뉴욕증권거래소에 상장했으며, 미국 운동화 시장에서 아디다스를 제치고 2위에 오르기도 했다.

언더 아머Under Armour, Inc.는 1996년 설립된 스포츠웨어 브랜드로, 의류와 신발, 그밖의 스포츠 용품을 제조 및 판매한다. 창업자인 캐빈 플랭크는 메릴랜드 대학교의 미식축구 선수 출신이며, 2005년 뉴욕증권거래소에 상장했다.

최근 4분기 경쟁사 실적 비교 2020년 4분기 기준 / (단위) 백만 달러, %, 달러

구분	나이키	스케쳐스	언더 아머
매출	38,254	4,603	4,512
영업이익	3,698	170	-595
순이익	2,826	105	-749
영업이익률	9.67	3.69	-13.19
순이익률	7.39	61.76	-16.60
주당순이익(EPS)	1.77	0.94	-1.65
주가수익배수(PER)	74.83	34.47	-6.82
주가순자산배수(PBR)	19.87	2.23	3.47

나이키의 본사는 미국 오리건 비버튼에 위치하며, 상근 직원 수는 7만 5,400여 명이다.
스케쳐스의 본사는 미국 캘리포니아 맨해튼 비치에 위치하며, 전 세계에 3,500개 이상의 매장을 가지고 있다.
언더 아머의 본사는 미국 메릴랜드 주의 볼티모어에 위치 위치하며, 상근 직원 수는 1만 1,800여 명이다.
(2021년 2월 현재)

최근 12개월간 주가 수익률 비교 2021년 2월 기준 / (단위) %

주가수익률 순위	
나이키	50.7%
스케쳐스	−0.4%
언더 아머	−1.2%

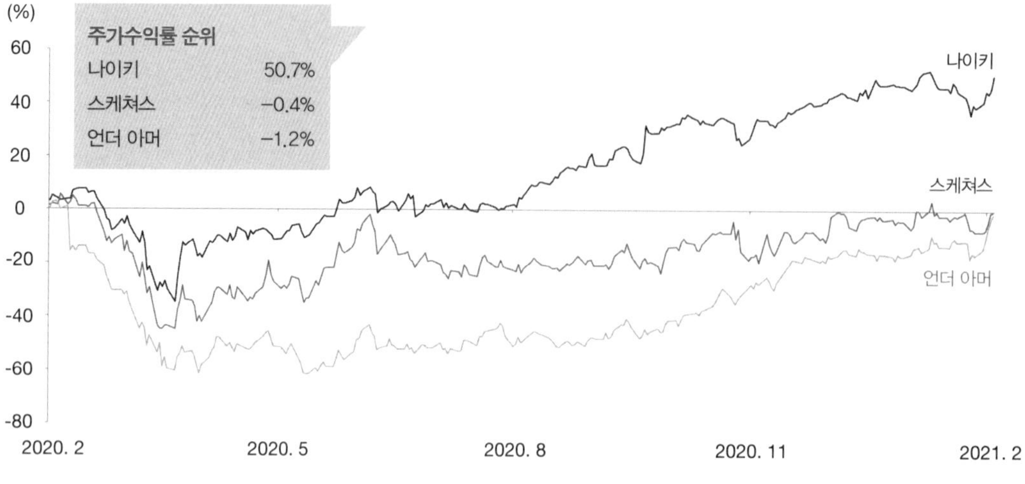

배당 및 투자의견, 종목진단 결과

나이키의 회계 결산월은 5월이다.

2002년부터 배당이 증가해 '배당성취자'에 해당하는 나이키의 배당금은 분기 단위로 지급되고, 배당수익률은 자유소비재 섹터 평균인 1.74%의 절반 수준이다.

배당수익률(선행)	연간배당금(선행)	배당성향	배당성장	5년 배당성장률
0.82%	1.10달러	37.01%	19년 배당성취자	11.63%

최근 3개월간 30명의 애널리스트가 제시한 투자의견을 종합하면 강력매수Strong Buy(매수 27명, 보유 2명, 매도 1명)이다. 향후 12개월간 목표주가는 최고 183달러, 최저 140달러, 평균 163.52달러이다.

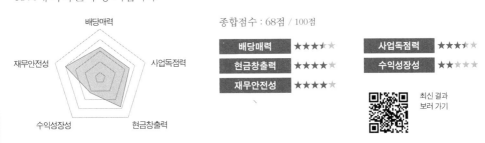

초이스스탁 US의 종목진단 결과는?

2020년 11월 실적발표 기준

나이키의 투자매력 점수는 100점 만점에 68점이며 미국 상장기업 5,591개 중 1,014위로 상위 18%에 속하는 우량 기업이다.

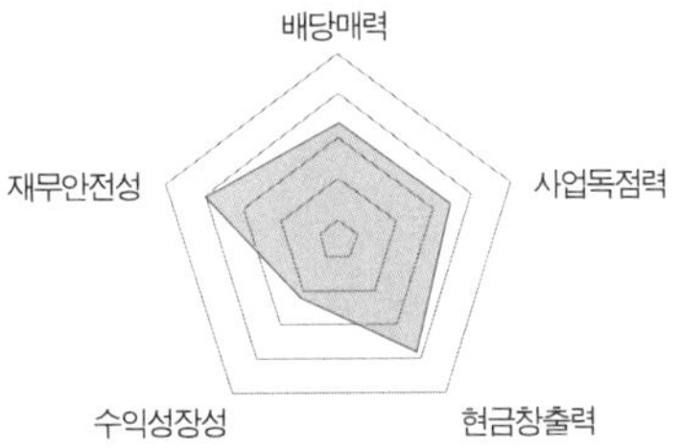

종합점수 : 68점 / 100점

배당매력	★★★½☆	사업독점력	★★★½☆
현금창출력	★★★★☆	수익성장성	★★☆☆☆
재무안전성	★★★★☆		

최신 결과 보러 가기

지난 2020년 코로나 19로 매출액이 감소하며 수익성장성 점수가 5점 만점에 2.2점으로 낮은 평가를 받았다. 2020년 11월 연환산(최근 4분기 합산) 매출액은 382억 달러로 전년 동기 407억 달러 대비 6% 줄었고, 순이익은 28억 달러로 전년 동기 45억 달러 대비 37% 감소했다. 수익성장성 감소에도 불구하고 재무안전성 점수는 5점 만점에 4점으로 높은 평가를 받았다. 그외 현금창출력, 사업독점력, 배당매력에서도 3.5~3.8점을 받아 이 부분에서도 평균 이상의 우수한 점수로 평가됐다.

최근 온라인 채널에 대한 투자로 이 부분의 성장성과 수익성이 개선되고 있어 향후 수익성장성과 사업독점력 점수가 개선될 가능성이 큰 우량 기업이다.

POINT ▶ GPU 시장의 업그레이드 사이클에 대비할 때

엔비디아

NVDA Nasdaq | NVIDIA Corporation

처음 매매하는 경우

매매 예정 시점
실적 확인 후 ☐ 이슈 확인 후 ☐
매매 결정 이유
변동성 확대(단기) ☐ 실적 우수(장기) ☐
매수 목표 가격 $
손익 목표 가격 $ (+ %)
손절 목표 가격 $ (- %)
보유 예정 기간
3개월 미만(단기) ☐ 1년 이상(장기) ☐

보유 중인 경우

매매 구분 매수 ☐ 매도 ☐
매매 일자 20 . . .
매매 금액 가격 $ 수량 주
수익 현황 수익금액 $ 수익률 %

투자 아이디어

엔비디아**NVDA**는 세계 1위 GPU 회사로, 컴퓨터용 고성능 그래픽 처리장치인 GPU와 멀티미디어 장치를 개발하고 판매하는 기업이다.

1993년 젠슨 황을 포함한 3명에 의해 설립됐으며 1995년에 첫 그래픽 칩셋을 개발한 데 이어 1999년에 GPU를 개발했다. 2008년 모바일 프로세서를 출시했고, 2016년 구글 '알파고'에 GPU 기술을 공급하면서 단숨에 제4차 산업혁명의 아이콘으로 부상했다. 그래픽뿐 아니라 시스템 소프트웨어 및 알고리즘·클라우드 아키텍처 등 다양한 영역에 걸쳐 강점을 보유하고 있으며, 이러한 기술들이 자율주행·인공지능·데이터 센터·가상현실 등의 분야에 널리 활용되고 있다. 2020년 9월 소프트뱅크 그룹으로부터 영국 반도체 설계 회사인 ARM 홀딩스를 인수했다. 1999년 나스닥에 상장했으며, 나스닥 100과 S&P 500에 속해 있다.

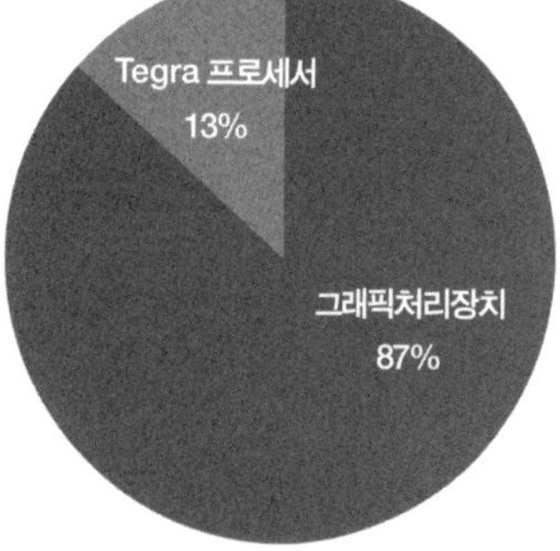

사업부문별 매출 비중

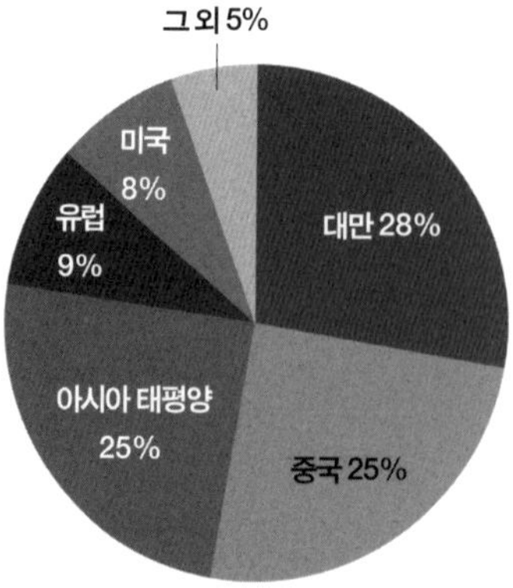

사업지역별 매출 비중

N

최신 정보 보러 가기 ●

주요 지표 및 주가 | 최신 뉴스 한 번에 보기 | 퀀트 분석 : 종목진단 | 컨센서스 및 투자의견

최근 3년 수익률 141.0%

최근 5년간 주요 투자지표 ① 손익계산서 1월 결산 기준 / (단위) 금액: 백만 달러, %

구분	2016. 1	2017. 1	2018. 1	2019. 1	2020. 1	전년 대비
매출액	5,010	6,910	9,714	11,716	10,918	▼ -6.8%
영업이익	747	1,934	3,210	3,804	2,846	▼ -25.2%
영업이익률(%)	14.9	28.0	33.0	32.5	26.1	▼ -6.4%P
순이익	614	1,666	3,047	4,141	2,796	▼ -32.5%
순이익률(%)	12.3	24.1	31.4	35.3	25.6	▼ -9.7%P

최근 5년간 주요 투자지표 ② 가치평가 1월 결산 기준 / (단위) 금액: 배, %, 달러

구분	2016. 1	2017. 1	2018. 1	2019. 1	2020. 1
PER(배)	25.67	36.16	48.39	23.59	54.83
PBR(배)	3.53	10.46	19.74	10.46	12.56
PSR(배)	3.15	8.72	15.18	8.34	14.04
ROE(%)	13.9	33.7	47	46.9	25.7
주당순이익(달러)	1.08	2.57	4.82	6.63	4.52
주당배당금(달러)	0.4	0.49	0.57	0.61	0.64

최근 5년간 주가 추이

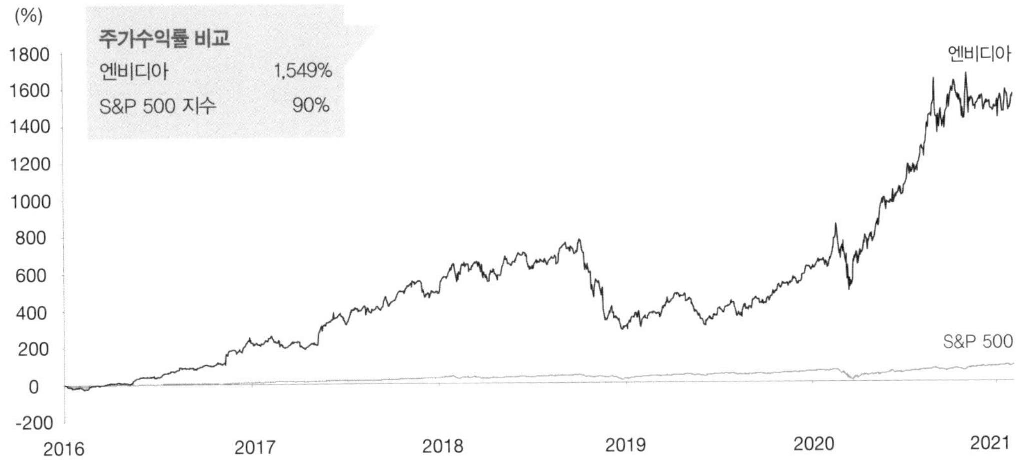

주요 경쟁업체 현황

엔비디아의 주요 경쟁사로는 어드밴스드 마이크로 디바이시스**AMD**, 인텔**INTC**이 있다.

어드밴스드 마이크로 디바이시스Advanced Micro Devices, Inc, 이하 에이엠디는 PC의 중앙처리장치인 CPU와 그래픽 처리장치인 GPU를 개발, 생산하는 미국의 반도체 기업이다. 1969년 설립됐으며 1979년 뉴욕증권거래소에 상장했다.

인텔Intel Corporation은 엔비디아, 삼성전자와 글로벌 반도체 1위 자리를 놓고 경쟁하고 있는 미국의 반도체 기업이다. 1968년 설립됐으며 1971년 나스닥에 상장했다.

최근 4분기 경쟁사 실적 비교 2020년 3분기 기준 / (단위) 백만 달러, %, 달러

구분	엔비디아	에이엠디	인텔
매출	14,777	9,763	77,867
영업이익	4,015	1,369	23,678
순이익	3,826	2,490	20,899
영업이익률	27.17	14.02	30.41
순이익률	25.89	25.50	26.84
주당순이익(EPS)	6.11	2.06	4.94
주가수익배수(PER)	87.67	44.35	9.23
주가순자산배수(PBR)	21.87	18.92	2.38

엔비디아의 본사는 미국 캘리포니아 산타클라라에 위치하며, 상근 직원 수는 1만 8,975명이다. 에이엠디의 본사는 미국 캘리포니아 산타클라라에 위치하며, 상근 직원 수는 1만 2,600명이다. 인텔의 본사는 미국 캘리포니아 산타클라라에 위치하며, 상근 직원 수는 11만 600명이다. (2021년 2월 현재)

최근 12개월간 주가 수익률 비교 2021년 2월 기준 / (단위) %

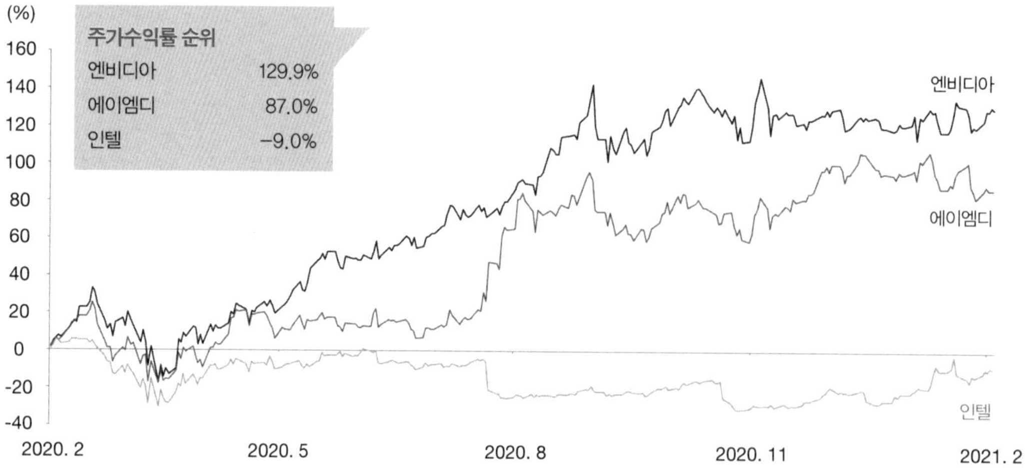

N

배당 및 투자의견, 종목진단 결과

엔비디아의 회계 결산월은 1월이다.

배당금은 분기 단위로 지급되고, 배당수익률은 정보기술IT 섹터 평균인 1.14%의 10분의 1 수준이다.

배당수익률(선행)	연간배당금(선행)	배당성향	배당성장	5년 배당성장률
0.12%	0.64달러	4.81%	0년	8.53%

최근 3개월간 25명의 애널리스트가 제시한 투자의견을 종합하면 강력매수Strong Buy(매수 22명, 보유 3명, 매도 0명)이다. 향후 12개월간 목표주가는 최고 800달러, 최저 500달러, 평균 649.20달러이다.

초이스스탁 US의 종목진단 결과는?

2020년 10월 실적발표 기준

엔비디아의 투자매력 점수는 100점 만점에 89점이며 미국 상장기업 5,591개 중 53위로 상위 0.95%에 속하는 초우량 기업이다.

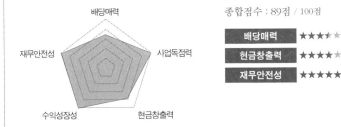

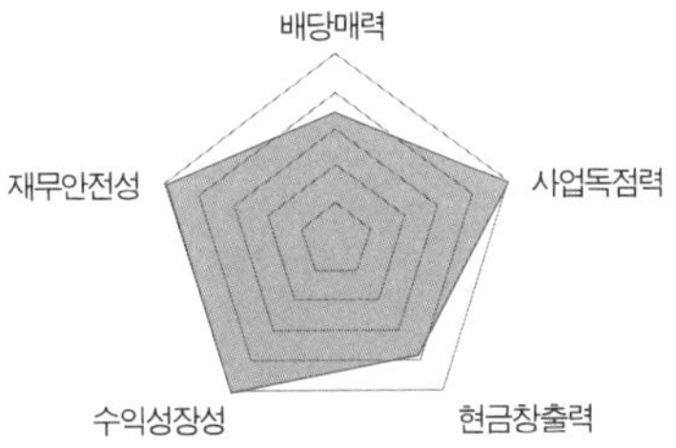

종합점수 : 89점 / 100점

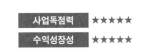

항목	평가
배당매력	★★★☆☆
현금창출력	★★★★☆
재무안전성	★★★★★
사업독점력	★★★★★
수익성장성	★★★★★

최신 결과 보러 가기

투자매력 세부 5개 항목 중 사업독점력, 수익성장성, 재무안전성 3개 부문에서 모두 5점 만점을 받은 우량 기업이다. 사업독점력은 현재 수익성과 성장성을 미래에도 유지할 수 있는지를 나타내는 지표로써 점수가 높을수록 경제적 해자를 갖춘 기업이다. 미국 전체 상장사 중 상위 3%인 172개 기업만이 만점을 받았다. 수익성장성도 5점 만점을 받아 고성장 기업으로 평가된다. 2020년 10월 연환산(최근 4분기 합산) 매출액이 147억 달러로 전년 동기 100억 달러 대비 47% 급증했고, 순이익은 38억 달러로 전년 동기 24억 달러 대비 58% 성장한 점 등이 반영됐다. 수익성장과 안전한 재무구조 덕분에 현금창출 부문에서도 5점 만점에 3.8점으로 우수한 평가를 받았다. 2020년 10월 연환산 영업활동 현금흐름이 52억 달러로 전년 동기 41억 달러 대비 26% 늘었고, 잉여현금흐름도 42억 달러로 전년 동기 36억 달러 대비 16% 성장한 점 등이 반영됐다. 배당은 지급하지 않아 배당 투자 대상으로는 현재 적합하지 않다.

POINT ▶ 클라우드 시대, ID과 접근권한 관리 서비스는 더욱 중요해져

옥타

OKTA Nasdaq | Okta, Inc.

처음 매매하는 경우

매매 예정 시점
실적 확인 후 ☐ 이슈 확인 후 ☐

매매 결정 이유
변동성 확대(단기) ☐ 실적 우수(장기) ☐

매수 목표 가격 $

손익 목표 가격 $ (+ %)

손절 목표 가격 $ (- %)

보유 예정 기간
3개월 미만(단기) ☐ 1년 이상(장기) ☐

보유 중인 경우

매매 구분 매수 ☐ 매도 ☐

매매 일자 20 . . .

매매 금액 가격 $ 수량 주

수익 현황 수익금액 $ 수익률 %

투자 아이디어

옥타**OKTA**는 전 세계 고객을 대상으로 신원 및 사용자 엑세스 관리와 통합, 모바일 ID, 멀티 팩터 인증 및 리포팅 소프트웨어 등의 서비스를 제공하는 회사다. 세일즈포스닷컴**CRM**에서 함께 일했던 토드 맥키넌과 프레데릭 커레스트에 의해 2009년 캘리포니아주 샌프란시스코에서 설립됐다. 이후 꾸준히 사업을 확대해 2019년 기준 사용자 1억 명 이상을 보유하고 있고, 전 세계에 걸쳐 3천 명 이상이 일하고 있다.

코로나 19 팬데믹으로 인해 재택근무가 활성화됨에 따라 옥타의 사용자 역시 급증했다. 안정적인 시스템 제공을 위해 2020년 3월에 클라우드, 신원확인 서비스, IT분석 컨설팅 등을 제공하는 오스제로Auth0를 65억 달러에 인수하는 계약을 확정지었다. 2017년 4월 나스닥에 상장했으며, 미국 3대 지수 중 나스닥 100에 속해 있다.

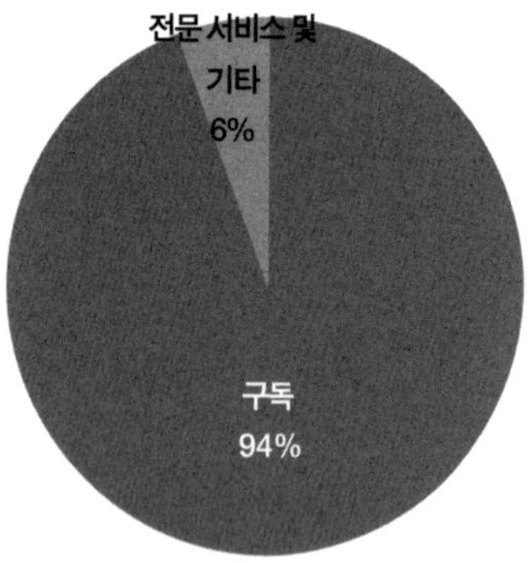

사업부문별 매출 비중

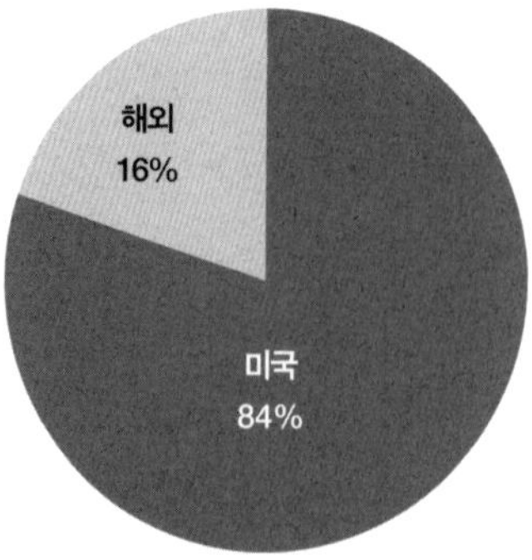

사업지역별 매출 비중

최신 정보 보러 가기 ●

주요 지표 및 주가 | 최신 뉴스 한 번에 보기 | 퀀트 분석 : 종목진단 | 컨센서스 및 투자의견

최근 3년 수익률
881%

최근 5년간 주요 투자지표 ① 손익계산서 1월 결산 기준 / (단위) 금액: 백만 달러, %

구분	2016. 1	2017. 1	2018. 1	2019. 1	2020. 1	전년 대비
매출액	86	161	257	399	586	▲ 46.9%
영업이익	-76	-75	-112	-120	-186	적자 지속
영업이익률(%)	-88.4	-46.6	-43.6	-30.1	-31.7	▼-1.7%P
순이익	-76	-75	-110	-125	-209	적자 지속
순이익률(%)	-88.4	-46.6	-42.8	-31.3	-35.7	▼ -4.3%P

최근 5년간 주요 투자지표 ② 가치평가 1월 결산 기준 / (단위) 금액: 배, %, 달러

구분	2016. 1	2017. 1	2018. 1	2019. 1	2020. 1
PER(배)	0	0	-27.33	-72.54	-74.29
PBR(배)	N/A	N/A	15.06	36.07	38.29
PSR(배)	0	0	11.7	22.8	26.48
ROE(%)	N/A	N/A	-65.1	-50.6	-64.6
주당순이익(달러)	-4.28	-3.94	-1.32	-1.17	-1.78
주당배당금(달러)	0	0	0	0	0

최근 4년간 주가 추이

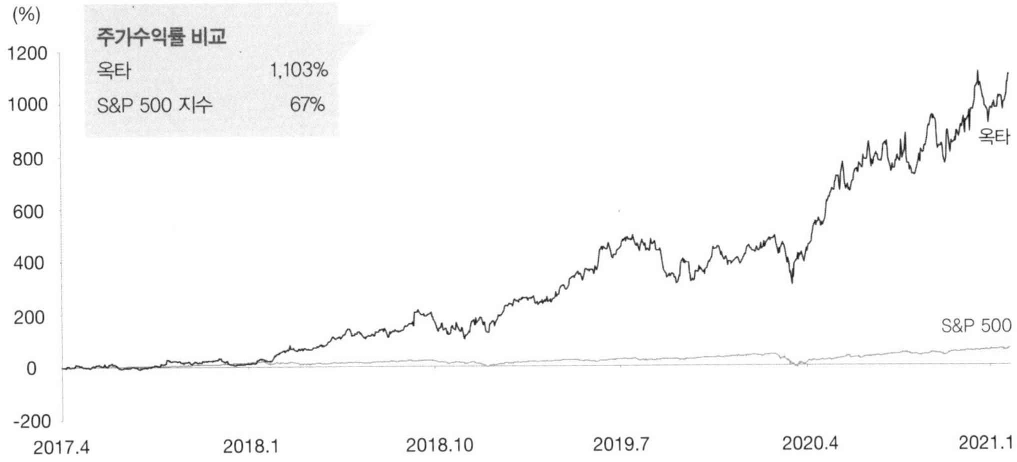

주요 경쟁업체 현황

옥타의 주요 경쟁사로는 몽고디비**MDB**, 베리사인**VRSN**이 있다.

몽고디비MongoDB, Inc.는 오픈소스 데이터베이스 관리 시스템 '몽고DB'를 개발해 제공하는 소프트웨어 회사다. 2007년 설립돼 2017년 나스닥에 상장했다.

베리사인VeriSign, Inc.은 세계 최대의 도메인 관리 회사다. 인터넷 도메인 등록 및 보안 인증 서비스와 도메인의 백엔드 시스템을 운영하는 레지스트리 서비스를 제공한다.

최근 4분기 경쟁사 실적 비교 2020년 3분기 기준 / (단위) 백만 달러, %, 달러

구분	옥타	몽고디비	베리사인
매출	768	543	1,265
영업이익	-194	-191	824
순이익	-241	-254	815
영업이익률	-25.26	-35.18	65.14
순이익률	-31.38	-46.78	64.43
주당순이익(EPS)	-1.92	-4.37	7.07
주가수익배수(PER)	-111.52	-53.01	30.30
주가순자산배수(PBR)	39.49	616.85	N/A

옥타의 본사는 미국 캘리포니아 샌프란시스코에 있으며, 상근 직원 수는 2,806명이다.
몽고디비의 본사는 미국 뉴욕에 위치하며, 상근 직원 수는 2,234명이다.
베리사인의 본사는 미국 버지니아에 위치하며, 상근 직원 수는 907명이다. (2021년 2월 현재)

최근 12개월간 주가 수익률 비교 2021년 2월 기준 / (단위) %

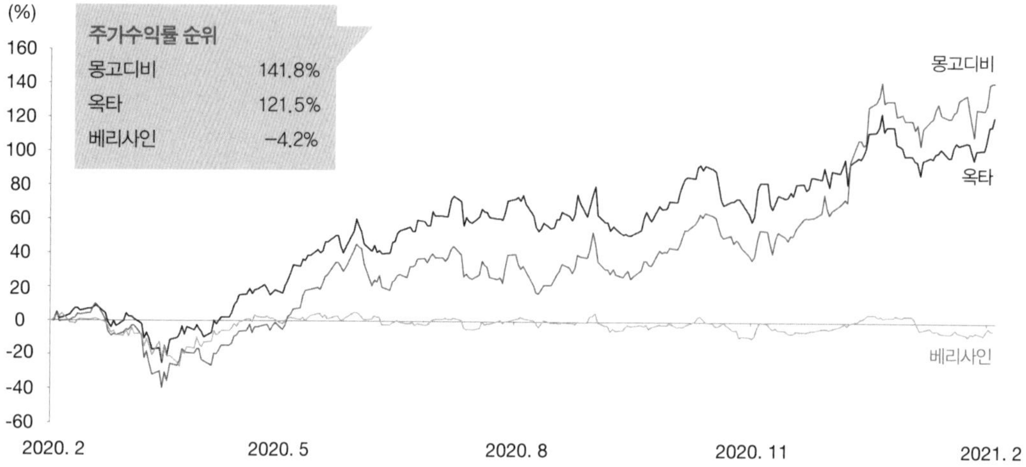

배당 및 투자의견, 종목진단 결과

옥타의 회계 결산월은 1월이다.

배당이 없는 옥타에 대하여 최근 3개월간 14명의 애널리스트가 제시한 투자의견을 종합하면 매수 Moderate Buy(매수 7명, 보유 7명, 매도 0명)이다. 향후 12개월간 목표주가는 최고 313달러, 최저 250달러, 평균 282.67달러이다

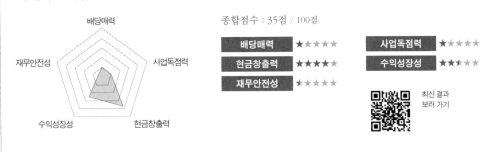

초이스스탁 US의 종목진단 결과는?

2020년 10월 실적발표 기준

옥타의 투자매력 점수는 100점 만점에 35점이며 미국 상장기업 5,591개 중 2,920위로 상위 52%에 속하는 기업이다.

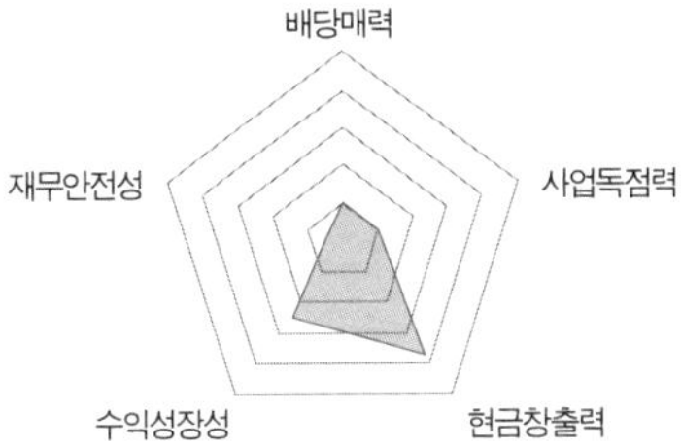

종합점수 : 35점 / 100점

배당매력	★☆☆☆☆	사업독점력	★☆☆☆☆
현금창출력	★★★★☆	수익성장성	★★½☆☆
재무안전성	★☆☆☆☆		

최신 결과 보러 가기

투자매력 세부 5개 항목 중 수익성장성이 5점 만점에 2.5점을 받았다. 2020년 10월 연환산(최근 4분기 합산) 매출액이 7억 6,800만 달러로 전년 동기 5억 3,400만 달러 대비 43% 급증했지만 순이익은 전년 동기 1억 8,900만 달러 적자에서 2억 4,100만 달러로 적자가 확대됐다.

그러나 영업활동에서 (+)플러스 현금흐름을 만들고 있어 재무 리스크는 크지 않다. 현금창출력 점수는 5점 만점에 3.8점을 받아 상대적으로 높은 평가를 받았다. 2020년 10월 연환산 영업활동 현금흐름이 1억 1,800만 달러로 전년 동기 4,100만 달러 대비 187% 늘었고 잉여현금흐름은 9,600만 달러로 전년 동기 2,300만 달러 대비 317% 성장한 점 등이 반영됐다.

배당은 지급하지 않아 배당 투자 대상으로는 현재 적합하지 않다.

POINT ▶ 이보다 더 좋을 순 없다만… 단 하나의 문제? 뒷걸음질 치는 클라우드 사업부문

오라클

ORCL NYSE | Oracle Corporation

처음 매매하는 경우

매매 예정 시점
실적 확인 후 ☐ 이슈 확인 후 ☐
매매 결정 이유
변동성 확대(단기) ☐ 실적 우수(장기) ☐
매수 목표 가격 $
손익 목표 가격 $ (+ %)
손절 목표 가격 $ (- %)
보유 예정 기간
3개월 미만(단기) ☐ 1년 이상(장기) ☐

보유 중인 경우

매매 구분 매수 ☐ 매도 ☐
매매 일자 20 . . .
매매 금액 가격 $ 수량 주
수익 현황 수익금액 $ 수익률 %

투자 아이디어

포춘 500대 기업 중 하나인 오라클**ORCL**은 기업용 IT 제품과 서비스를 제공하고 있는 세계 2대 소프트웨어 회사다.

1977년 설립된 오라클이 1982년 개발한 데이터베이스 관리 시스템인 '오라클 데이터베이스 매니지먼트 시스템'은 현재까지도 가장 많이 사용되는 시스템 중 하나다. 이후 전사적 자원관리 시스템인 ERP, 공급망관리 시스템인 SCM, 고객관계관리 시스템인 CRM 소프트웨어도 개발해 상용화했다. 더불어 2014년에 오라클 클라우드 플랫폼을 출시한 이후 클라우드 서비스에 집중 투자하고 있는데 아마존**AMZN**과 마이크로소프트**MSFT** 등 경쟁사에 비해 성장이 매우 더딘 상황이다.

1986년 3월 뉴욕증권거래소에 상장했으며, 미국 3대 지수 중 S&P 500에 속해 있다.

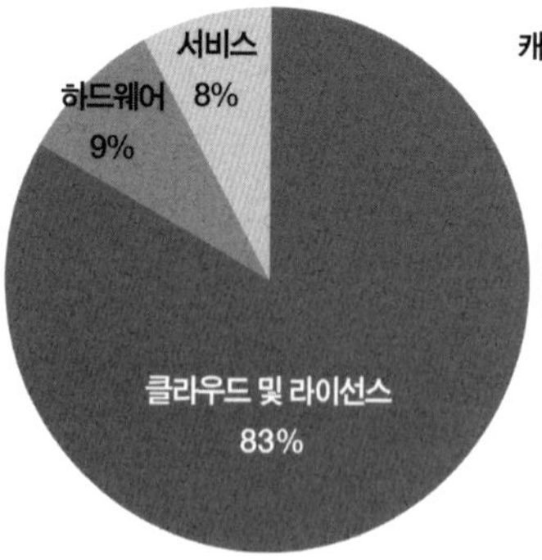

사업부문별 매출 비중

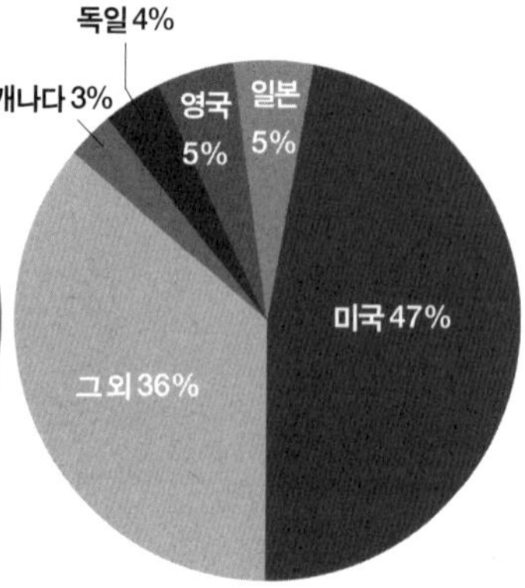

사업지역별 매출 비중

최신 정보 보러 가기 ●

주요 지표 및 주가 | 최신 뉴스 한 번에 보기 | 퀀트 분석 : 종목진단 | 컨센서스 및 투자의견

최근 3년 수익률
32.3%

최근 5년간 주요 투자지표 ① 손익계산서 5월 결산 기준 / (단위) 금액: 백만 달러, %

구분	2016. 5	2017. 5	2018. 5	2019. 5	2020. 5	전년 대비
매출액	37,047	37,792	39,383	39,506	39,068	▼ -1.1%
영업이익	12,604	12,913	13,264	13,535	13,896	▲ 2.7%
영업이익률(%)	34.0	34.2	33.7	34.3	35.6	▲ 1.3%P
순이익	8,901	9,452	3,587	11,083	10,135	▼ -8.6%
순이익률(%)	24.0	25.0	9.1	28.1	25.9	▼ -2.1%P

최근 5년간 주요 투자지표 ② 가치평가 5월 결산 기준 / (단위) 금액: 배, %, 달러

구분	2016. 5	2017. 5	2018. 5	2019. 5	2020. 5
PER(배)	18.74	19.76	53.17	15.6	16.73
PBR(배)	3.53	3.47	4.11	7.94	14.04
PSR(배)	4.5	4.94	4.84	4.38	4.34
ROE(%)	19.1	18.9	7	38.8	67.2
주당순이익(달러)	2.07	2.24	0.85	2.97	3.08
주당배당금(달러)	0.6	0.64	0.76	0.81	0.96

최근 5년간 주가 추이

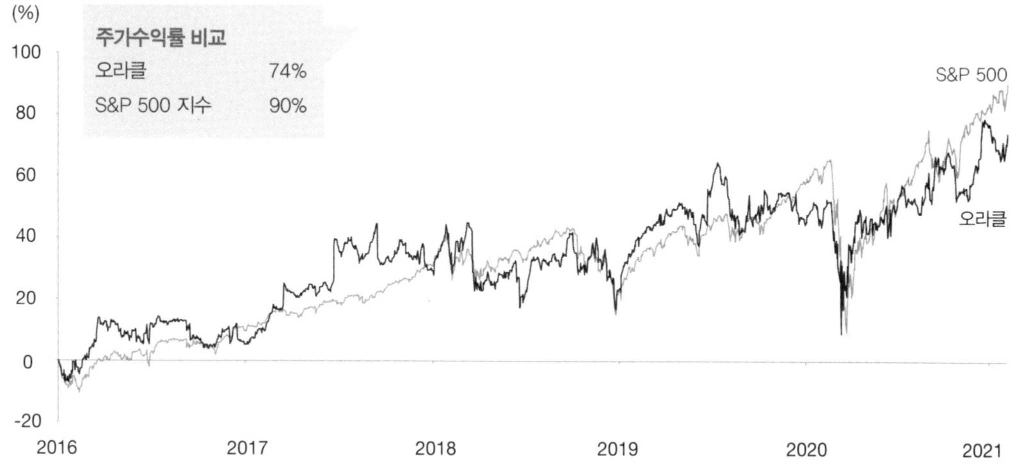

주요 경쟁업체 현황

오라클의 주요 경쟁사로는 서비스나우**NOW**, 마이크로소프트**MSFT**가 있다.

서비스나우ServiceNow, Inc.는 클라우드 기반으로 하는 서비스형 소프트웨어Software as Service, SaaS의 대표주자로써 기업 운영을 위한 IT 서비스를 제공한다. 2003년 설립돼 2012년 뉴욕증권거래소에 상장했다.

마이크로소프트Microsoft Corporation는 전 세계 PC 운영체제의 82%를 점유하고 있는 세계 최대의 소프트웨어 회사다. 1975년 빌 게이츠와 폴 앨런이 설립했으며 1986년에 나스닥에 상장했다.

최근 4분기 경쟁사 실적 비교 2020년 4월 기준 / (단위) 백만 달러, %, 달러

구분	오라클	서비스나우	마이크로소프트
매출	39,402	4,519	153,284
영업이익	14,630	199	60,155
순이익	10,380	119	51,310
영업이익률	37.13	4.40	39.24
순이익률	26.34	2.63	33.47
주당순이익(EPS)	3.29	0.59	6.71
주가수익배수(PER)	16.72	906.21	32.77
주가순자산배수(PBR)	21.92	37.89	12.91

오라클의 본사는 미국 캘리포니아 레드우드 시티에 위치하며, 상근 직원 수는 13만 5천여 명이다.
서비스나우의 본사는 미국 캘리포니아 산타클라라에 위치하며, 직원 수는 1만 3,096명이다
마이크로소프트의 본사는 미국 워싱턴 레드먼드에 위치하며, 상근 직원 수는 16만 3천여 명이다. (2021년 2월 현재)

최근 12개월간 주가 수익률 비교 2021년 2월 기준 / (단위) %

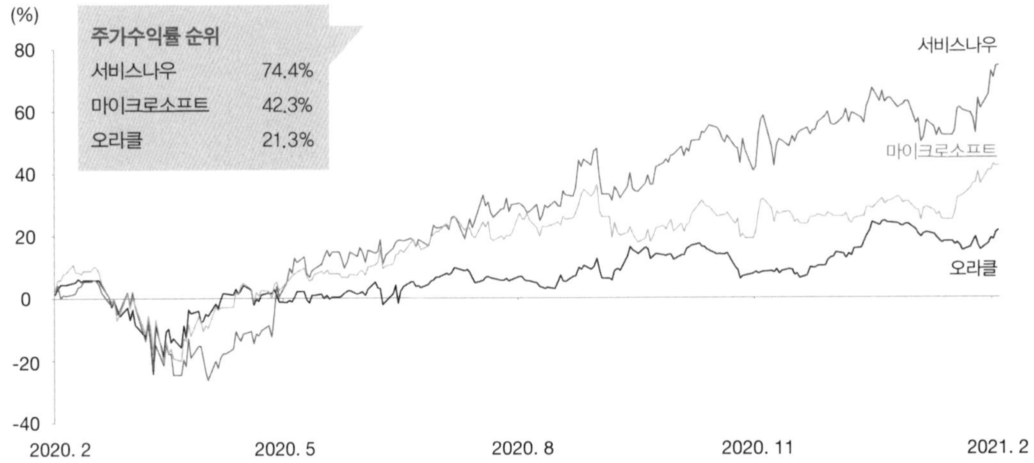

배당 및 투자의견, 종목진단 결과

오라클의 회계 결산월은 5월이다.

2013년부터 배당이 증가한 오라클의 배당금은 분기 단위로 지급되고, 배당수익률은 정보기술IT 섹터 평균인 1.14%보다 조금 높은 수준이다.

배당수익률(선행)	연간배당금(선행)	배당성향	배당성장	5년 배당성장률
1.49%	0.96달러	22.01%	8년	9.86%

최근 3개월간 13명의 애널리스트가 제시한 투자의견을 종합하면 매수Moderate Buy(매수 5명, 보유 7명, 매도 1명)이다. 향후 12개월간 목표주가는 최고 82달러, 최저 57달러, 평균 67.60달러이다.

초이스스탁 US의 종목진단 결과는?

2020년 11월 실적발표 기준

오라클의 투자매력 점수는 100점 만점에 69점이며 미국 상장기업 5,591개 중 946위로 상위 16%에 속하는 우량 기업이다.

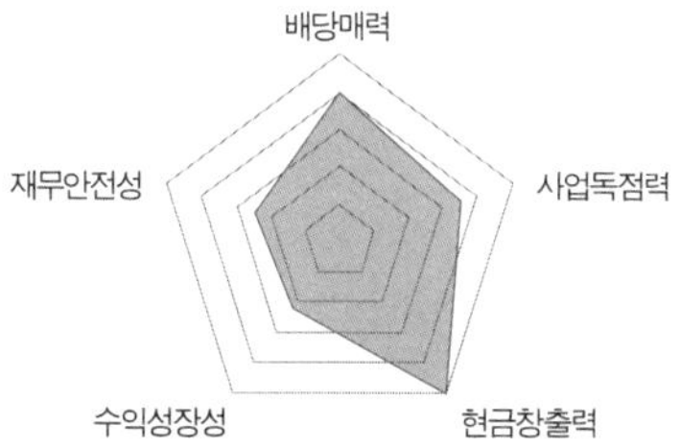

종합점수 : 69점 / 100점

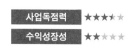

배당매력	★★★★☆	사업독점력	★★★½☆
현금창출력	★★★★★	수익성장성	★★☆☆☆
재무안전성	★★½☆☆		

최신 결과 보러 가기

투자매력 세부 5개 항목 중 현금창출력 부문에서 5점 만점을 받았다. 2020년 11월 연환산(최근 4분기 합산) 영업활동 현금흐름이 139억 달러, 잉여현금흐름이 121억 달러를 창출한 점 등이 반영됐다. 양호한 잉여현금흐름 창출로 배당 지급 여력이 높다. 배당매력 점수는 5점 만점에 4점으로 2020년에 주당배당금 0.96달러를 지급해 시가배당률 1.8%를 기록했다. 최근 5년간 시가배당률은 1.4~1.8% 수준이다.

다만, 수익성장성 점수는 2.2점으로 다소 낮은 평가를 받았다. 2020년 11월 연환산 매출액이 394억 달러로 전년 동기 395억 달러와 비슷하고, 순이익도 103억 달러로 전년 동기 109억 달러와 비슷해 매출과 이익이 정체된 점이 반영됐다. 2018년부터 최근 3년간 매출액이 390억 달러 수준에서 벗어나지 못하고 있는 점은 리스크다.

POINT ▶ 코로나 19 팬데믹에도 꿋꿋한 실적, 경기 회복으로 성장세 확대 예상

페이콤 소프트웨어

PAYC NYSE | Paycom Software, Inc.

처음 매매하는 경우	보유 중인 경우
매매 예정 시점 실적 확인 후 ☐ 이슈 확인 후 ☐	**매매 구분** 매수 ☐ 매도 ☐
매매 결정 이유 변동성 확대(단기) ☐ 실적 우수(장기) ☐	**매매 일자** 20 . . .
매수 목표 가격 $	**매매 금액** 가격 $ 수량 주
손익 목표 가격 $ (+ %)	**수익 현황** 수익금액 $ 수익률 %
손절 목표 가격 $ (- %)	**투자 아이디어**
보유 예정 기간 3개월 미만(단기) ☐ 1년 이상(장기) ☐	

페이콤 소프트웨어**PAYC**, 이하 페이콤은 미국의 온라인 인적자원관리 소프트웨어 회사로, 클라우드 기반의 서비스형 소프트웨어Software as Service, SaaS 방식으로 서비스를 제공하고 있다. 1998년 설립해 급여관리 서비스를 제공하기 시작했으며, 2001년 인적자원관리 부문으로 사업을 확장하면서 현재 미국의 주요 인적자원관리 서비스 업체 중 하나로 성장했다. 2019년 12월 말 기준으로 2만 6,500개 이상의 사업체를 클라이언트로 확보하고 있는데 이 중 93%가 계약을 연장한 상태다.

참고로, 글로벌 인적자원관리 시장은 2019년 160억 달러를 기준으로 2020년부터 연평균 +11.7% 성장해 오는 2027년에는 381억 달러에 달할 것으로 예상된다.

2014년 4월 뉴욕증권거래소에 상장했으며, 3대 지수 중 S&P 500에 속해 있다.

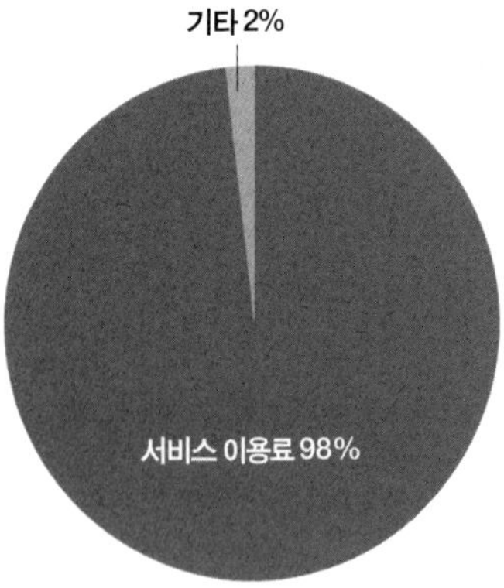

사업부문별 매출 비중

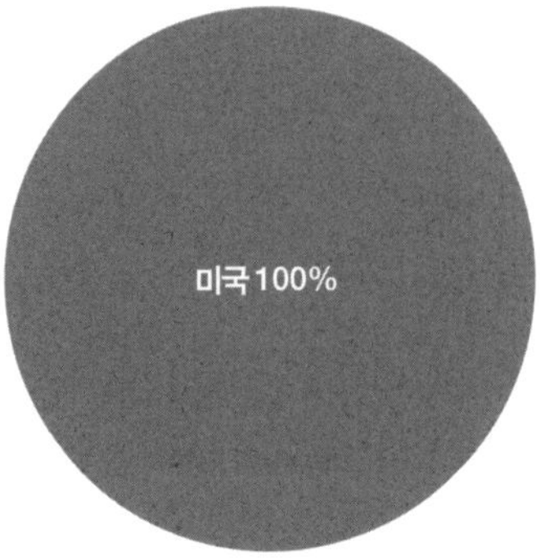

사업지역별 매출 비중

최신 정보 보러 가기 ●

주요 지표 및 주가 | 최신 뉴스 한 번에 보기 | 퀀트 분석 : 종목진단 | 컨센서스 및 투자의견

최근 3년 수익률
409.3%

최근 5년간 주요 투자지표 ① 손익계산서 12월 결산 기준 / (단위) 금액: 백만 달러, %

구분	2016. 12	2017. 12	2018. 12	2019. 12	2020. 12	전년 대비
매출액	329	433	566	738	841	▲ 14.0%
영업이익	102	130	174	226	186	▼ -17.7%
영업이익률(%)	31.0	30.0	30.7	30.6	22.1	▼ -8.5%P
순이익	70	123	137	181	143	▼ -21.0%
순이익률(%)	21.3	28.4	24.2	24.5	17.0	▼ -7.5%P

최근 5년간 주요 투자지표 ② 가치평가 12월 결산 기준 / (단위) 금액: 배, %, 달러

구분	2016. 12	2017. 12	2018. 12	2019. 12	2020. 12
PER(배)	38.83	38.51	52.36	85.62	184.47
PBR(배)	23.47	16.91	21.44	29.36	40.36
PSR(배)	8.31	10.98	12.67	20.96	31.45
ROE(%)	56.9	67.7	40.4	39.4	23.2
주당순이익(달러)	1.19	2.1	2.34	3.09	2.46
주당배당금(달러)	0	0	0	0	0

최근 5년간 주가 추이

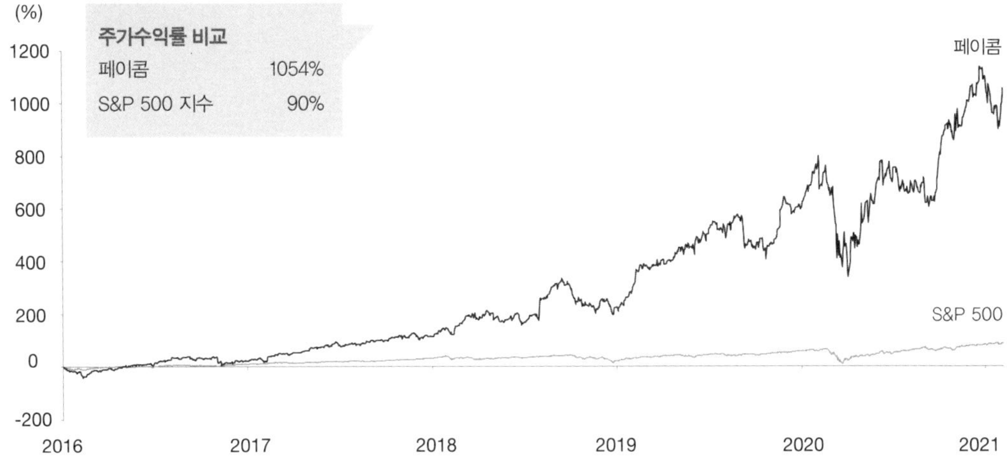

주요 경쟁업체 현황

페이콤의 주요 경쟁사로는 쿠파 소프트웨어COUP, 스플렁크SPLK가 있다.

쿠파 소프트웨어Coupa Software Incorporated는 사업 비용 관리를 위한 소프트웨어를 클라우드 방식으로 제공하는 기업이다. 2006년 설립됐으며 2016년 나스닥에 상장했다.

스플렁크Splunk Inc.는 데이터를 수집 및 분석하는 빅데이터 플랫폼 기업으로, 클라우드 방식으로 서비스를 제공한다. 2003년 설립됐으며 2012년 나스닥에 상장했다.

최근 4분기 경쟁사 실적 비교 2020년 4분기 기준 / (단위) 백만 달러, %, 달러

구분	페이콤	쿠파 소프트웨어	스플렁크
매출	841	490	2,275
영업이익	186	-87	-701
순이익	143	-143	-791
영업이익률	22.12	-17.76	-30.81
순이익률	17.00	-29.18	-34.77
주당순이익(EPS)	2.46	-2.12	-4.98
주가수익배수(PER)	184.47	-129.08	-40.15
주가순자산배수(PBR)	40.36	44.65	19.74

페이콤의 본사는 미국 오클라호마에 위치하며, 상근 직원 수는 4,218명이다.
쿠파 소프트웨어의 본사는 미국 캘리포니아에 위치하며, 상근 직원 수는 3,000여 명이다.
스플렁크의 본사는 미국 캘리포니아 샌프란시스코에 위치하며, 상근 직원 수는 5,800명이다.
(2021년 2월 현재)

최근 12개월간 주가 수익률 비교 2021년 2월 기준 / (단위) %

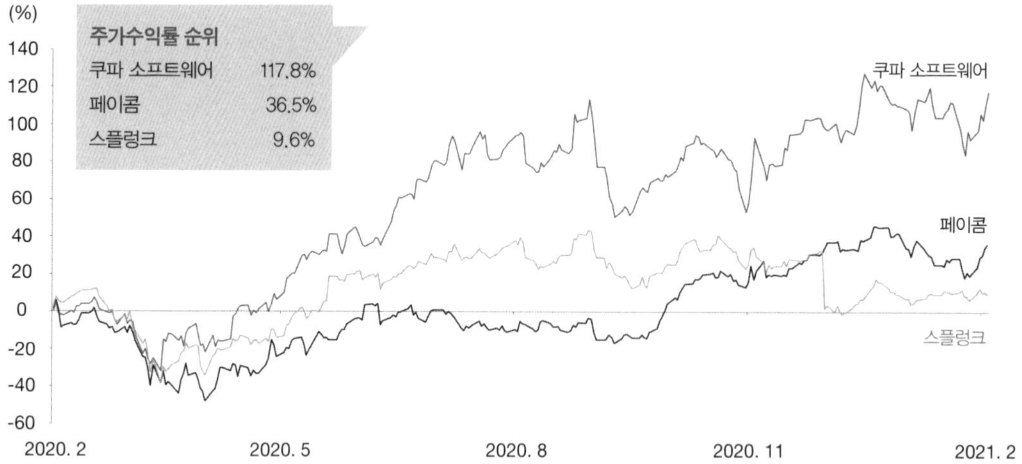

배당 및 투자의견, 종목진단 결과

페이콤의 회계 결산월은 12월이다.

배당이 없는 페이콤에 대하여 최근 3개월간 11명의 애널리스트가 제시한 투자의견을 종합하면 매수Moderate Buy(매수 7명, 보유 4명, 매도 0명)이다. 향후 12개월간 목표주가는 최고 513달러, 최저 400달러, 평균 467.82달러이다.

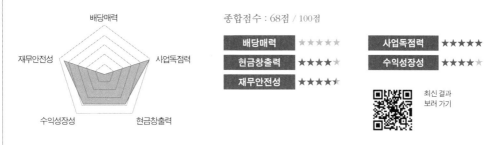

초이스스탁 US의 종목진단 결과는?

2020년 9월 실적발표 기준

페이콤의 투자매력 점수는 100점 만점에 68점이며 미국 상장기업 5,591개 중 1,015위로 상위 18%에 속하는 우량 기업이다.

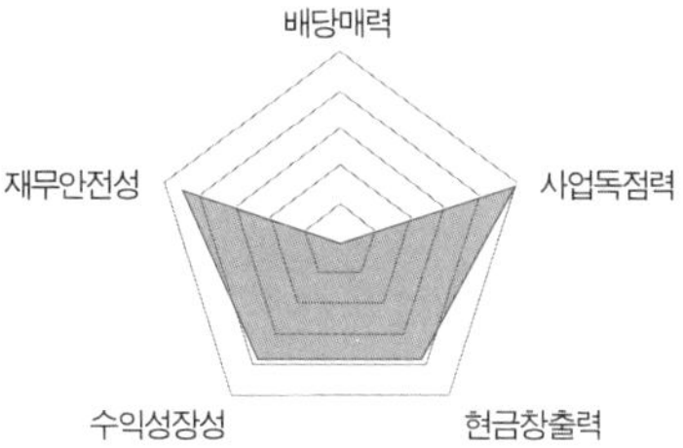

종합점수 : 68점 / 100점

배당매력	☆☆☆☆☆	사업독점력	★★★★★
현금창출력	★★★★☆	수익성장성	★★★★☆
재무안전성	★★★★☆		

최신 결과 보러 가기

투자매력 세부 5개 항목 중 사업독점력 점수가 5점 만점을 받았다. 사업독점력 만점은 미국 전체 상장사 중 상위 3%인 172개 기업만이 통과한 초우량 기업이다. 최근 5년간 자기자본이익률(ROE) 평균은 45%로 전체 상장사 평균 6.1% 대비 7배 이상 높은 수치다. 또한, 최근 5년 연평균 매출액 성장률도 31%로 상장사 평균 2.8% 대비 압도적인 성장률을 기록했다.

수익성장성 점수는 3.8점을 받았다. 2020년 9월 연환산(최근 4분기 합산) 매출액은 8억 1,400만 달러로 전년 동기 6억 9,500만 달러 대비 17% 성장했고, 순이익은 1억 6,400만 달러로 전년 동기 1억 6,700만 달러 대비 1.7% 줄었다. 코로나 19에도 불구하고 두 자릿수 이상의 높은 성장률 등이 수익성장성 평가에 반영됐다.

재무안전성은 5점 만점에 4.5점을 받아 우량하고 안전한 재무구조를 나타내고 있고, 현금창출력은 3.8점으로 2020년 9월 연환산 기준 영업활동 현금흐름 2억 2,200만 달러, 잉여현금흐름 1억 2,700만 달러를 기록한 점 등이 반영됐다.

배당은 지급하지 않아 배당 투자 대상으로는 현재 적합하지 않다.

POINT ▶ 전기 트럭 개발에 이어 자율주행 트럭 개발을 위해 움직이기 시작

팩카

PCAR NYSE | PACCAR Inc.

처음 매매하는 경우	보유 중인 경우
매매 예정 시점 실적 확인 후 ☐ 이슈 확인 후 ☐	**매매 구분** 매수 ☐ 매도 ☐
매매 결정 이유 변동성 확대(단기) ☐ 실적 우수(장기) ☐	**매매 일자** 20 . . .
매수 목표 가격 $	**매매 금액** 가격 $ 수량 주
손익 목표 가격 $ (+ %)	**수익 현황** 수익금액 $ 수익률 %
손절 목표 가격 $ (- %)	**투자 아이디어**
보유 예정 기간 3개월 미만(단기) ☐ 1년 이상(장기) ☐	

포춘 500대 기업 중 하나인 팩카**PCAR**는 세계 최대의 트랙터 트럭 및 트레일러 트럭 제조 회사다. 참고로 트랙터 트럭, 트레일러 트럭이라 하면 영화 <트랜스포머>의 '옵티머스 프라임'과 같은 대형 트럭을 연상하면 된다. 글로벌 상용차 그룹 중 하나로, 다양한 중장비 트럭과 부품을 제조해 판매하고 차량 관련 융자 및 임대 서비스를 제공하고 있다.

1905년 철도 차량 제작을 시작으로, 제2차 세계대전 때 전차와 군용 트랙터 등 군수장비를 생산하면서 크게 성장했다. 1945년 켄워스 모터 트럭, 1958년 피터빌트 모터스와 다트 트럭, 1996년 네덜란드의 다프, 1998년 영국의 레일랜드 트럭을 차례로 인수했다. 2017년에는 미래 상용차 개발을 위해 캘리포니아 선배일에 실리콘 밸리 혁신 센터를 설립했다.

1986년 7월 나스닥에 상장했으며, 나스닥 100 과 S&P 500에 속해 있다.

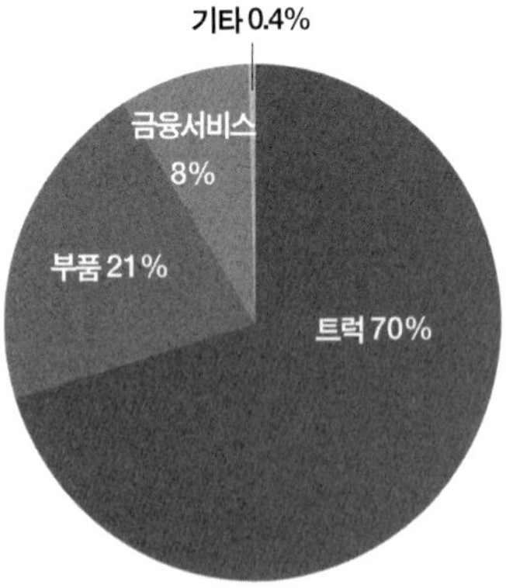

사업부문별 매출 비중

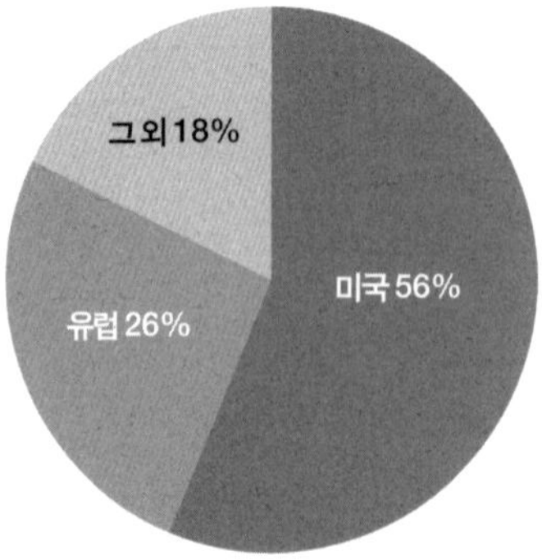

사업지역별 매출 비중

최신 정보 보러 가기 ●

주요 지표 및 주가 | 최신 뉴스 한 번에 보기 | 퀀트 분석 : 종목진단 | 컨센서스 및 투자의견

최근 3년 수익률
50.7%

최근 5년간 주요 투자지표 ① 손익계산서 12월 결산 기준 / (단위) 금액: 백만 달러, %

구분	2016. 12	2017. 12	2018. 12	2019. 12	2020. 12	전년 대비
매출액	17,033	19,456	23,496	25,600	18,729	▼ -26.8%
영업이익	1,223	2,241	2,875	3,205	1,760	▼ -45.1%
영업이익률(%)	7.2	11.5	12.2	12.5	9.4	▼ -3.1%P
순이익	522	1,675	2,195	2,388	1,298	▼ -45.6%
순이익률(%)	3.1	8.6	9.3	9.3	6.9	▼ -2.4%P

최근 5년간 주요 투자지표 ② 가치평가 12월 결산 기준 / (단위) 금액: 배, %, 달러

구분	2016. 12	2017. 12	2018. 12	2019. 12	2020. 12
PER(배)	42.94	14.92	9.1	11.46	23.02
PBR(배)	3.31	3.1	2.32	2.82	2.88
PSR(배)	1.32	1.29	0.85	1.07	1.60
ROE(%)	7.8	21.9	25	24.9	13
주당순이익(달러)	1.48	4.75	6.24	6.87	3.74
주당배당금(달러)	1.56	2.19	3.09	3.58	1.98

최근 5년간 주가 추이

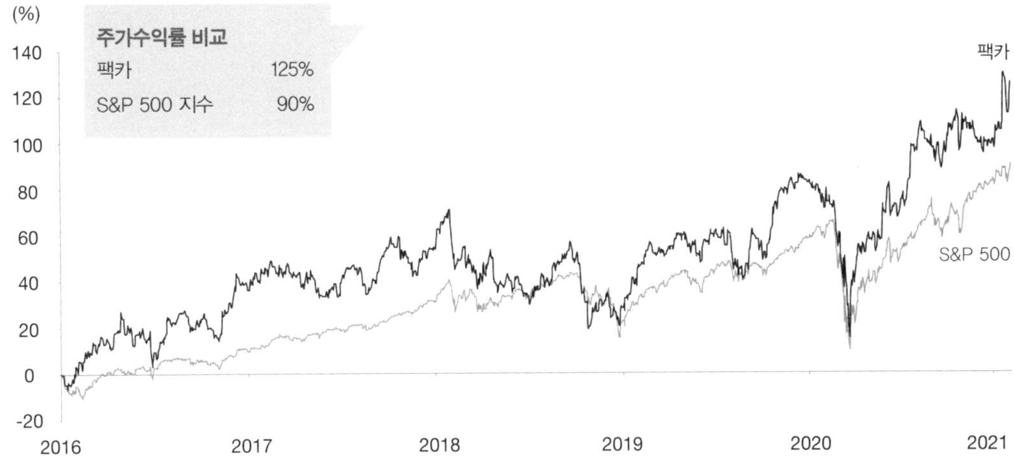

주요 경쟁업체 현황

팩카의 주요 경쟁사로는 씨엔에이치 인더스트리얼**CNHI**, 나비스타 인터내셔널**NAV**이 있다.

씨엔에이치 인더스트리얼CNH Industrial은 전 세계 180개 국가에 걸쳐 농업 및 건축 장비·트럭·상용차·버스 및 특수차량 등을 제작해 판매하는 기업이다. 2012년 설립됐으며 2013년 뉴욕증권거래소에 상장했다.

나비스타 인터내셔널Navistar International은 상용 트럭과 버스 등을 생산하는 자동차 회사이자 지주회사로, 북·중미에 1,000개에 가까운 딜러 네트워크를 비롯해 해외 90개국에 60개의 딜러를 확보하고 있다.

최근 4분기 경쟁사 실적 비교 2020년 4분기 기준 / (단위) 백만 달러, %, 달러

구분	팩카	씨엔에이치 인더스트리얼	나비스타 인터내셔널
매출	18,729	28,079	7,503
영업이익	1,760	1,968	-122
순이익	1,298	1,422	-347
영업이익률	9.40	7.01	-1.63
순이익률	6.93	5.06	-4.62
주당순이익(EPS)	3.74	1.05	-3.48
주가수익배수(PER)	23.02	13.48	-12.36
주가순자산배수(PBR)	2.88	3.15	N/A

팩카의 본사는 미국 워싱턴에 위치하며, 직원 수는 2만 6천여 명이다.
씨엔에이치 인더스트리얼의 본사는 영국 런던과 네덜란드 암스테르담에 위치하며, 직원 수는 6만 3,499명이다.
나비스타 인터내셔널의 본사는 미국 일리노이에 위치하며, 직원 수는 1만 2,100명이다. (2021년 2월 현재)

최근 12개월간 주가 수익률 비교 2021년 2월 기준 / (단위) %

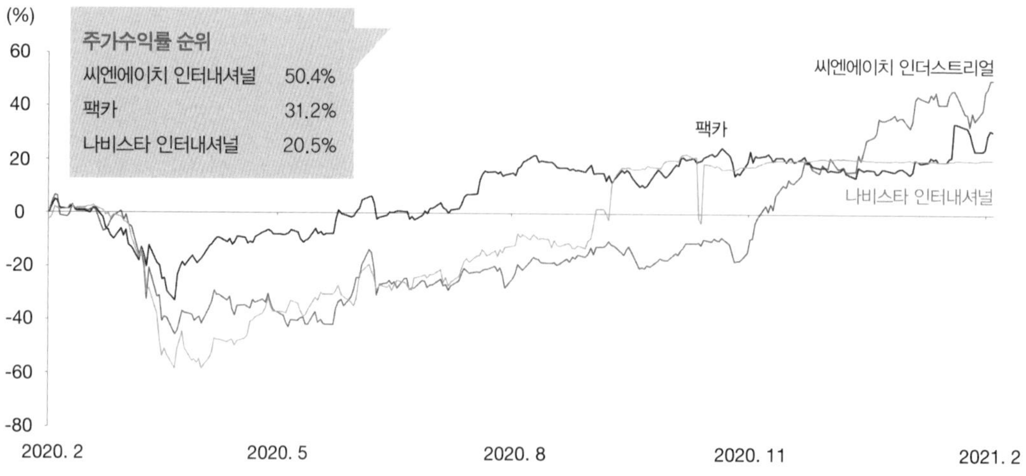

배당 및 투자의견, 종목진단 결과

팩카의 회계 결산월은 12월이다.

배당금은 분기 단위로 지급되고, 배당수익률은 산업재 섹터 평균인 2.12%의 3분의 2 수준이다.

배당수익률(선행)	연간배당금(선행)	배당성향	배당성장	5년 배당성장률
1.41%	1.28달러	22.24%	0년	8.14%

최근 3개월간 7명의 애널리스트가 제시한 투자의견을 종합하면 보유Hold(매수 1명, 보유 5명, 매도 1명)이다. 향후 12개월간 목표주가는 최고 115달러, 최저 79달러, 평균 95.00달러이다.

초이스스탁 US의 종목진단 결과는?

2020년 12월 실적발표 기준

팩카의 투자매력 점수는 100점 만점에 69점이며 미국 상장기업 5,591개 중 945위로 상위 16%에 속하는 우량 기업이다.

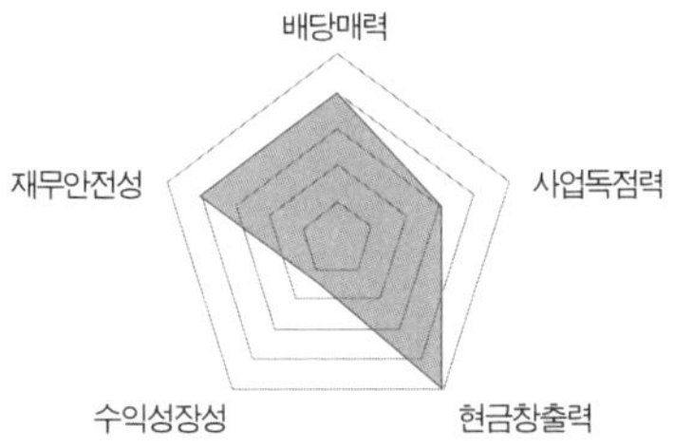

종합점수 : 69점 / 100점

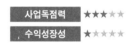

배당매력	★★★★☆	사업독점력	★★★☆☆
현금창출력	★★★★★	수익성장성	★☆☆☆☆
재무안전성	★★★★☆		

최신 결과 보러 가기

투자매력 세부 5개 항목 중 현금창출력 부문에서 5점 만점을 받았다. 2020년 12월 연환산(최근 4분기 기준) 영업활동 현금흐름이 29억 달러, 잉여현금흐름이 13억 달러를 기록했다. 또한, 현금성 자산 35억 달러, 투자자산 14억 달러를 보유하고 있는 점 등이 반영됐다. 수익성장성 점수는 1.2점으로 낮은 평가를 받았다. 2020년 12월 연환산 매출액이 187억 달러로 전년 동기 256억 달러 대비 26% 감소했고, 순이익은 12억 달러로 전년 동기 23억 달러 대비 48% 줄어든 점 등이 반영됐다. 2021년 예상 매출액은 224억 달러로 지난 2018년 연간 매출액 수준을 회복할 전망이다. 재무안전성 점수는 4점을 받아 안정적인 재무구조를 갖춘 기업으로 평가된다. 부채비율 172%, 유동비율 213%, 이자보상배수 9배 등의 지표가 반영된 결과다.

배당매력 점수는 4점으로 높은 평가를 받았다. 2020년 주당배당금은 1.98달러를 지급해 시가배당률 2.3%를 기록했다. 최근 5년간 시가배당률은 2.3~5.4% 수준이다.

POINT ▶ 견고한 판매 모멘텀에 코로나 19 이후 음료 부문의 실적 회복세 주목

배당귀족

펩시코

PEP Nasdaq | PepsiCo, Inc.

처음 매매하는 경우		보유 중인 경우	
매매 예정 시점	실적 확인 후 ☐ 이슈 확인 후 ☐	**매매 구분**	매수 ☐ 매도 ☐
매매 결정 이유	변동성 확대(단기) ☐ 실적 우수(장기) ☐	**매매 일자**	20 . . .
매수 목표 가격	$	**매매 금액**	가격 $ 수량 주
손익 목표 가격	$ (+ %)	**수익 현황**	수익금액 $ 수익률 %
손절 목표 가격	$ (- %)	**투자 아이디어**	
보유 예정 기간	3개월 미만(단기) ☐ 1년 이상(장기) ☐		

포춘 500대 기업 중 하나인 펩시코**PEP**는 세계적인 식음료 회사로, 1902년 설립됐다. 탄산 음료로 사업을 시작한 펩시코는 펩시콜라와 마운틴듀 등의 탄산 음료 외에 비탄산 음료로 스포츠 음료인 게토레이와 과일 음료인 트로피카나를 보유하고 있다. 감자칩과 옥수수칩 등 스낵류를 생산하는 프리토레이를 1965년에 인수합병했고, 시리얼과 오트밀을 생산하는 퀘이커 오츠를 2001년에 인수합병했다. 이를 통해 음료와 식품으로 알차게 사업 포트폴리오를 운영하면서 북미 최대 식품 회사로 성장해왔다. 코로나 19 팬데믹에 따른 사회적 거리두기와 재택근무 등으로 오프라인 매장에서의 음료 판매가 감소했지만, 가정에서의 식품 수요가 증가하면서 식료품 매출이 상당폭 증가하면서 음료 부문의 부진을 상쇄했다.

1919년 12월 뉴욕증권거래소에 상장해 현재는 나스닥에서 거래되고 있으며, 나스닥 100과 S&P 500에 속해 있다.

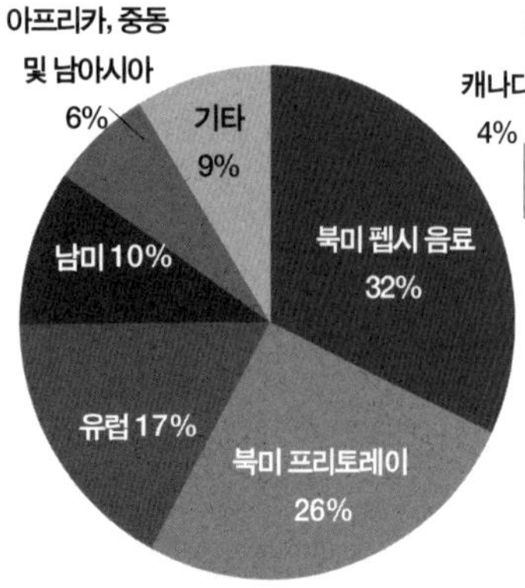

사업부문별 매출 비중

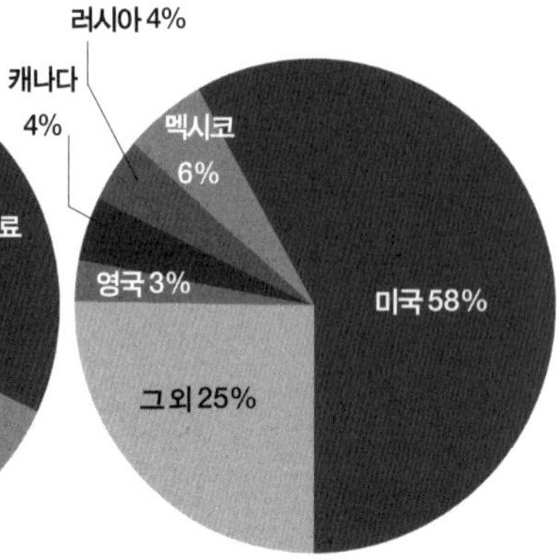

사업지역별 매출 비중

최신 정보 보러 가기 ●

주요 지표 및 주가 | 최신 뉴스 한 번에 보기 | 퀀트 분석 : 종목진단 | 컨센서스 및 투자의견

최근 3년 수익률
22.0%

최근 5년간 주요 투자지표 ① 손익계산서 12월 결산 기준 / (단위) 금액: 백만 달러, %

구분	2016. 12	2017. 12	2018. 12	2019. 12	2020. 12	전년 대비
매출액	62,799	63,525	64,661	67,161	70,372	▲ 4.8%
영업이익	9,804	10,276	10,110	10,291	10,080	▼ -2.1%
영업이익률(%)	15.6	16.2	15.6	15.3	14.3	▼ -1%P
순이익	6,329	4,857	12,515	7,314	7,120	▼ -2.7%
순이익률(%)	10.1	7.6	19.4	10.9	10.1	▼ -0.8%P

최근 5년간 주요 투자지표 ② 가치평가 12월 결산 기준 / (단위) 금액: 배, %, 달러

구분	2016. 12	2017. 12	2018. 12	2019. 12	2020. 12
PER(배)	23.71	35.11	12.45	26.22	28.16
PBR(배)	13.34	15.44	10.73	12.97	14.9
PSR(배)	2.39	2.69	2.41	2.86	2.85
ROE(%)	53.1	39.8	109.3	51.3	53.8
주당순이익(달러)	4.36	3.38	8.78	5.2	5.12
주당배당금(달러)	2.96	3.17	3.59	3.79	4.02

최근 5년간 주가 추이

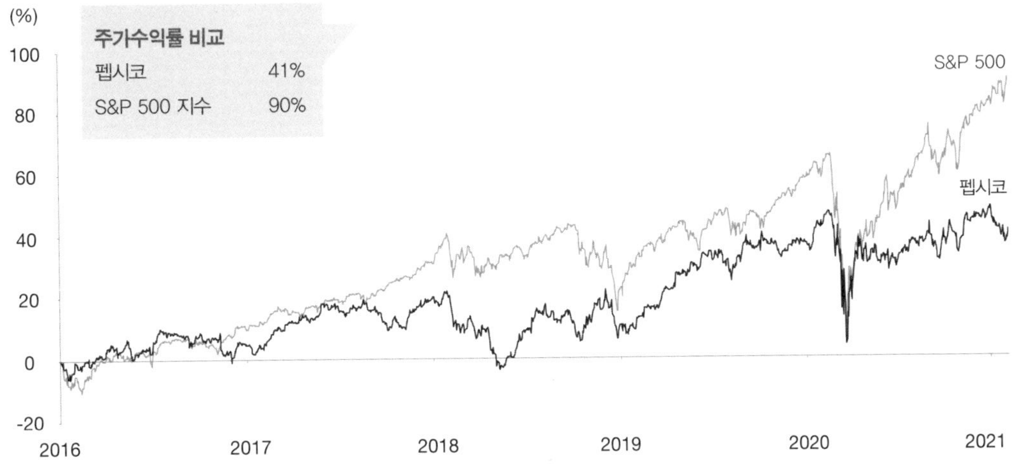

주요 경쟁업체 현황

펩시코의 주요 경쟁사로는 코카콜라**KO**, 큐리그 닥터 페퍼**KDP**가 있다.

코카콜라The Coca-Cola Company는 전 세계 200개국을 대상으로 500여 브랜드와 4,000여 종의 음료를 취급하는 세계 최대의 종합 음료회사다.

큐리그 닥터 페퍼Keurig Dr Pepper Inc.는 2018년 커피 공급업체 큐리그 그린 마운틴Keurig Green Mountain이 탄산음료를 만드는 닥터 페퍼 스내플Dr Pepper Snapple를 인수합병하여 탄생했다. 음료 농축액, 포장 음료, 라틴아메리카 음료, 커피 등 4가지 부문에서 사업을 영위하는데 그 중 캡슐커피는 맥도날드, 크리스피 크림 등 20여 개의 제휴 기업에 제공하고 있다.

최근 4분기 경쟁사 실적 비교 2020년 4분기 기준 / (단위) 백만 달러, %, 달러

구분	펩시코	코카콜라	큐리그 닥터 페퍼
매출	70,372	33,471	11,431
영업이익	10,080	8,823	2,493
순이익	7,120	8,333	1,303
영업이익률	14.32	26.36	21.81
순이익률	10.12	24.90	11.40
주당순이익(EPS)	5.12	1.92	0.91
주가수익배수(PER)	28.16	25.11	29.81
주가순자산배수(PBR)	14.9	11.25	1.67

펩시코의 본사는 미국 뉴욕에 위치하며, 상근 직원 수는 26만 7천여 명이다.
코카콜라의 본사는 미국 조지아 애틀랜타에 위치한다.
큐리그 닥터 페퍼의 본사는 미국 미국 매사추세츠 주 벌링턴과 텍사스 주 플라노에 위치하며, 상근 직원 수는 2만 6천여 명이다. (2021년 2월 현재)

최근 12개월간 주가 수익률 비교 2021년 2월 기준 / (단위) %

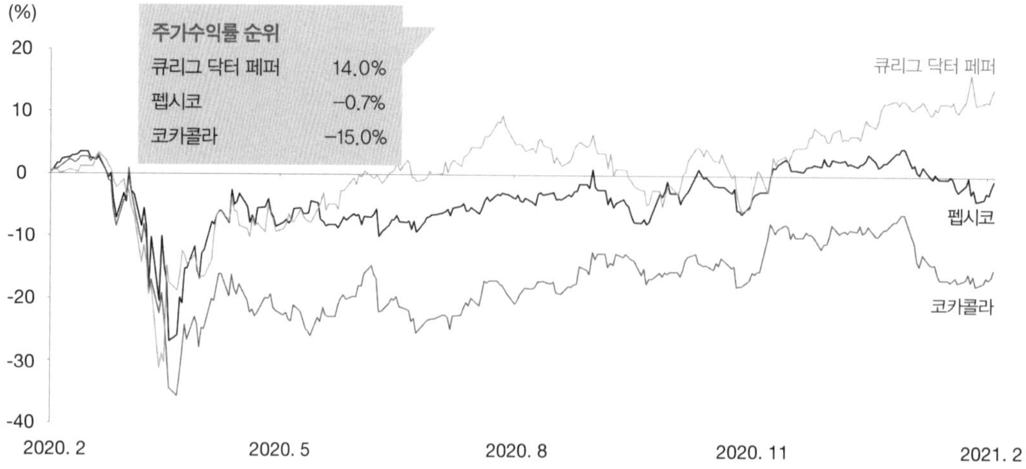

배당 및 투자의견, 종목진단 결과

펩시코의 회계 결산월은 12월이다.

1973년부터 배당이 증가해 '배당귀족'에 해당하는 펩시코의 배당금은 분기 단위로 지급되고, 배당수익률은 필수소비재 섹터 평균인 1.74%보다 1.8배 높은 수준이다.

배당수익률(선행)	연간배당금(선행)	배당성향	배당성장	5년 배당성장률
3.17%	4.09달러	67.61%	48년 배당귀족	7.80%

최근 3개월간 9명의 애널리스트가 제시한 투자의견을 종합하면 보유Hold(매수 2명, 보유 6명, 매도 1명)이다. 향후 12개월간 목표주가는 최고 161달러, 최저 136달러, 평균 152.25달러이다.

초이스스탁 US의 종목진단 결과는?

2020년 9월 실적발표 기준

펩시코의 투자매력 점수는 100점 만점에 67점이며 미국 상장기업 5,591개 중 1,074위로 상위 19%에 속하는 우량 기업이다.

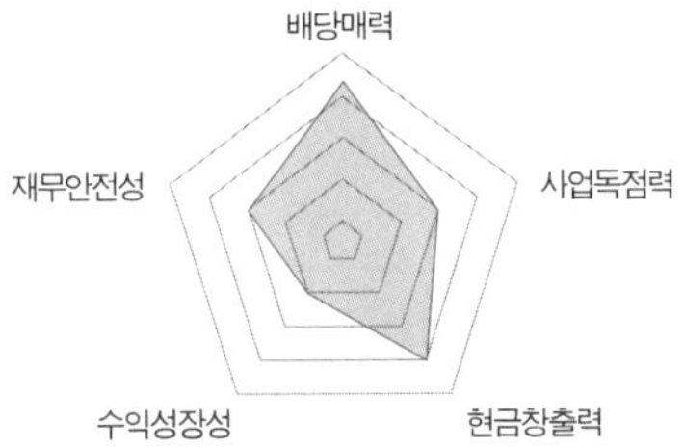

종합점수 : 67점 / 100점

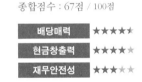

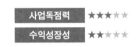

항목	평가
배당매력	★★★★★
사업독점력	★★★★★
현금창출력	★★★★★
수익성장성	★★★★★
재무안전성	★★★★★

최신 결과 보러 가기

투자매력 세부 5개 항목 중 배당매력이 5점 만점에 4.5점으로 배당투자 매력이 높은 기업이다. 최근 18년 연속 주당 배당금을 상향했고, 2020년에는 주당배당금 4.02달러를 지급해 시가배당률 2.8%를 기록했다. 최근 5년간 시가배당률은 2.6~3.3% 수준이다. 배당지급의 원천인 현금흐름도 잘 만들고 있어 현금창출력 부문에서도 4.2점으로 높은 평가를 받았다. 2020년 12월 연환산(최근 4분기 합산) 영업활동 현금흐름이 106억 달러, 잉여현금흐름이 64억 달러를 창출한 점 등이 반영됐다. 수익성장성은 1.8점으로 다소 낮은 평가를 받았다. 2020년 12월 연환산 매출액이 703억 달러로 전년 동기 671억 달러 대비 4.7% 늘었고, 순이익은 71억 달러로 전년 동기 73억 달러 대비 소폭 줄어든 점 등이 반영됐다. 재무안전성은 3점으로 평균 이상의 안전성을 갖춘 기업이다. 부채비율 596%, 유동비율 98%, 이자보상배수 9배 등이 반영된 결과다.

POINT ▶ 성공적인 사업부문 재편과 코로나 19 백신 매출 호조, 그 다음은?

배당성취자

화이저

PFE NYSE | Pfizer Inc.

처음 매매하는 경우

매매 예정 시점
실적 확인 후 ☐ 이슈 확인 후 ☐

매매 결정 이유
변동성 확대(단기) ☐ 실적 우수(장기) ☐

매수 목표 가격 $

손익 목표 가격 $ (+ %)

손절 목표 가격 $ (- %)

보유 예정 기간
3개월 미만(단기) ☐ 1년 이상(장기) ☐

보유 중인 경우

매매 구분 매수 ☐ 매도 ☐

매매 일자 20 . . .

매매 금액 가격 $ 수량 주

수익 현황 수익금액 $ 수익률 %

투자 아이디어

포춘 500대 기업 중 하나인 화이저**PFE**는 글로벌 의약품 매출 1위 제약사다. 2019년 기준으로 연매출 10억 달러 이상의 블록버스터 의약품 8개를 포함, 700여 개의 의약품을 출시해 전 세계 125개국 이상에 판매하고 있다.

1849년에 설립된 화이저는 기존 컨슈머 헬스케어 부문, 업존 부문, 바이오파마 부문 등 3개 사업부문을 영위해왔다. 처방이 필요없는 일반 의약품을 취급하는 컨슈머 헬스케어 부문은 2019년 분사했고, 특허가 만료된 의약품이나 주사제를 취급하는 업존 부문은 2020년 분사를 완료, 현재는 특허 보호를 받는 신약을 취급하는 바이오파마 부문이 남아있다. 바이오앤텍**BNTX**과 공동으로 코로나19에 대한 mRNA 방식의 백신을 개발해 가장 먼저 FDA로부터 가장 먼저 승인을 획득했다.

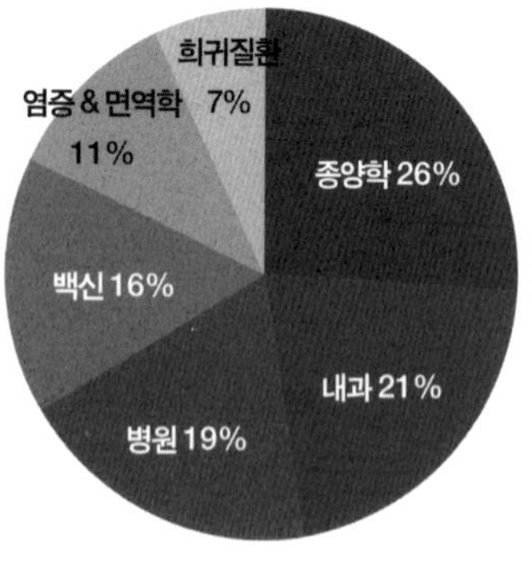

사업부문별 매출 비중

사업지역별 매출 비중

1951년 뉴욕증권거래소에 상장했고, 미국 3대 지수 중 다우와 S&P 500에 속해 있다.

최신 정보 보러 가기 ●

주요 지표 및 주가 / 최신 뉴스 한 번에 보기 / 퀀트 분석 : 종목진단 / 컨센서스 및 투자의견

최근 3년 수익률 6.2%

최근 5년간 주요 투자지표 ① 손익계산서 12월 결산 기준 / (단위) 금액: 백만 달러, %

구분	2016. 12	2017. 12	2018. 12	2019. 12	2020. 12	전년 대비
매출액	52,824	52,546	40,825	41,172	41,908	▲ 1.8%
영업이익	8,351	12,306	3,595	3,400	7,491	▲ 120.3%
영업이익률(%)	15.8	23.4	8.8	8.3	17.9	▲ 9.6%P
순이익	7,215	21,308	11,152	16,273	9,616	▼ -40.9%
순이익률(%)	13.7	40.6	27.3	39.5	22.9	▼ -16.6%P

최근 5년간 주요 투자지표 ② 가치평가 12월 결산 기준 / (단위) 금액: 배, %, 달러

구분	2016. 12	2017. 12	2018. 12	2019. 12	2020. 12
PER(배)	27.32	10.13	22.62	13.32	21.28
PBR(배)	3.31	3.03	3.98	3.43	3.24
PSR(배)	3.73	4.11	6.18	5.27	4.88
ROE(%)	11.6	34.2	16.2	26.4	14.9
주당순이익(달러)	1.17	3.52	1.87	2.87	1.71
주당배당금(달러)	1.2	1.28	1.36	1.44	3.49

최근 5년간 주가 추이

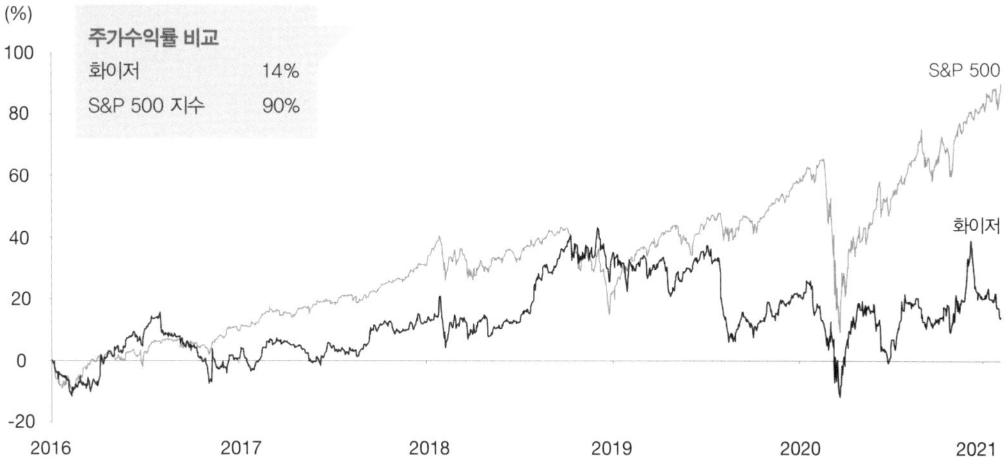

주요 경쟁업체 현황

화이저의 주요 경쟁사로는 노바티스NVS, 머크 앤 컴퍼니MRK가 있다.

노바티스Novartis AG.는 화이저PFE, 로슈와 함께 세계 제약 시장 톱3에 꼽히는 다국적 제약사다. 1996년 시바가이기Ciba-Geigy와 산도즈Sandoz의 합병으로 탄생했다. 만성골수성 백혈병 치료제 글리벡 등을 보유하고 있으며 항암제 개발에 총력을 기울이고 있다.

머크 앤 컴퍼니Merck & Co., Inc.는 세계적인 제약 기업으로 제약, 동물 건강, 건강관리 서비스, 제휴 등 부문에서 사업을 영위하고 있다. 화이저PFE, 아스트라제네카AZN 등과 협력관계를 맺고 있으며 2018년에는 호주의 생명공학 기업인 바이랄리틱스Viralytics를 인수했다.

최근 4분기 경쟁사 실적 비교 2020년 4분기 기준 / (단위) 백만 달러, %, 달러

구분	화이저	노바티스	머크 앤 컴퍼니
매출	41,908	48,677	47,348
영업이익	7,491	7,055	12,722
순이익	9,616	11,732	11,518
영업이익률	17.9	14.49	26.87
순이익률	22.9	24.10	24.33
주당순이익(EPS)	1.71	5.06	4.52
주가수익배수(PER)	21.28	18.65	18.22
주가순자산배수(PBR)	3.24	3.95	7.19

화이저의 본사는 미국 뉴욕에 위치하며, 상근 직원 수는 7만 8,500명이다.
노바티스의 본사는 스위스 바젤에 위치하며, 상근 직원 수는 11만 명이다.
머크 앤 컴퍼니의 본사는 미국 뉴저지에 위치하며, 상근 직원 수는 7만 1천 명이다. (2021년 2월 현재)

최근 12개월간 주가 수익률 비교 2021년 2월 기준 / (단위) %

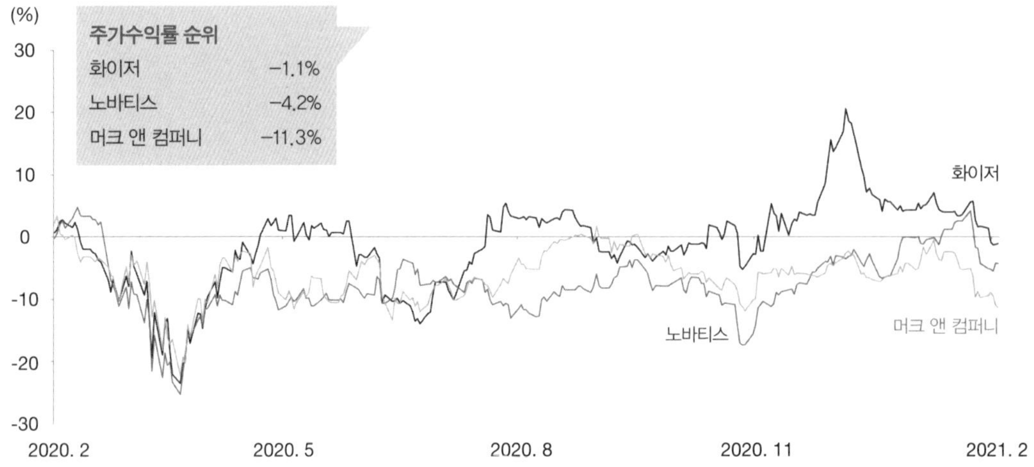

배당 및 투자의견, 종목진단 결과

화이저의 회계 결산월은 12월이다.

2010년부터 증가해온 화이저의 배당금은 분기 단위로 지급되고, 배당수익률은 헬스케어 섹터 평균인 1.51%의 3배 높은 수준이다.

배당수익률(선행)	연간배당금(선행)	배당성향	배당성장	5년 배당성장률
4.66%	1.56달러	46.80%	11년 배당성취자	6.06%

최근 3개월간 9명의 애널리스트가 제시한 투자의견을 종합하면 보유Hold(매수 2명, 보유 7명, 매도 0명)이다. 향후 12개월간 목표주가는 최고 43달러, 최저 36달러, 평균 40.13달러이다.

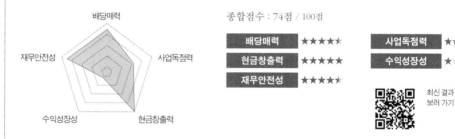

초이스스탁 US의 종목진단 결과는?

2020년 12월 실적발표 기준

화이저의 투자매력 점수는 100점 만점에 74점이며 미국 상장기업 5,591개 중 655위로 상위 12%에 속하는 우량 기업이다.

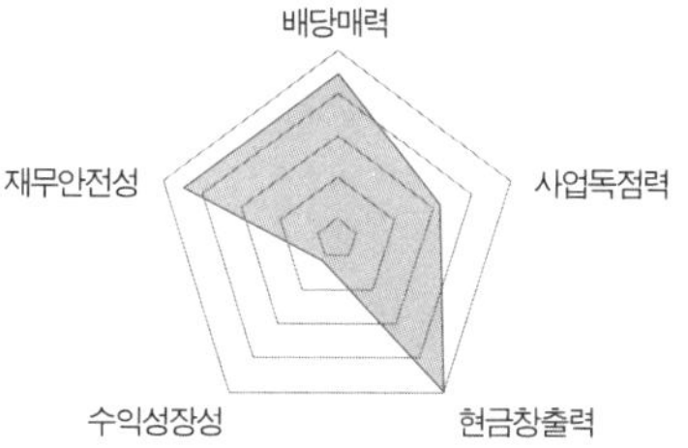

종합점수 : 74점 / 100점

항목	평가
배당매력	★★★★☆
현금창출력	★★★★★
재무안전성	★★★★☆
사업독점력	★★★☆☆
수익성장성	★☆☆☆☆

최신 결과 보러 가기

투자매력 세부 5개 항목 중 현금창출력 부문에서 5점 만점을 받았다. 2020년 12월 연환산(최근 4분기 합산) 영업활동 현금흐름이 144억 달러, 잉여현금흐름이 116억 달러를 창출한 점이 반영됐다.

양호한 현금흐름창출로 배당투자 매력도 높다. 배당매력 점수는 5점 만점에 4.5점을 받았다. 2020년 주당배당금은 3.49달러를 지급해 시가배당률 9.5%를 기록했다. 최근 5년간 시가배당률은 3.1~9.5% 수준이다.

수익성장성 부문은 1.2점으로 낮은 평가를 받았다. 2020년 12월 연환산 매출액이 419억 달러로 전년 동기 411억 달러 대비 1.9% 늘었고, 순이익은 96억 달러로 전년 동기 162억 달러 대비 40% 감소한 점이 반영됐다.

재무안전성은 4.5점으로 매우 안전한 기업으로 평가된다. 부채비율 144%, 유동비율 135%, 이자보상배수 69배 등이 반영된 결과다.

POINT ▶ 6년간의 구조조정 성과는 2021년까지…, 이후 성장은 물음표

배당왕

프록터 앤 갬블

PG NYSE | The Procter & Gamble Company

처음 매매하는 경우

매매 예정 시점
실적 확인 후 ☐ 이슈 확인 후 ☐
매매 결정 이유
변동성 확대(단기) ☐ 실적 우수(장기) ☐
매수 목표 가격 $
손익 목표 가격 $ (+ %)
손절 목표 가격 $ (- %)
보유 예정 기간
3개월 미만(단기) ☐ 1년 이상(장기) ☐

보유 중인 경우

매매 구분 매수 ☐ 매도 ☐
매매 일자 20 . . .
매매 금액 가격 $ 수량 주
수익 현황 수익금액 $ 수익률 %

투자 아이디어

포춘 500대 기업 중 하나인 프록터 앤 갬블PG은 '헤드앤숄더', '질레트', '오랄비', '페브리즈', '팸퍼스' 등 우리 일상 생활에서 자주 접하게 되는 브랜드를 다수 보유한 세계적인 생활용품 및 개인용품 회사다. 현재 36개 주요 브랜드와 제품을 통해 전 세계 180개국 이상의 소비자들과 만나고 있다. 프록터 앤 갬블은 1837년 미국 오하이오주에서 설립돼 1897년 물에 뜨는 비누인 '아이보리', 그리고 1933년 세계 최초의 합성세제를 출시했다. 제1~2차 세계대전을 통해 본격적인 성장의 발판을 마련한 후 크고 작은 인수합병을 거듭하며 세계 최대의 소비재 기업으로 성장했다. 2010년대 들어 글로벌 시장이 성숙기에 접어들며 정체기에 빠졌지만 43개 브랜드를 정리하는 등 포트폴리오 재편과 비용 절감 노력을 통해 위기를 극복해왔다.

1950년 3월 뉴욕증권거래소에 상장했으며, 미국 3대 지수 중 다우와 S&P 500에 속해 있다.

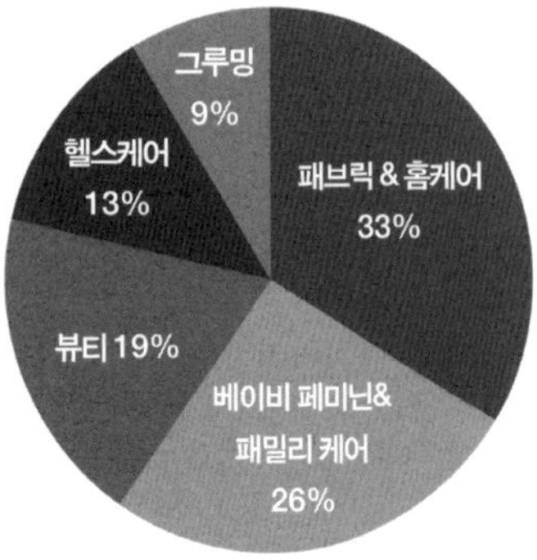

사업부문별 매출 비중

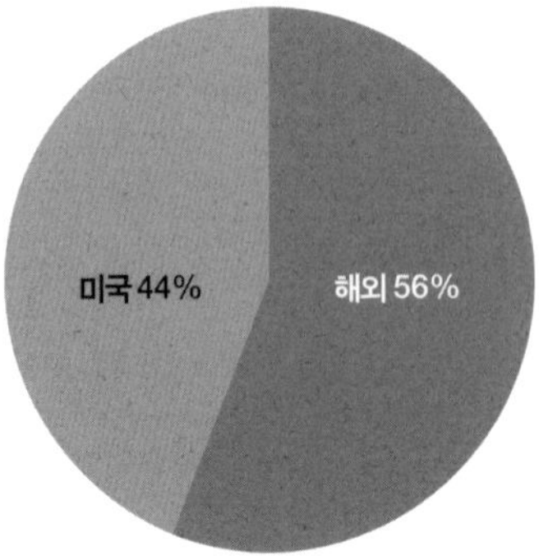

사업지역별 매출 비중

P

최신 정보 보러 가기 ●

주요 지표 및 주가 | 최신 뉴스 한 번에 보기 | 퀀트 분석 : 종목진단 | 컨센서스 및 투자의견

최근 3년 수익률
59.2%

최근 5년간 주요 투자지표 ① 손익계산서 6월 결산 기준 / (단위) 금액: 백만 달러, %

구분	2016. 6	2017. 6	2018. 6	2019. 6	2020. 6	전년 대비
매출액	65,299	65,058	66,832	67,684	70,950	▲ 4.8%
영업이익	13,441	13,766	13,363	5,487	15,706	▲ 186.2%
영업이익률(%)	20.6	21.2	20.0	8.1	22.1	▲ 14%P
순이익	10,508	15,326	9,750	3,897	13,027	▲ 234.3%
순이익률(%)	16.1	23.6	14.6	5.8	18.4	▲ 12.6%P

최근 5년간 주요 투자지표 ② 가치평가 6월 결산 기준 / (단위) 금액: 배, %, 달러

구분	2016. 6	2017. 6	2018. 6	2019. 6	2020. 6
PER(배)	21.45	14.54	20.13	70.58	22.72
PBR(배)	3.89	4	3.71	5.78	6.32
PSR(배)	3.45	3.43	2.94	4.06	4.17
ROE(%)	17.3	27.5	17.9	7.4	28.1
주당순이익(달러)	3.69	5.59	3.67	1.43	4.96
주당배당금(달러)	2.66	2.7	2.79	2.9	3.03

최근 5년간 주가 추이

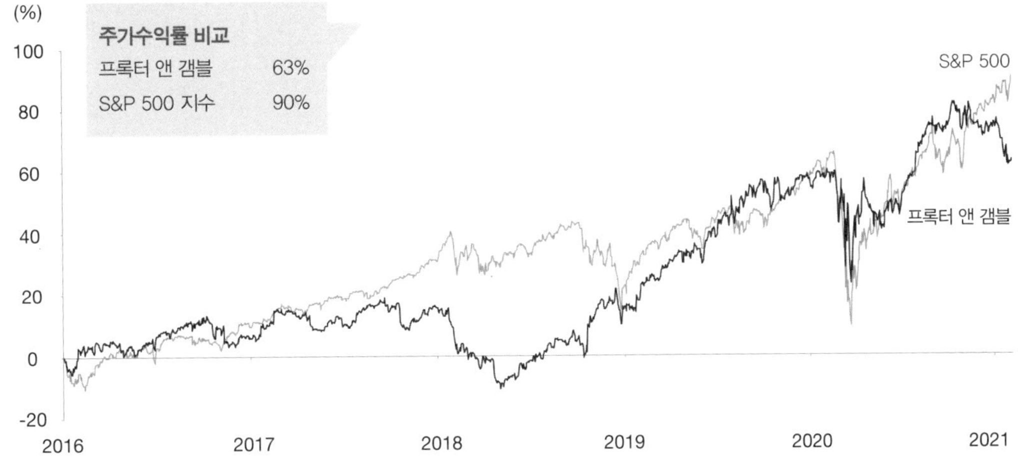

주요 경쟁업체 현황

프록터 앤 갬블의 주요 경쟁사로는 콜게이트 팜올리브**CL**, 킴벌리 클라크**KMB**가 있다.

콜게이트 팜올리브Colgate-Palmolive Company.는 가정용품과 개인 위생 용품을 제조 및 판매하는 회사로, 콜게이트 치약으로 익숙한 브랜드이다.

킴벌리 클라크Kimberly-Clark Corporation는 '클리넥스' 미용티슈, '엔드렉스' 화장지, '하기스' 기저귀 등으로 익숙한 개인 용품 제조 회사다. 1872년에 위스콘신에서 설립되었다.

최근 4분기 경쟁사 실적 비교 2020년 4분기 기준 / (단위) 백만 달러, %, 달러

구분	프록터 앤 갬블	콜게이트 팜올리브	킴벌리 클라크
매출	73,975	16,471	19,140
영업이익	17,595	3,885	3,244
순이익	13,848	2,695	2,352
영업이익률	23.79	23.59	16.95
순이익률	18.72	16.36	12.29
주당순이익(EPS)	5.29	3.14	6.87
주가수익배수(PER)	24.91	27.2	19.50
주가순자산배수(PBR)	7.11	98.65	73.26

프록터 앤 갬블의 본사는 미국 오하이오에 위치하며, 상근 직원 수는 9만 9천여 명이다.
콜게이트 팜올리브의 본사는 미국 뉴욕에 위치하며, 상근 직원 수는 3만 4천여 명이다.
킴벌리 클라크의 본사는 미국 텍사스에 위치하며, 상근 직원 수는 4만 6천여 명이다.
(2021년 2월 현재)

최근 12개월간 주가 수익률 비교 2021년 2월 기준 / (단위) %

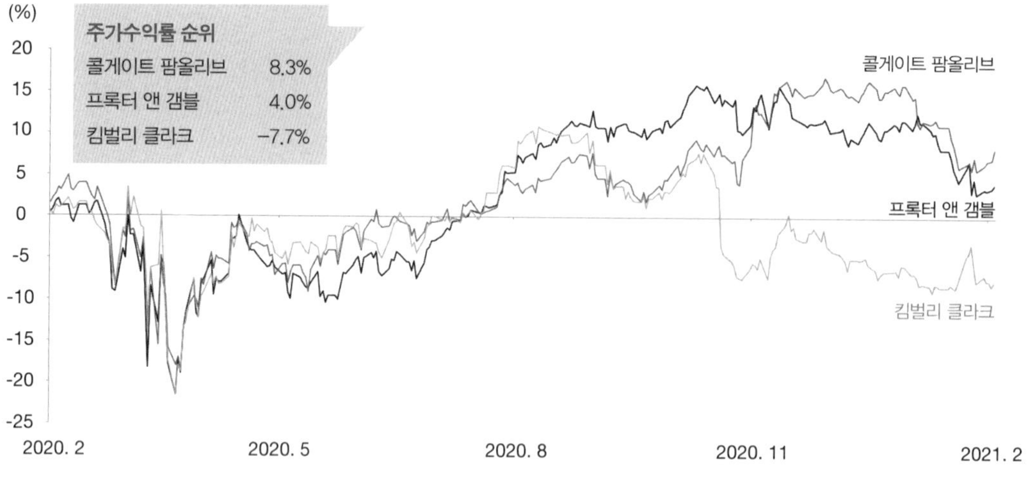

P

배당 및 투자의견, 종목진단 결과

프록터 앤 갬블의 회계 결산월은 6월이다.

1957년부터 배당이 증가해 '배당왕'에 해당하는 프록터 앤 갬블의 배당금은 분기 단위로 지급되고, 배당수익률은 필수소비재 섹터 평균인 1.74%의 1.5배 높은 수준이다.

배당수익률(선행)	연간배당금(선행)	배당성향	배당성장	5년 배당성장률
2.56%	3.16달러	55.55%	64년 배당왕	3.59%

최근 3개월간 11명의 애널리스트가 제시한 투자의견을 종합하면 매수Moderate Buy(매수 6명, 보유 5명, 매도 0명)이다. 향후 12개월간 목표주가는 최고 169달러, 최저 130달러, 평균 153.36달러이다.

초이스스탁 US의 종목진단 결과는?

2020년 12월 실적발표 기준

프록터 앤 갬블의 투자매력 점수는 100점 만점에 83점이며 미국 상장기업 5,591개 중 183위로 상위 3%에 속하는 초우량 기업이다.

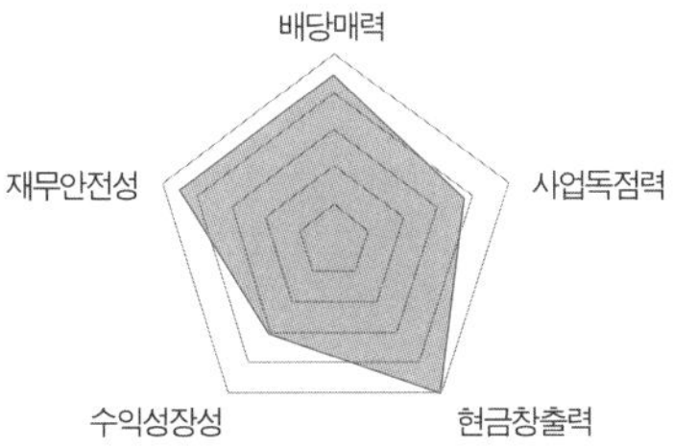

종합점수 : 83점 / 100점

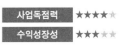

배당매력	★★★★½
현금창출력	★★★★★
재무안전성	★★★★½
사업독점력	★★★★
수익성장성	★★★

최신 결과 보러 가기

투자매력 세부 5개 항목 분석 중 현금창출력 점수가 5점 만점을 받았다. 사업독점력과 안정적인 사업기반을 바탕으로 2020년 12월 연환산(최근 4분기 합산) 영업활동 현금흐름은 190억 달러, 잉여현금흐름은 162억 달러를 창출했다. 풍부한 현금흐름 창출로 배당도 꾸준히 지급하며 배당매력 점수도 4.5점을 받았고, 현금을 바탕으로 한 탄탄한 재무구조 덕에 재무안전성 점수도 4.5점을 받은 매우 우량한 기업이다.

최근 5년간 시가배당률은 2.5~3.6% 수준이며, 지난 2020년 연간 주당배당금은 3.03달러를 지급했다.

수익성장성은 3점을 받아 미국 기업 평균을 소폭 상회했다. 2020년 12월 연환산 기준 매출액은 739억 달러로 전년 동기 695억 달러 대비 6.3% 성장했고, 순이익은 138억 달러로 전년 동기 48억 달러 대비 187% 늘었다.

POINT ▶ 아시아 태평양 시장 진출과 함께 포스트 코로나 시대의 문화가 되다!

펠로톤 인터랙티브

PTON Nasdaq | Peloton Interactive, Inc.

처음 매매하는 경우

매매 예정 시점
실적 확인 후 ☐ 이슈 확인 후 ☐

매매 결정 이유
변동성 확대(단기) ☐ 실적 우수(장기) ☐

매수 목표 가격 $

손익 목표 가격 $ (+ %)

손절 목표 가격 $ (- %)

보유 예정 기간
3개월 미만(단기) ☐ 1년 이상(장기) ☐

보유 중인 경우

매매 구분 매수 ☐ 매도 ☐

매매 일자 20 . . .

매매 금액 가격 $ 수량 주

수익 현황 수익금액 $ 수익률 %

투자 아이디어

펠로톤 인터랙티브**PTON**, 이하 펠로톤은 인터랙티브 피트니스 기구 및 서비스 업체로, '피트니스계의 애플', 그리고 '홈트레이닝계의 넷플릭스'라고 불린다. 2012년 설립됐으며 2013년 킥스타터의 크라우드 펀딩을 통해 제품과 서비스를 동시에 제공하는 사업 모델을 실현했다.

먼저 펠로톤은 카메라가 달린 모니터와 IoT 측정 장비가 장착된 실내용 자전거와 트레드밀 등 커넥티드 피트니스 제품을 제작해 판매한다. 그리고 인터넷을 통해 유명 스포츠 강사의 라이브 방송 콘텐츠를 구독 형태로 제공, 구매자들이 라이브 프로그램에 실시간으로 참여해 함께 운동할 수 있도록 지원한다. 이에 따라 커넥티드 피트니스 제품 판매 시 매출이 한 번 발생하는 것이 아니라, 제품 구매자가 관련 콘텐츠를 구독함에 따라 구독 기간 동안 매출이 꾸준히 발생하게 되는 구조이다.

2019년 9월 말 나스닥에 상장했다.

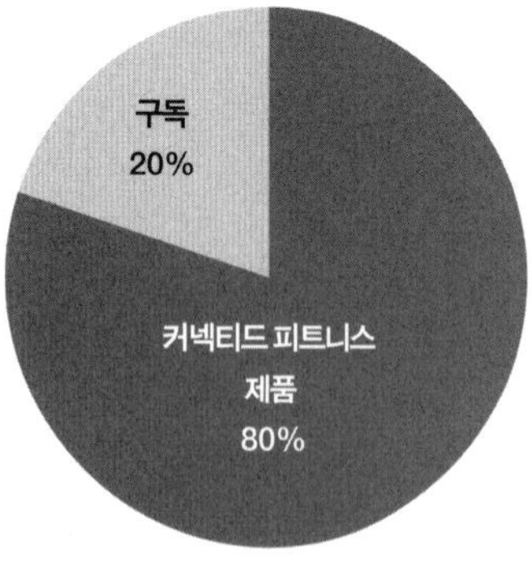

사업부문별 매출 비중

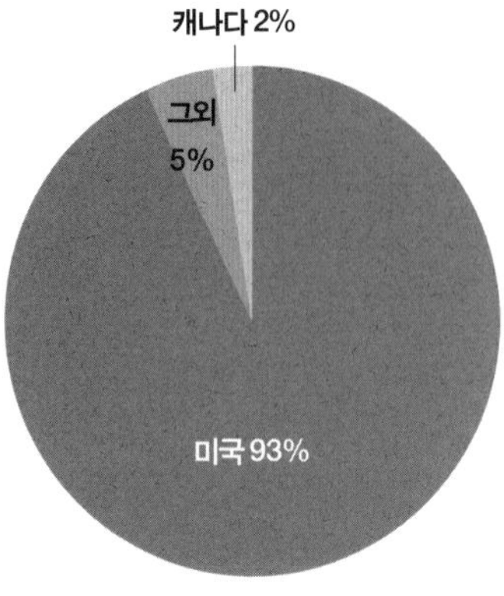

사업지역별 매출 비중

최신 정보 보러 가기 ●

주요 지표 및 주가 | 최신 뉴스 한 번에 보기 | 퀀트 분석 : 종목진단 | 컨센서스 및 투자의견

최근 1년 수익률
381.7%

최근 5년간 주요 투자지표 ① 손익계산서 6월 결산 기준 / (단위) 금액: 백만 달러, %

구분	2017. 6	2018. 6	2019. 6	2020. 6	전년 대비
매출액	219	435	915	1,826	▲ 99.6%
영업이익	-71	-48	-202	-81	적자 지속
영업이익률(%)	-32.4	-11.0	-22.1	-4.4	▲ 17.6%P
순이익	-163	-48	-246	-72	적자 지속
순이익률(%)	-74.4	-11.0	-26.9	-3.9	▲ 22.9%P

최근 5년간 주요 투자지표 ② 가치평가 6월 결산 기준 / (단위) 금액: 배, %, 달러

구분	2017. 6	2018. 6	2019. 6	2020. 6
PER(배)	0	0	0	-228.52
PBR(배)	N/A	N/A	N/A	9.75
PSR(배)	0	0	0	8.96
ROE(%)	N/A	N/A	N/A	-6.8
주당순이익(달러)	-5.97	-2.18	-10.72	-0.32
주당배당금(달러)	0	0	0	0

상장 이후 주가 추이 *2019년 9월 상장

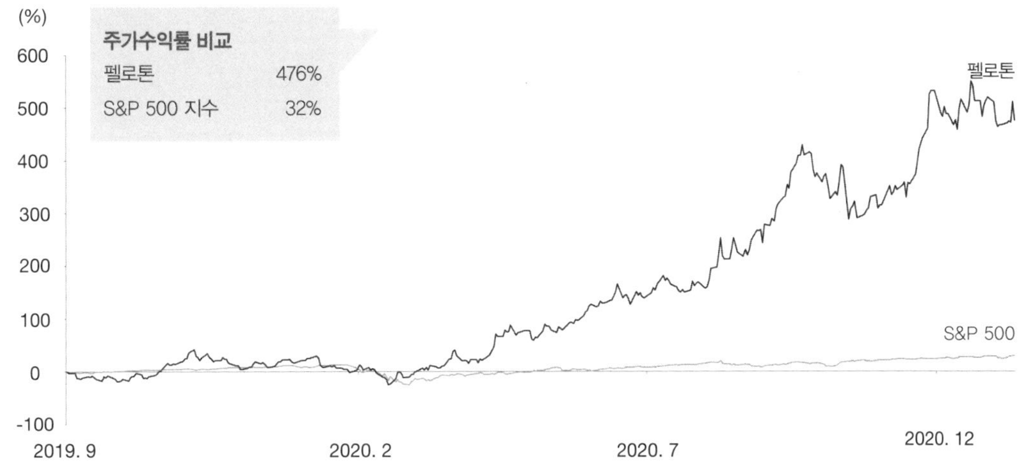

주요 경쟁업체 현황

펠로톤의 주요 경쟁사로는 노틸러스**NLS**, 에스컬레이드**ESCA**가 있다.

노틸러스Nautilus, Inc.는 실내용 자전거와 트레드밀, 덤벨 등 유산소는 물론 웨이트 트레이닝 장비를 제조 및 판매하는 피트니스 업체로, 1986년 설립됐다. 애플과 파트너십을 맺고 헬스 킷을 지원하며서 펠로톤에 이어 비대면 운동기구 업체로 각광받고 있다.

에스컬레이드Escalade는 농구, 양궁 등 실내외의 레저와 피트니스 제품을 제조 및 판매하는 회사로, 1922년 설립됐다.

최근 4분기 경쟁사 실적 비교 2020년 4분기 기준 / (단위) 백만 달러, %, 달러

구분	펠로톤	노틸러스	에스컬레이드
매출	2,954	467	246
영업이익	159	40	30
순이익	166	36	23
영업이익률	5.38	8.57	12.20
순이익률	5.62	7.71	9.35
주당순이익(EPS)	0.66	1.12	1.64
주가수익배수(PER)	266.73	14.19	11.32
주가순자산배수(PBR)	23.02	4.17	1.88

펠로톤의 본사는 미국 뉴욕에 위치하며, 상근 직원 수는 5,862명이다.
노틸러스의 본사는 미국 워싱턴 밴쿠버에 위치하며, 상근 직원 수는 434명이다.
에스컬레이드의 본사는 미국 인디애나 에번즈빌에 위치하며, 상근 직원 수는 702명이다.
(2021년 2월 현재)

최근 12개월간 주가 수익률 비교 2021년 2월 기준 / (단위) %

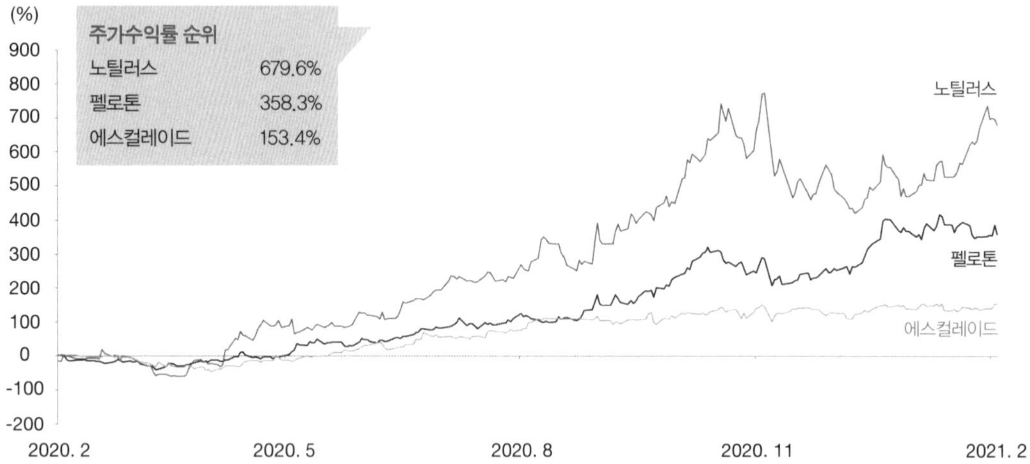

배당 및 투자의견, 종목진단 결과

펠로톤의 회계 결산월은 6월이다.

배당이 없는 펠로톤에 대하여 최근 3개월간 23명의 애널리스트가 제시한 투자의견을 종합하면 매수Moderate Buy(매수 18명, 보유 3명, 매도 2명)이다. 향후 12개월간 목표주가는 최고 200달러, 최저 45달러, 평균 166.62달러이다.

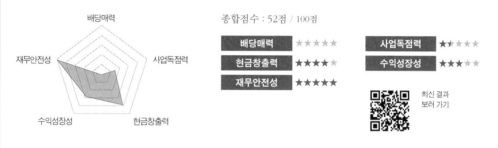

초이스스탁 US의 종목진단 결과는?

2020년 12월 실적발표 기준

펠로톤의 투자매력 점수는 100점 만점에 52점이며 미국 상장기업 5,591개 중 1,995위로 상위 35%에 속하는 기업이다.

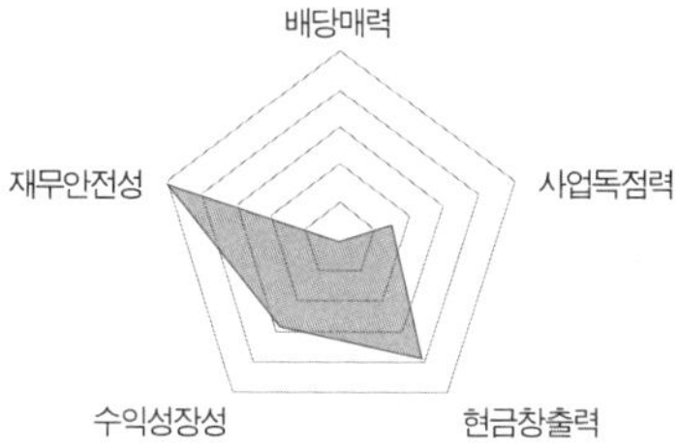

종합점수 : 52점 / 100점

배당매력	☆☆☆☆☆
사업독점력	★½☆☆☆
현금창출력	★★★★☆
수익성장성	★★★☆☆
재무안전성	★★★★★

최신 결과 보러 가기

투자매력 세부 5개 항목 중 재무안전성 평가에서 5점 만점을 받았다. 부채비율 103%, 유동비율 186%, 이자보상배수 96배 등 우량하고 안전한 재무구조를 갖춘 기업이다.

현금창출력 점수도 5점 만점에 3.8점으로 평균 이상의 평가를 받았다. 2020년 12월 연환산(최근 4분기 합산) 영업활동 현금흐름은 8억 5,400만 달러, 잉여현금흐름은 6억 2,600만 달러로 전년 동기 대비 모두 흑자로 전환한 점 등이 반영됐다.

수익성장성은 2.8점을 받았다. 매출액은 29억 달러로 전년 동기 12억 달러 대비 141% 급증했고, 순이익은 1억 6,600만 달러로 전년 동기 1억 9,100만 달러 적자에서 흑자 전환에 성공했다. 2021년에도 매출액이 전년 대비 2배 이상 증가할 것으로 전망돼 수익성장성 점수와 사업독점력 점수는 매분기 상향될 것으로 예상된다.

POINT ▶ 글로벌 모바일 결제 시장의 선도자, 벤모의 폭발적 성장세는 오늘도 ing

페이팔 홀딩스

PYPL NYSE | PayPal Holdings, Inc.

처음 매매하는 경우

매매 예정 시점
실적 확인 후 ☐ 이슈 확인 후 ☐

매매 결정 이유
변동성 확대(단기) ☐ 실적 우수(장기) ☐

매수 목표 가격 $

손익 목표 가격 $ (+ %)

손절 목표 가격 $ (- %)

보유 예정 기간
3개월 미만(단기) ☐ 1년 이상(장기) ☐

보유 중인 경우

매매 구분 매수 ☐ 매도 ☐

매매 일자 20 . . .

매매 금액 가격 $ 수량 주

수익 현황 수익금액 $ 수익률 %

투자 아이디어

글로벌 1위 전자결제 서비스 회사인 페이팔 홀딩스**PYPL**, 이하 페이팔은 인터넷을 이용한 결제 및 송금 서비스를 제공하는 기업이다. 1998년 칸피니티라는 이름으로 시작해, 일런 머스크가 창업한 엑스닷컴과 합병해 2001년 지금의 회사명으로 변경했고, 2002년 온라인 경매 플랫폼 업체인 이베이가 15억 달러에 인수했다. 2005년에 베리사인의 결제 솔루션 부문, 2013년에 온라인 PG서비스인 브레인트리, 2015년에 해외 송금서비스 업체인 엑숨, 2018년에 스위스 소재의 모바일 POS서비스 회사인 아이제틀을 차례로 인수하며 외형을 확장했다. 2015년 이베이에서 분사했다.

P

최근 페이팔의 모바일 지급결제 서비스인 벤모Venmo가 폭발적인 성장세를 보이는 가운데, 2019년 3분기 기준 글로벌 지급결제 시장 점유율은 63%이다. 지속적인 경쟁우위 확보를 위해 특화된 서비스를 보유한 회사들을 인수 중이다.

2015년 나스닥에 상장했으며, 나스닥 100과 S&P 500에 속해 있다.

사업부문별 매출 비중

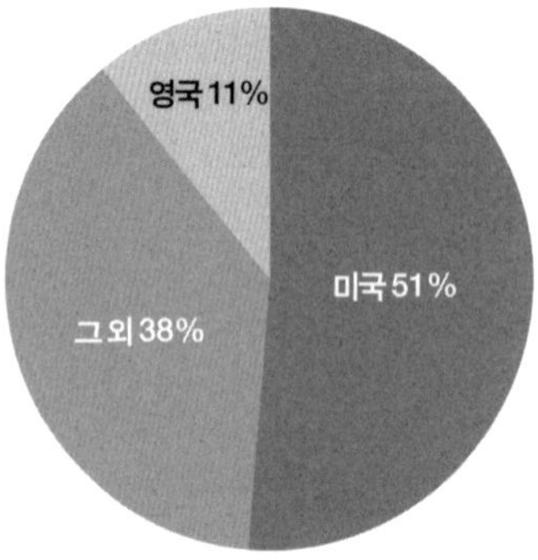

사업지역별 매출 비중

최신 정보 보러 가기 ●

주요 지표 및 주가 최신 뉴스 한 번에 보기 퀀트 분석 : 종목진단 컨센서스 및 투자의견

최근 3년 수익률
262.0%

최근 5년간 주요 투자지표 ① 손익계산서 12월 결산 기준 / (단위) 금액: 백만 달러, %

구분	2016. 12	2017. 12	2018. 12	2019. 12	2020. 12	전년 대비
매출액	10,842	13,094	15,451	17,772	21,454	▲ 20.7%
영업이익	1,586	2,127	2,194	2,719	3,289	▲ 21.0%
영업이익률(%)	14.6	16.2	14.2	15.3	15.3	= 0%P
순이익	1,401	1,795	2,057	2,459	4,202	▲ 70.9%
순이익률(%)	12.9	13.7	13.3	13.8	19.6	▲ 5.7%P

최근 5년간 주요 투자지표 ② 가치평가 12월 결산 기준 / (단위) 금액: 배, %, 달러

구분	2016. 12	2017. 12	2018. 12	2019. 12	2020. 12
PER(배)	34.00	49.3	48.17	51.65	65.31
PBR(배)	3.24	5.53	6.44	7.52	13.71
PSR(배)	4.39	6.76	6.41	7.15	12.79
ROE(%)	10	11.8	13.7	15.2	23.3
주당순이익(달러)	1.15	1.47	1.71	2.07	3.54
주당배당금(달러)	0	0	0	0	0

최근 5년간 주가 추이

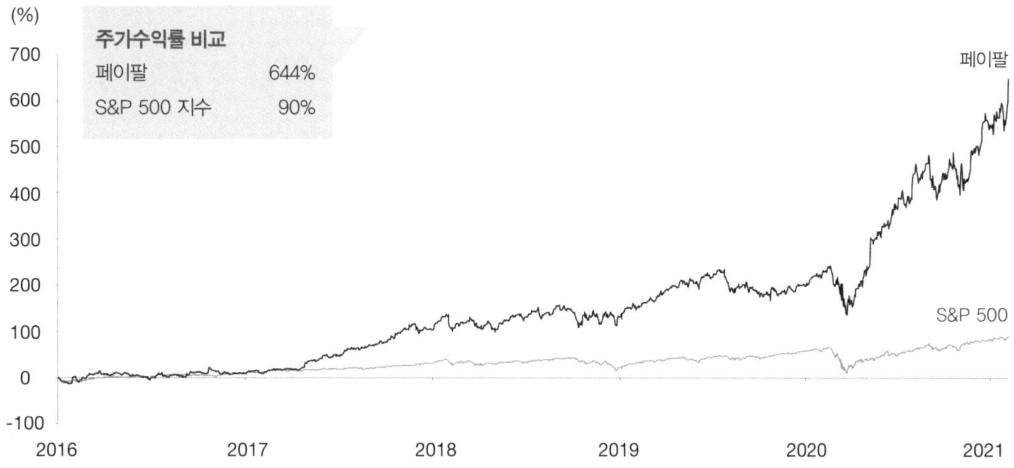

주요 경쟁업체 현황

페이팔의 주요 경쟁사로는 스퀘어SQ, 비자V가 있다.

스퀘어Square는 미국 및 해외에서 판매자가 보유하고 있는 모바일과 컴퓨팅 장치에서 사용할 수 있는 지불 및 POS 솔루션을 소프트웨어와 하드웨어로 제공하는 기업이다. 2009년 설립됐으며 2015년 뉴욕증권거래소에 상장했다.

비자Visa는 세계 1위 전자결제 네트워크 회사로, 신용카드·직불카드·비접촉 결제 서비스 등을 제공하고 있다. 중국을 제외한 전 세계 신용카드 구매대금의 절반을 차지하고 있다. 1958년 설립됐으며 2008년 뉴욕증권거래소에 상장했다.

최근 4분기 경쟁사 실적 비교 2020년 4분기 기준 / (단위) 백만 달러, %, 달러

구분	페이팔	스퀘어	비자
매출	21,454	7,652	21,479
영업이익	3,289	-47	13,909
순이익	4,202	310	10,720
영업이익률	15.33	-0.61	64.76
순이익률	19.59	4.05	49.91
주당순이익(EPS)	3.54	0.65	4.84
주가수익배수(PER)	65.31	232.5	39.76
주가순자산배수(PBR)	13.71	34.95	11.31

페이팔의 본사는 미국 캘리포니아 산호세에 위치하며, 상근 직원 수는 2만 6,500명이다.
스퀘어의 본사는 미국 캘리포니아 샌프란시스코에 위치하며, 상근 직원 수는 5,477명이다.
비자의 본사는 미국 캘리포니아 샌프란시스코에 위치하며, 상근 직원 수는 2만 500명이다.
(2021년 2월 현재)

최근 12개월간 주가 수익률 비교 2021년 2월 기준 / (단위) %

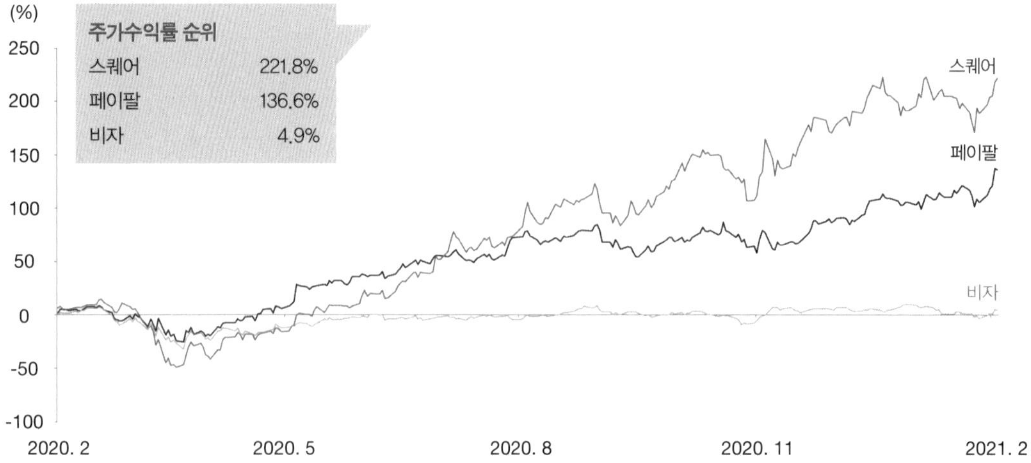

배당 및 투자의견, 종목진단 결과

페이팔의 회계 결산월은 12월이다.

배당이 없는 페이팔에 대하여 최근 3개월간 35명의 애널리스트가 제시한 투자의견을 종합하면 강력매수Strong Buy(매수 30명, 보유 5명, 매도 0명)이다. 향후 12개월간 목표주가는 최고 375달러, 최저 218달러, 평균 305.65달러이다.

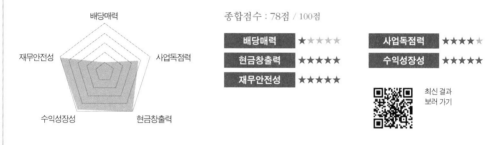

초이스스탁 US의 종목진단 결과는?

2020년 12월 실적발표 기준

페이팔의 투자매력 점수는 100점 만점에 78점이며 미국 상장기업 5,591개 중 424위로 상위 7%에 속하는 초우량 기업이다.

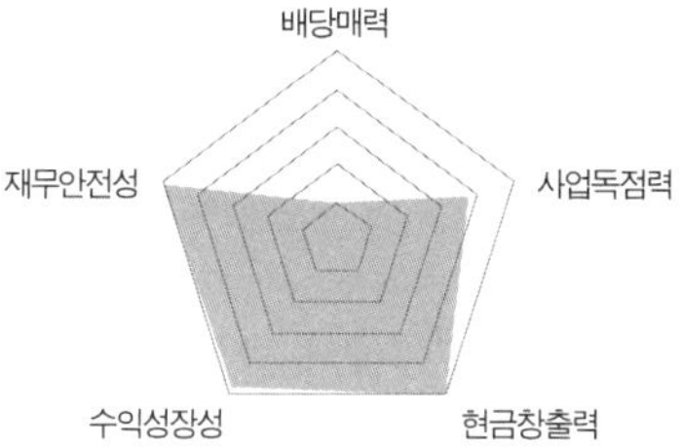

종합점수 : 78점 / 100점

배당매력	★☆☆☆☆
현금창출력	★★★★★
재무안전성	★★★★★
사업독점력	★★★★☆
수익성장성	★★★★★

최신 결과 보러 가기

배당을 지급하지 않고 있어 배당매력 점수가 1점으로 평가된 점을 제외하면, 투자매력 4개 세부 항목에서 모두 높은 평가를 받은 초우량 기업이다.

수익성장성 점수는 5점 만점에 4.8점을 받아 미국 전체 상장사 중 상위 0.8%에 속하는 고성장 기업이다. 2020년 12월 연환산(최근 4분기 합산) 매출액이 214억 달러로 전년 동기 177억 달러 대비 20% 성장했고, 순이익은 42억 달러로 전년 동기 24억 달러 대비 75% 급증한 점 등이 반영됐다. 수익성장에 힘입어 현금창출력과 재무안전성도 모두 5점 만점을 받아 안정적인 현금흐름 창출과 재무안전성이 담보된 회사로 평가된다. 2020년 12월 연환산 영업활동 현금흐름은 58억 달러로 전년 동기 40억 달러 대비 45% 늘었고, 잉여현금흐름은 51억 달러로 전년 동기 33억 달러 대비 54% 성장한 점 등이 반영됐다. 사업독점력 점수는 3.8점으로 미국 전체 상장사 중 상위 12%에 속하는 높은 평가를 받았다. 사업독점력 평가는 현재의 수익성과 성장성을 유지할 수 있는지를 나타내는 지표로써 점수가 높을수록 독점기업으로 현재의 수익성을 유지할 수 있는 경제적 해자를 갖춘 기업이다.

POINT ▶ 5G 시대 독보적인 기술 경쟁우위…
공급 부족 현상은 당분간 지속될 것

퀄컴

QCOM Nasdaq | QUALCOMM Incorporated

처음 매매하는 경우		보유 중인 경우	
매매 예정 시점		**매매 구분**	매수 ☐ 매도 ☐
실적 확인 후 ☐	이슈 확인 후 ☐	**매매 일자**	20 . . .
매매 결정 이유		**매매 금액**	가격 $ 수량 주
변동성 확대(단기) ☐	실적 우수(장기) ☐	**수익 현황**	수익금액 $ 수익률 %
매수 목표 가격	$		
손익 목표 가격	$ (+ %)	**투자 아이디어**	
손절 목표 가격	$ (- %)		
보유 예정 기간			
3개월 미만(단기) ☐	1년 이상(장기) ☐		

세계 1위 모바일 어플리케이션 프로세서 회사인 퀄컴**QCOM**은 포춘 500대 기업 중 하나로, 무선 통신 제품 및 서비스를 설계하고 판매하는 미국의 다국적 반도체 및 통신장비 회사다.

1985년 어윈 제이콥스 등 7명이 설립했으며,1992년 이동통신 기지국과 단말기간 신호를 전송하는 방법인 코드분할 다중접속CDMA 방식을 기반으로 CDMA 휴대폰과 기지국 그리고 칩을 디자인하고 제조했다. 2003년에 4세대 무선 통신 칩셋을 출시했고, 2007년 스마트폰 및 태블릿 PC에 많이 사용되는 모바일 칩셋인 '스냅드래곤'을 출시하며 모바일 시대에 가장 영향력 있는 기업 중 하나로 성장했다. 최근 브로드컴이 퀄컴 인수를 시도했지만 미중 무역 갈등의 여파로 무산되자, 퀄컴이 추진하던 자동차용 반도체 기업인 NXP 반도체 인수도 무산됐다.

1991년 나스닥에 상장했으며, 미국 3대 지수 중 나스닥 100과 S&P 500에 속해 있다.

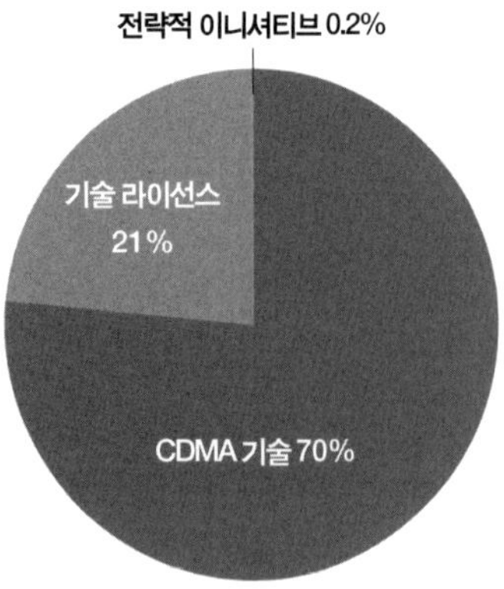

사업부문별 매출 비중

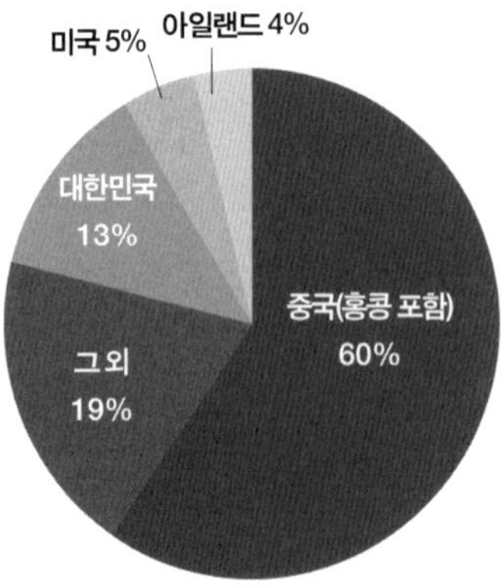

사업지역별 매출 비중

최신 정보 보러 가기 ●

주요 지표 및 주가 | 최신 뉴스 한 번에 보기 | 퀀트 분석 : 종목진단 | 컨센서스 및 투자의견

최근 3년 수익률
139.7%

최근 5년간 주요 투자지표 ① 손익계산서 9월 결산 기준 / (단위) 금액: 백만 달러, %

구분	2016. 9	2017. 9	2018. 9	2019. 9	2020. 9	전년 대비
매출액	23,554	22,258	22,611	24,273	23,531	▼ -3.1%
영업이익	6,495	2,581	621	7,667	6,255	▼ -18.4%
영업이익률(%)	27.6	11.6	2.7	31.6	26.6	▼ -5%P
순이익	5,705	2,445	-4,964	4,386	5,198	▲ 18.5%
순이익률(%)	24.2	11.0	-22.0	18.1	22.1	▲ 4%P

최근 5년간 주요 투자지표 ② 가치평가 9월 결산 기준 / (단위) 금액: 배, %, 달러

구분	2016. 9	2017. 9	2018. 9	2019. 9	2020. 9
PER(배)	16.21	31.45	-21.32	21.24	24.85
PBR(배)	2.91	2.5	131.13	18.98	21.26
PSR(배)	3.93	3.45	4.68	3.84	5.49
ROE(%)	18.7	7.8	-27.7	98.3	122.7
주당순이익(달러)	3.81	1.64	-3.39	3.59	4.52
주당배당금(달러)	2.02	2.2	2.38	2.48	2.54

최근 5년간 주가 추이

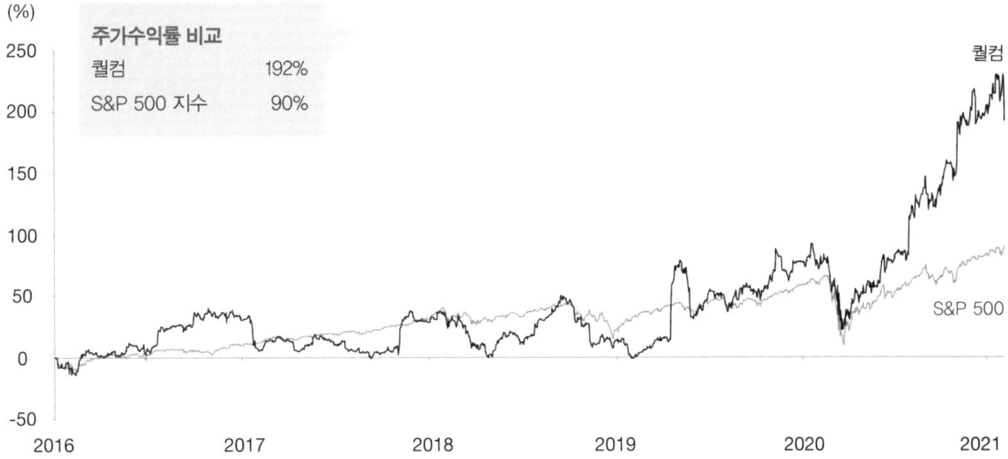

주요 경쟁업체 현황

퀄컴의 주요 경쟁사로는 브로드컴AVGO, 텍사스 인스트루먼츠TXN가 있다.

브로드컴Broadcom Inc.은 광대역 통신용 직접회로를 생산하고 판매하는 세계적인 반도체 기업이다. 1961년 에이치피HP의 반도체 사업부로 시작하여 2015년 싱가폴 반도체 기업인 아바고에 인수됐다.

텍사스 인스트루먼츠Texas Instruments Incorporated는 세계 1위 아날로그 반도체 회사이자 세계 10대 반도체 기업 중 하나로, 반도체 및 컴퓨터 응용 기술의 개발과 상품화로 유명하다. 1951년 설립돼 1972년 나스닥에 상장했다.

최근 4분기 경쟁사 실적 비교 2020년 4분기 기준 / (단위) 백만 달러, %, 달러

구분	퀄컴	브로드컴	텍사스 인스트루먼츠
매출	26,690	23,888	14,461
영업이익	7,751	4,014	5,894
순이익	6,728	2,960	5,595
영업이익률	29.04	16.80	40.76
순이익률	25.21	12.39	38.69
주당순이익(EPS)	5.84	6.33	5.97
주가수익배수(PER)	25.01	53.11	26.93
주가순자산배수(PBR)	22.8	5.92	16.4

퀄컴의 본사는 미국 캘리포니아 샌디에고에 위치하며, 상근 직원 수는 4만 1천여 명이다. 브로드컴의 본사는 미국 캘리포니아 산호세에 위치하며, 상근 직원 수는 2만 1천여 명이다. 텍사스 인스트루먼츠의 본사는 미국 텍사스 달라스에 위치하며, 상근 직원 수는 3만여 명이다. (2021년 2월 현재)

최근 12개월간 주가 수익률 비교 2021년 2월 기준 / (단위) %

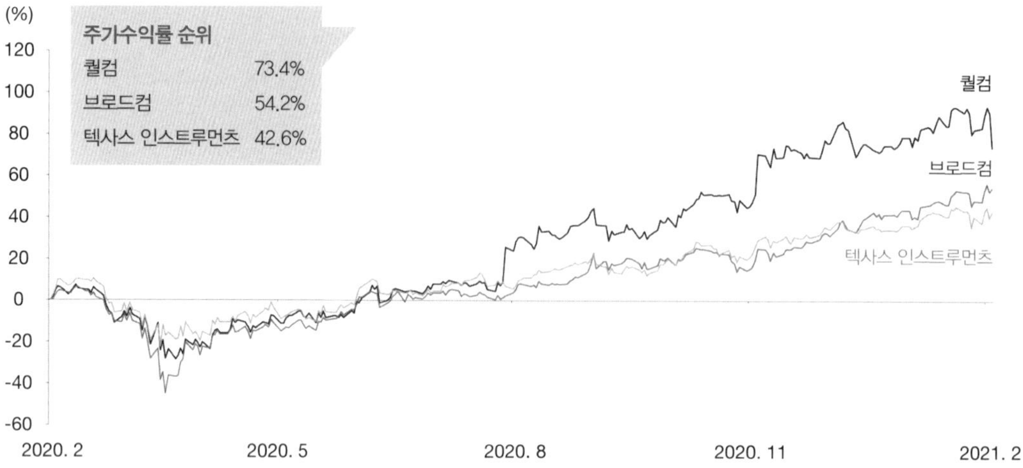

배당 및 투자의견, 종목진단 결과

퀄컴의 회계 결산월은 9월이다.

2020년부터 증가해온 퀄컴의 배당금은 분기 단위로 지급되고, 배당수익률은 정보기술IT 섹터 평균인 1.14%의 1.5배 높은 수준이다.

배당수익률(선행)	연간배당금(선행)	배당성향	배당성장	5년 배당성장률
1.91%	2.60달러	35.39%	1년	6.25%

최근 3개월간 22명의 애널리스트가 제시한 투자의견을 종합하면 매수Moderate Buy(매수 13명, 보유 9명, 매도 0명)이다. 향후 12개월간 목표주가는 최고 200달러, 최저 150달러, 평균 171.88달러이다.

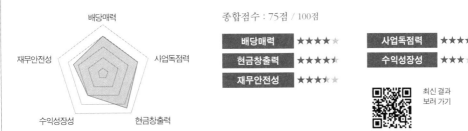

초이스스탁 US의 종목진단 결과는?

2020년 12월 실적발표 기준

퀄컴의 투자매력 점수는 100점 만점에 75점이며 미국 상장기업 5,591개 중 573위로 상위 10%에 속하는 우량 기업이다.

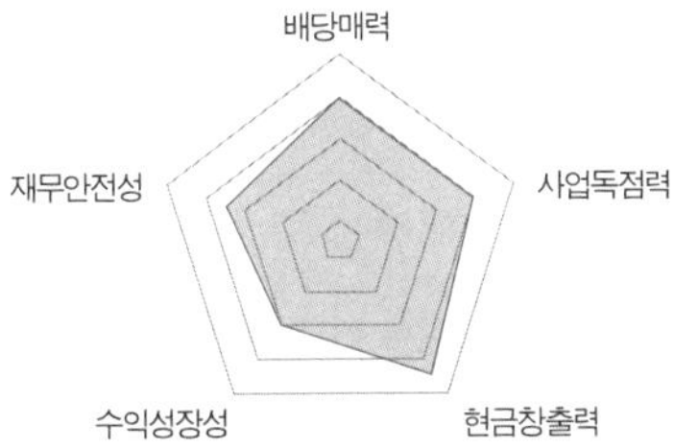

종합점수 : 75점 / 100점

항목	평가
배당매력	★★★★☆
현금창출력	★★★★½
재무안전성	★★★½☆
사업독점력	★★★★☆
수익성장성	★★★☆☆

최신 결과 보러 가기

애플의 5G 아이폰 판매 급증에 따른 퀄컴칩 판매 증가로 빠르게 매출과 이익이 성장하고 있다. 수익성장성은 5점 만점에 3점으로, 2020년 12월 연환산(최근 4분기 합산) 매출액이 266억 달러로 전년 동기 245억 달러 대비 8.5% 늘었고, 순이익은 67억 달러로 전년 동기 42억 달러 대비 59% 급증한 점 등이 반영됐다. 수익성장에 따라 현금창출력 부문도 4.5점으로 높은 평가를 받았다. 2020년 12월 연환산 영업활동 현금흐름은 78억 달러, 잉여현금흐름은 62억 달러를 창출했고 현금성 자산은 70억 달러, 단기투자자산은 52억 달러를 보유한 점 등이 반영됐다.

배당매력은 5점 만점에 4점을 받아 배당주로서의 투자매력이 높다. 2020년에는 주당배당금 2.54달러를 지급해 시가배당률 2.2%를 기록했다. 최근 5년간 시가배당률은 2.2~4.2% 수준이다. 재무안전성 점수는 3.5점으로 안전한 재무구조를 갖춘 기업으로 평가된다. 부채비율 408%, 유동비율 215%, 이자보상배수 13배 등이 반영된 결과다.

POINT ▶ 디지털 플랫폼 강화로 포스트 코로나 시대 준비 완료

배당성취자

스타벅스

SBUX Nasdaq | Starbucks Corporation

처음 매매하는 경우		보유 중인 경우	
매매 예정 시점		**매매 구분**	매수 ☐ 매도 ☐
실적 확인 후 ☐	이슈 확인 후 ☐	**매매 일자**	20 . . .
매매 결정 이유		**매매 금액**	가격 $ 수량 주
변동성 확대(단기) ☐	실적 우수(장기) ☐	**수익 현황**	수익금액 $ 수익률 %
매수 목표 가격	$		
손익 목표 가격	$ (+ %)	**투자 아이디어**	
손절 목표 가격	$ (- %)		
보유 예정 기간			
3개월 미만(단기) ☐	1년 이상(장기) ☐		

스타벅스**SBUX**는 세계 최고의 커피 전문점 프랜차이즈 회사로, 2019년 현재 전 세계 77개국에 3만여 개의 매장을 운영하고 있다.

1971년 미국 워싱턴주 시애틀에서 커피 원두와 차, 향신료를 판매하는 소매점으로 시작해 1987년 하워드 슐츠가 인수한 후 감성적 체험 공간으로 포지셔닝했다. 1990년 들어 적극적인 인수합병을 통해 커피와 차뿐만 아니라 주스, 디저트, 그리고 머그와 텀블러 등을 판매하는 커피 프랜차이즈 브랜드로 거듭났다. 3만여 개의 매장 중 직영점이 1만 4,000여 개, 가맹점이 1만 6,000여 개다. 가장 큰 미국 시장에서 디지털 마케팅과 젊은 고객들에게 맞춘 새로운 음료 개발 등을 통해 견조한 성장을 지속하고 있다.

1992년 나스닥에 상장했으며, 미국 3대 지수 중 나스닥 100과 S&P 500에 속해 있다.

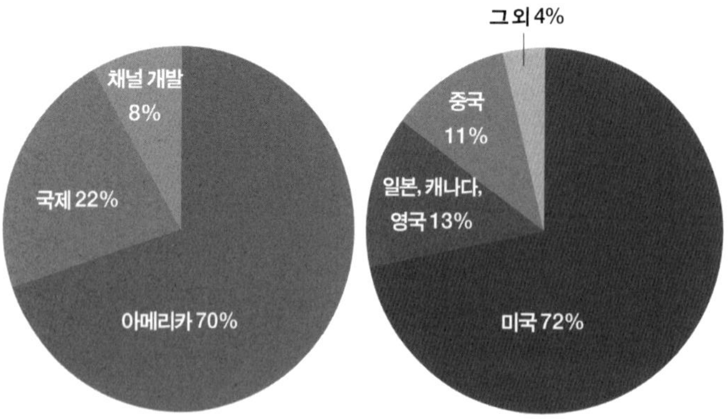

사업부문별 매출 비중 / 사업지역별 매출 비중

최신 정보 보러 가기 ●

주요 지표 및 주가 | 최신 뉴스 한 번에 보기 | 퀀트 분석 : 종목진단 | 컨센서스 및 투자의견

최근 3년 수익률 89.5%

최근 5년간 주요 투자지표 ① 손익계산서 9월 결산 기준 / (단위) 금액: 백만 달러, %

구분	2016. 10	2017. 10	2018. 9	2019. 9	2020. 9	전년 대비
매출액	21,316	22,387	24,720	26,509	23,518	▼ -11.3%
영업이익	3,854	3,743	3,582	3,780	1,239	▼ -67.2%
영업이익률(%)	18.1	16.7	14.5	14.3	5.3	▼ -9%P
순이익	2,818	2,885	4,518	3,599	928	▼ -74.2%
순이익률(%)	13.2	12.9	18.3	13.6	3.9	▼ -9.6%P

최근 5년간 주요 투자지표 ② 가치평가 9월 결산 기준 / (단위) 금액: 배, %, 달러

구분	2016. 10	2017. 10	2018. 9	2019. 9	2020. 9
PER(배)	28.18	26.88	16.97	29.39	106.16
PBR(배)	13.5	14.23	65.57	N/A	N/A
PSR(배)	3.73	3.46	3.1	3.99	4.19
ROE(%)	49.7	50.8	115.7	N/A	N/A
주당순이익(달러)	1.9	1.97	3.24	2.92	0.79
주당배당금(달러)	0.8	1	1.26	1.44	1.64

최근 5년간 주가 추이

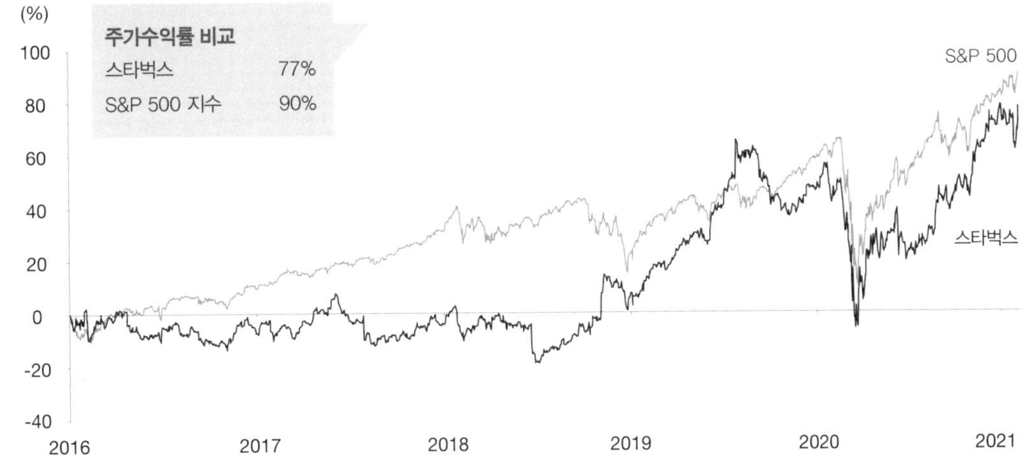

주요 경쟁업체 현황

스타벅스의 주요 경쟁사로는 맥도날드MCD, 치폴레 멕시칸 그릴CMG이 있다.

맥도날드McDonald 's Corporation는 세계에서 가장 널리 알려진 프랜차이즈이자 패스트푸드 체인 기업이다. 햄버거뿐 아니라 다양한 식품과 음료, 커피, 아침 메뉴 등을 판매한다. 전 세계 120여 개국의 3만 7천여 개 매장에서 매일 약 6,900만 명이 맥도날드를 이용한다.

치폴레 멕시칸 그릴Chipotle Mexican Grill, Inc., 이하 치폴레는 건강한 먹거리를 표방한 멕시코식 미국 요리를 제공하는 패스트푸드 체인점으로 1993년 첫 선을 보인 이래 현재 2,500여 개의 매장을 운영하고 있다.

최근 4분기 경쟁사 실적 비교 2021년 1분기 기준 / (단위) 백만 달러, %, 달러

구분	스타벅스	맥도날드	치폴레
매출	23,170	19,243	5,985
영업이익	924	7,474	290
순이익	665	4,926	356
영업이익률	3.99	38.84	4.85
순이익률	2.87	25.60	5.95
주당순이익(EPS)	0.57	6.55	12.52
주가수익배수(PER)	180.1	33.16	109.06
주가순자산배수(PBR)	N/A	N/A	19.21

스타벅스의 본사는 미국 시애틀에 위치하며, 상근 직원 수는 34만 9천 명가량이다.
맥도날드의 본사는 미국 시카고에 위치하며, 상근 직원 수는 20만 명이다.
치폴레의 본사는 미국 콜로라도주 덴버에 위치하며, 상근 직원 수는 8만 8천 명이다. (2021년 2월 현재)

최근 12개월간 주가 수익률 비교 2021년 2월 기준 / (단위) %

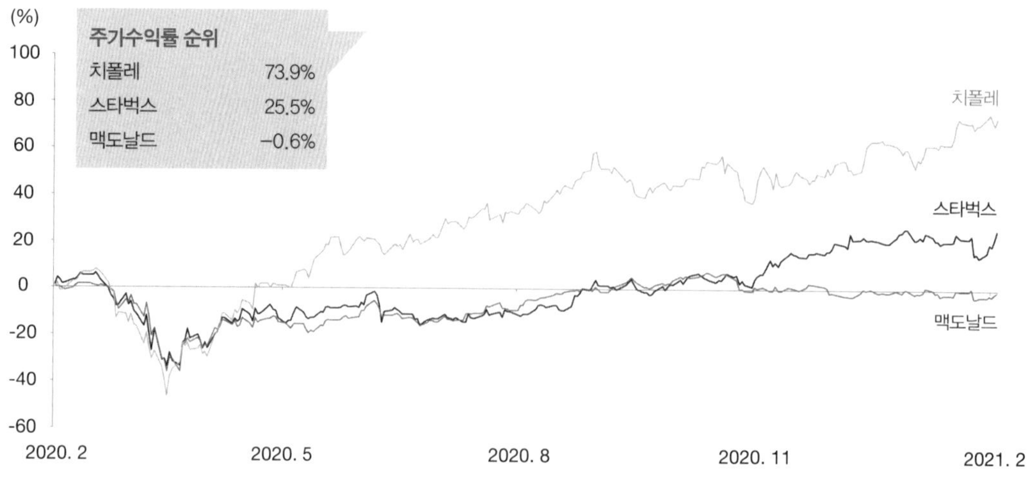

배당 및 투자의견, 종목진단 결과

스타벅스의 회계 결산월은 9월이다.

2011년부터 배당이 증가해 '배당성취자'에 해당하는 스타벅스의 배당금은 분기 단위로 지급되고, 배당수익률은 자유소비재 섹터 평균인 1.74%보다 조금 낮은 수준이다.

배당수익률(선행)	연간배당금(선행)	배당성향	배당성장	5년 배당성장률
1.67%	1.80달러	63.23%	10년 배당성취자	19.03%

최근 3개월간 24명의 애널리스트가 제시한 투자의견을 종합하면 매수Moderate Buy(매수 14명, 보유 10명, 매도 0명)이다. 향후 12개월간 목표주가는 최고 125달러, 최저 100달러, 평균 113.11달러이다.

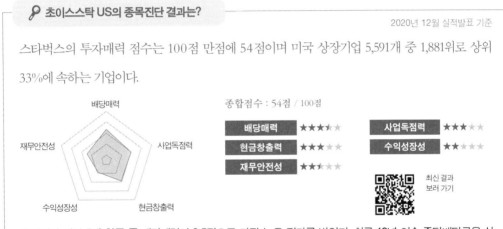

초이스스탁 US의 종목진단 결과는?

2020년 12월 실적발표 기준

스타벅스의 투자매력 점수는 100점 만점에 54점이며 미국 상장기업 5,591개 중 1,881위로 상위 33%에 속하는 기업이다.

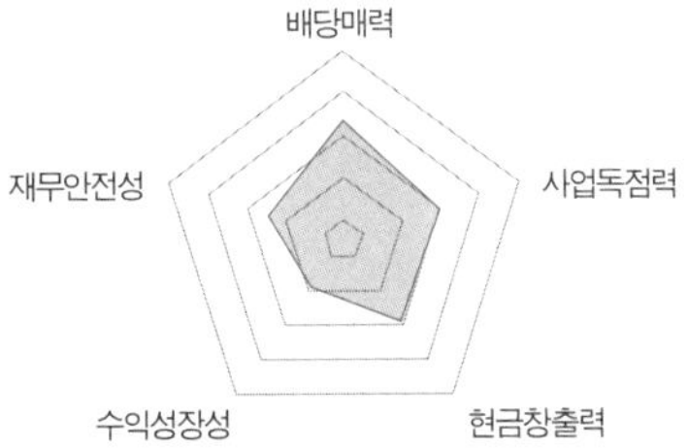

종합점수 : 54점 / 100점

배당매력	★★★½☆	사업독점력	★★★☆☆
현금창출력	★★★☆☆	수익성장성	★★☆☆☆
재무안전성	★★½☆☆		

최신 결과 보러 가기

투자매력 세부 5개 항목 중 배당매력이 3.5점으로 가장 높은 평가를 받았다. 최근 10년 연속 주당배당금을 상향했고, 2020년에는 주당배당금 1.64달러를 지급해 시가배당률 1.9%를 기록했다. 최근 5년간 시가배당률은 1.5~2.2% 수준이다. 코로나 19로 스타벅스가 운영하는 카페에 대한 출입제한으로 매출액 감소 영향으로 수익성장성 점수가 1.8점으로 낮게 평가됐다. 2020년 12월 연환산(최근 4분기 합산) 매출액이 231억 달러로 전년 동기 269억 달러 대비 14% 감소했고, 순이익은 6억 6,500만 달러로 전년 동기 37억 달러 대비 82% 급감한 점 등이 반영됐다. 재무안전성 점수는 2.5점을 받았다. 이자보상배수가 2배로 영업이익이 이자비용의 2배가 넘지만 전체 자산에서 차입금이 차지하는 비중이 83%로 높아 재무 레버리지가 높은 편이다. 높은 차입금 비중에도 불구하고 우량한 현금흐름을 창출해 현금창출력 점수에서 2.8점으로 다른 항목에 비해 약간 높은 점수를 받았다. 2020년 12월 연환산 영업활동 현금흐름은 15억 달러, 잉여현금은 1억 8,400만 달러를 창출했다.

POINT ▶ 경기 회복에 따른 수혜와 함께 경쟁 업체 인수 효과도 기대

사이먼 프로퍼티 그룹

SPG NYSE | Simon Property Group, Inc.

처음 매매하는 경우

매매 예정 시점
실적 확인 후 ☐ 이슈 확인 후 ☐

매매 결정 이유
변동성 확대(단기) ☐ 실적 우수(장기) ☐

매수 목표 가격 $

손익 목표 가격 $ (+ %)

손절 목표 가격 $ (- %)

보유 예정 기간
3개월 미만(단기) ☐ 1년 이상(장기) ☐

보유 중인 경우

매매 구분 매수 ☐ 매도 ☐

매매 일자 20 . . .

매매 금액 가격 $ 수량 주

수익 현황 수익금액 $ 수익률 %

투자 아이디어

포춘 500대 기업 중 하나인 사이먼 프로퍼티 그룹SPG, 이하 사이먼 프로퍼티는 미국 1위 부동산 개발 회사다. 미국을 대표하는 상업용 부동산 회사이자 미국 최대의 소매 부동산 투자신탁 회사REITs이며 미국 최대의 쇼핑몰 운영사이기도 하다. 부지 선정부터 자금 조달, 건설 및 부동산 관리와 유지까지 직접 집행한다.

1993년 멜빈 사이먼과 허버트 사이먼이 설립했다. 사업부문은 지역 쇼핑몰, 프리미엄 아웃렛 센터, 밀스 커뮤니티, 라이프스타일 센터, 해외자산 등 5개의 플랫폼 운영으로 구성된다. 2007년 동종 업체인 밀스를 인수했고, 2013년 캐나다 토론토에 프리미엄 아웃렛을 열었다. 현재 북미 및 아시아 지역에 325개 이상의 부동산, 2.4억 평방 피트에 달하는 면적을 임대하며, 국내에서는 신세계와 합작으로 4개의 프리미엄 아웃렛을 운영하고 있다.

1993년 뉴욕증권거래소에 상장했으며, 미국 3대 지수 중 S&P 500에 속해 있다.

사업부문별 매출 비중

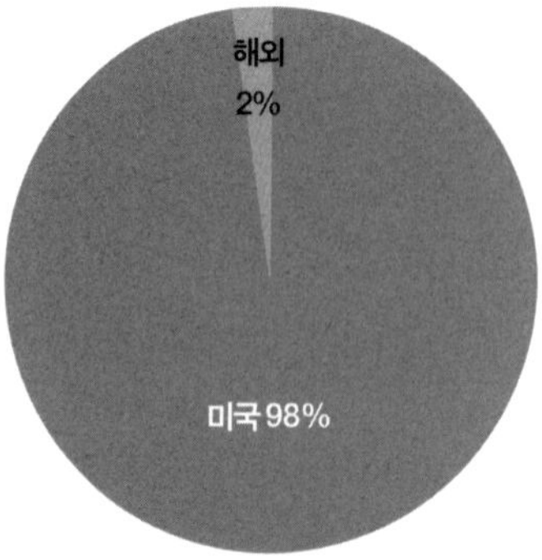

사업지역별 매출 비중

최신 정보 보러 가기 ●

주요 지표 및 주가　최신 뉴스 한 번에 보기　퀀트 분석 : 종목진단　컨센서스 및 투자의견

최근 3년 수익률
-38.7%

최근 5년간 주요 투자지표 ① 손익계산서 12월 결산 기준 / (단위) 금액: 백만 달러, %

구분	2016. 12	2017. 12	2018. 12	2019. 12	2020. 12	전년 대비
매출액	5,435	5,527	5,645	5,755	4,608	▼ -19.9%
영업이익	2,728	2,802	2,926	2,908	1,972	▼ -32.2%
영업이익률(%)	50.2	50.7	51.8	50.5	42.8	▼ -7.7%P
순이익	1,839	1,948	2,440	2,102	1,113	▼ -47.1%
순이익률(%)	33.8	35.2	43.2	36.5	24.2	▼ -12.4%P

최근 5년간 주요 투자지표 ② 가치평가 12월 결산 기준 / (단위) 금액: 배, %, 달러

구분	2016. 12	2017. 12	2018. 12	2019. 12	2020. 12
PER(배)	30.42	27.45	21.32	21.79	23.52
PBR(배)	12.95	14.48	15.76	18.09	8.58
PSR(배)	10.27	9.66	9.2	7.94	5.66
ROE(%)	40.5	51.2	71.9	74.1	49.3
주당순이익(달러)	5.87	6.24	7.87	6.81	3.59
주당배당금(달러)	6.5	7.15	7.9	8.3	6

최근 5년간 주가 추이

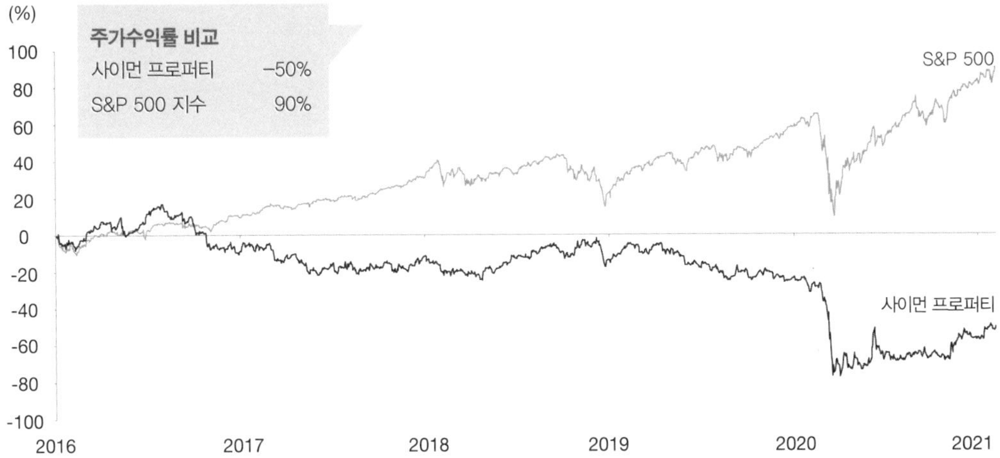

주요 경쟁업체 현황

사이먼 프로퍼티의 주요 경쟁사로는 리얼티 인컴**O**, 킴코 리얼티**KIM**가 있다.

리얼티 인컴Realty Income Corporation은 독립형 단독 임대 사업을 영위하고 있는 미국의 상업용 부동산 리츠 회사다. 1969년에 설립됐으며 2021년 뉴욕증권거래소에 상장했다.

킴코 리얼티Kimco Realty Corporation는 대형 슈퍼마켓, 대형 매장과 아울렛 등 미국 쇼핑센터들의 지분을 소유하고 있는 리츠 회사다. 1958년 설립됐으며 1991년 뉴욕증권거래소에 상장했다. 매월 배당을 지급하는 것으로 유명하다.

최근 4분기 경쟁사 실적 비교 2020년 4분기 기준 / (단위) 백만 달러, %, 달러

구분	사이먼 프로퍼티	리얼티 인컴	킴코 리얼티
매출	4,608	1,631	1,085
영업이익	1,972	732	389
순이익	1,113	407	909
영업이익률	42.8	44.88	35.85
순이익률	24.2	24.95	83.78
주당순이익(EPS)	3.59	1.22	2.02
주가수익배수(PER)	23.52	51.52	5.58
주가순자산배수(PBR)	8.58	2	0.89

사이먼 프로퍼티의 본사는 미국 인디애나에 위치하며, 상근 직원 수는 2,400명이다.
리얼티 인컴의 본사는 미국 캘리포니아에 위치하며, 직원 수는 208명이다.
킴코 리얼티의 본사는 미국 뉴욕에 위치하며, 상근 직원 수는 484명이다. (2021년 2월 현재)

최근 12개월간 주가 수익률 비교 2021년 2월 기준 / (단위) %

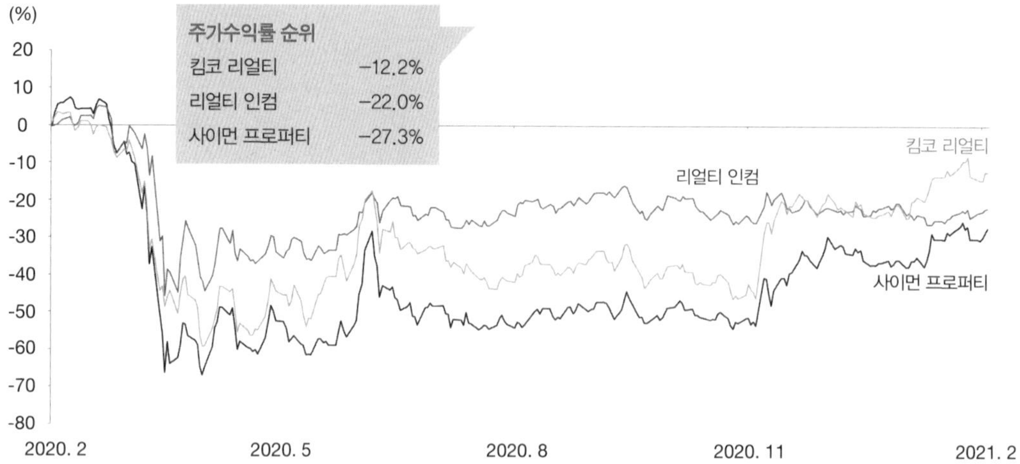

배당 및 투자의견, 종목진단 결과

사이먼 프로퍼티의 회계 결산월은 12월이다.

사이먼 프로퍼티의 배당금은 분기 단위로 지급되고, 배당수익률은 부동산 섹터 평균인 4.91%보다 조금 낮은 수준이다.

배당수익률(선행)	연간배당금(선행)	배당성향	배당성장	5년 배당성장률
4.48%	5.06달러	52.33%	0년	-0.70%

최근 3개월간 16명의 애널리스트가 제시한 투자의견을 종합하면 매수Moderate Buy(매수 5명, 보유 10명, 매도 1명)이다. 향후 12개월간 목표주가는 최고 130달러, 최저 85달러, 평균 106.79달러이다.

초이스스탁 US의 종목진단 결과는?

2020년 12월 실적발표 기준

사이먼 프로퍼티의 투자매력 점수는 100점 만점에 62점이며 미국 상장기업 5,591개 중 1,392위로 상위 25%에 속하는 기업이다.

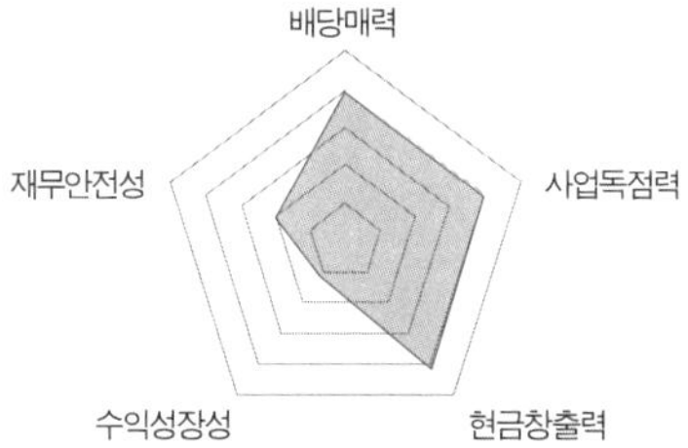

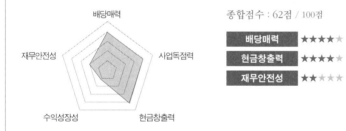

종합점수 : 62점 / 100점

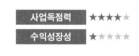

배당매력	★★★★☆	사업독점력	★★★★☆
현금창출력	★★★★☆	수익성장성	★☆☆☆☆
재무안전성	★★☆☆☆		

최신 결과 보러 가기

투자매력 세부 5개 항목 중 현금창출력 부문에서 5점 만점에 4.2점으로 높은 평가를 받았다. 2020년 12월 연환산(최근 4분기 합산) 영업활동 현금흐름은 23억 달러, 잉여현금은 18억 달러를 창출했다. 또한, 현금성자산 10억 달러, 투자자산 77억 달러를 보유하고 있는 점이 평가에 반영됐다. 배당매력 점수는 4점으로 높은 평가를 받았다. 사이먼 프로퍼티는 부동산 투자 신탁회사로 배당투자 매력이 높은 기업이다. 2020년 주당배당금은 6달러를 지급해 시가배당률 7%를 기록했다. 최근 5년간 시가배당률은 3.7~7.0% 수준이다.

수익성장성은 1.2점으로 낮은 평가를 받았다. 2020년 12월 연환산 매출액이 46억 달러로 전년 동기 57억 달러 대비 19% 줄었고, 순이익은 11억 달러로 전년 동기 21억 달러 대비 47% 감소한 점이 반영됐다.

안정적인 현금창출을 기반으로 배당투자자에게 적합한 기업이다.

POINT ▶ 5G 대중화에 따른 수혜는 기본, 노트북과 가전기기 수요 강세까지

스카이웍스 솔루션즈

SWKS Nasdaq | Skyworks Solutions

처음 매매하는 경우

매매 예정 시점
실적 확인 후 ☐ 이슈 확인 후 ☐

매매 결정 이유
변동성 확대(단기) ☐ 실적 우수(장기) ☐

매수 목표 가격 $

손익 목표 가격 $ (+ %)

손절 목표 가격 $ (- %)

보유 예정 기간
3개월 미만(단기) ☐ 1년 이상(장기) ☐

보유 중인 경우

매매 구분 매수 ☐ 매도 ☐

매매 일자 20 . . .

매매 금액 가격 $ 수량 주

수익 현황 수익금액 $ 수익률 %

투자 아이디어

고성능 아날로그 반도체 기업인 스카이웍스 솔루션즈, 이하 스카이웍스SWKS는 무선주파수 및 이동통신 시스템에 쓰이는 칩 메이커이며 애플의 협력사로 잘 알려져 있다.

2002년 알파 인더스트리와 코넥선트 시스템즈의 무선 비즈니스 부문간 합병을 통해 설립됐으며 이후 아시아와 유럽 및 북미 전역에 엔지니어링, 마케팅, 운영, 지원 시설을 갖춘 글로벌 반도체 회사로 성장했다. 최근 스마트폰을 비롯해 스마트카, 스마트홈 그리고 더 나아가 스마트시티에 이르기까지 사물인터넷IoT과 5G가 IT 산업의 최대 화두로 떠오름에 따라 RF라디오 프리퀀시, 무선주파수 칩 산업의 리더로서 스카이웍스가 주목받고 있다.

1984년 나스닥에 상장했으며, 미국 3대 지수 중 나스닥100과 S&P 500에 속해 있다.

사업부문별 매출 비중

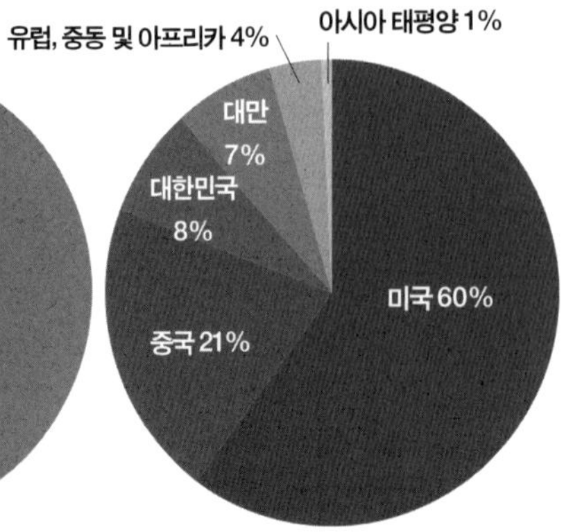

사업지역별 매출 비중

최신 정보 보러 가기 ●

주요 지표 및 주가 | 최신 뉴스 한 번에 보기 | 퀀트 분석 : 종목진단 | 컨센서스 및 투자의견

최근 3년 수익률
89.2%

최근 5년간 주요 투자지표 ① 손익계산서 9월 결산 기준 / (단위) 금액: 백만 달러, %

구분	2016. 9	2017. 9	2018. 9	2019. 9	2020. 9	전년 대비
매출액	3,289	3,651	3,868	3,377	3,356	▼ -0.6%
영업이익	1,207	1,254	1,319	952	892	▼ -6.3%
영업이익률(%)	36.7	34.3	34.1	28.2	26.6	▼ -1.6%P
순이익	995	1,010	918	854	815	▼ -4.6%
순이익률(%)	30.3	27.7	23.7	25.3	24.3	▼ -1%P

최근 5년간 주요 투자지표 ② 가치평가 9월 결산 기준 / (단위) 금액: 배, %, 달러

구분	2016. 9	2017. 9	2018. 9	2019. 9	2020. 9
PER(배)	14.35	18.53	17.68	15.58	30.1
PBR(배)	4.03	4.61	3.96	3.23	5.89
PSR(배)	4.34	5.13	4.2	3.94	7.31
ROE(%)	28.3	26.2	22.7	20.9	19.5
주당순이익(달러)	5.18	5.41	5.01	4.89	4.8
주당배당금(달러)	1.06	1.16	1.34	1.68	1.82

최근 5년간 주가 추이

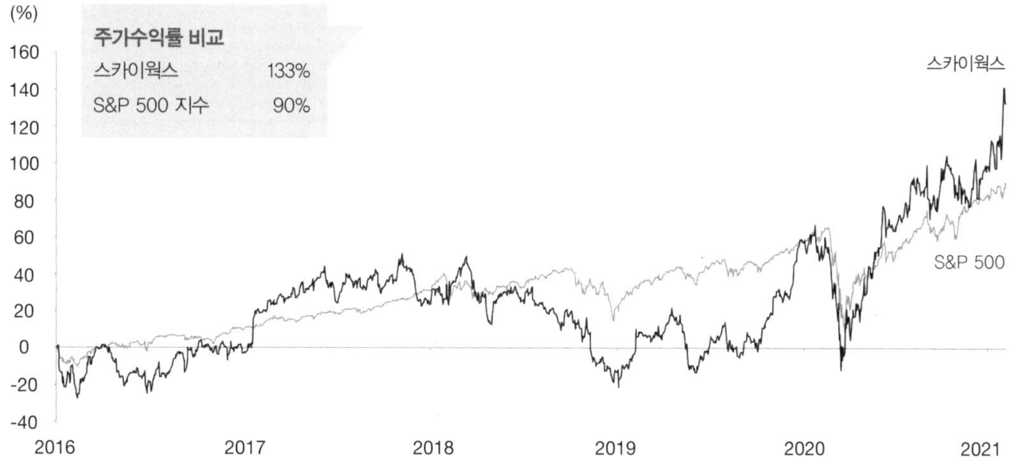

주요 경쟁업체 현황

스카이웍스의 주요 경쟁사로는 맥심 인티그레이티드 프로덕츠**MXIM**, 쿼보**QRVO**가 있다.

맥심 인티그레이티드 프로덕츠Maxim Integrated Products, Inc.는 자동차, 통신 등 다양한 분야의 집적 회로를 개발 및 판매하는 기업이다. 2020년 7월, 205억 달러가 넘는 금액으로 아날로그 디바이시스**ADI**에 인수됐다.

쿼보Qorvo, Inc.는 RF무선 주파수 반도체 제품을 전문으로 개발 및 판매하는 기업이다. 2015년 트라이퀸트 세미컨덕터와 RF 마이크로 디바이시스의 합병으로 탄생했다.

최근 4분기 경쟁사 실적 비교 2020년 4분기 기준 / (단위) 백만 달러, %, 달러

구분	스카이웍스	맥심 인티그레이티드 프로덕츠	쿼보
매출	3,970	2,355	3,730
영업이익	1,185	776	716
순이익	1,067	722	485
영업이익률	29.85	32.95	19.20
순이익률	26.88	30.66	13.00
주당순이익(EPS)	6.35	2.67	4.18
주가수익배수(PER)	23.8	32.06	39.08
주가순자산배수(PBR)	5.75	12.02	4.21

스카이웍스의 본사는 미국 캘리포니아에 위치하며, 상근 직원 수는 1만여 명이다.
맥심 인티그레이티드 프로덕츠의 본사는 미국 캘리포니아에 위치하며, 상근 직원 수는 7,115명이다.
쿼보의 본사는 미국 노스캐롤라이나에 위치하며, 상근 직원 수는 7,900명이다.
(2021년 2월 현재)

최근 12개월간 주가 수익률 비교 2021년 2월 기준 / (단위) %

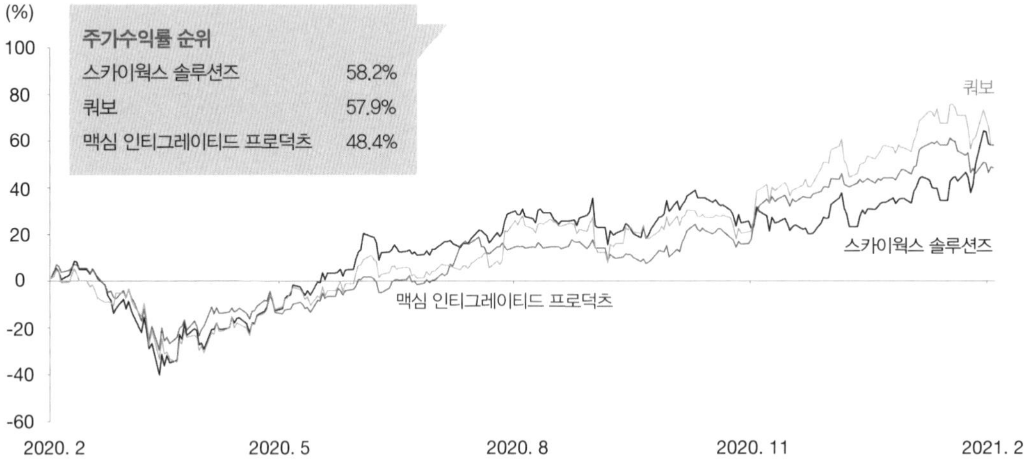

배당 및 투자의견, 종목진단 결과

스카이웍스의 회계 결산월은 9월이다.

배당금은 분기 단위로 지급되고, 배당수익률은 정보기술IT 섹터 평균인 1.14%와 비슷한 수준이다.

배당수익률(선행)	연간배당금(선행)	배당성향	배당성장	5년 배당성장률
1.12%	2.00달러	19.60%	0년	19.99%

최근 3개월간 20명의 애널리스트가 제시한 투자의견을 종합하면 매수Moderate Buy(매수 12명, 보유 8명, 매도 0명)이다. 향후 12개월간 목표주가는 최고 245달러, 최저 170달러, 평균 206.31달러이다.

초이스스탁 US의 종목진단 결과는?

2020년 12월 실적발표 기준

스카이웍스의 투자매력 점수는 100점 만점에 86점이며 미국 상장기업 5,591개 중 109위로 상위 1%에 속하는 초우량 기업이다.

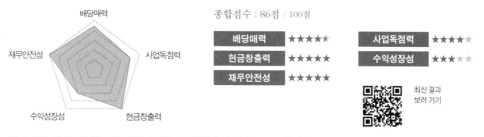

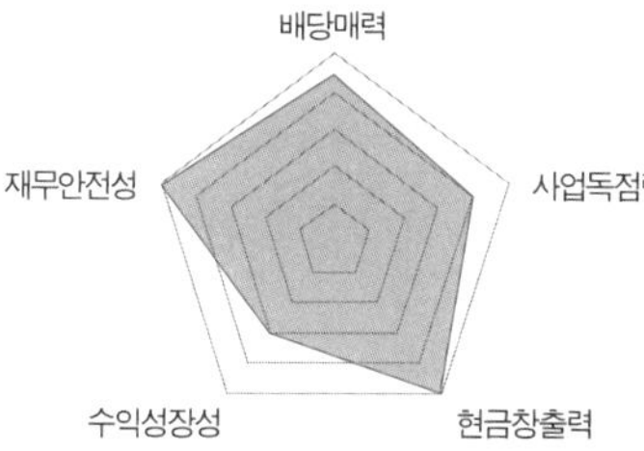

종합점수 : 86점 / 100점

배당매력	★★★★½	사업독점력	★★★★☆
현금창출력	★★★★★	수익성장성	★★★☆☆
재무안전성	★★★★★		

최신 결과 보러 가기

투자매력 세부 5개 항목 중 재무안전성과 현금창출력에서 모두 5점 만점을 받았다. 부채비율이 23%로 매우 낮고, 유동비율 570%로 재무안전성이 매우 높은 기업이다. 2020년 12월 연환산(최근 4분기 합산) 영업활동 현금흐름이 12억 달러, 잉여현금흐름이 8억 9,400만 달러를 창출했고, 현금성 자산이 6억 달러를 보유하고 있는 점 등이 반영됐다. 사업독점력은 5점 만점에 4점으로 미국 전체 상장사 중 상위 6% 속하는 초우량 기업이다. 사업독점력은 현재의 수익성과 성장성을 유지할 수 있는지를 알 수 있는 지표로, 높을수록 독점력이 높다. 수익성장성은 3점으로 2020년 12월 연환산 매출액이 39억 달러로 전년 동기 33억 달러 대비 18% 늘었고 순이익은 10억 6,700만 달러로 전년 동기 8억 2,600만 달러 대비 29% 성장한 점 등이 반영됐다.

배당매력은 4.5점으로 배당투자 매력이 높다. 2020년 주당배당금 1.82달러를 지급해 시가배당률 1.2%를 기록했다. 최근 6년 연속 주당배당금을 상향했고, 최근 5년간 시가배당률은 1.1~2.2% 수준이다.

POINT ▶ 견고한 개발자 생태계는 강력한 모멘텀으로 지속 작용할 것

아틀라시안

TEAM Nasdaq | Atlassian Corporation Plc

처음 매매하는 경우

매매 예정 시점
실적 확인 후 ☐ 이슈 확인 후 ☐
매매 결정 이유
변동성 확대(단기) ☐ 실적 우수(장기) ☐
매수 목표 가격 $
손익 목표 가격 $ (+ %)
손절 목표 가격 $ (- %)
보유 예정 기간
3개월 미만(단기) ☐ 1년 이상(장기) ☐

보유 중인 경우

매매 구분 매수 ☐ 매도 ☐
매매 일자 20 . . .
매매 금액 가격 $ 수량 주
수익 현황 수익금액 $ 수익률 %

투자 아이디어

일반인들에게는 생소하지만 IT 개발자라면 모르는 사람이 없다는 아틀라시안**TEAM**. 소프트웨어 개발 및 협업에 필요한 비즈니스 엔터프라이즈 소프트웨어를 만들어 제공하는 기업이다. 뉴사우스 웨일스 대학교의 출신의 마이크 캐논 브룩스와 스콧 파쿠하가 2002년에 회사를 설립했고, 같은 해에 첫 번째 제품인 지라 1.0Jira 1.0을 출시했다.

소프트웨어 개발에 꼭 필요한 이슈와 버그 추적 시스템을 제공하는 지라, 웹에서 문서를 작성하고 버전을 관리할 수 있는 '컨플루언스', 소프트웨어 개발에서 나오는 소스코드를 저장하고 버전을 관리하는 소프트웨어 형상 관리 제품 '버트버킷', 웹으로 간단하게 할 일 목록을 생성하고 관리할 수 있는 '트렐로' 등의 제품을 서비스한다. 2015년 나스닥에 상장했으며, 미국 3대 지수 중 나스닥 100에 속해 있다.

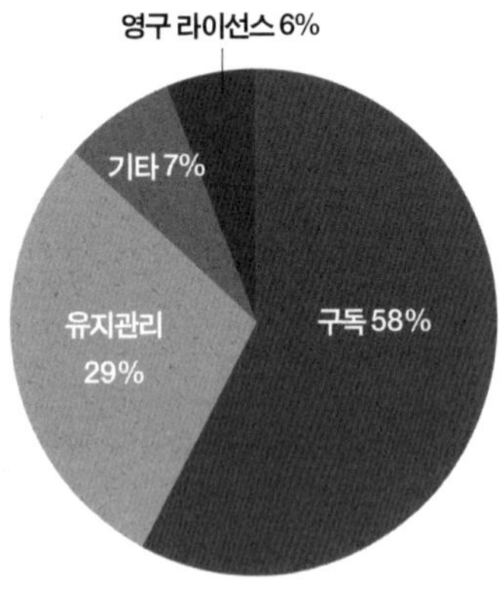

사업부문별 매출 비중

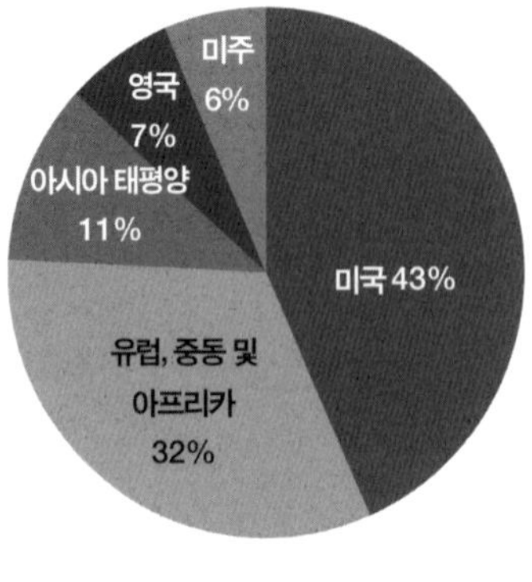

사업지역별 매출 비중

최신 정보 보러 가기 ●

주요 지표 및 주가 | 최신 뉴스 한 번에 보기 | 퀀트 분석 : 종목진단 | 컨센서스 및 투자의견

최근 3년 수익률
370.4%

최근 5년간 주요 투자지표 ① 손익계산서 6월 결산 기준 / (단위) 금액: 백만 달러, %

구분	2016. 6	2017. 6	2018. 6	2019.6	2020. 6	전년 대비
매출액	457	627	881	1,210	1,614	▲ 33.4%
영업이익	-6	-56	-46	-63	14	흑자 전환
영업이익률(%)	-1.3	-8.9	-5.2	-5.2	0.9	▲ 6.1%P
순이익	4	-37	-113	-638	-351	적자 지속
순이익률(%)	0.9	-5.9	-12.8	-52.7	-21.7	▲ 31%P

최근 5년간 주요 투자지표 ② 가치평가 6월 결산 기준 / (단위) 금액: 배, %, 달러

구분	2016. 6	2017. 6	2018. 6	2019. 6	2020. 6
PER(배)	1,235.92	-203.25	-125.93	-48.46	-126.17
PBR(배)	7.39	8.51	15.74	54.64	76.9
PSR(배)	11.83	12.15	16.21	25.53	27.41
ROE(%)	0.7	-4.5	-12.7	-91.3	-47
주당순이익(달러)	0.02	-0.17	-0.49	-2.67	-1.43
주당배당금(달러)	0	0	0	0	0

최근 5년간 주가 추이

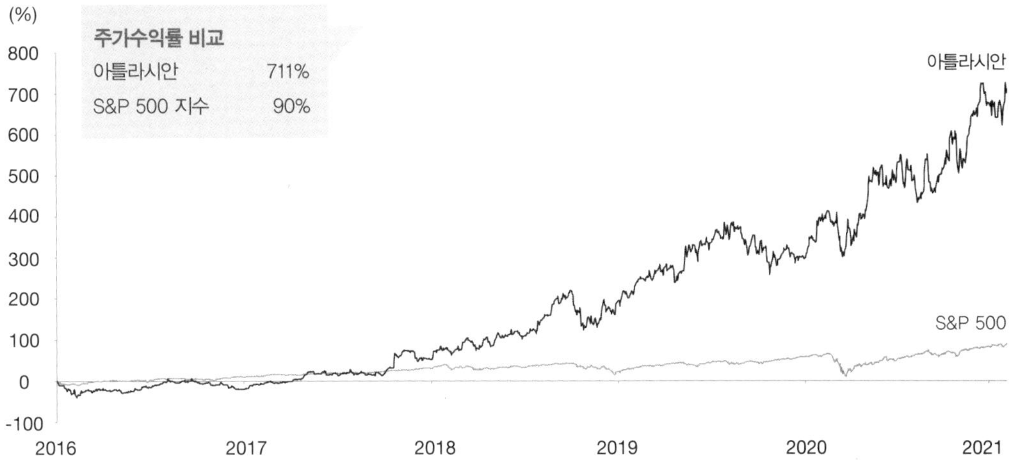

주요 경쟁업체 현황

아틀라시안의 주요 경쟁사로는 슬랙 테크놀로지스WORK, 마이크로소프트MSFT가 있다.

슬랙 테크놀로지스Slack Technologies, Inc.는 '슬랙'이라는 클라우드 기반 협업 메신저를 개발하고 서비스하는 기업이다. 2009년 캐나다 밴쿠버에서 설립됐으며 2019년 뉴욕증권거래소에 상장했다.

마이크로소프트Microsoft Corporation는 2017년 5월부터 협업용 메신저 마이크로소프트 팀즈Microsoft Teams를 서비스하고 있다. 자사의 오피스 365와 긴밀하게 통합돼 동작하는 것이 강점이다.

최근 4분기 경쟁사 실적 비교 2020년 4분기 기준 / (단위) 백만 달러, %, 달러

구분	아틀라시안	슬랙 테크놀로지스	마이크로소프트
매출	1,803	834	153,284
영업이익	16	-302	60,155
순이익	-1,187	-307	51,310
영업이익률	0.89	-36.21	39.24
순이익률	-65.83	-36.81	33.47
주당순이익(EPS)	-4.8	-0.43	6.71
주가수익배수(PER)	-48.85	-47.47	32.77
주가순자산배수(PBR)	342.86	17.07	12.91

아틀라시안의 본사는 호주에 위치하며, 상근 직원 수는 5,752명이다.
슬랙 테크놀로지스의 본사는 미국 캘리포니아 샌프란시스코에 위치하며, 상근 직원 수는 2,510명이다.
마이크로소프트의 본사는 미국 워싱턴에 위치하며, 상근 직원 수는 16만 3천여 명이다. (2021년 2월 현재)

최근 12개월간 주가 수익률 비교 2021년 2월 기준 / (단위) %

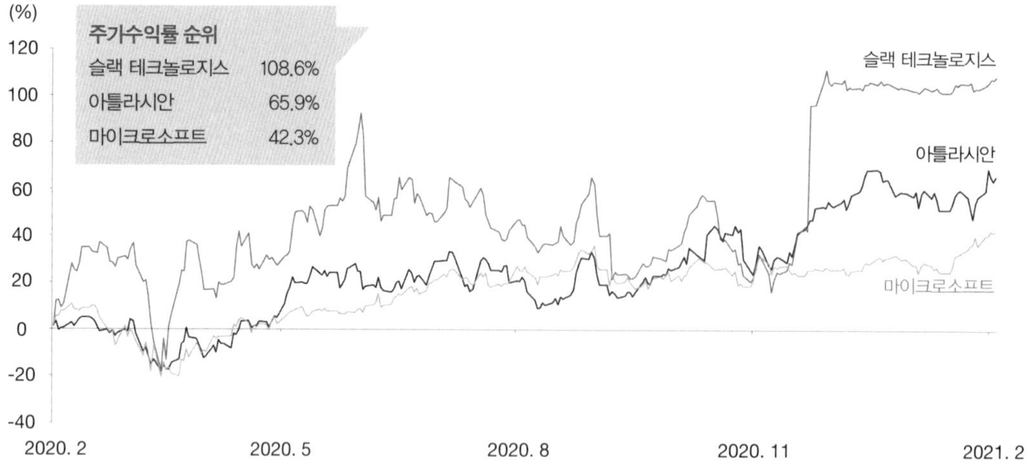

배당 및 투자의견, 종목진단 결과

아틀라시안의 회계 결산월은 6월이다.

배당이 없는 아틀라시안에 대하여 최근 3개월간 14명의 애널리스트가 제시한 투자의견을 종합하면 매수Moderate Buy(매수 10명, 보유 4명, 매도 0명)이다. 향후 12개월간 목표주가는 최고 350달러, 최저 235달러, 평균 269.91달러이다.

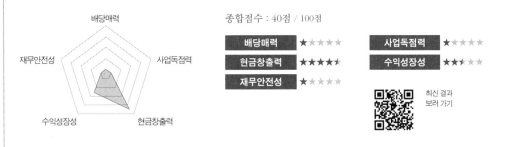

초이스스탁 US의 종목진단 결과는?

2020년 12월 실적발표 기준

아틀라시안의 투자매력 점수는 100점 만점에 40점이며 미국 상장기업 5,591개 중 2,630위로 상위 46%에 속하는 기업이다.

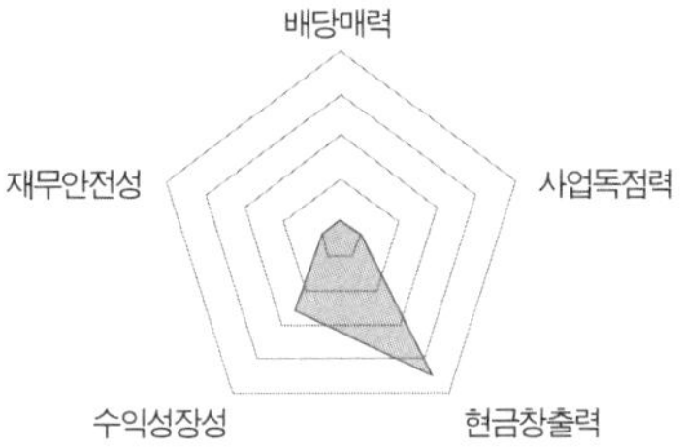

종합점수 : 40점 / 100점

배당매력 ★☆☆☆☆
현금창출력 ★★★★☆
재무안전성 ★☆☆☆☆
사업독점력 ★☆☆☆☆
수익성장성 ★★☆☆☆

최신 결과 보러 가기

투자매력 세부 5개 항목 중 현금창출력이 5점 만점에 4.5점으로 매우 우수한 것으로 나타났다. 2020년 12월 연환산(최근 4분기 합산) 영업활동 현금흐름이 5억 6,000만 달러, 잉여현금흐름이 5억 2,000만 달러를 창출해 순이익이 적자를 기록한 점에 비해 양호한 현금흐름을 만들고 있는 기업이다.

순이익이 적자를 기록해 수익성장성은 5점 만점에 2.5점을 받았다. 2020년 12월 연환산 매출액이 18억 달러로 전년 동기 14억 달러 대비 28% 늘었고, 영업이익은 전년 동기 2,300만 달러 적자에서 1,600만 달러 흑자로 전환한 점 등이 반영됐다.

재무안전성은 1점으로 낮은 편이다. 동사는 미래 투자자금 마련을 위해 증자나 차입이 현재로선 불가피한 상황이다. 재무활동(증자, 차입 등)으로 조달한 현금이 매출 증대로 연결되는지를 확인해야 하겠다.

배당은 지급하지 않아 배당 투자 대상으로는 현재 적합하지 않다.

POINT ▶ 오프라인 매장을 활용해 온라인 수요 확대에 빠르게 대응

배당왕

타겟

TGT NYSE | Target Corporation

처음 매매하는 경우

매매 예정 시점
실적 확인 후 ☐ 이슈 확인 후 ☐

매매 결정 이유
변동성 확대(단기) ☐ 실적 우수(장기) ☐

매수 목표 가격 $

손익 목표 가격 $ (+ %)

손절 목표 가격 $ (- %)

보유 예정 기간
3개월 미만(단기) ☐ 1년 이상(장기) ☐

보유 중인 경우

매매 구분 매수 ☐ 매도 ☐

매매 일자 20 . . .

매매 금액 가격 $ 수량 주

수익 현황 수익금액 $ 수익률 %

투자 아이디어

포춘 500대 기업 중 하나인 타겟TGT은 미국 6대 소매업체이자 월마트에 이어 미국 내 2번째로 큰 대형 할인마트이다. 1902년에 설립해 2020년 2월 현재 51개 주에 1,868개의 매장과 42개의 물류센터를 운영하고 있다. 생필품·식음료·전자제품·의류 등 대부분의 소비재 상품을 취급하고 있으며, 타겟을 이용하는 고객군에 최적화된 43개의 PB자체 개발 상품 브랜드를 운영함으로써 수익성을 제고하고 있다. 더불어 지난 2년간 400여 개의 점포를 리모델링했고, 오프라인 매장을 기반으로 온라인 사업부문에 대한 적극적인 투자를 통해 가파른 온라인 매출 증가세를 기록 중이다. 실제로 2020년 하반기 식료품 픽업 서비스의 전국 확대를 발표하고, 이를 추진하고 있으며 연말 쇼핑시즌에 그 성과를 확인했다. 1983년 4월 뉴욕증권거래소에 상장했으며, 미국 3대 지수 중 S&P 500에 속해 있다.

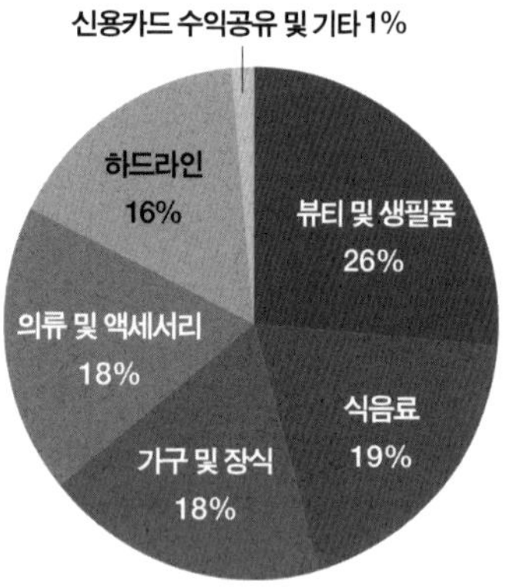

사업부문별 매출 비중

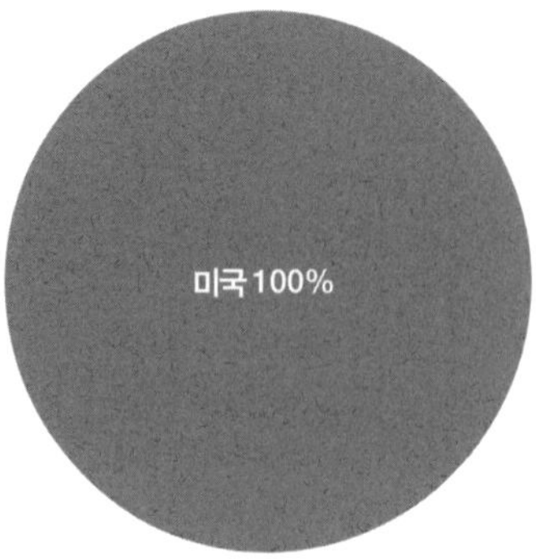

사업지역별 매출 비중

T

최신 정보 보러 가기 ●

주요 지표 및 주가 | 최신 뉴스 한 번에 보기 | 퀀트 분석 : 종목진단 | 컨센서스 및 투자의견

최근 3년 수익률 166.5%

최근 5년간 주요 투자지표 ① 손익계산서 1월 결산 기준 / (단위) 금액: 백만 달러, %

구분	2016. 1	2017. 1	2018. 1	2019. 1	2020. 1	전년 대비
매출액	73,785	70,271	72,714	75,356	78,112	▲ 3.7%
영업이익	4,910	4,864	4,224	4,110	4,658	▲ 13.3%
영업이익률(%)	6.7	6.9	5.8	5.5	6.0	▲ 0.5%P
순이익	3,363	2,734	2,914	2,937	3,281	▲ 11.7%
순이익률(%)	4.6	3.9	4.0	3.9	4.2	▲ 0.3%P

최근 5년간 주요 투자지표 ② 가치평가 1월 결산 기준 / (단위) 금액: 배, %, 달러

구분	2016. 1	2017. 1	2018. 1	2019. 1	2020. 1
PER(배)	13.27	13.09	13.61	12.65	17.1
PBR(배)	3.44	3.27	3.4	3.29	4.74
PSR(배)	0.61	0.51	0.55	0.49	0.72
ROE(%)	24.8	23.7	26	26.3	28.3
주당순이익(달러)	5.31	4.69	5.29	5.51	6.36
주당배당금(달러)	2.16	2.32	2.44	2.52	2.6

최근 5년간 주가 추이

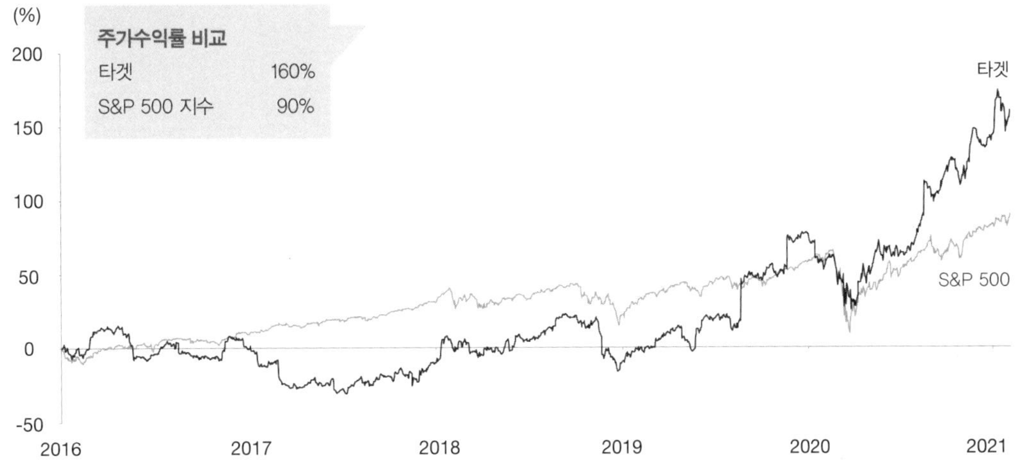

주요 경쟁업체 현황

타겟의 주요 경쟁사로는 월마트**WMT**, 코스트코 홀세일**COST**이 있다.

월마트Walmart Inc.는 1965년 아칸소주에서 조그마한 잡화점으로 출발해 전 세계 1만 1,700여 개의 매장을 보유한 명실공히 세계 1위의 유통 업체다.

코스트코 홀세일Costco Wholesale Corporation, 이하 코스트코는 1983년 커클랜드 지역에 1호점 개점을 시작으로 전 세계 800여 개 매장, 약 9,850만 명의 멤버십 회원을 보유하고 있는 미국의 대표적인 회원제 창고형 할인점이다.

최근 4분기 경쟁사 실적 비교 2020년 3분기 기준 / (단위) 백만 달러, %, 달러

구분	타겟	월마트	코스트코
매출	88,621	548,743	172,929
영업이익	5,901	22,383	5,804
순이익	3,822	19,742	4,324
영업이익률	6.66	4.08	3.36
순이익률	4.31	3.60	2.50
주당순이익(EPS)	7.54	6.92	9.74
주가수익배수(PER)	19.94	19.92	38.89
주가순자산배수(PBR)	5.72	4.83	11.32

타겟의 본사는 미국 미네소타 미니애폴리스에 위치하며, 상근 직원 수는 36만 8천 명가량이다. 월마트의 본사는 미국 아칸소에 위치하며, 상근 직원 수는 220만 명이다. 코스트코의 본사는 미국워싱턴에 위치하며, 상근 직원 수는 15만 6천여 명이다. (2021년 2월 현재)

최근 12개월간 주가 수익률 비교 2021년 2월 기준 / (단위) %

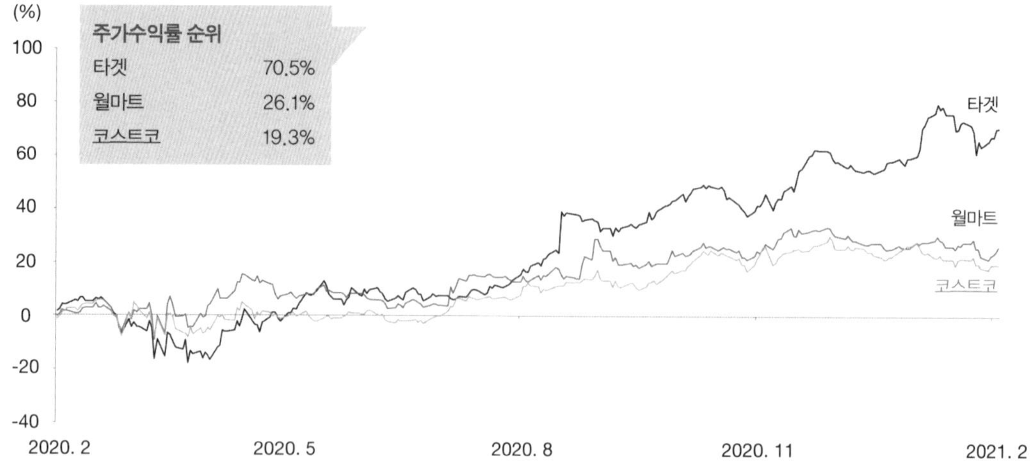

배당 및 투자의견, 종목진단 결과

타겟의 회계 결산월은 1월이다.

1969년부터 배당이 증가해 '배당왕'에 해당하는 타겟의 배당금은 분기 단위로 지급되고, 배당수익률은 자유소비재 섹터 평균인 1.74%의 5분의 4 수준이다.

배당수익률(선행)	연간배당금(선행)	배당성향	배당성장	5년 배당성장률
1.48%	2.72달러	29.56%	52년 배당왕	4.18%

최근 3개월간 12명의 애널리스트가 제시한 투자의견을 종합하면 강력매수Strong Buy(매수 10명, 보유 2명, 매도 0명)이다. 향후 12개월간 목표주가는 최고 235달러, 최저 195달러, 평균 216.33달러이다.

초이스스탁 US의 종목진단 결과는?

2020년 10월 실적발표 기준

타겟의 투자매력 점수는 100점 만점에 81점이며 미국 상장기업 5,591개 중 259위로 상위 4%에 속하는 초우량 기업이다.

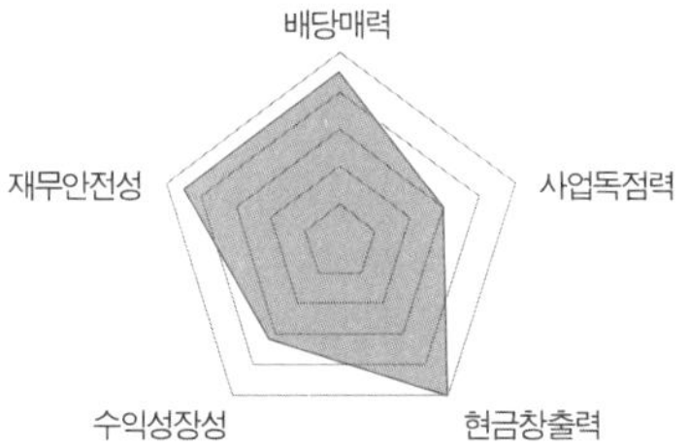

종합점수 : 81점 / 100점

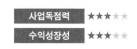

항목	평가
배당매력	★★★★☆
현금창출력	★★★★★
재무안전성	★★★★☆
사업독점력	★★★☆☆
수익성장성	★★★☆☆

최신 결과 보러 가기

투자매력 세부 5개 항목 중 현금창출력 부문에서 5점 만점을 받았다. 2020년 10월 연환산(최근 4분기 합산) 영업활동 현금흐름이 100억 달러, 잉여현금흐름이 74억 달러로 전년 동기 35억 달러 대비 2배 이상 늘어난 점 등이 반영됐다. 배당매력 점수도 4.5점으로 배당주 투자 대상으로도 매력이 높다. 최근 24년 연속 주당배당금을 인상했고, 2020년에는 주당배당금 2.6달러를 지급해 시가배당률 2.3%를 기록했다. 최근 5년간 시가배당률은 2.3~3.6% 수준이다. 코로나 19에도 불구하고 매출 성장을 이끌며 수익성장성 부문에서 3.2점으로 평균 이상의 성장을 기록했다. 2020년 10월 연환산 매출액이 886억 달러로 전년 동기 776억 달러 대비 14% 성장했고, 순이익은 38억 달러로 전년 동기 32억 달러 대비 18% 늘어난 점 등이 반영됐다. 재무안전성은 5점 만점에 4.5점으로 단기적인 재무안전성은 매우 높은 것으로 평가됐다.

POINT ▶ 막대한 5G 주파수 입찰 비용은 미래 성장을 위한 공격적인 투자

티모바일 유에스

TMUS Nasdaq | T-Mobile US, Inc.

처음 매매하는 경우

매매 예정 시점
실적 확인 후 □ 이슈 확인 후 □
매매 결정 이유
변동성 확대(단기) □ 실적 우수(장기) □
매수 목표 가격 $
손익 목표 가격 $ (+ %)
손절 목표 가격 $ (- %)
보유 예정 기간
3개월 미만(단기) □ 1년 이상(장기) □

보유 중인 경우

매매 구분 매수 □ 매도 □
매매 일자 20 . . .
매매 금액 가격 $ 수량 주
수익 현황 수익금액 $ 수익률 %

투자 아이디어

포춘 선정 '일하기 좋은 100대 기업' 중 하나인 티모바일 유에스TMUS, 이하 티모바일은 1994년 설립된 보이스스트림 와이어리스VoiceStream Wireless PCS가 그 시초이다. 2001년 독일계 이동통신 회사인 도이치 텔레콤이 인수, 함께 인수한 파워텔과 합병하면서 티모바일 USA로 출범했다. 2013년 메트로Metro PCS와 합병하면서 현재의 사명으로 변경했고, 2014년 3위 이동통신 회사였던 스프린트Sprint와 합병 논의를 시작했는데, 2020년 4월에야 합병이 공식적으로 완료됐다. 참고로, 스프린트는 2013년 손정의 회장의 소프트뱅크가 인수했던 회사다.

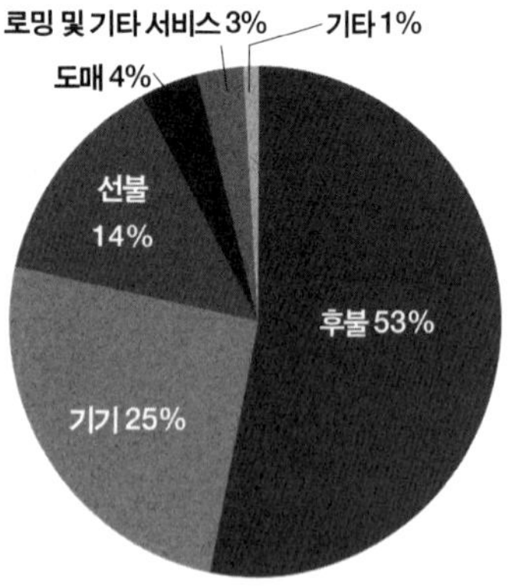

사업부문별 매출 비중

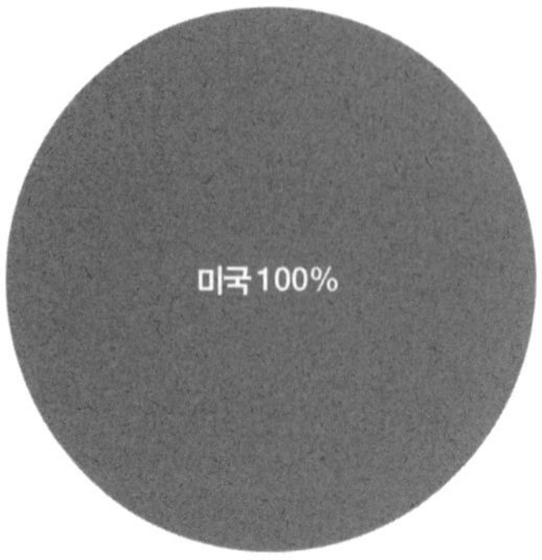

사업지역별 매출 비중

현재 미국과 푸에르토리코, 그리고 미국령 버진 아일랜드에서 8,600만 명에게 이동통신 및 데이터 서비스를 제공한다.

2013년 나스닥에 상장했으며, 미국 3대 지수 중 나스닥 100과 S&P 500에 속해 있다.

최신 정보 보러 가기 ●

주요 지표 및 주가 | 최신 뉴스 한 번에 보기 | 퀀트 분석 : 종목진단 | 컨센서스 및 투자의견

최근 3년 수익률
112.2%

최근 5년간 주요 투자지표 ① 손익계산서 12월 결산 기준 / (단위) 금액: 백만 달러, %

구분	2016. 12	2017. 12	2018. 12	2019. 12	2020. 12	전년 대비
매출액	37,490	40,604	43,310	44,998	68,397	▲ 52.0%
영업이익	3,215	4,653	5,309	5,722	6,636	▲ 16.0%
영업이익률(%)	8.6	11.5	12.3	12.7	9.7	▼ -3.0%P
순이익	1,460	4,536	2,888	3,468	3,064	▼ -11.7%
순이익률(%)	3.9	11.2	6.7	7.7	4.5	▼ -3.2%P

최근 5년간 주요 투자지표 ② 가치평가 12월 결산 기준 / (단위) 금액: 배, %, 달러

구분	2016. 12	2017. 12	2018. 12	2019. 12	2020. 12
PER(배)	33.73	11.79	18.69	19.35	54.63
PBR(배)	2.6	2.34	2.18	2.33	2.56
PSR(배)	1.26	1.3	1.25	1.49	2.45
ROE(%)	8	22	12.1	12.6	5.5
주당순이익(달러)	1.69	5.2	3.36	4.02	2.65
주당배당금(달러)	0	0	0	0	0

최근 5년간 주가 추이

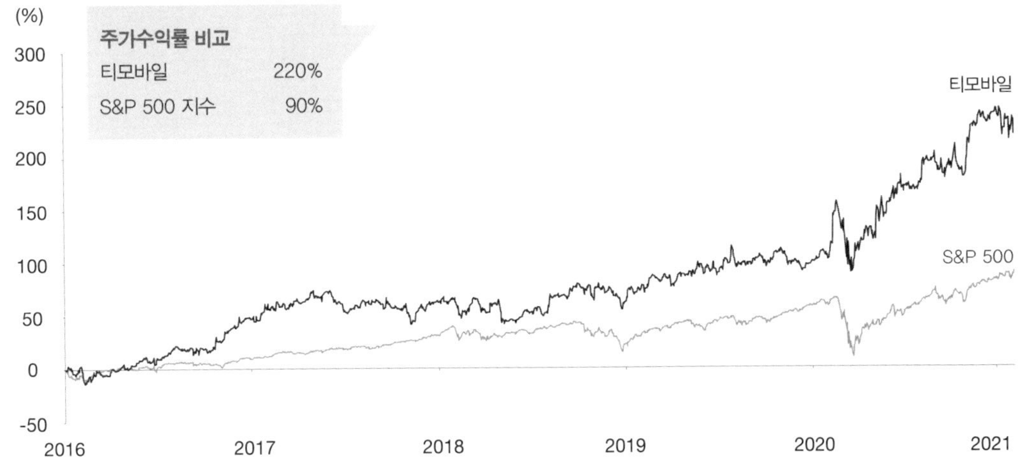

주요 경쟁업체 현황

티모바일의 주요 경쟁사로는 버라이즌 커뮤니케이션즈VZ, 에이티앤티T가 있다.

버라이즌 커뮤니케이션즈Verizon Communications Inc., 이하 버라이즌은 미국 무선통신업계 1위 기업이다. 아이폰 5G 모델이 시판되고 5G 네트워크가 구축되면서 티모바일이 버라이즌의 5G 커버리지를 겨냥한 광고 캠페인을 벌이는 등 미국 통신업계의 1, 2위 간 경쟁이 치열한 상황이다.

에이티앤티AT&T Inc.는 유선 인프라를 바탕으로 한 미국 최대의 종합통신 서비스 기업으로써 버라이즌, 티모바일과 함께 미국의 3대 통신 사업자이다. 50년 넘게 꾸준히 배당해온 대표적인 배당귀족주 중 하나이기도 하다.

최근 4분기 경쟁사 실적 비교 2020년 4분기 기준 / (단위) 백만 달러, %, 달러

구분	티모바일	버라이즌	에이티앤티
매출	68,397	128,375	172,890
영업이익	6,636	28,257	22,471
순이익	3,064	18,308	11,101
영업이익률	9.7	22.01	13.00
순이익률	4.5	14.26	6.42
주당순이익(EPS)	2.65	4.41	1.51
주가수익배수(PER)	54.63	13.45	18.53
주가순자산배수(PBR)	2.56	3.78	1.16

티모바일의 본사는 미국 워싱턴에 위치하며, 상근 직원수는 7만 5천 명이다.
버라이즌의 본사는 미국 뉴욕에 위치하며, 상근 직원 수는 13만 2천여 명이다.
에이티앤티의 본사는 미국 달라스에 위치하며, 상근 직원 수는 23만여 명에 이른다. (2021년 2월 현재)

최근 12개월간 주가 수익률 비교 2021년 2월 기준 / (단위) %

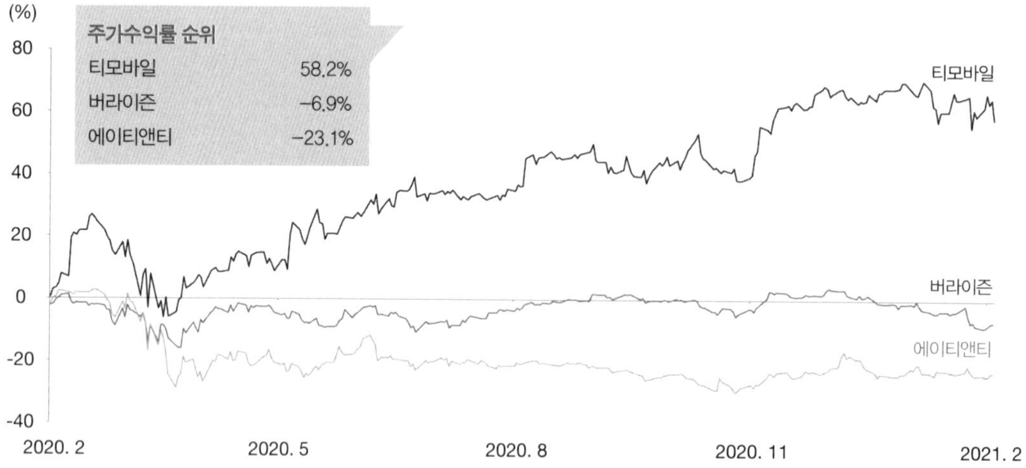

T

배당 및 투자의견, 종목진단 결과

티모바일의 회계 결산월은 12월이다.

배당이 없는 티모바일에 대하여 최근 3개월간 12명의 애널리스트가 제시한 투자의견을 종합하면 강력매수Strong Buy(매수 10명, 보유 2명, 매도 0명)이다. 향후 12개월간 목표주가는 최고 172달러, 최저 127달러, 평균 149.83달러이다.

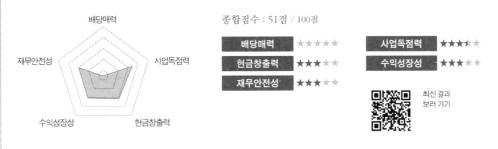

초이스스탁 US의 종목진단 결과는?

2020년 12월 실적발표 기준

티모바일의 투자매력 점수는 100점 만점에 51점이며 미국 상장기업 5,591개 중 2,029위로 상위 36%에 속하는 기업이다.

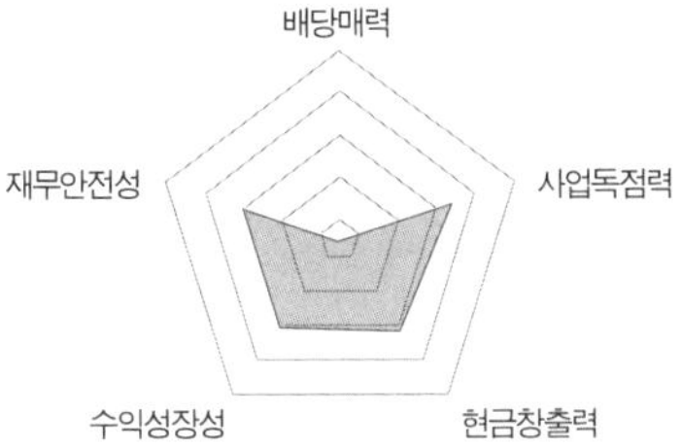

종합점수 : 51점 / 100점

배당매력	☆☆☆☆☆	사업독점력	★★★½☆
현금창출력	★★★☆☆	수익성장성	★★★☆☆
재무안전성	★★★☆☆		

최신 결과 보러 가기

투자매력 세부 5개 항목 중 현금창출력은 5점 만점에 3.2점을 받았다. 2020년 12월 연환산(최근 4분기 합산) 영업활동 현금흐름이 86억 달러로 전년 동기 68억 달러 대비 26% 늘었지만 잉여현금흐름은 시설투자(유형자산) 등의 자본적지출 영향으로 (-)23억 달러를 기록한 점 등이 반영됐다.

수익성장성은 5점 만점에 3점을 받았다. 2020년 12월 연환산 매출액이 683억 달러로 전년 동기 449억 달러 대비 52% 급증했고, 순이익은 30억 달러로 전년 동기 34억 달러 대비 11% 줄었다. 2020년 3월 분기 매출액이 111억 달러에서 6월엔 176억 달러, 9월엔 192억 달러, 12월에는 203억 달러로 큰 폭으로 늘고 있어 2021년 실적 성장 기대감이 높고, 향후 수익성장성 점수가 개선될 가능성이 높다.

재무안전성은 3점으로 평균적인 수준이다. 부채비율 206%, 유동비율 110%, 이자보상배수 2배 등이 반영됐다.

배당은 지급하지 않아 배당 투자 대상으로는 현재 적합하지 않다.

POINT ▶ 코로나 19 이슈는 단기. 진짜 이슈는 빈번해지는 자연재해와 이상기후

트래블러스

TRV NYSE | The Travelers Companies, Inc.

처음 매매하는 경우		보유 중인 경우	
매매 예정 시점	실적 확인 후 ☐ 이슈 확인 후 ☐	**매매 구분**	매수 ☐ 매도 ☐
매매 결정 이유	변동성 확대(단기) ☐ 실적 우수(장기) ☐	**매매 일자**	20 . . .
매수 목표 가격	$	**매매 금액**	가격 $ 수량 주
손익 목표 가격	$ (+ %)	**수익 현황**	수익금액 $ 수익률 %
손절 목표 가격	$ (- %)	**투자 아이디어**	
보유 예정 기간	3개월 미만(단기) ☐ 1년 이상(장기) ☐		

트래블러스TRV는 매출 기준으로 미국 내 상업 재산보험 2위, 개인 재산보험 3위를 차지하고 있는 글로벌 손해보험 회사이며 지주 회사다. 시가 총액 기준으로는 5위에 랭크돼 있다.

1853년 뉴욕에서 설립됐으며 개인보험, 법인보험, 채권 및 특수보험 등 3개 사업부문을 영위하고 있다. 주로 1만 3,500개의 독립판매 법인과 중개인을 통해 주택 및 자동차보험 상품을 판매한다. 전체 매출의 절반 이상은 사업자들이 가입하는 법인 보험에서 발생하고, 3분의 1 이상은 개인들이 가입하는 개인 보험에서 발생한다. 최근 몇 해동안 반복되고 있는 캘리포니아 산불과 초대형 허리케인 등 자연재해는 트래블러스의 실적에 치명적이다.

1988년 뉴욕증권거래소에 상장했으며, 미국 3대 지수 중 다우와 S&P 500에 속해 있다.

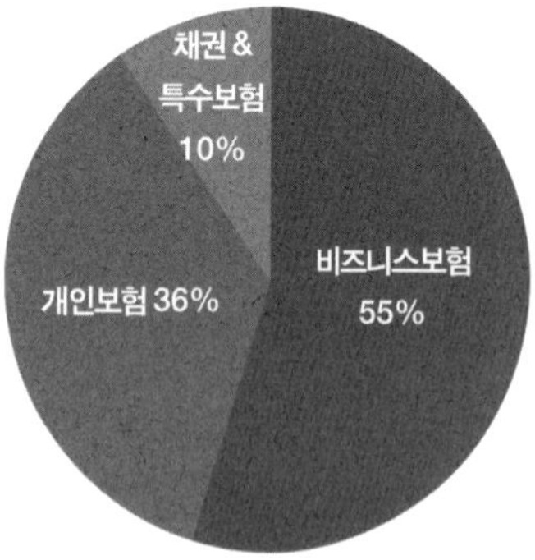

사업부문별 매출 비중

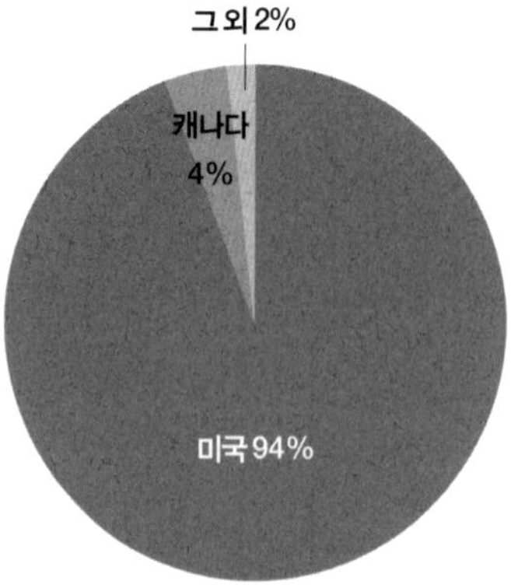

사업지역별 매출 비중

최신 정보 보러 가기 ●

주요 지표 및 주가 | 최신 뉴스 한 번에 보기 | 퀀트 분석 : 종목진단 | 컨센서스 및 투자의견

최근 3년 수익률 1.7%

최근 5년간 주요 투자지표 ① 손익계산서 12월 결산 기준 / (단위) 금액: 백만 달러, %

구분	2016. 12	2017. 12	2018. 12	2019. 12	2020. 12	전년 대비
매출액	27,625	28,902	30,282	31,581	31,981	▲ 1.3%
영업이익	4,416	3,099	3,313	3,482	3,576	▲ 2.7%
영업이익률(%)	16.0	10.7	10.9	11.0	11.2	▲ 0.2%P
순이익	3,014	2,056	2,523	2,622	2,697	▲ 2.9%
순이익률(%)	10.9	7.1	8.3	8.3	8.4	▲ 0.1%P

최근 5년간 주요 투자지표 ② 가치평가 12월 결산 기준 / (단위) 금액: 배, %, 달러

구분	2016. 12	2017. 12	2018. 12	2019. 12	2020. 12
PER(배)	11.54	18.06	12.57	13.48	13.18
PBR(배)	1.5	1.56	1.39	1.36	1.22
PSR(배)	1.26	1.28	1.05	1.12	1.11
ROE(%)	12.5	8.7	11.1	10.4	9.9
주당순이익(달러)	10.28	7.33	9.28	9.92	10.52
주당배당금(달러)	2.62	2.83	3.03	3.23	3.37

최근 5년간 주가 추이

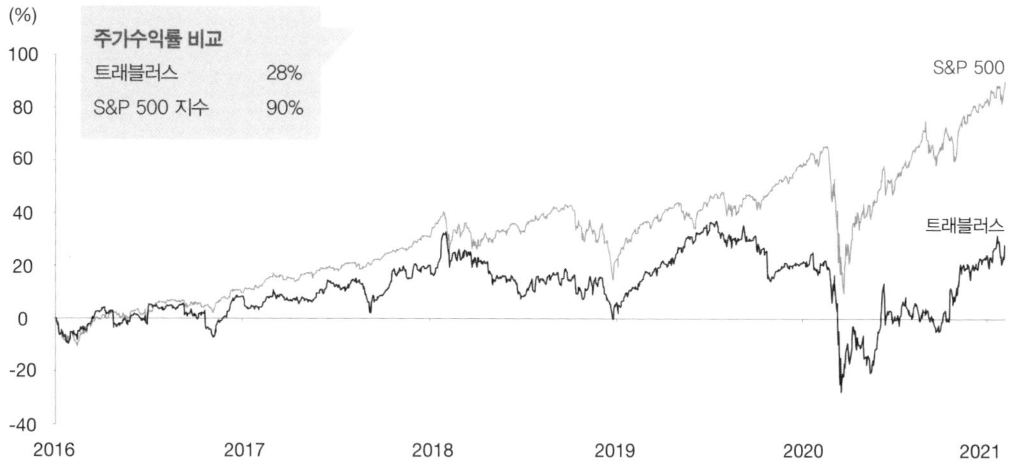

주요 경쟁업체 현황

트래블러스의 주요 경쟁사로는 처브CB, 프로그레시브PGR가 있다.

처브Chubb Limited는 스위스에 본사를 두고 자회사를 통해서 전 세계적으로 보험 및 재보험 상품을 판매하는 지주 회사이다. 1882년 뉴욕에서 해운보험 사업을 시작했으며 1967년에 법인으로 전환했다.

프로그레시브The Progressive Corporation는 포춘 500대 기업 중 하나로 1937년에 설립됐으며 미국 최대의 자동차보험 제공 업체 중 하나다.

최근 4분기 경쟁사 실적 비교 2020년 4분기 기준 / (단위) 백만 달러, %, 달러

구분	트래블러스	처브	프로그레시브
매출	31,981	34,884	41,983
영업이익	3,576	3,276	6,614
순이익	2,697	2,288	5,085
영업이익률	11.18	9.39	15.75
순이익률	8.43	6.56	12.11
주당순이익(EPS)	10.52	5.03	8.62
주가수익배수(PER)	13.18	22.91	10.96
주가순자산배수(PBR)	1.22	0.93	3.06

트래블러스의 본사는 미국 뉴욕에 위치하며, 상근 직원 수는 2만 9,888명이다.
처브의 본사는 스위스 취리히에 위치하며, 상근 직원 수는 3만 1,000명이다.
프로그레시브의 본사는 미국 오하이오에 위치하며, 상근 직원 수는 3만 5천여 명이다.
(2021년 2월 현재)

최근 12개월간 주가 수익률 비교 2021년 2월 기준 / (단위) %

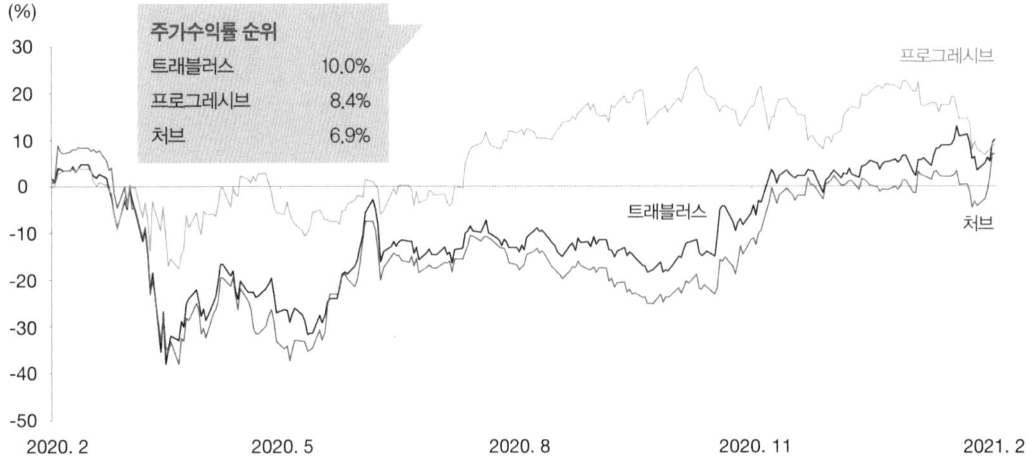

배당 및 투자의견, 종목진단 결과

트래블러스의 회계 결산월은 12월이다.

코로나 19 팬데믹으로 인해 배당을 중단한 트래블러스에 대하여 최근 3개월간 12명의 애널리스트가 제시한 투자의견을 종합하면 보유Hold(매수 2명, 보유 6명, 매도 4명)이다. 향후 12개월간 목표주가는 최고 156달러, 최저 135달러, 평균 146.82달러이다.

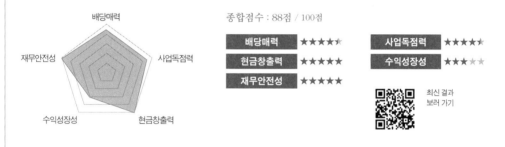

초이스스탁 US의 종목진단 결과는?

2020년 12월 실적발표 기준

트래블러스의 투자매력 점수는 100점 만점에 88점이며 미국 상장기업 5,591개 중 76위로 상위 1%에 속하는 초우량 기업이다.

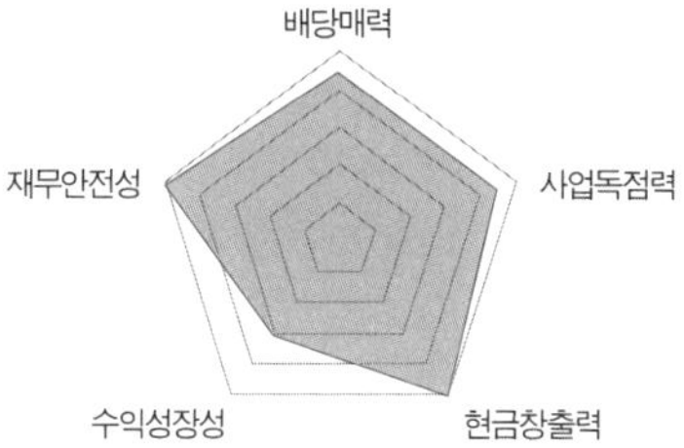

종합점수 : 88점 / 100점

배당매력	★★★★☆	사업독점력	★★★★☆
현금창출력	★★★★★	수익성장성	★★★☆☆
재무안전성	★★★★★		

최신 결과 보러 가기

투자매력 세부 5개 항목 분석 중 재무안전성, 현금창출력 등 2개 부문에서 5점 만점을, 배당매력에서 4.5점을 받은 우량기업이다.

최근 5년간 시가배당률은 2.1~2.4% 수준이며, 주주 친화적인 배당정책을 실행하고 있다.

매출액과 순이익 정체로 수익성장성 부문에서 5점 만점에 3점을 받아 보통 수준으로 평가됐다. 2020년 12월 연환산(최근 4분기 합산) 매출액은 319억 달러로 전년 동기 315억 달러 대비 1.2% 늘었고, 순이익은 26억 달러로 전년 동기와 비슷한 수치를 기록했다.

사업독점력 부분은 5점 만점에 4.5점을 받아 독점력을 갖춘 기업으로 평가됐다. 미국 상장사 중 4.5점 이상을 받은 기업은 3.7%에 불과해 매우 탄탄한 사업구조를 유지하고 있는 것으로 분석된다.

POINT ▶ 본격화되는 경쟁에서 압도적인 우위를 예상하는 이유는? 빅데이터

테슬라

TSLA Nasdaq | Tesla, Inc.

처음 매매하는 경우

매매 예정 시점
실적 확인 후 ☐ 이슈 확인 후 ☐
매매 결정 이유
변동성 확대(단기) ☐ 실적 우수(장기) ☐
매수 목표 가격 $
손익 목표 가격 $ (+ %)
손절 목표 가격 $ (- %)
보유 예정 기간
3개월 미만(단기) ☐ 1년 이상(장기) ☐

보유 중인 경우

매매 구분 매수 ☐ 매도 ☐
매매 일자 20 . . .
매매 금액 가격 $ 수량 주
수익 현황 수익금액 $ 수익률 %

투자 아이디어

전기 자동차의 글로벌 아이콘인 테슬라TSLA는 2003년 일런 머스크 외 2명이 설립한 미국의 전기 자동차 회사다. 2008년 첫 번째 모델인 로드스터를 출시 한 후, 2012년 프리미엄 세단인 모델S와 2013년 모델X, 2017년 보급형 세단인 모델3와 2019년 모델Y를 잇따라 출시하면서 이른바 SEXY 라인업을 완성했고, 이어서 대형 트럭인 세미와 픽업 트럭인 싸이버 트럭을 조만간 선보일 예정이다. 그리고 2020년 7월 1일 시가총액 기준으로 일본 토요타 자동차를 넘어서 전세계 1위 자동차 업체에 등극했다. 전기차 시장의 경쟁이 날이 갈수록 치열해지는 가운데 테슬라는 자율주행과 배터리 기술을 비롯해 미래 모빌리티에 필요한 거의 모든 기술을 수직적 통합 형태로 보유하고 있는 거의 유일한 회사이다.

2010년 6월 나스닥에 상장했으며, 미국 3대 지수 중 나스닥 100과 S&P 500에 속해 있다.

사업부문별 매출 비중

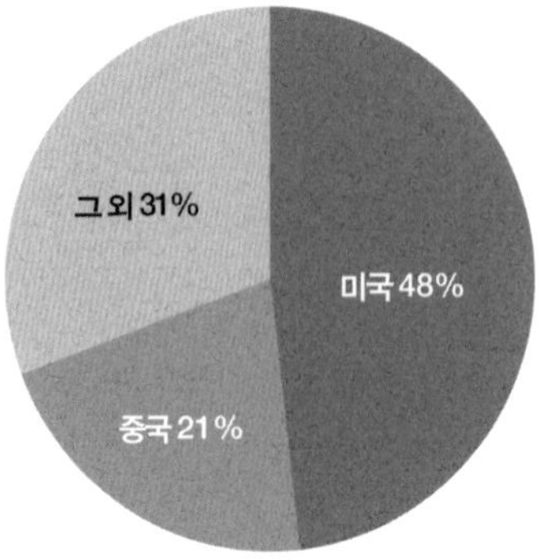

사업지역별 매출 비중

최신 정보 보러 가기 ●

주요 지표 및 주가 · 최신 뉴스 한 번에 보기 · 퀀트 분석 : 종목진단 · 컨센서스 및 투자의견

최근 3년 수익률
1175.8%

최근 5년간 주요 투자지표 ① 손익계산서

12월 결산 기준 / (단위) 금액: 백만 달러, %

구분	2016. 12	2017. 12	2018. 12	2019. 12	2020. 12	전년 대비
매출액	7,000	11,759	21,461	24,578	31,536	▲ 28.3%
영업이익	-667	-1,632	-388	-69	1,994	흑자 전환
영업이익률(%)	-9.5	-13.9	-1.8	-0.3	6.3	▲ 6.6%P
순이익	-675	-1,962	-976	-862	721	흑자 전환
순이익률(%)	-9.6	-16.7	-4.5	-3.5	2.3	▲ 5.8%P

최근 5년간 주요 투자지표 ② 가치평가

12월 결산 기준 / (단위) 금액: 배, %, 달러

구분	2016. 12	2017. 12	2018. 12	2019. 12	2020. 12
PER(배)	-47.46	-26.67	-58.56	-87.47	927.75
PBR(배)	6.74	12.35	11.61	11.39	30.1
PSR(배)	4.58	4.45	2.66	3.07	21.21
ROE(%)	-24.7	-41.2	-21.9	-15.0	5.0
주당순이익(달러)	-0.94	-2.37	-1.14	-0.98	0.64
주당배당금(달러)	0	0	0	0	0

최근 5년간 주가 추이

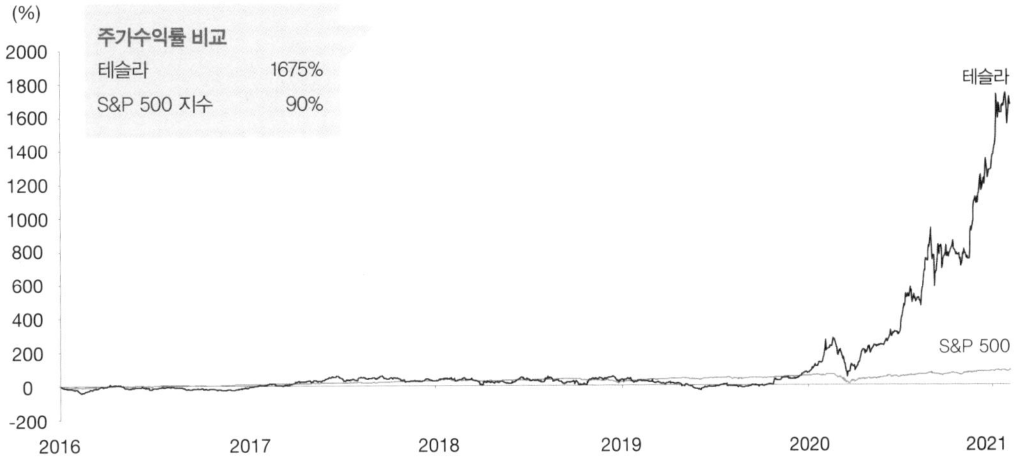

주요 경쟁업체 현황

테슬라의 주요 경쟁사로는 니오**NIO**, 제너럴 모터스**GM**가 있다.

니오NIO Limited은 2014년에 설립된 중국의 전기 자동차 전문 스타트업으로 '중국의 테슬라'로 불린다. 2018년에 뉴욕증권거래소에 상장했으며, 1년 동안에 2,000% 이상 주가가 급등했다. 한 번 충전으로 1천 킬로미터를 주행하는 전기차 세단을 공개할 예정이다.

제너럴 모터스GM는 미국을 대표하는 자동차 제조 회사로, 북미를 제외한 24개 국에 자회사를 거느리고 있는 다국적 기업이다. 1908년에 설립됐으며 최근 들어 전기차에 대한 투자를 공격적으로 확대해 2025년까지 신규 전기차 모델을 30여 종 출시할 예정이다.

최근 4분기 경쟁사 실적 비교 2020년 4분기 기준 / (단위) 백만 달러, %, 달러

구분	테슬라	니오	제너럴 모터스
매출	31,536	1,830	122,485
영업이익	1,994	-955	6,634
순이익	721	-995	6,427
영업이익률	6.32	-52.16	5.42
순이익률	2.29	-54.35	5.25
주당순이익(EPS)	0.64	-0.96	4.33
주가수익배수(PER)	927.75	-22.93	9.54
주가순자산배수(PBR)	30.1	20.04	1.32

테슬라의 본사는 미국 캘리포니아 팔로알토에 위치하며, 상근 직원 수는 7만 757명이다.
니오 본사는 중국 상하이에 위치하며, 상근 직원의 수는 7,442명이다.
제너럴 모터스의 본사는 미국 미시간 디트로이트에 위치하며, 상근 직원 수는 15만 5천 명이다. (2021년 2월 현재)

최근 12개월간 주가 수익률 비교 2021년 2월 기준 / (단위) %

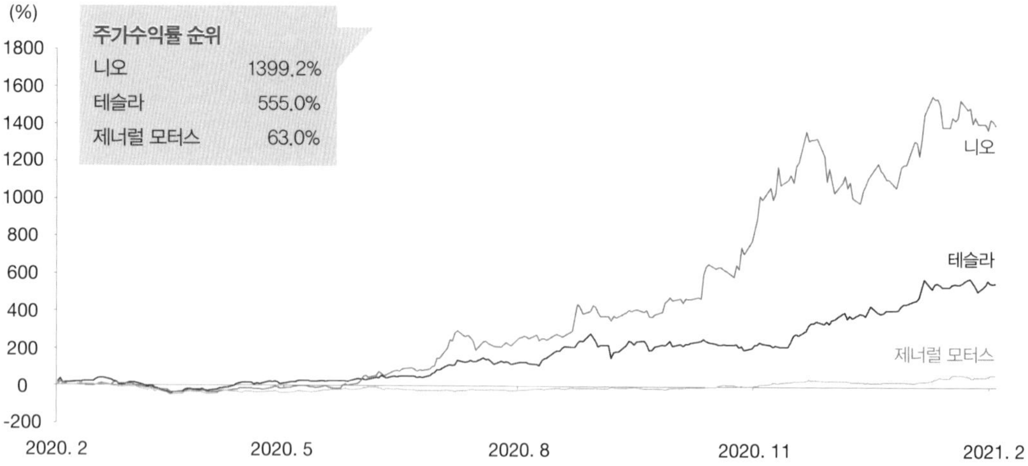

배당 및 투자의견, 종목진단 결과

테슬라의 회계 결산월은 12월이다.

배당이 없는 테슬라에 대하여 최근 3개월간 28명의 애널리스트가 제시한 투자의견을 종합하면 보유Hold(매수 7명, 보유 14명, 매도 7명)이다. 향후 12개월간 목표주가는 최고 1,200달러, 최저 67달러, 평균 603.83달러이다.

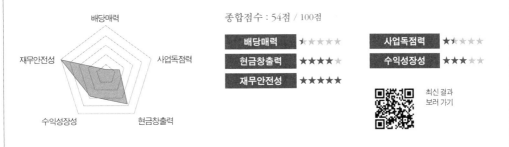

초이스스탁 US의 종목진단 결과는?

2020년 12월 실적발표 기준

테슬라의 투자매력 점수는 100점 만점에 54점이며 미국 상장기업 5,591개 중 1,881위로 상위 33%에 속하는 기업이다.

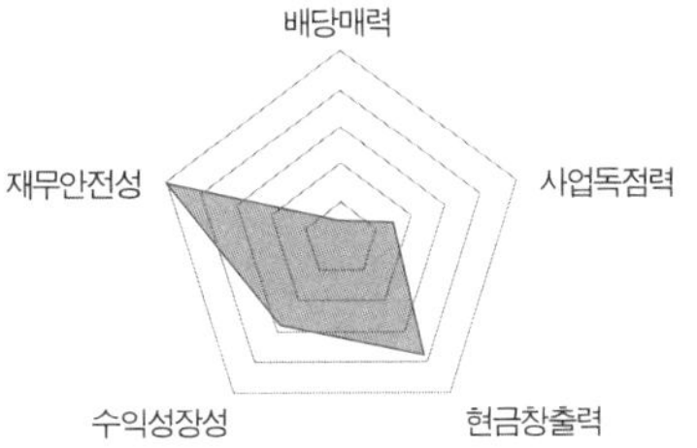

종합점수 : 54점 / 100점

배당매력	★☆☆☆☆	사업독점력	★★☆☆☆
현금창출력	★★★★☆	수익성장성	★★★☆☆
재무안전성	★★★★★		

최신 결과 보러 가기

투자매력 세부 5개 항목 중 현금창출력 부문에서 5점 만점에 3.8점으로 우수한 평가를 받았다. 2020년 12월 연환산(최근 4분기 합산) 영업활동 현금흐름이 59억 달러로 전년 동기 24억 달러 대비 145% 급증했고, 잉여현금흐름은 27억 달러로 전년 동기 9억 7,300만 달러 대비 178% 늘어난 점 등이 반영됐다.

수익성장성 부문은 2.8점으로 평가됐지만 빠르게 개선 중이다. 2020년 12월 연환산 매출액은 315억 달러로 전년 동기 245억 달러 대비 28% 성장했고 순이익은 7억 2,100만 달러로 전년 동기 8억 6,200만 달러 적자에서 흑자로 전환했다.

안정적인 현금창출로 재무안전성도 크게 개선됐다. 재무안전성 부문은 5점 만점을 받아 재무구조가 매우 안전한 것으로 평가됐다. 부채비율 128%, 유동비율 188%, 이자보상배수 3배 등이 반영된 결과이다.

배당은 지급하지 않아 배당 투자 대상으로는 현재 적합하지 않다.

POINT ▶ 경기 회복에 따른 실적 개선은 기대보다 크지 않을 것

타이슨 푸즈

TSN NYSE | Tyson Foods, Inc.

처음 매매하는 경우		보유 중인 경우	
매매 예정 시점	실적 확인 후 ☐ 이슈 확인 후 ☐	**매매 구분**	매수 ☐ 매도 ☐
매매 결정 이유	변동성 확대(단기) ☐ 실적 우수(장기) ☐	**매매 일자**	20 . . .
매수 목표 가격	$	**매매 금액**	가격 $ 수량 주
손익 목표 가격	$ (+ %)	**수익 현황**	수익금액 $ 수익률 %
손절 목표 가격	$ (- %)	**투자 아이디어**	
보유 예정 기간	3개월 미만(단기) ☐ 1년 이상(장기) ☐		

타이슨 푸즈TSN는 미국 1위, 세계 2위 육가공 회사다. 닭고기, 소고기, 돼지고기, 육가공 식품 및 관련 제품의 생산, 유통, 판매 등 전 과정의 수직계열화를 이루고 있다. 미국 전역의 식료품 소매점 및 도매점과 육류 유통업체 그리고 군부대 식당을 비롯해 130개 이상의 국가에 제품을 공급한다. 1935년 존 타이슨이 아칸소주 스프링데일에서 설립한 닭고기 유통업체를 모태로 하여, 1972년 지금의 사명으로 변경하고 식품 가공으로 사업을 확장했다. 1990년대 들어 전 세계로 시장을 확대했으며, 이후 2014년 포장육 회사인 힐셔 브랜즈, 2018년 치킨 너겟으로 유명한 키스톤 푸드 인수와 함께 2016년 대체 육류 업체인 비욘드 미트, 2017년 배양육 스타트업인 멤피스 미트에 투자하는 등 사업 다각화 역시 지속 추진하고 있다. 1986년 뉴욕증권거래소에 상장했으며, 미국 3대 지수 중 S&P 500에 속해 있다.

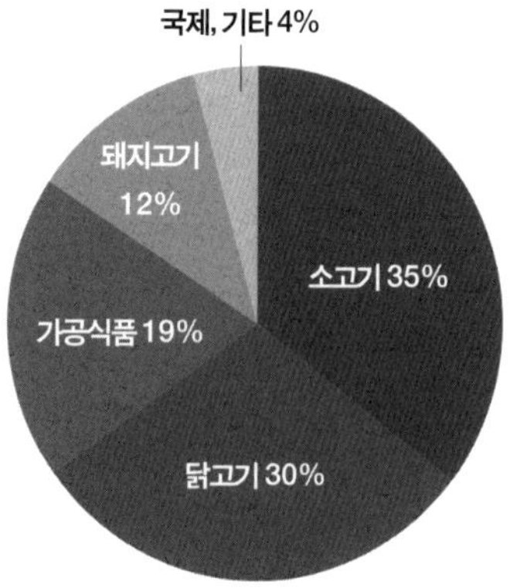

사업부문별 매출 비중

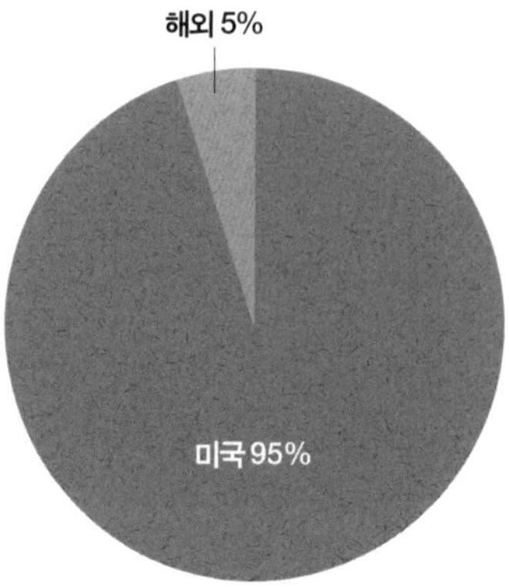

사업지역별 매출 비중

최신 정보 보러 가기 ●

주요 지표 및 주가 | 최신 뉴스 한 번에 보기 | 퀀트 분석 : 종목진단 | 컨센서스 및 투자의견

최근 3년 수익률
-9.6%

최근 5년간 주요 투자지표 ① 손익계산서 10월 결산 기준 / (단위) 금액: 백만 달러, %

구분	2016. 10	2017. 10	2018. 10	2019. 10	2020. 10	전년 대비
매출액	36,881	38,260	40,052	42,405	43,185	▲ 1.8%
영업이익	2,833	2,921	2,969	2,770	3,008	▲ 8.6%
영업이익률(%)	7.7	7.6	7.4	6.5	7.0	▲ 0.4%P
순이익	1,768	1,774	2,970	1,980	2,061	▲ 4.1%
순이익률(%)	4.8	4.6	7.4	4.7	4.8	▲ 0.1%P

최근 5년간 주요 투자지표 ② 가치평가 10월 결산 기준 / (단위) 금액: 배, %, 달러

구분	2016. 10	2017. 10	2018. 10	2019. 10	2020. 10
PER(배)	15.52	14.27	7.34	15.69	10.48
PBR(배)	2.86	2.4	1.7	2.23	1.42
PSR(배)	0.74	0.66	0.54	0.73	0.5
ROE(%)	18.2	17.7	24.1	14.6	14
주당순이익(달러)	4.53	4.79	8.04	5.4	5.64
주당배당금(달러)	0.6	0.83	1.13	1.5	1.68

최근 5년간 주가 추이

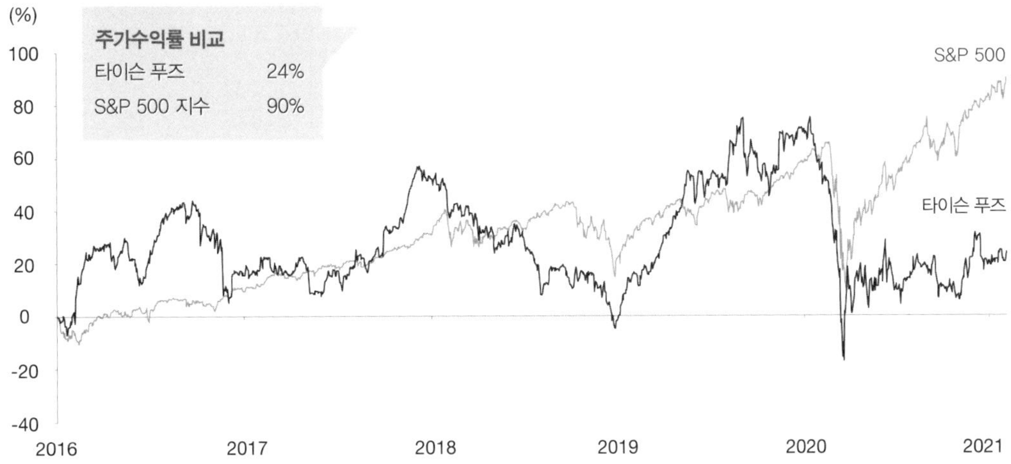

주요 경쟁업체 현황

타이슨 푸즈의 주요 경쟁사로는 제너럴 밀즈GIS, 호멜 푸즈HRL가 있다.

제너럴 밀즈General Mills, Inc.는 1856년에 설립된 미니애폴리스 밀링 컴퍼니에서 시작, 우리에게 익숙한 '요플레', '하겐다즈', '네이처 밸리' 등의 브랜드를 보유한 미국의 식품 업체다. 최근에는 건강을 추구하는 트렌드에 발 맞춰 유기농 식품 라인을 보강하고 있다.

호멜 푸즈Hormel Foods Corporation는 '스팸', '스키피', '제니오' 등의 브랜드를 보유한 미국의 식품 기업이다. 1891년 설립됐으며 1926년 세계 최초로 통조림 햄을 출시했다.

최근 4분기 경쟁사 실적 비교 2020년 4분기 기준 / (단위) 백만 달러, %, 달러

구분	타이슨 푸즈	제너럴 밀즈	호멜 푸즈
매출	42,830	18,287	9,608
영업이익	2,887	3,251	1,065
순이익	1,971	2,407	908
영업이익률	6.74	17.78	11.08
순이익률	4.60	13.16	9.45
주당순이익(EPS)	5.4	3.9	1.66
주가수익배수(PER)	11.91	15.27	29.48
주가순자산배수(PBR)	1.5	4.3	4.17

타이슨 푸즈의 본사는 미국 아카소 스프링데일에 위치하며, 상근 직원 수는 13만 9천여 명이다.
제너럴 밀즈의 본사는 미국 미내소타 미니애폴리스에 위치하며, 상근 직원 수는 3만 5천여 명이다.
호멜 푸즈의 본사는 미국 미네소타 오스틴에 위치하며, 상근 직원 수는 1만 9천여 명이다.
(2021년 2월 현재)

최근 12개월간 주가 수익률 비교 2021년 2월 기준 / (단위) %

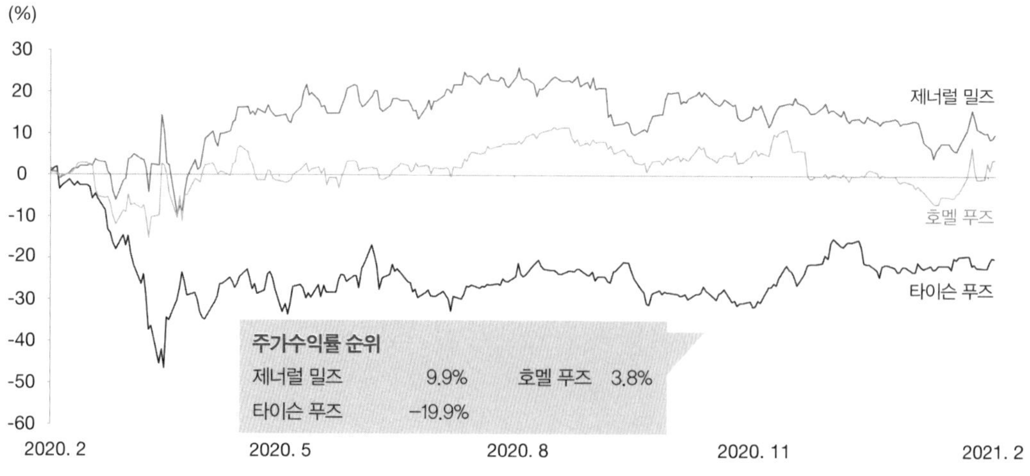

배당 및 투자의견, 종목진단 결과

타이슨 푸즈의 회계 결산월은 9월이다.

2012년부터 증가해온 타이슨 푸즈의 배당금은 분기 단위로 지급되고, 배당수익률은 필수소비재 섹터 평균인 1.74%의 1.5배 높은 수준이다.

배당수익률(선행)	연간배당금(선행)	배당성향	배당성장	5년 배당성장률
2.63%	1.78달러	31.26%	9년	26.12%

최근 3개월간 4명의 애널리스트가 제시한 투자의견을 종합하면 매수Moderate Buy(매수 2명, 보유 2명, 매도 0명)이다. 향후 12개월간 목표주가는 최고 80달러, 최저 70달러, 평균 75.67달러이다.

초이스스탁 US의 종목진단 결과는?

2020년 12월 실적발표 기준

타이슨 푸즈의 투자매력 점수는 100점 만점에 76점이며 미국 상장기업 5,591개 중 519위로 상위 9%에 속하는 우량 기업이다.

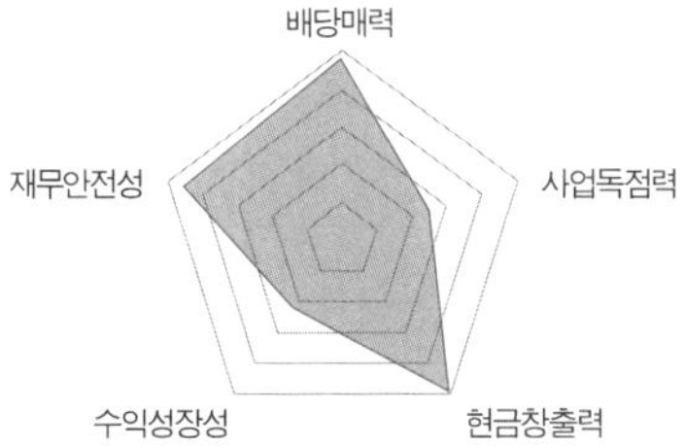

종합점수 : 76점 / 100점

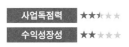

배당매력	★★★★★
현금창출력	★★★★★
재무안전성	★★★★☆
사업독점력	★★★☆☆
수익성장성	★★☆☆☆

최신 결과 보러 가기

투자매력 세부 5개 항목 중 현금창출력 부문에서 5점 만점을 받았다. 2020년 12월 연환산(최근 4분기 합산) 영업활동 현금흐름은 43억 달러로 전년 동기 25억 달러 대비 72% 늘었고, 잉여현금흐름도 31억 달러로 전년 동기 12억 달러 대비 158% 급증한 점 등이 반영됐다. 배당매력 점수도 4.8점으로 매우 높은 평가를 받았다. 최근 6년 연속 주당 배당금을 인상했고, 2020년 주당배당금 1.68달러를 지급해 시가배당률 2.8%를 기록했다. 최근 5년간 시가배당률은 0.8~2.8% 수준이며, 지난 2020년 시가배당률이 2.8%로 가장 높다. 풍부한 현금창출을 바탕으로 재무안전성 점수도 4.5점으로 재무상태가 안전한 기업으로 평가됐다. 수익성장성은 상대적으로 낮은 2.2점을 받았다. 2020년 12월 연환산 매출액이 428억 달러로 전년 동기 430억 달러 대비 0.4% 줄었고, 순이익은 19억 달러로 전년 동기와 비슷한 수준으로 실적이 정체된 점 등이 반영됐다.

POINT ▶ 원격의료 기업들과의 협업을 통해 또다른 성장 기회를 기대

배당성취자

유나이티드헬스 그룹

UNH NYSE | UnitedHealth Group Incorporated

처음 매매하는 경우

매매 예정 시점
실적 확인 후 ☐ 이슈 확인 후 ☐
매매 결정 이유
변동성 확대(단기) ☐ 실적 우수(장기) ☐
매수 목표 가격 $
손익 목표 가격 $ (+ %)
손절 목표 가격 $ (- %)
보유 예정 기간
3개월 미만(단기) ☐ 1년 이상(장기) ☐

보유 중인 경우

매매 구분 매수 ☐ 매도 ☐
매매 일자 20 . . .
매매 금액 가격 $ 수량 주
수익 현황 수익금액 $ 수익률 %

투자 아이디어

유나이티드헬스 그룹**UNH**은 연간 1억 1천5백만 명에게 의료 서비스를 제공하고, 연간 순보험료가 1,700억 달러가 넘는 세계 최대 규모의 민간 건강보험 회사다.

1977년에 설립되으며 유나이티드헬스케어UnitedHealthcare 부문과 옵텀optum 부문 등 2개의 사업부문을 영위하고 있다. 유나이티드헬스케어 부문은 건강보험 서비스를 제공하고 있고, 자회사인 옵텀 부문은 의료진 및 간병인 네트워크, 의료 관련 소프트웨어 및 컨설팅 서비스, 의약품 소매 네트워크 및 약국 관리 솔루션 등을 제공한다. 바이든 대통령 당선으로 건강보험 개혁에 관한 법안인 '메디 포 올' 추진에 대한 불확실성도 상당 부분 해소되었다.

1984년 뉴욕증권거래소에 상장했으며, 미국 3대 지수 중 다우와 S&P 500에 속해 있다.

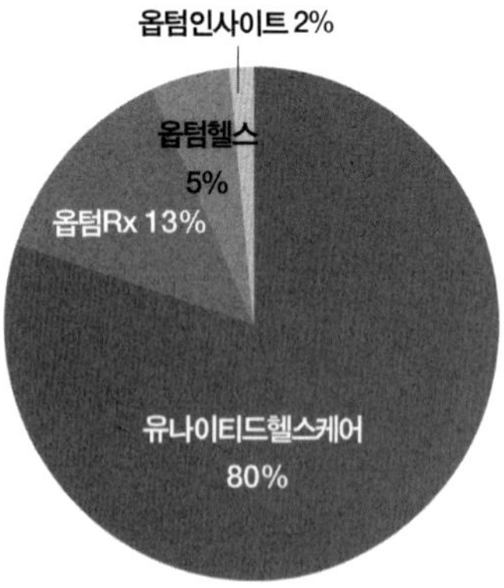

사업부문별 매출 비중

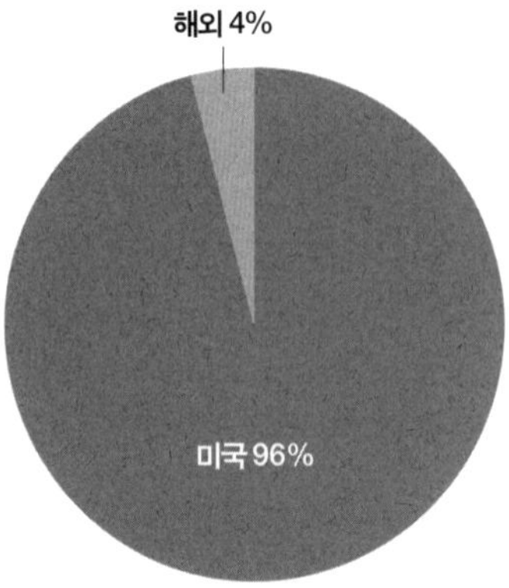

사업지역별 매출 비중

최신 정보 보러 가기 ●

주요 지표 및 주가 | 최신 뉴스 한 번에 보기 | 퀀트 분석 : 종목진단 | 컨센서스 및 투자의견

최근 3년 수익률 49.7%

최근 5년간 주요 투자지표 ① 손익계산서 12월 결산 기준 / (단위) 금액: 백만 달러, %

구분	2016. 12	2017. 12	2018. 12	2019. 12	2020. 12	전년 대비
매출액	184,840	201,159	226,247	242,155	257,141	▲ 6.2%
영업이익	12,930	15,209	17,344	19,685	22,405	▲ 13.8%
영업이익률(%)	7.0	7.6	7.7	8.1	8.7	▲ 0.6%P
순이익	7,017	10,558	11,986	13,839	15,403	▲ 11.3%
순이익률(%)	3.8	5.2	5.3	5.7	6.0	▲ 0.3%P

최근 5년간 주요 투자지표 ② 가치평가 12월 결산 기준 / (단위) 금액: 배, %, 달러

구분	2016. 12	2017. 12	2018. 12	2019. 12	2020. 12
PER(배)	21.71	20.24	20	20.13	21.6
PBR(배)	3.98	4.47	4.64	4.83	5.08
PSR(배)	0.82	1.06	1.06	1.15	1.29
ROE(%)	19	23.7	24.3	25.5	24.5
주당순이익(달러)	7.25	10.72	12.19	14.33	16.03
주당배당금(달러)	2.38	2.88	3.45	4.14	4.8

최근 5년간 주가 추이

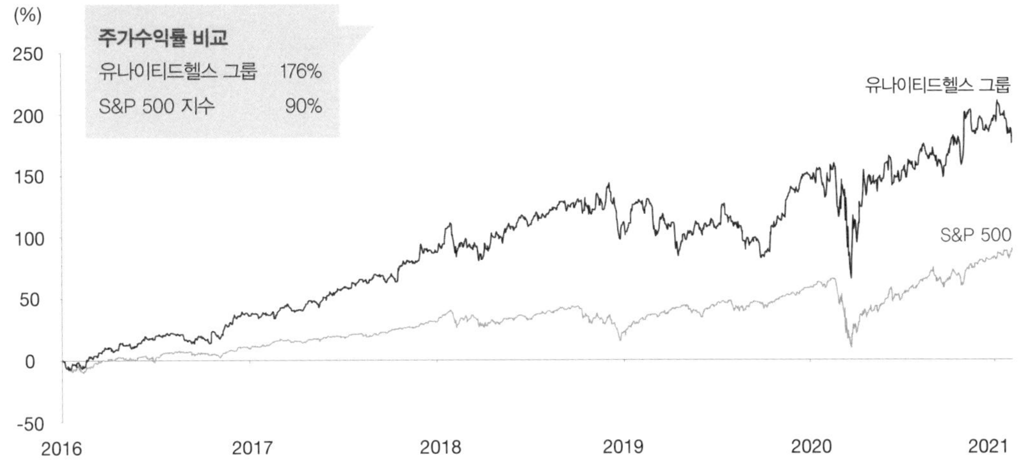

주요 경쟁업체 현황

유나이티드헬스 그룹의 주요 경쟁사로는 앤섬**ANTM**, 휴매나**HUM**가 있다.

앤섬Anthem, Inc.은 미국의 건강보험 회사로 상업 및 전문 비즈니스·정부 비즈니스 그리고 기타 부문을 운영하고 있다. 1944년에 설립됐으며 2017년 말 기준으로 자회사의 제휴 의료 플랜으로 4,202만 명의 의료진을 지원했다.

휴매나Humana Inc.는 건강보험 서비스를 제공하는 기업로, 1961년 설립됐다. 사업부문은 리테일·그룹 및 특수 부문·건강관리 서비스로 나뉜다. 2017년 말 기준으로 약 1,400만 명의 의료 혜택 플랜 가입자와 약 700만 명의 특수상품 가입자를 보유하고 있다.

최근 4분기 경쟁사 실적 비교 2020년 4분기 기준 / (단위) 백만 달러, %, 달러

구분	유나이티드헬스 그룹	앤섬	휴매나
매출	257,141	117,450	74,388
영업이익	22,405	7,545	5,694
순이익	15,403	4,955	4,153
영업이익률	8.7	6.42	7.65
순이익률	6.0	4.22	5.58
주당순이익(EPS)	16.03	19.36	31.22
주가수익배수(PER)	21.6	13.63	13.18
주가순자산배수(PBR)	5.08	1.99	3.47

유나이티드헬스 그룹의 본사는 미국 미네소타에 위치하며, 상근 직원 수는 33만여 명이다.
앤섬의 본사는 미국 인디애나에 위치하며, 상근 직원 수는 8만 3,400명이다.
휴매나의 본사는 미국 켄터키에 위치하며, 상근 직원 수는 4만 8,700명이다. (2021년 2월 현재)

최근 12개월간 주가 수익률 비교 2021년 2월 기준 / (단위) %

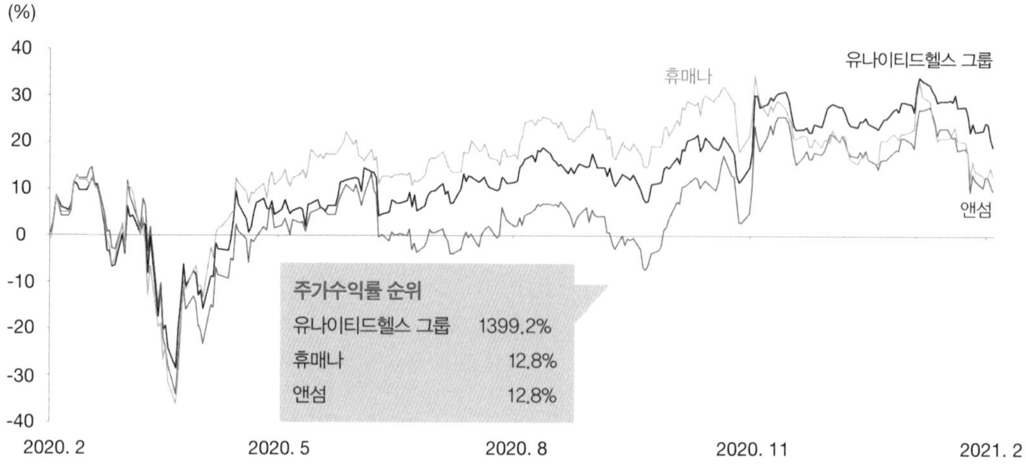

배당 및 투자의견, 종목진단 결과

유나이티드헬스 그룹의 회계 결산월은 12월이다.

2010년부터 배당이 증가해 '배당성취자'에 해당하는 유나이티드헬스 그룹의 배당금은 분기 단위로 지급되고, 배당수익률은 헬스케어 섹터 평균인 1.51%과 동일한 수준이다.

배당수익률(선행)	연간배당금(선행)	배당성향	배당성장	5년 배당성장률
1.51%	5.00달러	27.47%	11년 배당성취자	20.11%

최근 3개월간 15명의 애널리스트가 제시한 투자의견을 종합하면 강력매수Strong Buy(매수 13명, 보유 2명, 매도 0명)이다. 향후 12개월간 목표주가는 최고 462달러, 최저 370달러, 평균 400.13달러이다.

초이스스탁 US의 종목진단 결과는?

2020년 12월 실적발표 기준

유나이티드헬스 그룹의 투자매력 점수는 100점 만점에 83점이며 미국 상장기업 5,591개 중 212위로 상위 4%에 속하는 초우량 기업이다.

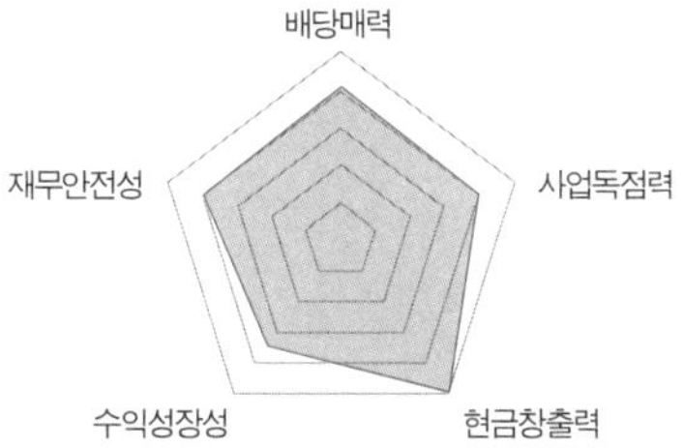

종합점수 : 83점 / 100점

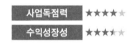

배당매력	★★★★☆
현금창출력	★★★★★
재무안전성	★★★★☆
사업독점력	★★★★☆
수익성장성	★★★½☆

최신 결과 보러 가기

투자매력 세부 5개 항목 모두 3.5점 이상의 높은 평가를 받은 초우량 기업이다.

현금창출력 부분에서 5점 만점을 받았다. 2020년 12월 연환산(최근 4분기 합산) 영업활동 현금흐름이 221억 달러로 전년 동기 184억 달러 대비 20% 늘었고, 잉여현금흐름은 201억 달러로 전년 동기 163억 달러 대비 23% 성장한 점이 반영됐다. 11년 연속 주당배당금을 상향했고, 2020년 주당배당금은 4.83 달러를 지급해 시가배당률 1.4%를 기록했다. 최근 5년간 시가배당률은 1.3~1.5% 수준이다.

사업독점력 평가에서도 4점을 받았는데, 해당 부문에서 미국 전체 상장기업 중 상위 6%에 속하는 경쟁력을 갖춘 기업이다. 수익성장성 부문은 5점 만점에 3.5점을 받았다. 2020년 12월 연환산 2,571억 달러로 전년 동기 2,421억 달러 대비 6.1% 늘었고, 순이익은 154억 달러로 전년 동기 138억 달러 대비 11% 성장한 점이 반영됐다.

POINT ▶ 온라인 결제 증가에 이어 여행수요 회복에 따른 향후 실적 기대

배당성취자

비자

V NYSE | Visa Inc.

처음 매매하는 경우	보유 중인 경우
매매 예정 시점 실적 확인 후 ☐ 이슈 확인 후 ☐	**매매 구분** 매수 ☐ 매도 ☐
매매 결정 이유 변동성 확대(단기) ☐ 실적 우수(장기) ☐	**매매 일자** 20 . . .
매수 목표 가격 $	**매매 금액** 가격 $ 수량 주
손익 목표 가격 $ (+ %)	**수익 현황** 수익금액 $ 수익률 %
손절 목표 가격 $ (- %)	**투자 아이디어**
보유 예정 기간 3개월 미만(단기) ☐ 1년 이상(장기) ☐	

포춘 500대 기업 중 하나인 비자**V**는 세계 1위 전자결제 네트워크 회사로, 중국을 제외한 전 세계 신용카드 구매대금의 절반을 차지하고 있다.

1958년 뱅크 오브 아메리카 신용카드 회사로 시작하여 1976년 지금의 사명으로 변경했고, 1983년 ATM 네트워크를 구축했다. 2007년 북미 지역의 3개 법인을 합병했고, 2016년 유럽 법인 인수를 통해 글로벌 결제 전문 기업으로서의 입지를 확고히 했다.

비자가 제공하는 모든 거래 서비스는 자체 네트워크인 비자넷을 통해 이루어지는데, 현재 전자상거래와 모바일 결제의 보편화 등 '현금 없는 사회'로의 전환은 비자에게 최고의 비즈니스 환경이다.

2008년 3월 뉴욕증권거래소에 상장했으며, 미국 3대 지수 중 다우와 S&P 500에 속해 있다.

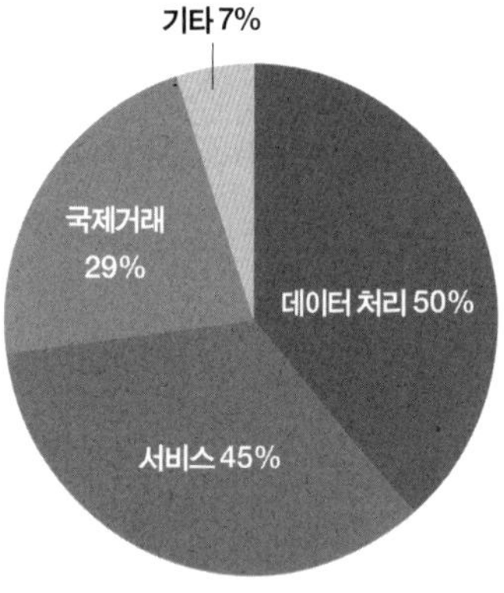

사업부문별 매출 비중

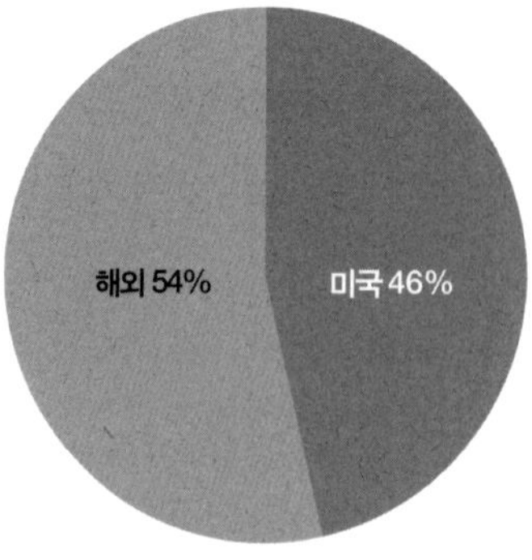

사업지역별 매출 비중

최신 정보 보러 가기 ●

주요 지표 및 주가 | 최신 뉴스 한 번에 보기 | 퀀트 분석 : 종목진단 | 컨센서스 및 투자의견

최근 3년 수익률 80.0%

최근 5년간 주요 투자지표 ① 손익계산서 9월 결산 기준 / (단위) 금액: 백만 달러, %

구분	2016. 9	2017. 9	2018. 9	2019. 9	2020. 9	전년 대비
매출액	15,082	18,358	20,609	22,977	21,846	▼ -4.9%
영업이익	7,883	12,144	12,954	15,001	14,081	▼ -6.1%
영업이익률(%)	52.3	66.2	62.9	65.3	64.5	▼ -0.8%P
순이익	5,991	6,699	10,301	12,080	10,866	▼ -10.1%
순이익률(%)	39.7	36.5	50.0	52.6	49.7	▼ -2.8%P

최근 5년간 주요 투자지표 ② 가치평가 9월 결산 기준 / (단위) 금액: 배, %, 달러

구분	2016. 9	2017. 9	2018. 9	2019. 9	2020. 9
PER(배)	29.67	32.8	29.64	28.25	35.75
PBR(배)	5.4	6.71	8.98	9.84	10.73
PSR(배)	11.79	11.97	14.82	14.85	17.78
ROE(%)	19.3	21.1	30.6	35	30.7
주당순이익(달러)	2.48	2.8	4.42	5.32	4.89
주당배당금(달러)	0.56	0.66	0.83	1	1.2

최근 5년간 주가 추이

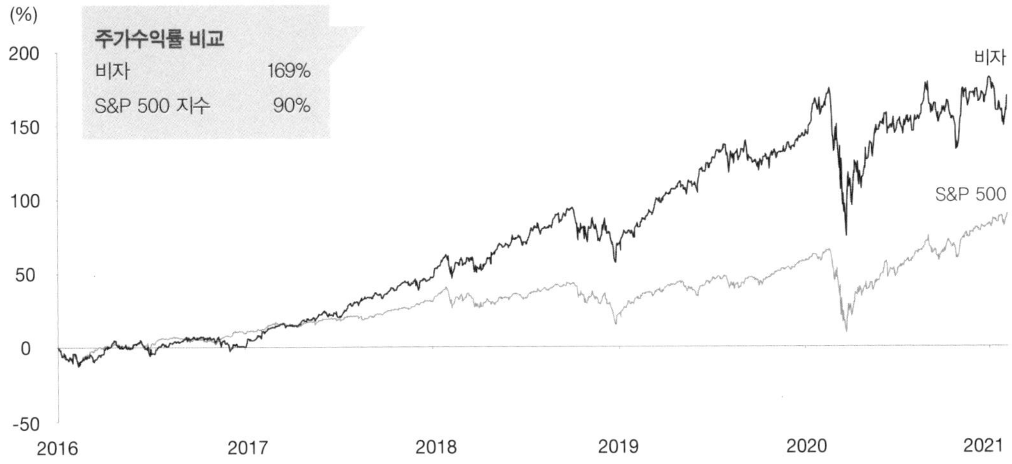

주요 경쟁업체 현황

비자의 주요 경쟁사로는 마스터카드**MA**, 페이팔 홀딩스**PYPL**가 있다.

마스터카드Mastercard Incorporated는 전 세계 210여 개국을 대상으로 거래 처리 및 지급 결제 관련 상품과 서비스를 제공하는 전자결제 서비스 기업이다. 1966년에 설립됐으며 2006년 뉴욕증권거래소에 상장했다.

페이팔 홀딩스PayPal Holdings, Inc.는 인터넷을 이용한 결제 및 송금 서비스를 제공하는 회사로, 미국 내 모바일 결제 시장의 39%를 차지하고 있다. 1998년 설립됐으며 2002년 나스닥에 상장했다.

최근 4분기 경쟁사 실적 비교 2020년 4분기 기준 / (단위) 백만 달러, %, 달러

구분	비자	마스터카드	페이팔 홀딩스
매출	21,479	15,301	21,454
영업이익	13,909	8,081	3,289
순이익	10,720	6,411	4,202
영업이익률	64.76	52.81	15.33
순이익률	49.91	41.90	19.59
주당순이익(EPS)	4.84	6.37	3.54
주가수익배수(PER)	39.76	55.51	65.31
주가순자산배수(PBR)	11.31	55.68	13.71

비자의 본사는 미국 캘리포니아 샌프란시스코에 위치하며, 상근 직원 수는 2만 500명이다.
마스터카드의 본사는 미국 뉴욕에 위치하며, 상근 직원 수는 2만 1천여 명이다.
페이팔 홀딩스의 본사는 미국 캘리포니아 산호세에 위치하며, 직원 수는 2만 6,500명이다.
(2021년 2월 현재)

최근 12개월간 주가 수익률 비교 2021년 2월 기준 / (단위) %

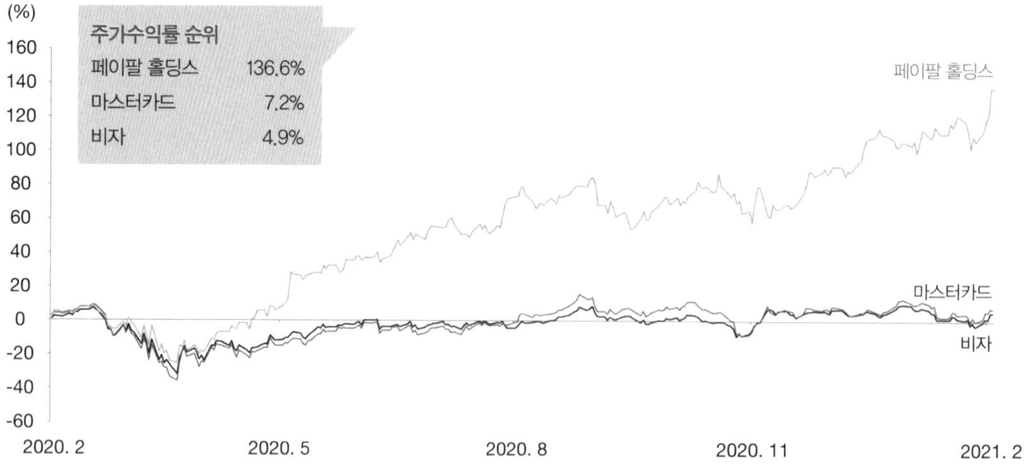

배당 및 투자의견, 종목진단 결과

비자의 회계 결산월은 9월이다.

2009년부터 배당이 증가해 '배당성취자'에 해당하는 비자의 배당금은 분기 단위로 지급되고, 배당수익률은 정보기술IT 섹터 평균인 1.14%의 절반 수준이다.

배당수익률(선행)	연간배당금(선행)	배당성향	배당성장	5년 배당성장률
0.60%	1.28달러	23.34%	12년 배당성취자	18.98%

최근 3개월간 16명의 애널리스트가 제시한 투자의견을 종합하면 강력매수Strong Buy(매수 14명, 보유 2명, 매도 0명)이다. 향후 12개월간 목표주가는 최고 270달러, 최저 220달러, 평균 243.07달러이다.

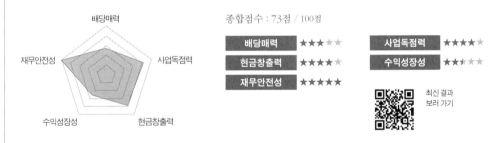

초이스스탁 US의 종목진단 결과는?

2020년 9월 실적발표 기준

비자의 투자매력 점수는 100점 만점에 73점이며 미국 상장기업 5,591개 중 679위로 상위 12%에 속하는 우량 기업이다.

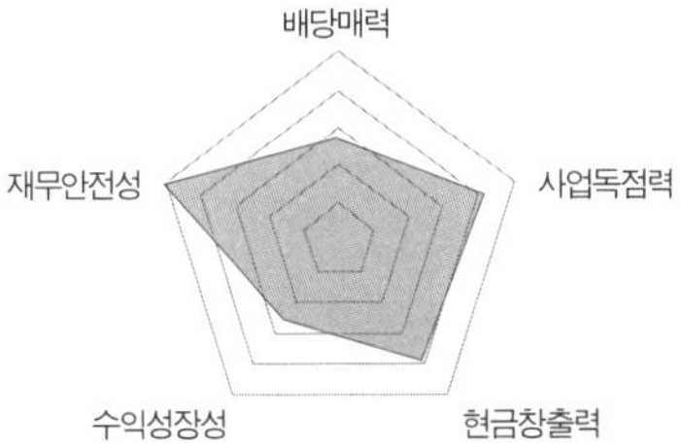

종합점수 : 73점 / 100점

배당매력	★★★☆☆	사업독점력	★★★★☆
현금창출력	★★★★☆	수익성장성	★★½☆☆
재무안전성	★★★★★		

최신 결과 보러 가기

재무안전성 평가에서 5점 만점을 받아 재무구조가 매우 우수하고 안전한 것으로 평가됐다.

사업독점력 평가에서도 4.2점을 받아 미국 전체 상장사 중 상위 5.4%에 속하는 매우 우수한 평가를 받았다. 사업독점력은 현재의 수익력을 장기간 유지할 수 있는지를 평가하는 지표이다.

코로나 19로 인한 해외부문 매출액 감소로 수익성장성 점수가 2.5점으로 평가됐다. 2020년 9월 연환산(최근 4분기 합산) 매출액이 218억 달러로 전년 동기 229억 달러 대비 4.8% 줄었고, 순이익은 108억 달러로 전년 동기 120억 달러 대비 10% 감소한 점이 반영됐다. 그러나 높은 사업독점력을 통해 20201년에는 수익성장성과 현금창출력 점수 모두 상승할 것으로 예상된다. 또한, 올해 해외여행 수요 회복 시 큰 폭의 매출액 성장이 가능할 것으로 판단된다.

POINT ▶ 슈프림(Supreme) 브랜드 인수로 브랜드 포트폴리오 강화 지속

배당귀족

브이에프 코퍼레이션

VFC NYSE | VF Corporation

처음 매매하는 경우	보유 중인 경우
매매 예정 시점 실적 확인 후 ☐ 이슈 확인 후 ☐	**매매 구분** 매수 ☐ 매도 ☐
매매 결정 이유 변동성 확대(단기) ☐ 실적 우수(장기) ☐	**매매 일자** 20 . . .
매수 목표 가격 $	**매매 금액** 가격 $ 수량 주
손익 목표 가격 $ (+ %)	**수익 현황** 수익금액 $ 수익률 %
손절 목표 가격 $ (- %)	투자 아이디어
보유 예정 기간 3개월 미만(단기) ☐ 1년 이상(장기) ☐	

미국 의류 산업의 산증인이라 할 수 있는 브이에프 코퍼레이션**VFC**, 이하 브이에프는 미국을 대표하는 20여 개 브랜드를 보유한 세계 최대의 의류 및 신발 제조 업체다. 포춘 500대 기업 중 하나로 '노스 페이스', '이스트팩' 등 우리에게 잘 알려진 브랜드를 다수 보유하고 있다. 폭넓은 의류와 신발 제품을 전 세계인을 대상으로, 대형마트와 아웃렛을 비롯해 온라인 상점에 이르기까지 다양한 유통채널을 통해 판매하고 있다. 1899년 펜실베이니아주 래딩시에서 장갑을 만들어 판매하기 시작해 1910년대 실크 속옷 분야로 확장했고, 1960년대 말 청바지 제조업체인 리를 인수했다. 그리고 2000년대 들어 '노스 페이스', '이스트팩', '키플링', '반스', '팀버랜드' 등을 인수하며 외형을 확장해왔다.

1966년 7월에 뉴욕증권거래소에 상장했으며, 미국 3대 지수 중 S&P 500에 속해 있다.

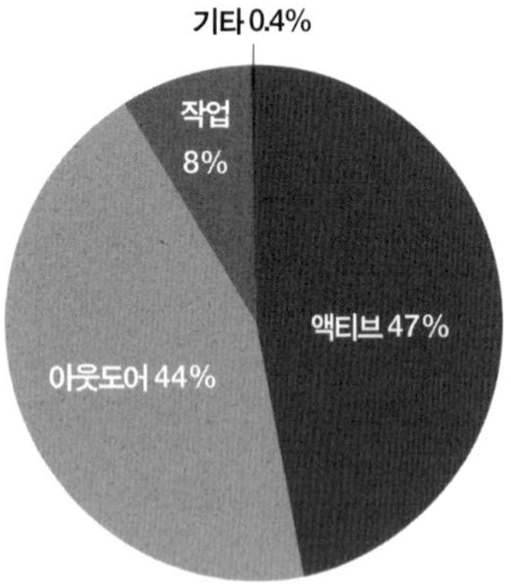

사업부문별 매출 비중

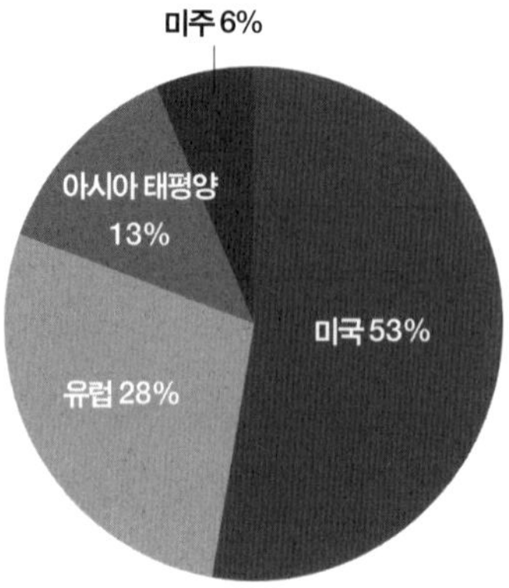

사업지역별 매출 비중

최신 정보 보러 가기 ●

주요 지표 및 주가 | 최신 뉴스 한 번에 보기 | 퀀트 분석 : 종목진단 | 컨센서스 및 투자의견

최근 3년 수익률
9.9%

최근 5년간 주요 투자지표 ① 손익계산서 3월 결산 기준 / (단위) 금액: 백만 달러, %

구분	2016. 1	2017. 12	2017. 12	2019. 3	2020. 3	전년 대비
매출액	10,996	11,026	8,395	10,267	10,489	▲ 2.2%
영업이익	1,645	1,455	883	1,190	928	▼ -22.0%
영업이익률(%)	15.0	13.2	10.5	11.6	8.8	▼ -2.7%P
순이익	1,232	1,074	615	1,260	679	▼ -46.1%
순이익률(%)	11.2	9.7	7.3	12.3	6.5	▼ -5.8%P

최근 5년간 주요 투자지표 ② 가치평가 3월 결산 기준 / (단위) 금액: 배, %, 달러

구분	2016. 1	2016. 12	2017. 12	2019. 3	2020. 3
PER(배)	21.55	20.55	47.55	27.29	33.57
PBR(배)	4.93	4.47	7.86	8	6.79
PSR(배)	2.41	2	3.48	3.35	2.18
ROE(%)	23.9	22.2	15.7	30.5	16.3
주당순이익(달러)	2.85	2.54	1.52	3.15	1.7
주당배당금(달러)	1.33	1.53	1.72	1.94	7.21

최근 5년간 주가 추이

주요 경쟁업체 현황

브이에프의 주요 경쟁사로는 리바이스 스트라우스 앤 코LEVI, 랄프 로렌RL이 있다.

리바이스 스트라우스 앤 코Levi Strauss & Co., 이하 리바이스는 1853년에 설립돼 160년이 넘는 역사를 가진 의류 회사다. 청바지와 미국적 이미지를 대표하는 브랜드로써, 1985년에 상장을 철회한 지 34년 만인 2019년 3월에 뉴욕증권거래소에 재상장했다.

랄프 로렌Ralph Lauren Corporation은 1967년에 설립됐으며 '폴로' 등 럭셔리 라인으로 유명한 미국의 의류 회사다. 1997년 뉴욕증권거래소에 상장했다.

최근 4분기 경쟁사 실적 비교 2020년 4분기 기준 / (단위) 백만 달러, %, 달러

구분	브이에프	리바이스	랄프 로렌
매출	8,095	4,453	4,388
영업이익	122	-85	-302
순이익	-165	-127	-296
영업이익률	1.51	-1.91	-6.88
순이익률	-2.04	-2.85	-6.75
주당순이익(EPS)	-0.39	-0.32	-3.82
주가수익배수(PER)	-197.80	-59.86	-24.92
주가순자산배수(PBR)	10.43	5.86	2.74

브이에프 코퍼레이션의 본사는 미국 콜로라도에 위치하며, 상근 직원 수는 4만 8천 명이다. 레비 스트라우스의 본사는 미국 캘리포니아에 위치하며, 상근 직원 수는 1만 4,800명이다. 랄프 로렌의 본사는 미국 뉴욕에 위치하며, 상근 직원 수는 1만 3,700명이다. (2021년 2월 현재)

최근 12개월간 주가 수익률 비교 2021년 2월 기준 / (단위) %

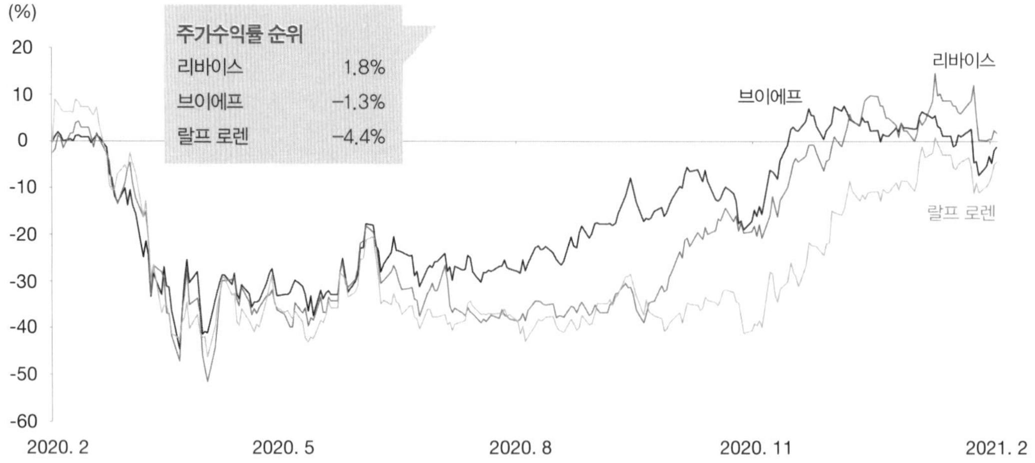

배당 및 투자의견, 종목진단 결과

브이에프의 회계 결산월은 3월이다.

1974년부터 배당이 증가해 '배당귀족'에 해당하는 브이에프의 배당금은 분기 단위로 지급되고, 배당수익률은 자유소비재 섹터 평균인 1.74%의 1.5배 높은 수준이다.

배당수익률(선행)	연간배당금(선행)	배당성향	배당성장	5년 배당성장률
2.48%	1.96달러	148.83%	47년 배당귀족	8.35%

최근 3개월간 9명의 애널리스트가 제시한 투자의견을 종합하면 강력매수Strong Buy(매수 8명, 보유 1명, 매도 0명)이다. 향후 12개월간 목표주가는 최고 106달러, 최저 86달러, 평균 97.78달러이다.

초이스스탁 US의 종목진단 결과는?

2020년 12월 실적발표 기준

브이에프의 투자매력 점수는 100점 만점에 54점이며 미국 상장기업 5,591개 중 1,881위로 상위 33%에 속하는 기업이다.

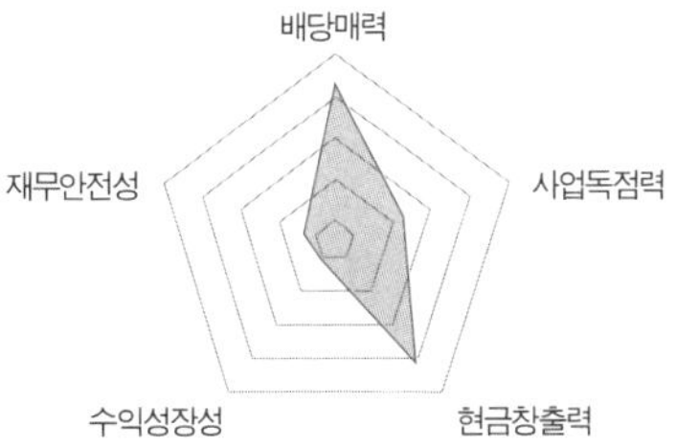

종합점수 : 54점 / 100점

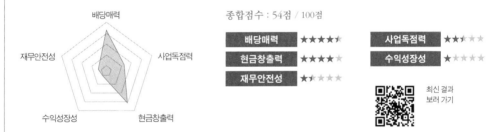

배당매력	★★★★½	사업독점력	★★½
현금창출력	★★★★	수익성장성	★
재무안전성	★½		

최신 결과 보러 가기

투자매력 세부 5개 항목 중 배당매력 점수가 5점 만점에 4.5점을 기록했다. 최근 24년 연속 주당배당금이 상향됐고, 2020년에는 전년 1.94달러 대비 3배 이상 많은 7.21달러를 배당해 시가배당률 12.5%를 기록했다. 2020년 배당성향이 419%에 달해 이후에 폭탄 배당을 또 기대하기는 어렵다.

수익성장성 부문은 5점 만점에 1.2점으로 매우 낮은 평가를 받았다. 2020년 12월 연환산(최근 4분기 합산) 매출액이 80억 달러로 전년 동기 100억 달러 대비 20% 감소했고, 순이익은 전년 동기 12억 달러 흑자에서 1억 6,500만 달러 적자로 전환했다. 성장성이 정체되고 있는 점은 브이에프의 리스크이다.

재무안전성 부문도 5점 만점에 1.5점으로 낮은 편이다. 2020년 12월 연환산 영업이익이 1억 2,200만 달러로 이자비용 1억 2,400만 달러를 커버하지 못하는 상황인 점이 반영됐다. 향후 매출액과 영업이익 개선이 꼭 필요한 상황이다.

POINT ▶ 막대한 5G 네트워크 투자를 위한 부채 증가는 단기 악재

버라이즌 커뮤니케이션즈

VZ NYSE | Verizon Communications Inc.

처음 매매하는 경우

매매 예정 시점
실적 확인 후 ☐ 이슈 확인 후 ☐

매매 결정 이유
변동성 확대(단기) ☐ 실적 우수(장기) ☐

매수 목표 가격 $

손익 목표 가격 $ (+ %)

손절 목표 가격 $ (- %)

보유 예정 기간
3개월 미만(단기) ☐ 1년 이상(장기) ☐

보유 중인 경우

매매 구분 매수 ☐ 매도 ☐

매매 일자 20 . . .

매매 금액 가격 $ 수량 주

수익 현황 수익금액 $ 수익률 %

투자 아이디어

버라이즌 커뮤니케이션즈**VZ**, 이하 버라이즌은 미국 이동전화 서비스 가입자 1억 3천만 명을 확보하고 있는 무선통신 서비스 1위 사업자로, 에이티앤티**T**에 이어 미국 종합통신 서비스 2위를 차지하고 있는 회사다.

1983년에 에이티앤티AT&T의 자회사에서 분사해 설립됐고, 2000년 통신기업 GTE와 합병 후 버라이즌Verizon으로 사명을 변경했다. 온라인 콘텐츠 강화를 위해 2015년에는 AOL을, 2017년에는 야후의 인터넷 자산 일부를 인수했다. 초고속 인터넷과 유료방송 가입자 1,200만 명도 확보하고 있다.

미국 내 압도적인 4G LTE 커버리지를 보유하고 있으며, 2019년 4월 4일 새벽 1시에 미국 내 최초로 5G를 상용화했다. 대표적인 5G 관련주로 워런 버핏이 1억 4,671만 주86억 달러를 매입한 것으로 알려져 화제가 되기도 했다.

1983년 뉴욕증권거래소에 상장했으며, 다우와 S&P 500에 포함돼 있다.

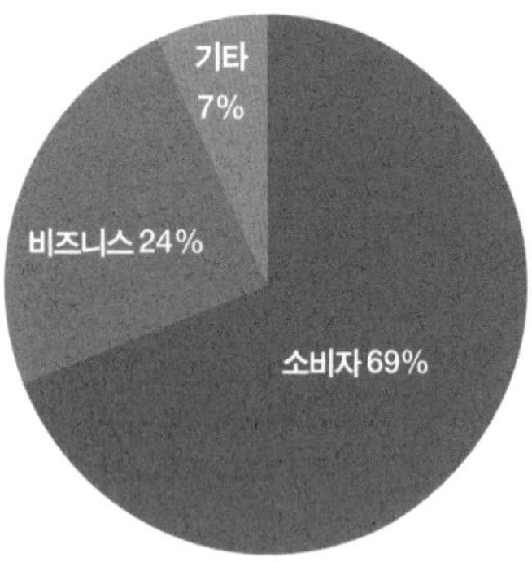

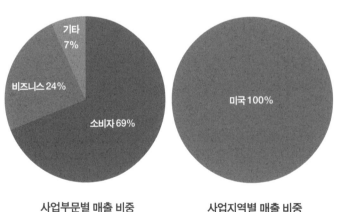

사업부문별 매출 비중

사업지역별 매출 비중

V

최신 정보 보러 가기 ●

주요 지표 및 주가 | 최신 뉴스 한 번에 보기 | 퀀트 분석 : 종목진단 | 컨센서스 및 투자의견

최근 3년 수익률
9.2%

최근 5년간 주요 투자지표 ① 손익계산서 12월 결산 기준 / (단위) 금액: 백만 달러, %

구분	2016. 12	2017. 12	2018. 12	2019. 12	2020. 12	전년 대비
매출액	125,980	126,034	130,863	131,868	128,292	▼ -2.7%
영업이익	29,249	27,425	22,278	30,378	28,798	▼ -5.2%
영업이익률(%)	23.2	21.8	17.0	23.0	22.4	▼ -0.6%P
순이익	13,127	30,101	15,528	19,265	17,801	▼ -7.6%
순이익률(%)	10.4	23.9	11.9	14.6	13.9	▼ -0.7%P

최근 5년간 주요 투자지표 ② 가치평가 12월 결산 기준 / (단위) 금액: 배, %, 달러

구분	2016. 12	2017. 12	2018. 12	2019. 12	2020. 12
PER(배)	16.58	7.17	14.96	13.18	13.66
PBR(배)	9.66	5.01	4.37	4.14	3.58
PSR(배)	1.73	1.71	1.78	1.93	1.90
ROE(%)	64.9	101.5	29.5	33.1	27.8
주당순이익(달러)	3.21	7.36	3.76	4.65	4.3
주당배당금(달러)	2.27	2.32	2.37	2.42	2.5

최근 5년간 주가 추이

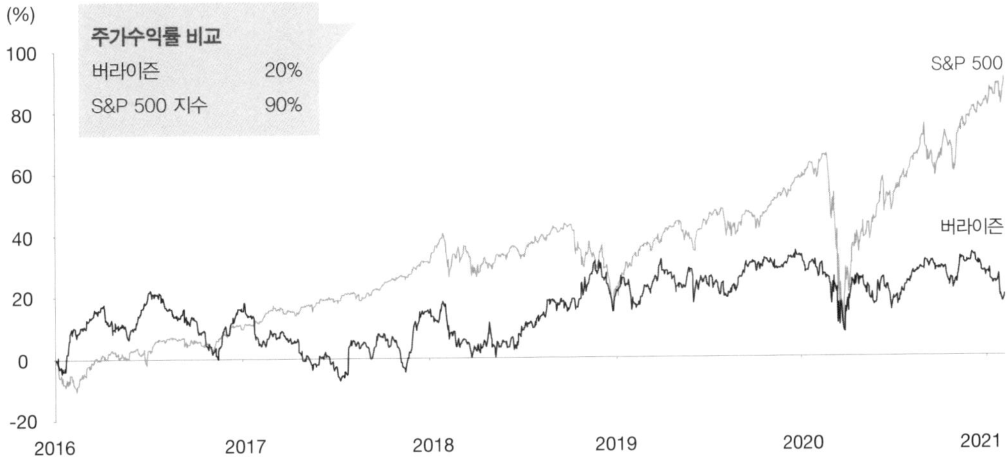

주요 경쟁업체 현황

버라이즌의 주요 경쟁사로는 에이티앤티T, 티모바일 유에스TMUS가 있다.

에이티앤티AT&T Inc.는 유선 인프라를 바탕으로 한 미국 최대의 종합통신 서비스 기업이다. 1883년 전화기 발명가인 벨이 설립했으며, 1970년 반독점 소송으로 8개의 지역 유선전화 회사와 장거리전화 회사로 분할됐다. 1990년 케이블 네크워크 기업들을 차례로 인수하여 고속인터넷 1위에 올랐고, 2006년 2개 이동통신 기업을 인수하여 무선통신 서비스 부문에 진출했다.

티모바일 유에스T-Mobile US, Inc., 이하 티모바일은 미국 내 3위 이동전화 사업자로, 1990년부터 이동통신 서비스와 선불폰 사업을 영위하고 있다. 2020년 미국 통신 업계 4위 사업체인 스프린트와의 합병을 공식 완료했다.

최근 4분기 경쟁사 실적 비교 2020년 4분기 기준 / (단위) 백만 달러, %, 달러

구분	버라이즌	에이티앤티	티모바일
매출	128,292	172,890	59,934
영업이익	28,798	22,471	6,158
순이익	17,801	11,101	3,065
영업이익률	22.4	13.00	10.27
순이익률	13.9	6.42	5.11
주당순이익(EPS)	4.3	1.51	3.06
주가수익배수(PER)	13.66	18.53	46.19
주가순자산배수(PBR)	3.58	1.16	2.2

버라이즌의 본사는 미국 뉴욕에 위치하며, 상근 직원 수는 13만 2천여 명이다.
에이티앤티의 본사는 미국 달라스에 위치하며, 상근 직원 수는 23만여 명에 이른다.
티모바일의 본사는 미국 워싱턴에 위치하며, 상근 직원 수는 7만 5천 명이다. (2021년 2월 현재)

최근 12개월간 주가 수익률 비교 2021년 2월 기준 / (단위) %

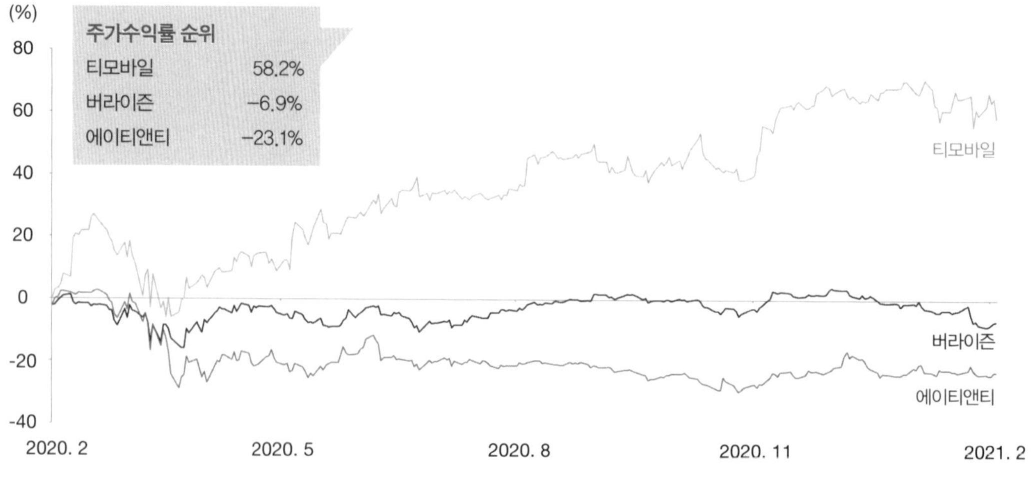

배당 및 투자의견, 종목진단 결과

버라이즌의 회계 결산월은 12월이다.

2013년부터 증가해온 버라이즌의 배당금은 분기 단위로 지급되고, 배당수익률은 커뮤니케이션 서비스 섹터 평균인 2.29%의 2배 높은 수준이다.

배당수익률(선행)	연간배당금(선행)	배당성향	배당성장	5년 배당성장률
4.54%	2.51달러	49.53%	8년	2.19%

최근 3개월간 9명의 애널리스트가 제시한 투자의견을 종합하면 보유Hold(매수 2명, 보유 6명, 매도 1명)이다. 향후 12개월간 목표주가는 최고 66달러, 최저 57달러, 평균 61.00달러이다.

초이스스탁 US의 종목진단 결과는?

2020년 12월 실적발표 기준

버라이즌의 투자매력 점수는 100점 만점에 66점이며 미국 상장기업 5,591개 중 1,148위로 상위 21%에 속하는 기업이다.

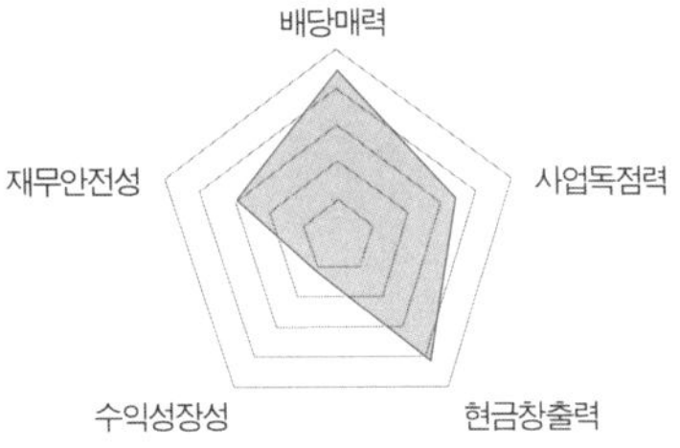

종합점수 : 66점 / 100점

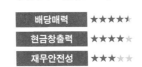

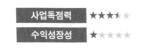

배당매력	★★★★½	사업독점력	★★★½☆
현금창출력	★★★★☆	수익성장성	★☆☆☆☆
재무안전성	★★★☆☆		

최신 결과 보러 가기

투자매력 세부 5개 항목 중 배당매력이 5점 만점에 4.5점을 받아 높은 평가를 받았다. 2020년 주당배당금은 2.47달러를 지급해 시가배당률 4.2%를 기록했다. 최근 5년간 시가배당률은 3.9~4.4% 수준이다.

배당의 원천이 되는 현금창출력 부문도 5점 만점에 4.2점으로 좋은 평가를 받았다. 2020년 12월 연환산(최근 4분기 합산) 영업활동 현금흐름은 417억 달러로 전년 동기 357억 달러 대비 16% 늘었고, 잉여현금흐름은 235억 달러로 전년 동기 178억 달러 대비 32% 성장한 점이 반영됐다.

수익성장성 점수는 5점 만점에 1.2점으로 낮은 평가를 받았다. 2020년 12월 연환산 매출액은 1,283억 달러로 전년 동기 1,318억 달러 대비 2.6% 줄었고, 순이익은 178억 달러로 전년 동기 192억 달러 대비 7.2% 감소한 점이 반영됐다.

POINT ▶ 얼라이언스 헬스케어 매각으로 사업 포트폴리오 최적화 완료

월그린스 부츠 얼라이언스

WBA Nasdaq | Walgreens Boots Alliance, Inc.

처음 매매하는 경우

매매 예정 시점
실적 확인 후 ☐ 이슈 확인 후 ☐

매매 결정 이유
변동성 확대(단기) ☐ 실적 우수(장기) ☐

매수 목표 가격 $

손익 목표 가격 $ (+ %)

손절 목표 가격 $ (- %)

보유 예정 기간
3개월 미만(단기) ☐ 1년 이상(장기) ☐

보유 중인 경우

매매 구분 매수 ☐ 매도 ☐

매매 일자 20 . . .

매매 금액 가격 $ 수량 주

수익 현황 수익금액 $ 수익률 %

투자 아이디어

포춘 500대 기업 중 중 하나인 월그린스 부츠 얼라이언스WBA, 이하 월그린스는 미국과 유럽의 대표 드럭스토어인 월그린스와 부츠 그리고 다수의 의약품 공장과 도소매 유통업체를 보유하고 있는 미국 최대 식료품 및 건강보조제품 유통 기업이자 글로벌 의약품 판매 회사다. 미국에서는 씨브이에스 헬스CVS에 이어 미국 내 드럭스토어 시장 2위 업체이기도 하다.

1901년 설립됐으며 2010년 뉴욕 약국 체인인 듀안리드, 2014년 영국계 약국 체인인 얼라이언스 부츠 등을 인수했다. 현재 전 세계 11개국 1만 8,750여 개의 드럭스토어 매장과 20여 개국 400여 개의 물류센터를 운영하고 있다. 2014년 지주 회사 전환 후 나스닥에 재상장했고, 2018년 6월에는 제너럴 일렉트릭을 대신해 다우존스 30개 종목에 편입되면서 미국 3대 지수에 모두 포함됐다.

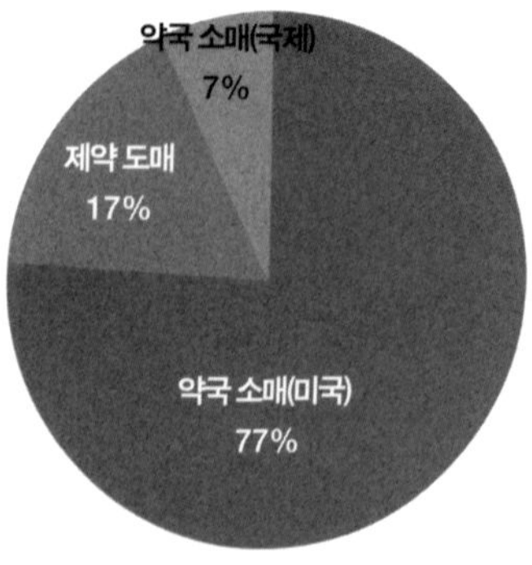

사업부문별 매출 비중

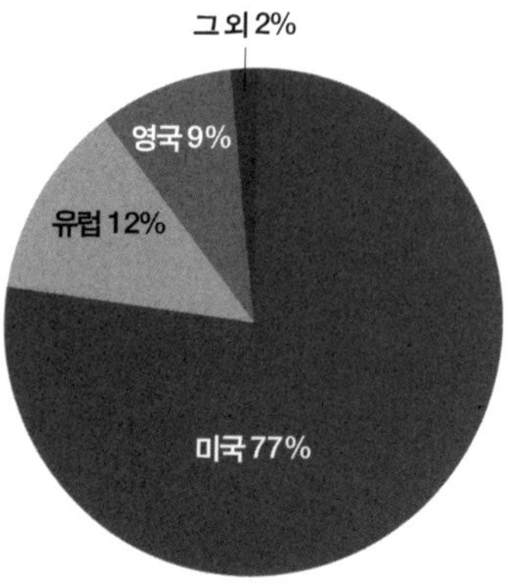

사업지역별 매출 비중

최신 정보 보러 가기 ●

주요 지표 및 주가 | 최신 뉴스 한 번에 보기 | 퀀트 분석 : 종목진단 | 컨센서스 및 투자의견

최근 3년 수익률
-30.0%

최근 5년간 주요 투자지표 ① 손익계산서 8월 결산 기준 / (단위) 금액: 백만 달러, %

구분	2016. 8	2017. 8	2018. 8	2019. 8	2020. 8	전년 대비
매출액	117,351	118,214	131,537	136,866	139,537	▲ 2.0%
영업이익	6,001	5,484	6,289	4,998	1,313	▼ -73.7%
영업이익률(%)	5.1	4.6	4.8	3.7	0.9	▼ -2.7%P
순이익	4,173	4,078	5,024	3,982	456	▼ -88.6%
순이익률(%)	3.6	3.5	3.8	2.9	0.3	▼ -2.6%P

최근 5년간 주요 투자지표 ② 가치평가 8월 결산 기준 / (단위) 금액: 배, %, 달러

구분	2016. 8	2017. 8	2018. 8	2019. 8	2020. 8
PER(배)	20.93	21.39	13.54	11.61	72.25
PBR(배)	2.92	3.18	2.62	1.97	1.6
PSR(배)	0.74	0.74	0.52	0.34	0.24
ROE(%)	13.8	13.9	18.8	16.2	2.1
주당순이익(달러)	3.82	3.78	5.05	4.31	0.52
주당배당금(달러)	1.46	1.53	1.64	1.78	1.84

최근 5년간 주가 추이

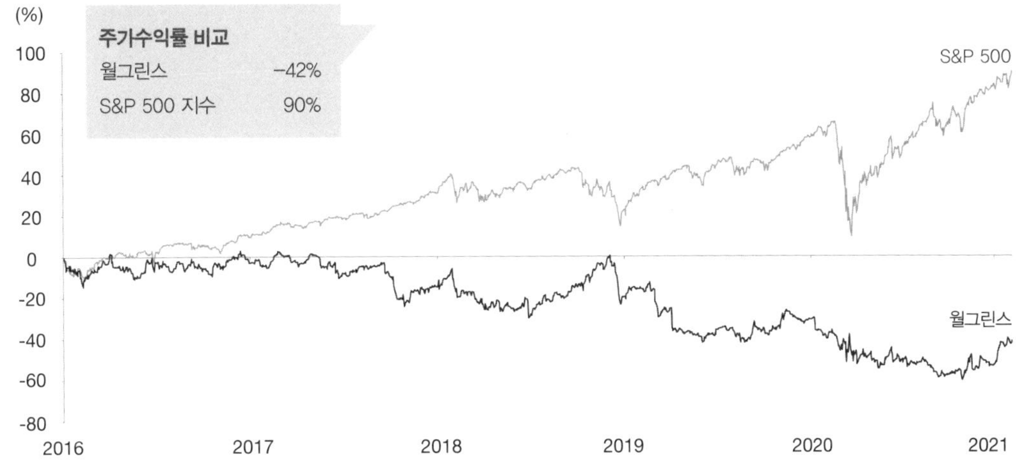

주요 경쟁업체 현황

월그린스의 주요 경쟁사로는 씨브이에스 헬스**CVS**, 라이트에이드**RAD**가 있다.

씨브이에스 헬스CVS Health Corporation는 약국 소매점 체인, 전문 약국, 건강 클리닉 등을 운영하는 미국 헬스케어 기업이다. 1999년에 대형 온라인 약국 소마닷컴을, 2000년 스태츠랜더를 인수하며 미국 최대 전문약국 체인으로 성장했으며, 2018년에 건강보험회사인 애트나AET를 인수했다.

라이트에이드Rite Aid Corporation은 약국 소매점 체인으로, 2010년대 이후 지속가능한 성장을 목표로 웰니스 스토어를 표방하며 주목 받았다. 월그린스와의 합병이 논의됐다가 무산된 후, 월그린스가 라이트에이드의 매장 1,900여 개를 인수했다.

최근 4분기 경쟁사 실적 비교 2020년 3분기 기준 / (단위) 백만 달러, %, 달러

구분	월그린스	씨브이에스 헬스	라이트에이드
매출	347,945	85,841	3,320
영업이익	19,905	13,954	84
순이익	17,377	19,354	-4
영업이익률	5.72	16.26	2.53
순이익률	4.99	22.55	-0.12
주당순이익(EPS)	34.16	7.19	-0.16
주가수익배수(PER)	90.76	40.8	-13,044.86
주가순자산배수(PBR)	19.05	6.27	30.82

월그린스의 본사는 미국 일리노이에 위치하며, 상근 직원 수는 22만 3천여 명이다.
씨브이에스 헬스의 본사는 미국 로드아일랜드에 위치하며, 상근 직원 수는 30만여 명이다.
라이트에이드의 본사는 미국 펜실베이니아에 위치하며, 상근 직원 수는 2만 9,840명이다.
(2021년 2월 현재)

최근 12개월간 주가 수익률 비교 2021년 2월 기준 / (단위) %

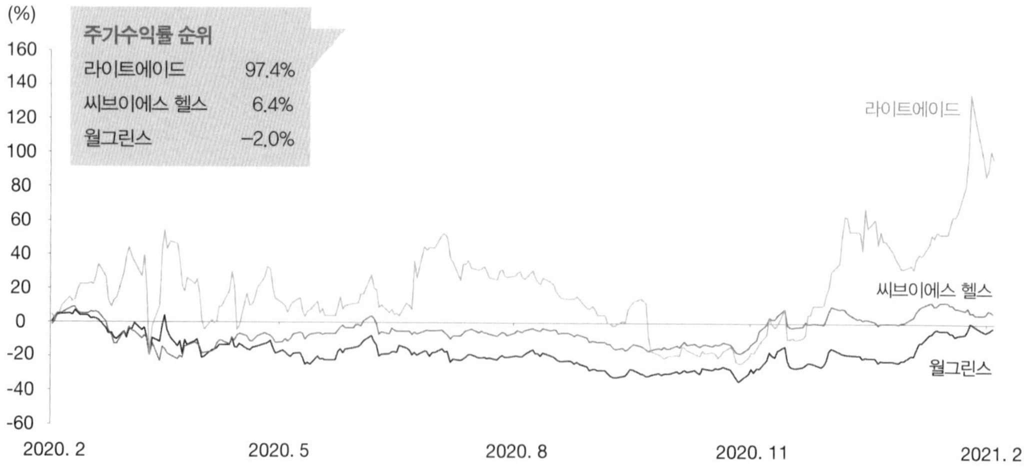

배당 및 투자의견, 종목진단 결과

윌그린스의 회계 결산월은 8월이다.

2015년부터 증가해온 윌그린스의 배당금은 분기 단위로 지급되고, 배당수익률은 필수소비재 섹터 평균인 1.74%보다 2배 높은 수준이다.

배당수익률(선행)	연간배당금(선행)	배당성향	배당성장	5년 배당성장률
3.90%	1.87달러	38.66%	6년	5.58%

최근 3개월간 12명의 애널리스트가 제시한 투자의견을 종합하면 보유Hold(매수 2명, 보유 9명, 매도 1명)이다. 향후 12개월간 목표주가는 최고 64달러, 최저 40달러, 평균 48.00달러이다.

초이스스탁 US의 종목진단 결과는?

2020년 11월 실적발표 기준

윌그린스의 투자매력 점수는 100점 만점에 59점이며 미국 상장기업 5,591개 중 1,579위로 상위 28%에 속하는 기업이다.

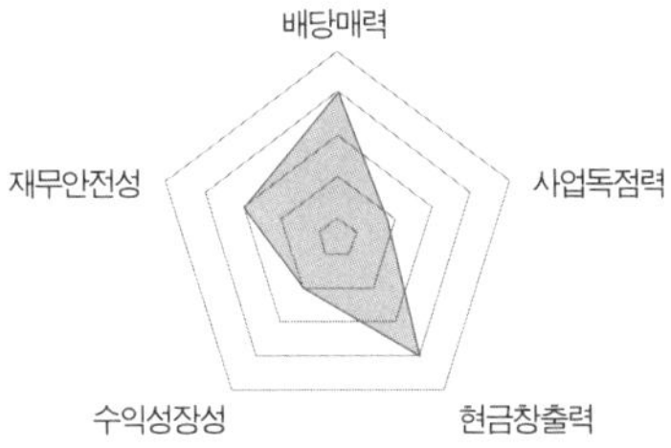

종합점수 : 59점 / 100점

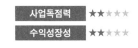

항목	평가	항목	평가
배당매력	★★★★☆	사업독점력	★★☆☆☆
현금창출력	★★★★☆	수익성장성	★★☆☆☆
재무안전성	★★★☆☆		

최신 결과 보러 가기

투자매력 세부 5개 항목 분석 중 현금창출력과 배당매력 점수가 5점 만점에 4점을 받아 높은 평가를 받았다. 높은 영업활동 현금흐름과 잉여현금 창출로 주주들에게 배당을 지급하고 있다.

최근 5년간 시가배당률은 1.8~4.8% 수준이다. 코로나 19로 이익이 크게 감소한 2020년에도 주당배당금 1.84달러를 지급해 시가배당률 4.8%를 기록할정도로 주주에 대한 배당정책도 우호적이다.

코로나 19로 매출액이 감소하며 수익성장성 점수는 5점 만점에 2점을 받았다. 2020년 11월 연환산(최근 4분기 합산) 매출액은 1,415억 달러로 전년 동기 1,374억 달러 대비 2.9% 성장했고, 순이익은 전년 동기 37억 달러 흑자에서 6억 달러 적자로 전환했다.

POINT ▶ 연평균 6% 성장중인 폐기물 시장, 업계 4위 업체 인수로 시장 리더십 확대

배당성취자

웨이스트 매니지먼트

WM NYSE | Waste Management

처음 매매하는 경우			보유 중인 경우			
매매 예정 시점			**매매 구분**	매수 ☐	매도 ☐	
실적 확인 후 ☐	이슈 확인 후 ☐		**매매 일자**	20 . . .		
매매 결정 이유			**매매 금액**	가격 $	수량	주
변동성 확대(단기) ☐	실적 우수(장기) ☐		**수익 현황**	수익금액 $	수익률	%
매수 목표 가격	$					
손익 목표 가격	$	(+ %)	투자 아이디어			
손절 목표 가격	$	(- %)				
보유 예정 기간						
3개월 미만(단기) ☐	1년 이상(장기) ☐					

포춘 500대 기업 중 하나인 웨이스트 매니지먼트**WM**는 미국 전역과 캐나다 등에서 쓰레기 수거와 이송, 재활용과 자원 회수 그리고 폐기 등 폐기물에 대한 전반적인 관리 서비스를 제공하고, 폐기물 에너지화 설비를 운영하는 기업이다.

1893년 네덜란드 이민자인 햄 후이젠가가 시카고에서 마차당 1.25달러를 받고 쓰레기를 운반하기 시작한 것이 모태가 됐다. 1968년 소규모 쓰레기 수거 회사 매입을 시작으로, 1972년까지 133개 기업을 공격적으로 인수했고, 1980년 서비스 코퍼레이션 오브 아메리카를 인수하며 미국 최대의 폐기물 처리 회사로 자리매김했다. 현재 346개의 이송 스테이션과 293개의 매립지, 146개의 재활용 공장, 11개의 독립 발전 플랜트 등을 보유하고 있다.

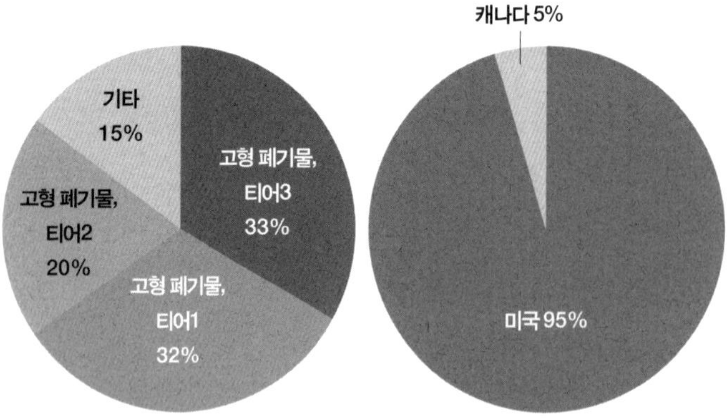

사업부문별 매출 비중 사업지역별 매출 비중

1991년 9월 뉴욕증권거래소에 상장했으며, 미국 3대 지수 중 S&P 500에 속해 있다.

최신 정보 보러 가기 ●

주요 지표 및 주가 / 최신 뉴스 한 번에 보기 / 퀀트 분석 : 종목진단 / 컨센서스 및 투자의견

최근 3년 수익률 38.3%

최근 5년간 주요 투자지표 ① 손익계산서 12월 결산 기준 / (단위) 금액: 백만 달러, %

구분	2016. 12	2017. 12	2018. 12	2019. 12	2020. 12	전년 대비
매출액	13,609	14,485	14,914	15,455	15,218	▼ -1.5%
영업이익	2,296	2,636	2,789	2,706	2,434	▼ -10.1%
영업이익률(%)	16.9	18.2	18.7	17.5	16.0	▼ -1.5%P
순이익	1,182	1,949	1,925	1,670	1,496	▼ -10.4%
순이익률(%)	8.7	13.5	12.9	10.8	9.8	▼ -1%P

최근 5년간 주요 투자지표 ② 가치평가 12월 결산 기준 / (단위) 금액: 배, %, 달러

구분	2016. 12	2017. 12	2018. 12	2019. 12	2020. 12
PER(배)	26.52	19.23	19.71	28.95	33.31
PBR(배)	5.92	6.23	6.05	6.84	6.69
PSR(배)	2.3	2.59	2.54	3.13	3.28
ROE(%)	22.4	35	31.3	25	21.2
주당순이익(달러)	2.65	4.41	4.45	3.91	3.52
주당배당금(달러)	1.64	1.7	1.86	2.05	2.18

최근 5년간 주가 추이

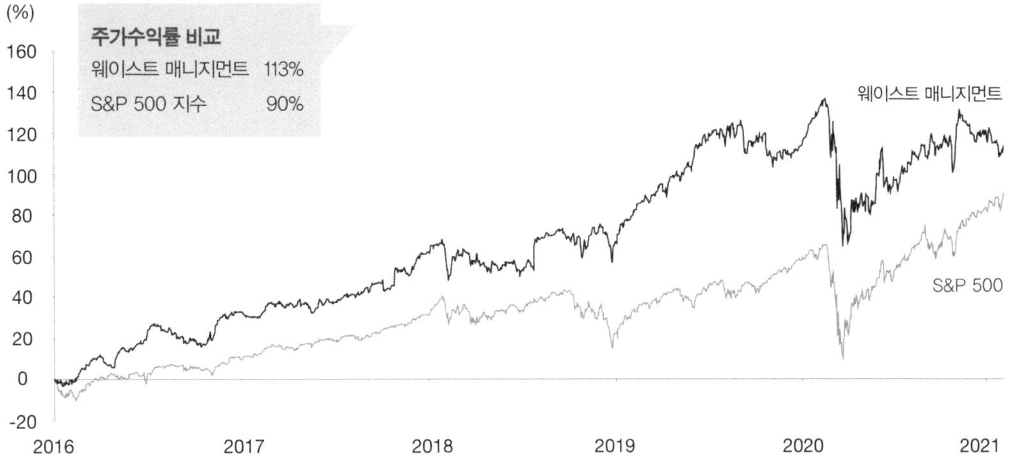

주요 경쟁업체 현황

웨이스트 매니지먼트의 주요 경쟁사로는 리퍼블릭 서비시스**RSG**, 웨이스트 커넥션즈**WCN**가 있다.

리퍼블릭 산업Republic Industries에서 1998년 분사한 리퍼블릭 서비시스Republic Services, Inc.는 매출 기준 미국 내 2위 폐기물 처리 회사로 서부를 중심으로 미 전역에서 사업을 영위하고 있으며, 1998년 뉴욕증권거래소에 상장했다.

웨이스트 커넥션즈Waste Connections, Inc.는 상업 폐기물 수거 및 재활용, 거주지 폐기물 수거, 쓰레기통 임대 등을 제공하는 미국 내 3위 폐기물 처리 회사다. 1997년 설립 후 미 남부 지역과 캐나다에서 사업을 영위하면서 급성장했으며, 1998년 뉴욕증권거래소에 상장했다.

최근 4분기 경쟁사 실적 비교 2020년 4분기 기준 / (단위) 백만 달러, %, 달러

구분	웨이스트 매니지먼트	리퍼블릭 서비시스	웨이스트 커넥션즈
매출	15,218	10,157	5,446
영업이익	2,434	1,742	411
순이익	1,496	1,021	205
영업이익률	15.99	17.15	7.55
순이익률	9.83	10.05	3.76
주당순이익(EPS)	3.52	3.19	0.78
주가수익배수(PER)	33.31	29.12	131.75
주가순자산배수(PBR)	6.69	3.55	3.93

웨이스트 매니지먼트의 본사는 미국 텍사스에 위치하며, 직원 수는 4만 8,250명이다.
리퍼블릭 서비시스의 본사는 미국 애리조나 피닉스에 위치하며, 직원 수는 3만 5천여 명이다.
웨이스트 커넥션즈의 본사는 미국 텍사스에 위치하며, 직원 수는 1만 6천여 명이다. (2021년 2월 현재)

최근 12개월간 주가 수익률 비교 2021년 2월 기준 / (단위) %

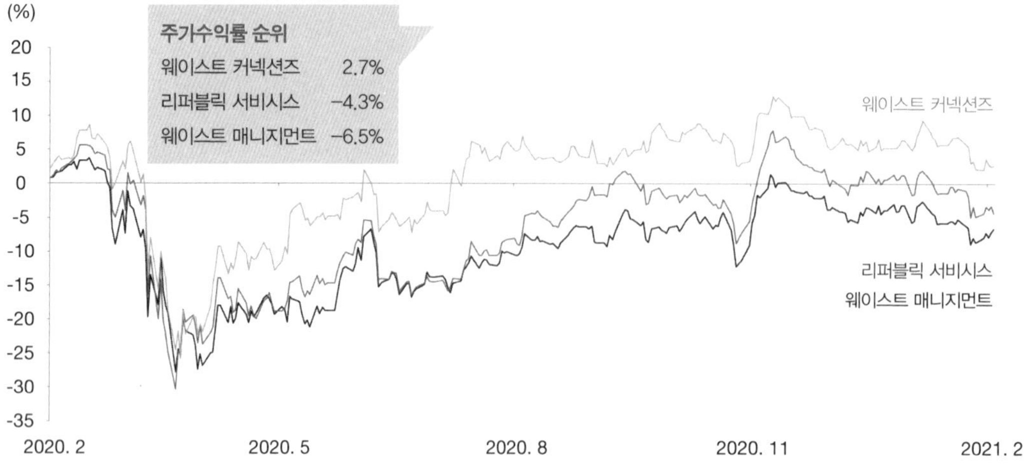

배당 및 투자의견, 종목진단 결과

웨이스트 매니지먼트의 회계 결산월은 12월이다.

2003년부터 배당이 증가해 '배당성취자'에 해당하는 웨이스트 매니지먼트의 배당금은 분기 단위로 지급되고, 배당수익률은 산업재 섹터 평균인 2.12%와 비슷한 수준이다.

배당수익률(선행)	연간배당금(선행)	배당성향	배당성장	5년 배당성장률
2.07%	2.30달러	49.03%	18년 배당성취자	7.15%

최근 3개월간 9명의 애널리스트가 제시한 투자의견을 종합하면 매수Moderate Buy(매수 4명, 보유 5명, 매도 0명)이다. 향후 12개월간 목표주가는 최고 149달러, 최저 119달러, 평균 129.00달러이다.

초이스스탁 US의 종목진단 결과는?

2020년 9월 실적발표 기준

웨이스트 매니지먼트의 투자매력 점수는 100점 만점에 70점이며 미국 상장기업 5,591개 중 875위로 상위 15%에 속하는 우량 기업이다.

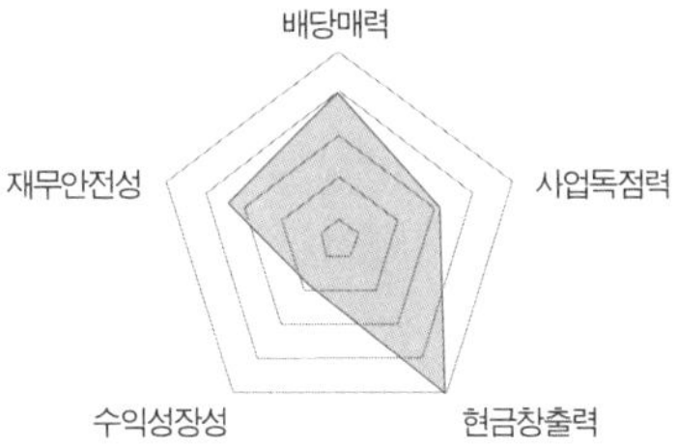

종합점수 : 70점 / 100점

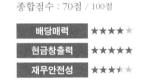

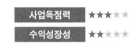

항목	평가
배당매력	★★★★☆
사업독점력	★★★☆☆
현금창출력	★★★★★
수익성장성	★★☆☆☆
재무안전성	★★★½☆

최신 결과 보러 가기

투자매력 세부 5개 항목 중 현금창출력 점수가 5점 만점을 받았다. 2020년 9월 연환산(최근 4분기 합산) 영업활동 현금흐름이 36억 달러, 잉여현금흐름이 21억 달러를 창출한 점 등이 반영됐다. 재무안전성 평가에서는 5점 만점에 3.5점을 받아 평균 이상의 재무안전성을 갖춘 기업으로 평가된다. 부채비율 246%, 유동비율 120%, 이자보상배수 6배 등이 반영된 결과이다. 세부 5개 부문 평가 항목 중 수익성장성은 1.8점으로 가장 낮은 평가를 받았다. 2020년 9월 연환산 매출액은 149억 달러로 전년 동기 154억 달러 대비 3.2% 감소했고, 순이익은 15억 달러로 전년 동기 17억 달러 대비 11% 감소한 점 등이 반영됐다.

배당매력은 4점으로 상대적으로 높은 평가를 받았다. 주당배당금은 최근 16년 연속 올랐고, 2019년에는 주당배당금 2.05달러를 지급해 시가배당률 1.8%를 기록했다. 최근 5년간 시가배당률은 1.8~2.9% 수준이다.

POINT ▶ 소매유통 채널에서 소매유통 플랫폼으로 진화하기 위해 지속적인 노력

배당귀족

월마트

WMT NYSE | Walmart Inc.

처음 매매하는 경우

매매 예정 시점
실적 확인 후 ☐ 이슈 확인 후 ☐
매매 결정 이유
변동성 확대(단기) ☐ 실적 우수(장기) ☐
매수 목표 가격 $
손익 목표 가격 $ (+ %)
손절 목표 가격 $ (- %)
보유 예정 기간
3개월 미만(단기) ☐ 1년 이상(장기) ☐

보유 중인 경우

매매 구분 매수 ☐ 매도 ☐
매매 일자 20 . . .
매매 금액 가격 $ 수량 주
수익 현황 수익금액 $ 수익률 %

투자 아이디어

포춘 500대 기업 중 하나인 월마트**WMT**는 "매일 낮은 가격Everyday Low Price"이라는 슬로건 아래 세계 27개국에 11,484개의 점포를 운영하고 있는 미국의 다국적 소매 회사이자, 명실상부한 세계 1위 유통 업체다. 최근에는 미국 1위 전자상거래 업체인 아마존닷컴**AMZN**에 대항하기 위해 전자상거래 e-Commerce 확대에 주력하고 있다.

월마트는 미국 내 오프라인 할인점을 관장하는 월마트 유에스, 해외 사업을 관장하는 월마트 인터내셔널, 회원제 창고형 할인매장인 샘즈 클럽 등 3개 사업부문을 영위하고 있다. 지속적인 성장을 위해 인스타카트와 제휴해 식료품의 당일 배송 서비스를 추진하고, 캐나다 사업부문의 150여 개 매장 현대화와 2개의 신규 물류센터 건설을 추진 중이다.

1970년 10월 뉴욕증권거래소에 상장했으며, 다우와 S&P 500에 속해 있다.

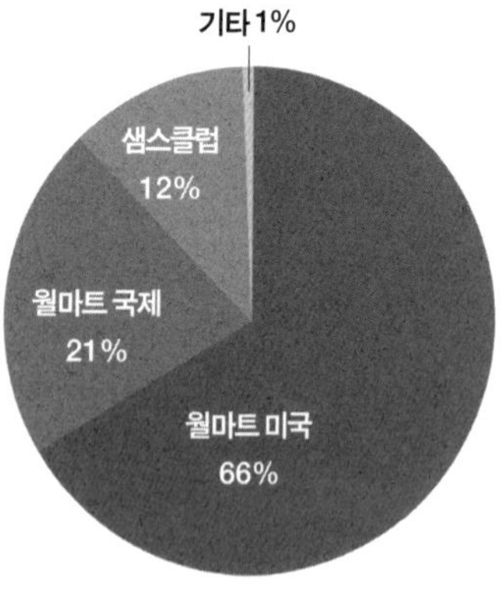

사업부문별 매출 비중

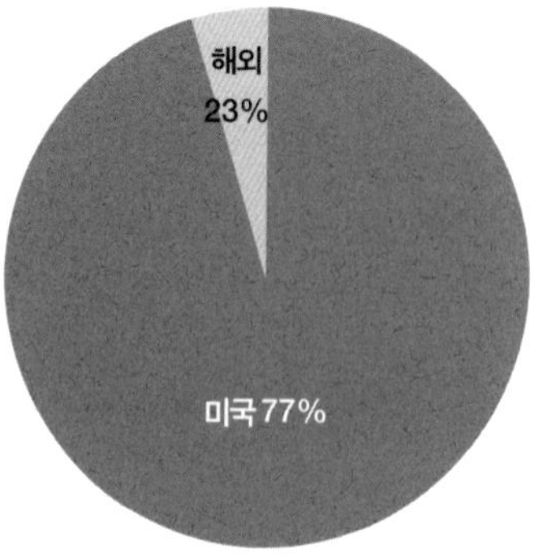

사업지역별 매출 비중

W

최신 정보 보러 가기 ●

주요 지표 및 주가　최신 뉴스 한 번에 보기　퀀트 분석 : 종목진단　컨센서스 및 투자의견

최근 3년 수익률
42.4%

최근 5년간 주요 투자지표 ① 손익계산서 1월 결산 기준 / (단위) 금액: 백만 달러, %

구분	2016. 1	2017. 1	2018. 1	2019. 1	2020. 1	전년 대비
매출액	482,130	485,873	500,343	514,405	523,964	▲ 1.9%
영업이익	24,105	22,764	20,437	21,957	20,568	▼ -6.3%
영업이익률(%)	5.0	4.7	4.1	4.3	3.9	▼ -0.3%P
순이익	14,694	13,643	9,862	6,670	14,881	▲ 123.1%
순이익률(%)	3.0	2.8	2.0	1.3	2.8	▲ 1.5%P

최근 5년간 주요 투자지표 ② 가치평가 1월 결산 기준 / (단위) 금액: 배, %, 달러

구분	2016. 1	2017. 1	2018. 1	2019. 1	2020. 1
PER(배)	14.46	15.03	32.02	41.74	21.83
PBR(배)	2.64	2.64	4.06	3.84	4.35
PSR(배)	0.44	0.42	0.63	0.54	0.62
ROE(%)	18.6	17.8	13	9.2	20.9
주당순이익(달러)	4.57	4.38	3.28	2.26	5.19
주당배당금(달러)	1.96	2	2.04	2.08	2.12

최근 5년간 주가 추이

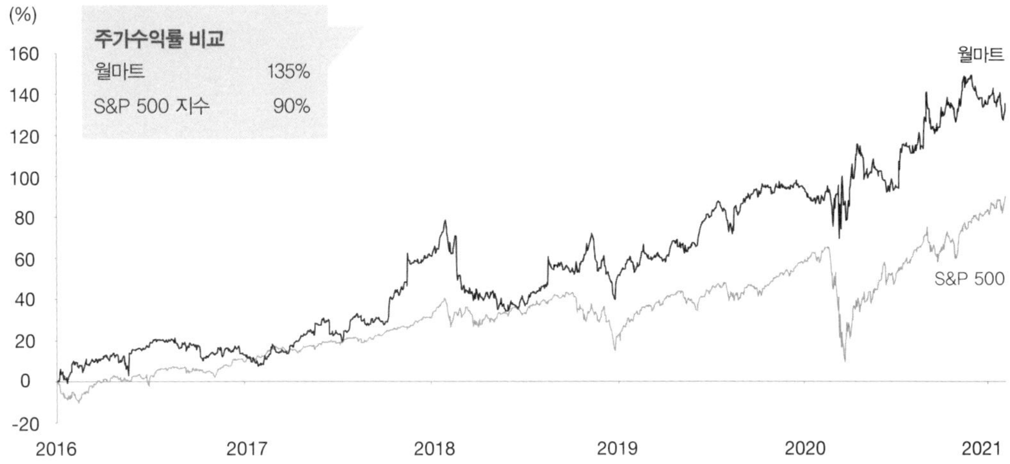

주요 경쟁업체 현황

월마트의 주요 경쟁사로는 코스트코 홀세일**COST**, 타겟**TGT**이 있다.

코스트코 홀세일Costco Wholesale Corporation, 이하 코스트코는 1983년 커클랜드 지역에 1호점 개점을 시작으로 전 세계 800여 개 매장, 약 9,850만 명의 멤버십 회원을 보유하고 있는 미국의 대표적인 회원제 창고형 할인점이다.

타겟Target Corporation은 월마트에 이어 미국 내 2번째로 큰 대형 할인마트이다. 2020년 2월 1일 현재 51개 주에 1,868개의 매장과 42개의 물류센터를 운영하고 있다. 오프라인 매장을 기반으로 온라인 사업부문에 대한 적극적인 투자를 통해 가파른 온라인 매출 증가세를 기록 중이다.

최근 4분기 경쟁사 실적 비교 2020년 3분기 기준 / (단위) 백만 달러, %, 달러

구분	월마트	코스트코	타겟
매출	548,743	172,929	88,621
영업이익	22,383	5,804	5,901
순이익	19,742	4,324	3,822
영업이익률	4.08	3.36	6.66
순이익률	3.60	2.50	4.31
주당순이익(EPS)	6.92	9.74	7.54
주가수익배수(PER)	19.92	38.89	19.94
주가순자산배수(PBR)	4.83	11.32	5.72

월마트의 본사는 미국 아칸소에 위치하며, 상근 직원 수는 220만 명이다.
코스트코의 본사는 미국워싱턴에 위치하며, 상근 직원 수는 15만 6천여 명이다.
타겟의 본사는 미국 미네소타 미니애폴리스에 위치하며, 상근 직원 수는 36만 8천 명가량이다. (2021년 2월 현재)

최근 12개월간 주가 수익률 비교 2021년 2월 기준 / (단위) %

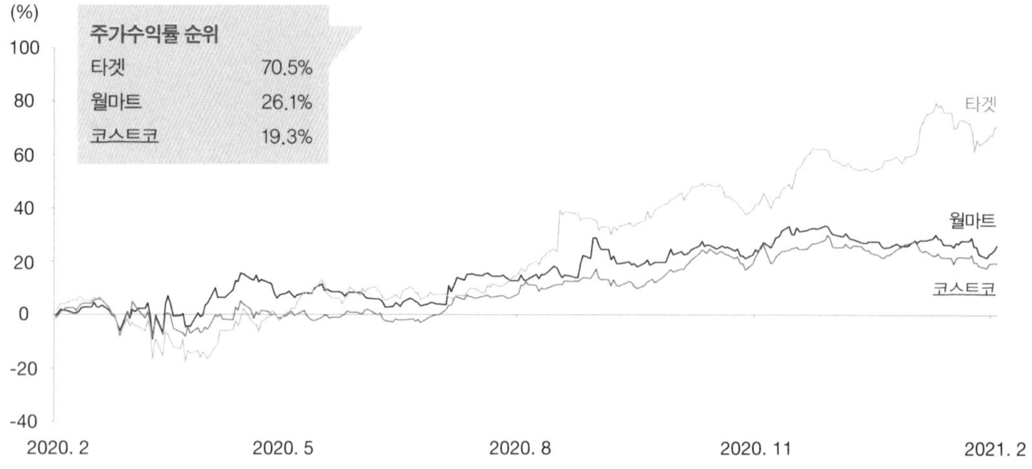

배당 및 투자의견, 종목진단 결과

월마트의 회계 결산월은 1월이다.

1973년부터 배당이 증가해 '배당귀족'에 해당하는 월마트의 배당금은 분기 단위로 지급되고, 배당 수익률은 필수소비재 섹터 평균인 1.74%와 비슷한 수준이다.

배당수익률(선행)	연간배당금(선행)	배당성향	배당성장	5년 배당성장률
1.69%	2.20달러	40.14%	48년 배당귀족	1.92%

최근 3개월간 22명의 애널리스트가 제시한 투자의견을 종합하면 강력매수Strong Buy(매수 18명, 보유 3명, 매도 1명)이다. 향후 12개월간 목표주가는 최고 180달러, 최저 131달러, 평균 162.47달러이다.

초이스스탁 US의 종목진단 결과는?

2020년 10월 실적발표 기준

월마트의 투자매력 점수는 100점 만점에 71점이며 미국 상장기업 5,591개 중 795위로 상위 14%에 속하는 우량 기업이다.

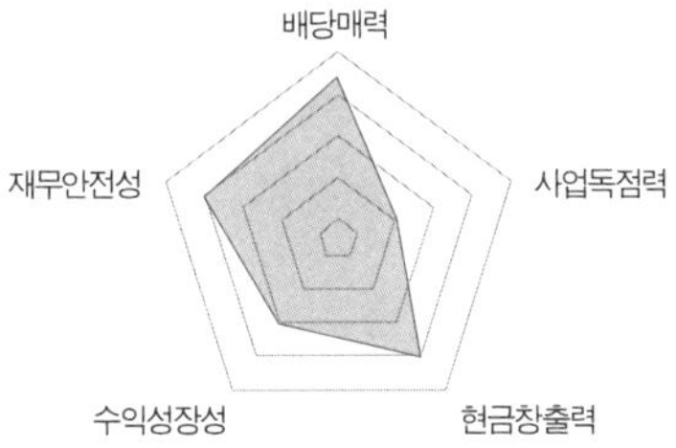

종합점수 : 71점 / 100점

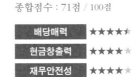

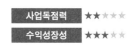

항목	평가	항목	평가
배당매력	★★★★☆ (4.5)	사업독점력	★★☆☆☆
현금창출력	★★★★☆	수익성장성	★★★☆☆
재무안전성	★★★★☆		

최신 결과 보러 가기

투자매력 세부 5개 항목 분석 중 배당매력 점수가 5점 만점에 4.5점으로 배당주로서 투자매력이 높은 기업이다. 매년 안정적인 배당금을 지급하고 있으며, 최근 5년간 시가배당률은 1.9~3.0% 수준이다. 재무안전성과 현금창출력 평가에서도 모두 4점을 받아, 우수한 재무안전성과 현금창출력을 갖춘 기업으로 평가된다.

다만, 동종업계 경쟁 심화로 인해 수익성장성 점수는 3점으로 평균 수준으로 평가됐다. 2020년 10월 연환산(최근 4분기 합산) 매출액은 5,487억 달러로 전년 동기 5,210억 달러 대비 5.3% 성장해 한 자릿수 성장률을 기록했다.

POINT ▶ 줌 폰과 줌 미팅 등 신규 사업의 성공은 기업 고객 확보에 달려

줌 비디오 커뮤니케이션즈

ZM NYSE | Zoom Video Communications, Inc

처음 매매하는 경우	보유 중인 경우
매매 예정 시점 실적 확인 후 ☐ 이슈 확인 후 ☐	**매매 구분** 매수 ☐ 매도 ☐
매매 결정 이유 변동성 확대(단기) ☐ 실적 우수(장기) ☐	**매매 일자** 20 . . .
매수 목표 가격 $	**매매 금액** 가격 $ 수량 주
손익 목표 가격 $ (+ %)	**수익 현황** 수익금액 $ 수익률 %
손절 목표 가격 $ (- %)	투자 아이디어
보유 예정 기간 3개월 미만(단기) ☐ 1년 이상(장기) ☐	

언택트 시대, 가장 주목받고 있는 비디오 콘퍼런싱의 신흥 강자인 줌 비디오 커뮤니케이션즈**ZM**, 이하 줌은 씨스코 시스템즈의 자회사 중 영상회의 소프트웨어 전문 회사인 웹엑스에서 선임 엔지니어로 근무하던 에릭 유안이 2011년 설립, 클라우드를 기반으로 하여 비디오 콘퍼런싱 솔루션을 제공하는 기업이다. 참고로, 비디오 콘퍼런싱이란 멀리 떨어져 있는 다수의 사람들이 동시에 화상으로 회의를 진행하는 것을 뜻하는데, 국내에는 코로나 19 이전까지 비교적 생소한 서비스였다.

승차공유 업체인 리프트**LYFT**에 이어 2019년 IPO 시장에서 핀터레스트**PINS**와 함께 실리콘 밸리의 '테크 빅2'로 꼽혔다. 2020년 말 현재 1,000개의 대기업과 37만 개의 중소기업을 고객사로 확보하고 있으며 코로나 19 영향으로 전 세계적으로 비디오 컨퍼런싱 수요는 지속 증대될 것이다.

2019년 4월 18일 나스닥에 상장했으며, 미국 3대 지수 중 나스닥에 포함돼 있다.

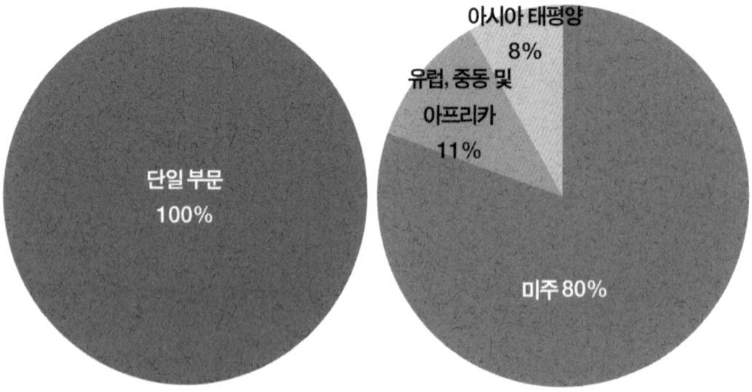

사업부문별 매출 비중 사업지역별 매출 비중

최신 정보 보러 가기 ●

주요 지표 및 주가 | 최신 뉴스 한 번에 보기 | 퀀트 분석 : 종목진단 | 컨센서스 및 투자의견

최근 1년 수익률
348.3%

최근 4년간 주요 투자지표 ① 손익계산서 1월 결산 기준 / (단위) 금액: 백만 달러, %

구분	2017. 1	2018. 1	2019. 1	2020. 1	전년 대비
매출액	61	151	331	623	▲ 88.2%
영업이익	0	-5	6	13	▲ 116.7%
영업이익률(%)	0.0	-3.3	1.8	2.1	▲ 0.3%P
순이익	0	-4	8	25	▲ 212.5%
순이익률(%)	0.0	-2.6	2.4	4.0	▲ 1.6%P

최근 4년간 주요 투자지표 ② 가치평가 1월 결산 기준 / (단위) 금액: 배, %, 달러

구분	2017. 1	2018. 1	2019. 1	2020. 1
PER(배)	0	0	0	969.63
PBR(배)	N/A	N/A	N/A	25.29
PSR(배)	0	0	0	33.87
ROE(%)	N/A	N/A	N/A	2.8
주당순이익(달러)	-0.2	-0.11	0	0.09
주당배당금(달러)	0	0	0	0

상장 이후 주가 추이 *2019년 4월 상장

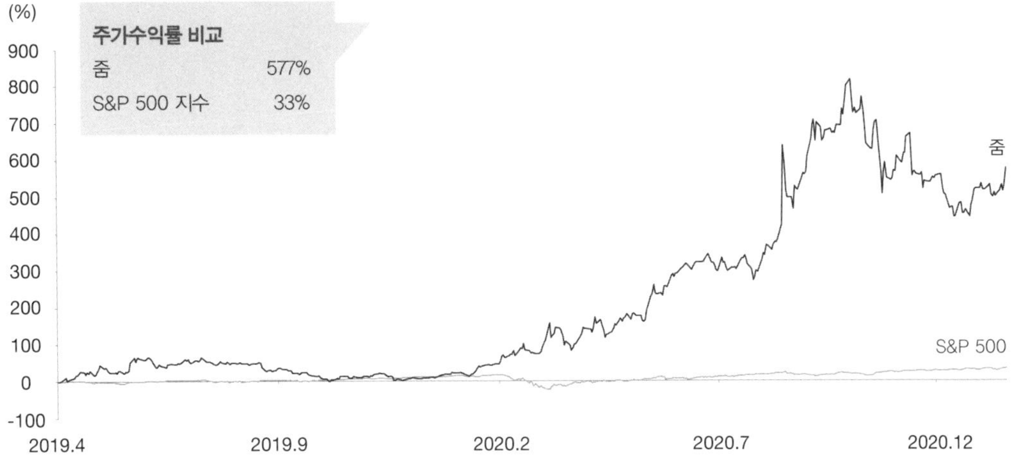

주요 경쟁업체 현황

줌의 주요 경쟁사로는 시스코 시스템즈**CSCO**, 마이크로소프트**MSFT**가 있다.

시스코 시스템즈Cisco Systems, Inc.는 네트워킹 하드웨어·보안 서비스 등을 개발하고 판매하는 미국의 다국적 기업이다. 1984년 설립, 1986년 멀티 프로토콜 라우터를 출시했고, 1990년에 나스닥에 상장했다.

마이크로소프트Microsoft Corporation는 글로벌 PC 시장에서 지배적인 위치를 확립하고 있는 세계 최대의 소프트웨어 기업이다. 1975년 빌 게이츠와 폴 앨런이 설립, 1986년에 나스닥에 상장했다.

최근 4분기 경쟁사 실적 비교 2020년 3분기 기준 / (단위) 백만 달러, %, 달러

구분	줌	시스코 시스템즈	마이크로소프트
매출	1,957	48,071	153,284
영업이익	414	12,611	60,155
순이익	427	10,462	51,310
영업이익률	21.15	26.23	39.24
순이익률	21.82	21.76	33.47
주당순이익(EPS)	1.44	2.47	6.71
주가수익배수(PER)	308.09	15.71	32.77
주가순자산배수(PBR)	87.4	4.31	12.91

줌의 본사는 미국 캘리포니아 산호세에 위치하며, 상근 직원 수는 3,871명이다.
시스코 시스템즈의 본사는 미국 캘리포니아에 위치하며, 상근 직원 수는 7만 7,500명이다.
마이크로소프트의 본사는 미국 워싱턴 레드먼드에 위치하며, 상근 직원 수는 16만 3천여 명이다. (2021년 2월 현재)

최근 12개월간 주가 수익률 비교 2021년 2월 기준 / (단위) %

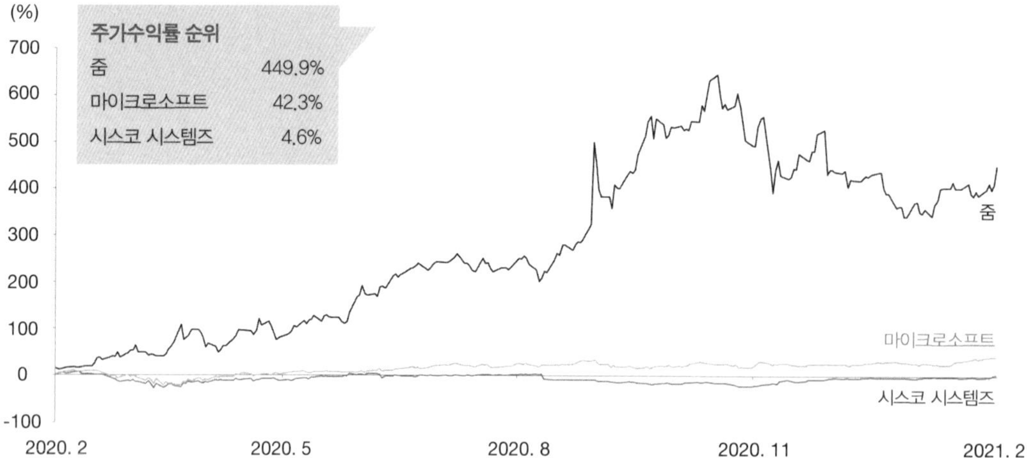

배당 및 투자의견, 종목진단 결과

줌 비디오 커뮤니케이션즈의 회계 결산월은 1월이다.

배당이 없는 줌 비디오 커뮤니케이션즈에 대하여 최근 3개월간 22명의 애널리스트가 제시한 투자의견을 종합하면 매수Moderate Buy(매수 10명, 보유 11명, 매도 1명)이다. 향후 12개월간 목표주가는 최고 610달러, 최저 340달러, 평균 476.28달러이다.

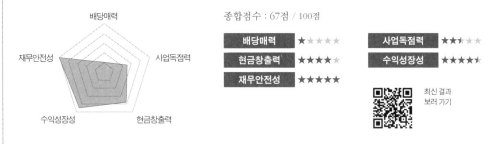

초이스스탁 US의 종목진단 결과는?

2020년 10월 실적발표 기준

줌의 투자매력 점수는 100점 만점에 67점이며 미국 상장기업 5,591개 중 1,074위로 상위 19%에 속하는 우량 기업이다.

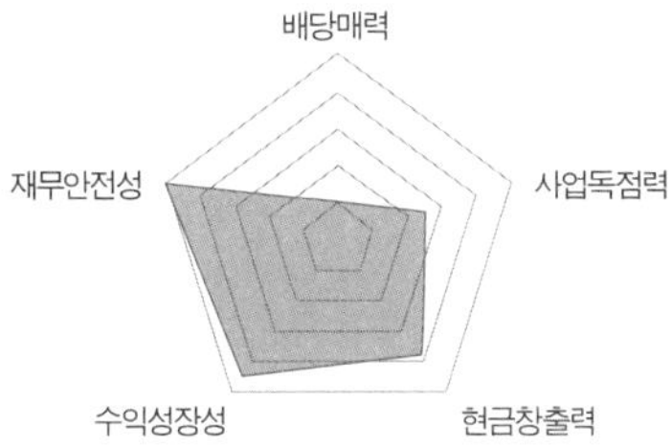

종합점수 : 67점 / 100점

배당매력	★☆☆☆☆	사업독점력	★★½☆☆
현금창출력	★★★★☆	수익성장성	★★★★½
재무안전성	★★★★★		

최신 결과 보러 가기

투자매력 세부 5개 항목 중 재무안전성 평가에서 5점 만점을 받았다. 부채비율 103%, 유동비율 207%, 차입금이 1,300만 달러로 사실상 무차입에 가까운 매우 안전한 재무구조를 갖춘 기업이다.

수익성장성 부문에서 4.5점을 받아 코로나 19로 인한 비대면 서비스 성장의 수혜를 받았다. 2020년 10월 연환산(최근 4분기 합산) 매출액은 19억 달러로 전년 동기 5억 4,000만 달러 대비 262% 급증했고, 순이익은 4억 2,700만 달러로 전년 동기 1,600만 달러 대비 26배가 늘어난 점 등이 반영됐다.

현금창출력 점수도 5점 만점에 3.8점으로 평균 이상의 평가를 받았다. 2020년 10월 연환산(최근 4분기 합산) 영업활동 현금흐름은 11억 달러, 잉여현금흐름은 10억 달러로 전년 동기 대비 약 10배 성장한 점 등이 반영됐다.

배당은 지급하지 않아 배당 투자 대상으로는 현재 적합하지 않다.

POINT ▶ 코로나19로 강화되는 반려 동물 시장의 성장세는 장기 수혜

조에티스

ZTS NYSE | Zoetis Inc.

처음 매매하는 경우		보유 중인 경우	
매매 예정 시점	실적 확인 후 ☐ 이슈 확인 후 ☐	**매매 구분**	매수 ☐ 매도 ☐
매매 결정 이유	변동성 확대(단기) ☐ 실적 우수(장기) ☐	**매매 일자**	20 . . .
매수 목표 가격	$	**매매 금액**	가격 $ 수량 주
손익 목표 가격	$ (+ %)	**수익 현황**	수익금액 $ 수익률 %
손절 목표 가격	$ (- %)	**투자 아이디어**	
보유 예정 기간	3개월 미만(단기) ☐ 1년 이상(장기) ☐		

조에티스**ZTS**는 포춘 500대 기업 중 하나로, 반려 동물 및 경제 동물 의약품과 백신을 전문으로 생산한다. 1952년에 설립된 이래 지난 69년간 동물의 건강을 위해 노력해왔다. 지난 2013년 글로벌 의약품 매출 1위 제약사인 화이저로부터 계열 분리됐고, 분사와 동시에 S&P 500에 포함됐다.

조에티스는 소, 돼지, 가금류, 어류, 양, 개, 고양이, 말 등 8가지 종을 중심으로 백신, 항균제, 항기생충제, 기타 의약품, 피부질환 치료제, 약용 사료 첨가제, 동물 건강 진단 등 7가지 카테고리의 300여 개 제품을 세계 100여 개국에 공급하고 있다. 전 세계 동물 의약품 시장은 2018년 121억 달러 규모에서 2022년 214억 달러 규모로 연평균 13.6%의 성장률을 보일 것으로 예상된다. 아시아 시장 역시 반려 동물 시장에 기인해 매년 7~8% 내외의 높은 성장률을 기록하고 있으며 코로나 19 팬데믹으로 이러한 경향은 더욱 강해질 전망이다. 2013년 2월 뉴욕증권거래소에 상장했으며, 미국 3대 지수 중 S&P 500에 속해 있다.

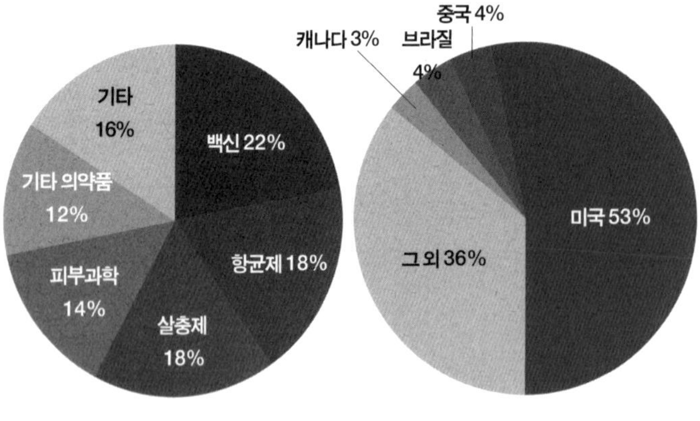

사업부문별 매출 비중 사업지역별 매출 비중

최신 정보 보러 가기 ●

주요 지표 및 주가 | 최신 뉴스 한 번에 보기 | 퀀트 분석 : 종목진단 | 컨센서스 및 투자의견

최근 3년 수익률 112.8%

최근 5년간 주요 투자지표 ① 손익계산서 12월 결산 기준 / (단위) 금액: 백만 달러, %

구분	2016. 12	2017. 12	2010. 12	2019. 12	2020. 12	전년 대비
매출액	4,888	5,307	5,825	6,260	6,675	▲ 6.6%
영업이익	1,394	1,700	1,896	2,024	2,227	▲ 10.0%
영업이익률(%)	28.5	32.0	32.5	32.3	33.4	▲ 1%P
순이익	821	864	1,428	1,500	1,638	▲ 9.2%
순이익률(%)	16.8	16.3	24.5	24.0	24.5	▲ 0.6%P

최근 5년간 주요 투자지표 ② 가치평가 12월 결산 기준 / (단위) 금액: 배, %, 달러

구분	2016. 12	2017. 12	2018. 12	2019. 12	2020. 12
PER(배)	32.20	40.63	28.78	42.03	48.02
PBR(배)	17.78	19.83	18.81	23.28	20.87
PSR(배)	5.41	6.62	7.06	10.07	11.78
ROE(%)	58.7	48.8	69.4	59.3	50
주당순이익(달러)	1.65	1.75	2.93	3.11	3.42
주당배당금(달러)	0.38	0.42	0.5	0.66	0.8

최근 5년간 주가 추이

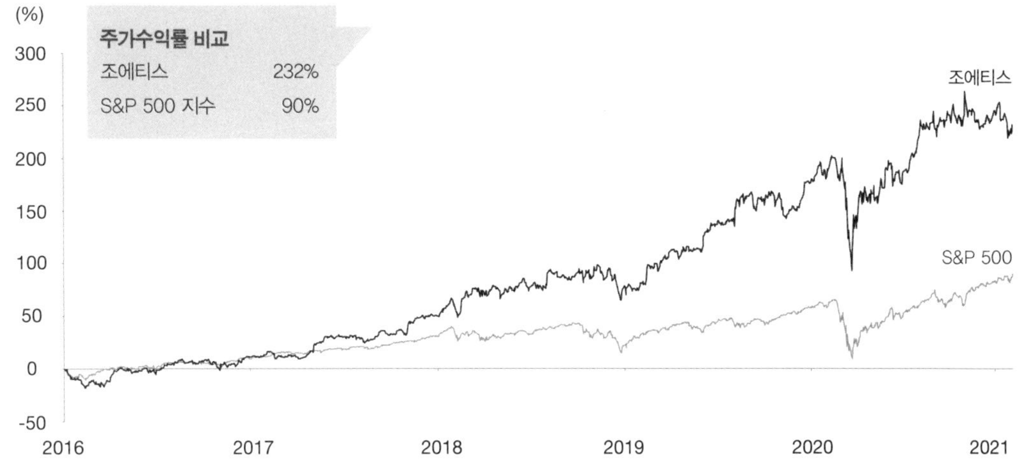

주요 경쟁업체 현황

조에티스의 주요 경쟁사로는 아이덱스 래버러토리스**IDXX**, 펫코 헬스 앤 웰니스 컴퍼니**WOOF**가 있다.

아이덱스 래버러토리스IDEXX Laboratories, Inc., 이하 아이덱스는 반려동물과 가축, 가금류 등 수의학 진단 제품 및 서비스, 진료 관리, 수질 연구 및 식수 안전 진단을 제공하는 업체다. 1883년 설립됐으며 1991년 나스닥에 상장했다.

펫코 헬스 앤 웰니스 컴퍼니Petco Health and Wellness Company, Inc., 이하 펫코는 미국과 멕시코, 푸에르트리코 등 아메리카 대륙 전역에 100개 이상의 반려동물 용품 매장을 운영한다. 1965년 설립됐으며 2006년에 상장 폐지됐다가 2021년 1월에 나스닥에 상장했다.

최근 4분기 경쟁사 실적 비교 2020년 4분기 기준 / (단위) 백만 달러, %, 달러

구분	조에티스	아이덱스	펫코
매출	6,675	2,707	0
영업이익	2,227	695	0
순이익	1,638	582	0
영업이익률	33.36	25.67	-
순이익률	24.54	21.50	-
주당순이익(EPS)	3.42	6.71	0
주가수익배수(PER)	48.02	73.29	0.00
주가순자산배수(PBR)	20.87	67.46	0

*펫코는 신규상장 기업으로 공개된 재무 데이터가 없음

조에티스의 본사는 미국 뉴저지에 위치하며, 상근 직원 수는 1만 1,300명이다.
아이덱스의 본사는 미국 메인 웨스트브룩에 위치하며, 상근 직원 수는 9,200명이다.
펫코의 본사는 미국 캘리포니아에 위치한다. (2021년 2월 현재)

최근 12개월간 주가 수익률 비교 2021년 2월 기준 / (단위) %

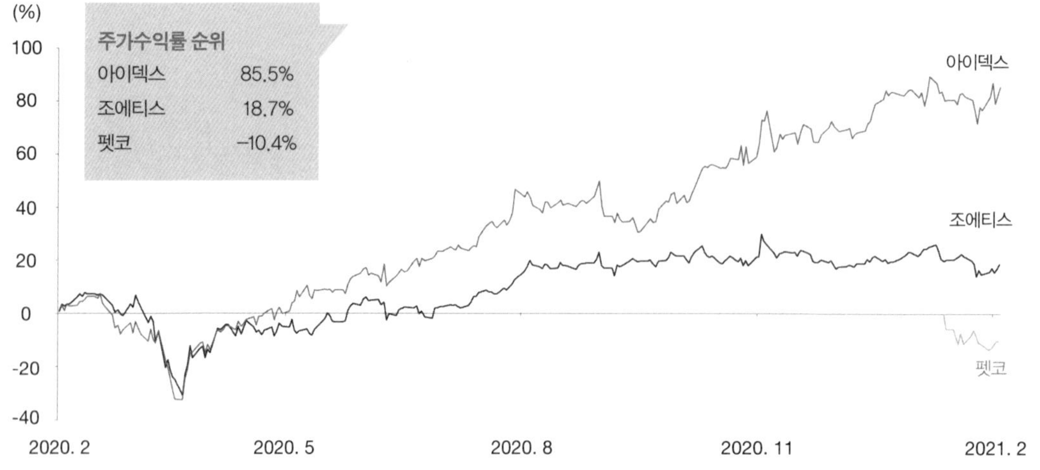

배당 및 투자의견, 종목진단 결과

조에티스의 회계 결산월은 12월이다.

2016년부터 증가해온 조에티스의 배당금은 분기 단위로 지급되고, 배당수익률은 헬스케어 섹터 평균인 1.51%의 5분의 2 수준이다.

배당수익률(선행)	연간배당금(선행)	배당성향	배당성장	5년배당성장률
0.64%	1.00달러	22.65%	5년	20.38%

최근 3개월간 3명의 애널리스트가 제시한 투자의견을 종합하면 매수Moderate Buy(매수 2명, 보유 1명, 매도 0명)이다. 향후 12개월간 목표주가는 최고 203달러, 최저 200달러, 평균 201.50달러이다.

초이스스탁 US의 종목진단 결과는?

2020년 12월 실적발표 기준

조에티스의 투자매력 점수는 100점 만점에 70점이며 미국 상장기업 5,591개 중 875위로 상위 15%에 속하는 우량 기업이다.

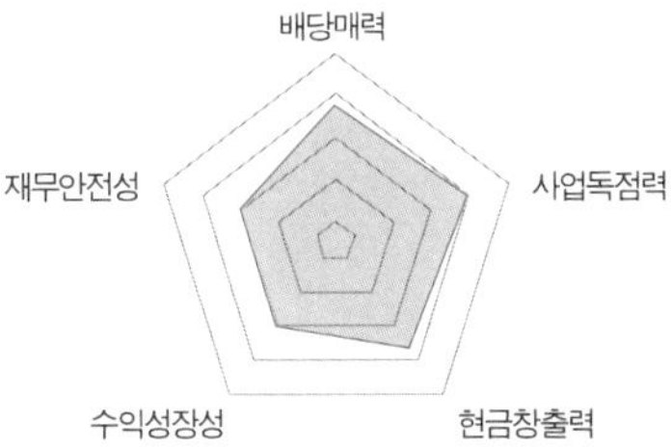

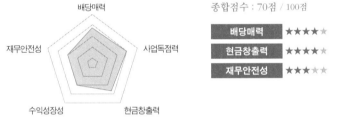

종합점수 : 70점 / 100점

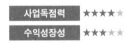

배당매력	★★★★☆	사업독점력	★★★★☆
현금창출력	★★★★☆	수익성장성	★★★☆☆
재무안전성	★★★☆☆		

최신 결과 보러 가기

투자매력 세부 5개 항목 골고루 평균 이상의 점수를 받았는데, 세부 항목 평가에서 사업독점력 점수가 4점으로 가장 높았다. 최근 5년 평균 자기자본이익률(ROE)이 54%로 높고, 영업이익률도 29%로 고마진을 유지하고 있는 점 등이 평가에 반영됐다. 재무안전성 점수는 3점으로 평균 이상의 우량한 재무구조를 갖추고 있다. 부채비율 261%, 유동비율 305%, 이자보상배수 10배 등이 평가에 반영됐다. 수익성장성은 3점으로 2020년 12월 연환산(최근 4분기 합산) 매출액이 66억 달러로 전년 동기 62억 달러 대비 6.4% 늘었고, 순이익은 16억 달러로 전년 동기 15억 달러 대비 6.6% 성장한 점 등이 반영됐다. 사업독점력 점수도 4점으로 미국 전체 상장사 중 상위 6% 속하는 높은 평가를 받았다. 사업독점력 점수는 현재의 수익성과 성장성을 유지할 수 있는지를 나타내는 지표다.

배당매력 점수는 3.8점으로 2020년에 주당배당금 0.8달러를 지급해 시가배당률 0.5%를 기록했다. 최근 5년간 시가배당률은 0.5~0.7% 수준이다.

INVESTING NOTE

POINT ▶

티커 / 종목명

처음 매매하는 경우	보유 중인 경우
매매 예정 시점 실적 확인 후 ☐ 이슈 확인 후 ☐	**매매 구분** 매수 ☐ 매도 ☐
매매 결정 이유 변동성 확대(단기) ☐ 실적 우수(장기) ☐	**매매 일자** 20 . . .
매수 목표 가격 $	**매매 금액** 가격 $ 수량 주
손익 목표 가격 $ (+ %)	**수익 현황** 수익금액 $ 수익률 %
손절 목표 가격 $ (- %)	**투자 아이디어**
보유 예정 기간 3개월 미만(단기) ☐ 1년 이상(장기) ☐	

INVESTING NOTE

POINT ▶

티커 / 종목명

처음 매매하는 경우	
매매 예정 시점	
실적 확인 후 ☐	이슈 확인 후 ☐
매매 결정 이유	
변동성 확대(단기) ☐	실적 우수(장기) ☐
매수 목표 가격 $	
손익 목표 가격 $	(+ %)
손절 목표 가격 $	(- %)
보유 예정 기간	
3개월 미만(단기) ☐	1년 이상(장기) ☐

보유 중인 경우			
매매 구분	매수 ☐ 매도 ☐		
매매 일자	20 . . .		
매매 금액	가격 $	수량	주
수익 현황	수익금액 $	수익률	%

투자 아이디어

INVESTING NOTE

POINT ▶

티커 / 종목명

처음 매매하는 경우

매매 예정 시점

실적 확인 후 ☐ 이슈 확인 후 ☐

매매 결정 이유

변동성 확대(단기) ☐ 실적 우수(장기) ☐

매수 목표 가격 $

손익 목표 가격 $ (+ %)

손절 목표 가격 $ (- %)

보유 예정 기간

3개월 미만(단기) ☐ 1년 이상(장기) ☐

보유 중인 경우

매매 구분 매수 ☐ 매도 ☐

매매 일자 20 . . .

매매 금액 가격 $ 수량 주

수익 현황 수익금액 $ 수익률 %

투자 아이디어

INVESTING NOTE

POINT ▶

티커 / 종목명

처음 매매하는 경우

매매 예정 시점

실적 확인 후 ☐ 이슈 확인 후 ☐

매매 결정 이유

변동성 확대(단기) ☐ 실적 우수(장기) ☐

매수 목표 가격 $

손익 목표 가격 $ (+ %)

손절 목표 가격 $ (- %)

보유 예정 기간

3개월 미만(단기) ☐ 1년 이상(장기) ☐

보유 중인 경우

매매 구분 매수 ☐ 매도 ☐

매매 일자 20 . . .

매매 금액 가격 $ 수량 주

수익 현황 수익금액 $ 수익률 %

투자 아이디어